Die Dynamik sozialer
und sprachlicher Netzwerke

Barbara Frank-Job · Alexander Mehler
Tilmann Sutter (Hrsg.)

Die Dynamik sozialer und sprachlicher Netzwerke

Konzepte, Methoden und empirische Untersuchungen an Beispielen des WWW

Herausgeber
Prof. Dr. Barbara Frank-Job
Universität Bielefeld, Deutschland

Prof. Dr. Tilmann Sutter
Universität Bielefeld, Deutschland

Prof. Dr. Alexander Mehler
Goethe-Universität
Frankfurt am Main, Deutschland

ISBN 978-3-531-17833-2　　　　ISBN 978-3-531-93336-8 (eBook)
DOI 10.1007/978-3-531-93336-8

Die Deutsche Nationalbibliothek verzeichnet diese Publikation in der Deutschen Nationalbibliografie; detaillierte bibliografische Daten sind im Internet über http://dnb.d-nb.de abrufbar.

Springer VS
© Springer Fachmedien Wiesbaden 2013
Das Werk einschließlich aller seiner Teile ist urheberrechtlich geschützt. Jede Verwertung, die nicht ausdrücklich vom Urheberrechtsgesetz zugelassen ist, bedarf der vorherigen Zustimmung des Verlags. Das gilt insbesondere für Vervielfältigungen, Bearbeitungen, Übersetzungen, Mikroverfilmungen und die Einspeicherung und Verarbeitung in elektronischen Systemen.

Die Wiedergabe von Gebrauchsnamen, Handelsnamen, Warenbezeichnungen usw. in diesem Werk berechtigt auch ohne besondere Kennzeichnung nicht zu der Annahme, dass solche Namen im Sinne der Warenzeichen- und Markenschutz-Gesetzgebung als frei zu betrachten wären und daher von jedermann benutzt werden dürften.

Lektorat: Katrin Emmerich, Monika Kabas

Gedruckt auf säurefreiem und chlorfrei gebleichtem Papier

Springer VS ist eine Marke von Springer DE. Springer DE ist Teil der Fachverlagsgruppe Springer Science+Business Media.
www.springer-vs.de

Inhalt

Interdependenz und Dynamik sozialer und sprachlicher Netzwerke: Konzepte, Methoden und empirische Untersuchungen am Beispiel des WWW 7

Kapitel I: Konzepte und methodische Aspekte der Analyse sozialer und sprachlicher Netzwerke

Steffen Albrecht
Kommunikation als soziales Netzwerk? 23
Anreize und Herausforderungen der Netzwerkanalyse von Kommunikationsprozessen

Sven Banisch
Meinungsbildung, Kommunikationsnetzwerke und Wahlverhalten in einer virtuellen Agentenpopulation 47

Philippe Blanchard
Language evolution as generalized epidemic process on inhomogeneous random graphs 69

Roman Halfmann und Benno Wagner
Interkulturelle Klassikerrezeption als semantisch-soziales Netzwerk. 73
Eine Projektskizze am Beispiel der Kafka-Rezeption in China

Michael Jäckel und Gerrit Fröhlich
Das aktive Publikum – Eine Ortsbestimmung 91

Thomas Malsch
Narrative Methoden und temporalisierte Kommunikationsnetzwerke. 103
Ein Vergleich ereignisbasierter Modelle aus kommunikationssoziologischer Sicht

Jan Passoth, Tilmann Sutter und Josef Wehner
Vernetzungen und Publikumskonstruktionen im Internet 139

Maximilian Schich
Netzwerke von komplexen Netzwerken in der (Kunst)Wissenschaft 161

Christian Stegbauer
Probleme der Konstruktion zweimodaler Netzwerke 179

Kapitel II: Empirische Aspekte der Analyse sozialer und sprachlicher Netzwerke

Michael Beißwenger
Raumorientierung in der Netzkommunikation. 207
Korpusgestützte Untersuchungen zur lokalen Deixis in Chats

Claudia Fraas
Frames – ein qualitativer Zugang zur Analyse von Sinnstrukturen in der Online-Kommunikation 259

Rainer Hammwöhner
Bilddiskurse in den Wikimedia Commons 285

Gerhard Heyer
Soziale Netzwerke und inhaltsbasierte Suche in P2P-Systemen 311

Angelika Storrer
Sprachstil und Sprachvariation in sozialen Netzwerken 331

Nils Diewald und Barbara Frank-Job
Kollaborative Aushandlung von Kategorien am Beispiel des Gutten-Plag Wikis 367

Alexander Mehler, Christian Stegbauer und Rüdiger Gleim
Zur Struktur und Dynamik der kollaborativen Plagiatsdokumentation am Beispiel des GuttenPlag Wikis: eine Vorstudie 403

Interdependenz und Dynamik sozialer und sprachlicher Netzwerke:
Konzepte, Methoden und empirische Untersuchungen am Beispiel des WWW

Der vorliegende Band gibt die Beiträge einer interdisziplinären Arbeitstagung wieder, die im April 2010 am Bielefelder ZiF (*Zentrum für Interdisziplinäre Forschung*) zum Thema „Interdependenz und Dynamik sozialer und sprachlicher Netzwerke" stattgefunden hat. Vertreter der mathematischen Netzwerktheorie und ihrer texttechnologischen Anwendungsbereiche, Soziologen, Medienwissenschaftler, Linguisten und Kulturwissenschaftler trafen sich damals mit dem Ziel, Grundlagen für die Entwicklung eines integrierten naturwissenschaftlich-linguistisch-sozialwissenschaftlichen Modells komplexer Netzwerke zu diskutieren.

Im Zentrum des Workshops stand die Untersuchung des in der Netzwerkforschung bislang noch nicht systematisch erforschten Zusammenhangs zwischen sozialen, kommunikativen und sprachlichen Netzwerken und ihrer Dynamiken. Diese wurden im Hinblick auf empirische Anwendungsmöglichkeiten sowohl in qualitativen als auch in quantitativen Analysen beschrieben. Als gemeinsames Feld zur Untersuchung von Typik und Evolution sozialer und sprachlicher Netzwerke in ihrer gegenseitigen Beeinflussung dienen fast allen Beiträgern Kommunikationsformen des World Wide Web insbesondere der sog. *Social Media.* Deren spezielle Ausprägungen medienvermittelter Interaktivität hat zur Ausdifferenzierung vielfältiger kommunikativer Netzwerke geführt, deren Daten auf all ihren Strukturierungsebenen umfassend dokumentiert und in allen Entwicklungsstadien archiviert sind und damit einer qualitativen und quantitativen Analyse zugänglich sind. Die meisten Beiträge dieses Bandes befassen sich nun mit der Analyse dieser Netzwerke und den Dynamiken ihrer Genese und Evolution.

Die Herausgeber sind allen Beiträgern, aber auch allen Teilnehmern an den Diskussionen der ZiF-Arbeitsgruppe zu großem Dank verpflichtet. Ihre Bereitschaft zu einem weit gefassten interdisziplinären Gespräch machte es allererst möglich, sonst nahezu voneinander unbemerkt agierende Forschungsbereiche in Debatten über Methoden und Konzepte, Theorie und Empirie, qualitativer und quantitativer Netzwerkforschung zusammenzuführen.

Besonderem Dank sind wir jedoch den finanziellen und institutionellen Förderern der Tagung und der dran beteiligten Projektförderern schuldig: dem Bielefelder Zentrum für Interdisziplinäre Forschung und dem Deutschen Luft- und

Raumfahrtzentrum in Jülich, unserem Projektträger für das Bundesministerium für Bildung und Forschung. Und schließlich sei dem Springer VS gedankt für das freundliche Entgegenkommen und die Unterstützung bei der Drucklegung des Bandes.

Angesichts des breiten interdisziplinären Rahmens der Tagung, wie er sich auch in den hier vorliegenden Beiträgen zeigt, scheint es uns angebracht, zunächst den gemeinsamen thematischen und forschungshistorischen Rahmen abzustecken, in dem sich unsere Diskussionen verorten lassen, bevor wir auf die hier behandelten Fragestellungen näher eingehen.

Das Netzwerk als Forschungsgegenstand

Jenseits aller fachspezifischen Differenzierungen bauen alle aktuellen Netzwerkforschungen auf einer sehr einfachen Bestimmung ihres Objekts auf: Danach ist ein Netzwerk ein offenes System von miteinander verbundenen Elementen („Knoten"), das in der Lage ist, jederzeit neue Elemente über neue Verbindungen („Kanten") zu integrieren. Typisch für die Netzwerkstruktur ist die Eigenschaft der Knoten, über verschiedene Kanten Verbindungen zu mehreren weiteren Knoten einzugehen. Ein Beispiel für ein Netzwerk mit konkreten physikalischen Verbindungen ist ein U-Bahn-Netz, wobei die Knoten Stationen und die Kanten die Schienenverbindungen zwischen den Stationen darstellen.

Als Kanten können jedoch auch abstraktere Beziehungen zwischen Elementen angenommen werden, wie dies z.B. bei Netzwerken von miteinander arbeitenden Wissenschaftlern oder Freundschaftsnetzwerken der Fall ist. In diesen Beispielen, die als „soziale Netzwerke" bezeichnet werden, stellen Kommunikationsprozesse und damit in der Regel verbale Interaktionen die konkreten Verbindungen zwischen den Knoten dar (welche in der Regel Individuen sind). Verbale Interaktionen lassen sich nun aber selbst wiederum als komplexes Ineinander verschiedener Netzwerke begreifen: Schon die Grundform verbaler Interaktion, die dyadische Face-to-face-Kommunikation, stellt sich als bi-direktionale Netzwerkstruktur dar, die von den Interaktanten in einem sequentiell geordneten Prozess entwickelt wird. Dabei wirkt sich die reflexive Grundlage der Interaktion für die Beteiligten als „Zwang" zur gegenseitigen Wahrnehmung und zur reflexiven Unterstellung von Erwartungserwartungen aus, was sich auf verbaler Ebene in eine Verpflichtung zu gemeinsam abgestimmten Strukturierungs-, Ordnungs- und Koordinierungsaktivitäten umsetzt (Cicourel 1975, Antos 2002). Die Sequentialität der Redebeiträge als ein zentrales Ergebnis dieser Kooperationshandlungen bildet nun genauso wie jede einzelne Strukturierungsebene des Kommunikats selbst (wie z.B. Syntax

Einleitung

als Netzwerk funktionaler Elemente im Satz, Lexikon als semantisches Netzwerk oder Textualitätsformen als Netzwerk von thematischen Makrostrukturen und texttypologisch-funktionalen Superstrukturen) jeweils wieder eigene Netzwerkstrukturen, so dass wir in einem Kommunikationsvorgang ein komplexes Zusammenspiel verschiedenartigster Netzwerke vorfinden. Wie viele anderen Formen von Netzwerken weisen also soziale und sprachliche Netzwerke von vorneherein eine fortgesetzte Dynamik auf, die unter anderem durch das je spezifische Miteinander unterschiedlicher Netzwerktypen hervorgerufen wird.

In der aktuellen Netzwerkanalyse lassen sich nun insbesondere folgende zwei Traditionslinien unterscheiden: Auf der einen Seite eine quantifizierend-modellierende mathematische Netzwerktheorie, die aus der Graphentheorie stammt, und inzwischen durch Theorien selbstorganisierender Systeme angereichert zu einer komplexen Netzwerktheorie ausgebaut wurde (Barabási 2002, vgl. Quandt 2006: 121). Anwendungen dieser Theorie auf der Basis verschiedener Data-Mining-Algorithmen und weiterer Programme, die es erlauben, automatisch Muster in umfangreichen Datensätzen zu identifizieren (Blanchard / Krüger 2006; Volchenkov / Blanchard 2002; Mehler 2009ab), haben inzwischen in vielen Wissenschaftsbereichen Anwendung gefunden, so z.b. in der Biologie und der Bioinformatik (Barabási / Oltvai 2004; Iossifov et al. 2004; Dehmer 2008; Dehmer et al. 2011), der Soziologie (Barber et al. 2006; Blanchard / Krüger 2004; Newman 2003; Volchenkov / Blanchard 2007; Stegbauer 2009), der Informatik (Adamic / Huberman 2001; Pastor-Satorras et al. 2001; Brandes 2009; Leskovec et al. 2005, 2009; Mehler 2011), der Kognitionswissenschaft (Steyvers / Tenenbaum, 2005; Mehler 2007; Borge-Holthoefer & Arenas 2010) und der Linguistik (Ferrer i Cancho et al. 2004; Solé et al. 2010; Mehler et al. 2010, 2012).

Demgegenüber bezeichnet in der qualitativ orientierten Netzwerkforschung das Netzwerk eine spezielle Form sozialer Gruppe, welche besonders offene und dynamische Strukturen aufweist (Fuhse 2006). So sieht die britische Sozialanthropologie im Netzwerk typische Sozialstrukturen der modernen komplexen Gesellschaft, die auf dyadischen Beziehungen in interrelationalen offenen Strukturen basiert. Die Bedeutung der Netzwerkstrukturen für die interaktive Aushandlung von Sinn betont die phänomenologische Netzwerktheorie (White 1995, vgl. ausführlich dazu: Fuhse 2006: 255s.). Kommunikative Netzwerke verfügen demnach über eine phänomenologische Struktur, die interaktiv ausgehandelt wird, und sich zu komplexen Sinnmustern entwickeln kann. White nennt derartige Netzwerkkulturen „Domänen". In Netzwerkdomänen entwickeln sich eigene symbolische Ordnungen, welche individuelle Einstellungen innerhalb der Netzwerkpopulationen bestimmen, und welche aufgrund der Teilhabe von Individuen an unterschiedlichen Netzwerken auch auf benachbarte Netzwerke übergehen können.

Bereits in diesen traditionelleren Bestimmungen von sozialen Netzwerken steht also - wenn auch meist implizit - der Netzwerkbegriff in enger Beziehung zur verbalen Interaktion; denn die wichtigsten Relationen zwischen den Individuen eines sozialen Netzwerks sind Kommunikationsprozesse. Aktuelle medien- und informationswissenschaftliche Netzwerkanalysen befassen sich verstärkt mit den neuen Kommunikationsformen des WWW und ihren Dynamiken, aber auch mit den technischen Möglichkeiten der Vernetzung unterschiedlicher Dokumententypen und ihrer Nutzerschaft. Sie berufen sich auf Manuel Castells Begriff der „Netzwerkgesellschaft" und dessen Bestimmung von Netzwerk als offener Struktur von miteinander verbundenen Knoten, die in der Lage sind, „grenzenlos zu expandieren und dabei neue Knoten zu integrieren." (Castells 2001: 528) Damit wird insbesondere die hohe Dynamik sozialer Netzwerke hervorgehoben, mithin der Wandel gesellschaftlicher Werte und Normen als Folge von Veränderungen im Netzwerk analysiert.

In der aktuellen Mediensoziologie taucht der Netzwerkbegriff zudem in Zusammenhang mit Untersuchungen auf, die sich für Eigenschaften der Interaktivität von Kommunikationsprozessen im Internet und deren Konsequenzen für die Entstehung neuer Formen und Eigenschaften kommunikativer Netzwerke interessieren (Sutter 2008, Wehner 1997, 2008). Zum einen geht es hierbei um die Bestimmung von Partizipationsstrukturen und neuen Formen von Interaktivität, wie sie sich in den letzten Jahren v.a. im Bereich des Web 2.0. herausgebildet haben. Diese wird auf der Basis langjähriger Forschungen zu massenmedialen Kommunikationsformen wie z.B. das Fernsehen, nach ihren spezifischen neuen Möglichkeiten interaktiver Teilhabe von Mediennutzern betrachtet.

Mit einer empirischen Analyse der Kommunikate, die nicht nur als Produkte interaktiver Prozesse fassbar werden, sondern auch deren Entstehungsprozess und permanente Dynamik analysiert, nimmt die Mediensoziologie zum andern (schrift-)sprachliche emergierende Strukturen in den Blick, wobei der interaktiv-konstruktive Charakter der Kommunikationsprozesse hervorgehoben wird (Wehner 2008).

In der Untersuchung der Entstehung, Typik und Dynamik emergierender kommunikativer Netzwerke verstanden als Orte der Bildung kollektiv gültiger Ordnungen und Strukturen trifft sich die Mediensoziologie mit dem Interesse der kommunikationsanalytisch orientierten Linguistik. Dabei treten die zur Verfügung stehenden qualitativen und quantitativen Beschreibungs- und Modellierungsmethoden von Mathematik und Informatik gleich in zweifacher Weise in den Blick: Zum einen als methodische Werkzeuge zur vergleichenden Beschreibung von Netzwerkstrukturen und deren Evolution aus wissenschaftlich-analytischer Sicht. Zum andern aber auch als im World Wide Web selbst genutzte Instrumente der quantifizierenden Erfassung kommunikativer Aktivitäten und deren Auswertung, die kollektive kommunikative Präferenzen und Handlungsmuster der Akteure sichtbar und für die Erstellung neuer Medienangebote nutzbar macht (Wehner 2008).

Dynamik sozialer und sprachlicher Netzwerke: die Beiträge des Bandes

Der vorliegende Band verbindet die Perspektiven und Methoden eines mathematisch-logischen Netzwerkkonzepts mit verschiedenen auf qualitativ-beschreibenden Analysen beruhenden empirischen Netzwerkkonzepten, wie sie insbesondere in der Soziologie entwickelt wurden und von Anfang an enge Bezüge zu kommunikativ-sprachlichen Netzwerkkonzepten aufwiesen. Dieser verschiedene Disziplinen überschreitende Ansatz spiegelt sich in der Vielfalt der hier versammelten Beiträge.

In der Kombination von naturwissenschaftlich-mathematischer Methodik, informatisch-texttechnologischer Modellierung und qualitativ beschreibender und interpretativer Methoden spannen die Beiträge des vorliegenden Bandes einen weiten interdisziplinären Bogen, der es in der Gesamtschau ermöglicht, die Komplexität der Beziehungen zwischen sozialen *und* sprachlichen Netzwerken zu erfassen. In den Blick genommen werden dabei Agenten-Netzwerke, Dokumentennetzwerke und Kommunikationsnetzwerke, sowie weitere Netzwerktypen, die sich insbesondere durch ihre hohe Dynamik auszeichnen: Sprachen in ihrer Evolution oder Rezeptionsnetzwerke für Literaturen oder Kunstwerke.

Um der breiten Interdisziplinarität des Bandes Rechnung zu tragen, haben wir uns dazu entschlossen, die Reihenfolge der Beiträge nicht traditionell nach Disziplinen zu ordnen, sondern zwei große inhaltliche Abschnitte einzuteilen. Im ersten Kapitel sind Beiträge zusammengestellt, die jeweils einen zentralen methodischen Aspekt der Netzwerkanalyse ins Zentrum ihrer Überlegungen stellen. Das zweite Kapitel umfasst dagegen Beiträge, die empirische Anwendungsbeispiele der Netzwerkanalyse vorstellen.

Kapitel I: Konzepte und methodische Aspekte der Analyse sozialer und sprachlicher Netzwerke

Vor dem Hintergrund der soziologischen Forschungstradition seit den 50er Jahren befasst sich **Steffen Albrechts** Beitrag „*Kommunikation als soziales Netzwerk? Anreize und Herausforderungen der Netzwerkanalyse von Kommunikationsprozessen*" mit der Frage, wie aus Sicht der *Sozialen Netzwerkanalyse* der Zusammenhang zwischen sprachlichen und sozialen Netzwerken in der Kommunikation erfasst werden kann. Während die traditionelle *Soziale Netzwerkanalyse* die Vorteile einer dezidert akteursorientierten Perspektive belegen konnte, geht Albrecht nun in seinem Ansatz einen Schritt weiter und modelliert Kommunikation selbst als soziales Netzwerk auf mehreren Ebenen. Diese schließen die Handlungen und Beziehungen von Akteuren ebenso ein wie die symbolische Repräsentation der Welt in der Sprache. Nach Albrecht lassen sich dabei drei mögliche Konzeptionen von Kommunikation denken: Kommunikation als Begleiterscheinung des Sozialen, Kommunikation als Instanziierung von Sprache und Kommunikation als genuin soziales Netzwerk. Diese drei Konzepte und ihre Modellierung in Netzwerken werden am Beispiel eines Diskussionsthreads im WWW zum Thema Nanotechnologie dargestellt. Schließlich diskutiert Albrecht die theoretischen und methodischen Herausforderungen, die eine Umorientierung der *Sozialen Netzwerkanalyse* auf Kommunikationsnetzwerke mit sich bringt.

Die Leistungen der mathematisch-stochastischen Netzwerkanalyse für die Modellierung der Genese und Entwicklung sozialer Strukturen zeigt **Sven Banischs** Beitrag „*Netzwerktheoretische Ansätze zur Beschreibung von Voting-Prozessen am Beispiel der Wahlverhaltensforschung*" auf. Banisch stellt aktuelle Ansätze zur Untersuchung der Dynamik von Meinungsbildungsprozessen vor, die sich vergleichend auf reale Daten zu Kommunikations- und Wahlverhalten stützen. Indem sie Vergleiche mit empirisch erhobenen Daten vornehmen, gehen diese über gängige numerisch-simulierende Verfahren hinaus. In seinem Beispiel vergleicht Banisch zunächst simulativ erzeugte Interaktionsnetzwerke mit Netzwerkanalysen realer Telefonie- und Online-Kommunikationen. Auf der Basis einer statistischen Analyse von Wahldaten (darunter die baden-württembergischen Landtagswahlen von 2011) wird sodann reales Wahlverhalten mit verschiedenen Simulationsmodellen verglichen. Im Ergebnis plädiert der Autor für eine künftige systematische Einbeziehung von Experimenten zur empirischen Validierung von Simulationsmodellen für Meinungsbildungsprozesse.

Einen Überblick über die methodischen Weiterentwicklungen der mathematisch-stochastischen Netzwerkanalyse im Kontext von epidemischen Prozessen, Meinungsbildungsprozessen und Kommunikationsnetzwerken gibt **Philippe Blanchards** Beitrag „*Language evolution as generalized epidemic process on inhomogeneous random graphs*". In diesem Zusammenhang erläutert er insbesondere die Ergebnisse aktueller Untersuchungen zur netzwerkanalytischen Modellierung von langfristigen Sprachwandelprozessen (z.B. die Ausdifferenzierung sprachlicher Varietäten, Ausspracheveränderungen oder die Ausbreitung von Modewörtern) als generalisierte epidemische Prozesse.

Die Leistungen einer methodischen Kombination von Literaturwissenschaft und Netzwerkanalyse zeigt der Beitrag von **Roman Halfmann** und **Benno Wagner** auf: „*Interkulturelle Klassikerrezeption als semantisch-soziales Netzwerk. Eine Projektskizze am Beispiel der Kafka-Rezeption in China*". Um die Bedeutung des Netzwerk-Paradigmas für die Bearbeitung literarischer Kommunikation zu veranschaulichen, arbeiten die Autoren ein semantisches, soziales und geographisches Netzwerk heraus, welches die chinesische Kafka-Rezeption und deren Entwicklung abbildet. Dabei werden verschiedene Dimensionen des Netzwerks aufgezeigt, darunter insbesondere die historische Entwicklung der Rezeption, deren Schritte als unterschiedliche Netzwerkebenen modelliert werden.

Ihren Standpunkt innerhalb der mediensoziologischen Debatte um die Möglichkeiten der Partizipation des Publikums an Kommunikationen des WWW erläutern **Michael Jäckel** und **Gerrit Fröhlich** in dem Beitrag „*Das aktive Publikum: eine Ortsbestimmung*". Dabei geht es ihnen um eine genaue Differenzierung der tatsächlichen Partizipationsleistungen und des realen Interaktionsverhaltens des „vernetzten" Publikums. Neben Netzwerk- und Kaskadeneffekten produziert das WWW auch zahlreiche Beispiele für Partizipationsillusionen und Flaschenhalsprobleme, wie sie aus den traditionellen Massenmedien bekannt sind. Zur Analyse der Publikumsaktivitäten schlagen Jäckel und Fröhlich eine Differenzierung anhand der von A.O. Hirschman stammenden Kategorien *Loyalty* (Formen des qualitativen und quantitativen Medienzuspruchs), *Voice* (Formen des Protests gegenüber Medienangeboten) und *Exit* (dauerhafter Verzicht auf Medienangebote) vor, wobei die *Voice*-Strategie eine dominante Stellung einnimmt.

Ausgehend von der Annahme, dass der Ereignisbegriff zentral für das Verständnis und die Modellierung „sozialer und historischer Ablaufdynamiken" ist, stellt **Thomas Malsch** in seinem Beitrag „*Narrative Methoden und die Temporalität sozialer Kommunikationsnetzwerke. Ein Vergleich ereignisbasierter Modelle aus kommunikationssoziologischer Sicht*" ausführlich das Vorgehen dreier formaler narrativer Methoden der historischen Soziologie vor, nämlich der Ereignisstrukturanalyse, der Sequenzanalyse und der Netzwerkanalyse. Malsch stellt diesen Methoden eine ereignisbasierte Modellierung sozialer Kommunikationsprozesse gegenüber, die sich u.a. dafür interessiert, wie „historische Ereignisse als narrative Orientierungsmarken im gesellschaftlichen Kommunikationsprozess prozessiert werden und damit zur Strukturemergenz beitragen können". Narrative werden dabei als „spezifische Kommunikationsepisoden" definiert, die „sich im Medium der Narrativität selbst interpunktieren, indem sie Anfang und Ende sowie Signifikanz- und Relevanzwerte festlegen". Nachdem die theoretischen und methodischen

Charakteristika und Unterschiede der vorgestellten Ansätze genau herausgearbeitet sind, illustriert Malsch seinen eigenen Modellierungsvorschlag anhand einer Fallgeschichte zur Verletzung und Wiederherstellung von Familienehre.

Aus systemtheoretischer Perspektive unterziehen **Jan Passoth, Tilmann Sutter** und **Josef Wehner** in ihrem Beitrag „*Vernetzungen und Publikumskonstruktionen im Internet*" den Netzwerkbegriff der Soziologie einer kritischen Analyse und weisen auf ein theoretisches Defizit in der soziologischen Bestimmung des Netzwerkbegriffs hin, welches der zentralen Aufgabe entgegensteht, einen Beitrag zu einer „soziologische[n] Aufklärung neuer gesellschaftlicher Organisationsweisen" zu leisten. In ihrem Beitrag zeigen die Autoren auf, dass der Netzwerkbegriff nur dann zur soziologischen Analyse taugt, wenn er zu einer Heuristik beiträgt, die es ermöglicht, wesentliche Gemeinsamkeiten in unterschiedlichen empirischen Phänomenen wie *Twitter*, *Facebook* und anderen „Vernetzungs"-Plattformen aufzudecken und diese von der „Netzwerkförmigkeit" anderer sozialer Phänomene abzugrenzen. Ausgehend vom Vernetzungsbegriff der Mediensoziologie zielt der hier präsentierte Netzwerkgedanke v.a. auf die Ablösung massenmedialer Kommunikationsformen durch neue Formen computervermittelter Kommunikation ab, welche sich jedoch inzwischen in Bezug auf reale Interaktions- und Partizipationsmöglichkeiten als durchaus heterogen entpuppt haben.

Die konzeptuelle Bedeutung komplexer Netzwerke für die Kunst- und Geisteswissenschaften erläutert **Maximilian Schich** in seinem Beitrag „*Netzwerke von komplexen Netzwerken in der (Kunst) Wissenschaft*". Schich zeigt, wie in einer Zeit, die durch stetig wachsende Datenmengen geprägt ist, die quantitative Perspektive sowohl im Fach selbst als auch in multidisziplinären Forschungskontexten neue Erkenntnisse hervorbringt. Ausgangspunkt für seine Netzwerkmodellierung ist die Standardisierung der Zuordnung von Objekten zu kunsthistorischen Werk-Klassifikationen. Ziel des Vorgehens ist letztlich eine Summe aller kunsthistorischer Klassifikationsmuster zu erstellen. Da jedes kunstgeschichtliche Objekt unter unterschiedlichen Klassifikationskriterien erfasst werden kann, bilden die hieraus entstehenden multiplen Zuordnungen ein komplexes Netzwerk, dessen Gesamtstruktur, Dynamik und Evolution einen interessanten Untersuchungsgegenstand ergeben. Dies wird exemplarisch an der Rezeption antiker Monumente in visuellen Dokumenten erläutert, die als komplexes Netzwerk von Klassifikationsebenen dargestellt werden.

Einer kritischen Reflexion und empirischen Überprüfung der Aussagekraft quantitativer Analysen sozialer Netzwerke in den neuen Medien widmet sich der Beitrag von **Christian Stegbauer** „*Probleme der Konstruktion zweimodaler Netzwerke*" am Beispiel bimodaler Netzwerke von Akteuren und ihrer Kooperationsbeziehungen in der *Wikipedia*. Im Zentrum seiner Kritik steht die Bestimmung sozialer Beziehungen und deren quantitative Erfassung. Stegbauer zeigt im Detail auf, dass alle gängigen Methoden zur Erfassung realer sozialer Kontakte zwischen Akteuren (im untersuchten Fall handelt es sich um die Zusammenarbeit der Akteure an Artikeln und Diskussionen in der *Wikipedia*) Probleme aufwerfen, die es notwendig machen, je nach untersuchter Fragestellung und erwünschter Ergebnisgenauigkeit unterschiedliche Filter oder Schwellenwerte in die Analysen einzubauen. Nur diese erlauben es dem Netzwerkanalytiker, die Komplexität der verschiedenen Grade und Formen sozialer Beziehungen im Netz adäquat zu erfassen.

Kapitel II: Empirische Aspekte der Analyse sozialer und sprachlicher Netzwerke

Der zweite Abschnitt des Bandes ist der empirischen Analyse konkreter Netzwerkphänomene aus qualitativer, quantitativer oder auch aus einer Perspektive gewidmet, die versucht, beide Herangehensweisen miteinander zu kombinieren.

In einer qualitativen linguistischen Untersuchung der dialogischen Kommunikationsform *Chat* zeigt **Michael Beißwenger** (*„Raumorientierung in der Netzkommunikation. Korpusgestützte Untersuchungen zur lokalen Deixis in Chats"*) wie die medialen und kommunikativen Bedingungen einer spontanen, nahezu in Echtzeit geführten Kommunikation bei den Akteuren im kommunikativen Netzwerk die Entwicklung und Konventionalisierung von neuen sprachlichen Verfahren der gegenseitigen Mitteilung von Raumorientierungen in den vielfältigen, in die Kommunikationssituation eingebundenen virtuellen und realen Räumen erforderlich macht. Auf der Basis einer Analyse des Dortmunder Chat-Korpus untersucht Beißwenger, ob die Verwendungen von Lokaldeiktika (*hier, dort*) in Chats auf Standardannahmen basieren. Tatsächlich sprechen die Ergebnisse dafür, dass zumindest für *hier* eine Standardannahme eine Rolle spielt, wenn kein anderer Typ von Verweisraum etabliert wird. Standardannahmen (sowie auch größtmögliche Explizitheit) stellen also eine effektive Strategie dar, um mit dem Problem der Verwendung lokaldeiktischer Ausdrücke in der Netzkommunikation umzugehen. Beißwenger belegt mit seiner Studie eindrucksvoll die direkte Abhängigkeit zwischen den medialen und kommunikativen Bedingungen des Chatnetzwerks einerseits und der kooperativen Herausbildung sprachlicher Strategien andererseits.

In ihrem Beitrag „*Frames – ein qualitativer Zugang zur Analyse von Sinnstrukturen in der Online-Kommunikation*" stellt **Claudia Fraas** das Frame-Konzept als vielversprechenden analytischen Zugang zur qualitativen Analyse der Emergenz kollektiver Sinnstrukturen vor. In der Zusammenfassung grundlegender Traditionslinien der Frame-Forschung (Minsky, Filmore) zeigt Fraas auf, dass das Frame-Konzept auf der einen Seite einen kognitionswissenschaftlichen Fokus auf subjektive Sinnbeschreibungen legt, aber auch die kultur- und sozialwissenschaftliche Vorstellung der Musterhaftigkeit, der sozialen Prägung, letztlich also die Kollektivität von Sinnstrukturen berücksichtigt. Anhand der Konstruktion eines gemeinsamen Sinnhorizontes in der *Wikipedia* wird gezeigt, wie die beiden genannten Aspekte des Frame-Konzepts im Rahmen eines einheitlichen methodischen Ansatzes verbunden werden können. Frames sind dabei gleichzeitig Analysewerkzeuge, Repräsentationsformate (für kognitive Strukturen) und Beschreibungsinstrumente für die Aktualisierung der kognitiven Strukturen in verschiedenen Interpretationsmustern. So können mittels thematischer Beziehungen und Interpretationsmuster Akteursnetzwerke auf der Ebene der Sinnstrukturen aufgedeckt werden, was es wiederum ermöglicht zu untersuchen, wie Bedeutung unter den Akteuren ausgehandelt wird.

Im Fokus des Beitrags von **Rainer Hammwöhner** („*Bilddiskurse in den Wikimedia-Commons*") steht die Untersuchung quantitativer Zusammenhänge in den Bewertungsdialogen von *Wikimedia-Commons*. Die kooperative Arbeitsweise in den *Commons*, welche Bildmedien über die Wikipedia hinaus bereitstellen, ist vergleichbar mit der der *Wikipedia*, allerdings gibt es dazu bislang keine systematische Forschung. Im Zentrum der Studie stehen Bewertungsdialoge und Löschabstimmungen. Dabei lässt sich feststellen, dass die Prämierung eines Bildes auf vorgegebenen visuellen Qualitätskriterien basiert. Ob ein Bild sich für die Illustration eines Sachverhalts eignet, ist hierbei ebenso unwichtig wie bei der Löschung, wo eher Urheber- oder Persönlichkeitsrechte eine Rolle spielen. Die Verallgemeinerungsmöglichkeiten der gewonnenen Ergebnisse könnten zukünftig beispielsweise durch eine kontrastive Untersuchung von Bewertungsdialogen über Wikipedia-Texte ermittelt werden, um zu erforschen, ob es bei der Diskussion und Bewertung von Bildern und Texten Unterschiede gibt.

Eine Anwendung der netzwerkbasierten Analyse von sozialen Strukturbildungsprozessen in der Informatik präsentiert **Gerhard Heyer** in seinem Beitrag „*Soziale Netzwerke und inhaltsbasierte Suche in P2P-Systemen*". Ziel der Untersuchung ist die Verbesserung der Dokumentensuche in Netzwerken, die auf sogenannten *Peer-to-Peer* (P2P)-Systemen beruhen. Heyer erläutert traditionelle Vorgehen, die zentralistische und dezentrale Informationsrecherchen vorsehen, in ihren jeweiligen Vorzügen und Nachteilen. Der Autor stellt nun einen noch in der Erprobungsphase stehenden Ansatz vor, dem es gelingt, die Vorteile beider Vorgehensweisen für die Anwender nutzbar zu machen.

Angelika Storrer zeigt in ihrem Beitrag „*Sprachstil und Sprachvariation in sozialen Netzwerken*" an einer korpusbasierte Untersuchung von Versprachlichungstechniken und stilistischen Verfahren in dialogischen und monologischen Kommunikationsformen des WWW, dass sich in geschriebenen Kommunikationen im Netz eine Ausdifferenzierung der Möglichkeiten schriftsprachlichen Handelns beobachten lässt. Storrer unterscheidet ein „interaktionsorientertes" von einem „textorientierten" Schreiben, zwei Varietäten, die sich weitgehend unabhängig voneinander ausdifferenzieren. Insbesondere das interaktionsorientierte Schreiben wird nun als Antwort auf die neuen medialen und konzeptionellen Bedingungen der dialogischen Kommunikationsformen des WWW ausgebaut, indem neue sprachliche Techniken und stilistische Verfahren entwickelt und konventionalisiert werden. In quantitativen Untersuchungen von stilspezifischen Markern im Dortmunder Chatkorpus und in dialogischen und monologischen Bereichen der deutschen *Wikipedia* kann Storrer zeigen, dass das „interaktionsorientierte Schreiben" auf dialogische Kommunikationsformen beschränkt ist und das traditionelle „textorientierte Schreiben" nicht beeinflusst. Storrers Untersuchungen konnten außerdem belegen, dass der Sprachstil nicht in Abhängigkeit vom gewählten Ausdrucksmedium (Internet) oder sozialen Netzwerk (*Wikipedia*) gewählt wird, sondern an den jeweiligen kommunikativen Rahmenbedingungen der einzelnen Diskursformen und deren sprachliche Konventionen angepasst wird. Storrers quantitative Analysen bestätigen damit eindrucksvoll verschiedene qualitativ und überwiegend an Fallbeispielen gewonnene Erkenntnisse der Linguistik.

Nils Diewald und **Barbara Frank-Job** kombinieren in ihrem Beitrag „*Sprachliche Dynamik in kommunikativen Netzwerken: Kategorisierungsprozesse am Beispiel des Guttenplag-Wikis*" die qualitativ-interpretierende Kommunikationsanalyse mit den Möglichkeiten der beschreibenden Informatik. Ausgehend von der Problematik der Bestimmung und Abgrenzung der Begriffe *Interaktion* und *Kooperation* analysieren sie die kommunikative und kollaborative Dynamik eines virtuellen sozialen Netzwerks, das der Aufdeckung und Präsentation der Plagiate in der Dissertation des ehemaligen Verteidigungsministers Zu Guttenberg gewidmet ist. Am Beispiel der interaktiven und kollaborativen Prozesse, die bei der Aushandlung von Plagiats-Kategorien zu beobachten waren, wird herausgearbeitet, wie Kooperation und sprachliche Interaktion nahtlos ineinander übergehen und sich gegenseitig bestimmen.

Ebenfalls ausgehend von dem Beispiel des GuttenPlag Wikis entwickeln **Alexander Mehler**, **Christian Stegbauer** und **Rüdiger Gleim** in ihrem Beitrag „*Zur Struktur und Dynamik der kollaborativen Plagiatsdokumentation am Beispiel des GuttenPlag Wikis: eine Vorstudie*" ein netzwerkanalytisches Zeitreihenmodell, das die Messung der Kollaboration auf der Basis dieses Spezialwikis in den Vordergrund rückt. Hierzu entwickeln die Autoren eine Typologie von Bezugsgrößen der Kollaborationsmessung, welche von der Ko-Partizipation bis hin zur kooperativen Erstellung kohärenter Texte reicht. In diesem Sinne verbinden die Autoren die quantitative Analyse von Dokumentnetzwerken mit jener von sozialen Netzwerken. Dies wird anhand des GuttenPlag Wikis exemplifiziert, für das eine charakteristische Zentrum-Peripherie-Struktur der Ko-Partizipation beschrieben wird.

Zitierte Literatur

Adamic, L. A. / B. A. Huberman (2001): The Web's hidden order. *Com. of the ACM 44*(9), 55–59.
Antos, G. (2002): Mythen, Metaphern, Modelle. Konzeptualisierungen von Kommunikation aus dem Blickwinkel der Angewandten Diskursforschung. In: Brünner, G. et al. (Hgg.): *Angewandte Diskursforschung. band 1: Grundlagen und Beispielanalysen.* Radolfszell: Verlag für Gesprächsforschung, 93-117.
Barber, M., / Blanchard, E. / Buchinger, B. / Cessac, / Streit, L. (2006): Expectation-driven interaction: a model based on Luhmann's contingency approach. *Journal of Artificial Societies and Social Simulation* 9(4), 5. <http://jasss.soc.surrey.ac.uk/9/4/5.html>.
Barabási, A.-L. / Z. N. Oltvai (2004): Network biology: Understanding the cell's functional organization. *Nature Reviews. Genetics* 5(2), 101–113.
Barabási, A.-L. / R. Albert (2002): Statistical mechanics of complex networks. *Rev. Mod. Phys.* 74, 47–97.
Blanchard, P. / T. Krüger (2004): The cameo principle and the origin of scale free graphs in social networks. *Journal of statistical physics 114*(5-6), 399–416.
Blanchard, P. / T. Krüger (2006): Networks of the extreme: A search for things exceptional. In: Albeverio, S. / V. Jentsch / H. Kantz (Eds.): *Extreme Events in Nature and Society*. Berlin: Springer (= The Frontiers Collection), Chapter 11, 259–273.
Borge-Holthoefer, J. / A. Arenas (2010): Semantic networks: Structure and dynamics. *Entropy 12*(5), 1264–1302.
Brandes, U. / P. Kenis / J. Lerner / D. van Raaij (2009): Network analysis of collaboration structure in Wikipedia. In *Proceedings of the 18th international conference on World wide web*, WWW '09, New York, NY, USA, pp. 731–740. ACM.

Castells, M. (2001): *Das Informationszeitalter: Wirtschaft, Gesellschaft, Kultur. Teil 1: Der Aufstieg der Netzwerkgesellschaft.* Opladen: Leske + Budrich.
Cicourel, A.C. (1975): *Sprache in der sozialen Interaktion.* Paul List Verlag, München.
Dehmer, M. (2008): Information processing in complex networks: Graph entropy and information functionals. *Applied Mathematics and Computation 201*, 82–94.
Dehmer, M., F. Emmert-Streib, and A. Mehler (Eds.) (2011): *Towards an Information Theory of Complex Networks: Statistical Methods and Applications.* Boston/Basel: Birkhäuser.
Ferrer i Cancho, R.. / R. V. Solé und R. Köhler (2004): Patterns in syntactic dependency-networks. *Physical Review E*(69), 051915.
Fuhse, J. (2006): Gruppe und Netzwerk – eine begriffsgeschichtliche Rekonstruktion. *Berliner Journal für Soziologie* 16,/2, 245-263.
Hepp, A. / F. Krotz / S. Moores / C. Winter (Hgg.) (2006): Netzwerk, Konnektivität und Fluss. Schlüsselkonzepte der Kommunikations- und Medienwissenschaft. Wiesbaden: Verlag für Sozialwissenschaften. .
Iossifov, I., M. / C. Krauthammer. / V. Friedman. / J. S. Hatzivassiloglou / K. P. Bader / K. P. White, / A. Rzhetsky (2004): Probabilistic pathway inference from noisy data sources. *Bioinformatics* 22 (8), 1205–1213.
Leskovec, J. / L. Backstrom / J. Kleinberg (2009): Meme-tracking and the dynamics of the news cycle. In *Proceedings of the 15th ACM SIGKDD international conference on Knowledge discovery and data mining*, KDD '09, New York, NY, USA, pp. 497–506. ACM.
Leskovec, J. / J. Kleinberg / C. Faloutsos (2005): Graphs over time: densification laws, shrinking diameters and possible explanations. In *KDD '05: Proceeding of the eleventh ACM SIGKDD international conference on Knowledge discovery in data mining*, New York, pp. 177–187. ACM Press.
Mehler, A. (2007): Large text networks as an object of corpus linguistic studies. In: Lüdeling, A. / M. Kytö (Eds.): *Corpus Linguistics. An International Handbook.* Berlin/New York: De Gruyter.
Mehler, A. (2009a): Generalised shortest paths trees: A novel graph class applied to semiotic networks. In: Dehmer, M. / F. Emmert-Streib (Eds.): *Analysis of Complex Networks: From Biology to Linguistics.* Weinheim: Wiley-VCH.
Mehler, A. (2009b): Minimum spanning Markovian trees. Introducing context-sensitivity into the generation of spanning trees. In: Dehmer, M. (Ed.): *Structural Analysis of Complex Networks.* Basel: Birkhäuser Publishing.
Mehler, A. (2011): A quantitative graph model of social ontologies by example of Wikipedia. See Dehmer:EmmertStreib:Mehler:2009:a, pp. 259–319.

Mehler, A. / A. Lücking / P. Weiß (2010): A network model of interpersonal alignment. *Entropy 12*(6), 1440–1483.

Mehler, A. / A. Lücking / P. Menke (2012): Assessing cognitive alignment in different types of dialog by means of a network model. *Neural Networks 32*, 159–164.

Newman, M. E. J. (2003): The structure and function of complex networks. *SIAM Review* 45, 167–256.

Pastor-Satorras, R., / A. Vázquez / A. Vesipignani (2001): Dynamical and correlation properties of the internet. *Physical Review Letters* 87(25):268701.

Quandt, T. (2006): Netzwerke und menschliches Handeln: Theoretische Konzepte und empirische Anwendungsfelder. In: Hepp et al. 2006, 119-140.

Steyvers, M. / J. Tenenbaum (2005): The large-scale structure of semantic networks. Statistical analyses and a model of semantic growth. *Cognitive Science 29*(1), 41–78.

Solé, R. V. / B. Corominas-Murtra / S. Valverde / L. Steels (2010). Language networks: their structure, function and evolution. Complexity 15(6), 20–26.

Sutter, T. (2008): „Interaktivität" neuer Medien. Illusion und Wirklichkeit aus der Sicht einer soziologischen Kommunikationsanalyse. In: Willems, H. (Hg.): *Weltweite Welten. Internet-Figurationen aus wissenssoziologischer Perspektive*. Wiesbaden: VS Verlag für Sozialwissenschaften, GWV Fachverlage GmbH Wiesbaden (Springer-11776 /Dig. Serial]), 57–73.

Stegbauer, C. (2009): *Wikipedia: Das Rätsel der Kooperation*. Wiesbaden: VS.

Volchenkov, D. / P. Blanchard (2002): An algorithm generating random graphs with power law degree distributions. *Physica A 315(3)*, 677–690.

Volchenkov, D. / P. Blanchard (2007): Random walks along the streets and canals in compact cities. Spectral analysis, dynamical modularity, and statistical mechanics. *Physical Review E 75*(1), 026104.

Wehner, J.(1997): "Interaktive Medien – Ende der Massenkommunikation? *Zeitschrift für Soziologie*, Heft 2.

Wehner, J. (2008): „Taxonomische Kollektive" - Zur Vermessung des Internets. In: Willems, H. (Hg.): *Weltweite Welten. Internet-Figurationen aus wissenssoziologischer Perspektive*. Wiesbaden: VS Verlag für Sozialwissenschaften, GWV Fachverlage GmbH Wiesbaden (Springer-11776 /Dig. Serial]), 363–382.

White, H. (1995): Passages réticulaires, acteurs et grammaire de la domination. *Revue française de sociologie* 36, 705-723.

Kapitel I: Konzepte und methodische Aspekte der Analyse sozialer und sprachlicher Netzwerke

Steffen Albrecht

Kommunikation als soziales Netzwerk? Anreize und Herausforderungen der Netzwerkanalyse von Kommunikationsprozessen

1. Einleitung

Der Kommunikation ist das Soziale gewissermaßen in den Wortstamm eingeschrieben, geht der Begriff doch darauf zurück, etwas gemeinsam zu machen, etwas mitzuteilen und damit auch mit anderen zu teilen. Umgekehrt ist das Verhältnis weniger eindeutig. Das Soziale wurde in der soziologischen Theorie lange Zeit ohne besondere Berücksichtigung der Kommunikation untersucht, es war vornehmlich in den Handlungen von Akteuren und in den durch diese Handlungen entstandenen und diese Handlungen prägenden Strukturen verortet. Kommunikation galt dabei als Begleitmusik des Sozialen.

Mit der sogenannten kommunikativen Wende (Knoblauch 2000) in den 1970er Jahren änderte sich dies. Im Gefolge des „linguistic turn" stellten soziologische Großtheorien wie die von Jürgen Habermas und Niklas Luhmann ihren Fokus und ihren Begriffsapparat auf Kommunikation um und rückten diese in den Mittelpunkt der theoretischen Reflexion sozialer Phänomene. Auch wenn sich seither neue „turns" angeschlossen haben („practice turn" etc.), bleibt die soziologische Theorie seither kommunikationsbewusst und räumt der Kommunikation eine zentrale Rolle in ihren Theoriearchitekturen und ihren substanziellen Erklärungen ein (vgl. Schützeichel 2004).

Es ist dabei kein Zufall, dass die kommunikative Wende Hand in Hand mit einer intensiven Auseinandersetzung mit den Arbeiten der Medien- und Kommunikationswissenschaft einherging (vgl. etwa Habermas 1981: 571ff.). Deren wachsende Bedeutung für die Soziologie spiegelt eine gesellschaftliche Entwicklung wider, die der Kommunikation, insbesondere der massenmedialen, einen immer größeren Stellenwert für die Integration und Koordination gesellschaftlicher Prozesse zuweist. Insofern trug die Entwicklung der soziologischen Theorie einer gesellschaftlichen Entwicklung Rechnung, die sich auch in der Rede von der „Mediengesellschaft" oder der „Informationsgesellschaft" niedergeschlagen hat.

Mit der Entwicklung des Internets zum übergreifenden, unterschiedliche Kommunikationsformen und -kulturen zusammenführenden Kommunikationsnetz hat diese Entwicklung noch an Dynamik gewonnen. Öffentlichkeit ist heute mehr denn je als umfassender Kommunikationsraum zu denken, in dem Nachrichten über zeitliche und räumliche Distanzen verbreitet werden können, Anschluss finden und eingehen in Diskurse, die zwar ganz unterschiedliche Themen behandeln, potenziell aber wechselseitig erreichbar sind. Zwar mögen Verbreitungsmedien wie das Fernsehen nach wie vor die Rolle eines Leitmediums beanspruchen (von Pape und Quandt 2010: 394). Doch die immer noch wachsende Nutzung des Internets zur öffentlichen wie individuellen Kommunikation und nicht zuletzt die zunehmende Digitalisierung und Vernetzung auch klassischer Kommunikationsformen wie Bücher (vgl. die umfangreichen Digitalisierungsprojekte von Bibliotheken wie privaten Internet-Unternehmen) lässt ein Netzwerk von Mitteilungen und Referenzen entstehen, das bisher zwar existiert haben mag, erst jetzt jedoch erfassbar und analysierbar wird (vgl. King 2011). Nicht zuletzt hat auch diese Entwicklung einen neuen Gesellschaftsbegriff hervorgebracht, die Rede ist jetzt von der „Netzwerkgesellschaft" (Castells 2001).

Auch wenn dieser Begriff nur einen von mehreren parallel ablaufenden Veränderungsprozessen bezeichnet, erscheint er nicht nur als angemessene Reflexion der medialen Entwicklung, sondern auch aus der Perspektive der soziologischen Theorie hoch interessant. Denn in den letzten dreißig Jahren hat sich zunächst allmählich, in jüngster Zeit jedoch immer stärker das Paradigma der Netzwerkforschung in der Soziologie etabliert, das die theoretische Diskussion und insbesondere die empirische Forschung prägt (vgl. Jansen 1999; Stegbauer 2008). Interessanterweise haben wir es in diesem Fall jedoch nicht mit einem unmittelbaren Bezug von Theorie und gesellschaftlicher Entwicklung zu tun, denn die Netzwerkperspektive teilt gerade nicht den Blick auf Kommunikation, sondern entwickelte sich als vor allem akteurszentriertes Paradigma (vgl. Albrecht 2008, 2010a). Die „Social Network Analysis" (im Folgenden als „Soziale Netzwerkanalyse" übersetzt), als die sich die Netzwerkperspektive in der Soziologie vor allem etablierte, basiert theoretisch stark auf einer akteurszentrierten, an sozialen Strukturen interessierten Perspektive. Die kommunikative Wende wurde von ihr nicht mitvollzogen. Allerdings wurden unter dem breiteren Begriff der Netzwerkforschung (vgl. zur Abgrenzung Stegbauer 2008) neue Entwicklungen angestoßen, die stärker an die Einsicht anknüpfen, dass soziale Netzwerke wesentlich durch Kommunikation hervorgebracht bzw. verändert werden und die proklamieren, „discourse is the stuff of social networks" (Mische und White 1998: 695). Die Kommunikation im World Wide Web veranschaulicht durch das technische Mittel des Hyperlinks die Verknüpftheit von sprachlichen und sozialen Netzwerken. Ihre

Erforschung hat einen intensiven Austausch in Gang gebracht zwischen Forschern ganz unterschiedlicher Disziplinen, die alle den Netzwerkbegriff als Mittel zur Beschreibung und Analyse ihres Gegenstandes nutzen. Genau in diesem Zusammenhang stellt sich allerdings die Frage, wie der Zusammenhang zwischen sprachlichen und sozialen Netzwerken in der Kommunikation methodisch und theoretisch erfasst werden kann, wenn dabei an die Errungenschaften der Sozialen Netzwerkanalyse angeschlossen werden soll? Der vorliegende Beitrag versucht, die methodischen und theoretischen Herausforderungen zu skizzieren, die mit einer Öffnung des akteurszentrierten Paradigmas der Sozialen Netzwerkanalyse hin zur Kommunikation verbunden sind.

Im folgenden Abschnitt wird dazu die Soziale Netzwerkanalyse als soziologische Perspektive vorgestellt, die sich vor allem für Netzwerke interpersoneller Beziehungen zwischen Akteuren interessiert. Im dritten Abschnitt geht es um die Frage, welche Rolle dabei der Kommunikation zukommt und wie diese durch die Soziale Netzwerkanalyse untersucht wird. In der Literatur lassen sich idealtypisch drei Varianten der Modellierung von Kommunikation unterscheiden, die im vierten Abschnitt dargestellt werden, bevor die Anreize und Herausforderungen diskutiert werden, die sich aus der Netzwerkanalyse von Kommunikationsprozessen ergeben. Den Abschluss bildet ein kurzes Fazit.

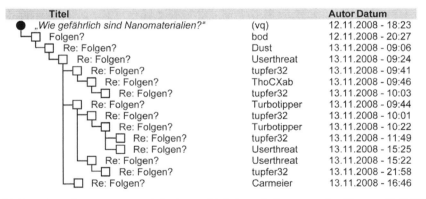

Abbildung 1: Diskussion zum Artikel „Wie gefährlich sind Nanomaterialien?" vom 12.11.2008 im Onlineforum „golem.de" (Quelle: http://www.golem.de/0811/63519.html, Stand: 25.2.2011). Abgebildet ist nur ein Ausschnitt der Diskussion, die Struktur entspricht den technischen Verweisen der Nachrichten aufeinander („Reply to"). Die Pseudonyme der Autoren wurden zur Anonymisierung verändert.

Zur Illustration der Diskussion, insbesondere der Modellierungsvarianten, soll ein Ausschnitt aus einem Kommunikationsprozess dienen, wie er in Onlineforen zum Thema „Nanotechnologie" geführt wird. Die oben abgebildete Sequenz lief als sogenannter „Thread" im Onlineforum „golem.de" ab und wurde durch den Verfasser im Rahmen einer Untersuchung des Onlinediskurses zur Nanotechnologie erhoben (vgl. Albrecht et al. 2010). Während es in der Studie um die Wahrnehmung und den sprachlichen Ausdruck von Chancen und Risiken im Onlinediskurs ging, geht es hier um die Frage, wie sich ein solcher Diskurs netzwerkanalytisch untersuchen lässt (die Inhalte der Beiträge sind daher hier zunächst nicht wiedergegeben).

2. Soziale Netzwerkanalyse

Die klassische Soziale Netzwerkanalyse erfasst das Soziale als relationales Gefüge. Nicht der Einzelne mit seinen Eigenschaften wird zur Erklärung herangezogen, wie in der Variablensoziologie, sondern das Gefüge wechselseitiger Beziehungen (Emirbayer 1997). Die Beziehungen können dabei ganz unterschiedlicher Art sein, je nach Untersuchungsgegenstand werden Interaktionen, Wahrnehmungen und Einschätzungen, Austauschbeziehungen, formale Rollenverhältnisse oder Verwandtschaftsverhältnisse zwischen Akteuren untersucht (für einen Überblick s. Haas und Malang 2010).

Bei den Einheiten, deren Beziehungsmuster analysiert werden, beschränkt sich die Soziale Netzwerkanalyse meist auf individuelle und kollektive Akteure (vgl. Albrecht 2010a). Deren Eigenschaften und Handlungen werden zum Explanandum, sie werden typischerweise durch Varianten des sogenannten Netzwerkeffekts erklärt, also als Folge des Vorhandenseins oder der Abwesenheit von Beziehungen. So gehen Forschungen zum Sozialkapital davon aus, dass Akteure von Ressourcen profitieren können, die sie zwar nicht selbst kontrollieren, aber Akteure, zu denen sie enge soziale Beziehungen pflegen (Lin et al. 2001). Wirtschaftsorganisationen haben mehr oder weniger Erfolg je nach dem, welche Positionen sie in einem Organisationsnetzwerk einnehmen (Uzzi 1996).

Die Formalisierung von komplexen Zusammenhängen in der vergleichsweise einfachen Grundstruktur von Knoten und Kanten kann als eine Stärke der Netzwerkanalyse betrachtet werden. Dabei gilt für die Soziale Netzwerkanalyse wie für Netzwerkanalysen in anderen Disziplinen, dass die Frage der Zuordnung der abstrakten Konzepte von Knoten und Kanten zum empirischen Gegenstandsbereich wohlüberlegt sein sollte (Butts 2009). Während die Auswahl der Art von Beziehungen, die die Kanten bilden, einige Aufmerksamkeit erhält, ist die Zuordnung von Akteuren zu Knoten in der quantitativ ebenso wie der qualitativ orientierten Sozialen Netzwerkanalyse so weit verbreitet, dass sie nur selten ausführlicher thematisiert wird (vgl. Wasserman und Faust 1994: 37f.; auch Jansen 1999 geht nur in einer Fußnote auf andere Akteurstypen ein).

3. Soziale Netzwerkanalyse und Kommunikation

Als Beziehungsdimension von Netzwerken bildet Kommunikation bereits seit langem einen Gegenstand der Sozialen Netzwerkanalyse. Beginnend in den 1950er Jahren und deutlich ausgeweitet ab den 1970er Jahren setzen sich Forscher vor allem mit der Frage auseinander, wie Akteure über Kommunikation miteinander in Verbindung stehen und welche Beziehungen sich auf diese Weise bilden bzw. auf welche Weise bestehende Beziehungen sich auf die Kommunikation auswirken (für einen Überblick über diese Arbeiten vgl. Rogers und Agarwala-Rogers 1976: 108ff.). Auch in diesen Studien werden Akteure den Knoten zugeordnet, wohingegen der kommunikative Austausch als Kante operationalisiert wird. Dabei besteht eine gewisse Varianz darin, ob Kommunikation als Indikator bzw. Konstituens für eine Beziehung herangezogen wird oder ob die Beziehung als relativ unabhängig von der Kommunikation bestehend angesehen wird wie z.B. bei formalen Strukturen in Organisationen (in diesem Fall wird dann die wechselseitige Beeinflussung von Beziehungs- und Kommunikationsstrukturen untersucht).

Aktuellere Untersuchungen von Kommunikationsnetzwerken schließen eng an diese Studien an. So untersucht Schenk (1995) die Bedeutung von interpersonellen Netzwerken für die Information über aktuelle Ereignisse. Monge und Contractor (2003) analysieren, wie Kommunikation interpersonelle Beziehungen konstituiert. Auch Friemels (2008) Diskussion der netzwerkanalytischen Meinungsführer-Forschung richtet sich vor allem auf Beziehungen, die durch kommunikative Aktivitäten etabliert werden (z.B. durch den Versuch, eine andere Person von etwas zu überzeugen). Adam (2008) schließt zwar ebenfalls von Kommunikation auf Beziehungen, wenn sie mit Hilfe einer Inhaltsanalyse von Pressestatements auf die darin geäußerten Zuschreibungen von Verantwortung zwischen politischen Akteuren schließt. Allerdings betont sie, dass dabei „symbolische Netzwerke" (Adam 2008: 185) rekonstruiert werden, die letztlich Konstruktionen der beteiligten Akteure seien.

Diese gewissermaßen sozialkonstruktivistische Wende wird von Schweizer und Schnegg (1998) noch weiter getrieben, die eine Romanhandlung als Quelle für die Rekonstruktion der (fiktiven) interpersonellen Beziehungen zwischen den Romanfiguren heranziehen. Die Analyse soll entsprechend keine Aussagen über realweltliche Sozialstrukturen liefern, sondern „für das Verständnis literarischer Texte aufschlussreiche

Ergebnisse erzielen" (Schweizer und Schnegg 1998: 5). Ganz ähnlich, allerdings im Bereich realer Ereignisse, nutzen Bearman et al. (2002) Narrationen, um ein Netzwerk von Ereignissen in ihrer Abfolge zu rekonstruieren. Dabei lösen sie sich von der üblichen Auffassung sozialer Netzwerke als Beziehungen zwischen Akteuren und untersuchen Beziehungen zwischen Ereignissen, doch auch bei der Rekonstruktion dieser Netzwerke bleibt der Fokus auf Akteuren und ihren Handlungen.

Auch Quandt (2006) löst sich in seiner Studie der Praktiken von Onlinejournalisten von einem akteursbasierten Netzwerkmodell ab, ohne die Akteure dabei aus dem Blick zu verlieren. Er untersucht die Handlungsmuster von Akteuren mithilfe eines Data-Mining-Programms auf typische Zusammenhänge und identifiziert Cluster von gemeinsam auftretenden journalistischen Praktiken. Soziale Netzwerke bestehen dabei zwischen Handlungstypen und einzelne Handlungen tragen zur Etablierung von Verbindungen zwischen diesen Handlungstypen bei.

Insbesondere in neuerer Zeit sind viele Netzwerkforscher an onlinebasierten Kommunikationsprozessen interessiert. Wie Studien etwa von Stegbauer und Rausch (2006), Matzat (2005) und Kossinets und Watts (2006) zeigen, bleiben entsprechende Netzwerkanalysen zwar auch dem Fokus auf Akteure treu. Der neue Untersuchungsgegenstand der computervermittelten Kommunikation mit seinen vergleichsweise leicht und in großen Dimensionen verfügbaren Daten führt aber im Unterschied zu den meist statischen Strukturanalysen der Sozialen Netzwerkanalyse zu dynamischen Netzwerkmodellen, die dem Prozesscharakter der Kommunikation besser gerecht werden. Damit begegnen die erwähnten Studien auch zentralen Kritikpunkten, die vor Beginn der Internetforschung von Kommunikationswissenschaftlern gegenüber der Sozialen Netzwerkanalyse formuliert wurden (Barnett et al. 1993: 10ff.). Diese bemängelten vor allem die zu statische Ausrichtung der Sozialen Netzwerkanalyse und dass diese nur den direkten Austausch zwischen Akteuren berücksichtige, nicht aber indirekte Formen des Austauschs (z.B. durch gemeinsame Orientierung an Dritten). Außerdem wurde die Vernachlässigung der inhaltlichen Dimension von Kommunikation kritisiert. Während alle drei erwähnten Studien sich mit der Dynamik von Kommunikationsprozessen auseinandersetzen, greifen insbesondere die Studien von Stegbauer und Rausch den sogenannten „positionalen" Aspekt von Netzwerken auf, also die Analyse von indirekten Beziehungen zwischen Akteuren aufgrund ähnlicher Orientierungen im gesamten Feld. Die Studie von Kossinets und Watts schließlich analysiert detailliert die unterschiedlichen Dimensionen der Beziehungsstrukturen, die sich aufgrund von Kommunikationsinhalten ergeben.

Neben den akteurszentrierten Netzwerkanalysen von Kommunikation gibt es aber auch eine Reihe von Untersuchungen, die sich für die Zusammenhänge auf der Ebene von Wörtern und komplexeren sprachlichen Ausdrücken interessieren.

In Ergänzung zu den akteursorientierten Analysen steuern sie eine Variante der Kommunikationsanalyse bei, die Netzwerke zwischen symbolischen Konstrukten rekonstruiert, sogenannte semantische Netzwerke (Danowski 1993). Dieser Ansatz ist interessant, weil er Kommunikation als autonome Ebene und zugleich netzwerkartig strukturiert auffasst und dabei dieselben Methoden anwendet, die sich auch bei der Untersuchung der Muster interpersoneller Beziehungen bewährt haben. Zu kritisieren ist allerdings, dass sich diese Variante noch immer in der Entwicklung befindet und dass sie zum Teil auf die kognitive Ebene zielt (Woelfel 1993), wodurch der intersubjektive Charakter von Kommunikation gerade wieder aufgegeben wird. Auch die Orientierung auf einzelne Wörter hin erscheint noch nicht zufriedenstellend, da sie nur den Weg bahnt für eine semantische Topologie, ohne jedoch die pragmatische Dimension der Kommunikation, also ihre Rückbindung an die soziale Welt, zu erschließen. Weitere Beispiele der Netzwerkanalyse von Kommunikation umfassen Zitationsnetzwerke, die Beziehungen zwischen Texten abbilden (Price 1965), Netzwerkanalysen von Wörterbüchern, die Beziehungen zwischen einzelnen Wörtern abbilden (Batagelij et al. 2002) oder Hyperlinkanalysen, die Netzwerke von Websites (Kleinberg und Lawrence 2001) bzw. Weblogs (Adamic und Glance 2005) rekonstruieren.

Die letztgenannten Studien zeigen einige Möglichkeiten der Erweiterung von Netzwerkanalysen auf, die sich aus der Beschäftigung mit dem Gegenstandsbereich Kommunikation ergeben. Sie stehen allerdings in keiner engen Verbindung zum Forschungsgebiet der Sozialen Netzwerkanalyse und stellen Ausnahmen von der Regel der akteurszentrierten Analysestrategie dar. Auch wenn die Übersicht über Forschungen zu Kommunikationsnetzwerken aus der Perspektive der Sozialen Netzwerkanalyse keinen Anspruch auf Vollständigkeit erhebt, macht sie doch deutlich, dass auch in Bezug auf die Untersuchung von Kommunikation eine Perspektive vorherrscht, die vor allem an den Strukturen interpersoneller Beziehungen interessiert ist, seien diese nun manifester oder symbolischer Qualität.

Diese Diagnose bleibt unbeschadet einer Reihe neuerer Entwicklungen der Netzwerkforschung, die sich gerade durch eine Abgrenzung vom etablierten Paradigma der Sozialen Netzwerkanalyse auszeichnen. Insbesondere trifft dies für die phänomenologische Netzwerktheorie um Harrison White zu (vgl. Fuhse 2008), in deren Rahmen kulturellen Aspekten von Netzwerken eine zentrale Rolle zugewiesen wird.[1] Fuhse (2009) nimmt dabei eine vermittelnde Position ein, wenn er soziale (also interpersonelle) Netzwerke als Sinnstrukturen ansieht, die durch Kommunikationsprozesse konstituiert und verändert werden (Fuhse 2009: 310).

---

1 Schmitt spricht in Bezug auf White von einer „kommunikativen Wende" innerhalb des Netzwerkparadigmas (Schmitt 2009: 271).

Er versöhnt die Systemtheorie mit der Netzwerkperspektive, bleibt jedoch der akteurszentrierten Interpretation sozialer Netzwerke treu. Ähnlich der erwähnten sozialkonstruktivistischen Perspektive verankert er die Beziehungen allerdings auf der Ebene des Symbolischen und versteht sie nicht als manifeste Beziehungen. Nicht zuletzt sind auch die Weiterentwicklungen der Akteur-Netzwerk-Theorie (vgl. Peuker 2010) sowie die theoretischen Arbeiten aus systemtheoretischer Perspektive (Holzer 2006: 93ff.) zu nennen. Für alle diese Studien gilt allerdings, dass sie den großen Gewinn, den die Netzwerkanalyse durch die Formalisierung erreichte, meist wieder aufgeben, indem sie sich nicht der mathematischen Verfahren zur Untersuchung von Graphen bedienen, die die Soziale Netzwerkanalyse so erfolgreich gemacht haben (Freeman 1984).

4. Modellierung von Kommunikation als soziales Netzwerk

Daher soll hier entgegen der vorherrschenden akteursorientierten Sichtweise der Sozialen Netzwerkanalyse dafür plädiert werden, Kommunikation selbst als soziales Netzwerk zu verstehen, das als intermediäres Netzwerk zwischen den interpersonellen Beziehungen und den symbolischen Strukturen der Sprache angesiedelt ist. Denn wenn man die kommunikative Wende ernst nimmt, geht das Soziale nicht in den Handlungen und Beziehungen zwischen Akteuren auf, sondern umfasst auch die symbolischen Repräsentationen der Welt. Und wenn man gleichzeitig die relationale Perspektive einnehmen will, bietet es sich an, die Verbindung zwischen den beiden Ebenen, die Kommunikation, in den Vordergrund zu stellen und nicht als abgeleitete, sondern als eigenständige Ebene des Sozialen zu betrachten.

Für die netzwerkanalytische Modellierung von Kommunikation lassen sich auf der Basis der obigen Durchsicht der Literatur idealtypisch drei Varianten unterscheiden, die für ein je eigenes Interesse an Kommunikation bzw. eine eigene Konzeption von Kommunikation stehen. Sie sollen vorgestellt und jeweils am Beispiel des Diskussionsthreads zur Nanotechnologie veranschaulicht werden.

4.1 Kommunikation als Begleiterscheinung des Sozialen

Die erste Variante der netzwerkanalytischen Untersuchung von Kommunikation interessiert sich vor allem für die sozialen Beziehungen zwischen Akteuren. Kommunikation spielt dabei die Rolle einer Begleiterscheinung dieser Beziehungen. Sie kann zur Etablierung oder Veränderung von interpersonellen Beziehungen beitragen oder sie stellt selbst eine Form interpersoneller Beziehungen dar. Das

Netzwerkmodell bildet letztlich Akteure als Knoten ab und interpersonelle Beziehungen, die in der einen oder anderen Form mit Kommunikation zu tun haben, als Kanten. Die meisten der oben erwähnten Studien von Kommunikationsnetzwerken entsprechen dieser Variante, insofern sie den Fokus auf die Netzwerke der Beziehungen zwischen Akteuren legen.

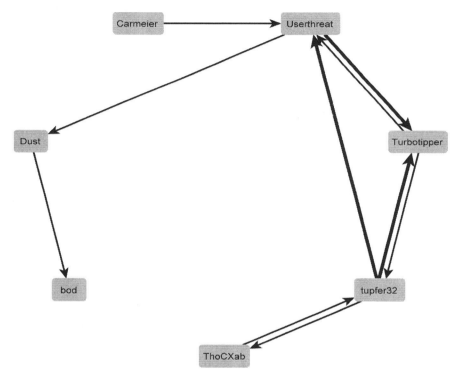

Abbildung 2: Beispieldiskussion aus Abbildung 1 als Netzwerk der am Diskussionsthread beteiligten Akteure. Akteure sind als Knoten, Verweise auf Beiträge von Akteuren als Kanten abgebildet (gewichtet nach Häufigkeit der Verweise).

Im Beispiel des Onlinediskurses über Nanotechnologie ließen sich einzelne Threads eines Forums auswählen, in denen die Schreiber sich aufeinander beziehen (wie der Einzelthread in Abbildung 1). Die jeweilige Bezugnahme kann dann als kommunikative Beziehung betrachtet werden und eine Kante im Netzwerk zwischen den Schreibern bedingen (Abbildung 2). Alternativ ließe sich, dem Beispiel von Stegbauer und Rausch (2006) folgend, die gemeinsame Teilnahme an einem

Thread als Indikator für das Bestehen einer Beziehung zwischen den Teilnehmern heranziehen und auf dieser Basis das Netzwerk rekonstruieren. Die Analyse dieses Netzwerkes erfolgt dann mit Hilfe der in der Sozialen Netzwerkanalyse etablierten und erprobten Methoden. Zum Beispiel ließe sich eine Meinungsführerschaft bei denjenigen Schreibern vermuten, auf die besonders häufig Bezugnahmen erfolgen (s. allerdings die detaillierte Diskussion bei Friemel 2008). Relevantes Merkmal dieser Variante ist immer, dass das Hauptinteresse auf der Sozialebene, also den Akteuren und ihren Eigenschaften und Handlungen liegt, für das die Ebene der Kommunikation die bzw. zumindest eine Erklärung liefert.

4.2 Kommunikation als Instanziierung von Sprache

Bei der zweiten Variante kommt der Kommunikation ebenfalls nur eine Nebenrolle zu, insofern in ihr nur sprachliche Strukturen aktualisiert bzw. instanziiert werden, die relativ unabhängig von der konkreten Kommunikation sind (entsprechend dem „intellektualistischen Sprachbild" nach Krämer 2001: 95ff.). Das Interesse einer Netzwerkanalyse von Kommunikation richtet sich bei dieser Variante nicht auf die Kommunikation oder die sozialen Strukturen, in deren Rahmen sie sich abspielt, sondern auf deren sprachliche Grundlage. So lassen sich aus einzelnen Texten oder größeren, auch untereinander vernetzten Textkorpora Hinweise auf die der Kommunikation zugrundeliegenden sprachlichen Muster ziehen (Mehler et al. 2008; Diesner und Carley 2010). Als sprachliche Muster kommen dabei alle möglichen linguistisch interessanten Formen in Betracht, soweit sich von ihnen annehmen lässt, dass die Relationen zwischen ihnen eine Bedeutung haben. Entsprechende Studien haben zum Beispiel netzwerkanalytische Methoden auf Wörterbücher angewendet, um besonders wichtige Begriff zu identifizieren (Batagelij et al. 2002), semantische Konzepte in ihrem Zusammenhang untersucht (Carley 1993) und semantische Netzwerke zwischen Wörtern studiert (Danowski 1993; Leydesdorff und Welbers 2011; vgl. auch die interdisziplinären Arbeiten im BMBF-Projekt „Linguistic Networks", http://project.linguistic-networks.net/, Stand: 25.2.2011).

Für den Fall der Onlinekommunikation über Nanotechnologie ließen sich zum Beispiel diejenigen Wörter untersuchen, die in verschiedenen Beiträgen bzw. einzelnen Sätzen jeweils gemeinsam auftreten (vgl. Abbildung 3). Einzelne Wortnetzwerke werden dabei für jeden Beitrag rekonstruiert und dann für das gesamte Korpus abgeglichen, so dass ein nach Häufigkeiten gewichtetes Netzwerk von Wörtern entsteht. Die genaue Untersuchungsfrage erlaubt dabei das Ausfiltern von

Kommunikation als soziales Netzwerk? 33

nicht relevanten Wörtern, so dass am Ende zum Beispiel ein Netzwerk von Begriffen sichtbar wird, die mit dem Begriff Nanotechnologie in den Äußerungen der Forennutzer verbunden sind.

Re: Folgen?
Autor: **Userthreat** Datum: 13.11.08 - 09:24

Richtig. Nanopartikel können all dies verursachen oder auch gar nichts. Es kommt, wie immer, nur auf die Dosis an. Und natürlich wo die Nanopartikel so gehäuft auftreten. Zu viel Staub macht die Lunge auch kaputt, von einer Studie dass häufiges Radfahren auf Schotterwegen Lungenkrebs verursachen soll habe ich allerdings noch nie etwas gehört. Ist ja auch kein Wunder, Fahrradfahren an sich ist ja gesund und wer will schon etwas Gutes mit Gewalt kaputtreden?
Meine Meinung dazu ist: Ja, Nanopartikel können gefährlich sein wenn man damit nicht verantwortungsbewusst umgeht. Allerdings sind wir unser ganzes Leben lang von natürlichen Nanopartikeln umgeben. Sonnenmilch enthält schon ewig Nanopartikel, was ist einem lieber? Die Möglichkeit Hautkrebs davon zu bekommen oder doch der Schutz vor UV-Licht welches garantiert Hautkrebs erzeugen wird wenn man auf Sonnenschutz ganz verzichtet?

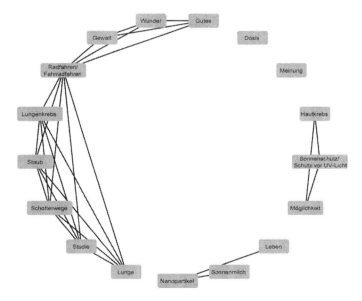

Abbildung 3: Netzwerk von Substantiven (=Knoten), die innerhalb einzelner Sätze gemeinsam vorkommen. Kanten zeigen an, dass zwei Begriffe innerhalb eines Satzes verwendet wurden. Eine Gewichtung nach Häufigkeit wurde nicht durchgeführt. Das Beispiel bezieht sich nur auf den angeführten Beitrag von „Userthreat" aus der Beispieldiskussion aus Abbildung 1.

Ebenso ließe sich für spezifische sprachliche Formen des Sprechens über Nanotechnologie, wie Metaphern, Schlagwörter oder Topoi (Niehr und Böke 2003), ein two-mode Netzwerk erstellen, das deren Auftreten in den einzelnen Beiträgen erfasst, also eine Matrix, bei der in den Zeilen die sprachlichen Formen gelistet sind und in den Spalten die Beiträge, in denen diese vorkommen. Auf dieser Basis ließen sich dann die Wechselbeziehungen zwischen diesen Formen analysieren, um Aufschluss über zugrundeliegende komplexere Deutungsmuster zu erhalten, oder aber die Entwicklung dieser Netzwerke im zeitlichen Verlauf wird analysiert.

4.3 Kommunikation als genuin soziales Netzwerk

Die dritte Variante schließlich modelliert Kommunikation als eigenlogischen Prozess, der relativ unabhängig von sowohl den Akteuren als auch den sprachlichen Strukturen verläuft. Beim sogenannten „Communication oriented modelling" (Malsch und Schlieder 2004) wird der Prozess der Kommunikation als Netzwerk modelliert – ein Vorschlag, der die traditionelle Differenz zwischen Struktur- und Prozessaspekten, zwischen den Metaphern des Netzwerks und des Flusses (Hepp 2006) zunächst aufhebt (Albrecht et al. 2005). Die Knoten in diesem Netzwerk sind die manifesten Spuren kommunikativer Ereignisse, also Mitteilungszeichen in Form von Texten oder Äußerungen. Die Verbindungen zwischen diesen, die Kanten des kommunikativen Netzwerks, werden durch Referenzen zwischen diesen Mitteilungen gebildet, die wiederum Spuren von kommunikativen Anschlüssen sind (Malsch 2005). Das Kommunikationsnetzwerk hat die Form eines baumförmigen Graph, der zeitlich strukturiert ist, wie man ihn beispielsweise aus der Zitationsanalyse kennt.

Im Unterschied zu den ersten beiden versucht diese Variante, der Kommunikation als einer Form des Sozialen unmittelbar gerecht zu werden. Entsprechend der kommunikativen Wende der soziologischen Theorie und explizit an Luhmanns Systemtheorie orientiert wird Kommunikation zur zentralen Ebene des Sozialen. Die Ebene der Sprache sowie der interpersonellen Beziehungen erscheinen entsprechend als abgeleitete Ebenen. Ein solches Modell von Kommunikation entspricht drei wesentlichen Merkmalen von Kommunikation: ihrem relationalen Charakter als etwas, was zwischen Akteuren abläuft, ihrer relativen Autonomie, die sie unabhängig von den konkreten Personen hat, die sie praktizieren, und der Dynamik, mit der Kommunikation abläuft (Albrecht 2008; vgl. auch Fuhse und Schmitt 2010).

Kommunikation als soziales Netzwerk? 35

Auf den Onlinediskurs zur Nanotechnologie bezogen kann diese Perspektive unmittelbar am empirisch vorfindbaren Material anschließen: an den Mitteilungen, die im Onlineforum veröffentlicht wurden und die Knoten des Netzwerks darstellen. Die Beziehungen zwischen diesen Knoten erfordern dagegen eine genauere Betrachtung. Zwar lassen sich explizite Referenzen in Form von „Reply"-Beziehungen als Kanten operationalisieren (Abbildung 4), doch dabei bleiben möglicherweise kommunikative Anschlüsse weniger expliziter Art unberücksichtigt. Solche könnten zum Beispiel technisch durch Beobachtung von Lesezugriffen auf Beiträge identifiziert werden oder aber interpretativ durch Aufdeckung intertextueller Zusammenhänge. Als Ergebnis sind von dieser Art der Analyse zum einen Einblicke in die Dynamik der Kommunikation zu erwarten, die eine wertvolle Ergänzung zu den statisch ausgerichteten Strukturanalysen der Sozial- und der semantischen Ebene darstellen, zum anderen Aufschlüsse über besonders relevante (im Sinne von anschlussfähige) Beiträge (wie in Abbildung 4 Beitrag „Userthreat1") sowie die inhaltliche Auffächerung der Diskussion durch Untersuchung des Bedeutungsgehalts der Beiträge (Malsch et al. 2007).

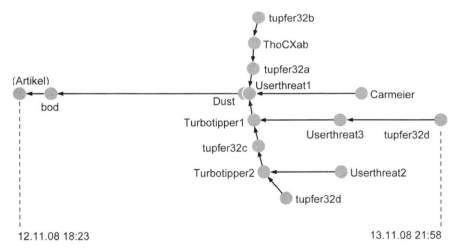

Abbildung 4: Kommunikationsorientierte Darstellung der Diskussion aus Abbildung 1 als Netzwerk von Mitteilungen im zeitlichen Verlauf (von links nach rechts). Die Kanten geben Reply-Beziehungen zwischen den Nachrichten wieder. Die Knoten stellen Mitteilungen dar, die Bezeichnung über die Autorennamen (plus ggf. Index) erfolgte lediglich zur leichteren Identifikation der Beiträge.

5. Anreize und Herausforderungen

Eine Umstellung der Sozialen Netzwerkanalyse auf Kommunikationsnetzwerke bietet mehrere interessante Anreize. Sie kann (1) dabei helfen, den noch immer bestehenden „Theory gap" der Sozialen Netzwerkanalyse (Granovetter 1979; Beckert 2005: 308f.) zu überbrücken, indem sie der Methode zum Anschluss an kommunikationsorientierte soziologische Theorien verhilft. Neben der Systemtheorie Luhmanns ist dabei wie bereits erwähnt an die Phänomenologie bzw. den symbolischen Interaktionismus zu denken, zum Teil aber auch die stärker praxistheoretisch ausgerichtete Strukturationstheorie (vgl. dazu Haines 1988) oder die Bourdieusche Feldtheorie (de Nooy 2003). In diesem Zusammenhang ist im Übrigen weniger eine Vernachlässigung sondern vielmehr eine Präzisierung des Akteursbegriff der Netzwerkanalyse zu erwarten, wenn diese sich intensiver mit der Frage des Zusammenhangs zwischen Akteur und Kommunikation auseinandersetzt (vgl. bereits Tacke 2000; Fuhse 2009).

Die Verschiebung von den Akteuren hin zur Kommunikation und ihren Artefakten kann (2) den Austausch mit geisteswissenschaftlichen Disziplinen eröffnen, die, wie nicht zuletzt der vorliegende Tagungsband zeigt, ein immer stärkeres Interesse an der Netzwerkperspektive zeigen. Auch die gerade erst Fahrt aufnehmende Auseinandersetzung der Medien- und Kommunikationswissenschaft mit der Netzwerkanalyse (vgl. Friemel 2005 sowie das Themenheft 2/2011 „Soziale Netzwerke – Medien – Kommunikation" der Zeitschrift „Medien Journal" der Österreichischen Gesellschaft für Kommunikationswissenschaft) kann durch eine entsprechende Erweiterung der Sozialen Netzwerkanalyse bereichert werden.

Die Auseinandersetzung mit Kommunikationsnetzwerken legt (3) den Fokus auf dynamische Netzwerke und kann damit den statischen Bias der Sozialen Netzwerkanalyse überwinden helfen, der in der Literatur kritisiert wird (s. Schenk 1984: 176; Jansen 1999: 257). Schließlich erscheinen (4) entsprechende Modelle besonders geeignet, der immer stärker über Onlinemedien vermittelten Kommunikation gerecht zu werden, die solche kommunikativen Spuren hinterlässt, wie sie durch die kommunikationsorientierte Modellierung abgebildet und zum Grundbestandteil der Netzwerkanalyse gemacht werden (Malsch und Schlieder 2004; vgl. King 2011).

Allerdings erfordert eine entsprechende Erweiterung der Sozialen Netzwerkanalyse auf Kommunikationsnetzwerke nicht nur Anpassungen am Modell, sondern bringt auch methodische und theoretische Herausforderungen mit sich, die abschließend diskutiert werden sollen.

5.1 Methodische Herausforderungen

In methodischer Hinsicht mag der Blick auf Kommunikationsnetzwerke zwar dabei helfen, Netzwerke nicht als statisch, sondern als dynamisch anzusehen. Er erzwingt aber auch innovative Methoden zur *Analyse und Visualisierung dynamischer Netzwerke*, die aktuell noch erforscht und entwickelt werden (s. z.B. Powell et al. 2005; Kossinets und Watts 2006; de Nooy 2011). Die Untersuchung von Mitteilungszeichen macht dabei deutlich, dass sich nicht nur die Beziehungen zwischen Knoten im Kommunikationsnetzwerk ändern können, sondern auch die Knoten selbst, etwa wenn ein Beitrag auf dem Server gelöscht bzw. neu veröffentlicht wird oder wenn sich seine Sichtbarkeit ändert – eine Annahme, die auch viele Fragestellungen in Bezug auf Akteursnetze betrifft, für die Soziale Netzwerkanalyse aber (noch) eine Herausforderung darstellt.

Eine zweite Herausforderung besteht darin, dass mit der Kommunikation eine neue Netzwerkebene eingeführt wird, die Ebene der interpersonellen Beziehungen und auch der sprachlichen Strukturen aber bedeutsam bleiben. Für einige Untersuchungen mag es gerade interessant sein, die *Zusammenhänge zwischen den Netzwerkebenen* zu analysieren. Die Berücksichtigung unterschiedlicher Kantentypen (Modi) und Knotentypen in einer Analyse stellt ein ebenfalls noch intensiv bearbeitetes Forschungsgebiet dar. Als vielversprechende Anknüpfungspunkte erscheinen hier die Forschungen zu Mehrebenennetzwerken (Snijders und Baerveldt 2003; Carley 2002) und zu komplexen Netzwerken (Mehler 2008).

Das Beispiel des Onlinediskurses zur Nanotechnologie macht zwei weitere methodische Herausforderungen deutlich. Eine davon, das Problem der *manifesten und latenten Anschlüsse* von Kommunikation, wurde oben bereits angesprochen. Es geht dabei um die Frage, wie von den sichtbaren Mitteilungszeichen, also zum Beispiel den Beiträgen in einem Onlineforum, auf die ihnen zugrundeliegenden Rezeptions- und Inzeptionsereignisse geschlossen werden kann, die zwei Mitteilungen als Anschlusskommunikation erscheinen lassen. Sofern die Verknüpfung nicht technisch oder verbal explizit geäußert wird, lässt sich darauf nur durch interpretative Methoden wie die Inhaltsanalyse schließen (Adam 2008), oder aber es kommen computerlinguistische Verfahren zum Einsatz (Diesner und Carley 2010). In beiden Fällen liegen jedoch bislang nur wenige Erfahrungen mit der Verbindung der entsprechenden Verfahren mit der Netzwerkanalyse vor, insbesondere, wenn qualitativ-interpretierende und quantitativ-analytische Verfahren kombiniert werden sollen.

Eine zweite Herausforderung der Onlinediskurse, aber auch der meisten anderen Kommunikationsformen, ist die *Transsequenzialität* der Kommunikation. Damit ist gemeint, dass sich bedeutungsvolle Zusammenhänge nicht allein aus der Stellung einer Äußerung innerhalb einer zusammenhängenden Sequenz ergeben, sondern durch ihre Stellung in einem übergreifenden Prozess, in dem der Äußerung oder der zugehörigen Sequenz eine bestimmte Rolle zukommt (Scheffer 2008). Im Beispiel der Onlinediskurse ist entsprechend darauf zu achten, ob sprachliche Bilder, Topoi oder andere Strukturelemente nicht nur in einem Forum benutzt werden, sondern eventuell auch in anderen Arenen des Diskurses, so dass sich zwischen ganz disparaten Kommunikationssequenzen durch die Verwendung strukturell ähnlicher sprachlicher Mittel Vernetzungen ergeben. Als methodische Antwort auf solche indirekten, nicht aus den manifesten Beziehungen abgeleitete Strukturen gilt in der Netzwerkanalyse vor allem die Blockmodellanalyse (White et al. 1976), mit der sich strukturell ähnliche Positionen auch unabhängig von manifesten Beziehungen zwischen diesen identifizieren lassen.

5.2 Theoretische Herausforderungen

Das Problem der Transsequenzialität der Kommunikation verdeutlicht, dass die beschriebenen methodischen Herausforderungen auch theoretische Fragen aufwerfen bzw. zur Theoriediskussion beitragen können. Die Suche nach Kommunikationsnetzwerken, die unterschiedliche Sequenzen übergreifen, verweist auf eine Diskurstheorie, die Diskurs nicht als unmittelbar zusammenhängende Äußerungen begreift, sondern als strukturiertes Aussagesystem, das in ganz unterschiedlichen Kontexten aktualisiert werden kann. Diskurstheoretisch entspricht dies der Position von Foucault (1973) im Gegensatz zu einem Diskursbegriff, der Diskurs entsprechend dem angelsächsischen oder auch dem französischen Wortgebrauch in erster Linie als Konversation (Clark 1996: 50) bzw. als Rede (vgl. Kohlhaas 2000: 29f.) ansieht und damit jeweils von einzelnen Kommunikationssequenzen ausgeht (vgl. Albrecht 2010b: 231ff.).

Damit verbunden ergeben sich zwei theoretische Probleme. Zum einen ist zu fragen, wie sich die Transsequenzialität durch die Diskurstheorie einholen lässt, so dass die Trennung zwischen einzelnen Kommunikationssequenzen und übergreifenden Aussagesystemen, zwischen Interaktion und Distanzkommunikation (im Sinne von Derrida 1972) aufgehoben wird. Gegenwärtige Diskurstheorien erfordern eine Fokussierung auf einen der beiden Bereiche, erlauben jedoch keine übergreifende Betrachtung.

Zum anderen erscheint das Modell von Kommunikation als Übertragung von Botschaften (vgl. Krippendorff 1994: 85ff.), das vielen Studien von Kommunikationsnetzwerken zugrunde liegt, nicht geeignet zur Beschreibung von massenhafter paralleler Kommunikation, wie sie heutige Gesellschaften prägt. Als Gegenentwurf schlagen Malsch und Schlieder (2004: 122) eine publikationsorientierte Sichtweise von Kommunikation vor. Dieser Vorschlag lässt sich kommunikationstheoretisch an Arbeiten von Ruesch und Bateson (1995) anschließen. Sie gehen von einem Gedanken von Norbert Wiener (vgl. Pias 2003: 82f.) aus, wonach Kommunikation nicht in erster Linie als gerichtete Übermittlung von Botschaften zwischen Sender und Adressat zu verstehen ist, sondern als Veröffentlichung von Botschaften in einem Medium, das potenziell vielen Akteuren die Rezeption erlaubt. Erst durch weitere Maßnahmen wird der Adressatenkreis eingeschränkt und auch die Autorschaft zugerechnet (Ruesch und Bateson 1995).

Ganz ähnlich, wenn auch offenbar ohne wechselseitigen Bezug, geht Bourdieu davon aus, dass sprachliche Äußerungen nicht in erster Linie als Handlungen individueller Akteure anzusehen sind, sondern als eingebunden in ein Feld, durch das ihre Produktion und ihre Rezeption beeinflusst werden (Bourdieu 1990: 11; vgl. zur Diskussion Albrecht 2010b: 252). Ein solches publikationsorientiertes Modell von Kommunikation kann zum einen soziologischen Anforderungen an eine Kommunikationstheorie gerecht werden, die die gesellschaftliche Bedeutung von Kommunikation berücksichtigt. Es bietet zum anderen eine Grundlage für die Erforschung aktueller Entwicklungen der Onlinekommunikation, für die – wie das Beispiel des Onlinedienstes „Twitter" verdeutlicht – solche Kommunikationsmodelle ungeeignet erscheinen, die sich am Paradigma mündlicher Kommunikation in face to face-Situationen orientieren.

Nicht zuletzt verweist der Gegenstand der Kommunikation die Netzwerkanalyse zurück auf die grundlegende Anforderung, das elaborierte Methodenrepertoire theoriebewusst anzuwenden. Gerade weil noch nicht viele Erfahrungen mit Netzwerkanalysen von Kommunikationsprozessen vorliegen bedarf es einer sorgfältigen Sichtung und ggf. Anpassung der kommunikationstheoretischen Grundlagen ebenso wie der Diskussion, inwiefern sich die unterschiedlichen Methoden zur empirischen Überprüfung der unterschiedlichen theoretischen Annahmen eignen. Wie für alle empirischen Arbeiten gilt auch für die Modellierung von Kommunikation als soziales Netzwerk: „To represent an empirical phenomenon as a network is a theoretical act. (...) Whether studying protein interactions, sexual networks, or computer systems, the appropriate choice of representation is key to getting the correct result" (Butts 2009: 416).

6. Fazit

Auch wenn mit diesem letzten Hinweis ein Problem angesprochen wurde, das Netzwerkanalysen ganz allgemein betrifft, zeigt der Blick auf Kommunikationsprozesse und ihre Modellierung als Netzwerk doch, dass sich in diesem Zusammenhang besondere Schwierigkeiten stellen. Dies hängt damit zusammen, dass die Netzwerkanalyse von Kommunikationsprozessen gegenüber der Analyse interpersoneller Beziehungen noch vergleichsweise gering entwickelt ist, ebenso wie entsprechende Theorieentwicklungen (vgl. Friemel 2008: 494f.). Die Bezeichnung dieser Schwierigkeiten als „Herausforderungen" ist allerdings nicht als Euphemismus zu verstehen, sondern verweist auf die Chancen, die sich aus einer Bearbeitung dieser Schwierigkeiten für die Netzwerkforschung wie für die Kommunikationsforschung ergeben können.

Die Kommunikationsforschung kann einerseits von den allgemeinen Einsichten und den methodischen Errungenschaften der Netzwerkforschung profitieren, ist andererseits aber gefordert, selbst entsprechende Erkenntnisse zu erarbeiten, die der ontologischen Besonderheit ihres Vernetzungsbereichs gerecht werden (Mehler et al. 2008: 414). Dabei ergeben sich vielfältige Möglichkeiten der interdisziplinären Zusammenarbeit etwa mit linguistischen Forschungen, die zur Präzisierung der jeweiligen Theorien beitragen können.

Für die Netzwerkforschung wiederum bietet sich neben der Erweiterung ihres Gegenstandsbereichs und der an diesem erfolgenden Überprüfung der Reichweite ihres Methodenrepertoires vor allem der empirische Gegenstand Anlass für interessante Weiterentwicklungen ihres Programms. Kommunikationsprozesse als hochdynamische und komplexe, die soziale wie symbolische Ebene einbeziehende und dabei selbst relational strukturierte empirische Gegenstände werfen nicht nur viele spannende Fragen auf, die unmittelbar an aktuell laufende Forschungen anschließen, sondern bieten dank der Entwicklungen der Onlinekommunikation auch Zugriff auf große Mengen entsprechender Daten, an denen sich diese Fragen produktiv bearbeiten lassen.

Literatur:

Adam, Silke. 2008. Medieninhalte aus der Netzwerkperspektive. Neue Erkenntnisse durch die Kombination von Inhalts- und Netzwerkanalyse. *Publizistik* 53, 180-199.
Adamic, Lada, und Natalie Glance. 2005. The Political Blogosphere and the 2004 U. S. Election: Divided They Blog. Vortrag auf dem 2. Annual Workshop on the Weblogging Ecosystem - Aggregation, Analysis and Dynamics, 10. Mai 2005, Chiba, Japan. Online: http://www.blogpulse. com/papers/2005/AdamicGlanceBlogWWW.pdf (Stand: 25.2.2011).

Albrecht, Steffen. 2008. Netzwerke und Kommunikation – Zum Verhältnis zweier sozialwissenschaftlicher Paradigmen. In *Netzwerkanalyse und Netzwerktheorie. Ein neues Paradigma in den Sozialwissenschaften*, Hrsg. Christian Stegbauer, 165-178. Wiesbaden: VS Verlag für Sozialwissenschaften.

Albrecht, Steffen. 2010a. Knoten im Netzwerk. In *Handbuch Netzwerkforschung*, Hrsg. Christian Stegbauer und Roger Häußling, 125-134. Wiesbaden: VS Verlag für Sozialwissenschaften.

Albrecht, Steffen. 2010b. *Reflexionsspiele. Deliberative Demokratie und die Wirklichkeit politischer Diskurse im Internet*. Bielefeld: transcript-Verlag.

Albrecht, Steffen, Maren Lübcke, Thomas Malsch, und Christoph Schlieder. 2005. Scalability and the social dynamics of communication. On comparing Social Network Analysis and Communication-Oriented Modelling as models. In *Socionics: Scalability of complex social systems*, Hrsg. Klaus Fischer, Michael Florian und Thomas Malsch, 242-262. Berlin: Springer-Verlag.

Albrecht, Steffen, Christopher Coenen, Mundo Yang, und Matthias Trénel. 2010. *Wahrnehmung der Nanotechnologie in internetgestützten Diskussionen. Ergebnisse einer Onlinediskursanalyse zu Risiken und Chancen von Nanotechnologie und Nanoprodukten*, Hrsg. Gaby-Fleur Böl, Astrid Epp und Rolf Hertel. BfR-Wissenschaft 4/2010, Berlin: Bundesinstitut für Risikobewertung.

Barnett, George A., James A. Danowski, und William D. Richards Jr. 1993. Communication networks and network analysis: A current assessment. In *Progress in communication sciences, Bd. 12*, Hrsg. William D. Richards Jr. und George A. Barnett, 1-19. Norwood, NJ: Ablex.

Batagelj, Vladimir, Andrej Mrvar, und Matjaz Zaversnik. 2002. Network Analysis of Texts. In *Proceedings B of the 5th International Multi-Conference, Information Society – IS 2002, Third Language Technologies Conference, 14.-15. Oktober 2002, Ljubljana, Slovenia*, Hrsg. Tomaz Erjavec und Jerneja Gros, 143-148. Ljubljana.

Bearman, Peter, James Moody, und Robert Faris. 2002. Networks and history. *Complexity* 8, 61-71.

Beckert, Jens. 2005. Soziologische Netzwerkanalyse. In *Aktuelle Theorien der Soziologie. Von Shmuel N. Eisenstadt bis zur Postmoderne*, Hrsg. Dirk Käsler, 286-312. München: Beck

Bourdieu, Pierre. 1990. *Was heißt sprechen? Die Ökonomie des sprachlichen Tausches*. Wien: Braunmüller.

Butts, Carter T. 2009. Revisiting the Foundations of Network Analysis. *Science* 325, 414-416.

Carley, Kathleen M. 1993. Coding Choices for Textual Analysis: A Comparison of Content Analysis and Map Analysis. *Sociological Methodology* 23, 75-126.

Carley, Kathleen M. 2002. Smart agents and organizations of the future. In *The handbook of new media*, Hrsg. Leah Lievrouw und Sonia Livingstone, 206-219. Thousand Oaks u.a.: Sage.

Castells, Manuel. 2001. *Der Aufstieg der Netzwerkgesellschaft. Das Informationszeitalter, Teil 1*. Opladen: Leske + Budrich.

Clark, Herbert H. 1996. *Using language*. Cambridge: Cambridge University Press.

Danowski, James A. 1993. Network analysis of message content. In *Progress in communication sciences, Bd. 12*, Hrsg. William D. Richards Jr. und George A. Barnett, 197-221. Norwood, NJ: Ablex.

Derrida, Jacques. 1972. Die Struktur, das Zeichen und das Spiel im Diskurs der Wissenschaften vom Menschen. In *Die Schrift und die Differenz*, Jaques Derrida, 422-442. Frankfurt a. M.: Suhrkamp.

Diesner, Jana, und Kathleen M. Carley. 2010. Extraktion relationaler Daten aus Texten. In *Handbuch Netzwerkforschung*, Hrsg. Christian Stegbauer und Roger Häußling, 507-521. Wiesbaden: VS Verlag für Sozialwissenschaften.

Emirbayer, Mustafa. 1997. Manifesto for a relational Sociology. *American Journal of Sociology* 103, 281-317.

Foucault, Michel. 1973. *Archäologie des Wissens*. Frankfurt a. M.: Suhrkamp.

Freeman, Linton C. 1984. Turning a profit from mathematics: The case of social networks. *Journal of Mathematical Sociology* 10, 343-360

Friemel, Thomas N. 2005. Die Netzwerkanalyse in der Publizistikwissenschaft. In *Anwendungen sozialer Netzwerkanalyse*, Hrsg. Uwe Serdült, 26-36. Zürich: Universität Zürich.

Friemel, Thomas N. 2008. Anatomie von Kommunikationsrollen. Methoden zur Identifizierung von Akteursrollen in gerichteten Netzwerken. *Kölner Zeitschrift für Soziologie und Sozialpsychologie* 60, 473-499.

Fuhse, Jan A. 2008. Gibt es eine Phänomenologische Netzwerktheorie? Geschichte, Netzwerk und Identität. *Soziale Welt* 59, 31-52.

Fuhse, Jan A. 2009. Die kommunikative Konstruktion von Akteuren in Netzwerken. *Soziale Systeme* 15, 288-316.

Fuhse, Jan A., und Marco Schmitt. 2010. Erklärungslogik der relationalen Soziologie: Von sozialen Tatsachen zu Kommunikation in Netzwerken und zurück. Beitrag zur Ad-hoc-Gruppe „Diesseits und jenseits von System- und Handlungstheorie? Formen relationaler / relationistischer Soziologie" beim 35. Kongress der Deutschen Gesellschaft für Soziologie, 11.-15. Oktober 2010, Frankfurt a. M. Online: http://www.janfuhse.de/RelatErkl_FuhseSchmitt.pdf (25.2.2011).

Granovetter, Mark S. 1979. The theory-gap in social network analysis. In *Perspectives on social network research*, Hrsg. Paul W. Holland und Samuel Leinhardt, 501-518. New York u.a.: Academic Press.

Haas, Jessica, und Thomas Malang. 2010. Beziehungen und Kanten. In *Handbuch Netzwerkforschung*, Hrsg. Christian Stegbauer und Roger Häußling, 89-98. Wiesbaden: VS Verlag für Sozialwissenschaften.

Habermas, Jürgen. 1981: *Theorie des kommunikativen Handelns. Band 2 - Zur Kritik der funktionalistischen Vernunft*. Frankfurt a. M.: Suhrkamp.

Haines, Valerie A. 1988. Social network analysis, structuration theory and the holism-individualism debate. *Social Networks* 10, 157-182.

Hepp, Andreas. 2006. Translokale Medienkulturen: Netzwerke der Medien und Globalisierung. In *Konnektivität, Netzwerk und Fluss. Konzepte gegenwärtiger Medien-, Kommunikations- und Kulturtheorie*, Hrsg. Andreas Hepp, Friedrich Krotz, Shaun Moores und Carsten Winter, 43-68. Wiesbaden: VS Verlag für Sozialwissenschaften.

Holzer, Boris. 2006. *Netzwerke*. Bielefeld: transcript-Verlag.

Jansen, Dorothea. 1999. *Einführung in die Netzwerkanalyse. Grundlagen, Methoden, Anwendungen*. Opladen: Leske + Budrich.

King, Gary. 2011. Ensuring the Data-Rich Future of the Social Sciences. *Science* 331, 719-721.

Kleinberg, Jon M., und Steve Lawrence. 2001. The Structure of the Web. *Science* 294, 1849-1850.

Knoblauch, Hubert. 2000. Das Ende der linguistischen Wende. Sprache und empirische Wissenssoziologie. *Soziologie. Forum der Deutschen Gesellschaft für Soziologie* 29, 46-58.

Kohlhaas, Peter. 2000. Diskurs und Modell. Historische und systematische Aspekte des Diskursbegriffs und ihr Verhältnis zu einer anwendungsorientierten Diskurstheorie. In *Diskurs. Begriff und Realisierung*. Hrsg. Heinz-Ulrich Nennen, 29-56. Würzburg: Königshausen & Neumann.

Kossinets, Gueorgi, und Duncan J. Watts. 2006. Empirical analysis of evolving Social Networks. *Science* 311, 88-90.

Krämer, Sybille. 2001. *Sprache, Sprechakt, Kommunikation. Sprachtheoretische Positionen des 20. Jahrhunderts*. Frankfurt a. M.: Suhrkamp.

Krippendorf, Klaus. 1994. Der verschwundene Bote. Metaphern und Modelle der Kommunikation. In *Die Wirklichkeit der Medien: eine Einführung in die Kommunikationswissenschaft*, Hrsg. Klaus Merten, 79-113. Opladen: Westdeutscher Verlag

Leydesdorff, Loet, und Kasper Welbers. 2011. The semantic mapping of words and co-words in contexts. *Journal of Informetrics* 2011, online: doi:10.1016/j.joi.2011.01.008 (Stand 25.2.2011).

Lin, Nan, Caren Cook, und Ronald S. Burt. (Hrsg.). 2001. *Social Capital. Theory and Research*. New York: de Gruyter.

Malsch, Thomas. 2005. *Kommunikationsanschlüsse. Zur soziologischen Differenz von realer und künstlicher Sozialität*. Wiesbaden: VS Verlag für Sozialwissenschaften.

Malsch, Thomas, und Christoph Schlieder. 2004. Communication Without Agents? From Agent-Oriented to Communication-Oriented Modeling. In *Regulated Agent-Based Social Systems*, Hrsg. Gabriela Lindemann, Daniel Moldt und Mario Paolucci, 113-133. Berlin u. a.: Springer-Verlag.

Malsch, Thomas, Christoph Schlieder, Peter Kiefer, Maren Lübcke, Rasco Perschke, Marco Schmitt, und Klaus Stein. 2007. Communication between process and structure: Modelling and simulating message reference networks with COM/TE. *Journal of Artificial Societies and Social Simulations* 10. Online: http://jasss.soc.surrey.ac.uk/10/1/9.html (25.2.2011)

Matzat, Uwe. 2005. Die Einbettung der Online-Interaktion in soziale Netzwerke der Offline-Welt: Möglichkeiten der sozialen Gestaltung von Online-Gruppen. In *Online-Vergesellschaftung? Mediensoziologische Perspektiven auf neue Kommunikati-onstechnologien*, Hrsg. Michael Jäckel und Manfred Mai, 175-199. Wiesbaden: VS Verlag für Sozialwissenschaften.

Mehler, Alexander. 2008. Structural Similarities of Complex Networks: A Computational Model of Wiki Graphs. *Applied Artificial Intelligence* 22, 619-683.

Mehler, Alexander, Barbara Frank-Job, Philippe Blanchard, und Hans-Jürgen Eikmeyer. 2008. Sprachliche Netzwerke. In *Netzwerkanalyse und Netzwerktheorie. Ein neues Paradigma in den Sozialwissenschaften*, Hrsg. Christian Stegbauer, 413-427. Wiesbaden: VS Verlag für Sozialwissenschaften.

Mische, Ann, und Harrison C. White. 1998. Between conversation and situation: Public switching dynamics across network domains. *Social Research* 65, 695-724.

Monge, Peter R, und Noshir S. Contractor. 2003. *Theories of communication networks*. Oxford u.a.: Oxford University Press.

Niehr, Thomas, und Karin Böke. 2003. Diskursanalyse unter linguistischer Perspektive - am Beispiel des Migrationsdiskurses. In *Handbuch Sozialwissenschaftliche Diskursanalyse. Bd. 2: Forschungspraxis*, Hrsg. Reiner Keller, Andreas Hirseland, Werner Schneider und Willy Viehöver, 325-351. Opladen: Leske und Budrich.

de Nooy, Wouter. 2003. Fields and networks: correspondence analysis and social network analysis in the framework of field theory. *Poetics* 31, 305-327.
de Nooy, Wouter. 2011. Networks of action and events over time. A multilevel discrete-time event history model for longitudinal network data. *Social Networks* 33, 31-40.
von Pape, Thilo, und Thorsten Quandt. 2010. Wen erreicht der Wahlkampf 2.0? Eine Repräsentativstudie zum Informationsverhalten im Bundestagswahlkampf 2009. *Media Perspektiven* 9/2010, 390-398.
Peuker, Birgit. 2010. Akteur-Netzwerk-Theorie (ANT). In *Handbuch Netzwerkforschung*, Hrsg. Christian Stegbauer und Roger Häußling, 125-134. Wiesbaden: VS Verlag für Sozialwissenschaften.
Pias, Claus (Hrsg.). 2003. *Cybernetics – Kybernetik. The Macy-Conferences 1946-1953. Bd. 1: Protokolle.* Zürich; Berlin: Diaphanes.
Powell, Walter W., Douglas R. White, Kenneth W. Koput, Jason Owen-Smith. 2005. Network dynamics and field evolution: The growth of interorganizational collaboration in the life sciences. *American Journal of Sociology 110*, 1132-1205.
Price, Derek J. de Solla. 1965. Networks of Scientific Papers. The Pattern of Bibliographic References Indicates the Nature of the Scientific Research Front. *Science* 149, 510-515.
Quandt, Thorsten 2006: Netzwerke und menschliches Handeln: Theoretische Konzepte und empirische Anwendungsfelder. In *Konnektivität, Netzwerk und Fluss. Konzepte gegenwärtiger Medien-, Kommunikations- und Kulturtheorie*, Hrsg. Andreas Hepp, Friedrich Krotz, Shaun Moores und Carsten Winter, 119-140. Wiesbaden: VS Verlag für Sozialwissenschaften.
Rogers, Everett M., und Rekha Agarwala-Rogers. 1976. *Communication in Organizations.* New York: Free Press.
Ruesch, Jürgen, und Gregory Bateson. 1995. *Kommunikation. Die soziale Matrix der Psychiatrie.* Heidelberg: Carl Auer Systeme.
Scheffer, Thomas. 2008. Zug um Zug und Schritt für Schritt. Annäherungen an eine transsequentielle Analytik. In *Theoretische Empirie. Zur Relevanz qualitativer Forschung*, Hrsg. Herbert Kalthoff, Stefan Hirschauer und Gesa Lindemann, 368-398. Frankfurt a. M.: Suhrkamp.
Schenk, Michael. 1984. *Soziale Netzwerke und Kommunikation.* Tübingen: Mohr.
Schenk, Michael. 1995. *Soziale Netzwerke und Massenmedien. Untersuchungen zum Einfluß der persönlichen Kommunikation.* Tübingen: Mohr.
Schmitt, Marco. 2009. *Trennen und Verbinden. Soziologische Untersuchungen zur Theorie des Gedächtnisses.* Wiesbaden: VS Verlag für Sozialwissenschaften.

Schützeichel, Rainer. 2004. *Soziologische Kommunikationstheorien*. Konstanz: UVK.
Schweizer, Thomas, und Michael Schnegg. 1998: Die soziale Struktur der ‚Simple Stories'. Eine Netzwerkanalyse. Manuskript, online: http://www.uni-koeln.de/phil-fak/voelkerkunde/doc/simple.pdf (25.2.2011).
Snijders, Tom A.B., und Chris Baerveldt. 2003. A multilevel network study of the effects of delinquent behavior on friendship evolution. *Journal of Mathematical Sociology* 27, 123-151.
Stegbauer, Christian. 2008. Netzwerkanalyse und Netzwerktheorie. Einige Anmerkungen zu einem neuen Paradigma. In *Netzwerkanalyse und Netzwerktheorie. Ein neues Paradigma in den Sozialwissenschaften*, Hrsg. Christian Stegbauer, 11-19. Wiesbaden: VS Verlag für Sozialwissenschaften.
Stegbauer, Christian, und Alexander Rausch. 2006. *Strukturalistische Internetforschung Netzwerkanalysen internetbasierter Kommunikationsräume*. Wiesbaden: VS Verlag für Sozialwissenschaften.
Tacke, Veronika. 2000. Netzwerk und Adresse. *Soziale Systeme* 6, 291-320.
Uzzi, Brian. 1996. The Sources and Consequences of Embeddedness for the Economic Performance of Organizations: The Network Effect. *American Sociological Review* 61, 674-698.
Wasserman, Stanley, und Katherine Faust. 1994. *Social Network Analysis. Methods and Applications*. Cambridge u.a.: Cambridge University Press.
White, Harrison C., Scott A. Boorman, und Ronald L. Breiger. 1976. Social structure from multiple networks. I. Blockmodels of roles and positions. *American Journal of Sociology* 81, 730-780.
Woelfel, Joseph. 1993. Cognitive processes and communication networks: A general theory. In *Progress in communication sciences, Bd. 12*, Hrsg. William D. Richards Jr. und George A. Barnett, 21-42. Norwood, NJ: Ablex.

Sven Banisch

Meinungsbildung, Kommunikationsnetzwerke und Wahlverhalten in einer virtuellen Agentenpopulation

1. Einleitung

Die Wissenschaft befindet sich in einer Periode, in der Interdisziplinarität eine immer wichtigere Rolle spielt. Dies bezieht sich nicht nur auf verhältnismäßig nahe Gebiete wie etwa Biologie und Chemie (=Biochemie) oder Soziologie und Psychologie (=Sozialpsychologie), sondern auch und gerade auf Interaktionen, die über die Grenzen zwischen den Natur- und Sozialwissenschaften hinausgehen.[1] Die agentenbasierte Modellierung der Dynamik von Meinungsbildung ist in gewisser Weise paradigmatisch für diese Entwicklungen. Allerdings ist sie es nicht nur, weil sie die Formulierung einer sozialwissenschaftlichen Problematik in einem mathematisch-physikalischem Framework erlaubt (wenn auch oft in stark vereinfachter Form), sondern auch, weil sie die Probleme aufzeigt, die dem wirklichen Erkenntnisgewinn in einer solchen interdisziplinären Unternehmung im Wege stehen können.

Über die letzten Jahre hat sich nämlich ein Forschungsfeld etabliert, welches mit numerischen Simulationen und physikalisch-mathematischen Analysemethoden versucht zu neuen Einsichten in die Dynamik der Meinungsbildung zu gelangen. Und obwohl neben einer Vielzahl von Physikern und Informatikern auch Forscher aus sozialwissenschaftlichen Disziplinen an dieser Entwicklung teilhaben, ist das Feld über „computergestützte Spekulationen" ([Heg04], S. 19) noch nicht wirklich hinaus gekommen. In diesem Artikel sollen Ansätze diskutiert werden, der empirischen Relevanz dynamischer Modelle der Meinungsbildung durch den Vergleich mit realen Daten näher zu kommen.

Hierzu werden wir zunächst simulativ erzeugte Netzwerke mit einigen Ergebnissen von Netzwerkanalysen aus Telefonie und Online-Kommunikation vergleichen. Wir werden sehen, dass komplexe Netzwerkstrukturen das Resultat re-

---

[1] Der Autor dankt der finanziellen Unterstützung des Bundesministeriums für Bildung und Forschung (BMBF) durch das Projekt „Linguistic Networks" (www.linguistic-networks.net), welches im Rahmen des Förderschwerpunktes „Wechselwirkungen zwischen Natur- und Geisteswissenschaften" gefördert wird.

lativ einfacher Mechanismen der Interaktion zwischen Individuen sein können, wobei die Individuen keinerlei Informationen über die globalen Eigenschaften des Netzwerkes besitzen müssen. Im Weiteren unternehmen wir einen Ausflug in die statistische Analyse von Wahldaten (einschließlich der letzten Landtagswahl in Baden-Württemberg), um zu untersuchen, ob die Agenten im Simulationsmodell ein vergleichbares Wahlverhalten zeigen. Gewisse statistische Eigenschaften des Wahlverhaltens werden durch das Modell reproduziert, aber wesentliche Modellerweiterungen werden nötig sein, um quantitative Vorhersagen über statistische Regularitäten hinaus möglich zu machen.

Mit diesem Artikel ist die Hoffnung verbunden, dass das Forschungsfeld durch die Konfrontation mit realen Daten gefestigt wird, und dass dadurch auch eine weitergehende geisteswissenschaftliche Auseinandersetzung mit dieser Art der *dynamischen* Modellierung sozialer Phänomene angeregt wird, da nur darüber eine Einordnung dieser Erkenntnisse in unser Gesamtverständnis des Sozialen geschehen kann.

2. Agentenbasierte Simulation von Meinungsbildung

Zum gegenwärtigen Zeitpunkt ist es schwierig geworden, den Überblick über die Vielzahl verschiedener Simulationsmodelle der Meinungsdynamik (*Opinion Dynamics*) zu behalten.[2] Da sich die Modelle in wesentlichen Punkten ähneln, ist es aber in jedem Fall vorteilhaft, uns an deren Gemeinsamkeiten und Unterschieden zu orientieren, um zu einem wesentlichen Verständnis der Vorgehensweise zu gelangen.

Simulationsmodelle nehmen normalerweise die zeitliche Entwicklung von Meinungen in einer Population interagierender Agenten in den Blick. Es wird eine (relativ große) Anzahl von Individuen (Agenten) betrachtet, wobei jedem Agenten eine Meinung zugeordnet ist, die sich im Laufe der Simulation ändert. Die „Meinung" eines Agenten ist dabei ein Punkt (eine oder mehrere Koordinaten) in einem Meinungsraum, dessen Bedeutung in der Regel nicht näher spezifiziert wird. Typische Fragestellungen beziehen sich beispielsweise auf die Bedingungen unter denen sich ein allgemeiner Konsens einstellt (d.h. unter denen alle Agenten die gleiche Meinung annehmen).

Zunächst wird eine Population von N Agenten kreiert, wobei den Agenten mit Hilfe eines Zufallszahlengenerators zufällige Positionen im Meinungsraum zugeordnet werden. Dies ist der Anfangszustand der Simulation. Daraufhin wird

---

2 Siehe [CFL09] für eine umfassende Beschreibung wichtiger, physikalisch inspirierter Ansätze.

ein iterativer Prozess gestartet, in welchem zunächst eine Gruppe von Agenten nach dem Zufallsprinzip ausgewählt wird, deren Meinungen dann in Abhängigkeit von der Gruppenmeinung aktualisiert werden. Dieser Prozess führt in der Regel zu einem Zustand, in dem keine weitere Veränderung mehr möglich ist, da alle Agenten entweder die gleiche Meinung angenommen haben, oder der Abstand zwischen Agenten mit verschiedenen Meinungen so groß ist, dass keine Beeinflussung mehr stattfindet.

Die Mechanismen der Meinungsveränderung auf individueller Ebene orientieren sich an einfachen sozial-psychologischen Konzepten wie Konformität, soziale Beeinflussung und Imitation. Zum einen steigt die Wahrscheinlichkeit, mit der zwei Agenten in Interaktion treten, mit der Ähnlichkeit ihrer Ansichten. Zum anderen führt Interaktion (z.B. durch Imitation) zu mehr Ähnlichkeit der beteiligten Agenten. Physikalisch gesprochen wirkt zwischen den Agenten also eine Anziehungskraft, die mit zunehmender Distanz abnimmt. Die meisten Simulationsmodelle folgen diesem konzeptionellen Modell, welches hier noch einmal zusammengefasst ist:

1. Erzeugung einer Population von N Agenten mit zufälligen Meinungen im Meinungsraum
2. Iterationsprozess:
   - Zufallsauswahl zweier (oder mehrerer) benachbarter Agenten,
   - Meinungsaktualisierung gemäß einfacher sozial-psychologischer Interaktionsprinzipien,
3. Beendigung des Iterationsprozesses sobald keine Veränderungen mehr möglich sind.

Dadurch dass die Hauptquelle von Meinungsveränderungen durch die Interaktion zwischen den einzelnen Akteuren zustande kommt[3], führt diese Art der Modellierung zu einem typischen, selbst-organisierenden System, dessen globales Verhalten von den spezifischen Modellannahmen und der gewählten Parameterkonstellation abhängt.

Der Unterschied zwischen verschiedenen Meinungsmodellen ergibt sich in erster Linie durch eine verschiedenartige Repräsentation von Meinungen. Im einfachsten Fall, wird die Meinung eines Agenten mit einer binären Variable (ja/nein) modelliert und die Agenten haben die Möglichkeit zwischen zwei Optionen zu wählen. Meinungsaustausch bedeutet in diesem Falle, dass ein Agent in der Interaktion die Meinung eines Nachbaragenten annimmt. Gerade unter Physikern genießen solche Modelle eine gewisse Popularität, da sie dem berühmten Ising-

---

3 Externe Faktoren wie Medieneinfluss werden meistens erst im Rahmen von Modellerweiterungen thematisiert.

Spinmodell [Isi25] sehr ähnlich sind und sich dadurch gut mit althergebrachten Werkzeugen analysieren lassen und manchmal sogar eine analytische Lösung erlauben.[4] Natürlich ist ein Meinungsmodell, welches Agenten lediglich ein „Ja" oder „Nein" erlaubt, eine extreme Vereinfachung. Aber ähnlich den generalisierten epidemischen Prozessen, die z.B. von Ph. Blanchard und Kollegen benutzt werden, um Ausbreitungsvoraussetzungen für Korruption zu verstehen (siehe [BK07] und den nachfolgenden Beitrag in diesem Band), bildet dieser Ansatz einen geeigneten Rahmen, Fragen bezüglich Wahrscheinlichkeit, Geschwindigkeit und der Bedingungen der Ausbreitung neuer Ansichten zu beantworten. So zeigt zum Beispiel die Arbeit von S. Galam, dass die Akzeptanz von Reformen durch lange Debatten geringer werden kann, wenn wir es mit einer Gesellschaft zu tun haben, in der die Mehrheit Reformen generell skeptisch gegenübersteht [Gal04].

Eine weitere Repräsentationsmöglichkeit ist es, Meinungen in einem kontinuierlichen Intervall zu erlauben. Dadurch wird prinzipiell erlaubt, dass jeder Agent eine individuelle Meinung besitzt und sich von allen anderen unterscheidet. Es ist bemerkenswert, dass frühe Modelle der Konsensbildung auf dieser Repräsentation beruhten (siehe [HK02] für einen Überblick). Außerdem legt eine solche Meinungsdarstellung die Interpretation nahe, dass Teilnehmer an den Grenzen des Intervalls extremistische Ansichten vertreten und entsprechende Modelle werden in der Tat benutzt, den Einfluss von Extremisten auf die Dynamik zu analysieren [DAW02, AD04]. Die konzeptuelle Idee der Beeinflussung durch Agenten ähnlicher Meinung wird hier zumeist über einen Schwellenwert gelöst. Agenten ziehen zur Neubeurteilung ihrer Ansichten die Meinung eines anderen Agenten nur dann in Betracht, wenn die Distanz zwischen eigener und fremder Meinung niedriger ist als der Schwellenwert. Diese nichtlineare Realisierung führt dazu, dass diese sogenannten *bounded confidence* Modelle analytisch schwer behandelbar sind und die Analyse somit in erster Linie auf numerischen Simulationen beruht.

Eine weitere wichtige in der Literatur zu findende Repräsentation, behandelt Meinungen als einen Vektor verschiedener Werte. Man kann jeden einzelnen Eintrag in diesem Vektor als ein bestimmtes Attribut interpretieren, welches einem Agenten zugeschrieben wird. Eines der populärsten Modelle mit dieser Darstellung ist das Modell zur Kulturdynamik von R. Axelrod [Axe97]. Die Agenten sind auf einem zweidimensionalen Gitter angeordnet, so dass jeder Agent vier direkte Nachbarn hat. Kultureller Austausch und Beeinflussung findet unter benachbarten Agenten statt, aber nur wenn es bereits einen gewissen Grad der Übereinstimmung gibt. In diesem Fall wird ein zufällig gewähltes Attribut vom Nachbarn assimiliert. Die Kernfrage, die Axelrod mit seinem Modell aufwirft ist folgende: „If people

---

4 Siehe beispielsweise [SL03, KR03, SR05, VE08, BLA11]

tend to become alike in their beliefs, attitudes and behaviour when they interact, why do not all such differences eventually disappear?" ([Axe97], S. 203). Mit Hilfe des Modells wird existierenden Erklärungsansätzen eine neue, prozessorientierte Erklärung hinzugefügt, denn ein dynamischer Prozess, bei dem sich die Akteure auf lokaler Ebene näher kommen, kann (und wird unter gewissen Umständen) global zu Polarisierung führen (ebd. S. 223).

3. Ein Vektormodell

Auch das in dieser Arbeit benutzte Modell basiert auf einer vektoriellen Darstellung von Meinungen. Genauer gesagt wird die Meinung eines Agenten als ein binärer Vektor der Länge k modelliert, was bedeutet, dass bezüglich eines jeden Attributes zwei Alternativen (ja/nein, gut/schlecht, etc.) erlaubt sind. Diese Darstellung hat ihren Ursprung in einem Modell der simulativen Innovationsforschung von T. Araújo und R. Vilela-Mendes [AM09], wobei ein Eintrag im Vektor in diesem Fall als Vorkommen oder Nichtvorkommen einer gewissen Produkteigenschaft interpretiert wird. Respektive werden die Einträge in den Meinungsvektoren einer Population potentieller Konsumenten also als Präferenzen für die entsprechenden Produkteigenschaften gesehen und Firmen versuchen mit Hilfe verschiedener Innovationsstrategien einen „Produktvektor" zu entwerfen, der möglichst viele Abnehmer in dieser Agentenpopulation findet. Idealerweise sind Konsumentenpräferenzen natürlich nicht statisch, sondern verändern sich in der Interaktion. Genau das wird im Rahmen des hier vorgestellten Modells adressiert.

Der Ablauf ist wie beim im vorangegangenen Kapitel erläuterten, generellen Modellprinzip in drei Schritte gegliedert. Zunächst werden N zufällige Meinungsvektoren erzeugt, welche die Anfangsmeinungen der Agenten bilden. Eine solche Konfiguration ist oben links in Abbildung 1 für $N = 20$ Agenten und $k = 5$ dargestellt. Mit dieser Meinungskonfiguration als Anfangszustand wird nun ein Iterationsprozess gestartet, der ebenfalls in Abbildung 1 dargestellt ist. Dabei werden zwei Agenten (hier Agenten 5 und 11) zufällig ausgewählt und es wird überprüft, wie viele Elemente sie gemeinsam haben (hier $d(x_5, x_{11})=3$). Liegt dieser Wert unter einem Schwellenwert d_1, so sind die Ansichten der beiden Agenten so weit voneinander entfernt, dass keine effektive (also beeinflussende) Kommunikation zustande kommt. Ist eine genügende Ähnlichkeit der Meinungsvektoren gegeben, so kommt es zu Beeinflussung und einer der Agenten wird seine Ansichten in Bezug auf ein Attribut verändern (in diesem Fall ändert Agent 5 seine Meinung bezüglich des dritten Attributes). Er kommt somit dem zweiten Agenten in einem Punkt entgegen. Dieser Prozess wird so lange wiederholt bis jedes mögliche Agentenpaar entweder genau den gleichen Meinungsvektor besitzt, oder der Abstand zwischen den entsprechenden Vektoren größer als d_1 ist. In diesem Fall ist keine Meinungsveränderung mehr möglich und man spricht auch von einem „eingefrorenen" Zustand.

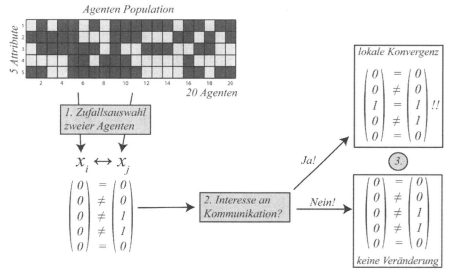

Abbildung 1: Schematische Darstellung des Vektormodells.

Es gibt verschiedene Möglichkeiten diesen finalen Zustand und die Meinungskonstellationen, die zu ihm führen, zu charakterisieren. Man kann zum Beispiel die zeitliche Entwicklung der Gruppengrößen in den Blick nehmen, wie in Abbildung 2 getan. Eine Gruppe ist dabei eine Menge von Agenten mit übereinstimmendem Meinungsvektoren. In Abbildung 2 wurde ermittelt, wie viele verschiedene Meinungen (Anzahl der Gruppen) in der Agentenpopulation existieren und wie viele Agenten jeweils Träger dieser verschiedenen Meinungsvektoren sind (Größe der Gruppen). Die zufällige Initialisierung der Simulation hat zur Folge, dass anfangs (Zeitpunkt ganz links) fast ausschließlich Individualmeinungen existieren, so dass viele Gruppen mit wenigen (zumeist nur einem) Agenten zu finden sind. Die Population (hier sind es 100 Agenten und 10 Attribute $N = 100, k = 10$) besteht hauptsächlich aus Individuen (Wellenlinien). Im Simulationsverlauf konvergieren die Agenten nach und nach zu gewissen Meinungsvektoren, so dass der Anteil an größeren Gruppen zunimmt (siehe Legende). Der Schwellenwert d_1 entscheidet ob dieser Prozess zu einem allgemeinen Konsens führt oder vorher zum Erliegen kommt. Dies wird klar wenn wir uns je einen Simulationsverlauf für

Meinungsbildung in einer virtuellen Agentenpopulation

fünf verschiedene Schwellenwerte anschauen, wobei der d_1 von oben nach unten zunimmt. Die Ähnlichkeit, die erforderlich ist, damit Agenten effektiv kommunizieren, nimmt also von oben nach unten ab. Es wird sichtbar, dass die Simulation für niedrige Werte d_1 in einer Konstellation zum Stehen kommt, die zum Großteil aus Individualmeinungen und sehr kleinen Gruppen besteht. Auch die Zeit, die dafür benötigt wird, ist relativ gering, weil der niedrige Schwellenwert Interaktionen generell unwahrscheinlicher macht. Bei größeren Schwellenwerten (insbesondere bei $d_1 = 4,5$) fällt auf, dass am Ende der Simulation alle Agenten in der Gruppe der absoluten Mehrheit (51+) zusammenkommen. Hier hat sich ein allgemeiner Konsens gebildet, in dem alle Agenten zum gleichen Meinungsvektor konvergierten.[5]

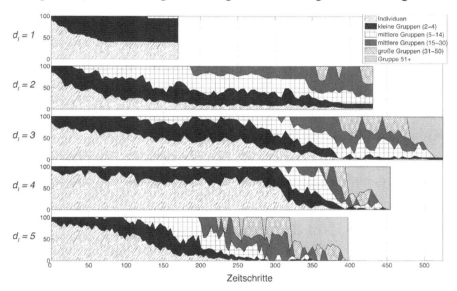

Abbildung 2: Zeitliche Entwicklung der Gruppenverhältnisse für $N = 100$, $k=10$ und $d_1 = 1...5$.

Wir beobachten also einen Übergang von einer fragmentierten Population von Individualisten zu einer, die einen allgemeinen Konsens herausbildet. Zwischen diesen beiden Extremen (im obigen Beispiel für $d_1 = 2$) beobachten wir einen finalen Zustand, in dem sich wenige Gruppen verschiedener Größe gegenüberstehen. Hier kommt es zu einer Art Polarisierung, bei der wenige Ansichten, um Befür-

---

5 Es ist zu beachten, dass der kritische Schwellenwert von der Länge des Meinungsvektors (k) sowie von der Anzahl der Agenten (N) abhängt. Eine genauere Analyse dieser Abhängigkeiten ist in [BAL10] nachzulesen.

worter konkurrieren. Es ist bemerkenswert, dass dieses Phänomen (welches auch in anderen Modellen beobachtet wird) durch Selbstorganisation und ohne äußere Einflüsse zu Stande kommt. Darüber hinaus kann gezeigt werden, dass statistische Verteilung der Gruppengrößen einem Skalengesetz gehorcht, welches auch einige reale Systeme charakterisiert ([CMV00, CGAESM07, BAL10]).

4. Interaktionsnetzwerke

Weiteres Verständnis der Modelldynamik wird ermöglicht, wenn wir uns die Interaktionsaktivität in der Agentenpopulation anschauen. Netzwerke bilden eine hervorragende Möglichkeit die strukturellen Muster einer Simulation abzubilden. Dazu speichern wir die Interaktionsaktivität eines jeden Agenten und definieren, dass eine Verbindung zwischen zwei Agenten existiert wenn zwischen ihnen mindestens einmal effektive Kommunikation (also Informationsaustausch) stattgefunden hat. Für die in Abbildung 2 gezeigten Simulationsverläufe ergibt dies die in Abbildung 3 dargestellten Netzwerke, wobei die 100 Agenten hier kreisförmig angeordnet sind.

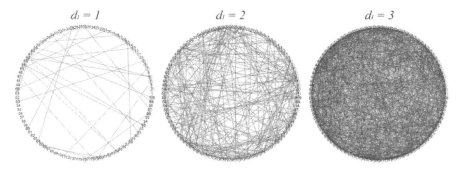

Abbildung 3: Emergierende Netzwerke für $N = 100$, $k=10$ und von links nach rechts $d_I = 1, 2, 3$.

Wie oben bereits angedeutet, ist die Interaktionsaktivität (also die Häufigkeit effektiver Kommunikation) wesentlich vom Schwellenwert d_I abhängig, so dass bei sehr niedrigen Werten (Abbildung 3 links) ein sehr schwach konnektierter Graph entsteht und bei hohen Werten (Abbildung 3 rechts) fast alle Agenten verbunden sind. Wie schon bei den Gruppenverhältnissen entstehen zwischen diesen beiden Extremen nicht-triviale Strukturen, die wir uns hier ein wenig näher anschauen wollen, da sie uns über ein erweitertes Verständnis der Modelldynamik hinaus die Möglichkeit bieten, die Ergebnisse der Simulation mit realen Daten zu vergleichen.

In Abbildung 4 sehen wir die Konnektivitätsstatistik (*degree distribution*) der emergierenden Netzwerke und stellen fest, dass die Interaktionsabläufe in der Simulation zu Netzwerken führt, die sich durch Skalenfreiheit auszeichnen. D.h. auf der einen Seite, dass die Mehrzahl der Agenten in der Simulation mit nur wenigen Anderen kommunizieren, es aber auf der anderen Seite einige wenige Agenten gibt, die mit sehr vielen anderen Agenten kommunizieren und dadurch hochgradig verlinkt sind. Darüber hinaus zeigt Abbildung 4, dass die Verteilung der Interaktionsaktivität unabhängig von der Anzahl der Agenten ist. Dies ist ein weiterer Verweis auf Skalenfreiheit, welche auch in vielen realen Kommunikationsnetzwerken nachgewiesen werden kann. So zeigen die zwei zusätzlichen Kurven in Abbildung 4 die Konnektivitätsverteilung in einem Netzwerk der Festnetztelefonie ([ACL00], durchgezogene Linie in Abbildung 4) und von Instant-Messaging Kommunikation ([LH08], gestrichelte Linie). In der Simulation ergibt sich eine auffallende Ähnlichkeit.

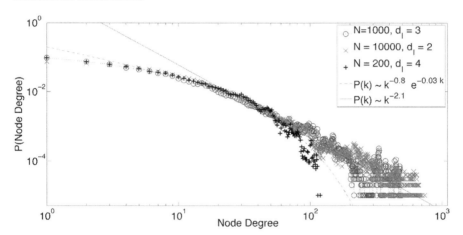

Abbildung 4: Die Konnektivitätsstatistik emergierende Netzwerke im Vergleich mit realen Kommunikationsnetzwerken.

Die Herausbildung komplexer und mit der Realität vergleichbarer Strukturen, wurde wiederholt für die Parameterbereiche der Modelle beobachtet, in denen ein Phasenübergang von einem Verhalten zu einer qualitativ anderen Verhaltensweise stattfindet (vgl. [CMV00, HN06, BAL10]). Bisher ist nicht geklärt, warum gerade diese Parameterbereiche für reale Systeme relevanter sein sollen als andere. Selbst-organisierte Kritikalität, gemäß welcher Systeme selbst-organisierend zu einem kritischen Verhalten tendieren, könnte einen Erklärungsansatz bieten.

5. Stabilität und Transienz

Wie in Abschnitt 2 dargelegt, ist die Konvergenz in einen „eingefrorenen" Zustand eine elementare Eigenschaft der meisten Modelle, die in der Literatur zu finden sind. Dies widerspricht grundlegend unserer Auffassung vom Verhalten sozialer Systeme, welche stetiger Veränderung unterliegen, selbst wenn es Perioden gewisser Starrheit und gegenseitiger Blockierung geben kann. Auch das Ergebnis der letzten Sektion ist unter diesem Gesichtspunkt kritisch zu betrachten, repräsentieren doch die realen Vergleichsnetzwerke die Kommunikationsaktivität in einem begrenzten Zeitintervall.

Eine Möglichkeit, mit dieser Situation umzugehen, ist das Hauptgewicht bei der Interpretation auf die transienten Bereiche zu legen, also auf den Systemverlauf und die Meinungskonstellationen vor der Konvergenz [BA10]. Man könnte argumentieren, dass sich reale Systeme in diesem Bereich des Übergangs befinden und irgendwann in ferner Zukunft in einen stabilen Zustand konvergieren.

Eine weitere Möglichkeit ist es, über Mechanismen nachzudenken, welche zu einem veränderten Konvergenzverhalten führen. Hier bieten sich beispielsweise Zufallsmechanismen an, welche ähnlich den Mutationen in der Vererbungslehre, stets neue Variationen mit sich bringen (siehe z.b. [KETM03, CGAESM07]). Auch externe Einflüsse und Störungen (Perturbationen) sind in diesem Zusammenhang nicht unplausibel. Ein aktuelles Beispiel hierzu ist das Erdbeben in Japan und dessen nukleare Folgen im Kernkraftwerk Fukushima, welche die hiesige, öffentliche Debatte zur Atomenergie entscheidend beeinflusst haben und dadurch sogar auf Wahlergebnisse einwirkten.

Neben externen Einflüssen kann man auch über Mechanismen der Agenteninteraktion nachdenken, die zu einer anderen Dynamik führen können [Ban10]. Dieser Weg soll hier verfolgt werden, durch eine einfache Erweiterung des Modells. Prinzipielle Idee ist dabei, dass wir als Individuen nicht unter allen Umständen nach mehr Ähnlichkeit streben, sondern dass die Betonung von Differenzen durchaus im Interesse eines Akteurs sein kann. Gerade wenn sich zwei Individuen schon sehr ähnlich sind, so die Annahme hier, entsteht in ihnen ein Bedürfnis der Differenzierung, zum Beispiel zur Betonung der eigenen Individualität. Für das Modell heißt dies, wir fügen dem Anziehungsprinzip ein abstoßendes Prinzip hinzu, so dass sich zwei Agenten, die genau die gleichen Ansichten vertreten, nach der Interaktion im Bezug auf ein Element unterscheiden.

Diese Erweiterung führt zu einem Modellverhalten wie in Abbildung 5 gezeigt. Auch nach 10000 Iterationsschritten wird kein stabiler Zustand erreicht, vielmehr beobachten wir stochastische Fluktuationen.[6] Im Vergleich zu Abbildung 2 fällt außerdem auf, dass größere Agentengruppen, die exakt die gleiche Meinung annehmen, eher selten sind. Die nun folgenden Experimente haben zum Ziel, diese sich stetig verändernden Meinungskonstellationen mit der Realität zu vergleichen.

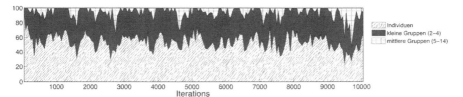

Abbildung 5: Zeitliche Entwicklung der Gruppenverhältnisse für das erweiterte Modell.

6. Meinungsbildung und Wahlverhalten

Einer der Hauptkritikpunkte an dieser Art der Modellentwicklung ist, dass der Vergleich mit realen Daten nicht vollzogen, oft nicht einmal angestrebt wird [Sob09]. Dies liegt natürlich auch darin begründet, dass geeignete Daten über die zeitliche Veränderung der Meinungen einer ganzen Population, noch dazu bezüglich verschiedener Fragestellungen schwer zu erheben sind und in einer Art, die den direkten Vergleich mit dem Modell erlaubt, nicht existieren. Auf der anderen Seite gibt es in demokratischen Gesellschaften ein sich stetig wiederholendes Ereignis, bei dem Einstellungen und Meinungen eine wichtige Rolle spielen: Wahlen. Durch den Anspruch größtmöglicher Transparenz sind diese darüber hinaus sehr gut dokumentiert und Ergebnisse der Öffentlichkeit zugänglich.[7] Dementsprechend gibt es einige Versuche, mit Hilfe von dynamischen Meinungsbildungsmodellen zu einer Erklärung bestimmter statistischer Regelmäßigkeiten in Wahldaten zu gelangen (z.B. [BSK02, GSH04, Sou05, CC05, TdFC06, FC07, BA10]), und somit Aussagen bezüglich der empirischen Relevanz der Modelle zu treffen. Die meis-

---

6 Es ist allerdings anzunehmen, dass die Meinungskonfigurationen einer stationären Verteilung gehorchen, also im stochastischen Sinne konvergieren.
7 Die Ergebnisse der Wahlen in Finnland 2003 sind unter [Fin03] frei zugänglich und die Landtagswahlen in Baden-Württemberg 2011 unter [BW11].

ten beziehen sich auf vollständig personalisierte Verhältniswahlen, welche, wie eine Studie von S. Fortunato und C. Castellano [FC07] zeigte, einige interessante statistische Eigenschaften aufweisen.

6.1 Statistische Eigenschaften personalisierter Verhältniswahlen

In einer vollständig personalisierten Verhältniswahl – ein System, welches beispielsweise in Finnland zur Anwendung kommt – ist das Land in Wahlkreise eingeteilt, in denen sich mehrere Kandidaten verschiedener Parteien zur direkten Wahl stellen. Der Wähler verfügt über eine Stimme, mit der er sich für einen Kandidaten und damit implizit für dessen Partei entscheidet. Die Stimmen, welche die Kandidaten erhalten, werden für jeden Wahlkreis direkt in Abgeordnetenmandate umgerechnet (vgl. [vP03]).

Im Gegensatz zu den Landtagswahlen in Baden-Württemberg, welche wir im nächsten Abschnitt betrachten, treten im finnischen System in der Regel mehrere Kandidaten derselben Partei an. Dies erlaubt gemäß Fortunato und Castellano ([FC07], S. 2), die Stimmenverhältnisse in der Wahl der Kandidaten frei von parteibezogenen Einflüssen zu analysieren, indem jeweils nur Kandidaten der gleichen Partei verglichen werden. Nehmen wir beispielsweise an, dass es in einem Wahlkreis zehn Kandidaten k_i gibt und drei Parteien, so dass $P_a = \{k_1,..., k_5\}$, $P_b = \{k_6,..., k_8\}$, $P_c = \{k_9, k_{10}\}$. Nehmen wir weiterhin das in Tabelle 1 gezeigte, hypothetische Wahlergebnis mit einer Gesamtstimmenanzahl von 100 an. Fortunato und Castellano [FC07] folgend, können wir nun eine Art relativer Performanz r eines Kandidaten (sagen wir k_1) errechnen, indem wir seine Stimmenanzahl ($v_1 = 30$) bezüglich der Stimmen für seine Partei ($N_{Pa} = 51$) und der Anzahl der Kandidaten seiner Partei ($Q(P_a) = 5$) normalisieren:

$$r_i = \frac{v_i Q(P)}{N(P)}. \tag{1}$$

Dies ergibt die in der letzten Zeile von Tabelle 1 dargestellten Werte. Wir sehen zum Beispiel, dass Kandidat k_9 einen relativ hohen Wert aufweist, verglichen mit k_2 und k_7 die ebenfalls 10 Stimmen erhielten. Damit wird seinem ausgesprochen hohen Stimmenanteil unter Kandidaten seiner Partei Rechnung getragen.

Kandidaten	k_1	k_2	k_3	k_4	k_5	k_6	k_7	k_8	k_9	k_{10}
Stimmen in %	30	10	5	5	1	19	10	7	10	3
Rel. Performanz	2.94	0.98	0.49	0.49	0.10	1.58	0.83	0.58	1.54	0.46

Tabelle 1: Hypothetische Wahlergebnis und relative Performanz.

Eine genauere Interpretation dieser Normalisierung soll im Rahmen dieses Aufsatzes nicht vorgenommen werden, obgleich sich sicherlich interessante Fragen beispielsweise bezüglich optimaler Listenaufstellungen anschließen. In Bezug auf Modelle zur Meinungsbildung ist nämlich vor allem interessant, dass die Verteilung der relativen Performanzen einer universalen Gesetzmäßigkeit gehorcht. Dies konnten Fortunato und Castellano zeigen, indem die in Gl. (1) beschriebene Normalisierung auf alle Wahlkreise und alle Parteilisten angewandt wurde. Neben den Wahlen in Finnland 2003, wurden auch Wahlen in Italien in den Jahren 1958, 1972 und 1987 sowie in Polen 2005 analysiert. Die Verteilung der r-Werte ist bei allen diesen Wahlen gleich und kann durch die gestrichelte, log-normale Kurve in Abbildung 6 approximiert werden [FC07].

6.2 Landtagswahlen Baden-Württemberg 2011

Für die Landtagswahl 2011 in Baden-Württemberg [BW11] ist das gleiche Verfahren nicht anwendbar, da jede Partei pro Wahlkreis nur einen Kandidaten aufstellt. Allerdings ist es ohne Weiteres möglich, die durch Gl. (1) beschriebene Normalisierung auf jeden der 70 Wahlkreise anzuwenden. Dabei wird also die relative Performanz der Kandidaten im Verhältnis zu den Kandidaten der anderen Parteien im Wahlkreis ermittelt. Wie in Abbildung 6 zu sehen, führt dies zu deutlichen Abweichungen von der log-normalen Kurve, da sich im Gegensatz zur Finnlandwahl der Einfluss der Parteienzugehörigkeit der Kandidaten in der Statistik niederschlägt.

Ein genauerer Blick auf Abbildung 6 macht diese Parteienbezogenheit deutlich. Man kann in der Kurve nämlich zwei Bereiche ausmachen: einen Bereich niedriger Performanz ($r < 1$) und davon getrennt einen Bereich relativ hoher Performanz ($r > 1$). Um diese Trennung deutlicher zu machen, wurde eine vertikale Linie bei $r = 1$ eingezeichnet. Dieser Wert entspricht dem Durchschnittswert, der erreicht würde wenn die Stimmen gleich über alle Kandidaten verteilt wären. Ein genauer Blick auf die Daten der Baden-Württemberg Wahl zeigt, dass die hochperformanten Kandidaten rechts der Trennlinie ausschließlich der CDU, der SPD und den Grünen angehören und die Kandidaten links der Trennlinie ausschließlich für kleinere Parteien kandidieren.[8] Der Einfluss der Parteizugehörigkeit auf die Stimmenanteile wird dadurch deutlich und es wird auch klar, dass die Wahlstatistik in einem solchen Fall wesentlich von der jeweiligen Parteienkonstellation abhängt.

---

8   Weder Kandidaten der FDP noch der Linkspartei erreichen eine Performanz $r > 1$. Gleichzeitig gab es keinen Kandidaten von CDU, SPD oder Grüne, für den sich eine Performanz $r < 1$ ergab.

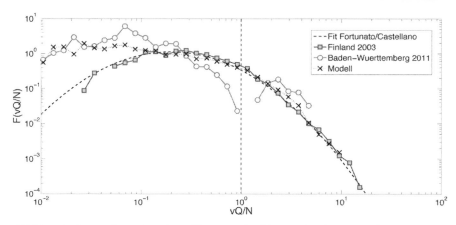

Abbildung 6: Statistische Analyse der Wahlen in Finnland 2003 und Baden-Württemberg 2011. Finnland 2003 folgt einer log-normalen Verteilung (gestrichelte Kurve) die Wahl in BW 2011 jedoch nicht.

6.3 Wahlverhalten der Agentenpopulation

Im Folgendem wollen wir uns das Wahlverhalten in einer Agentenpopulation anschauen. Insbesondere die Beobachtung, dass personalisierte Verhältniswahlen so starken Gesetzmäßigkeiten gehorchen, legt die Idee nahe, zu überprüfen, ob simulativ erzeugte Agentenpopulationen ebenfalls ein solches Wahlverhalten zeigen. Um die für einen Vergleich nötigen Daten zu bekommen, muss also ein Wahlverfahren für die virtuelle Agentenpopulation implementiert werden. Die in [BA10] vorgestellte Lösung basiert auf den eingangs erwähnten Arbeiten in der Innovationsforschung, bei denen Konsumenten dasjenige Produkt auswählen, dessen Vektor dem eigenen am ähnlichsten ist. Auch in der simulativen Analyse des Parteienwettbewerbs[9] basiert die Wahlentscheidung meistens auf dem Prinzip des *proximity voting* [HM97, KP06, SF07, LS2011], welches wiederum auf wirtschaftswissenschaftliche Arbeiten von H. Hotelling [Hot29] und deren Anwendungen im parteistrategischen Kontext von A. Downs [Dow57] zurückgeht.

---

9 Es sei angemerkt, dass es eine beträchtliche Anzahl an Simulationsstudien zum Parteienwettbewerb gibt. Im Unterschied zu Meinungsbildungsmodellen werden diese Studien oft von Politikwissenschaftlern angeregt und durchgeführt. Siehe [KP06] für einen Überblick über agentenbasierte Simulationen in den Politikwissenschaften.

Im Modell wird ein virtuelles Wahlverfahren realisiert, indem zunächst Q zufällige Vektoren erzeugt werden, welche die zur Wahl stehenden Kandidaten repräsentieren. Dann wird für jeden Agenten ermittelt, welcher Kandidat seinen eigenen Präferenzen am besten entspricht, also mit welchem der Kandidatenvektoren die größte Übereinstimmung entsteht. Dies entscheidet, welcher Agent welchem Kandidaten seine Stimme gibt, wobei das Zufallsprinzip bedient wird, falls es mehrere optimale Kandidaten gibt. Nun kann die Wahlstatistik gemäß Gl. (1) gebildet werden. Um eine statistisch bedeutsame Anzahl von Wahlen zu bekommen, wird diese Prozedur mehrfach wiederholt, wobei sich von Wahl zu Wahl die Präferenzen in der Agentenpopulation gemäß des Modells durch gegenseitige Beeinflussung weiterentwickeln. Es sei angemerkt, dass vor jeder neuen Wahl Q neue zufällige Vektoren erzeugt werden und dass die Anzahl an Kandidaten von Wahl zu Wahl variiert. Dadurch werden eventuelle statistische Artefakte durch Korrelationen zwischen zufälligen Kandidatenpositionen minimiert.

Die statistische Auswertung des Wahlverhaltens der Agentenpopulation ist ebenfalls in Abbildung 6 dargestellt. In einem großen Bereich der relativen Performanz ($r > 10^{-1}$) gleicht der Verlauf den Ergebnissen bei vollständig personalisierten Verhältniswahlen (Finnland 2003 und gestrichelte Kurve). Inwiefern die Abweichungen im Bereich kleiner r-Werte durch die in Abschnitt 5 vorgestellte Erweiterung verursacht werden und ob andere Modellerweiterungen denkbar sind, die nicht zu dieser Abweichung führen, müssen zukünftige Untersuchungen klären. In [BA10] waren diese Abweichungen nicht zu beobachten. In jedem Fall kann festgehalten werden, dass das Wahlverhalten virtueller Agenten, deren Meinungen und Ansichten sich gemäß einfacher Prinzipien des Meinungsaustausches aktualisieren, gewisse statistische Ähnlichkeiten mit dem Wahlverhalten in personenbezogenen Wahlen aufweist. Durch den Vergleich mit der Baden-Württemberg Wahl wird allerdings auch klar, dass dem Einfluss von Parteien nur Rechnung getragen werden kann, wenn auch parteibezogene Informationen in das Modell einbezogen werden. Bisher wurde weder in der Meinungsrepräsentation der Agenten noch in der Erzeugung zufälliger Kandidatenvektoren auf Informationen über die realen Positionen der Parteien und deren Kandidaten zurückgegriffen. Im nächsten Abschnitt wird ein erster Versuch unternommen, Informationen über Parteien sowie über deren Umfragewerte in das Modell zu integrieren.

6.4 Sind Vorhersagen möglich?

An die vorangegangene Analyse schließt sich die Frage an, ob auf Basis eines so einfachen dynamischen Meinungsmodells Wahlvorhersagen möglich sind. Für die Bundestagswahl 2009 wurde ein entsprechendes Experiment durchgeführt. Entgegen kommt einer solchen Analyse, dass die politischen Positionen der Parteien durch Übersichten wie auf www.tagesschau.de [Ohr09] oder durch den Fragebogen des Wahl-O-Mats [BPB09] bekannt gemacht werden und in dieser Form direkt in das Modell integriert werden können. Eine entsprechende Quantifizierung der Positionen der fünf wichtigsten Parteien wurde auf Basis erstgenannter Ressource durchgeführt, wobei die 20 Programmpunkte gewählt wurden, in denen es unterschiedliche Auffassungen bei mindestens zwei Parteien gab. Der Forderung nach Mindestlöhnen von SPD, LINKE und den Grünen und deren Ablehnung durch CDU/CSU und FDP wird Rechnung getragen, indem den ersten drei Parteien eine „1" und letzteren eine „0" an entsprechender Stelle zugeordnet wird. Weitere Punkte beziehen sich auf die Forderung nach einem neuen Steuersystem (FDP = 1, Rest = 0), für oder gegen Studiengebühren (CDU/FDP = 1, SPD/LINKE/Grüne = 0) und die Vorratsdatenspeicherung (CDU = 1, Rest = 0), um ein paar Beispiele zu nennen.

Mehr Schwierigkeiten bereitet das Erzeugen einer virtuellen Population, in welcher Meinungen vorherrschen, die mit dem realen Meinungsprofil übereinstimmen.[10] Für ein erstes Experiment wurde dies auf Basis der letzten Sonntagsumfrage[11] eine Woche vor der Wahl vorgenommen, und zwar so, dass die Mehrheitsverhältnisse in Übereinstimmung mit der Umfrage sind. Dazu wurde eine zufällige Agentenpopulation von 1000 Wählern kreiert, in der ungefähr die entsprechenden Stimmenverhältnisse vorliegen. Allerdings bedeutet dies nicht unbedingt, dass die Meinungen der Agenten verteilt sind wie in der Wirklichkeit.

In der so erzeugten Agentenpopulation wird nun der Meinungsaustauschprozess gemäß des hier behandeltem Meinungsmodells iteriert. Jeweils nach 10 Simulationsschritten werden virtuelle Wahlen durchgeführt und die entstandenen Mehrheitsverhältnisse errechnet. Um auch den Einfluss der restlichen Parteien einzubeziehen, führen wir weiterhin einen Schwellenwert ein, sodass ein Agent keine der fünf großen Parteien wählt, falls seine eigene politische Position zu weit

---

10 Die Umfragedaten von Wahl-O-Mat sind für solche Zwecke nicht nutzbar.
11 Entsprechende Daten zur Sonntagsumfrage sind unter www.wahlrecht.de/umfragen einzusehen.

von allen Parteien ist.[12] In den Analysen wurden Durchschnittswerte von 100 Simulationen gebildet, wobei jeweils eine andere Anfangspopulation erzeugt wird, um statistisch aussagekräftige Resultate zu erlangen.

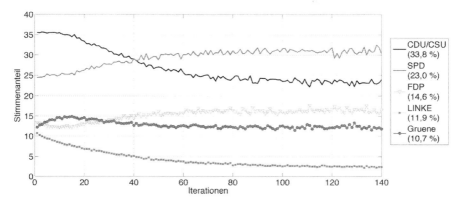

Abbildung 7: Modellvorhersage von Trends für die Bundestagswahl 2009.}

Da sich die Ansichten der Wähler verändern, ändern sich auch die Mehrheitsverhältnisse von Wahl zu Wahl. Je nach Laufzeit des Modells fallen diese Veränderungen verschieden aus. Dabei kann die Laufzeit als Maß für die Kommunikationsintensität verstanden werden, denn mehr Iterationsschritte bedeuten häufigeren Meinungsaustausch. Die sich so ergebenden Meinungstrends sind in Abbildung 7 visualisiert. Die Verläufe stehen teilweise in einem krassen Gegensatz zu dem Ergebnis der Bundestagswahl am 27.09.2009, welches für jede der fünf großen Parteien in der Legende angegeben ist. Die Vorhersage der Stimmenanteile von CDU/CSU und SPD beispielsweise sind dem realen Ergebnis genau entgegengesetzt. So müssten der Stimmenanteil der SPD dem Modell gemäß auf über 30% steigen und die Union auf unter 25% rutschen. Beides ist auch in den Umfrageergebnissen zwei Jahre nach der Wahl nicht zu beobachten.

Dies macht deutlich, dass Vorhersagen von Wahlergebnissen in dieser Form nicht möglich sind, nicht einmal für Veränderungstrends können robuste Aussagen getroffen werden. Dennoch (und das ist in Bezug auf die Modellentwicklung der Sinn solcher Experimente) kann es lohnenswert sein, über die Gründe dieses Scheiterns nachzudenken.

---

12 Die gleiche Prozedur wird in [AM09] angewandt.

Diese sind zum einen methodischer Natur, zum anderen werden aber auch Faktoren sichtbar, die im Meinungsmodell stärkere Berücksichtigung finden müssten. In Bezug auf die Methode muss vor allem die Initialisierung der Agenten verbessert werden: ein Vorhersageexperiment, welches auf anderen Vorhersagen (der Sonntagsfrage) basiert, kann nicht zu robusten Ergebnissen führen. Im Bezug auf das Modell ist vor allem der Einfluss der Medien zu berücksichtigen. Darüber hinaus spielen die Parteien im Wahlkampf mit aufwendigen und teuren Kampagnen eine sehr viel aktivere Rolle. Ein weiterer damit verbundener Faktor ist, dass einige Themen im Laufe eines Wahlkampfes stärkeres Gewicht bekommen können. Dies war zum Beispiel bei der Landtagswahl in Baden-Württemberg zu beobachten, bei der die Atomenergie nach dem Reaktorunfall von Fukushima zum Schlüsselthema wurde. Die stärkere Gewichtung von einzelnen Punkten wäre ohne Weiteres in das Modell integrierbar und könnte auf der Basis der Medienpräsenz der verschiedenen Themen auch empirisch begründet werden.

Viel grundlegender ist allerdings die Schwierigkeit, dass sich Meinungen und deren Übereinstimmung mit Parteiprogrammen nicht direkt in Wählerstimmen übersetzen lassen. Insbesondere und gerade in Deutschland spielen Faktoren wie strategisches Wählen oder Parteitreue eine wesentliche Rolle für die Wahlentscheidung am Wahltag [HP08]. Auch im letzten Abschnitt haben wir gesehen, dass die Wahlstatistik für Baden-Württemberg wesentlich von der spezifische Parteienkonstellation bestimmt ist (siehe Abbildung 6). Von einer robusten Vorhersage der Wahlergebnisse über statistische Regularitäten hinaus sind wir also weit entfernt. Wollen wir allerdings der Frage nach der Vorhersagbarkeit von Wahlen mit Hilfe von einfachen Meinungsmodellen näher kommen, dann mit Vorhersageszenarien wie diesem. Und so sollen diese Ausführung in erster Linie als Anstoß verstanden sein, zu einer stärkeren aber konstruktiven Auseinandersetzung mit der Problematik der Vorhersagekraft und empirischen Validierung von Simulationsmodellen zur Meinungsbildung.

7. Abschließende Bemerkungen

Dieser Artikel umreißt eine Forschungsrichtung, bei der Meinungsbildung als ein selbst-organisierender dynamischer Prozess in einem System interagierender Agenten behandelt wird. Da es eine Vielzahl von Modellentwürfen gibt, welche schwer zu überblicken ist, war das erste Anliegen dieser Arbeit, die Gemeinsamkeiten verschiedener Modellansätze aufzuzeigen, sowohl in Bezug auf die Modellierung als auch bezüglich der entstehenden Dynamik. Auf dieser Basis wurde ein Modellansatz mit einer vektoriellen Repräsentation von Meinungen genauer beschrieben und eine Modellerweiterung vorgeschlagen, welche das Konvergenzverhalten des Modells so verändert, dass die Simulation nicht mehr in einem künstlichen, „eingefrorenen" Finalzustand endet. In den darauf folgenden Analysen sollte vor allem gezeigt werden, dass durch einfache und lokale Mechanismen des Meinungsaustausches zwischen Individuen, welche einige der grundlegensten und allgemeinsten Prinzipien sozialer Interaktion umsetzen, makroskopische Strukturen erzeugt werden können, die gewisse stilisierte und statistische Eigenschaften mit in der Wirklichkeit beobachtbaren Strukturen gemeinsam haben. Dies wird anhand in der Simulation emergierender, komplexer Kommunikationsnetzwerke gezeigt, wobei die Konnektivitätsstatistik in auffälliger Übereinstimmung mit realen Daten ist. Des Weiteren wurde eine statistische Auswertung von Verhältniswahlen vorgenommen, um das Wahlverhalten der virtuellen Agentenpopulation mit realem Wählerverhalten zu vergleichen.

Vor allem in der erfolgreiche Reproduktion statistischer Regelhaftigkeiten in personalisierten Verhältniswahlen (hier am Beispiel Finnland 2003) sehe ich die Chance für eine stärkere empirische Untermauerung von Meinungsmodellen dieser Art. Die Fähigkeit, Vorhersagen zu treffen, die über das statistische Muster der hier betrachteten Verhältniswahlen hinausgehen, wäre ein weiterer wichtiger Schritt, denn, wie die Geschichte der Physik zeigt, sind Vorhersagen das beste Argument für die Plausibilität einer Theorie oder eines Modells. Ein erster Ansatz dazu wurde im abschließenden Teil vorgestellt. Diese Analyse macht deutlich, wie weit wir von robusten Wahlvorhersagen entfernt sind. Allerdings macht sie auch fehlende Aspekte des Modells offensichtlich und zeigt damit einen Weg auf, bei dem sich durch ein Wechselspiel von Modellanpassung und Konfrontation mit den Daten immer bessere Modelle entwickeln können. Ob aber Wahlvorhersagen im Rahmen solch einfacher, stilisierter Modelle überhaupt möglich sind und welche Konsequenzen das hätte, bleiben offene, aber gleichermaßen spannende Fragen.

Literatur

[ACL00] W. Aiello, F. R. K. Chung, und L. Lu. A random graph model for massive graphs. In *Proceedings of the Thirty-Second Annual ACM Symposium on Theory of Computing,* pages 171-180, 2000.

[AD04] F. Amblard und G. Deffuant. The role of network topology on extremism propagation with the relative agreement opinion dynamics. *Physica A: Statistical Mechanics and its Applications,* 343:725-738, 2004.

[AM09] T. Araújo und R. Vilela Mendes. Innovation and self-organization in a multiagent model. *Advances in Complex Systems,* 12(2):233-253, 2009.

[Axe97] R. Axelrod. The dissemination of culture: A model with local convergence and global polarization. *The Journal of Conflict Resolution,* 41(2):203-226, 1997.
[BA10] S. Banisch und T. Araújo. On the empirical relevance of the transient in opinion models. *Physics Letters A,* 374:3197-3200, 2010.
[BAL10] S. Banisch, T. Araújo, und J. Louça. Opinion dynamics and communication networks. *Advances in Complex Systems,* 13(1):95-111, 2010. ePrint: arxiv.org/abs/0904.2956.
[Ban10] S. Banisch. Unfreezing Social Dynamics: Synchronous Update and Dissimilation. *Proceedings of the 3rd World Congress on Social Simulation (WCSS2010),* Ernst, A. & Kuhn, S. (Eds.), 2010.
[BLA11] S. Banisch, R. Lima, and T. Araújo. Agent Based Models and Opinion Dynamics as Markov Chains. *Submitted,* 2011. ePrint: arxiv.org/abs/1108.1716.
[BK07] Ph. Blanchard und T. Krüger. Die Ausbreitung von Korruption als verallgemeinerter epidemischer Prozess. *BI. research: Forschungsmagazin der Universität Bielefeld,* 30 (Konflikt- und Gewaltforschung):72-77, 2007.
[BPB09] Bundeszentrale für politische Bildung, www.wahl-o-mat.de. http://www.bpb.de/metho dik/XQJYR3 (Zugriff 29.03.2011).
[BSK02] A.T. Bernardes, D. Stauffer, und J. Kertész. Election results and the Sznajd model on Barabasi network. *The European Physical Journal B-Condensed Matter,* 25(1):123-127, 2002.
[CC05] F. Caruso und P. Castorina. Opinion Dynamics and Decision of Vote in Bipolar Political Systems. *International Journal of Modern Physics C,* 16:1473-1487, 2005.
[CFL09] C. Castellano, S. Fortunato, und V. Loreto. Statistical physics of social dynamics. *Reviews of Modern Physics,* 81(2):591-646, 2009.
[CGAESM07] D. Centola, J. C. Gonzalez-Avella, V. M. Eguíluz, und M. San Miguel. Homophily, cultural drift, and the co-evolution of cultural groups. *Journal of Conflict Resolution,* 51(6):905-929, 2007.
[CMV00] C. Castellano, M. Marsili, und A. Vespignani. Nonequilibrium phase transition in a model for social influence. *Physical Review Letters,* 85(16):3536-3539, 2000.
[DAW02] G. Deffuant, F. Amblard, und G. Weisbuch. How can extremism prevail? A study based on the relative agreement interaction model. *Journal of Artificial Societies and Social Simulation,* 5:4, 2002.
[Dow57] A. Downs. *An economic theory of democracy* . Harper & Row, 1957.
[FC07] S. Fortunato und C. Castellano. Scaling and universality in proportional elections. *Physical Review Letters,* 99(13):138701, 2007.

[Gal04] S. Galam. The dynamics of minority opinions in democratic debate. *Physica A: Statistical and Theoretical Physics,* 336:56-62, 2004.

[GSH04] M.C. Gonzalez, A.O. Sousa, und H.J. Herrmann. Opinion Formation on a Deterministic Pseudo-fractal Network. *International Journal of Modern Physics C,* 15(1):45-57, 2004.

[Heg04] R. Hegselmann. Opinion dynamics: Insights by radically simplifying models. In *Diskussionspapiere an der Universität Bayreuth,* 2004. Jahrgang 1/2004, Heft 2.

[HK02] R. Hegselmann und U. Krause. Opinion dynamics and bounded confidence: Models, analysis and simulation. *Journal of Artificial Societies and Social Simulation,* 5(3):1, 2002.

[HP08] M. Herrmann und F. U. Pappi. Strategic voting in German constituencies. *Electoral Studies,* 27(2):S. 228-244, 2008.

[HM97] M. J. Hinich und M. C. Munger. *Analytical politics* . Cambridge University Press, 1997.

[HN06] P. Holme und M. Newman. Nonequilibrium phase transition in the coevolution of networks and opinions. *Physical Review E,* 74(5):056108, 2006.

[Hot29] H. Hotelling. Stability in competition. *The Economic Journal,* 39(153):41-57, 1929.

[Isi25] E. Ising. Beitrag zur Theorie des Ferromagnetismus. *Zeitschrift für Physik A Hadrons and Nuclei,* 31(1):253-258, 1925.

[KETM03] K. Klemm, V. M. Eguíluz, R. Toral, und M. San Miguel. Global culture: A noise-induced transition in finite systems. *Physical Review E,* 67:045101(R), 2003.

[KP06] K. Kollman und S. E. Page. Computational methods and models of politics. In *Handbook of Computational Economics, Vol. 2: Agent-Based Computational Economics,* L. Tesfatsion and K. L. Judd (Eds.), Chapter 29, pp. 1433-1463. Elsevier B. V., 2006.

[KR03] P. L. Krapivsky und S. Redner. Dynamics of majority rule in two-state interacting spin systems. *Phys. Rev. Lett.,* 90(23):238701, Jun 2003.

[LH08] J. Leskovec und E. Horvitz. Planetary-scale views on a large instant-messaging network. In *WWW ,08: Proceeding of the 17th international conference on World Wide Web,* pages 915-924, New York, NY, USA, 2008. ACM.

[LS2011] M. Laver und E. Sergenti. *Party Competition: An Agent-Based Model,* Princeton Studies in Complexity, 2011.

[Ohr09] D. Ohrndorf. Die wichtigsten Programmpunkte der Parteien auf einen Blick, 2009. Interactive Application: www.tagesschau.de/static/flash/wahl2009/programme/, Static Version: www.tagesschau.de/wahl/parteien/programme100.html, Last Access: 23/09/2009.

[SF07] O. Smirnov und J. H. Fowler. Policy-motivated parties in dynamic political competition. *Journal of Theoretical Politics*, 19(1):9-31, 2007.

[SL03] F. Slanina und H. Lavicka. Analytical results for the sznajd model of opinion formation. *The European Physical Journal B – Condensed Matter and Complex Systems*, 35(2):279-288, 2003.

[Sob09] P. Sobkowicz. Modelling opinion formation with physics tools: Call for closer link with reality. *Journal of Artificial Societies and Social Simulation*, 12(3):1, 2009.

[Sou05] A.O. Sousa. Consensus formation on a triad scale-free network. *Physica A: Statistical and Theoretical Physics*, 348:701-710, 2005.

[SR05] V. Sood und S. Redner. Voter model on heterogeneous graphs. *Phys. Rev. Lett.*, 94(17):178701, May 2005.

[TdFC06] G. Travieso und L. da Fontoura Costa. The spread of opinions and proportional voting. *Physical Review E*, 74:036112, 2006.

[VE08] F. Vazquez und V. M. Eguíluz. Analytical solution of the voter model on uncorrelated networks. *New Journal of Physics*, 10(6):063011, 2008.

[vP03] V. von Prittwitz. Vollständig personalisierte Verhältniswahl – Reformüberlegungen auf der Grundlage eines Leistungsvergleichs der Wahlsysteme Deutschlands und Finnlands. *Aus Politik und Zeitgeschichte*, 52:12 – 20, 2003.

[BW11] Statistisches Landesamt Baden-Württemberg: Endgültige Ergebnisse der Wahl zum 15. Landtag von Baden-Württemberg am 27. März 2011, http://www.statistik.baden-wuerttemberg.de/Wahlen/Landtagswahl_2011 (Zugriff 29.03.2011).

[Fin03] Statistics Finland – election statistics. http://www.stat.fi/tk/he/vaalit/vaalit2003/va alit2003_vaalitilastot_en.html, (Zugriff: 13.11.2009).

Philippe Blanchard

Language evolution as generalized epidemic process on inhomogeneous random graphs

A common situation occurring in a number of contexts is that in which a number of "agents" reach a consensus without a central direction. An example of this is the way in which populations of animals move together. Another example is the emergence of common language in primitive societies, or the dawn of vowel systems.

Interactions between "individuals" – be they pendula, people, wasps, birds, ants ... – can indeed lead to the emergence of coherent actions.

We have developed a new modeling approach for language evolution. The model offers a better description and understanding of certain aspects of language evolution like the emergence of dialects, changes in pronunciation, word-usage frequencies and spread of trendy words. The model adopts a microscopic perspective and represents individuals in a society and their dynamically changing ties as an evolving random graph. Generalized epidemic processes are used to describe the spreading and adaption of language changes in such social networks, including emergent phenomena in the form of phase-transitions.

Random graph models have been considered for a long time as well from a theoretical, intrinsically mathematical point of view as well for various applications in natural and social sciences. For many decades the focus of research was centered around the classical Erdös & Renyi type random graphs. Motivated by work of physicists on complex networks several mathematical generalizations of these classical models have been developed within in the last years. In [1] we proposed the Cameo-principle to generate scale-free random graph models. In terms of generality and mathematical simplicity we focused now our work on the random graph spaces designed by Bollobás et al. (2007). These BJR graphs are an ideal compromise between analytic handiness and general applicability to real life situations [2].

In [3] we introduced a new scalar quantity for graphs and networks called the communication index, which uses the degree-degree correlation of a graph to measure the effectiveness of a certain type of communication in a network. The communication index measures how good the time sharing/partitioning problem on a given network can be solved. We analytically estimated this quantity for different classes of graphs like Galton Watson trees and Erdös-Renyi random graphs. The communication index is in a natural way derived from a corresponding edge weight function assigning to each pair of vertices their effective communication time. Interpreting this quantity as a transmission probability one obtains an interesting new family of kernels in the BJR model for which we estimated analytically the corresponding sizes of the giant components.

Generalized epidemic processes (GEP) are a wide class of stochastic processes designed to describe social contagion processes on networks. They generalize classical epidemic processes in several aspects and can be applied to a wide variety of social spreading phenomena like the spread of corruption, the diffusion of knowledge and information as well as the formation of certain opinions and prejudices. On the mathematical side GEP incorporate processes like bootstrap percolation and threshold contact processes for which especially in the last three years, a lot of mathematical research activities took place.

In the following we will give a short summary of the main properties of GEP and highlight the most important findings [4].

GEP in most applications are build from two types of stochastic processes - one responsible for the description of local, that is individual to individual transmission paths and another one which mimics the transmission induced by the global perception of the "infection", this includes e.g. in many applications the influence of mass media and other public sources. Since the likeliness of something to appear in such public sources is often proportional to the prevalence "infected" individuals in the society we therefore model this type of infection path by a mean field term infection probability depending only on the infection density but not on the network structure.

The local transition rules we imposed in the models are of a threshold type. In essence this means that below a critical number of infected neighbors the infection probability is very small and above this threshold it becomes comparable large.

It turns out that for both types of stochastic processes there are phase transitions of mainly two types. One relates to parameters describing the transmission probabilities and to parameters describing the network structure (primarily the edge density or parameters characterizing the degree distribution or correlation). Below some critical values an initial infection will not be able to spread over the network at all. This phase transition resembles the ones known from classical percolation theory or classical epidemic processes. The second type of phase transition is more of a dynamical nature and unknown from classical epidemic processes. Namely even in the overcritical parameter domain where epidemic growth is in principle possible, one still needs to start above of a critical initial density of infected individuals (depending of course on the chosen parameters) to reach high prevalences. A detailed analysis of these phenomena together with a derivation of explicit formulas for the phase transition has been obtained for the classical Erdös & Renyi random graph model as well as for BJR graphs with kernels of finite type. Furthermore we could explicitly compute the values of the phase transition in the Erdös & Renyi model. Complementary we also investigated the related problem of bootstrap percolation on various classes of infinite trees and some treelike structures with local clustering. Here explicit results for the phase transitions where also obtained.

In [5] we applied GEP processes to the dynamics of radical opinion formation. The prime applications we had in mind are war-like situations as they are met today in Afghanistan. Especially focus was on the effect of collateral damages on the dynamics of passive supporters of terrorism. We calculated and observe phase transitions in the corresponding dynamical variables resulting in a rapidly increasing number of passive supporters. This strongly indicates that military solutions are inappropriate. For an application to spread of corruption see [6].

References

[1] Ph. Blanchard, und T. Krüger. 2004. The Cameo principle and the origin of scale-free graphs in social networks. *J. Stat. Phys.* 114, 1399-1416.
[2] B. Bollobás, S. Janson, und O. Riordan. 2007. The phase transition in inhomogeneous random graphs. *Random Structures and Algorithms* 31, 3-122.
[3] Ph. Blanchard, A. Krüger, T. Krüger, und S. Delitzscher. 2010. The Communication Index of Graphs. To appear in *IEEE Transactions in Information Theory*.
[4] Ph. Blanchard, S. Delitzscher, A. Krüger, T. Krüger, und R. Siegmund-Schultze. 2010. Generalized Epidemic Processes and Threshold Percolation with Application to Knowledge Diffusion. Submitted to *Stochastic Processes and Applications*.
[5] F. August, Ph. Blanchard, S. Delitzscher, G. Hiller, und T. Krüger. 2010. Passive Supporters of Terrorism and Phase Transitions. *NATO Science for Peace and Security Series - E: Human and Societal Dynamics*, Volume 75.
[6] Ph. Blanchard, A. Krüger, T. Krüger, und P. Martin: „The Epidemics of Corruption", arXiv: physics/0505031 v 1 [Physics: soc-ph]

Roman Halfmann und Benno Wagner

Interkulturelle Klassikerrezeption als semantisch-soziales Netzwerk.
Eine Projektskizze am Beispiel der Kafka-Rezeption in China

1. Literarische Kommunikation und Netzwerkanalyse

Die vielfältigen Verknüpfungen, die die Literaturforschung in den vergangenen drei Jahrzehnten mit den Begriffen der Medien, der Kultur und des Raumes eingegangen ist, lassen sich auch als Ungenügen an der im gleichen Zeitraum versuchten Eingrenzung ihres Gegenstandes als ‚System' oder ‚(Inter)diskurs' verstehen. Zugleich legen sie es nahe, die Erkenntnischancen und Beschreibungsmöglichkeiten zu erproben, die sich aus einer Anwendung des Netzwerk-Paradigmas auf den Gegenstand der Literatur ergeben. Ins Blickfeld geraten dann nicht nur semantische und soziale Netzwerkstrukturen, sondern mediale und geographische, wobei die Abhängigkeits- und Dominanzverhältnisse zwischen allen diesen Dimensionen signifikanten epochalen Veränderungen unterliegen. So beschreibt etwa Bernhard Siegert die Emergenz einer frühneuzeitlichen literarischen Kultur in Deutschland als Effekt vernetzungsbasierter Regierungstechnik zur Hervorbringung bürgerlicher Subjekte: „Polizey ist Verhalten im transitiven Wortsinne. Polizey verhält die Leute zueinander, zu sich selbst und zu den Dingen. Wohl nicht zufällig verfällt daher Lipsius auf den Brief als diejenige Gattung, die der Regimentalität angemessen ist: ist sie doch selber wesentlich Relation/Verhalten zwischen Menschen, Wörtern und Dingen. [...] War das Wesentliche der Reichspost die Linie gewesen, so organisiert der Polizeystaat das Postwesen ausgehend vom Relais, das heißt von vornherein als Netz. Sinn der Post ist nicht, Wörter von A nach B zu transportieren, sondern in wohlkalkulierter Weise, Leute in Diskurse zu verwickeln." (Siegert 1990: 543, 545). Ist unter solchen Verhältnissen noch das Medium (das Post-Relais) in seiner Raumgebundenheit konstitutiv für die semantischen und sozialen Netzwerke beginnender Briefkultur, so erscheinen in Goethes Konzeption der „Weltliteratur" die Dominanzverhältnisse umgekehrt. Zwar hat die neuere Forschung zu Recht betont, dass dieser Begriff „bei Goethe weder in quantitativer Hinsicht ('alle Einzelliteraturen umfassend') noch in qualitativer ('die besten Werke aus ihnen') angemessen zu fassen" sei (Birus 2004), und dass vielmehr die „kommunikative Dimension des Weltliteraturbegriffs bei Goethe" nicht zu vernachlässigen sei – Goethes systematische Beschäftigung mit dem Netzwerk der Literaturzeitschriften der europäischen Metropolen –, doch erscheinen Medien und Raum in Goethes universal-anthropologischer Begründung der Weltliteratur allenfalls als akzidentelle Größen: „Es wird sich zeigen, daß Poesie der ganzen Menschheit angehört, daß es überall und in einem Jeden sich regt, nur an einem und dem andern Orte, oder in einer und der andern besondern Zeit, so dann aber, wie alle specifische Naturgaben, in gewissen Individuen besonders hervorthut" (J.W. Goethe an Carl Jakob Iken, Februar 1826, zit. n. Birus 2004). Demgegenüber wird in den National-Literaturen des 19. Jahrhunderts die institutionelle Dimension des Netzwerks (akademische Lehrstühle, Literaturvereine) an Bedeutung gewinnen, während bereits zu Beginn der 20. Jahrhunderts, angesichts einer jedenfalls programmatisch sich „restlos" vernetzenden Welt (Krajewski 2006) Literatur unlöslich an ein hochdynamisiertes Hybrid (im Sinne von Latour 1997: 9-12), an ein Geflecht von Dingen, Menschen und Zeichen gebunden ist. Dies sei durch ein Traumprotokoll jenes Schriftstellers dokumentiert, dessen Werk den Gegenstand unserer Untersuchung bildet: „In der ersten Prager Nacht träumte mir […], ich sei zum Schlaf in einem großen Hause einquartiert, das aus nichts anderem bestand als aus Pariser Droschken, Automobilen, Omnibussen u.s.w., die nichts anderes zu tun hatten, als hart aneinander vorüber, übereinander, untereinander zu fahren und von nichts anderem war Rede und Gedanke, als von Tarifen, correspondancen, Anschlüssen, Trinkgeldern, direction Pereire, falschem Geld u.s.w. […] Ich klagte im Innern, daß man mich, der ich nach der Reise Ausruh so nöthig hatte, in einem solchen Hause einquartieren mußte, gleichzeitig aber gab es in mir einen Parteigänger, der mit der drohenden Verbeugung französischer Ärzte […] die Notwendigkeit dieser Nacht anerkannte" (Kafka 1999: 127f.).

Das literarische Werk Franz Kafkas, der hier im September 1910 seine Heimkehr von einer von diversen Schreibexperimenten begleiteten Reise nach Paris protokolliert, ist seit dem Ende des Zweiten Weltkriegs seinerseits zu einer relativ autonomen Teildimension der globalen literarischen Kommunikation geworden. Im Attribut ‚kafkaesk' bündeln sich seither eine Reihe kulturkritischer Topoi, die unabhängig von Werk und sogar von seinem historischen kulturellen Hintergrund die Modernisierungs- und Globalisierungsbewegungen in unterschiedlichen Kontexten diagnostizieren. Unser Vorhaben zielt darauf ab, vor dem Hintergrund der oben skizzierten allgemeinen und vorläufigen Beobachtungen zur potentiellen Signifikanz des Netzwerk-Paradigmas für die Analyse literarischer Kommunikation der chinesischen Kafka-Rezeption seit Beginn der 1960er Jahre als semantisches, soziales und geographisches Netzwerk zu rekonstruieren.

2. Die chinesische Kafka-Rezeption im Überblick

Für die wissenschaftliche Auseinandersetzung mit interkulturellen Konstellationen erscheint es besonders ratsam, die untersuchungsleitenden Begriffe kulturell differenzierend zu definieren. Vor einem deutsch-chinesischen Vergleichshorizont käme es darauf an, Begriffe wie Moderne, Postmoderne oder Tradition auf Unterschiede und Gemeinsamkeiten hin zu untersuchen. Als problematisch erweist sich bereits die Verwendung des Begriffes ‚Tradition', *chuántǒng*, der in China anders konnotiert ist als in den westlichen Kulturen. Auch der Terminus ‚Einfluss', *liúrù*, in den westlichen Kulturen zunehmend negativ im Sinne künstlerischen Epigonentums akzentuiert,[1] ist in China ein positiv konnotierter Ausdruck; er verweist auf eine Selbstverständlichkeit im kulturellen Reproduktionsprozess. Umgekehrt wird mit dem Adjektiv ‚originell', *yuánshìde*, dem im Wertungsschema westlicher Kulturen eine hohe Bedeutung zukommt, in China traditionell ein eher unwichtiges literarisches Wertungskriterium verbunden. – Um die Unterschiede derartiger Definitionen geht es also, zudem um die traditionell gewachsenen Differenzen literarischer Begriffe: Dies zeigt sich auch in der marxistischen Literaturtheorie, die in China nun zwar kritisch gesehen wird, jedoch immer noch großen Einfluss auf literarische Diskurse und auch die Literatur selbst hat, zum Beispiel den Unterschied zwischen idealer und negativer Individualität (*li-xiang-ren-wu* und *fan-mian-ren-wu*) konzipiert.

Mit dieser Einschränkung lässt sich feststellen, dass Autoren wie Lu Xun und Gao Changhong, die die ‚moderne' chinesische Literatur gestalten, Kafka zwar noch nicht unmittelbar rezipieren – dennoch finden sich viele Gemeinsamkeiten der Motive und Poetologien. Lu Xun etwa hat Kafka sicher nicht „vorweggenommen", wie Gao Xingjian erklärt (Gao 1983: 56), jedoch verweist diese Bemerkung durchaus richtig darauf, dass Kafka und Lu Xun in etwa der gleichen Zeit Ideen und Motive teilen, deren Vergleich zum einen die Gemeinsamkeiten westlicher und chinesischer Konzepte der Moderne darlegen, zum anderen jedoch aufgrund der deutlichen Unterschiede nicht allein die kulturelle Differenz, sondern eben auch die Gründe der später so komplexen Kafka-Rezeption in China aufzeigen. Besonders deutlich wird dies in Lu Xuns Erzählung *Die wahre Geschichte des Ah*

---

[1] Was die Literatur angeht, so denke man nur an den titelprägenden Topos der „Einflussangst" (Bloom 1995).

Q, in welcher im direkten Vergleich zu Kafkas *Die Verwandlung* durchaus gewisse Tendenzen der soziokulturellen Differenz festgemacht werden können: Beide Protagonisten, Gregor Samsa und Ah Q, gelten in diesem Sinn in ihren Kulturen als Prototypen des modernen Menschen, einmal europäisch gedeutet, dann wieder fernöstlich interpretiert. Hu Runsen hat tatsächlich auch 1991 einen derartigen Vergleich versucht (Hu 1991: 84f.), doch bleibt seine Deutung unzureichend reflektiert, wie auch Weidong Ren anmerkt.[2]

Kafka wurde in China schon Anfang der sechziger Jahre übersetzt. Es bestanden offenbar jedoch keine Möglichkeiten, diese Übersetzungen dem chinesischen Leserpublikum zugänglich zu machen (Weiyan 1986: 95). Von der politischen Linie wurde er zur modernen Literatur gezählt und kaum verlegt, „denn politisch diente Kafka als negatives Beispiel für bürgerliche Dekadenz [...]" (Ren 2001: 133). Ye Tingfang erläutert in seiner Darstellung der chinesischen Kafka-Rezeption die verzerrende Auseinandersetzung mit der Kafkaschen Prosa, deren Untersuchung und Verbreitung allein dem Zweck diente, „als warnendes Beispiel zu dienen" (Ye 1997: 51). Diese marxistisch intendierte Lesart bestimmte den Diskurs bis zur Kulturrevolution:

> Die [...] Kulturrevolution beendete alle Beschäftigung mit Kafka, auch die Übersetzungsarbeit wurde eingestellt. Trotz der geringen Einwirkung auf die normalen chinesischen Leser war jedoch der erste Schritt der Kafka-Aufnahme getan: Kafkas Name war den chinesischen Literaturwissenschaftlern bekannt geworden; und seitdem ist Kafka als dekadent abgestempelt, was die spätere Kafka-Rezeption noch nachhaltig beeinflussen sollte (Ren 2002: 134).

Es sind nun weniger die Autoren, die im Vordergrund stehen, sondern die Wissenschaftler, die Kafka-Forscher also, die Kafka rezipierend umdeuten und damit das semantische wie auch das soziale Vernetzungspotential seines Werks definieren. 1964 erschien die erste Übersetzung Kafkascher Prosa, freilich mit dem politischen Motiv, die Degeneration des kapitalistischen Westens zu zeigen, „um besser gegen den Imperialismus zu kämpfen [...]" (Ren 2002: 133). Für diese Phase hat unsere Untersuchung demnach in historischer Perspektive die Umdeutungen und Verzerrungen zu rekonstruieren, mit welcher Kafka in China eingeführt wurde – eine Einführung, die auch heute noch spürbar ist, da viele nun sich auf Kafka beziehende Autoren eben diesen Kafka kennengelernt haben. Es geht demnach nur zum Teil um eine Analyse der Kafka-Rezeption zu jener Zeit, sondern zunächst

---

2 Eine „Begründung der These, die man von einem chinesischen Kafka-Forscher erwarten sollte, stellt sich leider nicht ein" (Ren 2002: 133).

um die politisch kontrollierte Einführung Kafkas in China, die die Kafka-Rezeption insgesamt beeinflusste und sie bis heute prägt. Darzulegen ist hier demnach die Übersetzungsgeschichte als Nullstufe der Herausbildung eines institutionell-semantischen Netzwerks: Kafka wird nicht im Sinne philologischer Werktreue übersetzt, sondern gemäß den politischen Richtlinien. Man wird sich hier also auf eine editionsphilologische Darstellung beschränken können, da zu dieser Zeit die Rezeption sich in der Forschung kaum und in der Literatur gar nicht bemerkbar machte. Untersuchungsgegenstand werden daher die Übersetzungen sein, zudem die sparsamen ersten Rezeptionszeugnisse, die beispielsweise die Veröffentlichungen begleiten.

Nach der Kulturrevolution begann man, Kafkas Werke umfassender zu verlegen, doch immer noch schien seine Prosa allzu kritisch für die chinesische Bevölkerung. Obschon die Chinesen sich aufgrund der Geschehnisse während der Kulturrevolution durchaus mit Kafkas Themen und Motiven identifizieren konnten, denn „die persönlichen Erfahrungen vieler Menschen in dieser politischen Bewegung verkürzten ihre Entfernung von Kafka. [...] Für chinesische Leser ist Kafka nicht zuletzt ein Prophet!" (Ye 1997: 54), empfand die Regierung die Prosa als zu zersetzend für das Volk: „Über einen Dichter wie Kafka zu sprechen, war immer noch gefährlich" (Ye 1997: 52).

Doch ist dies zweifellos die Hochphase der Kafka-Forschung, die sich nun darum bemüht, einerseits die Kafkasche Prosa in den marxistischen Kontext einzuordnen, andererseits die zunehmende Öffnung Chinas nach 1976 im Sinne einer gleichzeitigen kulturellen Entspannung als Symbol neuer Tendenzen zu sehen. Die chinesische Politik vertritt nach der Ära Mao Zedongs eine offenere Haltung, auch und vor allem was die Kultur betrifft, doch bleibt dies letztlich den politischen Zielen untergeordnet. Kafka war jetzt rehabilitiert, wurde zunehmend als Begründer der modernen Literatur gedeutet und diente umgekehrt der Darstellung einer geistigen Emanzipation nach der Kulturrevolution. Dies löste einen Kafka-Boom aus, der einerseits durch die neuen Freiheiten des öffentlichen Ausdrucks und der Meinungsbildung ermöglicht wird und sich andererseits aus den Erfahrungen speist, welche die Chinesen während der Kulturrevolution hatten machen müssen: „Der Grund dafür, warum es damals zu einem Kafka-Fieber kam, möchte darin liegen, dass das Schicksal des chinesischen Volkes und dessen Intellektuellen überhaupt während der verheerenden ‚Kulturrevolution' Ähnlichkeit mit dem Geschick dieses prophetischen Schriftstellers hatte" (Yu 1986: 161). Es handelt sich hierbei also in erster Linie um eine weitreichende semantische Vernetzung mit der retrospektiven Ausrichtung einer Traumabewältigung.

Nach der ersten Rezeptionsphase beginnt nun allmählich der Versuch, Kafka unter den spezifischen Vorzeichen der chinesischen Geschichte zu deuten und damit der chinesischen Kultur einzuverleiben. – In diesem Abschnitt der Untersuchung wird daher zu zeigen sein, wie die chinesischen Forscher nun Kafka in ihre Kultur zu integrieren versuchen: Es ist dies zum großen Teil eine Arbeit, die sich mit dem Kafka-Boom zu Beginn der 80er Jahre kritisch zu beschäftigen hat – die Forschung in China bewegt sich noch auf einem niedrigen Niveau, welches angesichts der jahrzehntelangen Isolation mehr als nachvollziehbar ist. Forscher wie Ye Tingfang, Hong Tianfu und Yu Kuangfu diskutieren anhand der Kafkaschen Prosa wichtige literarische Fragestellungen wie etwa Entfremdung, Realismus und einen mythenkritischen Ansatz. Diese Ansätze gilt es zu analysieren und auf diese Weise zu zeigen, wie die chinesische Forschung Kafkas Leben und Werk ändernd in den chinesischen Kontext einreiht. Hierbei werden demnach Analysen der wissenschaftlichen Aufsätze im Hinblick auf ihre interpretativen Topoi und deren semantisches und soziales Vernetzungspotential Grundlage der Untersuchung sein – doch auch rezeptionsästhetische Fragen: Welche Werke wurden bevorzugt verlegt? Und wie reagierte die chinesische Bevölkerung?

Vor allem der Topos der ‚Entfremdung' wurde zwar, infolge der politischen Kampagne gegen die so genannte ‚geistige und bürgerliche Verschmutzung' auf dem 12. Parteitag im Oktober 1983, einerseits als zutreffend für die westlichen Gesellschaften akzeptiert, doch hatte man andererseits Sorge, die Chinesen würden diese Entfremdung auch als kommunistisches Phänomen erkennen: Diese Möglichkeit einer „Verallgemeinerung der Entfremdung stieß [...] sofort auf Widerstand von seiten der ‚Konservativen'" (Ren 2002: 144): „Dann hätte Kafka in seinem Werk schon vorweggenommen, was im sozialistischen Staat passieren kann" (Ren 2002: 146). Aus diesem Grund wurde Kafka zwar zu Beginn der 80er Jahre häufig verlegt, doch verblieb die wissenschaftliche Rezeption auf einem sehr einseitigen Niveau. Kafka wurde ausschließlich marxistisch interpretiert und ist in diesem Sinn ein Autor, der die kapitalistische Gesellschaft kritisiert – so „geben die chinesischen Kritiker dem politischen Inhalt immer den Vorrang" (Weiyan 1986: 184). Diese Einseitigkeit bestimmt die wissenschaftliche Auseinandersetzung der Kafka-Forschung bis heute, da die Literaturkritik noch immer politische Lesarten und Wertungsraster zu bedienen hat.

Zudem wird zu beobachten sein, wie aufgrund der tiefgreifenden kulturellen Unterschiede die Menge der konkulturalen interpretativen Topoi eingegrenzt oder auch erweitert wird: „A Chinese reader would find it hard, for example, to understand *Das Schloss* as a novel of man in search of divinity, as the Christian god does not have a place in their cultural context" (Zha 1991). Dies betrifft die inhaltliche Ebene, doch auch die poetologischen Modelle sind unterschiedlich angelegt: „Kafka's art of narrative is quite alien to the Chinese novelistic tradition" (Zha 1991).

Die Entwicklung zeigt deutlich, dass die Kafka-Rezeption in China bis zum Ende der achtziger Jahre massiv von politischen Interessen gelenkt wurde: „Beobachtet man [...] die Darstellung der Kafka-Rezeptionsgeschichte in China, so fällt auf, dass ein ständiges Auf und Ab die Kafka-Forschung und die Entwicklung der Literatur und Kunst in China überhaupt begleitet hat. Dies entspricht zugleich den Schwankungen des politischen Klimas" (Ren 2002: 149). Nach dem Tiananmen-Vorfall 1989 verschärfte sich diese Situation abermals und dämmte die wissenschaftliche und künstlerische Auseinandersetzung mit Kafka und seinem Werk weitgehend ein.

Dies ändert sich letztlich erst im neuen Jahrhundert. Mit der kontrollierten politischen und wirtschaftlichen Öffnung Chinas, mit der Einsicht der chinesischen Führung, die Isolation überwinden zu müssen, ohne dabei jedoch die Tradition und das kommunistische Ideal zu verraten, verändert sich auch die Rezeption der westlichen Kultur: Die einengende Sichtweise auf marxistische Theorien weicht einer Vielfalt an Debatten und Möglichkeiten; so erklärt der Kafka-Forscher Ye Tingfang: „Durch die Wissenschaftskommunikation zwischen den chinesischen und europäischen Literaturwissenschaftlern werden unser Blickwinkel erweitert und unsere Ideen erneuert" (Ye 1998).

Dennoch muss die Forschungslage immer noch als ungenügend angesehen werden, wobei die ältere Diagnose von Michael Nerlich und Zhou Jianming weiterhin Gültigkeit besitzt:

> Doch Leserinteresse wird nicht eben stimuliert, wenn die zur Kulturvermittlung berufene Wissenschaft, insbesondere ausklammert, was Kafka im chinesischen Hier und Jetzt interessant machen könnte. Solche Dialektik von fehlender aktueller Wirkung einerseits und der Ignorierung von Wirkungsmöglichkeiten seitens einer historisierenden und objektivierenden Forschung andererseits, stellt Kafka in den verstaubten Antiquitätenschrank voller demokratischem Kulturerbe, das andernorts zu anderer Zeit kritisch war [...] (Nerlich und Zhou 1986: 390).

Zu den wichtigsten Untersuchungen der Kafka-Rezeption in China gehören Weiyan Meng: *Kafka in China*. München Iudicium 1986; Ren Weidong: *Kafka in China – Rezeptionsgeschichte eines Klassikers der Moderne*. Wien: Peter Lang 2002; *Kafka and China*. Hg. v. Adrian Hsia. Wien: Peter Lang Verlag 1996. Zudem sind die Veröffentlichungen von Ye Tingfang, des zweifellos einflussreichsten Kafka-Forschers in China, bedeutsam. Eine Untersuchung neueren Datums (September

2008) von Jin Fan untersucht unter dem Titel „German Literary Codes and Self-Problematic of Modern Chinese Authors" auch den Einfluss Kafkas auf chinesische Autoren. – Ein Problem all dieser Darstellungen besteht jedoch darin, dass sie sich zumeist auf eine Beschreibung der Kafka-Rezeption beschränken und nicht analysieren, zudem fehlt eine Auseinandersetzung mit der modernen chinesischen Literatur, also der Rezeption Kafkas in der zeitgenössischen Kunst. Einen anderen Zugang sucht Zha Peide in der Untersuchung des Einflusses der Kafkaschen Prosa in den Werken der Autorin Can Xue, „a woman writer regarded by many as a Kafkaesque writer in China" (Zha 1991). Sie hat in den letzten Jahrzehnten mehrere bedeutende Werke veröffentlicht, von denen vor allem *Huang ni jie* (Yellow Mud Street) und *Canglao de fuyun* (Old Floating Clouds) deutlich von Kafka beeinflusst sind (Halfmann 2009).

Doch bleiben derartige Darstellungen Einzelfälle. So haben wir es eher mit der Literatur zu tun, da die Kafka-Forschung nun in den Hintergrund tritt oder zumindest keine nennenswerten Fortschritte mehr erzielt – ein Resümee, welches auch Ren Weidong zieht: „In den letzten vier Jahren [seit 1997] entwickelt sich die Kafka-Forschung in China stabil und langsam. Es zeichnet sich kein Auf und Ab mehr ab, weder Fieber noch Tiefpunkt ist in der Kafka-Rezeption zu beobachten" (Ren 2002: 163). Das mag für die Forschung zutreffen, doch die produktive Kafka-Rezeption der chinesischen Autoren beginnt in diesem Sinn erst mit den 90er Jahren und steigert sich von da an kontinuierlich: Kaum ein chinesischer Autor der unmittelbaren Moderne, der sich nicht auf Kafka bezieht und diesen Einfluss in die eigene Kultur zu übersetzen trachtet – so deutet Zha Peide die Kafka-Rezeption der Autorin Can Xue als typisch: „An analysis of her major works may give us a glimpse of how contemporary Chinese writers are trying to imitate Kafka and other modern Western writers within their own cultural and political context, and how the concept of modernism has been transformed into a special variety in that context" (Zha 1991).

Auch der in Europa recht bekannte Autor Yu Hua rezipiert in seinen Romanen und Kurzgeschichten die Prosa Kafkas, auch er bemüht sich, Kafka in einen chinesischen Kontext umzuschreiben; tatsächlich ist angesichts der zunehmenden Modernisierung Chinas das Interesse der Autoren an Kafka gestiegen, da er in seiner Prosa die Probleme reflektiert, die nun auch in China diskutiert werden. So weisen Texte von Can Xue, Li Tuo, Yu Hua, Han Shaogong, Mo Yan, Gao Xingjian, Ge Fei, Zhu Wen intensive Bezüge zu Kafkaschen Problemkonstellationen auf, die nun auch verstärkt in den Blickpunkt der chinesischen Forschung geraten: „the reception and influence of this Prague writer in China might be an interesting case for study, leading, perhaps, to a better understanding of the modernist trend in the Chinese cultural and political context" (Zha 1991).

3. Transformation der Kafka-Rezeption in Netzwerkdarstellungen

Die bisherigen Arbeiten haben, wie dargelegt, die Problematik nur oberflächlich behandelt; so erklärt etwa Ren Weidong in der bisher aktuellsten Darstellung der Kafka-Rezeption aus dem Jahr 2002, es wäre

> wichtig, diejenigen chinesischen Schriftsteller, in deren Werken bzw. literaturkritischen Arbeiten sporadisch der Name Kafka, Kafka-Zitate oder kurze Bemerkungen über Kafka zu lesen sind, und die eine besondere Gruppe der Kafka-Leser bilden, in diese Arbeit einzubeziehen. Zwar sind Erzählweise und erzähltechnische Elemente der Moderne in ihren Werken unabstreitbar vorhanden, aber eindeutige Kafka-Einflüsse sind zu oft nicht nachzuweisen, wenn sich die Autoren nicht dazu bekennen. So muss sich diese Arbeit auf Literaturkritiker und Kafka-Übersetzer beschränken [...] (Ren 2002: 25).

Bereits 1986 hatte Weiyan Meng den Versuch unternommen, die Kafka-Rezeption in der chinesischen Forschung darzustellen: Beide Autoren verzichten mithin auf eine Ausweitung des Untersuchungsgebietes auf die chinesische Literatur selbst. Wobei jedoch durchaus genügend Belege existieren, die Autoren wie Can Xue, Li Tuo, Yu Hua, Han Shaogong, Mo Yan, Gao Xingjian und Ge Fei als von Kafka beeinflusst ausweisen. So wird Can Xue als „Kafkaesque writer in China" (Zha 1991) angesehen und Cong Pu als „an Kafka orientiert" (Müller-Peisert 2005: 184) gedeutet. Und "Yu Hua, another young writer, used to adore Japanese novelist Kawabata Yasunari but, on the evening when he read Kafka's ‚Ein Landarzt,' he wrote a Kafkaesque story, marking the turning point of his style" (Zha 1991).

Es existieren demnach einerseits eindeutige Bezüge, andererseits ist Intertextualität nicht auf solche mehr oder weniger expliziten Referenzen zu reduzieren. Die chinesische Kafka-Forschung hat freilich nicht nur die Ausweitung der Untersuchung auf die Literatur selbst ausgespart, sie operiert auch mit einem verengten Intertextualitätsbegriff.

Um die chinesische Kafka-Rezeption in ihren verschiedenen Netzwerk-Dimensionen darstellen zu können, unterteilen wir oben diachron skizzierte Entwicklung in vier synchrone Schnitte, an die wir das folgende Analyseraster anlegen:

Netzwerkebenen:

Geographisch

Sozial/institutionell

Semantisch

Für eine heuristische Grundstrukturierung der historischen Teilkorpora legen wir zunächst drei Serien relativ abstrakter literaturkritischer Großkategorien an, die als zumeist eng an soziale Vernetzungseffekte gebundene semantische Knoten mit hohem kollektiven Wiederkennungswert, aber relativ schwacher Anschlussdichte an den literarischen Bezugstext zu beschreiben wäre. In Anlehnung an die Dawkins'sche Memetik verwenden wir hierfür vorerst den Begriff des Memkomplexes (Dawkins 1978; Halfmann 2009).

Serien der Mem-Komplexe:

Realismus – Entfremdung – Absurdität – Dekadenz:

Reflexionen im Werk Kafkas, etwa in der *Verwandlung*, welche dekadente Haltung Gregor Samsas andeutet; auch im *Prozeß* die Absurdität des Gerichtes als Ausdruck dekadenter Entwicklungen der k.u.k. Monarchie

Politisch – Kontrolliert – Normiert – Originell:

Originalitätsdiskurs im Werk Kafkas: Ausfall aus der Norm in etwa der *Verwandlung*; Stichwort Kontrolle: Reflexionen möglich auf Schutzmauer-Sicherheitsfrage-Serie; zudem: Macht – Autorität (Vater) – Volk – Ohnmacht (Sohn)

Eigenständig – Traditionell (Jüdisch, Chinesisch etc.) – Importiert – Variiert – Kopiert:

Identitätsfrage in Biographie Kafkas, Assimilation, Zionismus als nationale und Identitätsstiftende Fragen: K. im *Schloß*, der sich assimilieren möchte/muss; auch: China-Diskurs im Werk Kafkas, also der Vergleich der k.u.k. Monarchie mit China, dazu die Aussage, der ‚letzte Chinese' zu sein: Anschluss an Serie Völkervergleich.

Vor dieser Folie lässt sich unser Untersuchungskorpus vorläufig stichwortartig strukturieren:

Phase 1: Bis 1989 (kaum Datenmaterial bzw. noch zu erschließendes)

vor der Kulturrevolution, von 1963 bis 1966:
politisch-gesellschaftlich-kultureller Anschluss an internationales Kommunismus-Netzwerk: Übernahme marxistischer Deutungsansätze, daher Memkomplex ‚Absurdität' als negativ konnotiert sowie die Netzwerkebenen auf denkbar engste Weise verschränkt und kontrolliert: Der Kafka-Diskurs beschränkt sich in der politisch eindimensionalen Weise auf wenige Teilnehmer, deren Position in der Partei und damit auch gesellschaftliche Stellung ähnlich angelegt war, weshalb auch die Rezeptionen kaum abweichen, Stichwort: Peking-Metapher. Gleichwohl kann

die Kontrolle auch unterlaufen worden sein (Kritik wird zur Verbreitung genutzt, ironische Haltung also), weshalb die Memkomplexe und feineren Netzwerkknoten stets ambivalent konstituiert werden sollten.

nach der Kulturrevolution:
Zunehmender und doch grundsätzlich verzögert-zögerlicher Einfluss der ausländischen Kafka-Rezeption und insgesamt eine Art ‚Kafka-Boom': Zwischen 1979-1983 über 40 Artikel, aber in universitären und damit politisch kontrollierten Kreisen zirkulierend. Relevant sind 1983 und dann 1987: Hier bestimmt die politische Ebene die von der ausländischen Rezeption pluralisierte Deutung und eicht diese ‚Auswüchse' wieder im Sinne einer marxistisch angelegten Deutungshoheit, daher kann ein Changieren zwischen den drei obigen Memkomplex-Serien festgestellt werden.

Beispiele der Interpretation:
Amerika: ‚in dem es um eine von Kafka fiktiv dargestellte, verallgemeinerte kapitalistische Welt geht'
Das Schloß: ‚zeigt die unüberbrückbare Kluft zwischen der herrschenden Klasse und dem Volk'
Beim Bau der chinesischen Mauer: ‚die Mauer ist ein Symbol für alle Arbeit, die der Menschheit keinen Vorteil bringt'
In der Strafkolonie: ‚entlarvt die grässliche Fratze eines unbelehrbaren Elements, das zusammen mit seiner Tötungsmaschine zugrunde geht'
Ein Bericht für eine Akademie: ‚schneidet als Thema an die Sorge der kleinbürgerlichen Intellektuellen, die keinen Ausweg finden können'
Das Urteil: ‚dem Werk wohnt der Vater-Sohn-Konflikt inne'
Ein Hungerkünstler: ‚der Held verkörpert die Melancholie des Künstlers, der nicht aus der kapitalistischen Gesellschaft fliehen kann'
Der Prozeß: ‚hier sei die Kulturrevolution prophetisch vorweggenommen'

Phase 2: von 1989 bis 2000

Junge Wissenschaftler mit Auslandsaufenthalten sorgen für eine pluralistischer angelegte Interpretation. Dies bedeutet, dass die dogmatisch verteidigten Meinungen aufzuweichen beginnen und abermals der Einfluss des Auslands zunimmt. – Es liegt dabei auf der Hand, wer zu dieser Zeit die Möglichkeit hat, im Ausland zu studieren und allgemein Erfahrungen zu machen: reiche, privilegierte Kinder gut situierter Familien, oftmals politisch integriert. Auf semantischer Ebene lässt sich nun kleinteiligere Auseinandersetzung mit Kafkas Werk beobachten: Man deutet nun seltener den großen Bogen und allgemeinen Zusammenhang, sondern konzentriert sich auf einzelne Erzählungen unter Berücksichtigung eng angesetzter Fragestellung. So umgeht man die politische Problematik und ermöglicht zugleich einen pluralistischeren Zugang.

Die Kafka-Rezeption hat nun endgültig die Universitäten erreicht. In den Jahren 1988 bis 1993 werden zirka 35 Artikel veröffentlicht, abseits des Dreiecks Peking, Shanghai und Wuhan. Von der Themenvielfalt her wird es nun ein wenig unübersichtlich: Kafka und die Fabel, die Romantik, die Psychoanalyse, Stil und Absurdität – insgesamt rezipiert man nun, verspätet, das Ausland, neben der immer noch üblichen Diskurse über den kommunistisch interessanten und relevanten Gehalt der Prosa.

Beispiele:

Die Verwandlung: ‚Variation des klassischen Mythos (Oedipus-Komplex) im Sinne eines schwachen Helden, da Gregor da scheitere, wo Oedipus noch Wagemut andeute'

Forschung eines Hundes: ‚Lufthunde seien Darstellung der Absurdität im Sinne des franz. Existentialismus'

Der Prozeß: ‚Taoismus durchziehe den Roman, vor allem das Propagieren des Wu-wei (Nichts-Tun)'

Der Bau: ‚Tiergestalt deute das Gesetz des Dschungels der Menschengesellschaft und Kafkas Auffassung der Sünde'

Insgesamt bewirkt die Zersplitterung der semantischen Ebene ein heftigeres Oszillieren zwischen den Memkomplex-Serien, wobei sowohl die semantische wie die geographische Ebene von einer verstärkten sozialen Mobilität affiziert werden: mit Beginn dieser Phase mehr Menschen Zugang zu Universitäten und auch die Auslandsaufenthalte mehren sich, was sich grundsätzlich auf die beiden anderen Ebenen auswirkt. Aussagen der Autorin Zong Pu deuten zudem an, dass die Lektüre nun Erweckungserlebnisse literarischer Art evoziert, die dann später in produktive Rezeptionen münden. Wir nähern uns hier bereits jener „Welt in Stücken", die Clifford Geertz (1996) als Label für die fragmentierten Lebensverhältnisse am Ende des 20. Jahrhunderts formuliert hat. Dennoch, und das kennzeichnet die spezifischen kulturellen Spannungsverhältnisse im China der Öffnungsperiode, beansprucht die Politik den festen Zugriff auf die Literatur und die literarische Kommunikation.

Phase 3: Von 2000 bis zur Gegenwart

Nun werden diejenigen Autoren, die ihre künstlerische Entwicklung in den 80er Jahren durchliefen und die somit Kafka frühzeitig lasen, zunehmend veröffentlicht und lösen damit die vorhergehende Generation ab: Topos hierbei ist vor allem die Aussage, dass Kafka gezeigt habe, dass man auch anders als die traditionelle Vorgabe schreiben kann, abseits demnach von Realismus, von Marxismus und dem Happy End – dementsprechend erklären sich Autoren wie Yu Hua, Can Xue, Ge Fei, Zong Pu, Gao Xingjian und Zhu Wen und stellen in ihren Romanen und Erzählungen eine absurde Welt dar, die kafkaeske Motive aufweist: ‚kafkaesk'

hier im Sinne einer absurden Welt. Kafka wird nun eindeutig auch semantisch mit einem chinesischen Kontext verknüpft, doch beschränkt sich dies weiterhin zumeist auf einen rückbezüglichen Sinn.
Beispielsweise Can Xue, die Kafka in einem existentialistischen Sinn ‚absurd' liest und direkt mit der Kulturrevolution verknüpft. Sie bezieht sich hierbei besonders auf *Das Schloß*, welches sie als im Inneren des Helden angelegt deutet: Dieses ‚innere Schloß' dient einem absurden Ziel, doch ist die Absurdität eben auch eine Art von Ziel, dient nämlich der Kunst – K. also letztlich als Künstler, der sich bewusst einer absurden Aufgabe annimmt – Anklänge an Camus sind deutlich.

Ein weiterer Zugang besteht in der Verschränkung kommunistischer und kapitalistischer Strukturen in China seit der Öffnung nach Maos Tod: Beide Systeme bestehen in China in einer symbiotisch anmutenden Widersprüchlichkeit, die beispielsweise Yu Hua und Zhu Wen thematisieren und anhand der Einbeziehung Kafka'scher Momente darstellen. Hierbei wird freilich auch deutlich, dass die Autoren sich weniger auf spezifische Motive beziehen, sondern eher auf Kafka als Pop-Zitat zurückgreifen, also auf die Klischees der Kafka-Rezeption.

Hier steht das Netzwerk der produktiven Rezeption im Vordergrund, ergänzt von den Internetdiskursen, welche die Netzwerke erweitern, obgleich diese nicht wesentlich mutieren, da die schon zuvor etablierten sozialen Netze sozusagen komplett in die virtuellen Netzwerke abwandern (für eine analoge Beobachtung im Hinblick auf Bekanntschaftsnetzwerke s. von Kardoff 2008: 25). Wir werden einen kurzen Blick auf aktuelle Diskurse innerhalb der Webcommunity werfen und damit die Kafka-Rezeption in China auf nichtakademische und internetbasierte Netzwerke erweitern.
Der Link http://tieba.baidu.com/f?kw=%BF%A8%B7%F2%BF%A8&fr=ala0 ist eine offene Plattform auf *Baidu*, dem chinesischen Google. Hier gibt es bis heute 985 Themen und 10015 Kommentare. - Dies ist die einzige relevante und auffindbare Plattform in China, die sich mit Kafka beschäftigt. Die Nutzer sind meistens jüngere Leute, ca. 15 bis 40, hauptsächlich sind es Studenten.
Die zehn aktuellen Themen, Stand 18.02.2010.:
http://tieba.baidu.com/f?kz=704923842
Hier geht es um den Kurzfilm *Ein Landarzt* eines chinesischen Künstlers.
http://tieba.baidu.com/f?kz=227288723
Ein Bericht für den Verein der Tierschützer. Der Verfasser schreibt selbst eine kurze Geschichte und adaptiert Kafkas *Ein Bericht für eine Akademie*.
http://tieba.baidu.com/f?kz=713159132
„Wer hat Kafka am Besten übersetzt?"; es folgen hierzu die unterschiedlichen Meinungen, vorherrschend ist Ye Tingfang der beste Übersetzer, doch soll man die Texte besser original lesen.
http://tieba.baidu.com/f?kz=704626465
Über *Das Urteil*, wer kann die Geschichte gut verstehen?
http://tieba.baidu.com/f?kz=704929562
Mag Kafka Hunde?
http://tieba.baidu.com/f?kz=695014836
Vergleichen wir Nietzsche und Kafka.
http://tieba.baidu.com/f?kz=666224330
Wie großartig Kafka auch ist, so bleibt er immer ein Verlierer im Leben, er ist nutzlos.

(854mal gelesen, 32 Antworten, das Thema ist eins der wenigen, das ernsthaft diskutiert wird.)
A: --Ich habe seine Werke gelesen, wenn man in geistiger Ebene gleich so hoch wie Kafka wäre, was ist dann? Ist er nicht wie AQ? Er kann die objektive (irdische) Welt nicht besiegen, kann nur in seiner ausgedachten Welt die sog. „dunklen Personen und Dinge" überwinden. Der wesentliche Unterschied zwischen ihm (Kafka) und AQ, ist, dass er mehr Wörter kennt.
B:-- Ich sehe es anders, „in seiner ausgedachten (subjektiven) Welt die sog. ‚dunkle Personen und Dinge (Sachen)' überwinden", der Satz macht schon Sinn. Aber du musst wissen, jeder Sieg ist ein Sieg im Sinne des „Konzepts (der Einstellung, oder eher der Sieg im Kopf)", ist ein Sieg „auf einer Seite". Es gibt keinen durchaus objektiven, puren, gründlichen Sieg. Deshalb, je näher du der Wahrheit bist, je stärker bist du (hier meine ich „stark" hat nichts mit dem Auto, das du fährst, oder wie viel Geld du besitzt zu tun.). Überleg mal, der liebe Gott hat uns geschaffen, ist es sein Ziel, uns konkurrieren zu lassen, wer mehr Geld hat?
Du meinst, dass er (Kafka) ein Verlierer im Leben ist, warum? Schaut man aus der irdischen Sicht, absolvierte er ein Studium, ist ein Dr. in Jura, und ein Manager in einer Abteilung. Was seine Heirat angeht: er hat nicht geheiratet, weil er es nicht wollte. Zu seiner Familie: seine Familie ist ganz ähnlich wie unsere, nur dass wir die Wahrheit verschwiegen haben. Kommen wir zum Lieblingsthema, „Schwach", ich denke, die Schwäche bei Kafka fußt darauf, dass das Leben von Anfang an eine Tragödie ist (vergiss nicht, dass Kafka Schopenhauer gern las), seine Schwäche ist eine Art der Vernunft oder der Ratlosigkeit, ist nicht die sog. Rücksicht, Sensibilität und so... außerdem ist er doch ein humorvoller und charmanter Mensch. Wie kann man ihn erfolglos nennen?
Er (Kafka) ist anders als AQ, der Unterschied liegt in der Ebene der Gedankenwelt. AQ kann die Wahrheit des Lebens nicht sehen, deshalb ist seine Lebenseinstellung nicht anders als die des Alten Zhao, nur hat AQ kein Geld und Ansehen, er ist eine komische Figur. Kafka hat eine andere Lebenseinstellung als die irdische, er will nicht reich oder bekannt werden, das ist mit AQ nicht vergleichbar. In der „ausgedachten Welt" mit den sog. „dunkle Personen und Dinge (Sachen)" kämpfen, wer nicht? Jeder hat diese Neigung, leben Sie eben nicht in Ihrer ausgedachten Welt?
A:-- Was Sie (B) gesagt hat, führt mich zum Überlegen.
Was ist Existenz? Nach Ihrer Meinung, die Zeit kann alles zerreißen, inkl. alle Feinde, dann gibt es auf dieser Welt keine Rache mehr. Ich denke, so bin ich, nach diesem Maßstab existiert AQ nicht mehr. Kann man sagen, die Sachen (Dinge), die nicht in dein Herzen kommen, existieren nicht? Ob Sieg oder Niederlage existiert oder nicht, hängt überhaupt davon ab, ob es eine Spur in deinem Herzen hinterlässt? Existiert dann eine Sache (Ding), nur wenn sie eine Spur im Herzen hinterlässt? Dann existiert AQ.
Sie haben gesagt, „Kafka ist anders als AQ, der Unterschied liegt in der Ebene der Gedankenwelt". Sie meinen Kafka ist geistig höher als AQ. Aber wie hoch er ist, es ändert nichts, und wie kann man geistlich hoch oder nieder messen? Nach meiner Meinung, Kafka kann die Feinde der objektiven Welt nicht besiegen, deshalb hat er alle Feind verinnerlicht, um sie subjektiv zu besiegen, ist das anders als AQ? Nur ist seine Methode „besser", können Sie einen verkleideten AQ nicht mehr erkennen?
Ja, ich beurteile Mensch mit dem Maßstab „erfolgreich", da bin ich oberflächlich.
B:-- Es muss auch keine nötige Rache auf dieser Welt geben. Wer sagt, man muss Rache üben, das sagt Konfuzius nicht. Außerdem habe ich nicht über das Thema „Existenz" gesprochen, das Thema ist zu groß. Sie sagten, „Kafka kann die Feinde der objektiven Welt nicht besiegen, deshalb hat er alle Feind verinnerlicht, um sie subjektiv zu besiegen". Das ist der Punkt, an dem Sie AQ und Kafka verwechselt haben. Kafka will nie „besiegen", wenn man „Sieg" nennt, dann stellt man sich unter den gleichen Maßstab mit dem sog. „Feind". Kafka will nicht mit anderen verglichen werden und siegen. Er hat nur Fragen oder Probleme aufgestellt und analysiert. Wenn man unbedingt von „Sieg" reden

muss, hat Kafka nur darauf hingewiesen, dass „du nicht gewonnen" hast. Das bedeutet nicht, dass er selber gewonnen hätte. Nicht wahr? Zu kurz: Kafka will überhaupt keinen „Sieg", deshalb gibt es keine „Methode des geistigen Siegs".

C:-- „Es gibt keinen Mensch, der so gerne seine Niederlage unterstreicht wie Kafka"—Benjamin: „Über Kafka".

B:-- C hat sehr gut zitiert. Ich sage noch was dazu, Kafkas „Niederlage anerkennen" ist anders als bei Wang Shuo (ein chinesischer Schriftsteller), Wang will nur damit die Autorität ironisieren, wie sein Satz „Ich bin ein Gauner, wovor habe ich Angst!" Kafkas Niederlage baut auf der Tatsache, dass ein tatsächlicher Sieg nicht existiert, noch tiefer gehend kann man sagen, dass es eine Wiedergabe des tragischen Schicksals der Menschen ist. „Brief an den Vater" kann das gut beweisen. (Jedes mal wenn ich den „Brief an den Vater" las, dachte ich, ich lese den „Brief an den lieben Gott" oder den „Brief an das Schicksal").

D, E, F...:-- Ihr seid alle Intellektuelle!
http://tieba.baidu.com/f?kz=170248206
Was ist dein liebster Satz von Kafka?
--Ein Vogelkäfig sucht einen Vogel.
--Jede Schwierigkeit kann mich überwinden.
--Das Ziel ist da, aber gibt es keinen Weg dazu, was wir „Weg" nennen, ist Zögern.
--Bring mich um, ansonsten bist du der Mörder.
http://tieba.baidu.com/f?kz=684158992
Eine Reise nach Prag, wer möchte mitkommen?
http://tieba.baidu.com/f?kz=627710567
In diesem Zeitalter braucht man keinen Kafka.

A:--Kafka ist unbrauchbar in diesem Zeitalter. Kafkas Welt gehört zu den empfindsamen, innere Welt habenden, künstlerischen Menschen. Die existierende Literatur soll gewissermaßen Leute beeinflussen, aber in der heutigen Welt, neben den Leuten, die Kafka mögen, die Kafka erforschen, oder die sich gekünstelt benehmen, wer kümmern sich noch um die Romane, die von einem „geistig Kranken" geschrieben wurden.
Sie brauchen Dan Brown, Stephen King, Schreiber im Internet, oder Anny Baby (Chinesische Schriftstellerin, sog. Hübsche Schriftstellerin), Cai Jun oder so... Wen kann Kafka noch beeinflussen? Ich habe Kafkas Romane seit langem lieb, kann nicht erforschen dazu sagen, aber habe gleichwohl keine Chance mich gekünstelt zu benehmen. Wahrscheinlich wegen der unnormalen Vorliebe, dennoch muss Kafka für uns existieren?

B:-- Anny Baby (eine chinesische Schriftstellerin), was ist sie... haha.
Was denken Sie (Themaeinführer), vergleichen wir Kafka mit Haruki Murakami, welches Werk ist nötiger? Oder wer ist nötiger für uns?
Ich rufe auf, und zwar laut, wir brauchen Kafka!

C:-- Die heutige Welt ist gerade Kafkas Welt! Diese Welt hat Kafka vernachlässigt und abgelehnt, wahrscheinlich weil sie Angst und Ekel vor sich selber hat.
Außer Kafka sind fast alle anderen Autoren Müll, nicht Kafka macht den Müll, sondern das Zeitalter.

4. Ausblick

Abschließend seien einige Herausforderungen und Chancen aufgelistet, die mit der hier skizzierten Rekonstruktion der chinesischen Kafka-Rezeption als mehrdimensionales Netzwerk einhergehen:

1. Verknüpfung der Netzwerkebenen auf möglichst anschauliche, praktikable und der Komplexität angemessene Weise. – Zudem: Rückkopplungseffekte, Ironien und damit Ambivalenzen sollen reflektiert werden, was vor allem bei Punkt 2 wesentlich ist. Schließlich: Die Trias muss für weitere Zugänge offen bleiben/sein und also unterschiedlichste Perspektivwechsel tragen;
2. Die Memkomplex-Serien als Ordnungskriterien der semantischen Ebene sind zunächst willkürlich in westeuropäischer Perspektive gesetzt. Daher muss die Möglichkeit vorgesehen werden, im Verlauf der Untersuchung auch andere Memkomplex-Serien anzulegen und überhaupt die Kategorien und Kriterien des Netzwerkes (besser: der Netzwerke, die jedoch verknüpft sein müssen) flexibel zu halten. – Wichtig: Die Begriffe der Serien liegen verdoppelt, im Grunde ver-x-facht vor: ‚politisch normiert' kann eben auch als Akt der Widersetzung gedeutet werden.
3. Spezifisch auf das China-Projekt bezogen, doch interessant im Sinne einer Diskussion sozialer Netzwerke: Die Problematik der Materialsuche in einem Land, das die Tradition der Aufzeichnung vernachlässigt und dessen Schriftsystem kaum kompatibel im Sinne der abendländischen Tradition der Archivierung ist: Schriftzeichen als polyvoke Zeichen.
4. Bemerkungen zum Komplex ‚Kulturrevolution' als chinesisch und also zur chinesischen Kultur gehörig, was zweifelhaft ist, da diese zehn Jahre abseits der Tradition abliefen und eine rückbezügliche Einordnung das chinesische Element im Grunde negiert oder diesem eben ausweicht – was ein interessantes Phänomen andeutet, welchem man eben in der komplexen Bezüglichkeit des Themas begegnen muss.
5. Besonderes Augenmerk: a) Aufbereitung der Daten in eine dynamische relationale Datenbank, deren innere Logistik flexibel und offen angelegt sein muss, und b) Architektur einer funktional und adressatenspezifischen Nutzeroberfläche.

Literatur:

Birus, Hendrik. 2004. *Goethes Idee der Weltliteratur. Eine historische Vergegenwärtigung.* URL: http://www.goethezeitportal.de/db/wiss/goethe/birus_weltliteratur.pdf.

Bloom, Harold. 1995. *Einflußangst. Eine Theorie der Dichtung.* Frankfurt a.M.: Stroemfeld.

Gao Xingjiang. 1983. Contemporary Technique and National Character in Fiction. Übersetzt von Ng Mau-sang. *Renditions* 19/20, 55-58.

Hu Runsen. 1991. Vergleich der philosophischen Intention in Die wahre Geschichte des Ah Q und Die Verwandlung. *Journal der Universität Yantai* Nr. 4, 80-94.

Kafka, Franz. 1999. *Briefe 1900-19*12. Hrsg. v. Hans-Gerd Koch. Frankfurt a.M.: S. Fischer.

Kardoff, Ernst von. 2008. Virtuelle Netzwerke. Neue Formen der Kommunikation und Vergesellschaftung? In *Weltweite Welten. Internet-Figurationen aus wissenssoziologischer Perspektive*, Hrsg. Herbert Willems, 23-56. Wiesbaden: VS Verlag für Sozialwissenschaften.

Krajewski, Markus. 2006. *Restlosigkeit. Weltprojekte um 1900.* Frankfurt a.M.: Fischer.

Latour, Bruno. 1997. *Wir sind nie modern gewesen. Versuch einer symmetrischen Anthropologie.* Frankfurt a.M.: Suhrkamp.

Müller-Peisert, Gabriele. 2005. *Zum Verstehen fremdkultureller Literatur. Ein Vergleich der Konventionen im Umgang mit literarischen Texten am Beispiel Deutschland und China.* Kassel: University Press.

Nerlich, Michael und Zhou Jianming. 1986. Einer unter vielen und keiner von uns. Die distanzierte Kafka-Rezeption in der VR China. In *Zeitschrift für Kulturaustausch. 1986/3. Wechselseitige Bilder.* Stuttgart: Institut für Auslandsbeziehungen, 387-390.

Ren Weidong. 2001. Kafka in China – Rezeptionsgeschichte eines Klassikers der Moderne. In *Literaturstraße. Chinesisch-deutsches Jahrbuch für Sprache, Literatur und Kultur.* Band 2. Hrsg. Zhang Yushu und Winfried Woesler, 131-154. Beijing: Volksliteratur Verlag

Ren Weidong. 2002. *Kafka in China. Rezeptionsgeschichte eines Klassikers der Moderne.* Frankfurt am Main: Lang.

Siegert, Bernhard. 1990. Netzwerke der Regimentalität. Harsdörfers Teutscher Secretarius und die Schicklichkeit der Briefe im 17. Jahrhundert. *Modern Language Notes.* German Issue, vol. 109, April 1990, 536-562.

Weiyan Meng. 1986. *Kafka und China.* München: Iudicium Verlag.

Ye Tingfang. 1997. Der Weg zur Welt Kafkas – Die Kafka-Rezeption in China. In *Das Phänomen Franz Kafka. Vorträge des Symposiums der Österreichischen Franz-Kafka-Gesellschaft in Klosterneuburg im Jahr 1985.* Hrsg. Wolfgang Kraus und Norbert Winkler, 51-57. Prag.

Ye Tingfang. 1998. *Wissenschaftskommunikation der Literaturwissenschaften zwischen China und Europa seit den 80er Jahren.* http://www.inst.at/trans/4Nr/ye.htm (Stand: 15. Februar 2011).

Yu Kuangfu. 1996. Wie ich Franz Kafka nach 1976 persönlich entdeckte. In *DAAD-Dokumentationen, Tagungsbeiträge vom chinesisch-deutschen Germanistentreffen in Peking 1986*, 160-168.

Zha Peide. 1991. Modernism Eastward: Franz Kafka and Can Xue. In *B. C. Asian Review Volume V.* Hier www.sfu.ca/davidlamcentre/nacrp/articles/zhapd_modern/zhamodern.html (Stand: 15. Februar 2011).

Michael Jäckel und Gerrit Fröhlich

Das aktive Publikum – Eine Ortsbestimmung[1]

„Um die Welt zu durchwandern, müssen die Menschen Karten von dieser Welt haben" schrieb Walter Lippmann (1990, zuerst 1922: 18). Womit diese Karten übereinstimmen, wie und von wem sie gezeichnet werden, sollte man nicht aus den Augen verlieren. Was Lippmann in „Public Opinion" schrieb, dürfte heute von noch wesentlich größerer Bedeutung sein als vor gut 90 Jahren: „die reale Umgebung ist (…) zu groß, zu komplex und auch zu fließend, um direkt erfasst zu werden. (...) Obgleich wir in dieser Welt handeln müssen, müssen wir sie erst in einfacherem Modell rekonstruieren, ehe wir damit umgehen können." (1990, zuerst 1922: 18)

Massenmedien erfüllen die gesellschaftliche Funktion der Selbstbeobachtung. Will das Publikum über seine Funktion als „Gottesgericht der Einschaltquote" (Bourdieu 1998: 36) hinaus auf das Angebot reagieren – mit Lob, Kritik oder kollektiver Verweigerung – ist der Einzelne darauf angewiesen, sich ein Bild von der Meinung der anderen zu machen, wobei die Möglichkeiten zur Selbstbeobachtung des Publikums wiederum überwiegend über Massenmedien gegeben sind, sei es die Filmbesprechung im Feuilleton, der Leserbrief im Lokalteil oder Kulturmagazine im Fernsehen. Mit dem Internet ist die Nutzung von Partizipationsmöglichkeiten in Foren, durch Microblogging oder innerhalb sozialer Netzwerke hinzugekommen, die in den letzten Jahren zunehmende Verbreitung fanden. Dem Mehr an Beteiligung entspricht jedoch zugleich ein Mehr an verfügbaren Informationen über das Verhalten anderer, was dann nicht zuletzt als Überforderung wahrgenommen wird. Gerade als Konsequenz dieser neuen Partizipationsmöglichkeiten gilt somit mehr als je zuvor, dass einer Vielzahl möglicher Territorien eine Vielzahl möglicher Karten gegenübersteht, womit Fowlers und Brenners Aussage, „the public's interest defines the public interest" (1982: 210), an Bedeutung gewinnt.

---

1   Teile dieses Beitrags beruhen auf einem Vortrag, der anlässlich des 34. Kongresses der Deutschen Gesellschaft für Soziologie in Jena 2008 gehalten wurde: Jäckel, Michael (2010): Von der Mediatisierung zur Emanzipation des Publikums? Zum Strukturwandel der Sender-Empfänger-Beziehungen. In: Soeffner, Hans-Georg (Hrsg.): Unsichere Zeiten. Herausforderungen gesellschaftlicher Transformationen. Verhandlungen des 34. Kongresses der Deutschen Gesellschaft für Soziologie in Jena 2008. Herausgegeben in deren Auftrag von Hans-Georg Soeffner. Wiesbaden, CD-ROM, S. 1-11.

Der vorliegende Beitrag geht deshalb der Frage nach, wie das aktive Publikum sich innerhalb dieser Wandlungsprozesse positioniert und welche Effekte sich bezüglich der Publikumsorganisation und dem Umgang mit gesteigerten Möglichkeiten ergeben, sich zu beteiligen und zu informieren.

1. Das vernetzte Publikum

Seit der Liberalisierung des Rundfunkwesens wird dem Rezipienten in Deutschland eine besonders aktive Rolle, nämlich die des Programmdirektors, nahe gelegt. Den linearen Programmstrategien werden non-lineare Alternativen entgegengehalten. So wird das Einlassen auf Angebote eines festen Programmschemas als Bevormundung interpretiert. Parallel dazu hat die Optimierung der Zielgruppenansprache in allen Mediengattungen längst eine kritische Masse an Angeboten überschritten. Spätestens seit den 1970er Jahren ist in der Literatur zur Rolle des Publikums in der Massenkommunikation ein allmählicher Wandel erkennbar. Im Jahr 1971 schrieb der kanadische Kommunikationswissenschaftler Wilbur Schramm: „The most dramatic change in general communication theory during the last forty years has been the gradual abandonment of the idea of a passive audience, and its replacement by the concept of a highly active, highly selective audience, manipulating, rather than being manipulated by the message" (1971: 8). In Anlehnung an Gerhards, der aus einer Zunahme von Inklusionsstrategien und -bedürfnissen einen „Aufstand des Publikums" ableitete, könnte man von Publikum „an sich" und Publikum „für sich" sprechen. Denn: „Einstellungsänderungen auf der Ebene des Publikums werden [..] meist erst dann veränderungswirksam, wenn sie sich öffentlich Gehör verschaffen." (Gerhards 2001: 180) Inhalte, so wird behauptet, werden nunmehr auf vielen Ebenen verhandelt, eben nicht mehr nur in den etablierten Institutionen des Mediensystems, sondern an Orten und Nicht-Orten.

Es lassen sich dabei unterschiedliche Publikumskonstellationen beobachten:
- Das disperse Publikum, das an unterschiedlichen Orten die Angebote der (Massen-)Medien wahrnimmt, verfügt in der Regel nicht über eine dauerhafte Organisationsstruktur. Es besitzt damit zwar eine gewisse Kontinuität, aber eben nicht die Kontinuität einer Gruppe, die sich aufgrund regelmäßiger Interaktionen arbeitsteilig aufstellt.
- Das Publikum als (Bezugs-)Gruppe bringt sich über den pragmatischen Austausch des Gesehenen, Gelesenen, Gehörten usw. ein, wobei dies wiederum selten kontinuierlich und mit hohem Engagement erfolgt. Häufig werden diese Diskussionen auch nicht gezielt gesucht, sondern sind das Ergebnis

von Alltagsgesprächen, in denen Medienthemen nun einmal häufig Gegenstand der Debatte sind (siehe hierzu auch die Arbeit von Keppler 1994).
- Das Publikum als Markt und damit als eine Größe, die, ob gewollt oder ungewollt, steuernd in den Prozess von Angebot und Nachfrage eingreift, wird eher im Sinne eines Resonanzbodens instrumentalisiert, und zwar vor (als Testpersonen) und nach dem Endprodukt (als Rezipienten).
- Das vernetzte Publikum, das nun verstärkt im Internet Informationen untereinander austauscht und dessen Beteiligung häufig in Form von Netzwerk- und Kaskadeneffekten stattfindet, das dafür jedoch anfällig ist für Partizipationsillusionen und Flaschenhalsprobleme – und klassische Meinungsführerschaften nicht überwindet, sondern allenfalls verdeckt.

Im Folgenden soll vor allem das vernetzte Publikum einer genaueren Analyse unterzogen werden, bevor im nächsten Abschnitt auf den Aspekt des Informationsüberschusses eingegangen werden wird. In einem Beitrag mit dem Titel „Die Stunde der Laien" schrieb Ludwig Hasler: „Das Massenpublikum aber, das alles sieht, bleibt unsichtbar. Es fällt seine Urteile, indem es die TV-Kanäle nutzt und Wahlzettel ankreuzt. Genau da übernimmt das Internet." (Hasler 2010: 10) Die Idee eines richtenden Publikums, wie sie bereits im Zeitalter der Aufklärung diskutiert wurde, hat sich in abgewandelter und weniger idealisierter Form bis in die Gegenwart gehalten – obwohl es nicht mehr das damalige literarische Genre ist, das als Forum und Spiegel der Tugenden und Laster, als Urteils- und Beurteilungsinstanz eines aufgeklärten Publikums diente (Hölscher 1978: 433). So wird beispielsweise das Container-Modell der Kommunikationsforschung, wonach Informationen quasi ungefiltert das Publikum erreichen, mit dem Gedanken kontrastiert, dass das Publikum durchaus an der Aushandlung von Bedeutungen bestimmter Stimuli beteiligt ist. In der zunehmend vernetzten Umgebung des Internets gewinnt dabei die Beteiligung eines richtenden Publikums innerhalb neuer Verständigungsformen wie sozialen Netzwerken oder Microblogging-Diensten an Bedeutung. Aufgrund des Wandels der technologischen Grundlagen von Medienangebot und Mediendistribution wird nunmehr in zunehmendem Maße die Einbindung des Publikums in die Gestaltung von Angeboten praktiziert oder vom Publikum selbst eingefordert. Alphons Silbermann stellte bereits im Jahr 1986 fest, „daß wir uns derzeit im Vorstadium einer Entwicklung befinden, die auf die Dauer von der Massenkommunikation zur Individualkommunikation führen wird, zu einer Kommunikationsform, von der als einer ‚On-Demand-Communication', einer ‚Auf-Wunsch-Kommunikation' gesprochen wird" (1986: 43).

Die innerhalb der erweiterten elektronischen Netzwerke ablaufenden Individualkommunikationen bewegen sich nicht zuletzt entlang der von Harold Brodkey formulierten Frage: „Who am I in the web of jealousy that trembles at every human movement?" (zitiert nach Baecker 2007: 226). Die Art und Weise, mit der jüngst Greenpeace, Nestlé und die Verbraucher öffentlich um Gunst und Deutungshoheit gekämpft haben – erstere mittels viraler Videokampagne, zweitere mittels Gegenkampagne und Zensur, letztere auf der Facebook-Unternehmensseite von Nestlé[2] – ist nur ein Beispiel für den Einbezug des Nutzers in ein solches „web of jealousy". Das richtende Publikum sieht sich somit neuen Formen der Inklusion in einen Kommunikationsprozess gegenüber, zu dem Luhmann noch vor etwa zwölf Jahren bemerkte: „Interaktion wird durch Zwischenschaltung von Technik ausgeschlossen" (Luhmann 1996: 11).

Luhmann hob ebenso hervor, dass es dem Individuum in einer funktional differenzierten Gesellschaft vor allem darum geht, in irgendeiner Weise anschlussfähig zu bleiben. Der Fokus liegt also nicht darauf, dass man sich inhaltlich in einer bestimmten Art und Weise festlegt und Mediennutzung nur noch aus dieser Perspektive heraus praktiziert – vielmehr kommt es in einer derart gestalteten Welt vor allen Dingen auf die Entwicklung einer allgemeinen Kompetenz zur Herstellung kommunikativer Anschlüsse an. Man geht also beispielsweise nicht in das Internet, weil man sich für ein ganz bestimmtes Thema interessiert, sondern man nutzt dieses Medium und seine Angebote aus einer Vielzahl unterschiedlichster Motive und Interessen. Statt monothematischer Festlegungen steht eine größere Offenheit im Vordergrund gegenüber dem, was die Umwelt dem Nutzer an Möglichkeiten bereithält. Schon Georg Simmel hat davon gesprochen, dass das wertvollste Objekt für den Menschen eben der Mensch ist (Simmel 2008 [zuerst 1903]: 209). Und so finden auch Partizipation und Protest unter den im Internet gegebenen Bedingungen vermehrt statt, um die Anschlussfähigkeit der anderen zu gewährleisten und die eigene unter Beweis zu stellen, wofür häufig bereits ein einziger Mausklick ausreicht. Die niedrige Partizipationsschwelle führt zu einer breiteren, aber auch diskontinuierlicheren Beteiligung, was einerseits einer Erweiterung des Angebots geschuldet ist, die ständige Selektion erfordert, andererseits der bereits beschriebenen Möglichkeit, auf diese Weise anschlussfähig zu bleiben und die Kommunikation am Laufen zu halten. In der von Twitter angebotenen Retweet-Funktion oder dem Facebook-Plugin auf diversen Webseiten, mit dem per Knopfdruck Meldungen oder Blog-Einträge den eigenen Kontakten empfohlen werden können, finden sich Beispiele dafür, wie Informationen und Meinungen schnell und unkompliziert vervielfältigt werden und Beteiligungswellen auslösen können.

---

2 Siehe dazu beispielsweise den Artikel von Volker ter Haseborg im Hamburger Abendblatt vom 25. März 2010: „Greenpeace gegen Nestlé: Wenn ein Netzwerk zur Waffe wird". Online verfügbar unter http://www.abendblatt.de/kultur-live/article1433815/Greenpeace-gegen-Nestle-Wenn-ein-Netzwerk-zur-Waffe-wird.html. Letzter Aufruf am 18.03.2011.

Durch die Herstellung von Verbindungen untereinander werden innerhalb des Publikums neue Netzwerk- und Kaskadeneffekte ermöglicht. Im Rahmen einer Studie von Salganik, Dodds und Watts (2006) wurden beispielsweise auf einer konstruierten Internetseite neuere Musiktitel zum Download angeboten, wobei den Nutzern angezeigt wurde, wie oft ein Titel bereits von anderen heruntergeladen wurde. Im Ergebnis war einerseits eine Art von selbsterfüllender Prophezeiung zu beobachten: Die populäreren Stücke mit den höheren Downloadzahlen wurden in der Folge häufiger heruntergeladen und gewannen noch an Popularität. Andererseits war jedoch ebenso auch der entgegengesetzte Fall zu beobachten: Die als besonders unpopulär ausgewiesenen Titel erfuhren ebenfalls eine verstärkte Aufmerksamkeit. Neben diese Mischung aus Nachahmung und Distinktion tritt jedoch noch ein weiterer, interessanter Aspekt: „Je mehr sozialer Kontakt, desto größer sind später die Unterschiede zwischen Hits und Nieten, wie das Experiment gezeigt hat, desto weniger Prognosen sind also möglich." (Schrader 2006: 10) Durch neue Beteiligungsformen hat sich das einst unsichtbare Massenpublikum zu jenen „people formerly known as the audience" gewandelt, die Jay Rosen wie folgt beschrieb: „Think of passengers on your ship who got a boat of their own. The writing readers. The viewers who picked up a camera. The formerly atomized listeners who with modest effort can connect with each other and gain the means to speak— to the world, as it were."[3]

Jeremy Rifkin entwickelte vor einigen Jahren die These, dass neue Verhältnisse sich entlang der Chancen auf „Zugriff" bilden, sei es auf Güter, Dienstleistungen, Informationen – oder im Falle des richtenden Publikums eben der Zugriff auf einen Rückkanal. „Sehr wahrscheinlich wird eine Welt, die durch „Access"-Beziehungen geprägt ist, eine andere Art Mensch hervorbringen." (Rifkin 2000: 13) Bezüglich der Kommunikation im Netz sind es also die beschriebenen neuen Mixturen aus Verbreitung und Zugriff, aus Massenmedium und Individualmedium, aus ‚lean back' und ‚lean forward', aus Mitwirkung und Duldung, nicht mehr so sehr die Unterscheidung zwischen ‚Unterhaltung' und ‚Information', die den Ton angeben. Zudem zeigen sich einerseits Anzeichen für einen grundlegenden Wandel in den Unterhaltungsbedürfnissen, in dem sich die zunehmende Lust am Mitmachen widerspiegelt. Andererseits lässt sich aber auch ein Bedürfnis nach Kooperation (beispielsweise mit dem Lieblingssender) beobachten, das nicht zuletzt auf ein Bewusstsein für den „Schatten der Zukunft" im Sinne Axelrods

---

3 Rosen, Jay (2006): The People Formerly Known as the Audience. Online verfügbar unter: http://archive.pressthink.org/2006/06/27/ppl_frmr.html. Letzter Aufruf am 18.03.2011.

(2005: 112) hinweist. Die Sorge um den Fortbestand einer Sendung oder um die Nachfolge des Moderators einer Samstagabend-Show kann den Zuschauer dazu ermutigen, über eine bestimmte Zeitspanne verstärkt aktiv zu werden. Doch auch bei der Beteiligung im Netz bleibt die Vorstellung, man könne sich über ein begrenztes Maß hinaus einbringen, oftmals eine Illusion. Die differenzierende Wirkung von Zeitrestriktionen, durch die es bei diskontinuierlichem und punktuellem Einwirken bleibt, besteht eben auch in einer vernetzten Umgebung fort. Zwar laden beispielsweise immer mehr Sendungen dazu ein, sich in Form von Emails, Tweets oder Anrufen zu beteiligen, allerdings sind Flaschenhalsprobleme auch hier an der Tagesordnung, und von den hunderten bis tausenden Zuschauerbeiträgen schaffen es letzten Endes weniger als eine Handvoll tatsächlich in den Rahmen der Sendung. Diese ungleichen Aufmerksamkeitsheuristiken, die zu den Gründen dafür zählen, dass die öffentliche Meinung selten als berechenbar galt, bestehen im Internet fort. Die Versuche, die im Netz vorherrschende Stimmung auf die Allgemeinbevölkerung zu übertragen, machen durch ihr häufiges Scheitern das Fortbestehen traditionaler Meinungsführerschaft deutlich. Aus der Tatsache, dass jeder im Internet die gleichen Chancen hat, seine Meinung kundzutun, folgt nicht automatisch, dass jede dieser Meinungen auch die gleichen Chancen darauf hat, wahrgenommen zu werden. Im Gegenteil hat man es bei steigender Zahl von individuellen Erzeugnissen, die in Form von Blogartikeln, Webmagazinen, Tweets und ähnlichem publiziert werden, zunehmend mit den gerade beschrieben Flaschenhalsproblemen zu tun. Die Komplexitätsreduktion führt zu blinden Flecken und Ungleichgewichten. So wurde im Jahr 2009 mit einigem Staunen vernommen, dass die „Piratenpartei", die im Netz eine deutliche Favoritenrolle einnahm, in der eigentlichen Bundestagswahl bloß etwa zwei Prozent der Stimmen erreichte. Zu einem ähnlichen Fall, in dem der Präsidentschaftskandidat Gauck trotz seiner Etikettierung als „Kandidat des Netzes" vom in Bezug auf Blogeinträge und Facebook-Anhänger deutlich hinten liegenden Christian Wulff überholt wurde, schrieb der Journalist Mario Sixtus: „Von Innen betrachtet scheint das Web oft genug nur aus Gleichgesinnten zu bestehen. Blogger mit ähnlicher Meinung verlinken mit Vorliebe aufeinander und werfen diese Links fleißig in ihre Twitter- und Facebook-Ströme. So entstehen Resonanz-Blasen, in deren Innenräumen sich alle Beteiligten gegenseitig in ihrer Weltsicht bestätigen (...).“[4]

---

4 Sixtus, Mario (2010): Gauck-Hype im Netz: Eine Relativierung. Online verfügbar unter: http://blog.zdf.de/zdfdasblog/2010/06/gauck-hype-im-netz-eine-relati.html. Letzter Aufruf am 18.03.2011.

Man kann also zusammenfassend sagen, dass die Vernetzung der Teilnehmer untereinander in Verbindung mit gesteigerten Zugriffschancen auf einen Rückkanal gewisse Ambivalenzen mit sich bringt, so dass der tatsächliche Einfluss des richtenden Publikums auf die Richtung jenseits des besagten „Gottesgerichts der Einschaltquote" immer noch eher begrenzt ist. Zwar werden bestimmte Netzwerkeffekte begünstigt, diese sind jedoch in der Regel zeitlich begrenzt und unkontrolliert. Selektionsprobleme, die ein stimmiges (Selbst-)Bild des Publikums verhindern, entstehen auf Seiten des Zuschauers wie auf Seiten der Sender, die im Zuge eines vielstimmigen Zuschauerchores Aufmerksamkeiten bündeln müssen, auf altbekannte Heuristiken zurückgreifen und an Meinungsführerschaften gebunden bleiben. Letzten Endes kommt es zu einer neuen Form von Knappheit: Mit dem steigenden Bedürfnis nach Partizipation steigt auch der Zwang zur Interaktion, so dass das vermeintlich erhöhte Mitspracherecht in einer zunehmend vernetzten Umwelt durchaus in einen Anstieg von Frustration führen kann. „Entweder man begnügt sich mit oberflächlichen Beziehungen oder man stößt an eine ‚obere Grenze' des zu bewältigenden Ausmaßes von Kommunikation." (Bell 1976: 355) Das von Hirschman in Bezug auf Robert Dahl wie folgt zusammengefasste Paradox: „Der Bürger muss daher abwechselnd einflußreich und fügsam sein." (Hirschman 1974: 27) gewinnt unter diesem Gesichtspunkt eine neue Pointe. Auf diese Überforderung wird im nächsten Abschnitt eingegangen.

2. Information und Überforderung

Wo, wie im vorherigen Teil beschrieben, auf Seiten der Medien Aufmerksamkeitsheuristiken und Flaschenhalsprobleme als eine Art Filter fungieren, ist umgekehrt auch der kognitive Aufwand, den Leser, Hörer, Zuschauer oder Internetnutzer an den Tag legen, ungleich verteilt. Von sich selbst sagen zu können, einigermaßen gut informiert zu sein, war immer auch eine Frage des persönlichen Anspruchs. „Der gut informierte Bürger", von dem Alfred Schütz (1972) einmal sprach, strebt nach gut begründeten Meinungen auch in Gebieten, die ihm nicht unmittelbar von Nutzen sind, während der Experte ein klares Wissen innerhalb eines abgegrenzten Bereichs besitzt und der ‚Mann auf der Straße' sich in vielen Bereichen mit vagen Einsichten begnügt. Bei dem ‚Mann im Internet' verwischt diese Trennung zunehmend, die Unterscheidung zwischen Experten- und Rezeptwissen wird erschwert. Dabei führt zusätzlich die Wahrnehmung immer neuer Kanäle und Verbindungen – sei es die gestiegene Frequenz der Nachrichten auf Online-Portalen, seien es die Äußerungen der mittlerweile durchschnittlich 150 Kontakte innerhalb verschiedener sozialer Netzwerke, der unaufhörliche Bewusstseinsstrom des

Twitterschwarms – zu ambivalenten Reaktionen. In vielen der zuletzt geführten Debatten wird die Verfügbarkeit einer zu großen Vielzahl von Informationen im Sinne eines „paradox of choice" eher als Fluch denn als Segen verstanden. Als prominente Vertreter dieser Position lassen sich unter anderem Frank Schirrmacher und Nicholas Carr anführen, denen gemein ist, dass sie in den Denk- und Handlungsweisen des Internets Überforderungen unterschiedlicher Art und Ausprägung wahrnehmen. In Schirrmachers „Payback" findet sich folgende Aussage: „Unsere Köpfe sind die Plattformen eines Überlebenskampfes von Informationen, Ideen und Gedanken geworden, und je stärker wir unsere eigenen Gedanken in das Netz einspeisen, desto stärker werden wir selbst in den Kampf mit einbezogen." (Schirrmacher 2009: 19) Im 19. Jahrhundert, so Carr, fand eine Industrialisierung dessen statt, „was menschliche Hände machen können" (Carr 2010: 9), im 20. Jahrhundert eine Industrialisierung der menschlichen Fortbewegungsorgane. Nun vollziehe sich eine „Industrialisierung des Gehirns" (ebd.).

Das Gefühl, eine Information zu verpassen, wechselt sich beinahe nahtlos ab mit dem Gefühl, zwischen zu vielen Informationen die Übersicht zu verlieren und entscheiden zu müssen. „Wissen erzwingt Entscheidungen, öffnet Handlungssituationen" (Beck 1996: 290). Wo zwischen einer nahezu beliebig großen Vielfalt an Wissensvorräten und Informationskanälen Entscheidungen getroffen werden müssen, scheinen Daten und Informationen per se entweder in zu geringer oder zu großer Zahl verfügbar zu sein – niemals jedoch in der richtigen Dosis. Bereits zu Beginn der 1980er Jahre ließ Stanislaw Lem seinen Helden Ijon Tichy über die Notwendigkeit einer Wissenschaft namens „Allgemeine Ariadnologie" sinnieren, die, nachdem die „chronische Datenverstopfung" (Lem 1987: 102) als „gravierendste Unpäßlichkeit" des Computers erkannt wurde, verdeckte Informationen im Wissenslabyrinth zutage bringen sollte. Wie bei Lem zu erwarten, entstand neben diesen Experten für Suchkunde unmittelbar eine weitere Forschungsdisziplin, die der „Insperten", welche sich der Entdeckung von Informationen widmete, die von den entdeckten Informationen ihrerseits verdeckt worden waren (Lem 1987: 103). Vor dem Hintergrund des Überangebots an Informationen erscheint die zunehmende Verbreitung von Tablet-PCs, die vor allem für die Konsumtion von Informationen geeignet scheinen, weniger für die Produktion von Inhalten bestimmt zu sein. Die Geräte laden dazu ein, sich eher passiv durch Webseiten zu klicken – das Erstellen längerer Texte hingegen ist eher unbequem. Auch die Tatsache, dass einige der Geräte von vornherein nicht auf Multitasking ausgelegt sind, sondern immer nur eine Anwendung zur gleichen Zeit im Vordergrund stehen kann, wurde in der Regel nicht als technischer Mangel, sondern als Attraktivitätssteigerung wahrgenommen. „Das iPad kann viel, aber sein Reiz besteht paradoxerweise auch in der Reduktion. Das strahlt schon das Gerät selbst aus, das demonstrativ mit einem einzigen Knopf auskommt. (...) Wer auf seinem iPad eine Zeitschriften-App liest, wird dabei in der Regel nicht durch parallel laufende Chats oder aufklappende Browserfenster gestört." (Niggemeier 2010: 33) Durch technische Vereinfachung werden so Ruheräume vor Informationsflut und Interaktionszwang geschaffen.

3. Konsequenzen für die Reaktionsformen eines vernetzten Publikums

Es stellt sich die Frage, welche Konsequenzen sich aus den in den vorherigen Abschnitten dargelegten Phänomenen – einem Wandel in der Publikumsorganisation einerseits und einem Wandel in der Verfügbarkeit von Informationen andererseits – für den Wandel im Umgang mit Partizipationsmöglichkeiten ergeben. Hirschmans klassische Unterteilung in Loyalty, Voice und Exit lässt sich unter den beschrieben Umständen wie folgt betrachten:

Loyalty bedeutet Zustimmung, und zwar in qualitativer und/oder quantitativer Hinsicht. Es können verschiedene Formen von ‚Medientreue' unterschieden werden, die sich in der Regel aus einer hohen Kontinuität des Zuspruchs zu bestimmten Medienangeboten ableiten lassen. Dies kann durchaus auch in Verbindung mit einer aktiven Beteiligung an den jeweiligen Medienangeboten geschehen, wobei sich die Einbindung des Publikums durch neue Informations- und Kommunikationstechnologien heute anders und vielfältiger darstellt als zu Zeiten, in denen sich aus heutiger Sicht ökologisch bedenkliche Abstimmungsformen (Licht einschalten oder Wasserspülung betätigen als Ausdruck der Zustimmung) beobachten ließen. Die niedrigere Beteiligungsschwelle lädt zu vielfältiger, zugleich aber auch diskontinuierlicher Teilnahme ein.

Voice kann verschiedene Formen des Protests zusammenfassen, die in der Regel in der Absicht vollzogen werden, einen vorhandenen Zustand in einen besseren zu verändern. Man kann also vorübergehend eine Mediennutzung abbrechen, weil das Dargebotene schlicht missfällt, man kann den Anbieter oder auch das Medium wechseln, Leserbriefe oder Kommentare schreiben sowie sich an diversen Formen von Widerspenstigkeit, die über den privaten Protest hinausgehen, beteiligen. In sozialen Netzwerken sorgen Netzwerk- und Kaskadeneffekte für intensive, aber kurzfristige Aufmerksamkeitsbündelung.

Exit wiederum wäre entweder der dauerhafte Wechsel des Anbieters oder auch der dauerhafte Verzicht auf bestimmte Angebote. Diese Reaktionsform wird in einer mediatisierten Welt zunehmend schwierig und wird wohl in Zukunft auch eher den Ausnahmefall darstellen. Des Weiteren führt das Fortbestehen von Meinungsführerschaften im Netz mehr als bei anderen Beteiligungsformen zu einer

Blindheit gegenüber denjenigen, die sich aus bestimmten Debatten ausklinken und nicht länger teilhaben – das Netz scheint weiter aus Gleichgesinnten zu bestehen. Trotz des von Jürgen Gerhards erwarteten Publikumsaufstands ist die konsequente Nicht-Beteiligung an den Diskursen der Mediengesellschaft ein schwieriges Unterfangen. Abschließend lassen sich in Bezug auf das aktive Publikum im Netz daher folgende Thesen formulieren:

1. „Voice" bleibt die dominante Strategie, „Exit" findet selten statt und wird häufig nur von Gleichgesinnten wahrgenommen. Gerade im Falle der Mediennutzung hemmt „Loyalty" die Abwanderung und aktiviert meist kurzfristigen Widerspruch.
2. Die niedrige Beteiligungsschwelle im Internet in Verbindung mit der Verstärkung von Flaschenhalsproblemen führt zu einer häufigeren, aber zugleich diskontinuierlichen Beteiligung.
3. Das Publikum der Medien wird vermehrt über sich selbst „zu Gericht" sitzen. Die richtende Funktion des Publikums ist demokratisiert worden, nimmt aber in den Senderäumen weiterhin zumeist inszenierte Formen an.
4. Der Widerspruch ist also nach wie vor Teil der Medienberichterstattung selbst. Diese professionalisierte Form der Dauerbeobachtung nutzt das Laien-Urteil als Resonanzkörper. Ohne Organisation bleiben individuelle Proteste weitgehend folgenlos. Man benötigt „Leuchttürme".

Informations- und Beteiligungswellen bleiben in der Regel unkontrolliert und zeitlich begrenzt. In Zukunft konkurrieren verschiedene Institutionen um die Chance, Vernetzungen im Sinne ihrer Interessen sowohl zu bündeln als auch zu lenken. Denn auch in diesem Fall gilt: „Die Tatsache, dass man soziale Systeme nicht steuern kann, heißt nicht, dass man sie nicht steuern kann." (Simon 2001: 252)

4. Literatur

Axelrod, Robert. 2005. *Die Evolution der Kooperation.* [Aus d. Amerik.]. 6. Auflage. München.
Baecker, Dirk. 2007. *Form und Formen der Kommunikation.* Frankfurt am Main.
Beck, Ulrich. 1996. Wissen oder Nicht-Wissen? Zwei Perspektiven „reflexiver Modernisierung". In *Reflexive Modernisierung. Eine Kontroverse*, Hrsg. Ulrich Beck, Anthony Giddens und Scott Lash, 289-315. Frankfurt am Main.
Bell, Daniel. 1976. *Die nachindustrielle Gesellschaft.* [Aus d. Amerik.]. Frankfurt am Main und New York.
Bourdieu, Pierre. 1998. Über das Fernsehen. [Aus d. Franz.]. Frankfurt am Main.

Carr, Nicholas. 2010. *Wer bin ich, wenn ich online bin... und was macht mein Gehirn solange? Wie das Internet unser Denken verändert.* [Aus d. Amerik.]. München.

Fowler, Mark S., und David L. Brenner. 1982. A marketplace approach to broadcast regulation. *Texas Law Review* 60, 207-257.

Gerhards, Jürgen. 2001. Der Aufstand des Publikums. Eine systemtheoretische Interpretation des Kulturwandels in Deutschland zwischen 1960 und 1989. *Zeitschrift für Soziologie* 30(3), 163-184.

Hasler, Ludwig. 2010. Die Stunde der Laien. *Die ZEIT* vom 21. Oktober, 10.

Hirschman, Albert. 1974. *Abwanderung und Widerspruch. Reaktionen auf Leistungsabfall bei Unternehmungen, Organisationen und Staaten.* [Aus d. Amerik.]. Tübingen.

Hölscher, Lucian. 1978. Öffentlichkeit. In *Geschichtliche Grundbegriffe. Historisches Lexikon zur politisch-sozialen Sprache in Deutschland*, Hrsg. Otto Brunner, Werner Conze und Reinhart Koselleck, 413-462. Stuttgart.

Keppler, Angela. 1994. *Tischgespräche. Über Formen kommunikativer Vergesellschaftung am Beispiel der Konversation in Familien.* Frankfurt am Main.

Lem, Stanislaw. 1987. *Lokaltermin.* [Aus d. Poln.]. Frankfurt am Main.

Lippmann, Walter. 1990. *Die öffentliche Meinung.* [Aus d. Amerik., zuerst 1922]. Bochum.

Luhmann, Niklas. 1996. *Die Realität der Massenmedien.* 2. Auflage. Opladen.

Niggemeier, Stefan. 2010. Was willst du mit dem iPad, sprich! *Frankfurter Allgemeine Sonntagszeitung* vom 07. November, 33.

Rifkin, Jeremy. 2000. *Access – das Verschwinden des Eigentums. Warum wir weniger besitzen und mehr ausgeben werden.* [Aus d. Amerik.]. Frankfurt am Main.

Salganik, Matthew J., Peter Sheridan Dodds, und Duncan J. Watts. 2006. Experimental Study of Inequality and Unpredictability in an Artificial Cultural Market. *Science* 311 (5762), 854-856.

Schirrmacher, Frank. 2009. *Payback. Warum wir im Informationszeitalter gezwungen sind zu tun, was wir nicht tun wollen, und wie wir die Kontrolle über unser Denken zurückgewinnen.* München.

Schrader, Christopher. 2006. Erfolg ist Zufall. *Süddeutsche Zeitung* vom 10. Februar, 10.

Schramm, Wilbur. 1971. The nature of communication between humans. In *The Process and Effects of Mass Communication*, Hrsg. Wilbur Schramm und David Roberts, 3-53. Urbana.

Schütz, Alfred. 1972. Der gut informierte Bürger. Ein Versuch über die soziale Verteilung des Wissens. In *Gesammelte Aufsätze. II Studien zur soziologischen Theorie*, Ders., 85-101. Den Haag.

Silbermann, Alphons. 1986. Von der Massen- zur Individualkommunikation. Überlegungen zu Entwicklung und Funktion der Massenmedien Radio und Fernsehen. *Neue Züricher Zeitung* vom 19. Dezember, 43.

Simmel, Georg. 2008. Soziologie der Konkurrenz. [Zuerst 1903]. In *Individualismus der modernen Zeit und andere soziologische Abhandlungen*, Ders., 202-224. Frankfurt am Main.

Simon, Fritz B. 2001. Fokussierung der Aufmerksamkeit als Steuerungsmedium. In *Zirkuläre Positionen 3. Organisation, Management und Beratung*, Hrsg. Theodor Bardmann und Thorsten Groth, 247-268. Wiesbaden.

Surowiecki, James. 2005. *Die Weisheit der Vielen. Warum Gruppen klüger sind als Einzelne und wie wir das Wissen für unser wirtschaftliches, soziales und politisches Handeln nutzen können*. [Aus d. Amerik.]. München.

Thomas Malsch

Narrative Methoden und temporalisierte Kommunikationsnetzwerke. Ein Vergleich ereignisbasierter Modelle aus kommunikationssoziologischer Sicht

1. Einleitung: narrative Methoden und Kommunikationsanalyse

In diesem Beitrag[1] wird eine ereignisbasierte Modellierungsstrategie sozialer Kommunikationsprozesse vorgestellt und mit drei formalen narrativen Methoden der historischen Soziologie verglichen: Ereignisstrukturanalyse, Sequenzanalyse und Netzwerkanalyse. Gemeinsam ist ihnen die Auffassung, dass Geschichte ohne temporale Begriffe nicht verstanden werden kann und dass es vor allem der Ereignisbegriff ist, der den Schlüssel zum Verständnis sozialer und historischer Ablaufdynamiken liefert. Einigkeit besteht auch in der Frage, dass narrative Nachvollziehbarkeit („followability") allein nicht ausreicht, um Ereignisfolgen und Resultate sozialhistorischer Prozesse zu erklären. Und schließlich teilen die drei Methoden die Kritik an der Akteurs- und Zeitvergessenheit der Variablensoziologie, die unter weitgehender Abstraktion von Aktionen und Ereignissen unterstellt, dass statistische Zusammenhänge als Kausalzusammenhänge interpretiert werden können, die auf zeitlos gültigen Gesetzen beruhen.

Die Kommunikationsanalyse teilt die Kritik an der Variablensoziologie, aber sie geht einen eigenen Weg. Während netzwerk- und sequenzanalytische Ansätze, nicht zuletzt unter dem Einfluss der Theorien rationaler Wahl, vorzugsweise nach handlungstheoretischer Unterfütterung suchen (Macy und Willer 2002: „from factors to actors")[2], arbeitet der hier vorgestellte Modellierungsvorschlag auf der von Mead bis Luhmann vorgezeichneten Argumentationslinie mit kommunikations-

---

1   Für kritische Kommentare und konstruktive Anregungen danke ich Miriam Barnat, Katrin Billerbeck, Jan Fleck, Michael Florian, Rasco Hartig-Perschke, Jan Hildebrandt und Marco Schmitt.
2   Franzosi umschreibt die narrative Ausrichtung als eine methodologische Bewegung "…away from variables to actors, away from regression-based statistical models to networks, and away from a variable-based conception of causality to narrative sequences. That view promises to bring sociology closer to history and to sociology's own original concerns with issues of human agency." (Franzosi 1997: 527)

soziologischen Grundbegriffen. Ausgehend von der allgemeinen Annahme, dass Kommunikation ebenso wie jedes andere Geschehen zeitlich geordnet ist, geht es um Fragen wie diese: Wie lässt sich Anschlussfähigkeit ("connectability") von Kommunikationsereignis zu Kommunikationsereignis gewährleisten? Wie ist es möglich, dass sich Sozialstrukturen im instabilen Ereignisstrom der Alltagskommunikation herausbilden und sich gegen den permanenten Zerfall momentan auftauchender und wieder verschwindender Ereignisse stabilisieren können? Dass es der Kommunikationssoziologie zuerst um alltägliche Kommunikationsereignisse und nicht um herausragende historische Ereignisse geht, ist also offensichtlich. Aber das muss kein Nachteil sein, wenn man historische Narrative kommunikationssoziologisch analysieren möchte. Um aus einer am Alltäglichen interessierten Beobachtungsperspektive das Herausragende in den Blick zu nehmen, kann man Geschichte als Kommunikationsprozess auffassen und zu zeigen versuchen, wie die historische Relevanz von Ereignissen durch Kommunikation konstruiert wird. Aus einer an Strukturbildung interessierten Perspektive kann man fragen, wie historische Ereignisse als narrative Orientierungsmarken im gesellschaftlichen Kommunikationsprozess prozessiert werden und damit zur Strukturemergenz beitragen können. Und außerdem kann man untersuchen, wie Kommunikationsepisoden ihre Anschlussfähigkeit mittels der Differenz von Erzählenswertem und Nicht-Erzählenswertem im Medium der Narrativität steigern oder begrenzen können. Bei all dem kommen temporaltheoretische Perspektiven in den Blick, die mit der Differenz von gleichzeitigen (parallelläufigen) und ungleichzeitigen (sequenziellen) Ereignissen (Prozessen) arbeiten.

Um zu verdeutlichen, worin sich die drei narrativen Verfahren unterscheiden und was sie leisten können, wird zunächst die kommunikationssoziologische Modellierung vorgestellt, die als Interpretationsfolie des anschließenden Vergleichs dient (II). Danach wird die narrative Netzwerkanalyse (Bearman et al. 2003) diskutiert, wonach die Beweiskraft historischer Narrative von der multiplen Vernetzung pfadunabhängiger Ereignissequenzen abhängt (III). Die Sequenzanalyse (Stovel 2001) interessiert sich dagegen für die formale Vergleichbarkeit von unilinearen Ereignisketten, um soziologisch aussagekräftige und generalisierungsfähige Temporalstrukturen herauszuarbeiten (IV). Die Ereignisstrukturanalyse (Griffin 1993) wiederum arbeitet mit einem logikbasierten Programm, um die kausale Konsistenz chronologischer Anschlüsse in historischen Narrativen zu überprüfen (V). Zum Schluss soll an einem Fallbeispiel illustriert werden, wie die Kommunikationssoziologie sozialhistorische Narrative bearbeiten und was sie aus dem Vergleich mit anderen Verfahren lernen kann (VI). Wie wir noch sehen werden, haben die hier als narrative Methoden bezeichneten formalen Verfahren wenig zu tun mit dem, was man aus literaturwissenschaftlicher Sicht unter Narratologie oder Narrativität versteht und mit Erzähltechniken, Dramaturgien oder Genres assoziiert (Ryan 2004). Das sind Fragen, die im Rahmen des vorliegenden Beitrags nicht weiter berücksichtigt werden können, auch wenn sie für die Kommunikationssoziologie von eminenter Bedeutung sind.

2. Kommunikationsnetzwerke und Vernetzungsdynamik

Was bedeutet Kommunikation, soziologisch gesehen? Aus soziologischer Sicht ist Kommunikation weder Informationsübertragung noch Sprechakt. Kommunikation kommt als soziale Einheit erst im Verstehen einer Äußerung beziehungsweise in der Rezeption eines Mitteilungszeichens zustande. Eine Äußerung ist daher zunächst nichts weiter als ein Angebot oder ein Anfang (Inzeption), dessen soziale Bedeutung erst durch die Reaktion des Rezipienten festgelegt wird. Erst an der Rezeption können wir ablesen, wie ein empirisches Mitteilungszeichen als Kommunikationsangebot verstanden wird. Erst in der Anschlusskommunikation zeigt sich, welche Bedeutung einer vorausgehenden Mitteilung hinsichtlich ihrer semantischen Referenz (Signifikanz) und gesellschaftlichen Gewichtung (Relevanz) zukommt.

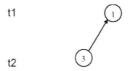

Abbildung 1a: COM: basaler Kommunikationsanschluss

Ob eine Entschuldigung, um ein einfaches Beispiel zu nehmen, auch als solche verstanden oder als Beleidigung missverstanden wird, wird erst im weiteren Verlauf des Kommunikationsprozesses deutlich. Ob eine Beleidigung wiederum so schwerwiegend ist, dass sie nach Vergeltung verlangt, oder für so irrelevant gehalten wird, dass sie ignoriert werden kann, entscheidet sich erst in der Anschlusskommunikation. Insofern nimmt die Rezeption im Prozessmodell der kommunikativen Vernetzungsdynamik (Abbildung 1a) eine begriffsstrategisch zentrale Stellung ein. Wenn man dem folgt, so lässt sich die analytische Einheit der Kommunikation als Relation zweier Kommunikationsbeiträge oder Mitteilungszeichen (M1, M3) darstellen, die durch einen Rezeptionspfeil miteinander verbunden sind. Wir haben dafür eine netzwerkdynamische Darstellungstechnik entworfen (COM, Communication Oriented Modelling: Malsch und Schlieder 2004; Albrecht et al. 2005; Malsch et al. 2007), die in den Abbildungen 1a bis 1d vorgestellt wird. Der gegen den Zeitverlauf gerichtete Rezeptionspfeil in Abbildung 1a zeigt an, dass die soziale Bedeutung des ersten Mitteilungszeichens (Zeitschritt t1) erst am zweiten Mitteilungszeichen (Zeitschritt t2) abgelesen werden kann. Wenn wir annehmen, dass die soziale Bedeutung eines Kommunikationsbeitrags durch Rezeption und Inzeption doppelt kodiert ist, so bekommen wir es mit Folgeproblemen zu tun, die im konventionellen sprechergesteuerten Kommunikationsverständnis nicht auftreten können. Das folgenreichste Problem ist darin zu sehen, dass fortlaufend unvorhersehbare Sinnverschiebungen stattfinden, so dass Ordnungsbildung unwahrscheinlich wird. Unter Bedingungen komplex vernetzter Kommunikationsprozesse verschärft sich das Problem noch durch unüberschaubare Mengen an gleichzeitigen Kommunikationsbeiträgen, durch asynchron versetzte Kommunikationsanschlüsse und verspätete Reaktionen, Mehrfachanschlüsse und massenhaften Kommunikationsabbruch (Malsch 2005: 12ff). Damit soll nicht verleugnet werden, dass es immer auch hochorganisierte, berechenbare Kommunikationsmodi gibt, z.B. militärische Befehlsketten. Vielmehr geht es um die begründete Vermutung, dass Ordnung nicht selbstverständlich, sondern erklärungsbedürftig ist. Die Frage ist also die: Wie kommt es, dass Kommunikationsprozesse auch unter den komplexen Bedingungen des Internet, z.B. in unmoderierten Onlineforen mit Millionen von unterschiedlichen Diskussionsbeiträgen, trotzdem in halbwegs geordneten Bahnen verlaufen können, anstatt chaotisch zu oszillieren?

Um sich der Frage nach der chaosproduzierenden, den Sprecherintentionen zuwider laufenden Rezeption zu entledigen, könnten wir es uns einfacher machen und auf das gängige Alltagsverständnis von Kommunikation als sprechergesteuerter Nachrichtenübertragung rekurrieren. Danach wären Mitteilungen nichts anderes als Nachrichten, nach denen man sich zu richten hat, statt darüber zu diskutieren. Damit hätte man den Kommunikationsbegriff normativ aufgeladen und das Ordnungsproblem wäre gleich mit erledigt. Wenn wir stattdessen fragen, wie sich soziale Ordnung als regelmäßig reproduzierter, deutungsverbindlicher Kommunikationszusammenhang erklären lässt, obgleich Kommunikationsbeiträge nachträglich immer wieder umgeschrieben und konterkariert oder ignoriert und missachtet werden oder verloren gehen, und in Beantwortung dieser Frage zunächst nur kommunikationseigene Ordnungs- oder Strukturierungsleistungen gelten lassen wollen, so können wir die Lösung des Problems in der Zeitdimension suchen (Luhmann 1984: 150). Statt nach zeitlos gültigen Grundlagen (Wertekonsens, Staatsgewalt u.ä.) zu fragen, muss die Problemstellung temporalisiert werden. Das bedeutet, dass die am empirischen Mitteilungszeichen ablesbare Einheit der Kommunikation als Temporalereignis zu bestimmen ist.

Kommunikationsereignisse sind nichts Bleibendes oder dauerhaft Gegebenes. Kommunikationsereignisse sind vielmehr dadurch definiert, dass sie nach ihrem Erscheinen wieder verschwinden. Verglichen mit der Netzwerkanalyse, die von strukturierter Ordnung bei gegebenen Knoten und Kanten ausgeht und erst dann fragt, wie Bewegung ins Netzwerk hinein kommt, geht die Kommunikationsanalyse vom bewegten Geschehen aus. Struktur oder Ordnung, so lautet unsere Arbeitshypothese, kann in dynamischen Kommunikationsnetzwerken nur durch Selbsteinschränkung der Anschlussmöglichkeiten entstehen. Strukturbildung lässt sich erst im Zeitverlauf an der Herausbildung und Wiederholung typischer Kommunikationsepisoden ablesen. Um zu sehen, wie sich Strukturen herausbilden, ist die Frage nach dem Warum einer vorausgesetzten Ordnung durch die Frage nach dem Wie ihrer temporalen Genese zu ersetzen: Wie geschieht es, dass die Freiheitsgerade der Kommunikation von Ereignis zu Ereignis sukzessive eingeschränkt und in Pfadabhängigkeiten überführt werden, die sich verfestigen, verstetigen und verstärken? Wie ist Strukturbildung auf der zeittheoretischen Linie von Whitehead und Mead bis Luhmann und Abbott möglich, wonach alles was passiert in der Gegenwart eines von Moment zu Moment zerfallenden Augenblicksgeschehens passiert?

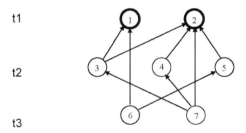

Abbildung 1b: COM: vier einfache Anschlussregeln der Kommunikation

Abbildung 1b ist ein Versuch, diese Überlegungen schematisch zu illustrieren. Das dargestellte Ablaufmodell steht idealtypisch für Diskurse der Distanzkommunikation wie sie beispielsweise im Internet stattfinden. Diese sind durch asynchron verzweigte, nebenläufig quervernetzte Kommunikationsanschlüsse charakterisiert. Die Darstellung beginnt im ersten Zeitintervall mit zwei Beiträgen bzw. Mitteilungszeichen (M1 und M2) und setzt sich in den folgenden beiden Zeitintervallen durch neu auftauchende Mitteilungszeichen entlang der Zeitachse von oben nach unten fort. Um zu demonstrieren, wie die Vernetzungsdynamik von Onlinediskursen unter minimalistischen Modellannahmen ablaufen kann, benötigen wir zunächst lediglich vier einfache, temporal definierte Rezeptions- oder Anschlussregeln.

- Sequenzialität. Anschlüsse erfolgen sequenziell durch attributiven Rückverweis späterer auf vorausgehende Kommunikationsereignisse;
- Ungleichzeitigkeit. Es können grundsätzlich nur ungleichzeitig auftretende Kommunikationsereignisse rezeptionsvermittelt aneinander anschließen;
- Asynchronität. Zeitversetzte („asynchrone") Kommunikationsanschlüsse (M6 an M1, M7 an M2), die erst im übernächsten Zeitintervall auftreten, sind möglich.
- Parallelität. Mehrfachanschlüsse in beiden Richtungen (one-to-many, many-to-one) sind möglich (M3, M4, M5 an M2; M3 an M1 und M2).

Unter der Prämisse, dass in jedem Zeitintervall neue Kommunikationsbeiträge erscheinen, kommt es zu einer immer verzweigteren, immer unübersichtlicheren Vernetzungsdynamik. Darin sind ereignisbasierte Kommunikationsnetze den aus der Netzwerkanalyse bekannten „growth networks" durchaus ähnlich (vgl. Albrecht 2008): beide geraten bei zunehmendem Wachstum von Elementen und Relationen tendenziell unter Komplexitätsdruck. Während die Netzwerkanalyse das Problem der steigenden Komplexität durch Ausdifferenzierung einzudämmen versucht, arbeitet die kommunikationssoziologische Modellierung an einer anderen Lösung. Sie macht sich die zeittheoretische Einsicht zunutze, dass Kommunikationsereignisse als flüchtige „Temporalatome" (Luhmann) momentan auftauchen und wieder verschwinden, und leitet daraus eine Zerfallsfunktion ab: Komplexitätsreduktion durch Ereignisreduktion. Von hier aus kann man ein noch weitgehend unerforschtes Phänomen in den Blick nehmen, das man vielleicht als „networks in decline" bezeichnen könnte, und sich für die Frage interessieren, wie das Phänomen des Verschwindens von Ereignissen für den Strukturaufbau kommunikativer Vernetzungsdynamiken genutzt werden kann. In Abbildung 1c und 1d wird das deutlich gemacht. Dort sind die Mitteilungszeichen grau unterlegt (M1, M3, M4, M7), die aus dem Kommunikationsprozess wieder verschwunden sind.[3]

Solange die „kausale" Wirksamkeit eines ersten Kommunikationsbeitrags ausreicht, um Anschlussbeiträge auszulösen, erneuert sich seine Aktualität. Er bleibt solange im Gespräch, wie er in den folgenden Zeitintervallen immer wieder aufs Neue adressiert und referenziert wird. Das hat Folgen nicht nur für die gesellschaftliche Reichweite eines Beitrags bzw. für seine Relevanz, die in Abbildung 1c durch die Randstärke der Mitteilungszeichen repräsentiert wird. Die

---

3 Löschen von Mitteilungszeichen wird in der Simulationsumgebung COMTE (Communication Oriented Modeling Test Environment) durch eine Zerfallsfunktion berechnet, die als „aging function" bezeichnet wird. Um den Zerfallseffekt klar demonstrieren zu können, ist die Zerfallsfunktion hier besonders scharf voreingestellt, d.h. Mitteilungszeichen verlieren sofort ihre Anschlussfähigkeit, wenn sie im aktuellen Zeitschritt nicht mehr referenziert werden. Bei abgemilderter Voreinstellung tritt der Zerfall nicht auf einen Schlag ein, sondern vollzieht sich allmählich (Malsch et al. 2007).

Relevanz steigt in dem Maße, wie ein Mitteilungszeichen sehr viele (zustimmende oder ablehnende) Anschlussmitteilungen nach sich zieht, die sich auf seine Vorgaben beziehen. Auf diese Weise werden wenige Beiträge als besonders anschlussfähig markiert (z.b. M2, M6), während viele Beiträge unbeachtet bleiben und spurlos wieder verschwinden, obwohl sie mit einer thematisch passenden Signifikanz ausgestattet sind. Das vorliegende Modell ist allerdings semantisch unterbelichtet, weil es noch keine Signifikanzwerte enthält. Gleichwohl reichen Relevanzwerte aus, um modellartig zu illustrieren, wie es zur eigendynamischen Selektionsverstärkung kommen kann, in deren Verlauf wenige, aber durch besondere Relevanz ausgezeichnete Mitteilungszeichen eine ganze Diskussion – oder die, soweit die Analogie zulässig ist, als herausragende historische Ereignisse eine Epoche beherrschen können. Dabei ist das Zusammenspiel von Zerfalls- und Relevanzfunktionen richtungsoffen: Steigerung oder Reduktion von Komplexität, Stabilisierung oder Zerfall, Kontinuität oder Diskontinuität. Damit stellt sich die Frage: Wie lässt sich soziale Ordnung gegen den Zerfall ihrer eigenen Ereignisse stabilisieren? Dazu liefert Abbildung 1d weitere Denkanstöße.

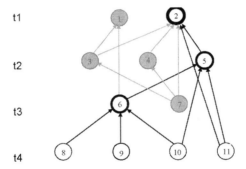

Abbildung 1c: COM: Relevanz und Zerfall von Mitteilungszeichen

Abbildung 1d zeigt zwei unterscheidbare Teilnetze: ein erloschenes, deaktiviertes Teilnetz (graue Mitteilungszeichen), das im aktuell laufenden Diskurs keine Rolle mehr spielt, und ein aktives Teilnetzwerk (weiße Mitteilungszeichen), das den aktuellen Diskurs beherrscht. Die beiden Teilnetze sind strukturell ähnlich aufgebaut. Beide weisen ein dominantes Mitteilungszeichen (M2 und M6 mit jeweils 5 Rezeptionen) auf und benötigen etwa gleich viele Zeitintervalle für ihren Aufbau. Sie unterscheiden sich darin, dass das erloschene Teilnetz eine abgeschlossene Episode darstellt, während das aktive Teilnetz zum Zeitpunkt t5 ein noch unabgeschlossener Prozess mit offenem Ausgang ist. Bemerkenswert ist darüber hinaus, dass dasselbe Ereignis M6, das die Schließung der ersten Episode herbei führt, zugleich als Eröffnungsereignis der neuen Episode fungiert.[4] Öffnung und Schließung konvergieren hier in ein und demselben Ereignis, das die beiden Teilnetze zugleich trennt und verbindet. Daran lässt sich demonstrieren, wie sich Schließung und Öffnung von Kommunikationsepisoden – etwa im Themenwechsel eines Partygesprächs oder im wissenschaftlichen Paradigmenwechsel oder in der Umwertung von normativen Geltungsansprüchen und kulturellen Werten – zyklisch miteinander verbinden und wechselseitig konditionieren.

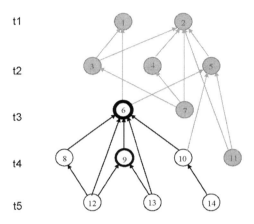

Abbildung 1d: COM: Episodenbildung und episodische Wiederholung

In der zyklischen Vernetzung und regelmäßigen Wiederholung ähnlicher Episoden werden Strukturmuster sichtbar, die zeitstabil sind nicht weil sie zerfallsresistent sind, sondern weil sie sich im Zerfallen beständig erneuern und modifizieren. Grenzziehung durch Episodizität, so lautet unsere Arbeitshypothese, erweist sich nicht nur als vorrangiges Strukturierungsprinzip von Kommunikationsprozessen, sondern dürfte sich auch als Erklärungsprinzip sozialhistorischer Narrative eignen. Wenn wir annehmen, dass narrative Episoden als eine besondere Art von episodisch strukturierten Kommunikationsprozessen zu begreifen sind, so stellen sich folgende Fragen: Worin liegt die kommunikative Besonderheit von narrativen Episoden? Worin unterscheiden sie sich von nicht-narrativen Kommunikationsepisoden? Was kann die Narrativität zur Kontingenzbewältigung von

---

4 Zum „Nachtragsmanagement" der kommunikativen Episodenbildung am Beispiel der Skandalkommunikation vgl. Hartig-Perschke (2009: 215ff). Zur Relationierung von Öffnen und Schließen sozialer Netzwerke im Anschluss an netzwerktheoretische Überlegungen von Harrison White vgl. Schmitt (2009: 232ff).

Kommunikationsprozessen und zur „kausalen" Konditionierung von historischen Anschlussmöglichkeiten beitragen? Welche Rolle spielen Narrative in der antizipativen Selbstbeobachtung des laufenden historischen Prozesses?

3. Narrative Netzwerkanalyse und komplexe historische Ereignisstrukturen

Der Beitrag von Bearman, Moody und Faris (Bearman et al. 2003) zur netzwerkanalytischen Modellierung „komplexer historischer Ereignisstrukturen" kommt der kommunikationsorientierten Modellierung – verglichen mit der Sequenzanalyse und der Ereignisstrukturanalyse, die wir anschließend diskutieren werden – vielleicht noch am nächsten. Die historische oder narrative Netzwerkanalyse ist ebenso wie die Kommunikationsanalyse besonders gut geeignet, um das Problem der parallelläufigen Quervernetzung von Ereignisströmen zu bearbeiten, da sie die sequenzanalytische Reduktion sozialer Prozesse auf unilineare Anschlüsse konsequent vermeidet. Ähnlich wie die Kommunikationsanalyse die strukturprägende soziale Relevanz eines Kommunikationsereignisses an seiner Rezeptionshäufigkeit festmacht, geht es der narrativen Netzwerkanalyse um die Überprüfung der Vernetzungsdichte von kritischen Ereignissen, die als potenzielle "case breakers" (66) eine historische Beweisführung zu Fall bringen können: "If the event or link were absent, could we really imagine that the revolution would not occur?" (63). Wenn Geschichte dagegen als Ereignisnetzwerk modelliert wird, das von einer historischen Kausalenergie durchströmt wird, die auf multiplen, zugleich quervernetzten und unabhängigen Pfaden vom Ausgangsereignis zum finalen Ergebnis führt, dann lässt sich ein historischer Wirkungszusammenhang umso beweiskräftiger behaupten.

Damit wendet sich der Beitrag ganz ausdrücklich gegen die in der Geschichtsschreibung nicht selten anzutreffende Reduktion des historischen Ereignisstroms auf einfache, sequenzielle Ereignisketten, die unter dem Druck modifizierter historischer Fakten nur allzu leicht kollabieren können, da sie schwach vernetzt sind und zu wenig Redundanz besitzen, um Modifikationen aufzufangen. Insofern ist die in der Geschichtsschreibung zu beobachtende Neigung, „dünne" Ereignissequenzen durch „starke" Theorien zu kompensieren, nicht akzeptabel. Statt auf scheinbar starke Theorien kommt es nach Bearman et al. auf starke Methoden an, die es ermöglichen, den Blick für narrative Schwachstellen zu schärfen und robuste Ereignisnetzwerke zu konstruieren, die einen starken Kausalitätsanspruch begründen und einlösen können. Am methodischen Abgleich von vierzehn Lebensgeschichten aus Myrdals berühmter Studie über Revolution und Konterrevolution in China (Myrdal 1965) will die vorliegende Analyse demonstrieren, dass Kontingenz und Zufall im historischen Prozess eine weitaus geringere Rolle spielen als vielfach angenommen. Stattdessen finden sich gute Gründe für die Annahme, dass historische Narrative, deren Ereignisse durch multiple Pfade vernetzt sind, netzwerktechnisch gesehen robuste Strukturen ausbilden können, die weder für spekulative Schmetterlingseffekte oder „starke Theorien" empfänglich noch durch zukünftige Ereignisse oder neue Entdeckungen irritierbar sind, die bewährte historische Annahmen in Frage stellen könnten.

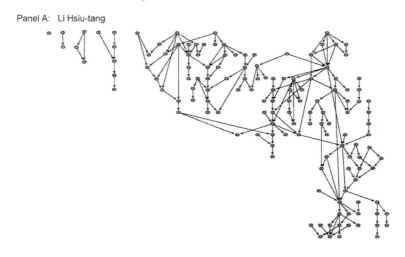

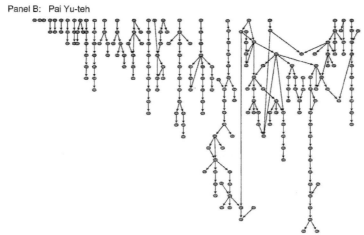

Abbildung 2: Narrative Netzwerkanalyse (Quelle: Bearman et al. 2003: 65)

Die Abbildung 2 zeigt zwei der insgesamt vierzehn narrativen Berichte. Der Ereignisfluss wird als „flows of causation" (62) aufgefasst und entlang der vertikalen Achse dem Zeitablauf entsprechend von oben nach unten dargestellt. Die horizontale links-rechts Achse repräsentiert demgegenüber die Gleichzeitigkeit von Ereignissen. Warum die Autoren notieren, dass die links-rechts Achse „substanziell nicht interpretierbar" sei (64), bleibt allerdings unverständlich. Denn dies ist die Dimension der Gleichzeitigkeit, die gegenüber dem unilinearen Zeitbegriff der Sequenzanalyse ja überhaupt erst die allgemeine Voraussetzung dafür liefert, dass Quervernetzungen (dargestellt durch Pfeile, die wie in der kommunikationsorientierten Modellierung von der Senkrechten abweichen) parallelläufiger Ereignisströme im Koordinatensystem zweier Zeitachsen modelliert werden können. Erst dadurch können Bearman et al. im Abgleich der vierzehn Geschichten nachvollziehen, welche Ereignisse von unabhängigen Quellen bestätigt werden („shared events"), wie die Ereignisse sequenziell zusammenhängen und welche Querverbindungen zwischen den parallelen Erzählsträngen bestehen. Erst dadurch kann aus den vierzehn Geschichten eine einzige, kohärente Version erstellt werden.

Wenn wir den Verfahrensschritten der narrativen Netzwerkanalyse folgen, so zeigt sich eine prinzipielle Differenz zur Strategie der kommunikationssoziologischen Modellierung: Während die Kommunikationsanalyse zu modellieren versucht, wie der soziale Prozess seine Ereignisse und Episoden aus sich selbst heraus generiert und voneinander abgrenzt sowie Wichtiges von Unwichtigem durch prozesseigene Operationen unterscheidet, kennt die Netzwerkanalyse keine netzwerkeigenen, selbstreferenziellen Operationen zur Bestimmung ihrer Analyseeinheiten. Hier bleibt es der Kunstfertigkeit der Netzwerkanalytiker überlassen, zu entscheiden, was Ereignisse, Episoden oder Fallgeschichten sind. Dabei geht die Untersuchung in zwei Schritten vor. Der erste und entscheidende Verfahrensschritt ist die als „casing" bezeichnete kunstfertige analytische Aufbereitung der Originalberichte. „Casing" bedeutet Fall- und Ereignisabgrenzung und gilt als die anspruchsvollste Aufgabe der narrativen Netzwerkanalyse. Beim „casing" kommt es darauf an, den narrativen Rohstoff des ineinander fließenden, überlappenden Geschehens in eine „Population" (64) aus diskreten Elementen („events", „occurrences") und Anschlüssen („narrative clauses") zu zerlegen und diese anschließend wieder zu einer kompletten Story zusammen zu setzen. Das Problem besteht darin, die Elemente des Narrativs aus einer heterogenen Fülle von Orten, Dingen, Vorfällen, Ideen als kulturelle Einheiten auf verständige Weise auszuwählen und voneinander abzugrenzen (ebenda). Die Abgrenzung wird dadurch erleichtert, dass die narrative Netzwerkanalyse gegenüber der verbreiteten begrifflichen Konfusion von Ereignissen, Narrativen, Sequenzen, Handlungen usw. (z.B. bei Griffin und Stovel) mit einer durch unzweideutige Inklusionsbeziehungen gekennzeichneten formalen Begriffshierarchie arbeitet: Ereignisnetzwerke sind historische Fallgeschichten (Narrative), die aus quervernetzten, komplexen Ereignissequenzen bestehen, die wiederum aus elementaren Ereignissen und sequenziellen Anschlüssen gebildet werden. Unterhalb der Ebene elementarer Ereignisse verorten die Autoren allerdings noch eine „micro-level fluidity" (ebenda) aus prozessierenden Kleinstaktivitäten, die auf der Strukturebene vernetzter Narrative absorbiert werden und daher methodisch vernachlässigt werden können.

Im zweiten Schritt werden die vierzehn verschiedenen Ereignisnetzwerke nach „bicomponents" (Abbildung 3) abgesucht. Bi-Komponenten sind als Ereignissequenzen definiert, deren Ereignisse durch mindestens zwei unabhängige Pfade mit anderen Ereignissequenzen quervernetzt sind (66). Bi-Komponenten repräsentieren sozusagen den beweiskräftigen Kern der Historie. Demgegenüber sind alle mehr oder weniger unverbundenen Komponenten revisionsanfällig. Wenn es stimmt, dass sich die Glaubwürdigkeit historischer Narrative umso robuster behaupten lässt, je dichter ihre Ereignisstrukturen ineinander verwoben sind, dann muss die besondere Aufmerksamkeit der historischen Forschung der Überprüfung von Bi-Komponenten gelten. Dafür schlagen die Autoren ein Simulationsexperiment vor, in welchem die Vernetzungsdichte von Bi-Komponenten durch Löschen und Hinzufügen von narrativen Ereignissen (Knoten) und Anschlüssen (Klauseln) systematisch variiert wird. Dieser Test simuliert, wie die wissenschaftliche Entdeckung neuer „Fakten" die Erklärung historischer Zusammenhänge beeinflussen kann. Dabei zeigt sich bei allgemein hoher Robustheit, dass sich historische Erklärungen unter der Voraussetzung dicht vernetzter Narrative durch Hinzufügen von Ereignissen und Anschlüssen tendenziell stärker ändern können als durch Löschen (68f). Auch hier können wir eine auffällige Analogie zur Kommunikationsanalyse erkennen, die zugleich die entscheidende Differenz zwischen beiden Verfahren markiert: Löschen und Hinzufügen von Ereignissen ist hier die Aufgabe eines willkürlich vorgehenden netzwerkanalytischen Experimentators, während Löschen und Hinzufügen im kommunikationsanalytischen Simulationsexperiment durch prozesseigene Anschlussoperationen momentan auftauchender Ereignisse bestimmt ist. Damit stellt sich die Frage, ob die narrative Netzwerkanalyse überhaupt über so etwas wie einen temporalen Begriff der Vernetzungsdynamik verfügt?

Aus temporaltheoretischer Sicht ist bemerkenswert, dass die in der Abbildung 2 als gerichtete Zeitpfeile dargestellten sequenziellen Anschlüsse in der Abbildung 3 durch ungerichtete Kanten ersetzt worden sind. Ist das ein unbeabsichtigtes Versehen oder ist das so zu verstehen, dass die temporale Sequenzialität, in der die Ereignisse im historischen Prozess aufeinander folgen, bei der Berechnung der Bi-Komponenten aus methodischen Gründen ignoriert werden kann? Anders gefragt: Lässt sich die Wirksamkeit (oder Bedeutsamkeit) eines Ereignisses, die von seiner temporalen Position im narrativen Ereignisnetzwerk abhängt, ohne Substanzverlust genauso behandeln und berechnen, als wäre seine Wirksamkeit (oder Bedeutsamkeit) allein von seiner räumlichen Position abhängig? Die Autoren äußern sich nicht explizit zu dieser die Differenz zwischen raumorientierten Standardnetzwerken und zeitorientierten Vernetzungsdynamiken betreffenden Frage. Aber sie beziehen sich in ihren inhaltlichen Ausführungen auf zwei gegenläufige Zeit- und Verlaufsrichtungen, die sich nicht so ohne weiteres in einem einheitlichen Schaubild unterbringen lassen. Die erste Richtung ist die der stromabwärts mit der Zeit laufenden konventionellen „flows of causation" (62) und besagt, dass spätere Ereignisse durch frühere Ereignisse kausal konditioniert werden. Dem entspricht die temporale Pfeilrichtung in der Abbildung 2. Die zweite Verlaufsrichtung entspricht dagegen einer stromaufwärts gegen den Zeitverlauf gerichteten nachträglichen Geschichtsdeutung (man könnte hier vielleicht von „flows of interpretation" sprechen) und besagt analog zur kommunikationstheoretischen Attributionslogik, dass sich die Bedeutung früherer Ereignisse im Lichte späterer Ereignisse verändern kann.[5] Hier geht es um eine Sinnattribution, die mit Kausalpfeilen nicht repräsentiert werden kann, sondern nach einer alternativen Darstellungsweise verlangt: nach Rezeptionspfeilen. Die Ironie von Abbildung 3 liegt dann darin, dass sich Rezeptions- und Kausalpfeile sozusagen gegenseitig die Spitze nehmen.

Wenn man der Argumentationsfigur der Autoren wohl gesonnen ist, könnte man sagen, dass sich der historische Prozess in einer zyklischen Bewegung vollzieht, die sich auch an den Netzwerkdaten der vorliegenden Studie ablesen lässt: "Cycles in historical data appear when future events condition past events, drawing out of the past new relations to other events." (64) Wir deuten das so, dass sich die Zeit sozusagen zu einer Bewegung krümmt, die aus der Zukunft in die Vergangenheit (Deutung) und wieder zurück in die Zukunft (Kausalität) führt. Hier wird keine Schubumkehr des kausalen Stroms der Geschichte behauptet, sondern die stets gegeben Möglichkeit retrospektiver Umdeutungen bereits bekannter Ereignisse im Lichte der Entdeckung neuer empirischer „Fakten" adressiert, wie sie zum Tagesgeschäft der historischen Forschung gehört: "Discovery of new events or relations between events have the capacity to change beginnings and ends (of

---

[5] "... although some events may become activated by discovery or the future, most are never so fortunate. Whatever meaning most events have is likely fixed completely within a single, specific event sequence, itself fixed within larger, more complex event-sequences. Put another way, neither the discovery of new events or unknown future occurrences are likely to alter in any way the sequence of events that "dead" events are embedded in, and consequently their meaning is also fixed. Nevertheless, some events have already, and some more may, become embedded in new event sequences following discovery or the occurrence of events in the future. Consequently, we can imagine a distribution of events, defined with respect to their probability of activation, "fluidity of meaning," or susceptibility to being conditioned by the future." (Bearman et al. 2003: 62)

cases, thm), and therefore the specific meaning of events" (62). Wir werden anlässlich der Beiträge von Griffin und Stovel in den nächsten beiden Abschnitten auf ein ähnliches Argument der rezeptiven (Um)deutung von Ereignissen stoßen: das Argument der nachträglichen Attribution von Morden als Lynchmorden.

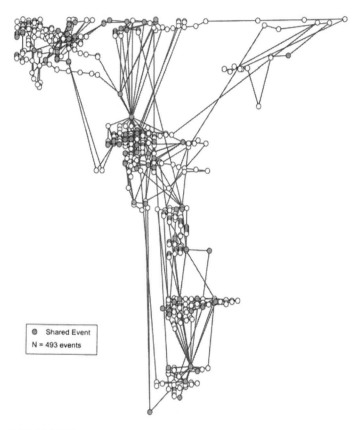

Largest bicomponent, with shared events.

Abbildung 3: Narrative Netzwerkanalyse (Quelle: Bearman et al. 2003: 69)

Im Unterschied dazu geht es Bearman et al. aber nicht um die mitlaufende Umdeutung von Ereignissen aus der Teilnehmerperspektive, sondern um die Umdeutung aus der Beobachterperspektive einer nachträglichen Geschichtsforschung, die ihrerseits in ein ganz anderes Geschehen involviert ist: ins aktuelle Geschehen der Entdeckung von Spuren historischer Ereignisse in der Gegenwart. Hier ist es die jeweils aktuelle historische Forschung, sprich: der netzwerkanalytische Experimentator, der oder die dafür sorgt, dass Knoten und Kanten gelöscht oder hinzugefügt werden, und nicht der Geschichtsverlauf selbst, der für seine eigenen Umdeutungen sorgt. Gleichwohl scheinen die Autoren sich durchaus vorstellen zu können, ihre zunächst nur auf die Beobachterperspektive der Geschichtswissenschaften bezogene Argumentation auch auf die Beobachtung aus der Teilnehmerperspektive anzuwenden, wenn sie schreiben, dass Geschichte sich als Resultat multipler Aktivitäten entfaltet, die durch multiple Pfade und auf multiplen Beobachtungsebenen operieren (71). Die Historie kann sich, so könnte man diese Aussage begreifen, nur im Modus der narrativen Selbstbeobachtung vollziehen.

Wenn man Geschichte als rekursiven Prozess der Selbstbeobachtung begreift, der nicht durch blinde „Kausalenergien" angetrieben wird, sondern durch kollektive Rezeption vergangener und kommunikative Antizipation zukünftiger Ereignisse „at multiple levels of observation" (71), dann hätte das weitreichende Konsequenzen. Dann könnte man auch aus der Perspektive einer temporalisierten narrativen Netzwerkanalyse fragen, ob nachträgliche Umdeutungen den zukünftigen Verlauf der Ereignisse „retro-kausal" beeinflussen können, indem sie neue Optionen eröffnen, die vorher so noch nicht gesehen werden konnten. Was dafür benötigt wird, sind kommunikative Prozeduren der Selbstbeobachtung, die „in process" sichtbar machen, wie die Geschichte sich selbst strukturiert, indem die beteiligten Akteure (und nicht nur die Historiker) den Geschichtsverlauf beobachten und daraus ihre „Schlüsse" ziehen. Diesbezüglich ist im Vorschlag der narrativen Netzwerkanalyse – bei wohlwollender Interpretation, versteht sich – bereits manches von dem angelegt, was zur Modellierung historischer Episoden aus prozessdynamischer Perspektive benötigt wird. Das gilt auch für das „casing", das man in den zu untersuchenden Ereignisstrom als operatives „self-casing" hinein projizieren könnte, und betrifft natürlich auch eine dynamisierte Löschfunktion („deletion"), die als Primärprozedur des Vergessens und Erinnerns in gegenwärtige Deutungskämpfe eingreift.

Die Diskussion der narrativen Netzwerkanalyse können wir wie folgt zusammenfassen:
- Quervernetzung unabhängiger Pfade. Die Stärke des Vorschlags liegt in der These, dass die historische Beweiskraft (Stabilität) eines Narrativs mit der Anzahl der unabhängigen Pfade und ihrer Quervernetzungen steigt, welche die Anfangs- mit den Endereignissen verbinden.
- Temporalität und Kausalität. Der Vorschlag verfügt entgegen dem ersten Anschein weder über klare prozess- und zeittheoretische Begriffe (Gleichzeitigkeit, Parallelität, Sequenzialität) noch über entsprechende Kausalan-

nahmen und scheint sie auch gar nicht zu brauchen, um die Stabilität von narrativen Binnenstrukturen zu überprüfen.
- Narrativität und „casing". Der Vorschlag liefert keine theoretisch begründeten Anhaltspunkte (Genre, Episodenbildung), um die Abgrenzung von Fallgeschichten und Ereignissen anzuleiten. Insofern ist „casing" ein anregendes, aber kunsthandwerklich beschränktes Verfahren.
- Fremd- oder Selbststrukturierung. Die narrative Netzwerkanalyse kennt keine rekursive Selbststrukturierung (Attribution, Vergessen, Schließung) von historischen Prozessen. Aber sie schlägt beobachterabhängige Prozeduren vor (casing = Attribution, deletion = Vergessen), die kommunikationssoziologisch anschlussfähig sind.

4. Sequenzanalyse und Temporalstrukturen

Die Sequenzanalyse hat ihre besondere Stärke dort, wo die historische Netzwerkanalyse ihre entscheidende Schwäche hat, nämlich in der Konstruktion der zeitlich-sinnhaften Abfolge von Ereignissen. Sie geht auf den Vorschlag zurück, die Sozialforschung von Kausal- auf Ereignisanalysen und von Ursachenforschung auf Typisierung umzustellen (Abbott 1992: „from causes to events"). Dazu benutzt sie ein als „optimal matching" bezeichnetes Programm (Abbott und Tsai 2000), das den genetischen Algorithmen der künstlichen Intelligenz ähnelt. „Optimal matching" macht es möglich, chronologische Ereignisketten so wie DNA-Sequenzen einem Ähnlichkeitsvergleich zu unterziehen, um typische Verlaufsmuster, vorzugsweise von Berufsbiographien, aufzudecken.[6] Die hier vorgestellte Studie befasst sich indessen nicht mit berufsbiographischen Verlaufsmustern, sondern mit „local lynching histories" (Stovel 2001).

Im Unterschied zu Berufsbiographien, die sich im Medium der Narrativität entfalten, folgen die als „local lynching histories" bezeichneten Zeitreihen allerdings keiner narrativen Erzählstruktur. Vielmehr handelt es sich um rein chronologische Lynchmordserien, die nach Kommunen bzw. Bezirken getrennt dargestellt werden. Diese Serien weisen keine episodische Ordnung auf. Sie haben weder Anfang noch Ende noch sonstige Eigenschaften wie Plot oder Spannungsbogen,

---

6 Daraus kann man mit Wu (2000) den Einwand konstruieren, dass das „optimal matching" (OM) „zwar für die DNS-Analyse taugen mag, nicht aber für die Analyse von Lebensverläufen. Einfügen, Löschen und Substitution beschrieben in der Molekularbiologie mehr oder weniger reale Prozesse (Mutationen), hätten aber in Lebensverläufen keine realen Entsprechungen. Darüber hinaus ignoriere OM die Zeit – das zentrale Konzept der Lebensverlaufanalyse -, weil ja DNS-Sequenzen keine zeitliche Ordnung haben." (Brüderl und Scherer 2004: 343)

die es rechtfertigen würden, von „coherent entities" (869) zu sprechen.[7] Wie die Abbildung 4 zeigt, verteilen sich die „local lynching histories" („members") von 395 Kommunen („counties") auf neun typische Sequenzmuster („blocks"), die als Zeitreihen aus 14 Perioden – nicht in „real time", sondern in „lynching time" – dargestellt werden. Die Ziffern geben die Anzahl der Lynchmordereignisse pro Periode an. Die zu Sequenzmustern geblockten lokalen Lynchmordserien verlaufen auf der Zeitachse von links nach rechts. Die senkrechte Achse repräsentiert die (nicht-kalendarische) Gleichzeitigkeit der Serien.

Aus der Sicht der an komplexen Vernetzungsdynamiken ausgerichteten Netzwerk- und Kommunikationsanalysen fällt zunächst auf, dass die Zeitreihen so präsentiert werden, als hätten sie nichts miteinander zu tun und würden zusammenhangslos und unvernetzt nebeneinander herlaufen. Tatsächlich ist jedoch davon auszugehen, dass die lokalen Ereignissequenzen durch zahllose Quervernetzungen und Austauschbeziehungen wie kommunizierende Röhren miteinander verbunden sind, zumal die betreffenden Kommunen teilweise unmittelbar benachbart sind. Denn anders als durch nachbarschaftliche Beeinflussung lässt sich der wichtigste Untersuchungsbefund, dass in Georgia ein die kommunalen Grenzen überschreitender translokaler Zusammenhang zwischen Kommunikationsmodus ("most carefully scripted lynchings") und Zeitstruktur ("most precise pulse patterns") nachweisbar ist (870), gar nicht erklären. Die Ausblendung von Quervernetzung ist methodisch darin begründet, dass die Sequenzanalyse ihre Untersuchungsgegenstände einem strikten Linearisierungsgebot unterwirft. Daher werden Fragen nach kommunikativer Quervernetzung (translokale Nachahmungstaten oder Lernprozesse) zwischen Nachbarbezirken auch dort ausgeblendet, wo sie sich unmittelbar aufdrängen. Indem sie die vernetzte Realität komplexer Temporalbeziehungen auf künstlich separierte, unilineare Zeitreihen reduziert, bleibt die Sequenzanalyse hinter dem umfassenden zeittheoretischen Anspruch zurück, mit dem Abbott in den 90er Jahren unter der programmatischen Devise „time matters" (Abbott 2001) angetreten war.[8]

---

7 Es ist ein ebenso gängiges wie unergiebiges Missverständnis der Sequenzanalyse, soziale Prozesse unterschiedslos als „narrativ" zu qualifizieren (vgl. z.B. Mützel 2007). Stattdessen kommt es darauf an, einen soziologischen Narrativitätsbegriff zu entwerfen, der an der Differenz historischer Repräsentationstechniken (Narrative, Chroniken und Annalen, vgl. White 1987) ansetzt und mit unterschiedlichen narrativen Qualitäten arbeitet.

8 "Events", so schreibt Abbott in "Time & Events", "are inherently complex" (Abbott 2001: 165) und „can come in a variety of temporal orderings – strict sequence, overlap, simultaneity." (Abbott 2001: 181, Time & Events 1990). „Optimal Matching" (OM) wird dieser Komplexität nicht gerecht. Sie ist auf "strict sequence" beschränkt und kann komplexere Phänomene wie "overlap" und „simultaneity" nicht verarbeiten. Insofern ist OM nicht gemacht "for dealing with multiple,

TABLE 3: Typical Sequences from Concor Partition of Distances: Local Lynching Histories with Decay

Block	Members	N of Typical Sequence	Description
1	67	0 0 0 0 0 0 1 0 0 0 0 0 0 0	Rare (middle)
2	58	0 1 0 0 0 0 0 0 0 0 0 0 0 0	Rare (early)
3	37	0 0 0 0 0 0 0 0 0 0 1 0 0 0	Rare (late)
4	36	0 0 0 0 0 0 0 0 0 0 0 0 1 0	Rare (late)
5	24	1 0 0 0 0 0 0 0 0 0 1 0 1 0	Short pulse
6	36	0 0 0 0 0 0 0 1 0 0 1 1 0 0	Burst with acceleration
7	43	0 0 0 2 0 2 0 2 0 0 1 0 1 0	Active and precise pulse
8	30	0 1 1 0 1 0 0 0 0 1 0 0 0 0	Burst with deceleration
9	64	0 0 0 0 0 0 0 0 0 0 0 0 0 0	Quiet

Katherine Stovel: Local Sequential Patters: The Structure of Lynching in the Deep South 1882-1930. In: Social Forces 79:3, March 2001. S. 863

Abbildung 4: Sequenzanalyse (Quelle: Stovel 2001: 863)

Auf den zweiten Blick zeigt sich aber, dass die sequenzielle Reduktion entscheidende Vorzüge mit sich bringt. Um zwischen typischen Sequenzmustern bzw. sequenziellen Temporalstrukturen unterscheiden zu können, liefert die Untersuchung interessante Bausteine für eine temporale Beschreibungssprache von Abläufen, die über die diesbezüglichen Überlegungen zum eingangs vorgestellten Modell der Kommunikationsanalyse hinaus gehen. Das gilt für Begriffe wie Ausbruch („burst"), Beschleunigung („acceleration"), Verlangsamung („deceleration") und Taktung („pulse"). Die heuristische Fruchtbarkeit dieser aus dem empirischen Material gewonnenen Kategorien erweist sich darin, dass bestimmte Temporalstrukturen mit bestimmten „narrativen" Stilelementen von Lynchmordepisoden korrelieren. Das zeigt sich insbesondere an der Temporalstruktur der getakteten Lynchmordserien, deren einzelne Lynchmorde in regelmäßig pulsierenden Abständen auftreten („precise and regular pulse"). Die Temporalstruktur der pulsierenden oder getakteten Lynchmordserien trägt eine unverwechselbare Handschrift: die ritualistische Verstümmelung der Mordopfer. Demgegenüber sind die anderen drei Sequenztypen bzw. Zeitstrukturen durch Lynchmorde ohne ritualistische Signifikanz gekennzeichnet (Brundage 1993). Dabei bleibt allerdings die

---

parallel tracks of sequence information ...; it must be reduced somehow to the unilinear structure expected by the OM algorithms." (Abbott und Tsai 2000: 9).

Frage offen, wie der statistische Zusammenhang zwischen temporalen Verlaufsmustern und ritualistischen Signifikanzmerkmalen erklärt werden kann. Die Autorin vermutet, dass beide Phänomene durch vielfältige soziale Mikroprozesse (868) generiert werden, die dem empirischen Zugriff und damit der Generalisierbarkeit ebenso wie der kausalen Nachweisbarkeit entzogen sind.

Ein weiterer Vorzug ist darin zu sehen, dass Stovel mit einer expliziten Gedächtnisfunktion arbeitet, die beides erklären soll: Erinnern und Vergessen von Ereignissen (Schmitt 2009). Diese als „decay function" bezeichnete Gedächtnisfunktion ähnelt der „aging function" des kommunikationssoziologischen Erklärungsmodells. Der „decay function" liegt die Annahme einer im Zeitverlauf tendenziell nachlassenden Wirksamkeit oder Ausstrahlungskraft vergangener Ereignisse zugrunde, die durch später eintretende gleichartige Ereignisse wieder aufgefrischt oder verstärkt werden kann. Aus kommunikationssoziologischer Perspektive könnte man sagen, dass eine lokale Lynchmordtradition durch einen zweiten Lynchmord begründet wird, der als „Rezipient" (als interpretierende Reaktion) eines vorausgehenden ersten Lynchmords auftritt. Strukturwert bekommt der erste Lynchmord erst dadurch, dass ihm dieser gewissermaßen vom zweiten Lynchmord bescheinigt wird. Dass eine Sinnzuschreibung, auch wenn sie sich in wenigen herausragenden Ereignissen konzentriert, ohne die Mitwirkung (und fortlaufende Abstraktion!) von unübersichtlich vielen mikrosozialen Vermittlungsschritten nicht möglich ist, soll damit nicht bestritten werden.[9] Auch Stovel sieht das so ähnlich, wenn sie G.H. Mead die Ehre erweist und notiert, dass ein Mord erst dadurch zum Lynchmord wird, „that actors and observers interpreted it as a lynching" (844). Doch das ist eher eine der Reminiszenz als der Einsicht geschuldete Notiz und bleibt für die Konstruktion der makrosozialen „decay function" theoretisch wie empirisch folgenlos.

---

9   Wenn Reichweite und Durchschlagskraft der Kommunikation durch Realabstraktion und Eliminierung von unzähligen mikrokommunikativen Vermittlungen und Konzentration des Prozesses auf wenige symbolkräftige Mitteilungszeichen gesteigert werden können, dann wäre zu überlegen, wie die in der Kommunikationssoziologie gewohnheitsmäßig auf Personen und Handlungen begrenzte Attribution von Kommunikation auch auf nicht personifizierbare Meinungen und Themen, Deutungsmuster und Diskurse, Teilöffentlichkeiten oder Institutionen erweitert werden könnte. Anregungen finden sich bei Luhmann: „Die Reduktion (von Kommunikation, thm) auf Handlung hat sich zwar evolutionär derart bewährt und durchgesetzt, dass selbst die Soziologie sie zumeist unreflektiert mitvollzieht und soziale Systeme schlicht als Handlungssysteme auffasst. Das wird mit der im Text präsentierten Theorie zugleich verständlich gemacht – und als kontingent behandelt. Man könnte sich vor allem historische Forschungen denken, die unvoreingenommen genug die Frage prüfen, ob und wieweit frühere Kulturen überhaupt in so entschiedener Weise nach einem Handlungsmodell gelebt haben." (Luhmann 1984: 233)

Die „decay function" der Sequenzanalyse verfügt im Unterschied zur „aging function" der Kommunikationsanalyse über keine operative Rezeptionsprozedur zur rekursiven Auffrischung der gegenwärtigen Relevanz vergangener Ereignisse. Sie begnügt sich stattdessen mit einer makrosozialen Platzhaltervariable („a proxy for the social trace of lynching", 866), mit deren Hilfe berechnet wird, wie die Entstehung neuer Ereignisse von der Restenergie vergangener Ereignisse profitieren kann. Damit verpackt die Sequenzanalyse das Problem der gedächtnisvermittelten Überbrückung der zeitlichen Abstände zwischen den Lynchmordereignissen in die „black box" eines statistischen Zusammenhangs. Hier wäre es durchaus sinnvoll, die sequenzanalytischen Restriktionen zu lockern und die ausgeklammerte Quervernetzung lokaler Kommunikationsprozesse wieder einzubeziehen. Denn damit könnte man zu zeigen versuchen, wie lokale Diskurse, statt an den sequenzanalytisch postulierten Grenzen der Counties halt zu machen, durch Rezeption „nebenläufiger" Narrative aus den Nachbarbezirken eine translokale Lynchmordtradition mit Leben füllen. Wenn man grenzüberschreitende Quervernetzung in Betracht zieht, dürfte sich das durch methodische Isolierung der Lokalgeschichten künstlich verschärfte Vergessensproblem der Sequenzanalyse auch dadurch entschärfen lassen, dass man es in translokaler Erweiterung der Beobachtungsperspektive mit einer höheren Ereignis- und Anschlussdichte zu tun hätte. Sofern es die Datenlage erlaubte, könnte man überdies fragen, wie lokal generierte Narrative als kleine Erzählform ebenso zur Aufrechterhaltung rassistischer Diskursstrukturen beitragen wie die große Erzählform der explodierenden Gewaltkommunikation. Doch das sind narratologische Fragen, die den methodologischen Rahmen der Sequenzanalyse überschreiten.

Zusammenfassend lässt sich zum Verfahren der Sequenzanalyse folgendes sagen:
- Strukturbildung durch Wiederholung. Die Sequenzanalyse hat ihre Stärke darin, dass sie ähnlich wie die Kommunikationsanalyse mit einem temporalen Strukturbegriff der Wiederholung von Ereignissequenzen arbeitet, um stabile Muster zu identifizieren.
- Quervernetzung und Verzweigung. Sie hat ihre Schwäche darin, dass sie im Unterschied zu den Verfahren der Kommunikations- und Netzwerkanalyse über keinen Begriff der Quervernetzung verfügt und komplexe Ereignisströme auf unilineare Ereignisketten reduziert.
- Generalisierung statt Anschlussanalyse. Anders als die Kommunikationsanalyse hat sie keine operativen Mittel, um Strukturbildung durch mikrosoziale Anschlüsse zu modellieren. Sie begnügt sich stattdessen mit der Beschreibung makrosozialer Temporalstrukturen.

- Zeitbegriffe. Ähnlich wie die Kommunikationsanalyse verwendet sie eine Zerfallsfunktion, um das Verschwinden von Ereignissen darzustellen. Dabei arbeitet sie mit zeittheoretischen Begriffen (Tempo, Taktung), die in unserem Vorschlag noch nicht berücksichtigt sind.
- Narrativität. Das Narrativitätskonzept der Sequenzanalyse hat keine analytische Trennschärfe, weil es alle sozialen Prozesse einschließt, in denen ein Ereignis ans nächste anschließt, ohne die Differenz zwischen narrativen und nicht-narrativen Episoden zu markieren.

5. Ereignisstrukturanalyse als Kausalitätstest

Während Lynchmorde aus Stovels Perspektive nichts anderes sind als abstrakte Zeitpunkte auf einer Zeitreihe, macht sich Griffin an die Detailanalyse eines einzelnen Lynchmordnarrativs. In seinem Beitrag wendet er sich ähnlich wie Bearman et al. gegen die in der Geschichtsschreibung üblichen narrativen Erklärungen, die dazu tendieren, alle Ereignisse einer bestimmten historischen Episode einem vorab bekannten Endergebnis finalistisch unterzuordnen und chronologische Reihenfolgen als ursächliche Verkettungen[10] zu missdeuten. Anstatt auf die narrative Nachvollziehbarkeit einer Geschichtsschreibung zu vertrauen, die nicht selten der Suggestivität ihrer eigenen Stories erliegt, empfiehlt er der historischen Soziologie einen methodisch kontrollierten Kausalitätstest: die „event-structure analysis" (Heise 1989). Es handelt sich um ein Verfahren, das systematisch zu überprüfen erlaubt, ob die chronologischen Anschlüsse in einer als „event" bezeichneten und aus vielen „occurrences" bestehenden narrativen Episode als kausale Verbindungen gelten können (Griffin 1993: 1105). Den methodologischen Stellenwert des Verfahrens demonstriert Griffin am Beispiel einer singulären Lynchmordepisode (Raper 1933: 94ff). Die Lynchmordepisode beginnt mit einem tödlichen Streit, in welchem ein Weißer von einem Schwarzen (in Notwehr?) erschossen wird, und sie endet damit, dass der Schwarze von einem weißen Suchtrupp aufgespürt und ritualistisch ermordet wird. Was hier in Frage steht, ist zweierlei: Wie geht die ereignisbasierte Kausalanalyse im Unterschied zur kommunikationssoziologischen Modellierung vor und was kann sie zur Erklärung des sozialhistorischen Einzelfalls beitragen? Wie konzipiert die Kausalanalyse den Zusammenhang zwischen narrativer Fallgeschichte und sozialer Strukturbildung?

---

10 „By permitting temporal flow and sequence to carry the explanatory burden, narrative implicitly portrays all actions occurring before time t as direct or indirect causal antecedents of an action at time t. But, as has often been noted, chronological order does not necessarily suggest historical or causal significance. ... Simply put, the distinction between a temporal antecedent and a causal one is too often obscured in narrative." (Griffin 1993, 1100)

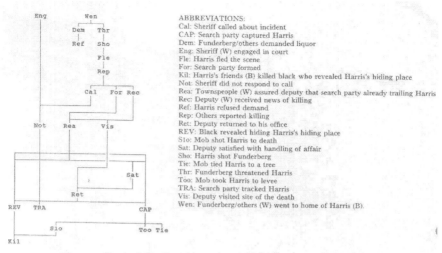

Abbildung 5: Ereignisstrukturanalyse (Quelle: Griffin 1993: 1110)

Um zu überprüfen, ob die Temporalanschlüsse einer sich über nebenläufige Erzählstränge mit je eigenen „heterogenous time paths" (1099) entfaltenden narrativen Episode durch diachrone Kausalanschlüsse ersetzt werden können, wird mit hypothetischen „what-if questions" gearbeitet. Ausgehend vom Ende der Episode arbeitet sich die sozialwissenschaftliche Fallanalyse mit Hilfe eines Konsistenzprüfungsprogramms rückwärts und gegen den Zeitverlauf bis zum Episodenanfang vor, indem jeder einzelne Temporalanschluss kontrafaktisch daraufhin befragt wird, ob eine bestimmte Anschlussaktion (oder Unterlassung) auch ohne eine bestimmte Vorläuferaktion hätte eintreten können. Das wird so lange wiederholt, bis alle narrativ-chronologischen Anschlüsse kausal überprüft worden sind, um danach zu entscheiden, ob die Story im Ganzen als kausal schlüssig begründet und insofern als historisch verifiziert gelten kann. Die Ereignisstrukturanalyse kann also helfen, historiographische Fehlschlüsse zu erkennen und Inkonsistenzen auszubügeln. Allerdings kann sie nicht erklären, wie aus einem Anfangsereignis eine Kaskade vorwärtskausaler Handlungseffekte generiert wird. Griffins Kausalitätstest sagt lediglich, dass ein Ereignis B nicht eintreten kann, ohne dass zuvor A eingetreten ist. Damit ist lediglich die Bedingung einer Möglichkeit angezeigt, aber weder gesagt noch bewiesen, dass B nach A eintreten muss, noch dass nicht B, sondern stattdessen andere Ereignisse C, D, E usw. hätten eintreten können. Das verweist auf die Kontingenz eines sozialhistorischen Geschehens, das sich, auch wenn die Graphik eine logistische Ablauflogik suggeriert, keiner kausal determinierten „logic of action" (1116) folgt und dementsprechend auch keine Kettenreaktion auslöst. Damit sich eine „logic of action" entfalten kann, bedarf es vielmehr einer konditionierenden Struktur, die vom Narrativitätskonzept bereit gestellt wird. Griffin zufolge liefern Narrative als kohärente Entitäten erst die strukturellen Voraussetzungen dafür, dass die Handlungselemente, aus denen sie sich bilden, ihre Bedeutung erhalten (1097). Aus kommunikationssoziologischer Sicht würde man von einem Zirkel sprechen, wonach sich episodische Situationsdeutungen, die von Kommunikationsereignis zu Kommunikationsereignis produziert werden, erst im Rahmen einer episodischen Erwartungsstruktur herausbilden.

Die Frage ist allerdings, ob es zulässig ist, Griffins handlungstheoretisch grundierte „occurrences" als Kommunikationsereignisse zu interpretieren? Dafür gibt es gute Gründe. Wie die Abbildung zeigt, sind 10 der 23 „occurrences" einfache verbale Kommunikationsbeiträge (*Cal*, *Dem*, *Not*, *Rea*, *Rec*, *Ref*, *Rep*, *REV*, *Sat*, *Thr*), während es sich bei 13 „occurrences" um individuelle oder kollektive Aktionen handelt. Die genauere Spezifikation der 13 Aktionen zeigt indessen, dass diese bis auf drei nonverbale Handlungen (*Sho, Fle, Ret*) ebenfalls auf sprachlich vermittelter Interaktion beruhen. Was darüber hinaus aber auch die drei nonverbalen Aktionen zu Kommunikationsereignissen macht, ist der Umstand, dass sie als Mitteilungszeichen ebenso wie die sprachlich vermittelten Ereignisse erst qua Rezeption und fortfolgender Anschlusskommunikation rekursiv mit sozialer Bedeutung aufgeladen werden. Was als Mitteilungszeichen kommunikativ prozessiert wird, hängt ja nicht davon ab, ob *Sho* ("Harris shot Funderberg"), *Fle* („Harris fled from scene") oder *Ret* („Deputy returned to his office") primär körperliche oder sprachliche Ereignisse sind. Auch ein Toter oder ein Tatort sind als empirische Mitteilungszeichen rezipierbar und analysierbar, wenn man sich aus kommunikationstheoretischer Sicht für die Frage interessiert, wie deren soziale Bedeutung festgelegt wird. Anders gesagt: Die Differenz von Kommunikation und Handlung ist nicht die von symbolischer Deutung und materiellem Effekt. Die Differenz liegt vielmehr darin, dass es aus handlungstheoretischer Sicht die individuelle Intention ist, welche das Geschehen vorantreibt, während es aus kommunikationstheoretischer Sicht die Rezeption ist, die ein Mitteilungszeichen, welcher materiellen Art und welcher Komplexität auch immer, als Kommunikationsereignis bestimmt und damit seinen Anschlusswert festlegt.

Wenn wir Griffins „vorwärtskausale" Analyse kommunikationssoziologisch gegen den Strich bürsten, kommt eine „rückwärtskausale" Vernetzung sukzessiver Situationsdeutungen heraus. Diese Situationsdeutungen beginnen damit, dass der Anfang der Episode als Fall für die Lynchjustiz (und nicht als Fall für die offiziellen Gerichte!) markiert wird und sie stabilisieren sich erst im weiteren Verlauf als kollektive Erwartungen, die das mörderische Ende der Episode schrittweise immer wahrscheinlicher machen. Der Autor spricht diesen Punkt ausdrücklich an, indem er den Dreh- und Angelpunkt der Geschichte nicht an der Verbreitung der Nachricht vom tödlichen Streit (*Rep*) als solchem, sondern an ihrer rassistischen Rezeption fest macht. So gesehen ist es nicht der Tathergang selbst, sondern erst seine gegen alternative Lesarten sich durchsetzende rassistische Rezeption, welche das Ende der Geschichte, nämlich den finalen Lynchmord, antizipierbar macht. Erst dadurch wird der anfangs noch deutungsoffene Tathergang (Notwehr oder Vorsatz?) nachträglich formatiert als „white construction of racial conflict" (1119). Doch das bleibt im vorliegenden Beitrag eine – kausalanalytisch ohnehin nicht einholbare – bloße Randnotiz, die an G.H. Mead erinnert, ohne die temporale Pointe des interaktiven Aufbaus sozialer Bedeutungen einzuholen. Diese besteht darin, dass die kommunikative Umdeutung des tödlichen Streits kein zeitentbunden andauernder „Handlungseffekt" ist, welcher, nachdem er sich einmal ereignet hat, als unverändertes Faktum unverändert wirksam bleibt. Vielmehr bedarf die rassistische Rezeption, um Erwartungsdruck aufzubauen und zum kollektiven Tatvorsatz zu verdichten, der permanenten Bestätigung und finalistischen Nachjustierung durch weitere Kommunikationsbeiträge.

Aus kommunikationssoziologischer Sicht lässt sich zeigen, wie die rassistische Signifikanz des tödlichen Ausgangsstreits (*Rep*) erst dadurch an Relevanz gewinnt, dass sie im laufenden Geschehen immer wieder durch neue kommunikative Sinnzuschreibungen bestätigt und aktualisiert wird: (1) Die Bildung des Suchtrupps (*For*) bestätigt nachträglich die rassistische Version des Tathergangs; (2) das Schweigen des Sheriffs (*Not*) und die Untätigkeit des Deputy (*Vis, Sat, Ret*) legitimieren nachträglich die Bildung des Suchtrupps; (3) der Suchtrupp wiederum interpretiert die Unterlassungen von Sheriff und Deputy nachträglich als Zustimmung zur rassistischen Rezeption des Ausgangsereignisses; (4) und auch die ritualistische Inszenierung des Lynchmords selbst bekräftigt abschließend noch einmal den dominanten rassistischen Diskurs und seine partikularistischen Normen. Dies hier herauszustellen ist deshalb so wichtig, weil die rassistische Version vom Tathergang gegen ihren von Augenblick zu Augenblick fortschreitenden Zerfall durch beständige kommunikative Wiederholung im Modus der Nachträglichkeit reproduziert werden muss, um „kausal" wirksam zu werden, d.h. um Kontingenz absorbieren zu können. Was wir hier beobachten können, ist ein prozessierendes Kommunikationsnetzwerk, das soziale Erwartungen durch ständige Wiederholung, rekursive Musterbildung und episodische Schließung im

Zeitablauf reproduziert. Es geht, mit anderen Worten, um den kommunikativen Aufbau von Erwartungsstrukturen, die in die Finalisierung der Fallgeschichte und ihren Erklärungszusammenhang eingewoben sind.

Dabei muss auch die kommunikationssoziologische Rekonstruktion fallspezifischer Erwartungsstrukturen in Rechnung stellen, dass im Hintergrund der Geschichte stets noch weitere Strukturbegriffe mitlaufen: generelle Normen und Werte, die immer schon da sind, bevor die Geschichte losgeht,[11] und spezifische Erzählperspektiven (Genres), die im Medium der Narrativität darüber entscheiden, was erzählenswert ist und was nicht. Im Raper-Griffin Narrativ ist dies die Erzählperspektive einer universalistisch grundierten, gleichwohl weißen Rassismuskritik. Diese lässt sich schon an der quantitativen Gewichtung der Storyelemente ablesen: die Hauptfiguren sind weiß (13 Aktionen) und die Nebenfiguren sind schwarz (2 Aktionen). Als Leser werden wir eingeladen, den weißen Figuren zu folgen und nicht den schwarzen. Die zentrale Figur ist der weiße Deputy Sheriff (5 Aktionen). Ihn dürfen wir auf seinem Weg vom Büro zum Tatort begleiten; ihm können wir zusehen, wie er sich die rassistisch eingefärbten Berichte der „towns people" vom Tathergang anhört; ihm können wir zuhören, wie er sich zustimmend über die Suchaktion äußert, während sozusagen im Gegenschnitt der Lynchmord seinen parallelen Lauf nimmt. Es ist die Figur des Deputy, die uns, ein weißes gebildetes Publikum, zur Identifikation einlädt und zur Stellungnahme auffordert, indem er als diejenige Instanz vorgestellt wird, die als einzige in der Lage gewesen wäre, erfolgreich zu intervenieren. Dabei wäre es aus temporaltheoretischer Perspektive interessant zu erfahren, ob sich ein „point of no return" identifizieren lässt, nach dessen Überschreitung selbst der Deputy der Eigendynamik des Geschehens nur noch machtlos hätte zuschauen können.

So gelesen präsentiert sich das Griffin-Raper Narrativ als eine dramatische Inszenierung, die den Anforderungen an „followability" (Gallie 1964), d.h. an historische Plausibilität und narrative Nachvollziehbarkeit des Geschehens genügt, allerdings unter hochselektiven Voraussetzungen: Würde man dasselbe Geschehen aus der Teilnehmerperspektive der schwarzen Bevölkerung oder des weißen Suchtrupps erzählen, bekäme man es mit grundlegend anderen Kohärenzanforderungen und anderen Selektionsentscheidungen zu tun. Das macht es problematisch, mit Bearman et al. an einer aus multiplen Erzählperspektiven generierten

---

11 Unter der Annahme, dass das Kontextproblem zwar nicht grundsätzlich gelöst, aber forschungspragmatisch verschoben und kleingearbeitet werden kann, könnte man fallübergreifende gesellschaftliche Strukturen (Nor-men, Werte, Deutungsmuster, Konflikt- und Machtbeziehungen) in eine Vielzahl komplex vernetzter Kommuni-kationsepisoden auflösen und schrittweise zu modellieren versuchen, wie diese sich als relationale Infrastruktu-ren wechselseitig mit Sinn versorgen und sich abstützen (Malsch 2005: 240f).

„wahren" Version der Geschichte arbeiten zu wollen. In jedem Fall wird man von der Binnenperspektive des Kommunikationsprozesses ausgehen und an der Schaltstelle ansetzen müssen, wo die weiße rassistische Version des tödlichen Streits in Umlauf gebracht wird. Dies ist der Augenblick, in welchem ein Narrativ im Narrativ generiert wird, das anschließend in vielfacher Variation immer wieder nacherzählt wird und sich sukzessive mit den Werten und Hintergrundannahmen des allgemeinen rassistischen Diskurses auflädt, egal wie viele Alternativversionen sonst noch zirkulieren. Und so übersetzt sich „Nachvollziehbarkeit" im Medium der Narrativität in zugleich strukturierte und kontingenzoffene „Anschlussfähigkeit".

Die wichtigsten Ergebnisse, die wir aus der Diskussion mitnehmen, sind folgende:

- Kausalität. Die Idee der Ereignisstrukturanalyse, sequenzielle Anschlüsse in kausale Wirkungszusammenhänge zu übersetzen, ist nicht stark genug, um weiterführende Einsichten zu vermitteln. Sie kann lediglich dazu beitragen, offenkundige Fehlschlüsse zu vermeiden.
- Kommunikation. Gegen den Strich gelesen zeigt sich, dass die prozessuale Strukturierung von Fallgeschichten („events") gewinnbringend als kommunikative Einschränkung von Kontingenzen und sukzessive Verdichtung von Erwartungen erklärt werden kann.
- Parallelläufigkeit. Die Ereignisstrukturanalyse verwendet eine parallelitätstaugliche Darstellungstechnik, die komplexe Verzweigungs- und Vernetzungsphänomene analysieren kann. Aber sie macht keinen Gebrauch davon, weil sie auf Kausalanschlüsse fixiert ist.
- Narrativität. Das Raper-Griffin Narrativ offenbart mehr über die narrative Strukturierung sozialhistorischer Prozesse als die Ereignisstrukturanalyse wahrhaben will. Das betrifft vor allem die Signifikanz von Schlüsselereignissen, die als Narrative im Narrativ zirkulieren und dadurch zur antizipativen Schließung von Episoden beitragen.

6. Kommunikationsanalyse und narrative Selbstbeobachtung

Vor dem Hintergrund der vergleichenden Diskussion narrativer Methoden können wir Narrative als spezifische Kommunikationsepisoden definieren, die sich im Medium der Narrativität selbst interpunktieren, indem sie Anfang und Ende sowie Signifikanz- und Relevanzwerte festlegen. Es handelt sich um eine emergente Selbstkonfigurierung (analog zu Bearman et al. könnte man hier von „self casing" sprechen), die damit beginnt, dass eine erwartbare Fortsetzung in Gang kommt, sobald ein zeitlich früheres Ereignis durch ein späteres Ereignis ex post als Episodenbeginn bezeichnet wird und kommunikative Resonanz auslöst. Das die kommunikationssoziologische Modellierung kennzeichnende Prinzip, wonach sich Kommunikationsprozesse selbst organisieren, gilt auch für die Strukturierung narrativer Episoden. Dabei kommt es darauf an zweierlei zu begreifen: Wie die Kommunikation das narrative Geschehen in Phasen oder Abschnitte unterteilt, indem sie Höhe- und Wendepunkte aus sich selbst heraus generiert; und wie das narrative Geschehen seine eigenen reflexiven Binnennarrative erzeugt, um sich selbst „in process" zu beobachten. Umstellung von Fremd- auf Selbstbeobachtung markiert die vielleicht wichtigste Differenz zu den formalen narrativen Verfahren.

Wie eine durch narrative Methoden belehrte, aber auf Prinzipien der Emergenz und Selbstorganisation gegründete Kommunikationsanalyse vorgehen kann, das soll zum Schluss anhand einer Fallgeschichte zur Verletzung und Wiederherstellung von Familienehre illustriert werden. Es geht um die Geschichte eines Bagatellunfalls, der sich zu einem Konflikt um die Ehre zweier levantinischer Familienclans ausweitet. Die Geschichte beginnt damit, dass einem jungen Mann aus angesehener städtischer Familie eine ältere Frau in bäuerlicher Kleidung vor das Auto läuft (Nusseibeh 2008: 159f).[12] Da sie unverletzt geblieben ist und in Eile weiter läuft ohne seine Hilfe anzunehmen, gibt er ihr für alle Fälle wenigstens seine Visitenkarte mit auf den Weg. Wochen später, nachdem er den Vorfall längst vergessen hat, wird er von seinem Vater zur Rede gestellt. Hätte er sich bei der angefahrenen Frau gebührend entschuldigt, so wäre die Angelegenheit vielleicht schon am Unfallort erledigt gewesen. Nun aber ist die betroffene Familie vorstellig geworden und verlangt Genugtuung. Genugtuung wofür? fragt der Sohn, der mit den traditionellen Geltungsansprüchen seiner levantinischen Heimat offenbar nicht genügend vertraut ist. Oder zeigt sein Verhalten an, dass die Tradition unter jüngeren Leuten bereits an Geltungskraft eingebüßt hat? Oder zeigt sich hier eine Stadt-Land-Differenz, wonach im urbanen Milieu andere Geltungsansprüche herrschen als auf dem Land? Hier geht es offenbar um einen Grenzfall, in welchem eine stammesrechtliche Tradition bei minimalem Anlass und in mehrdeutiger Ausgangslage auf ihre Stabilität getestet wird.

Die kommunikationssoziologische Rekonstruktion des Vorfalls ergibt folgende Konstellation: Indem die Visitenkarte ohne ausdrückliche Bitte um Verzeihung überreicht wird, wird der Unfall, zumal weder Sach- noch Personenschaden

---

12 Die folgende Analyse deckt sich in groben Zügen mit Nusseibehs Bericht, aber sie will und kann keine fakten-treue Wiedergabe der Ereignisse bieten. Das gilt insbesondere für die Kommunikation im Familienkreis der betroffenen Frau, über die keinerlei Angaben vorliegen. Der hier dargestellte familieninterne Kommunikationsablauf ist eine nicht unplausible, aber erfundene Rekonstruktion, die gewissermaßen mit „proxy data" arbeitet.

eingetreten ist, nachträglich als harmlose Bagatelle markiert. Abstrakter gesagt: Dem Ausgangsereignis wird im nächsten Rezeptionsschritt eine Signifikanz zugewiesen, die keine weiteren Erwartungen begründet. Wir wollen ferner annehmen, dass die betroffene Frau das Geschehen genauso erlebt hat und später im Familienkreis erzählt, der junge Mann habe ihr sogar angeboten, sie ins Krankenhaus zu fahren (zweite Rezeption). Außerdem wollen wir annehmen, dass die Erzählung der Frau von ihren Familienangehörigen zustimmend kommentiert und akzeptiert wird (dritte Rezeption). Damit hätte die Episode ohne weiteres beendet werden können (Abbildung 6a).

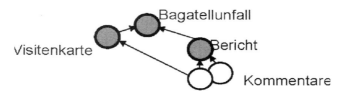

Abbildung 6a: Bagatelle oder Ehrverletzung?

Aber es kommt anders. Nachdem die Geschichte im Dorf die Runde gemacht und zu spöttischen Kommentaren geführt hat, erhebt sich im erweiterten Familienkreis (hamula) eine einflussreiche Stimme (vierte Rezeption), die sich mit der Bagatellversion des Vorfalls nicht zufrieden gibt. Diese Stimme qualifiziert die unterlassene Entschuldigung als ehrverletzende Respektlosigkeit (Abbildung 6b). Damit wird der Vorfall radikal umgedeutet und die zunächst akzeptierte bagatellisierende Signifikanz (dritte Rezeption) als schamlose Verharmlosung diskreditiert. Am Ausgangsgeschehen ändert das freilich gar nichts. Es gibt keine Rückwärtskausalität. Die Vergangenheit lässt sich nicht ungeschehen machen. Dennoch markiert erst die vierte Rezeption den nachträglich konstituierten Anfang einer narrativen Episode, die von nun an ihre Eigendynamik als Narrativ einer Ehrverletzung entfaltet. Das hat gravierende Implikationen. Denn nun geht es nicht mehr um die betroffene Person, die glücklicherweise mit dem Schrecken davon gekommen ist, sondern es geht primär um die verletzte Ehre des Familienclans. Wie sich am Fortgang der Ereignisse ablesen lässt, wird die nachträglich attribuierte Signifikanz der Ehrverletzung (Signifikanz dargestellt durch unterschiedlich schattierte Mitteilungszeichen, Abbildung 6b) nunmehr durch breite positive Resonanz im erweiterten Familienkreis sowie in der Dorfgemeinschaft bestätigt (fünfte Rezeption). Dadurch kommt es zu einer schlagartigen Steigerung der sozialen Relevanz (dargestellt durch Randstärke der Mitteilungszeichen) der Ausgangsereignisse. Zugleich gewinnt jene einflussreiche Stimme, welche die Umorientierung veranlasst hat, an Reflexionswert. Dagegen verlieren die bagatellisierenden Kommentare ihre Referenz- und Anschlussfähigkeit und werden im weiteren Prozessverlauf nicht weiter beachtet (Relevanzverlust dargestellt durch die hellgraue Färbung).

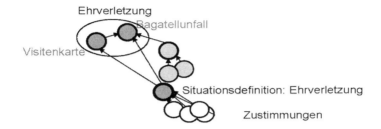

Abbildung 6b: Bagatelle oder Ehrverletzung?

Was die Gründe der kommunikativen Umdeutung betrifft, so wird man im Kontext einer levantinischen Ökonomie der Ehre vermuten dürfen, dass der ehrenvolle Familienname auf der Visitenkarte, die der junge Mann überreicht hat, auch der betroffenen Familie zur Ehre gereichen wird, wenn Beschwerde eingelegt und Genugtuung verlangt wird: eine Gelegenheit, um das eigene soziale Ansehen in der Dorfgemeinschaft zu vermehren. Was die Zeitspanne betrifft, so vergehen zwischen Unfall und öffentlicher Beschwerde einige Wochen, über die wir mangels empirischer Daten nur spekulieren können: Hat der familieninterne Diskussionsprozess deshalb so lange gedauert, weil es zu Meinungsverschiedenheiten kam? Wurde die Angelegenheit wegen geringer Dringlichkeit verschleppt? Was passierte in der Zeitspanne, in der scheinbar nichts passierte? Das sind Fragen, die ohne zeittheoretisches Vokabular (Tempo, Beschleunigung, Synchronisierung etc.) nicht erfolgreich traktiert werden können.

Der praktische Sinn des familieninternen Kommunikationsprozesses erschließt sich in dem Moment, in welchem der betroffene Familienclan sich öffentlich beschwert und vom anderen Clan Genugtuung verlangt (Abbildung 6c). Auch hier zeigt sich wieder, dass Ehre keine persönliche Angelegenheit ist. Ehrverletzung wird kollektiv und nicht individuell zugerechnet. Die Beschwerde richtet sich also nicht an die Person des „Täters", sondern an seine Familie. An diesem Punkt des narrativen Verlaufs stellt sich längst nicht mehr die Frage, wie sich der „Tathergang" im Einzelnen zugetragen hat. Vielmehr geht es um die öffentliche Präsentation einer kompakten Bewertung, in welcher das Unfallereignis im engeren Sinne und die anschließende Respektlosigkeit zur Einheit verschmolzen sind. In der die Familiengrenzen überschreitenden öffentlichen Präsentation werden somit zwei weitere strukturelle Merkmale des narrativen Kommunikationsprozesses sichtbar, die zur temporalen und semantischen Komprimierung des Geschehens beitragen: Sinngehalte und Zeitspannen werden drastisch verkürzt, indem distinkte Ereignisketten (hier: Unfallhergang, Überreichen der Visitenkarte) durch Rezeption zu einem einzigen Kompaktereignis der Ehrverletzung zusammengezogen werden (in Abbildung 6c bis 6e durch ovale Einkreisung von „Unfall" und „Visitenkarte" dargestellt). Das Kompaktereignis beginnt, ähnlich wie bei Griffin gezeigt, als Narrativ im laufenden Narrativ zu zirkulieren und finalisiert den Erwartungsdruck. An Tempo gewinnt die Episode dadurch, dass sie das im Narrativ zirkulierende Narrativ der Ehrverletzung nun nicht mehr bei jedem weiteren Anlass in epischer Breite nacherzählen muss, sondern sich mit kompakter Symbolik begnügen kann. Die Kommunikation kann nunmehr zwischen weitschweifiger Narration und komprimierter Symbolik hin und her schalten und Freiheitsgrade gewinnen.[13]

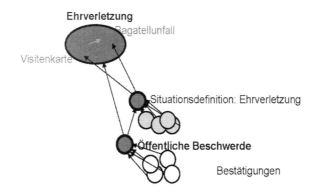

Abbildung 6c: Bagatelle oder Ehrverletzung?

Mit der öffentlichen Beschwerde teilt sich die Kommunikationsepisode in zwei nebenläufige Erzähl- und Kommunikationsstränge, die vorerst durch Familiengrenzen separiert und neutralisiert sind, aber für alle Beteiligten erwartbar auf einen Kollisionspunkt zusteuern, in welchem die separierten Parallelprozesse synchronisiert werden müssen, sobald die Reaktion der beklagten Familie erfolgt. Im

---

13 Analogie und Differenz zum Verhältnis von „erzählter Zeit" (Dauer der realen Geschichte) und „Erzählzeit" (Dauer des Erzählens der realen Geschichte) sind hier offensichtlich (Genette 1994: „histoire" und „discours").

Kreis der Familie des jungen Mannes wird nun intern beraten, wie auf die Vorhaltungen zu antworten ist. Wie wird die beklagte Familie mit einem Konflikt umgehen, in dem es um die Verletzung und Wiederherstellung von Familienehre geht?

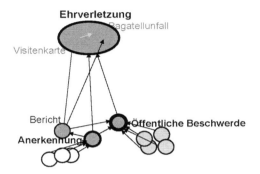

Abbildung 6d: Bagatelle oder Ehrverletzung?

Damit treibt die Geschichte ihrem dramatischen Wendepunkt entgegen, in welchem die Weichen entweder auf Eskalation oder Versöhnung gestellt werden. In dieser wechselseitigen Ungewissheit wird die Spannung zusätzlich noch dadurch gesteigert, dass Nebenläufigkeiten ins Spiel kommen, die sich der wechselseitigen kommunikativen Beobachtung entziehen: Werden Vermittler eingeschaltet? Werden Bündnispartner und Klientelbeziehungen hinter dem Rücken der gegnerischen Partei mobilisiert? Werden weitere Konfliktzonen (Landbesitzkonflikte, politische Rivalitäten) zwischen den Clans aktiviert? Werden konträre Erzählperspektiven in Umlauf gesetzt? An dieser Stelle antwortet die Familie des jungen Mannes – wiederum erwartbar, aber keineswegs vorhersehbar – mit prompter Schuldanerkenntnis und der Bitte um Verzeihung (Abbildung 6e). Damit wird das Eskalationsrisiko vorerst entschärft (Signifikanzverschiebung dargestellt als abgeschwächte Grauschattierung) und auf beiden Seiten wächst die Hoffnung auf friedliche Konfliktbeilegung, während gleichzeitig der Zeit- und Mobilisierungsdruck aus dem Kommunikationsverlauf heraus genommen wird.

Mit dem Schuldbekenntnis ist der Konflikt um die Ehrverletzung aber noch nicht endgültig bereinigt. Dies geschieht erst im Laufe von informellen Verhandlungen, die gegebenenfalls durch einflussreiche Dritte vermittelt werden und ein weiteres Narrativ im Narrativ in Umlauf setzen: die Geschichte der prompten Schuldanerkenntnis (ovale Umkreisung). Durch deren öffentliche Verbreitung ist die zugefügte Beleidigung der Familienehre schon fast getilgt. Erst wenn dies geschehen ist, wird es der beleidigten Familie ohne Gesichtsverlust möglich, eine Öffnung der bis dahin in eine „black box" verpackten Ausgangsereignisse zuzulassen, um den Unfallhergang einschließlich der Mitschuld des Unfallopfers nicht-öffentlich zu erörtern und abzuwägen. Dabei werden gegebenenfalls Präzedenzfälle aufgerufen (ovale Umkreisung in Abbildung 6e oben links), die als vergangenes Geschehen im aktuellen Geschehen erinnert und damit quasi auf Tuchfühlung heran gezoomt werden, während der aktuelle Konfliktfall zugleich auf Distanz gebracht wird und „rationalisiert" werden kann.

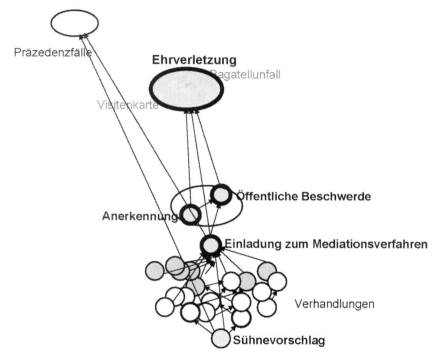

Abbildung 6e: Bagatelle oder Ehrverletzung?

Sobald sich die beiden Familienclans geeinigt haben, bestätigen sie ihre friedlichen Absichten mit der öffentlichen Einladung zu einer Versöhnungsfeier. Die moralische Rechnung der verletzten Familienehre wird nunmehr unter vollzähliger Beteiligung der männlichen Familienangehörigen beider Clans und im Beisein zahlreicher Gäste rituell beglichen. Das Versöhnungsritual (sulha, Lang 2002) gipfelt in der öffentlichen Bitte um Verzeihung und dem Angebot einer monetären Kompensation (im Falle von Blutschuld: diya) einerseits und in der öffentlichen, d.h. unter Zeugen erklärten Annahme der Kompensation und Gewährung von Verzeihung andererseits. Damit kommt die Episode zu ihrem narrativen Abschluss und der Frieden ist wieder hergestellt. Darüber hinaus aber, und das ist für unsere Frage nach der gesellschaftlichen Strukturreproduktion von eminentem Interesse, werden die kulturellen Werte der Familienehre und die Normen des Stammesrechts ('urf), deren Verletzung die Episode überhaupt erst in Gang gesetzt und ihren Ablauf gerahmt haben, durch die Episode selbst bestätigt und bekräftigt. Werte und Normen existieren nicht ohne die Empirie des Kommunikationsprozesses. Es handelt sich um prozessierende Normen und Werte, die außerhalb ihres kommunikativen Vollzugs keinen empirischen Ort haben. Damit ihre gesellschaftliche Geltungskraft nicht erlischt, sind sie auf permanente episodische Wiederholung angewiesen.

Das schließt abweichende Wiederholungen nicht aus, wie zum Beispiel die Möglichkeit, dass Bagatellen zunächst erst zufällig, dann aber immer häufiger als Bagatellen und nicht als Ehrdelikte behandelt werden. Das wäre ein Weg, auf dem man nachzeichnen könnte, wie Evolution aus der Summe wiederholter Abweichungen zustande kommt. Evolution wiederum vollzieht sich nicht blindlings, sondern bleibt auf narrative Bestätigung angewiesen. Wenn wir annehmen, dass sich Kommunikationsprozesse durch selbsterzeugte Teilnarrative selbst beobachten und fortlaufend selbst kommentieren, indem sie im laufenden Geschehen immer wieder nacherzählt werden, dann gilt das auch für jene im kommunikativen Narrationsprozess zirkulierenden alternativen Narrative, die den Plot einer Geschichte auf gegensinnige oder subversive Weise symbolisieren. Diese können den gewohnheitsmäßigen Erwartungsaufbau irritieren und gegebenenfalls zur alternativen Finalisierung des Geschehens beitragen.

Literatur

Abbott, Andrew. 1992. From Causes to Events: Notes on Narrative Positivism. *Sociological Methods & Research* 20, 428-455.
Abbott, Andrew. 2001. *Time Matters. On Theory and Method.* Chicago: University of Chicago Press.
Abbott, Andrew, und Angela Tsai. 2000. Sequence Analysis and Optimal Matching Methods in Sociology. *Sociological Methods and Research* 29, 3-33.
Albrecht, Steffen. 2008. Netzwerke und Kommunikation. Zum Verhältnis zweier sozialwissenschaftlicher Paradigmen. In *Netzwerkanalyse und Netzwerktheorie. Ein neues Paradigma in den Sozialwissenschaften*, Hrsg. Christian Stegbauer, 165-178. Wiesbaden: Verlag für Sozialwissenschaften.

Albrecht, Steffen, Maren Lübcke, Thomas Malsch, und Christoph Schlieder. 2005. Scalability and the Social Dynamics of Communication. On Comparing Social Network Analysis and Communication-Oriented Modelling as Models of Communication Networks. In Socionics: Its Contributions to the Scalability of Complex Social Systems, Hrsg.Klaus Fischer, Michael Florian, und Thomas Malsch, 242-262. Berlin; Heidelberg; New York: Springer-Verlag.

Antoun, Richard T. 2000. Civil Society, Tribal Process, and Change in Jordan. An Anthropological View. *International Journal of Middle East Studies* 32, 441-463.

Bearman, Peter, James Moody, und Robert Faris. 2003. Networks and History. *Complexity* Vol. 8, No. 1, 61-71.

Brüderl, Josef, und Stefani Scherer. 2004. Methoden zur Analyse von Sequenzdaten. *Kölner Zeitschrift für Soziologie und Sozialpsychologie*, Sonderheft 44, 330-347.

Brundage, W. Fitzhugh. 1993. *Lynching in the New South: Georgia and Virginia, 1880–1930.* University of Illinois Press.

Franzosi, Roberto. 1997. Narrative Analysis - Or Why (and How) Sociologists Should Be Interested In Narrative. *Annual Review of Sociology*, Vol. 24, 517-554.

Gallie, Walter Bryce. 1964. *Philosophy and Historical Understanding.* London: Chatto & Windus.

Genette, Gérard. 1994. Die Erzählung, hg. v. J. Vogt, München: UTB Verlag.

Griffin, Larry J. 1993. Narrative, Event-Structure Analysis, and Causal Interpretation in Historical Sociology. *American Journal of Sociology*, Vol. 98, No. 5, 1094-1133.

Hartig-Perschke, Rasco. 2009. *Anschluss und Emergenz. Betrachtungen zur Irreduzibilität des Sozialen und zum Nachtragsmanagement der Kommunikation.* Wiesbaden: VS Verlag.

Heise, David. 1989. Modeling Event Structures. *Journal of Mathematical Sociology* 14, 139-169.

Lang, Sharon. 2002. Sulha Peacemaking and the Politics of Persuasion. *Journal of Palestine Studies* Vol. xxxi, No. 3, 52-66.

Luhmann, Niklas. 1984. *Soziale Systeme. Grundriss einer allgemeinen Theorie.* Frankfurt/Main: Suhrkamp.

Macy, Michael W., und Robert Willer. 2002. From Factors to Actors: Computational Sociology and Agent-Based Modeling. *Annual Review of Sociology*, Vol. 28, 143-166.

Malsch, Thomas. 2005. *Kommunikationsanschlüsse. Zur soziologischen Differenz von realer und künstlicher Sozialität*. Wiesbaden: VS-Verlag für Sozialwissenschaften.

Malsch, Thomas, und Christoph Schlieder. 2004. Communication without Agents? From Agent-Oriented to Communication Oriented Modeling. In *Regulated Agent-Based Social Systems*, Hrsg. Gabriela Lindemann und Daniel Moldt, 113-133. Berlin, Heidelberg: Springer.

Malsch, Thomas, Christoph Schlieder, Peter Kiefer, Maren Lübcke, Rasco Perschke, Marco Schmitt, und Klaus Stein. 2007. Communication Between Process and Structure: Modelling and Simulating Message Reference Networks with COM/TE. *Journal of Artificial Societies and Social Simulation*, JASSS 10 (1) 9.

Mützel, Sophie. 2007. Marktkonstitution durch narrativen Wettbewerb. *Berliner Journal für Soziologie* Heft 4, 451-464.

Myrdal, Jan. 1965. *Report from a Chinese Village*. New York: Pantheon Books.

Nusseibeh, Sari, und Anthony David (Ko-Autor). 2008. *Es war einmal ein Land. Ein Leben in Palästina*. München: Antje Kunstmann Verlag.

Raper, Arthur. 1933. *The Tragedy of Lynching*. Chapel Hill. University of North Carolina Press.

Ryan, Marie-Laure (Ed.). 2004. *Narrative across Media. The Language of Storytelling*. Lincoln and London: University of Nebraska Press.

Schmitt, Marco. 2009. *Trennen und Verbinden. Soziologische Untersuchungen zur Theorie des Gedächtnisses*. Wiesbaden: VS Verlag für Sozialwissenschaften.

Stovel, Katherine. 2001. Local Sequential Patterns: The Structure of Lynching in the Deep South. *Social Forces*, Vol. 79, No. 3, 843-880.

White, Hayden. 1987. *The Content of Form. Narrative Discourse and Historical Representation*. Baltimore and London: The John Hopkins University Press.

Wu, Lawrence. 2000. Some Comments on "Sequence Analysis and Optimal Matching Methods in Sociology". *Sociological Methods & Research* 29, 41-64.

Jan Passoth, Tilmann Sutter und Josef Wehner

Vernetzungen und Publikumskonstruktionen im Internet

1. Einführung

In der modernen, zunehmend ausdifferenzierten Gesellschaft scheinen soziale Netzwerke ein allgemeiner Gegenstand zu sein, auf den die Soziologie beständig trifft. Der Gegenstand zerfällt jedoch in vielfältige, heterogene Phänomene sozialer Netzwerke. Darauf reagiert die Soziologie durch wiederum ganz unterschiedliche Zugriffs- und Reflexionsweisen: Netzwerke können als spezielle Phänomene unter anderen erscheinen, Netzwerkanalysen können als eine bestimmte Methode der Sozialforschung, als empirische Beschreibung eines bestimmten Typs sozialer Phänomene oder aber als Ausgangspunkt für die Arbeit an einer allgemeinen Sozialtheorie begriffen werden (vgl. Bommes und Tacke 2010a). In der modernen Gesellschaft gibt es neben Interaktionen, Organisationen und Funktionssystemen eine Vielzahl an sozialen Netzwerken. Man mag von einer Netzwerkgesellschaft sprechen, wenn man damit ebenso wie bei der Medien-, Informations- oder Risikogesellschaft nichts weiter als eine Analyseperspektive bezeichnet. Der Begriff der „Netzwerkgesellschaft" (Castells) ist eben nur der zeitdiagnostische Beginn und keinesfalls ein Resultat der soziologischen Aufklärung neuer gesellschaftlicher Organisationsweisen.

Ein solches Unterfangen kann aber nur gelingen, wenn versucht wird, eine Klärung darüber zu erreichen, was genau der Netzwerkbegriff innerhalb eines soziologischen Vokabulars und in konkreten Forschungsheuristiken eigentlich bezeichnen soll. Die Fallstricke einer vorschnellen Reifizierung, in die man in der soziologischen Theorie schnell tritt, scheinen auch oder gerade im Bereich der Netzwerkforschung besonders leicht zu treffen zu sein. Einerseits liegt es nah, Seilschaften, freundschaftliche Verbindungen und Cliquen, Patronage-Beziehungen und natürlich die Friend-of-a-Friend-Beziehungen, die auf Plattformen wie *Facebook*, *LinkedIn* oder *Twitter* gepflegt werden, als soziale Netzwerke zu bezeichnen. Die Probleme der Abgrenzung der Eigenschaften solcher Phänomene von anderen wie Gruppen oder Bewegungen ist dann die empirische Hauptaufgabe. Andererseits scheinen sich gerade letztere auch dazu zu eignen, in Bezug zu bestimmten sozialen Phänomenen, die mit ihnen realisiert werden, von einer technischen Eigenschaft auf eine Eigenschaft dieser Phänomene zu schließen. Wenn man etwa feststellt, dass sich Jugendliche und Reformer in der arabischen Welt (auch) über *Facebook* und *Twitter* koordinieren, scheint der Schluss nahe zu liegen, dass sie sich natürlich vernetzen - schließlich sind es ja Netzwerkplattformen. Für einen soziologisch anspruchsvollen Netzwerkbegriff, der in der Lage ist, auch disparate empirische Phänomene heuristisch aufzuschlüsseln, scheinen sich solche metaphorischen Varianten nicht sonderlich zu eignen. Um also jene Phänomene, die ganz augenfällig und umgangssprachlich als Netzwerke zu bezeichnen sind, von der Netzwerkförmigkeit sozialer Phänomene unterscheiden zu können, bedarf es zumindest einer heuristischen Präzisierung (2).

In der Mediensoziologie spielt der Begriff der Vernetzung vor allem im Kontext der Analyse eines grundlegenden und tiefgreifenden Wandels der Formen von Medienkommunikation eine zentrale Rolle: Es scheint sich um den Wandel von der Massenkommunikation zu vernetzten Formen der Internetkommunikation (vgl. Sutter 2010) zu handeln. Dieser Medienwandel wird auch in den Zeitdiagnosen einer Netzwerkgesellschaft als Taktgeber gesehen, insofern die Entwicklungen des Internets Auswirkungen auf vielfältige gesellschaftliche Bereiche haben. Gegen den vereinheitlichenden und vereinfachenden Zungenschlag der Beschreibungen einer (neuen, anderen) Netzwerkgesellschaft wird in mediensoziologischen Analysen neuer Medien aber deutlich, dass wir es nicht mit einer Revolution des Mediensystems bzw. der medialen Form insgesamt zu tun haben. Die vor allem in den 1990er Jahren oftmals beschworene Vision eines neuen Universalmediums vernetzter Kommunikation, die sämtliche Medien im Computer zusammenlaufen lässt (vgl. Grassmuck 1995), ist trotz aller Medienkonvergenzen noch nicht wesentlich näher gerückt. Stattdessen beobachten wir das, was sich auch schon damals abzeichnete, nämlich eine weitere Ausdifferenzierung des Mediensystems, in dem unterschiedliche Medien unterschiedliche Leistungen erbringen. Nach wie vor ist keine Verdrängung älterer durch neue Medien zu beobachten, kein Ende der „Gutenberg-Galaxis" (ebda.), kein „Ende der Massenkommunikation" (Wehner 1997). Gerade im Bereich der Medien wird somit deutlich, dass nach dem Verhältnis von sozialen Netzwerken und anderen gesellschaftlichen Bereichen zu fragen ist, weil die fortschreitende Vernetzung medialer Kommunikationsformen in einen gesellschaftlichen Differenzierungsprozess und eine Ausdifferenzierung des Mediensystems eingebettet ist.

Gleichwohl eignet sich der Begriff der Vernetzung aber, um einen bestimmten Aspekt des Wandels von älteren Massenmedien zu neuen „interaktiven" Medien zu beschreiben. Auf der Seite der medialen Kommunikation ändert sich die Form von der Einwegkommunikation zu neuen Kommunikationsformen unter

Internetbedingungen. Es sendet nicht mehr ein Sender ein identisches Angebot an ein breites, verstreutes, anonymes Publikum, sondern es können prinzipiell alle Beteiligten sowohl senden als auch empfangen. Der Wandel der medialen Form geht einher mit einem Wandel des Publikums: Aus dem (aus der Sicht der Massenmedien!) distanzierten, passiven, dispersen und anonymen Publikum werden aktive Nutzer, die Inhalte individuell zusammenstellen, verändern und gestalten können. Mit dem Wandel der medialen Form von der Massenkommunikation zu den neuen interaktiven Medien ändern sich auch die Formen der Publikumskonstruktion (3). Und es ist empirisch zu beobachten, dass mittels der Mechanismen, mit denen diese Publikumskonstruktionen neu eingerichtet werden, netzwerkförmige Strukturen erzeugt werden. Eine große Anzahl von Plattformen im Internet konfigurieren ihre Nutzer (Woolgar 1992) als Netzwerkknoten. Das kann in Form der relationalen Beziehungspflege wie auf *Facebook* geschehen oder dadurch, dass wie bei Suchmaschinen oder Vorschlagsdiensten zwischen Nutzeraktivitäten statistische Ähnlichkeiten gesucht werden, die zu Profilen verrechnet und zur Inhaltsaufbereitung genutzt werden. Weil diese Plattformen auf Vorstellungen von Netzwerkeigenschaften beruhen – also z.B. Nähebeziehungen, reziproke Abhängigkeiten, interne Kohäsion – werden sie zu Generatoren von Netzwerkförmigkeiten (4).

2. Phänomenbezogene, methodische und „flache" Netzwerkbegriffe

Der Netzwerkbegriff hat in der Soziologie in den letzten Jahren sichtbar an Bedeutung gewonnen: Es erscheinen Handbücher und Kompendien zur Netzwerktheorie und zur Netzwerkanalyse (vgl. Holzer 2006; Bommes und Tacke 2010; Jansen 2006), und in der Deutschen Gesellschaft für Soziologie wurde 2010 die AG Netzwerkanalyse in eine Sektion umgewandelt. Auch wenn solche Institutionalisierungen Zeichen für die gesteigerte Bedeutung einer Subdisziplin sind, so bleibt noch immer undeutlich, was genau da eigentlich institutionalisiert wird. Der Blick in einschlägige aktuelle Sammelbände (vgl. z.B. Fuhse und Stegbauer 2011) macht die interne Differenzierung und die zeitliche Entwicklung (Wellman 1988) der Netzwerkanalysen deutlich. Insgesamt lassen sich, wie eingangs bereits erwähnt, in einer groben Annäherung drei unterschiedliche Zugänge voneinander unterscheiden (vgl. Bommes und Tacke 2010a). So gibt es erstens einerseits eine ganze Reihe von phänomenbezogenen Netzwerkanalysen, die aus den Eigenschaften ihres Gegenstandes die Notwendigkeit einer Beschreibung in Netzwerkbegriffen ableiten. In solchen Arbeiten untersucht man vor allem informelle, auf Vertrauen beruhende soziale Phänomene wie etwa Old-Boys-Netzwerke, Golfclub-Seilschaften, Patronage-Beziehungen, Zitationskartelle oder Korruptionsabhängigkeiten. Zweitens existieren eine Reihe von Arbeiten, die sich sehr explizit gegen eine solche phänomenbezogene Verwendung des Netzwerkbegriffs wenden und die in der Netzwerkanalyse ein methodisches Instrument sehen, das auf einen bestimmten empirischen Datentyp anwendbar ist. So versucht man, Netzwerkeffekte (also Ähnlichkeitsbeziehungen, Kohäsionen und selektive Diffusionen von Eigenschaften von Netzwerkknoten und Relationen) in sozialen Phänomenen zu beschreiben, die man umgangssprachlich überhaupt nicht als netzwerkförmig beschreiben würde: Migrantengruppen, Organisationsmitglieder, Zeitungsleser und Wähler. Drittens lassen sich eine Reihe von Arbeiten identifizieren, die versuchen, den Netzwerkbegriff als Grundbegriff einer alternativen Sozialtheorie zu etablieren.

Vorläufer der Netzwerkforschungen lassen sich eine Reihe ausmachen: Bekannt geworden sind die phänomenbezogenen Netzwerkanalysen außerhalb der Soziologie bereits vor der letzten Jahrhundertmitte innerhalb der ethnologischen Forschung um Radcliffe-Brown, dessen Strukturbegriff sich auf Netzwerke von „actually existing social relations" (Radcliffe-Brown 1952: 190) bezieht, und Barnes (1954), dem der Verdienst zukommt, zur Analyse von Beziehungsstrukturen eines norwegischen Fischerdorfes zuerst prominent auf graphentheoretische Argumente Bezug genommen zu haben. Fahrt aufgenommen haben soziologische Netzwerkanalysen aber erst im Rahmen des strukturalistischen Forschungsprogramms in den USA in den 1960er Jahren. In der Gruppe um White entwickelte sich die Netzwerkanalyse zu einer eigenständigen Forschungsrichtung weiter, und hier wurden aus den eher metaphorischen Verwendungen des Netzwerkbegriffs seit den 1970er Jahren eine Reihe von Versuchen unternommen, generalisierbare konzeptuelle Aussagen auf der Basis einer Verwendung netzwerkanalytischer Methodologien wie der Blockmodellanalyse zu erarbeiten. So haben etwa Lorrain und White (1971) versucht, zu einer Neubestimmung des Rollenkonzeptes über die Analyse strukturell äquivalenter Beziehungstypen zu kommen.

Anfang der 1990er Jahre dann beginnt wiederum eine Transformation der Netzwerkforschung – sie ist der Startschuss für eine Bewegung, die den Netzwerkbegriff als Begriff einer allgemeinen (relationalen) Sozialtheorie versteht, mit dem die „Verwobenheit von Netzwerkstrukturen und kulturellen Formen" (Fuhse und Mützel 2010: 9) beschrieben werden kann. Eine solche Form der Netzwerktheorie bewegt sich immer weiter weg von phänomenbezogenen Netzwerkanalysen einerseits, von netzwerkanalytischen Methoden andererseits. Auch wenn man nicht sagen kann, dass die unterschiedlichen Ansätze, die im Sinne dieses Projekts gelesen werden können, eine besondere Homogenität aufweisen, kann eine gewisse Familienähnlichkeit nicht geleugnet werden. Zu diesen Ansätzen gehören, auch wenn ihre Vertreter sich sicher nicht in einen disziplinären Rahmen einordnen lassen würden, die prozedurale Soziologie Abbotts (2001, 2007), die relationale Soziologie (Emirbayer 1997, Fuhse und Mützel 2010), ihre Spezialform im Sinne von Whites Netzwerktheorie (White 2008), eine netzwerkanalytische Weiterentwicklung der soziologischen Systemtheorie (White et al. 2007; Fuhse 2009, 2010; Holzer 2006; Bommes und Tacke 2010) und die Actor-Network-Theory (Latour und Woolgar 1979; Law und Hassard 1999; Latour 2007; Mol 2005). Hier ist nicht der Ort, eine Auseinandersetzung über die Gemeinsamkeiten und Unterschiede dieser verschiedenen Ansätze auszuleuchten. Statt dessen soll am Beispiel der Actor-Network-Theory gezeigt werden, in welcher Art sich die Loslösung von einer phänomenbezogenen Netzwerkbeschreibung und einer methodisch verstandenen Netzwerkforschung vollzieht: Auf dem Weg zu einer soziologisch anspruchsvollen Netzwerktheorie wird, das ist den verschiedenen Ansätzen tatsächlich gemein, der Netzwerkbegriff von jeder metaphorischen Konnotation abgelöst und lediglich für die Kopplung und Entkopplung (White 1966) heterogener (Law 2002), multipler (Mol 2005) und instabiler (Gad und Jensen 2010) Relationierungen verwendet.

Die Actor-Network-Theory hat dazu eine ganz eigene Entwicklung im Bereich empirischer Umsetzungen hinter sich, obwohl sie schon von Beginn an das Projekt der Formulierung einer soziologischen Theorie war. Zuerst in Abgrenzung zur klassischen Wissenschaftssoziologie formuliert, die Wissenschaft als jenen institutionalisierten Teilbereich moderner Gesellschaften begriff, der sich nach einem mehr oder weniger gut realisierten Ethos der Wissenschaft richtete, und in ebensolcher Abgrenzung von klassischen wissenschaftstheoretischen Vorstellungen, die in Wissenschaft jenes Streben nach verifizierbaren, zumindest aber nicht falsifiziertem Wissen sah, begannen empirische Wissenschaftsforscher wie Latour und Woolgar (1979) oder Knorr Cetina (1981); Knorr Cetina und Mulkay (1983), die tatsächliche Arbeit der Wissenschaftler in den Blick zu nehmen. Dabei stellten besonders jene, deren Ansätze später unter dem Titel der Akteur-Netzwerk-Theorie (ANT) zusammengebracht wurden, fest, dass die materiellen Infrastrukturen von Forschung – Messgeräte, Kameras, Laboreinrichtungen und große wissenschaftliche Geräte – bei der tatsächlichen Arbeit eine entscheidende Rolle spielten. Ohne sie und die „Einschreibungen" (Akrich 1992), die sie produzierten, wären die meisten Tätigkeiten der Wissenschaftler ziemlich unverständliche Aktivitäten.

Die Actor-Network-Theory entsteht daraufhin als Antwortversuch auf die allgemeine sozialtheoretische Frage, welche Beiträge all diese nicht-menschlichen Entitäten zu sozialen Phänomenen leisteten. Sie setzt dazu an der These an, dass man das Symmetrieprinzip Bloors (1976, 1983) verallgemeinern und auf die an den kollektiven Prozessen beteiligten menschlichen wie nicht-menschlichen Akteure ausweiten muss. Ein Akteur (oder in semiotischem Vokabular: Aktant) ist kein Exemplar einer sozialtheoretisch definierten Klasse von a priori bestimmbaren Entitäten. Vielmehr ist das Konzept des Akteurs eine Suchheuristik für die Identifikation von Beteiligten an kollektiven Zusammenhängen, die sich strikt an die Beiträge hält, die sie für diese Zusammenhänge spielen. Deshalb fallen oft auch nicht menschliche – vor allem technische – Entitäten als Akteure in das Suchraster, denn es kommt für die Identifikation ihres Handlungsbeitrags überhaupt nicht darauf an, ob diese wissen oder wollen, was sie zur Handlung beitragen. Die so zustande kommenden Netzwerke werden durch unterschiedliche Beiträge sehr verschiedener Akteure zu situativ dauerhaften Formen stabilisiert und auch die Akteure selbst sind deshalb immer Produkt einer solchen situativen Stabilisierung. Bei jedem Element eines solchen Netzwerkes kann gefragt werden, welches Netzwerk von Handlungsbeiträgen dieses als den Akteur stabilisiert hat, der in einem anderen Netzwerk wieder einen Beitrag leistet. Solcherart stabilisierten Netzwerken sieht man die Beiträge nicht mehr unbedingt an, die sie stabilisiert haben.

Beide Begriffe, Akteur und Netzwerk, sind voneinander nicht zu trennen: Etwas ist Akteur nur in einem Netzwerk von vielfältigen Beiträgen. Diese wiederum sind ohne die tatsächlichen Akteure inhaltsleer. Ein Akteur, der nichts bewirkt, ist kein Akteur. Ein Netzwerk, das keine Akteure verbindet, kein Netzwerk. Obgleich man vielleicht auf der einen Seite sagen könnte, dass der Netzwerkbegriff der ANT im Gegensatz zu dem der phänomenbezogenen und methodisch orientierten Netzwerkanalysen recht weit ist, ist er zugleich ziemlich bestimmt und exklusiv. Keines der Elemente eines der von der ANT nachgezeichneten Netzwerke ist lediglich ein verbindendes Element insofern, dass es nur die Verknüpfung von zwei anderen, stärkeren Elementen vornimmt. Keines der Elemente ist ein Zwischenglied, ein Intermediär – die ANT beschreibt tatsächlich nur Mediatoren: Übersetzer, Veränderer, Verschieber, Transformatoren (Latour 2007: 107f.). Darunter kann man alles Mögliche verstehen: unter Anderem eben nicht nur Menschen und Schlüsselanhänger, sondern auch Texte, Maschinen, Körper, Wände, Institutionen und große Handlungskollektoren wie Wirtschaft, Politik oder Wissenschaft. Und wenn ein Element lediglich als Zwischenglied erscheint, sucht die ANT nach der unglaublichen Menge an Arbeit, die notwendig war, um es zu einem zu machen.

Im Zuge der Versuche, von einer eher metaphorischen Netzwerkterminologie zu einem relationalen theoretischen Konzept zu kommen, lässt sich eine problematische Verdoppelung des Netzwerkbegriffs beobachten. Auf der einen Seite wird der Netzwerkbegriff als relationaler Grundbegriff geführt, indem er von jeglicher Metaphorik und phänomenbezogener Charakteristik befreit wird. Auf diese Weise können alle möglichen sozialen Phänomene – Gruppen, Organisationen, kulturelle Felder – als Netzwerke modelliert werden, als relationale Gefüge heterogener Entitäten, die wiederum ihren Status als Entität (oder ihre Identität, wie White (1992) sagen würde) nur aus der Position im relationalen Gefüge erlangen. Auf der anderen Seite aber wird der Netzwerkbegriff phänomenbezogen weitergeführt: Selbstverständlich „gibt" es insbesondere in der modernen Gesellschaft soziale Netzwerke von Migranten, Jugendlichen, Freundeskreisen, Cliquen und Geheimbünden, und selbstverständlich gibt es da all die Kommunikation im Internet, per SMS und Mobiltelefon, die ganz im Gegensatz zu Massenkommunikation und Interaktion doch scheinbar anders strukturiert zu sein scheint. Dass sich insbesondere im letzten Fall der Netzwerkbegriff besonders verbreitet hat, wird im folgenden Abschnitt noch genauer beleuchtet. Jedenfalls stellt sich die Frage, wie mit dieser Verdopplung umzugehen ist. Dabei lassen sich unterschiedliche Strategien ausmachen. Holzers Vorschlag (2011), mit einer Verknüpfung von Systemtheorie und Netzwerktheorie den zentralen Relationenfokus fallen zu lassen, weil soziale Systeme immer relational gebildet werden und man dann nichts Spezifisches mehr über Netzwerke von Beziehungen sagen kann, mündet in einer Spezifikation des Netzwerkbegriffs für spezifische soziale Phänomene: solche nämlich, die sich über die Erwartungen an (persönliche) Beziehungen stabilisieren. Latour hat 1998, einem schelmischen Vorschlag von Lynch folgend, die ANT in Aktant-Rhizom-Ontologie umzubenennen, umgekehrt dafür plädiert, den Netzwerkbegriff eben nicht im Sinne einer Bestimmung bestimmter sozialer Phänomene zu nutzen. Am besten, so Latour, solle man ihn wie den des Akteurs, den der Theorie und die Bindestriche gleich aus der Bezeichnung Akteur-Netzwerk-Theorie herausstreichen, weil sie nur auf falsche Fährten locken. Ein dritter Weg wäre es, aus der Verwirrung um die Netzwerkbegriffe eine forschungsproduktive Frage zu machen: Wie kommt es eigentlich, dass auf der Basis relationaler Gefüge (relationaler Netzwerkbegriff) spezifische soziale Phänomene mit Netzwerkeigenschaften entstehen (phänomenbezogener Netzwerkbegriff)? Bei dem Versuch einer empirischen Antwort darauf begegnet einem sogar der dritte Netzwerkbegriff wieder, der seinen Ursprung im methodologischen Zweig der Netzwerkforschung hat. So stellt man nämlich fest, dass an der Entstehung und Stabilisierung dieser sozialen Phänomene Netzwerkvorstellungen aus der formalen, mathematischen Analyse – also etwa Vorstellungen über Nähe, Kohäsion, Ähnlichkeiten zwischen Entitäten, strukturelle Löcher und „degrees of separation" – beteiligt sind.

3. Massenmedien und vernetzte Kommunikationsmedien

Um aber eine solche Frage im Bereich der Medienforschung zu stellen und um an diesem konkreten Fall untersuchen zu können, wie die sozialen Phänomene, die als netzwerkförmig bezeichnet werden, auf der Basis relationaler Gefüge entstehen und sich stabilisieren, bedarf es einer Klärung, welche netzwerkförmigen Phänomene man dort im Blick hat. In der Medienforschung werden vernetzte Kommunikationsmedien als „neue Medien" von den älteren Massenmedien unterschieden. Die Rede von den „neuen Medien" signalisiert, dass noch nicht ganz klar ist, worin das Neue der neuen Medien eigentlich genau bestehen soll. Dagegen sind die besonderen Merkmale der älteren Massenmedien viel klarer zu bestimmen: Sie zeichnen sich durch eine einseitige Form aus, die eine effektive Verbreitung der Kommunikation von einem Sender an viele Adressaten bzw. an ein breites, verstreutes und anonymes Publikum ermöglicht. Die Rückkopplungsarmut der medialen Form ist dabei Problem und Vorteil zugleich: als Problem erscheint die Distanz und Passivität eines weitestgehend unsichtbaren Publikums. Aus Sicht des Mediensystems ist es schwierig, sich auf dieses unsichtbare Publikum einzustellen und trotz der strukturell gegebenen Intransparenz attraktive Medienangebote bereitzustellen (vgl. Ang 1991). Der Vorteil der massenmedialen Form liegt in der Leistung, Medienangebote gesellschaftsweit verbreiten zu können. Überdies ermöglicht die meist kritisch beurteilte geringe Rückkopplung für das Publikum eine distanzierte und damit reflektierte Umgangsweise mit den Medienangeboten. Die in der Regel als Nachteil gesehene Abkopplung der Massenkommunikation von sozialer Interaktion ist deshalb auch als Gewinn zu sehen. Dennoch stellt die einseitige Form der Massenkommunikation einen problematischen Umstand dar, dessen Überwindung, so die verbreitete Ansicht, zur Befreiung und Emanzipation des Publikums führen kann. Genau dies scheint mit der Etablierung vernetzter Kommunikationsmedien in greifbare Nähe gerückt zu sein.

Im Gegensatz zu den Massenmedien erlauben die als vernetzend bezeichneten Kommunikationsmedien Kontakte zwischen vielen Sendern und Empfängern. Mit dem schieren Umstand der Vernetzung vieler Adressaten, die zugleich senden und empfangen können, ist allerdings noch nicht allzu viel gesagt. Denn die Qualität der Vernetzung bleibt damit unbestimmt. Schon früh in der Internetforschung zeigt sich, dass die qualitative Dimension der Beschreibung und Analyse vernetzter Kommunikationsmedien von entscheidender Bedeutung ist, vor allem dann, wenn über diese Frage gewissermaßen implizit und ungeprüft vorentschieden wird. Genau dies ist unglücklicherweise in den Debatten um die Internetkommunikation in den 1990er Jahren geschehen: Neue vernetzte Kommunikationsmedien wurden als „interaktive Medien" beschrieben (vgl. Sutter 2010a: 154ff.). Die Abkopplung der massenmedialen Kommunikation von den Formen, Beschränkungen und Leistungen sozialer Interaktionen, d.h. insbesondere von den Bedingungen der Anwesenheit der Beteiligten, soll durch die neue Form der Vernetzung überwunden werden. Entsprechend wurde nicht nur die Befreiung des Publikums gefeiert, das sich nun endlich auch selbst aktiv am Geschehen beteiligen kann, sondern das Netz soll nun auch alle Beteiligten in einem virtuell geschaffenen sozialen Nahraum zusammenrücken lassen, soll ortsunabhängige Gemeinschaften und Freundschaften, wenn nicht gar ein „global village" entstehen lassen. Wenn auch die Isolation des Lesers und des einsam vor dem Empfangsgerät sitzenden Hörers und Zuschauers durch den neuen „interaktiven" Austausch via Internet nicht überhaupt beendet wird, so werden ihr doch viele neue Möglichkeiten hinzugefügt.

Zwar ist schon früh bemerkt worden, dass die Bedingung der wechselseitig wahrnehmbaren Anwesenheit in vernetzten Kommunikationsmedien nicht gegeben ist und somit immer ein gewisser – kontrovers diskutierter – Unterschied zwischen realen sozialen Interaktionen und Kommunikationen im Internet besteht. Aber als nicht weiter geprüfte Vorgabe war dennoch die Vorstellung erkenntnisleitend, das Neue der neuen Medien bestünde in interaktionsähnlichen Leistungen und es gelte deshalb, die „Interaktivität" vernetzter Kommunikationsmedien zu analysieren. Besagte gewisse Unterschiede wurden in Abstufungen höherer oder geringerer Interaktivität unterschiedlicher Bereiche der Internetkommunikation gefasst (vgl. Kiousis 2002). Während die Anwendungsbereiche, die vornehmlich der Nutzung vorgegebener Angebote (*Web 1.0*) dienten, doch gehörige Zweifel an der „Interaktivität" neuer Medien (etwa von Datenbanken) nährten, spült das Schlagwort *Web 2.0* neues Wasser auf die Mühlen eines interaktionsorientierten Verständnisses vernetzter Kommunikationsmedien. In vielen Bereichen der Internetkommunikation stehen niederschwellige Eingriffs- und Beteiligungsmöglichkeiten zur Verfügung. Zudem tritt der Bereich der Kommunikation im Rahmen sozialer Netzwerke in den Vordergrund, was mit dem Begriff des *Social Web* (Schmidt 2009) zum Ausdruck gebracht wird. Vor allem die Netzwerkplattform *Facebook* steht für neue Formen des persönlichen Austauschs mittels vernetzter Kommunikationsmedien. Zweifellos handelt es sich hierbei um einen vergleichsweise hochgradig „interaktiven" medialen Kommunikationsraum, in den persönliche Daten eingestellt und Kommunikationspartner („Freunde") eingebunden werden. Aber auch hier zeigt sich, dass Konnotationen des Interaktiven analytisch kaum weiterführen: Welche persönlichen Daten wie eingestellt werden können, welche Kontakte wie verknüpft werden können – all dies ist abhängig von Vorgaben der Netzwerkplattform. Ganz zu schweigen von der Bedeutung von „Freunden", die durch einfache Verlinkung zu haben sind. Anders liegt der Fall, wenn solche Netzwerke im Rahmen schon bestehender Offline-Kontakte als Erweiterung dieser Bekanntschaften und Freundschaften genutzt werden, was häufig der Fall ist. Auch Beziehungen in sozialen Netzwerken sind kontextabhängig und haben in verschiedenen Kontexten unterschiedliche Bedeutungen.

Die Debatte um die Interaktivität neuer Medien nimmt die grundlegende Kritik an den Massenmedien vornehmlich auf der Ebene der medialen Formproblematik auf: Viele soziologische kritische Analysen der Massenmedien sind sich darin einig, dass gerade die einseitige Form der Medien nicht nur zur Passivität des Publikums, sondern auch zur Inszenierung oder gar Manipulation der Wirklichkeit, zur Trivialisierung und Standardisierung von Kultur und schließlich zur Überwältigung des Publikums führt (vgl. Habermas 1990). Wenn im Zuge zunehmender Interaktivität und Vernetzung sich die Ebene der medialen Form grundlegend verändert, dann müsste sich alles zum Besseren wenden. Inzwischen ist klar, dass die Dinge wesentlich komplizierter liegen. Es geht nicht einfach um formale Analysen vernetzter Kommunikationsformen, sondern ganz entscheidend sind die Analysen der Praxis der Vernetzung: Neben den Kontexten spielen die Umgangsweisen mit vernetzten Kommunikationsmedien eine zentrale Rolle. Zwar bietet das Internet vielfältige Beteiligungsmöglichkeiten, jedoch zeigen Beispiele etwa aus Information und Unterhaltung wie *Wikipedia* und *YouTube*, dass häufig die massenhafte Nutzung attraktiver Angebote und weniger die aktive Beteiligung der Nutzer im Vordergrund steht. In diesem Zusammenhang kommt es darauf an, zwischen der medialen Form der Vernetzung und der praktischen Nutzung der damit eröffneten Möglichkeiten zu unterscheiden (vgl. Mehler und Sutter 2008). *Web 2.0* bedeutet durchaus die breite Etablierung neuer Mitwirkungsmöglichkeiten, aber nicht auch schon eines „Mitmachnetzes" (Gscheidle und Fisch 2007): Es handelt sich eher um ein auch von den Nutzern generiertes, attraktives, massenmedial nutzbares Angebot. Eine Ausnahme bildet der Bereich der Kommunikation und persönlicher Kontakte via Internet. Die vor allem bei jüngeren Internetnutzern beliebten sozialen Netzwerkplattformen zeichnen sich durch einen hohen Grad an aktiver Beteiligung aus (vgl. Busemann und Gscheidle 2010). Hier werden vielfältige persönliche Daten eingestellt und mehr oder weniger breiten Adressatenkreisen zugänglich gemacht.

Es bedarf mithin einer differenzierten Betrachtung medialer Formen der Vernetzung und des praktischen Umgangs mit diesen Formen, ohne dass die eine Seite gegen die andere Seite ausgespielt wird. Auf der Ebene der medialen Form wird immer deutlicher, dass wohl doch kein so tiefgreifender Wandel von einseitigen Massenmedien zu vernetzten Medien erfolgt ist, wie das einmal erwartet wurde. Das Internet differenziert sich in vielfältige Anwendungsbereiche aus, die neben Vernetzungen auch massenmediale Angebote zur Verfügung stellen. Dass beides zugleich in einem Anwendungsbereich etabliert werden kann, zeigt das Beispiel

Wikipedia: Hier werden sowohl die kollektive Erzeugung von Wissensbeständen als auch die Verfügbarkeit dieser Wissensbestände für ein breites Publikum organisiert. Konsequenterweise ist neben die Idee einer freien Enzyklopädie, an der sich prinzipiell alle beteiligen können, zunehmend eine „Produktlogik" (Stegbauer 2009: 53) getreten, die auf eine Absicherung der Qualität der Artikel abzielt. Je mehr sich *Wikipedia* als solides massenmedial verfügbares und genutztes Angebot etabliert, desto mehr verfestigt sich auch eine hierarchische Ordnung von Positionen, die mit unterschiedlichen Einfluss- und Gestaltungsmöglichkeiten verbunden sind. Die nach wie vor gepflegte Ideologie eines offenen Raumes kollektiver Artikelerstellung und -bearbeitung kontrastiert mit einer zunehmenden Schließung, die insbesondere die Führungspositionen abschottet. Dies alles kommt mit einer formalen Netzwerkanalyse allein bei weitem nicht in den Blick, sondern mit einem Bündel von methodischen Vorgehensweisen wie Analysen von Diskussionsseiten, Interviews, teilnehmenden Beobachtungen usw. (vgl. ebda.).

Zu Recht spielt der Aspekt des praktischen Umgangs in der aktuellen sozialwissenschaftlichen Internetforschung eine zunehmend wichtige Rolle. Wenn man diesen wichtigen Aspekt auf eine grundlegende, programmatische Weise mit einer „praxistheoretische(n) Perspektive auf das neue Netz" (Schmidt 2009: 37) zur Geltung bringen will, geht man möglicherweise einen Schritt zu weit. Prinzipiell aber kommt man an der Frage nicht mehr vorbei, wie und mit welchen Konsequenzen Anwendungen der Internetkommunikation auch tatsächlich wahrgenommen und realisiert werden. Damit wiederholt sich die Kritik einer tendenziell medien- bzw. angebotszentrierten Perspektive im Bereich der Massenmedienforschung: Hier haben handlungstheoretische Analysen und Cultural Studies darauf verwiesen, dass Medienangebote nicht an sich, sondern erst in Prozessen der Rezeption und Aneignung Bedeutungen erhalten. In gleicher Weise geht man auch im Bereich vernetzter Kommunikationsmedien davon aus, dass sich die Bedeutung medialer Angebote und Anwendungsmöglichkeiten erst in Prozessen der konkreten Nutzung erschließt. Von diesen Prozessen hängt es auch ab, welche Formen von Publikum in den Anwendungsbereichen konstruiert, beobachtet, erfasst und gemessen werden.

Hier kann ein Kontinuum aufgespannt werden, das von der quantifizierenden Publikumsmessung der Massenmedien durch Einschaltquoten (vgl. Schrage 2007) zu persönlichen Vernetzungen im Internet mittels sozialer Netzwerkplattformen reicht. Aus Sicht der Massenmedien richten sich Medienangebote nicht nur an ein verstreutes, anonymes, distanziertes und passives Publikum, sondern auch an Personen, die schlicht an- oder ausschalten können. Es ist dieser quantifizierende Inklusionsmodus, den die Massenmedien mit einigen anderen Funktionssystemen (etwa der Politik) teilen (vgl. Stichweh 1988), der auf qualitative Aspekte der Publikumsbeobachtung verzichtet: Anders als in Form von Einschaltquoten wäre das Massenpublikum nicht erfassbar. Es zählen allein die Quoten, die dahinter liegenden Motive bleiben zumeist Spekulationen überlassen. Der Kampf um das Publikum ist ein Kampf um Rezipienten, die ein- und nicht ausschalten. Auf der anderen Seite des Kontinuums liegt der Bereich der sozialen Netzwerkplattformen, in denen es um eine ganz auf differenzierte, reichhaltige Informationen angelegte Publikumskonstruktion geht: Ein zentraler Aspekt dieser Form medialer Vernetzung stellen die Möglichkeiten der Veröffentlichung und des Schutzes der persönlichen Daten und der eigenen Bestimmung des Publikums (also des Kreises zugelassener Adressaten) dar. Darum kreisen die viel diskutierten Chancen und Risiken der Identitätsgestaltung und -präsentation auf Netzwerkplattformen wie *Facebook*. Aber natürlich gelingt im Netz nicht die Quadratur des Kreises: Die komplexe, auch qualitativ differenzierte Erfassung eines breiteren Publikums. Auch und gerade das Internet ist auf Publikumsmessungen in Form vereinfachender Quantifizierungen angewiesen, nur eines anderen Publikums als das der Massenmedien: Ein Publikum aktiver Nutzer.

4. Von der Publikums- zur Netzwerkkonstruktion

Die Frage ist dann, welches Teilnehmerverhalten auf welche Weise in den neuen digitalen Medien vermessen wird und ob sich bzw. welche sozialen Aggregierungen sich daraus entwickeln können. Ob sich dabei ein Publikum *des* Internets bilden kann – vergleichbar dem Publikum der Massenmedien, so wie es sich durch tendenzielle Synchronisierungen in der Berichterstattung, insbesondere bei gesellschaftlichen Großereignissen, einstellen kann – erscheint mehr als fraglich. Vielleicht müssen überhaupt an der Funktionsweise der Massenmedien orientierte Vorstellungen über das eine große Publikum oder über spezielle Teilpublika des Internets aufgegeben werden. Ein eher trivialer Grund, der für diese Vermutung spricht, liegt in der ungebremsten Vervielfältigung der Informations- und Kommunikationsangebote und der damit verbundenen Ausdehnung des Internets, die einer Bildung eines Publikums, so wie es sich durch die Massenmedien trotz der auch hier inzwischen erreichten Sender- und Angebotsvielfalt immer noch herstellen kann, entgegenwirkt. Aber es ist nicht allein die Komplexität der Webseiten, der Online-Portale, der Blogs und anderen Anwendungen, die den Gebrauch der Publikumsterminologie im Zusammenhang mit dem Internet fraglich machen. Hinzu kommen all jene unter Begriffen wie *Social Web* oder *Web 2.0* beschriebenen teilnehmerbezogenen Eingriffs- und Mitwirkungsmöglichkeiten, die sich mit dem Publikumsbegriff, der doch eine vergleichsweise klare Trennung zwischen denen, die Inhalte produzieren und all jenen, die diese Inhalte rezipieren, nicht zu vertragen scheinen. Der Interaktionverzicht, von dem auch Luhmann (1996) im Sinne einer conditio sine qua non der Bildung und Funktionsvoraussetzung der Massenmedien spricht, begründet eine Publikumsbeziehung, die auch durch neuere publikumsbezogene Partizipationsformate in den Massenmedien nicht außer Kraft gesetzt wird. Internetanwendungen wie *Facebook*, *MySpace*, *Xing* oder *Wikipedia*, um ein paar prominente Beispiele zu nennen, stehen demgegenüber für die Idee, Inhalte ausschließlich von den Teilnehmern erstellen zu lassen. Soziale Netzwerke entwickeln sich aus geteilten Werten, Normen, Interessen oder Problemlagen heraus, so wie umgekehrt gerade soziale Netzwerke geteilte Problemverständnisse, ähnliche Vorlieben und Interessen unterstützen. Offenbar unterstützen Online-Plattformen wie etwa *Facebook* die Pflege und Erweiterung solcher Freundschafts- und Bekanntheitsbeziehungen (vgl. Beher et al. 2010). Andere Plattformen wie etwa *Xing* dienen dazu, Ansprechpartner in ähnlichen Arbeitskontexten zu finden. Die Kernfunktion dieser Plattform liegt in dem Sichtbarmachen von Kontaktnetzwerken. Hier können Teilnehmer abfragen bzw. feststellen, über „wie viele Ecken" – also über welche anderen Mitglieder – sie andere Teilnehmer kennen. Man erhofft sich auf diese Weise beispielsweise Empfehlungen, die zu neuen Ansprechpartnern und Kontakten führen, oder Partner, mit denen gemeinsam Projekte durchgeführt werden können. Auch wenn nachgewiesenermaßen solche Online-Plattformen Beziehungsgefüge schaffen, die entgegen ihrer eigenen Selbstbeschreibungen neue Ungleichheiten, Machtgefälle, aktive und passive Teilnehmergruppen erzeugen (vgl. Stegbauer 2001), wollen die mit dem Begriff des Publikums assoziierten Erwartungen an organisations- bzw. kommunikationsstrukturell bedingte unterscheidbare Rollendifferenzen hier nicht mehr greifen.

Aber es gibt noch einen weiteren Grund, warum die Anwendung des Publikumsbegriffs auf Internetanwendungen fraglich erscheinen muss. Und zwar selbst dort, wo es um Online-Informationsanbieter geht, die auf den ersten Blick wie Massenmedien arbeiten, insofern als sie professionell aufbereitete Inhalte anbieten, oft auch massenmedial bereits Publiziertes zweitverwerten oder auf vertiefende Informationen zu Berichten in den Massenmedien spezialisiert sind. Hier geht es um die Beobachtung, dass im Internet generell und damit auch bei jedem Online-Anbieter insofern der Interaktionsverzicht aufgehoben wird, als hier die jeweiligen Aktivitäten der Teilnehmer direkt in die Angebotsstrukturen einfließen können. Möglich wird dies dadurch, dass formale Aspekte der Internetaktivitäten mit Hilfe statistischer Verfahren automatisch erfasst und analysiert werden können. Wer sich im Internet bewegt, muss damit rechnen, dass seine Aktivitäten nicht nur von anderen Internetteilnehmern oder von Dritten wie Online-Plattformanbietern oder Werbefachleuten beobachtet werden können, sondern – zugespitzt formuliert

– auch von den jeweiligen Webseiten oder Plattformen, die er gerade besucht. Was im Internet geschieht, kann – wenn auch in einem sehr speziellen, nämlich statistischen Sinne – grundsätzlich protokolliert und analysiert werden. Wir haben an anderer Stelle diesen Trend als „numerische Inklusion" bezeichnet (vgl. Wehner 2010). Damit ist zunächst einmal gemeint, dass die neuen digitalen Medien im Vergleich zu den Massenmedien, die schließlich auch ein großes Interesse an der Vermessung ihrer Teilnehmer haben, sich ungleich geeigneter erweisen für quantifizierende Vergleiche und Analysen der Mediennutzung. Denn nun ist im Grunde jedes Navigieren auf einer Webseite, jede Suchmaschinenanfrage, jeder Beitrag auf einem Online-Forum ein statistisch verwertbares Ereignis. Computerbasierte Programme, die hierbei zum Einsatz kommen, verstehen nicht, warum eine Seite angeklickt wurde, sie sind keine Interpreten des Internets, aber sie zählen die Klicks, verfolgen auch das absichtslose Suchverhalten auf Webseiten, protokollieren Kommentare und Bewertungen und werten diese aus.

Hierbei kann es sich um Suchmaschinen wie *Google* handeln, die nicht nur von ihren Teilnehmern genutzt werden, um an gewünschte Informationen zu kommen, sondern die umgekehrt auch das Suchverhalten ihrer Nutzer protokollieren und analysieren, um daraus Modelle über das Nutzerverhalten anzulegen. Diese Arbeiten erledigen Programme. Sie erfassen und speichern die Aktivitäten all derjenigen, die *Google* nutzen, werten diese aus und legen Profile an, um die Suche immer stärker zu personalisieren (vgl. Röhle 2010). Andere Online-Anbieter verfahren ähnlich. Auch hier werden Aktivitäten der Teilnehmer verdatet und statistischen Berechnungen unterworfen. Ein gutes Beispiel sind Musikanbieter im Internet wie etwa *Last.fm*, um nur den bekanntesten Anbieter zu nennen. Online-Musikportale bieten ihren Nutzern an, anders als beim klassischen Radio, nicht nur ihre persönlichen Musikwünsche zu beantworten, sondern auch solche Musikvorschläge zu machen, die von den Teilnehmern noch gar nicht geäußert wurden, also noch unbekannt sind, die jedoch den musikalischen Neigungen der Teilnehmer entsprechen sollen (vgl. Wehner 2008). Bei Online-Radioanbietern geht es also nicht nur um verbesserte Möglichkeiten, sich im Sinne des *Web 2.0* Gedankens als Teilnehmer in das mediale Geschehen einzumischen. Online-Radioanbieter versprechen, den Geschmack ihrer Teilnehmer immer besser zu erkennen und ihnen mit der Zeit maßgeschneiderte musikalische Angebote zu erstellen.

Es sind – neben den Möglichkeiten, Musik nach Kriterien wie Melodie, Rhythmus etc. zu klassifizieren, um auf diese Weise entscheiden zu können, welche Songs zueinander passen – die weitreichenden Verfahren der Protokollierung und Analyse der Hörerentscheidungen und daraus entwickelbaren Nutzerprofile, die ein solches persönliches Radio ermöglichen sollen. Musikwünsche und Bewertungen werden statistisch erfasst und ausgewertet, um das Musikangebot immer genauer auf den Geschmack der Hörer einzustellen. Außerdem werden die Teilnehmer über die musikalischen Vorlieben anderer Teilnehmer informiert, auch über solche, die einen ähnlichen Geschmack teilen, so dass es interessant sein könnte, sie zu kontaktieren. Die Teilnehmer erhalten also Musikempfehlungen, die ihren persönlichen Präferenzen entsprechen sollen und erhalten darüber hinaus – im Sinne von Networking- bzw. Community-Funktionen – Gelegenheiten, andere Teilnehmer über ihre musikalischen Vorlieben zu informieren bzw. andere Teilnehmer mit vergleichbaren Präferenzen und Hörgewohnheiten kennenzulernen.

Das für den vorliegenden Zusammenhang Interessante an diesen Entwicklungen ist, dass durch statistikbasierte Monitoring- und Analyseverfahren Internetteilnehmer offenbar in partikulare Beziehungsgeflechte wie z.b. Hörergemeinschaften mit ähnlichen musikalischen Vorlieben geführt werden. Üblicherweise interessieren sich Soziologen dafür, wie Online-Plattformen aktiv angeeignet bzw. benutzt werden, um bestehende Kontakte aus der sog. Offline-Welt in die Online-Welt zu übersetzen und dort fortzusetzen oder um neue Kontakte zu finden und zu entwickeln. Andere fragen danach, wie individuelle Identitäten neue mediale Bühnen gewinnen oder wie neue (kollektive) Identitäten entwickelt werden. In diesen Fällen werden entsprechende Aktivitäten (u.a.) mit Hilfe netzwerkanalytischer Verfahren untersucht. Mit Hilfe statistischer Verfahren werden Referier- und Verlinkungsaktivitäten auf genannten Plattformen festgehalten und die daraus hervorgehenden Beziehungsnetzwerke nachgezeichnet und analysiert. In Ergänzung dazu wäre zu berücksichtigen, dass vor allem solche Anbieter, die ihre Teilnehmer stärker in die Gestaltung der Angebotsstrukturen einbeziehen, Prozesse der Konnektivierung anstoßen, die sich durch die vorgängige Analyse geteilter Ideen, Vorlieben, Problemlagen auszeichnen. Gleichgesinnten bietet sich auf diese Weise die Chance, sich zu finden und über ihre partikularen Themen zu verständigen, während die Möglichkeiten, sich auf übergreifende Themen zu verständigen oder gar mit Andersdenkenden auseinanderzusetzen, tendenziell abnehmen (vgl. Sunstein 2007). Das Internet bietet so gesehen nicht nur Infrastrukturen für Prozesse der Vernetzung, wie sie vor allem von *Facebook* und anderen Anbietern her bekannt sind. Auch geht es nicht nur darum, netzwerkförmige Beziehungen sichtbar machen zu können („Wer ist ‚Freund' von wem?"; „Wer ist besonders gut vernetzt?"). Vielmehr entwickelt sich das Internet selbst mit seinen Möglichkeiten der computerbasierten Quantifizierung und statistischen Analyse zu einer Art Beziehungskonfigurator, der auf der Basis zuvor erfasster und verglichener Internetaktivitäten kommunikative Anschlüsse im Sinne einer Vorauswahl in Frage kommender Ansprechpartner fördert, der unentwegt Informations- und Kommunikationsgewohnheiten auf Gemeinsamkeiten und Unterschiede hin absucht, um

Nähen und Distanzen zwischen Teilnehmern zu errechnen, aus denen wiederum – siehe das Beispiel Online-Musikanbieter – Vorgaben gewonnen werden für die Erstellung von Angeboten bzw. Eröffnung von Vernetzungsmöglichkeiten.

Solche, sicherlich noch genauer zu untersuchenden Entwicklungen werfen die Frage auf, welche Erwartungen an die Teilnehmer, welche Teilnehmerkonstrukte bzw., um das Beispiel der Musikanbieter noch einmal aufzugreifen, welche Hörervorstellungen in die entsprechenden statistischen Analyseverfahren eingehen.[1] Es liegt nahe zu vermuten, dass dies nicht die Publikumsmodelle sind, wie sie in die Messverfahren der Massenmedien Eingang gefunden haben, sondern eher solche Konstruktionen, in denen es um Vorstellungen über mögliche quasi nachbarschaftliche Beziehungen geht, um Communities, die besondere Interessen oder Problemlagen teilen oder um netzwerkförmige Beziehungsgeflechte (vgl. dazu auch Bermejo 2007). Solche (sozialen) Ordnungsvorstellungen dienen – ähnlich wie Erwartungen an Radiohörer (vgl. Schrage 2005) oder Fernsehzuschauer (vgl. Schneider und Otto 2007) die Entwicklung entsprechender Verfahren der Publikumsvermessung orientiert haben – nicht nur der Außendarstellung von Internetplattformen, so wie etwa Stanley Milgrams Idee der „six degrees of seperation" im Falle von *Xing*, sondern dürften auch die Entwicklung computerbasierter Monitoring- und Analyseverfahren beeinflussen. Es wäre also zu prüfen, inwieweit Algorithmen bzw. Analyseverfahren, von denen hier die Rede ist, sich als Ausdruck normativer Konzepte verstehen lassen, in denen Teilnehmer bzw. Teilnehmeraktivitäten zu „messbaren epistemischen Einheiten" (Mayer 2010: 74) werden, die nicht nur auf Ähnlichkeiten und Unterschiede hin beobachtet, sondern als Elemente netzwerkförmiger Referier- und Adressiersysteme betrachtet werden können.[2] Auch wäre zu untersuchen, inwieweit sich tatsächlich auf diese Weise netzförmige Beziehungsgeflechte bilden, wie diese dann – im Sinne einer zirkulär voranschreitenden Verstärkung – erneut vermessen und analysiert werden, und wie sich dies wiederum auf die Beziehungsverhältnisse der Teilnehmer auswirkt.

---

1 Solchen Fragen gehen wir nach in unserem DFG-Projekt „*Numerische Inklusion – Medien, Messungen und gesellschaftlicher Wandel*", das im Rahmen des DFG Schwerpunktprogramms „*Mediatisierte Welten*" gefördert wird. Siehe dazu auch *http://www.mediatisiertewelten.de*
2 So beschreibt Katia Mayer (2010), wie Vorstellungen über soziale Strukturen, die der Netzwerkanalyse entstammen, in die Entwicklung und Funktionsweise der Suchmaschinen-Algorithmen eingeflossen sind.

5. Schluss

Den geneigten Leserinnen und Lesern dürfte aufgefallen sein, dass wir in diesem Text nicht vom Internet als einem vernetzten Kommunikationsraum sprechen. Im Unterschied zu Massenmedien bietet das Internet vielfältige Rückkopplungsmöglichkeiten und damit vielfältige Potenziale der Vernetzung, die aber unter jeweils gegebenen Bedingungen erst umgesetzt und realisiert werden müssen. Mit dem Internet finden wir also nicht einfach ein Netz vor, sondern Möglichkeiten der kommunikativen Vernetzung unter Internetbedingungen. In diesem Sinne zielt Netzwerkanalyse tatsächlich auf Prozesse der Vernetzung und damit auf die Dynamik sozialer Netzwerke. Die Offenheit der Kategorien, die dabei in den Blick kommen, könnte sich als entscheidender Vorteil einer solcherart verstandenen Netzwerkanalyse erweisen. Ist doch nicht einmal ausgemacht, wer oder was sich hinter adressierbaren Einheiten verbirgt, die in einen vernetzten Verweisungszusammenhang gebracht werden. Zu dieser Frage verhalten sich die zuletzt genannten Referier- und Verlinkungspraktiken indifferent.

Literatur

Abbott, Andrew. 2001. *Time Matters. On Theory and Method.* Chicago: The University of Chicago Press.
Abbott, Andrew. 2007. Mechanismus and Relations. *Sociologica* 2, http://www.sociologica.mulino.it/doi/10.2383/24750
Akrich, Madeleine. 1992. The De-Scription of Technical Objects. In *Shaping Technology, Building Society. Studies in Sociotechnical Change*, Hrsg. Wiebe E. Bijker und John Law, 205-224. Cambridge, MA: MIT Press.
Ang, Ien. 1991. *Desparately Seeking the Audience.* London: Routledge.
Barnes, John A. 1954. Class and Committees in a Norwegian Island Parish. *Human Relations* 7, 39-58.
Beher, Stefan, Christian Hilgert, und Thorben Mämecke. 2010. Netz-Werke. Funktionale Differenzierung, Selbstdarstellung und Beziehungsgeflechte auf Social Networking Platforms. In *Netzwerke in der funktional differenzierten Gesellschaft*, Hrsg. Michael Bommes und Veronika Tacke, 289-315. Wiesbaden: VS-Verlag.
Bermejo, Fernando. 2007. *The Internet Audience: Constitution and Measurement.* New York: Peter Lang.
Bloor, David. 1976. *Knowledge and Social Imagery.* London: Routledge.

Bloor, David. 1983. *Wittgenstein. A Social Theory of Knowledge.* Columbia University Press, New York.

Bommes, Michael, und Veronika Tacke (Hrsg.). 2010. *Netzwerke in der funktional differenzierten Gesellschaft.* Wiesbaden: VS Verlag.

Bommes, Michael; Tacke, Veronika (2010a): Einleitung. In *Netzwerke in der funktional differenzierten Gesellschaft*, Hrsg. dies., 7-22. Wiesbaden: VS Verlag.

Busemann, Katrin, und Christoph Gscheidle. 2010. Web 2.0: Nutzung steigt – Interesse an aktiver Teilhabe sinkt. Ergebnisse der ARD/ZDF-Onlinestudie 2010. *Media Perspektiven* 7/8, 359-368.

Emirbayer, Mustafa. 1997. Manifesto for a Relational Sociology. *American Journal of Sociology* 103, 2, 281-317.

Fuhse, Jan. 2009. The Meaning Structure of Social Networks. *Sociological Theory* 27, 51-73.

Fuhse, Jan. 2010. Zu einer relationalen Ungleichheitssoziologie. In *Relationale Soziologie: Zur kulturellen Wende der Netzwerkforschung*, Hrsg. Jan Fuhse und Sophie Mützel, 179-205. Wiesbaden: VS Verlag.

Fuhse, Jan, und Sophie Mützel (Hrsg.). 2010. *Relationale Soziologie. Zur kulturellen Wende in der Netzwerkforschung.* Wiesbaden: VS Verlag.

Fuhse, Jan, und Christian Stegbauer (Hrsg.). 2011. *Kultur und mediale Kommunikation in sozialen Netzwerken.* Wiesbaden: VS Verlag.

Gad, Christopher, und Casper Bruun Jensen. 2010. On the Consequences of Post-ANT. In *Science, Technology & Human Values* 35, 1, 55-80.

Grassmuck, Volker R. 1995. Die Turing-Galaxis. Das Universalmedium auf dem Weg zur Welt-Simulation. In *Lettre International*, Nr. 28, 48-55.

Gscheidle, Christoph, und Martin Fisch. 2007. Onliner 2007: Das „Mitmach-Netz" im Breitbandzeitalter. PC-Ausstattung und Formen aktiver Internetnutzung: Ergebnisse der ARD/ZDF-Online-Studie 2007. In *Media Perspektiven* 8, 393-405.

Habermas, Jürgen. 1990. *Strukturwandel der Öffentlichkeit. Untersuchungen zu einer Kategorie der bürgerlichen Gesellschaft.* Frankfurt am Main: Suhrkamp.

Holzer, Boris. 2006. *Netzwerke.* Bielefeld: transcript.

Holzer, Boris. 2010. Von der Beziehung zum System – und zurück? Relationale Soziologie und Systemtheorie. In *Relationale Soziologie. Zur kulturellen Wende der Netzwerkforschung*, Hrsg. Jan Fuhse und Sophie Mützel, 97-116. Wiesbaden: VS Verlag.

Jansen, Dorothea. 2006. *Einführung in die Netzwerkanalyse.* 3. überarbeitete Auflage. Wiesbaden: VS Verlag.

Kiousis, Spiro. 2002. Interactivity: A Concept Explication. In *New Media & Society*, Vol. 4, 355-383.
Knorr-Cetina, Karin. 1981. *The Manufacture of Knowledge. An Essay on the Constructivist and Contextual Nature of Science.* Oxford: Pergamon Press.
Knorr-Cetina, Karin, und Michael Joseph Mulkay. 1993. *Science Observed. Perspectives on the Social Study of Science.* Thousand Oaks, CA/London: Sage.
Latour, Bruno. 1998. On Recalling ANT. In *The Sociological Review* 46, 15-25.
Latour, Bruno. 2007. *Eine neue Soziologie für eine neue Gesellschaft. Einführung in die Akteur-Netzwerk-Theorie.* Frankfurt am Main: Suhrkamp.
Latour, Bruno, und Steve Woolgar. 1979. *Laboratory Life: The Social Construction of Scientific Facts.* Thousand Oaks, CA/London: Sage.
Law, John. 2002. *Aircraft Stories. Decentering the Object in Technoscience.* Durham, NC: Duke University Press.
Law, John, und John Hassard. 1999. *Actor Network Theory and After.* Oxford: Blackwell.
Lorrain, François, und Harrison White. 1971. Structural Equivalence of Individuals in Social Networks. In *Journal of Mathematical Sociology* 1, S. 49.
Luhmann, Niklas. 1996. *Die Realität der Massenmedien.* Opladen: Westdeutscher Verlag.
Mayer, Katja. 2010. Zur Soziometrik der Suchmaschinen. Ein historischer Überblick der Methodik. In *Deep Search. Politik des Suchens jenseits von Google*, Hrsg. K. Becker und F. Stalder, 64-84. Bonn: Bundeszentrale für politische Bildung.
Mehler, Alexander, und Tilmann Sutter. 2008. Interaktive Textproduktion in Wiki-basierten Kommunikationssystemen. In *Kommunikation, Partizipation und Wirkungen im Social Web. Band 1: Grundlagen und Methoden: Von der Gesellschaft zum Individuum*, Hrsg. Ansgar Zerfaß, Martin Welker und Jan Schmidt, 267-300. Köln: Herbert von Halem.
Mol, Annemarie. 2005. *The Body Multiple. Ontology in Medical Practice.* Durham, NC: Duke University Press.
Radcliffe Brown, Alfred. 1952. *Structure and Function in Primitive Society.* London: Cohen & West.
Röhle, Theo. 2010. *Der Google Komplex. Über Macht im Zeitalter des Internets.* Bielefeld: transcript.
Schmidt, Jan. 2009. *Das neue Netz. Merkmale, Praktiken und Folgen des Web 2.0.* Konstanz: UVK.
Schneider, Irmela, und Isabell Otto (Hrsg.). 2007. *Formationen der Mediennutzung II. Strategien der Verdatung.* Bielefeld: transcript.

Schrage, Dominik. 2005. Anonymes Publikum. Massenkonstruktion und die Politiken des Radios. In *Politiken der Medien*, Hrsg. D. Gethmann und M. Stauff, 173-194. Berlin, Zürich: Diaphanes.

Schrage, Dominik. 2007. Von der Hörerpost zur Publikumsstatistik. In *Formationen der Mediennutzung II. Strategien der Verdatung*, Hrsg. Irmela Schneider und Isabell Otto, 133-151. Bielefeld: transcript.

Stegbauer, Christian. 2001. *Grenzen virtueller Gemeinschaft. Strukturen internetbasierter Kommunikationsformen*. Wiesbaden: Westdeutscher Verlag.

Stegbauer, Christian. 2009. *Wikipedia. Das Rätsel der Kooperation*. Wiesbaden: VS Verlag.

Stichweh, Rudolf. 1988. Inklusion in Funktionssystemen der modernen Gesellschaft. In *Differenzierung und Verselbständigung – zur Entwicklung gesellschaftlicher Teilsysteme*, Hrsg. Renate Mayntz, Bernd Rosewitz und Uwe Schimank, 261-293. Frankfurt am Main: Campus.

Sunstein, Cass R. 2007. *Republic.com 2.0*. Princeton University Press.

Sutter, Tilmann. 2010. Der Wandel von der Massenkommunikation zur Interaktivität neuer Medien. In *Medienwandel als Wandel von Interaktionsformen*, Hrsg. ders. und Alexander Mehler, 83-105. Wiesbaden: VS Verlag.

Sutter, Tilmann. 2010a. „Interaktivität" neuer Medien – Illusion und Wirklichkeit aus der Sicht einer soziologischen Kommunikationsanalyse. In *Medienanalyse und Medienkritik. Forschungsfelder einer konstruktivistischen Soziologie der Medien*, ders., 154-166. VS Verlag für Sozialwissenschaften.

Wehner, Josef. 1997. Interaktive Medien – Ende der Massenkommunikation? In *Zeitschrift für Soziologie*, 26 (2), 96-114.

Wehner, Josef. 2008. Social Web – Rezeptions- und Produktionsstrukturen im Internet. In *Medien und Macht*, Hrsg. Michael Jäckel und Manfred Mai, 197-218. Frankfurt am Main: Campus Verlag.

Wehner, Josef. 2010. Numerische Inklusion. Medien, Messungen und Modernisierung. In *Medienwandel als Wandel von Interaktionsformen*, Hrsg. Tilmann Sutter und Alexander Mehler, 183-210. Wiesbaden: VS Verlag.

Wellman, Barry. 1988. Structural Analysis: from Method and Metaphor to Theory and Substance. In *Social Structures: A Network Approach*, Hrsg. Barry Wellman und S. D. Berkowitz, 19-61. Cambridge: Cambridge University Press.

White, Harrison C. 1966. *Notes on Coupling-Decoupling*. Harvard University, Social Relations Department, Cambridge, Mass.

White, Harrison C. 1992. *Identity and Control. A Structural Theory of Social Action*. Princeton, NJ: Princeton University Press.

White, Harrison C. 2008. *Identity and Control. How Social Formations Emerge*. Princeton: Princeton University Press.

White, Harrison C., Jan Fuhse, Matthias Thiemann, und Larissa Buchholz. 2007. Networks and Meaning: Styles and Switchings. In *Soziale Systeme* 13, 514-526.

Woolgar, Steve. 1992. Configuring the User: The Case of Usability Trials. In *A Sociology of Monsters: Essays on Power, Technology, and Domination*, Hrsg. John Law, 57-59. London: Routledge.

Maximilian Schich

Netzwerke von komplexen Netzwerken in der (Kunst)Wissenschaft

Der vorliegende Beitrag beschreibt in einfachen Worten die konzeptuelle Relevanz komplexer Netwerke für die Kunst- und Geisteswissenschaften im Zeitalter explosionsartig wachsender Datenmengen. Dabei wird eine quantitative Perspektive aufgezeigt, die vom Standpunkt der traditionell-qualitativ fokussierten Ausbildung in den Kunstwissenschaften bedrohlich erscheinen mag, jedoch in erweiterter Sicht weitreichende Chancen bietet, sowohl bezüglich des möglichen Fortschritts im Fach selbst, als auch bezüglich einer multidisziplinären Einbindung auf dem Weg zu einer allgemeinen, evidenzbasierten qualitativ wie quantitativ ausgerichteten Wissenschaft der Daten, mit fließenden Übergängen zwischen Kunst-, Geistes, Sozial, und Naturwissenschaften.

Wichtig erscheint dabei festzuhalten, dass komplexe Netzwerke und damit verbundene Konzepte hier im Sinne der diskreten Mathematik und der naturwissenschaftlichen Netzwerkforschung verstanden werden (vgl. Newman 2010 oder einführend Barabási 2002). Wichtig ist dies vor allem im Hinblick auf stärker theoretisch geprägte Ansätze wie etwa die so genannte Actor-Network-Theory (vgl. Latour 2005), deren Instrumentarium angesichts der zur Verfügung stehenden Daten ebenso unzureichend erscheint, wie viele andere philosophisch geprägte Theorien, die hier nicht diskutiert werden.

Komplexe Netzwerke

Betrachten wir zunächst eine Standardfrage der Kunstgeschichte. So gut wie jedes kunsthistorische Werk ordnet Objekte in irgendeiner Weise ein, etwa im Sinne einer Künstlerzuweisung, einer Datierung, einer geographischen oder auch nur thematischen Verortung. Prinzipiell lässt sich eine solche Einordnung als Klassifikation verstehen, in der die Objekte die Rolle des zu klassifizierenden Gegenstandes einnehmen sowie die jeweilige Einordnung diejenige des Klassifikationskriteriums. Dabei spielt es keine Rolle, ob das kunsthistorische Werk systematisch beispielsweise hunderte von Gemälden bestimmten fest umrissenen Themen in einem kontrollierten Index zuordnet, oder ob dabei ein einzelner unscharfer Werkzusammenhang exklusiv über hunderte von Seiten einer einzigen schwer umgrenzbaren Bedeutung zugewiesen wird. Zumindest theoretisch handelt es sich in beiden Fällen um den selben Vorgang.

Man könnte sich nun vorstellen eine Summe aller kunsthistorischen Einordnungen dieser Art zu erstellen, etwa indem man alle existierenden kunsthistorischen Werke auf einen großen Haufen wirft, selbstverständlich unter Erhalt der existierenden Multiplizität der Meinung. Jede kunsthistorische Einordnung in dem großen Haufen würde dabei einen Link herstellen zwischen einem Gegenstand und einem Klassifikationskriterium. Da jeder Gegenstand mit mehreren Klassifikationskriterien verbunden sein könnte, und jedes Klassifikationskriterium umgekehrt mit mehreren Gegenständen, entstünde dadurch ein Netzwerk, dessen globale Struktur, Dynamik und Evolution – da alles andere als durchschnittlich und zufällig – sich als lohnender Untersuchungsgegenstand anbietet.

Betrachten wir ein relativ einfaches, konkretes Beispiel der kunsthistorischen Einordnung – das Phänomen der Rezeption antiker Monumente in visuellen Dokumenten, so wie etwa im *„Census of Antique Works of Art and Architecture Known in the Renaissance"* seit 1947 dokumentiert. Visuelle Dokumente entsprechen dabei dem Gegenstand der Klassifikation, antike Monumente den Klassifikationskriterien (oder umgekehrt). Unabhängig von der Perspektive ergibt sich ein Netzwerk mit zwei Knotenarten, den visuellen Dokumenten und den antiken Monumenten, sowie einer Linkart, dem Rezeptions- oder Klassifikationslink.

Abbildung 1 zeigt einen kleinen Ausschnitt aus einem solchen Netzwerk der Rezeption. Visuellen Dokumenten zu römischen Kaiserthermen zur Rechten stehen dabei Abbildungstypen antiker Monumente zur Linken gegenüber (vgl. Schich 2009). Bei den Dokumentknoten handelt es sich dabei um einfache Veduten, um Montagen aus Zeichnungsfragmenten oder um Ausschnitte aus einem Stadtplan. Die Abbildungstypen werden im Beispiel durch eine einfache Hierarchie von Verbalkonzepten repräsentiert. Rezeptionslinks erscheinen als graue Linien zwischen den visuellen Dokumenten und den verbalen Konzepten. Wollte man das Beispiel weiter vereinfachen, so könnte man sich auch Photos als Dokumente sowie einfache Tags oder Schlagworte als Klassifikationskriterien vorstellen. Die Links wären auch in diesem Fall als graue Linien zwischen Gegenstand und Klassifikationskriterien denkbar.

Interessant ist hier zunächst, wie ein solches Klassifikationsnetzwerk traditionell in der Kunstwissenschaft abgebildet und erschlossen wird. Prinzipiell ist man zumeist gezwungen über Suchformulare oder Listen in die Klassifikation einzusteigen, worauf man diese von Knoten zu Knoten navigiert. Nach wie vor zeigen kunstwissenschaftliche Datenbanken beispielsweise Listen von Gegenständen beim Klassifikationskriterium sowie Listen von Klassifikationskriterien beim Gegenstand – analog zum herkömmlichen Museumskatalog mit Index auf Papier, oder zum doppelten Zettelkasten.

Netzwerke von komplexen Netzwerken in der (Kunst)Wissenschaft

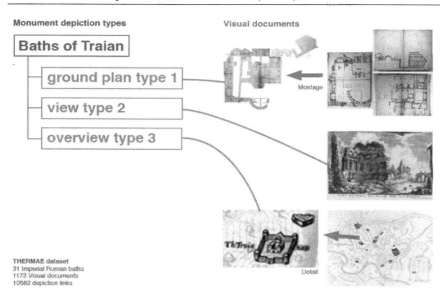

Abbildung 1: Beispiel der Rezeption antiker Monumente in visuellen Dokumenten.

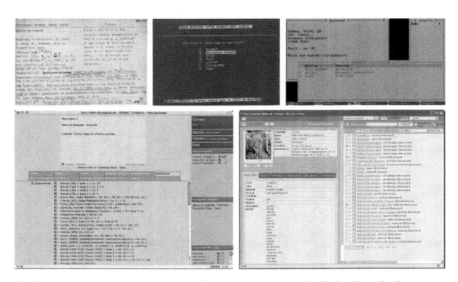

Abbildung 2: Evolution der Benutzeroberfläche einer kunstwissenschaftlichen Datenbank

Abbildung 2 zeigt die Evolution entsprechender Benutzeroberflächen für den Fall des oben bereits erwähnten *Census* von 1947 bis 2006.

Abbildung 3 zeigt den Standard als Karikatur: Man befindet sich entweder beim Dokument (links) und sieht eine Liste von darin vorkommenden Monumenten, oder beim Monument (rechts) mit einer Liste von entsprechenden Dokumenten. Was man beispielsweise nicht sieht ist eine Übersicht von Dokumenten die sich aufgrund einer Anzahl darin erscheinender Monumente ähneln. Will man als Benutzer die Frage beantworten, in welchen Dokumenten die aufgelisteten Monumente beim Dokument X sonst noch vorkommen, so ist man gezwungen langwierig in der Datenbank (entlang einzelner Links wie dem einzelnen grauen in Abbildung 3) zu navigieren. Im Standardfall gibt es derzeit keine globale Kartierung des Klassifikationsnetzwerks anhand dessen sich unsere Frage schnell und einfach beantworten ließe.

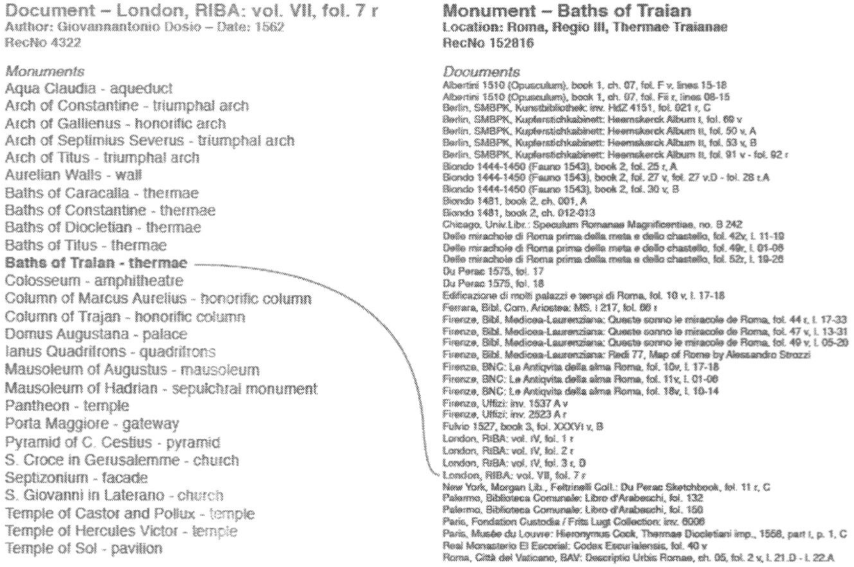

Abbildung 3: Karikatur einer herkömmlichen Benutzeroberfläche

Glücklicherweise bedeutet die Definition unserer Klassifikation als Netzwerk in dieser Sache einen Lichtblick. Aus der Graphentheorie, einem Zweig der Mathematik, lernen wir, dass sich Netzwerke prinzipiell auf mindestens drei verschiedene Arten und Weisen abbilden lassen: Als Adjazenzliste, als Knoten-Link-Diagramm, sowie als Adjazenzmatrix. Abbildung 4 zeigt diese drei Repräsentationsformen beispielhaft: Eine Adjazenzliste (a) ist zunächst nichts anderes als eine zweispaltige Liste von Linkquellen und Linkzielen (Dokument1-Monument1; Dokument1-Monument2; Dokument2-Monument3; etc.). Ein Knoten-Link-Diagramm (b) ist eine graphische Konstruktion, in der jeder Knoten im Netzwerk – d.h. in unserem Beispiel jedes Dokument sowie jedes Monument bzw. jeder Gegenstand sowie jedes Klassifikationskriterium – als Punkt dargestellt wird; jeder Link hingegen als Linie. Eine Adjazenzmatrix (c) ist prinzipiell ein Tabelle, in der jedem Knoten im Netzwerk je eine Zeile und/oder Spalte zugewiesen wird; jedem Link hingegen eine Zelle – sind zwei Knoten im Netzwerk verlinkt erscheint in der Zelle, in der sich die entsprechenden Zeilen und Spalten kreuzen, ein Wert.

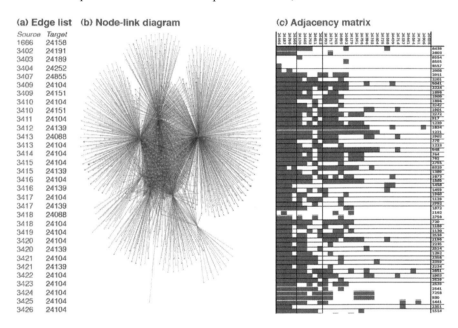

Abbildung 4: Grundlegende Repräsentationen von Netzwerken: Adjazenzliste (a), Knoten-Link-Diagramm (b), und Adjazenzmatrix (c).

Es sei hier nur darauf hingewiesen, dass alle drei der genannten Repräsentationsformen mit Vor- und Nachteilen behaftet sind (vgl. Bertin 2010) und aufgrund ihrer Einschränkungen in der naturwissenschaftlichen Netzwerkforschung als Visualisierungsmethoden zumeist durch abstraktere, zusammenfassende Messwerte ersetzt werden (vgl. Newman 2010). Nichts desto trotz gewinnen wir im Hinblick auf unsere Frage eine wichtige Einsicht: Die standardmäßige Auflistung von Monumenten beim Dokument bzw. von Dokumenten beim Monument, wie wir sie in nahezu jeder kunstwissenschaftlichen Datenbank und als Karikatur in Abbildung 3 finden, ist nichts anderes als ein äußerst begrenzter Ausschnitt aus der Adjazenzliste des gesamten Netzwerks aller möglichen Einordnungen.

Abbildung 5 zeigt eine Alternative: Das Netzwerk der Rezeption ist hier als eine mit Bildern angereicherte Matrix dargestellt. Jedem Monument ist dabei eine Spalte zugeordnet, jedem Dokument eine Zeile. Anstelle des jeweiligen Links erscheint eine Detailabbildung des Dokuments – im Beispiel je ein Ausschnitt aus einem Stadtplan mit einer Abbildung des jeweiligen Monuments. Die beiden Standardlisten aus Abbildung 3 entsprechen jeweils einer Zeile bzw. einer Spalte in der Matrix, so wie in Abbildung 5 markiert. Es ist einfach zu erkennen was dem Benutzer einer herkömmlichen kunstwissenschaftlichen Datenbank, oder auch eines traditionellen Ausstellungskataloges, entgeht: Die Matrix liefert den bisher unsichtbaren Kontext. Ohne weiteres wird erkennbar, in welchen weiteren Dokumenten die beim markierten Dokument aufgelisteten Monumente sonst noch vorkommen. Die Dokumentfrage und die Monumentfrage – aus denen sich im Übrigen die künstliche Spaltung von Kunstgeschichte und Archäologie ergibt – verbinden sich hier auf natürliche Weise in einer einzigen zweidimensionalen Abbildung.

Es stellt sich die Frage, warum solche, ohne Zweifel wünschenswerten, Übersichten nicht längst allgegenwärtig sind? Einen Teil der Antwort liefert ein kurzer Blick auf die Adjazenzmatrix der entsprechenden Gesamtklassifikation in Abbildung 6, aus der die Übersicht in Abbildung 5 mit Hilfe eines speziellen Algorithmus (Ahn et al. 2010) extrahiert wurde. Die Konstruktion der Übersicht ist alles andere als trivial, da die Matrix des entsprechenden Gesamtnetzwerkes schwach besetzt (sparse) ist, so wie im Fall der meisten realen komplexen Netzwerke. Dichte und vor allem sinnvolle Bereiche müssen in der Matrix eigens zusammensortiert (permutiert) werden anhand von Algorithmen, deren Entwicklung inzwischen einen wahrnehmbaren Teil der naturwissenschaftlichen Netzwerkforschung ausmacht (vgl. et al. 2009 bzw. Fortunato 2010). Allein die Anzahl der Sortiermöglichkeiten von n Zeilen mal m Spalten der Matrix sprengt angesichts der Möglichkeiten, die bereits im Beispiel von Abbildung 6 in die Hunderttausende gehen, das kognitive Limit eines jeden einzelnen Forschers. Wählt man ein weniger plakatives Beispiel als in Abbildung 5, mit Dokumenten aus zahlreichen verschiedenen Quellen, statt einer einzelnen Gattung zu der es einen guten Katalog gibt (Frutaz 1962), so wird der Einsatz des Rechners und vor allem die fachliche Entgrenzung zwischen Kunst- und Naturwissenschaft unumgänglich. Rezeption

Netzwerke von komplexen Netzwerken in der (Kunst)Wissenschaft 167

im Speziellen und kunsthistorische Einordnung im Allgemeinen erweisen sich als komplexes Netzwerk im Sinn der diskreten Mathematik und wollen als solche behandelt werden.

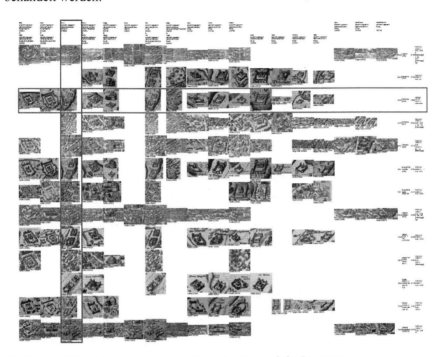

Abbildung 5. Bildmatrix mit einem Ausschnitt aus dem Netzwerk der Rezeption.

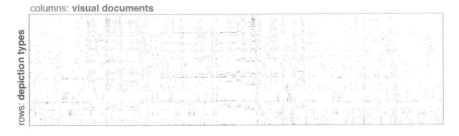

Abbildung 6: Matrix des zugehörigen Gesamtnetzwerkes.

Selbstverständlich bedeutet die vorgestellte Sichtweise nicht das Ende der klassischen Kunstwissenschaft. Dennoch sollten wir uns jedes Mal, wenn wir in einer Datenbank navigieren, einen Katalog durchblättern, oder auch nur eine einzelne kunsthistorische Einordnung in einem Aufsatz lesen, bewusst machen, dass wir prinzipiell einen winzigen Ausschnitt des Netzwerks aller existierenden kunsthistorischen Einordnungen vor Augen haben. Die Gesamtstruktur, Dynamik und Evolution dieses komplexen Netzwerks kennen wir nur zu sehr geringem Teil. Da in komplexen Systemen mehr immer auch anders ist als erwartet (Anderson 1972), ist die Erforschung des Großen und Ganzen nicht nur ein Desiderat, sondern eine missionskritische Aufgabe für die Kunstwissenschaft.

Netzwerke komplexer Netzwerke

Sowohl die Summe aller kunsthistorischen Einordnungen im Allgemeinen wie die Rezeption antiker Monumente in visuellen Dokumenten im Speziellen sind als komplexes Netzwerk vorstellbar. Geht diese Vorstellung bereits über den Rahmen der traditionellen Kunstwissenschaft hinaus, so ist sie doch nur ein Teil eines noch größeren Zusammenhanges. Abbildung 7a zeigt ein Knoten-Link-Diagramm des Netzwerks der Rezeption in einer weiteren kunsthistorischen Datenbank, dem *„Corpus der Antiken Denkmäler, die J.J. Winckelmann und seiner Zeit bekannt waren"*. Für sich gesehen erscheint die Rezeption auch hier eindeutig als komplexes Netzwerk. Im Datenmodell der Datenbank erscheint die Rezeption jedoch nur als eine Linkart zwischen zwei Knotenarten, eingebunden in ein übergeordnetes Netzwerk mehrerer Arten von Links und Knoten. Abbildung 7b zeigt das gesamte Datenmodell des *Corpus* im Vergleich. Zusätzlich zur Erkenntnis, dass kunstwissenschaftliche Einordnungen als komplexe Netzwerke vorstellbar sind, kommt hier also die Einsicht hinzu, dass Datenmodelle kunstwissenschaftlicher Datenbanken ebenfalls als Netzwerke zu verstehen sind.

Spinnen wir den oben eingeführten Faden konsequent weiter, so liegt es folglich nahe die Konzeption des Datenmodells als Netzwerk auszunutzen um der tatsächlichen Gesamtstruktur einer Datenbank näher zu kommen. Wie an anderer Stelle für den *Census* gezeigt (Schich 2010), können wir das Datenmodell einer kunstwissenschaftlichen Datenbank nicht nur als Knoten-Link-Diagramm darstellen, sondern auch als Matrix. Jeder Knotenart wird dabei sowohl eine Zeile als auch eine Spalte zugewiesen. Die jeweiligen Linktypen erscheinen in den entsprechenden Zellen der Matrix, wo die Zeile der Ausgangsknotenart auf die Spalte der Zielknotenart trifft. Abbildung 8 zeigt das entsprechend dem *Census* verfeinerte Ergebnis für den *Winckelmann Corpus*. Wir erkennen, dass nicht nur die Kartierung der Rezeption ein komplexes Netzwerk widerspiegelt, sondern jede einzelne Linkart der Datenbank als komplexes Netzwerk verstanden werden kann. In anderen Worten: Kunstwissenschaftliche Datenbanken sind Netzwerke von komplexen Netzwerken mit einer Vielzahl nicht-trivialer Verbindungen zwischen Objekten, Personen, Örtlichkeiten, Perioden, Ereignissen und anderen Konzepten – ein weiterer lohnenswerter Untersuchungsgegenstand der Netzwerkforschung.

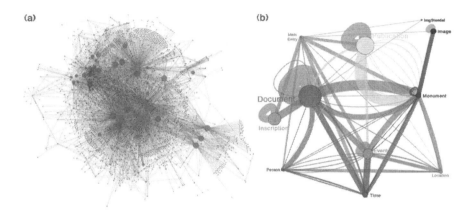

Abbildung 7: Netzwerk der Rezeption (a) sowie Datenmodell (b) für den Winckelmann Corpus.

Bereits ohne weiteren Vergleich mit anderen Datenbanken ergibt sich durch die Kartierung der gesamten Datenbank eine erhebliche Erweiterung des Handlungsspielraums für die kunstwissenschaftliche Forschung. Ohne Weiteres wird in Abbildung 8 ersichtlich, dass in der Datenbank, neben dem zentralen Anliegen der Rezeption (in der Zelle *Document– Monument*), zahlreiche weitere interessante Phänomene festgehalten sind. Aus der Sicht der Sozialwissenschaft erscheint die Zelle *Person– Location* interessant, weil darin offenbar komplexe Bezüglichkeiten zwischen Akteuren, Geburts-, Arbeits- und Todesorten festgehalten sind. Für die Provenienzforschung würde es sich lohnen, die Zellen *Monument– Event, Event– Location*, und *Event– Time* in einer übergeordneten Studie zu verbinden. Im Hinblick auf die weitere Geschichte der Rezeption selbst ist es sicherlich ertragreich einen Blick auf die moderne Bibliographie zu antiken Monumenten (in der Zelle *Publication– Monument*) zu werfen, deren Struktur der Rezeption zur Zeit Winckelmanns (in der Zelle *Document– Monument*) und der Renaissance im *Census* in punkto Komplexität in nichts nachsteht (vgl. Schich und Barabási 2009). Evaluatoren der Datenbank werden schließlich z.B. Interesse zeigen an der Zelle *Document– Location*, deren Inhalt sich deutlich von der geographischen Verteilung der Quellen im *Census* unterscheidet, und daher auf eine radikal anders gelagerte Unvollständigkeit des inzwischen in den *Census* gemergten *Corpus* hinweist.

Im vorhergehenden Kapitel ergab sich im zweidimensionalen Überblick über das Netzwerk der Rezeption eine natürliche Verbindung der Perspektiven von Kunstgeschichte und Archäologie. Auf analoge Weise bietet die Kartierung einer gesamten Datenbank Anknüpfungspunkte für eine Vielzahl von Teildisziplinen der Kunst- und Geisteswissenschaften, nicht nur in Bereichen des primären Zwecks der untersuchten Datenmenge, sondern auch ausdrücklich darüber hinaus. Datenbanken als Netzwerke komplexer Netzwerke zu verstehen bietet folglich nicht nur tiefere Einsichten in die Struktur kunstwissenschaftlicher Daten; vielmehr bildet die erweiterte Sichtweise auch eine praktische Grundlage für eine genuin multidisziplinäre Forschung.

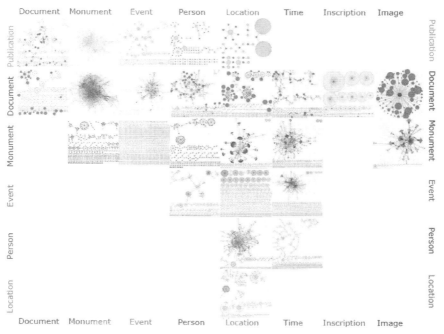

Abbildung 8: Mit *Knoten-Link-Diagrammen angereicherte Datenmodell-Matrix für den Winckelmann Corpus.*

Netzwerke von Netzwerken komplexer Netzwerke

Aus der Sicht eines traditionellen Kunstwissenschaftlers erscheint es sicher utopisch vom großen Haufen aller kunsthistorischen Einordnungen zu träumen. Betrachtet man die Situation jedoch aus einem etwas anderen Blickwinkel, nähern wir uns diesem Ziel gerade mit großen Schritten von zwei Seiten an. Einerseits werden immer mehr strukturierte Datenmengen in maschinenlesbarer Form produziert und veröffentlicht; andererseits arbeiten sowohl Wissenschaft als auch Industrie eifrig daran vorhandene relativ unstrukturierte (Text-) Information in strukturierte Daten zu verwandeln.

Was die Produktion von entsprechend strukturierten Datenmengen angeht, so reicht vermutlich ein Verweis auf Facebook – nicht nur das größte soziale Netzwerk mit über einer Milliarde Benutzern, sondern derzeit auch die größte Bilddatenbank der Welt (Johnson 2010). Die Plattform speichert nicht nur alle Daten in Form einer verteilten Graphdatenbank, d.h. als Netzwerk; sie stellt die Daten mit Hilfe des so genannten *Graph API* auch als solches zur Verfügung (https://graph.facebook.com/). Indem wir Facebook oder ähnliche Plattformen benutzen, erstellen wir also ohne notwendige Intention große Mengen sauber strukturierter Daten in Form eines Netzwerks komplexer Netzwerke.

Ein gutes Beispiel für die zunehmende Veröffentlichung strukturierter Datenmengen, und vermutlich gegenwärtig auch das herausragendste, ist die so genannte Linked Open Data Cloud (vgl. Heath 2010), in der Datenmengen nach den Richtlinien des World Wide Web Consortium (W3C) als Graphen, d.h. Netzwerke hinterlegt werden. Abbildung 9 zeigt die gegenwärtig darin enthaltenen Datenmengen inklusive ihrer Verlinkung untereinander. Neben *DBPedia*, einem strukturierten Auszug aus *Wikipedia*, finden sich darin immer mehr bekannte Standarddatenmengen, aus der Biologie, dem Bibliothekswesen, der Medienindustrie, sozialer Netzwerke, zur Geographie, etc.

Die Links in Abbildung 9 zeigen Querverbindungen zwischen den enthaltenen Datenmengen, die sich aus dem gleichzeitigen Vorhandensein der selben Knoten ergeben – wir sehen also beispielsweise einen Link, wenn eine Reihe von Örtlichkeiten sowohl in *Geonames* als auch in *DBpedia* vorkommt. Was auf den ersten Blick auffällt, ist dass wir auch hier wieder ein komplexes Netzwerk vor Augen haben. Die Linked Data Cloud ist also ein Netzwerk von Datenmengen, d.h. von Netzwerken komplexer Netzwerke – in anderen Worten: ein Eldorado für die multidisziplinäre Netzwerkwissenschaft.

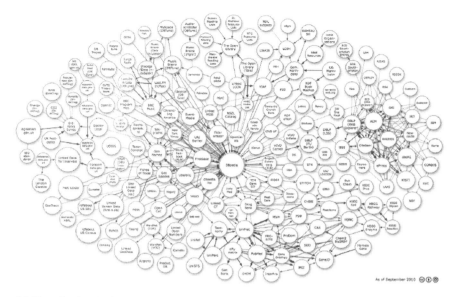

Abbildung 9: Das Linked-Open-Data-Cloud-Diagramm nach Richard Cyganiak und Anja Jentzsch.
http://lod-cloud.net/

Wie komplex die zu erwartende Großstruktur der Linked Data Cloud ist, zeigt ein kurzer Blick auf die in den Datenmengen enthaltenen Arten von Knoten und Links. So gut wie jede Diskussion über Datenbanken in den Geisteswissenschaften oder Daten für das Semantic Web spricht auch über Standards, die eingehalten werden müssen, sollen, oder werden. Abbildung 10 stellt solchen zumeist *a priori* Diskussionen eine komplexe Realität entgegen – die so genannte UMBEL-Ontologie (UMBEL.org), die, hier in der Version 0.80, als übergeordnete Verbindungsschicht anhand knapp 22.000 Referenzkonzepten und über 63.000 Links die einzelnen Ontologien oder Modelle der Datenmengen in der Linked Data Cloud und anderswo zu verbinden sucht. Naiv gesehen ist die UMBEL-Ontologie damit vergleichbar mit dem Datenmodell in Abbildung 7b: jede Knotenart darin repräsentiert Tausende oder gar Millionen von Instanzen, jede Linkart entspricht einem komplexen Netzwerk wie in den Zellen von Abbildung 8. Angesichts der Tatsache, dass sich die UMBEL-Ontologie allein – d.h. also nur das idealisierte Referenzdatenmodell – in der selben Größenordnung bewegt wie der gesamte *Census*, den man noch vor Kurzem als riesig empfand, könnte einem der Atem stocken. Fakt ist jedoch, dass die Analyse von Netzwerken mit hunderten von Millionen von Knoten und Links bereits heute technisch möglich ist und praktiziert wird (vgl. SNAP). Statt in diskreten Fachbereichen, bewegen wir uns in einem Kosmos von sich verschneidenden Datenmengen, Modellen und Spezialfragen, der die definierten Fachgrenzen selbst zwischen Natur- und Geisteswissenschaft nicht nur in Frage stellt, sondern praktisch auflöst.

Vom Text zum Netzwerk

Skeptiker werden an dieser Stelle anmerken, dass die meisten kunstwissenschaftlichen Einordnungen nach wie vor in Büchern und Aufsätzen publiziert werden, das heißt aus der Sicht der Datenanalyse in Form von halb- oder gänzlich unstrukturiertem Text. Doch auch hierzu gibt es beispielsweise mit dem Google-Books-Projekt Entwicklungen, deren Tragweite nicht zu unterschätzen ist. Auch hier wird das kognitive Limit eines einzelnen oder gar einer Gruppe von Forschern bei weitem gesprengt. Im Literaturverzeichnis einer umfangreichen Dissertation in den Kunstwissenschaften finden sich zum Beispiel circa 500 bis 1000 Publikationen; in einem großen Forschungsprojekt wie dem Census sammeln 35 Mitarbeiter über 60 Jahre um die 35.000 Rezeptionslinks; Google Books hingegen hat seit 2004 nach internen Angaben um die 20.000.000 Bücher gescannt – und dabei geht es nicht nur um die Digitalisierung, Auffindung, und Zurverfügungstellung von Büchern. Ein mindestens genauso wertvolles Ziel für Google ist es die in den Büchern implizite strukturierte Information zu extrahieren, um diese zum Beispiel zu nutzen, die allgemeine Suche im Web zu verbessern. Auch hier jagt man nach einem Netzwerk komplexer Netzwerke.

Abbildung 11 zeigt eine Annäherung an die Struktur von Google Books als Diagramm. Im Zentrum stehen dabei die gescannten Bücher. Links davon erkennt man die Benutzer, die mit den Digitalisaten interagieren. Dabei ist die Beziehung zwischen Benutzern und Büchern asymmetrisch. Benutzer erzeugen durch ihre Aktivität mit der Maus ein Profil ihrer selbst, gesteuert durch ihre jeweilige Aufmerksamkeit und begrenzt durch ihr kognitives Limit – jeder Mensch kann nur eine gewisse Anzahl von Büchern lesen, was sich in der Häufigkeitsverteilung des Besucherlinks niederschlägt. Der begrenzten Aufmerksamkeitsverteilung auf der Seite der Benutzer steht auf der Seite der Bücher eine nahezu unbegrenzte Popularitätsverteilung gegenüber – prinzipiell gibt es keine Begrenzung wie viele Benutzer wie oft ein Buch aufrufen. Bereits die Benutzung der digitalen Bücher durch die Benutzer erzeugt somit Daten in Form eines komplexen Netzwerks, mit Häufigkeitsverteilungen wie man sie in vielen anderen realen Beispielen findet. Die Struktur, Dynamik und Evolution dieses Netzwerks zu verstehen, bildet eine der wichtigsten Geschäftsgrundlagen des Suchmaschinenanbieters.

Rechts der Bücher erkennt man in Abbildung 11 einen Fächer von Links zu Gegenständen, die es aus den Büchern zu extrahieren gilt. Besucht man die Webseite von Google Books (http://books.google.com/), so findet man derzeit bei vielen Büchern bereits zwei Produkte einer entsprechenden Explikation: Eine so genannte Word Cloud mit Worten, die für das Buch typisch sind, sowie eine Landkarte mit im jeweiligen Buch zu findenden Örtlichkeiten. Google ist also drauf und dran nicht nur Worte aus Büchern zu extrahieren, sondern auch deren Bedeutung im Zusammenhang zu erschließen.

Prinzipiell entsteht dabei zunächst ein Netzwerk zwischen Büchern und Worten bzw. Wortgruppen, so genannten n-Grams (im Sinne von 1-Wort-, 2-Wort-, bis zu n-Wort-Gruppen). Knotenarten des Netzwerks sind dabei Bücher auf der einen Seite und Worte bzw. Wortgruppen auf der anderen. Der Link bezeichnet das Auftreten (occurrence) eines Wortes bzw. der Wortgruppe im Buch. Interessanterweise können wir auch hier ein asymmetrisches Verhältnis erwarten. Bücher werden gekennzeichnet sein durch eine begrenzte Aufmerksamkeitsverteilung, während die Popularität von Worten oder Konzepten prinzipiell unbegrenzt, d.h. skalenfrei ist – einfacher gesagt, kein Buch kann alle Kunstwerke der Welt aufzählen, ein Kunstwerk kann jedoch von beliebig vielen Büchern genannt werden.

Bis hierher sprechen wir nur über Worte oder Zeichenketten in Büchern. Eigentliches Ziel ist es jedoch sicherlich die darin enthaltenen Konzepte, Objekte, Personen, Örtlichkeiten, Perioden, Ereignisse, etc. zu identifizieren. Es ist schließlich von Interesse, ob die Zeichenkette „Faust" im jeweiligen Buch eine geballte Hand oder einen Verweis auf Goethe bezeichnet. Jenseits des bloßen Auftretens liegt des Pudels Kern außerdem nicht in der Beziehung zwischen Büchern und Konzepten, sondern in den mannigfaltigen Beziehungen zwischen den Konzepten untereinander. Wir wollen wissen, was Faust und der Teufel miteinander zu tun haben; ob beide auf der selben Buchseite erscheinen ist sekundär. Ziel ist die Explikation des Netzwerks komplexer Netzwerke aller in Büchern getroffenen Aussagen, von denen alle kunsthistorischen Einordnungen im Übrigen nur ein kleiner Teil sind.

Es steht außer Frage, dass Google von diesem Ziel noch ein gutes Stück entfernt ist. Nichtsdestotrotz befinden wir uns auf einem Weg, der in diesem Jahrhundert, angesichts der endlichen Zahl aller bisher publizierten Bücher, zu einem guten Teil beschreitbar erscheint. Ohne Zweifel, die Aufgabe ist groß, doch sie ist bereits in Angriff genommen. Es ist wohl kein Zufall, dass Google gleichzeitig mit dem Wiedereinstieg der Zeitschrift Science in die Kulturwissenschaften (Michel et al. 2011) die Häufigkeit aller 1- bis 5-Wort-Gruppen in 5% aller bisher publizierten Bücher der Wissenschaft zur Verfügung gestellt hat. Ebenso wenig zufällig erscheint Googles Akquisition der Netzwerkdatenbank *Freebase* (Freebase.com), deren Aufgabe es ist, das Netzwerk komplexer Netzwerke explizierter strukturierter Daten sinnvoll zu kuratieren sowie zugänglich und analysierbar zu machen.

Wie auch immer diese Entwicklung weitergeht, die Wissenschaft komplexer Netzwerke wird dabei weiterhin eine wichtige Rolle spielen. Die Kunstwissenschaft kann dies ebenso wenig ignorieren wie jede andere Disziplin im Ökosystem der Netzwerke. Wie in der Biologie und anderen Fächern zuvor müssen wir lernen immer größere Datenmengen zu erschließen, die richtigen Fragen zu stellen, die richtigen Werkzeuge und Arbeitsabläufe zu entwickeln, und unsere Fachgrenzen zu hinterfragen bzw. zu vergessen.

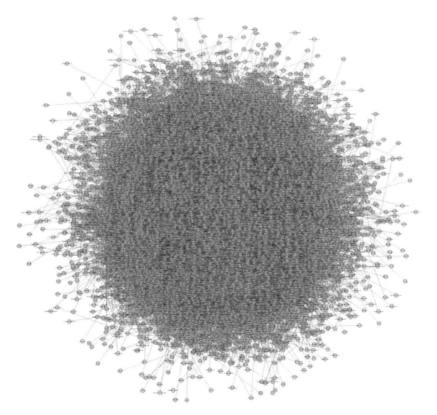

Abbildung 10: Ein Ridiculogram der UMBEL-Ontologie nach Structured Dynamics LLC / Ontotext AD. http://www.umbel.org/resources/graphs

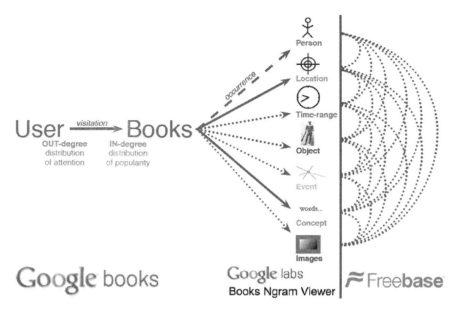

Abbildung 11: Annäherung an die Struktur von Google Books.

Danksagung

Der Autor dankt Yong-Yeol Ahn für die großartige Zusammenarbeit bei der Erstellung von Abbildung 5. Der vorliegende Beitrag entstand im Rahmen eines Forschungsstipendiums der Deutschen Forschungsgemeinschaft (DFG) am Center for Complex Network Research der Northeastern University in Boston. Besonderer Dank gilt dem Gastgeber des Autors Albert-László Barabási.

Literatur:

Ahn, Yong-Yeol, James P. Bagrow, und Sune Lehmann. 2010. Link communities reveal multiscale complexity in networks. *Nature* 466, 761–764.

Anderson, Philip Warren. 1972. More is different. *Science* 177, no. 4047, 393–396.

Barabási, Albert-László. 2002. *Linked. The New Science of Networks. How everything is Connected to Everything Else and What it Means for Science, Business and Everyday Life.* Cambridge/MA: Perseus Publishing.

Bertin, Jacques. 2010. *Semiology of Graphics: Diagrams, Networks, Maps.* Redlands/CA: ESRI Press.

Census of Antique Works of Art and Architecture Known in the Renaissance. 1947-2011. Hrsg. Berlin-Brandenburgische Akademie der Wissenschaften und Humboldt-Universität zu Berlin. Online– Datenbank. http://www.census.de (Stand: 12. März 2011).

Johnson, Bobby. 2010. *Lessons of Scale at Facebook.* USENIX WebApps'10 Conference Keynote Video. http://www.usenix.org/events/atc10/stream/johnson/index.html (Stand: 12. März 2011).

Fortunato, Santo. 2010. Community detection in graphs. *Physics Reports* 486, 75-174.

Freebase.com. An entity graph of people, places and things, built by a community that loves open data. 2007-2011. San Francisco/CA: Google/Metaweb. Online– Datenbank. http://www.freebase.com (Stand: 12. März 2011).

Frutaz, Amadeo P. 1962. *Le piante di Roma.* Rom: Stabilimento Arti Grafiche Luigi Salomone.

Latour, Bruno. 2005. *Reassembling the Social: An Introduction to Actor-Network-Theory.* Oxford: Oxford University Press.

Heath, Tom (on behalf of the Linked Data community). 2010. *Linked Data – Connect Distributed Data across the Web.* Informationswebseite. http://linkeddata.org/ (Stand: 12. März 2011).

Michel, Jean-Baptiste*, Yuan Kui Shen, Aviva Presser Aiden, Adrian Veres, Matthew K. Gray, The Google Books Team, Joseph P. Pickett, Dale Hoiberg, Dan Clancy, Peter Norvig, Jon Orwant, Steven Pinker, Martin A. Nowak, und Erez Lieberman Aiden*. 2011. Quantitative Analysis of Culture Using Millions of Digitized Books. *Science* 331, no. 6014, 176-182.

Newman, Mark E. J. 2010. *Networks. An Introduction.* Oxford: Oxford University Press.

Porter, Mason A., Jukka-Pekka Onnela, und Peter J. Mucha. 2009. Communities in networks. *Notices of the American Mathematical Society* 56, 1082.

Schich, Maximilian. 2009. *Rezeption und Tradierung als komplexes Netzwerk. Der CENSUS und visuelle Dokumente zu den Thermen in Rom.* München: Verlag Biering & Brinkmann.

Schich, Maximilian, und Albert-László Barabási. 2009. Human activity – from the Renaissance to the 21st century. In *Cultures of Change. Social Atoms and Electronic Lives*, Ausstellungskatalog: Arts Santa Mònica, Barcelona, 11. Dezember 2009 – 28. Februar 2010, Hrsg. Gennaro Ascione, Cinta Massip und Josep Perelló, 86-89. Barcelona: Arts Santa Monica.

Schich, Maximilian Schich. 2010. Revealing Matrices. In *Beautiful Visualization. Looking at Data through the Eyes of Experts*, Hrsg. Julie Steele und Noah Iliinsky, 227-254. Sebastopol/CA: O'Reilly 2010.

SNAP. Stanford Large Network Dataset Collection. 2009-2011. Hrsg. Jure Lescovec. Palo Alto: Stanford University. Datenrepositorium. http://snap.stanford.edu/data/ (Stand: 12. März 2011).

Umbel. Reference Concept Ontology and Vocabulary. 2008-2011. Hrsg. Michael Bergman and Frédérick Giasson. Coralville/IA: Structured Dynamics LLC und Fairfield/CT: Ontotext AD. Projektwebseite. http://www.umbel.org/ (Stand: 12. März 2011).

Corpus der antiken Denkmäler, die J.J. Winckelmann und seine Zeit kannten. 2000. Hrsg. Winckelmann-Gesellschaft Stendal. DVD und Online-Datenbank. München: Verlag Biering & Brinkmann / Stiftung Archäologie. http://www.dyabola.de (Stand: 12. März 2011) [seit 2009 wird der Corpus fortgeführt unter http://www.census.de].

Christian Stegbauer

Probleme der Konstruktion zweimodaler Netzwerke

Im Beitrag werden Überlegungen zur Konstruktion zweimodaler Netzwerke diskutiert.[1] Oft werden diese aus im Internet vorhandenen Daten aufgebaut. Ein typisches Problem, welches immer wieder auftritt, ist es, einen sinnvollen Type-of-Tie zu konstruieren. Typischerweise nimmt man als Beziehungskriterium die gemeinsame Teilnahme an einem Event oder – vielleicht noch häufiger – Mitgliedschaftslisten. Die Daten werden dann oft interpretiert, als eine Abbildung einer Gelegenheitsstruktur bzw. einer erhöhten Wahrscheinlichkeit miteinander Kontakte aufzunehmen. Im Beitrag wird diskutiert, welches Vor- und Nachteile typischer Beziehungsdefinitionen sind. Es wird gezeigt, dass Operationalisierungen immer Kompromisse darstellen.

Zunächst soll kurz auf die Herkunft von bimodalen Netzen eingegangen werden. Was bedeutet eigentlich zweimodales Netzwerk und welches sind die Eigenschaften von zweimodalen Netzwerken? Wie können zweimodale Netzwerke so konstruiert werden, dass sie relevante Ergebnisse erbringen? Dies wird im Verlaufe des Beitrags an einigen Beispielen der eigenen Forschung thematisiert.

1. Was versteht man unter einem bimodalen Netzwerk?

Klassischerweise handelt es sich bei zweimodalen Netzwerken um „Actor-Event-Netzwerke". Das bekannteste Beispiel ist ein Teil der „Deep South"-Studie von Davis, Gardner und Gardner (1941). Dieses Beispiel wurde zahlreichen Reanalysen unterzogen. Man kann mit Fug und Recht behaupten, dass es sich dabei um **die** klassische Studie für zweimodale Netzwerke handelt.

Im Beispiel der „Southern Women" sind in den Spalten die Events abgebildet. Es handelt sich um Wohltätigkeits-Veranstaltungen, Treffen unter den Frauen und ähnliches. Die Daten wurden zu einem großen Teil Zeitungen entnommen (genaueres findet sich bei Homans 1950). Es wird danach gefragt, wer mit wem gemeinsam an einem Event teilgenommen hat. Aus der gemeinsamen Teilnahme an solchen Events wird auf eine Verbindung geschlossen. Wer öfters mit jemand anderem an verschiedenen Events beteiligt war, so die Überlegung, steht in einer engeren Beziehung.

---

[1] Dank an Alexander Rausch für Diskussionen und Hilfestellungen bei den Auswertungen

In den Zeilen sind die Frauen abgetragen. Bei Betrachtung der Übereinstimmung in den Spalten wird auf den ersten Blick sichtbar, wer mit wem auf einer gemeinsamen Veranstaltung war. Es ist in diesem Fall auch erkennbar, dass es sich wahrscheinlich um zwei Gruppen handelt.

Names of Participants of Group I	Code Numbers and Dates of Social Events Reported in Old City Herald													
	(1)	(2)	(3)	(4)	(5)	(6)	(7)	(8)	(9)	(10)	(11)	(12)	(13)	(14)
	6/27	3/2	4/12	9/26	2/25	5/19	3/15	9/16	4/8	6/10	3/23	4/7	11/21	8/3
1. Mrs. Evelyn Jefferson	x	x	x	x	x	x		x	x					
2. Miss Laura Mandeville	x	x	x		x	x	x	x						
3. Miss Theresa Anderson		x	x	x	x	x	x	x	x					
4. Miss Brenda Rogers	x		x	x	x	x	x	x						
5. Miss Charlotte McDowd			x	x	x		x							
6. Miss Frances Anderson			x		x	x		x						
7. Miss Eleanor Nye					x	x	x	x						
8. Miss Pearl Oglethorpe						x		x	x					
9. Miss Ruth DeSand					x		x	x	x					
10. Miss Verne Sanderson								x	x	x		x		
11. Miss Myra Liddell								x	x	x		x		
12. Miss Katherine Rogers								x	x	x		x	x	x
13. Mrs. Sylvia Avondale								x	x	x		x	x	x
14. Mrs. Nora Fayette							x	x		x	x	x	x	x
15. Mrs. Helen Lloyd								x	x		x	x	x	
16. Mrs. Dorothy Murchison								x	x					
17. Mrs. Olivia Carleton									x		x			
18. Mrs. Flora Price									x		x			

Wurde verwendet von Homans (1950) und Freeman (2003): Davis et al. (1941): Deep South: A Social Anthropological Study of Caste and Class. Chicago: University of Chicago Press.

Abbildung 1: Netzwerke aus Events – Die klassische Studie

2. Formale Betrachtung der Datenstruktur

Anders als Beziehungsmatrizen, in denen dieselben Einheiten in den Zeilen und Spalten eingezeichnet werden, sind zweimodale Matrizen so aufgebaut, wie Umfragedaten. In der Spalte werden die Events verzeichnet. Man könnte auch sagen, dass es sich bei der Teilnahme an einem Event um ein Attribut handelt. Attribute von Teilnehmern sind normalerweise in so aufgebauten Datenmatrizen verzeichnet. Formal könnte man aus normalen Umfragedaten zweimodale Beziehungsmatrizen erstellen[2]. Man könne dann hergehen und behaupten, dass zwei Akteure

---

2 vergl. Hummell und Sodeur (2010), die einen solchen Vergleich anstellen.

über ein gemeinsames Merkmal verbunden sind. „Geschlecht", der gleiche Beruf, eine gemeinsame Einstellung – all dies könnte zu einem relationalen Merkmal umgedeutet werden.

Bei einer solchen Betrachtung fällt allerdings auf, dass man bei der gemeinsamen Teilnahme an Events, wie dem Verkauf von Kuchen, der Ausgabe von Kaffee auf einer Wohltätigkeitsveranstaltung etc. miteinander in Berührung gekommen sein muss. Formal könnte man mit allen erhobenen Merkmalen bimodale Beziehungen konstruieren. Wenn man lediglich über ein gemeinsames Merkmal verfügt, kann das zwar beispielsweise ein Kulminationspunkt für Solidarität „zwischen Frauen" werden, aber in einer Bevölkerungsumfrage werden Beziehungen, die aufgrund gemeinsamer Merkmale zustande gekommen sind, sehr selten sein – die Einheiten sollen sogar explizit voneinander unabhängig sein.

Selten werden solche bimodalen Matrizen selbst analysiert. Meist wird eine unimodale Projektion (Breiger 1974) durchgeführt. Man kann durch Multiplikation mit der transformierten Matrix eine solche Projektion anfertigen. Als Beziehungsmatrix erhält man dann eine Person-Person Matrix, in die eingetragen ist, wie viele Events gemeinsam besucht wurden. (Formal lässt sich auch eine Event-Event Matrix erstellen. Hierin wird eingetragen, über wie viele Teilnehmer die Events miteinander verbunden sind).

Eine auf diese Weise erstellte Teilnehmermatrix ist gewöhnlich symmetrisch, d.h. die Beziehung ist richtungslos. Im Fall der „Southern Women" ist diese Matrix dann die Grundlage für die Analyse der Beziehungen.

3. Veränderung der Netzwerkanalysemöglichkeiten durch das Internet

Die klassische Studie von Gardner et al. (1941) bediente sich vor allem Veröffentlichungen in Zeitungen, wie Homans (1950) berichtet. Heute sind es meist andere Medien, aus denen die Daten extrahiert werden. Sehr häufig werden im Internet Listen veröffentlicht, die sich zu solchen Analysen eignen (etwa für den Forschungszweig der „interlocking directorates": Levine 1972; Mariolis 1975; Schoormann et al. 1981; Scott 1991; Vedres und Stark 2010) oder, was für die Forschung noch interessanter ist: im Internet selbst werden Beziehungen konstituiert und dies ist im Internet auch dokumentiert. Solche Daten wären früher nur schwer zugänglich gewesen. Wikipedia ist ein gutes Beispiel. In der Mediawiki-Datenbank sind nicht nur die Artikel selbst abgelegt, sondern auch der Entstehungsprozess und die Diskussionen, die sich um die Artikel entsponnen haben. Es geht sogar noch weiter: die gesamte Organisationsentwicklung ist dokumentiert und man erfährt sogar Einiges über die Treffen der Aktivisten außerhalb des Internet.

Um bimodale Netzwerke zu konstruieren, könnte man beispielsweise untersuchen, wer in Mailinglisten an einem gemeinsamen Thema (Thread) mitschreibt (Stegbauer 2001), bei Wikipedia, wer mit wem sonst noch einen Artikel verfasst hat, wer zusammen in einer Interessensgruppe in einer Networking Site ist und vieles mehr.

4. Wie konstruiert man Events?

Wenn es sich bei bimodalen Netzwerken klassisch um Akteur-Event Netzwerke handelt, dann ist die Frage, was man denn eigentlich als Event begreifen kann. Im Falle der Southern Women war das relativ klar – ein Event ist eine Veranstaltung. Solche Events findet man aber im Falle von Internetdaten oft gar nicht – meist hat man es mit Verlaufsdaten zu tun. Die Handlungen beziehen sich auf etwas, was möglicherweise gar nicht zur Konstruktion von Beziehungen brauchbar wäre, manchmal ist es zu aufwändig, verschiedene Datenformen korrekt miteinander zu verknüpfen und in anderen Fällen handelt es sich nur um ähnliches Verhalten, aber gar nicht um direkten Kontakt.

Meist behilft man sich mit einer Definition von gemeinsamer Teilnahme, bei der der Vorzug darin liegt, dass man zwar nicht genau sagen kann, ob die Akteure wirklich in Kontakt gekommen sind oder man nicht weiß, was sie zusammen gemacht haben. Man behilft sich dann damit, dass das konstruierte Event eine Chance ermöglichte oder die Chance auf ein Zusammentreffen erhöhte. Manchmal gibt man sich auch mit einer formalen Beziehung zufrieden – etwa an einem Artikel mitgearbeitet zu haben.

An ein paar Beispielen möchte ich solche Eventkonstruktionen verdeutlichen. Wir haben beispielsweise in einem Radio-Chatforum über den Zeitraum von 30 Tagen alle fünf Minuten gefragt, wer anwesend ist. Wir haben also mit unserer Abfrage Momentaufnahmen erzeugt, die dann als „Events" zu deuten sind. Für die so konstruierten Events konnten wir dann sagen, wer daran teilnahm. In diesem Fall wurden künstliche Events erzeugt, die dann eine Bewertung der Kanten im daraus konstruierten Netzwerk zuließen. Ein hohes Kantengewicht steht dann für eine hohe Kontaktwahrscheinlichkeit.

Weit abstrakter wirkt eine Eventkonstruktion, wenn man als Ereignis den Gebrauch bestimmter Worte verwendet. Wenn es sich um sehr seltene Worte handelt, könnte es sich um eine soziale Beeinflussung handeln – oder diese zumindest auf ein ähnliches Milieu oder die Nutzung derselben Literatur andeuten. Man sieht, hier sind schon viel weitergehende Annahmen notwendig, um eine solche Beziehung zu rechtfertigen.

Ähnliche Algorithmen werden auch von kommerziellen Anbietern verwendet, um Einkaufsempfehlungen zu geben. Bei Amazon bekommt man Bücher vorgeschlagen, für die sich Käufer des gleichen Buches, bzw. möglichst ähnliche andere Kunden (Linden et al. 2003) wie man selbst, interessiert hatten. Bei dem „Groupradio" LastFM werden Verknüpfungen zwischen Interpreten über die Vorlieben der Hörer hergestellt (Wehner 2010).

Auf diese Weise erhalten Netzwerkalgorithmen eine mögliche wirtschaftliche Bedeutung, obwohl überhaupt keine direkten Beziehungen vorliegen müssen – vielmehr argumentiert man mit Ähnlichkeiten. Diese reichen offenbar bereits aus, um die Genauigkeit von Angeboten gegenüber Nichtwissen zu erhöhen. Das Event und die Ähnlichkeit von Events ergeben sich dann über den Kauf oder das Interesse für ein Produkt. Es kann also durchaus Gründe dafür geben, Attribute als Events zu deuten – und dadurch „Netzwerke" zu konstruieren.

Events im Internet müssen manchmal konstruiert werden. Als Beispiel könnte man annehmen, dass zwischen Teilnehmern, die zum selben Thema in einer Mailingliste etwas beitragen, eine Beziehung konstituiert wird (Stegbauer 2001). In ähnlicher Weise kann man bei der kollaborativen Arbeit in Wikipedia eine Beziehung zwischen den Teilnehmern konstruieren, die mit anderen an einem Artikel gearbeitet haben.

Als eine Teilnahme an einem gemeinsamen Event lassen sich genauso Mitgliedschaften deuten – Mitgliedschaft in einem Aufsichtsrat eines Unternehmens oder eine Mitgliedschaft in einer Interessensgruppe in einer Social Networking Site wie Facebook. Hinsichtlich der formellen Konstruktion der zweimodalen Matrix bestehen keinerlei Unterschiede.

5. Bedeutung der Beziehung

Im Folgenden möchte ich Beispiele diskutieren, in denen sich auf einfache Weise eine Beziehung konstruieren lässt. Dabei stellen sich eine Reihe an Fragen, etwa wie sinnvoll die jeweilige Konstruktion der Beziehung unter verschiedenen Aspekten ist. Eine erste solche Frage ist, was die jeweilige Beziehung denn inhaltlich bedeutet. Wenn wir zum Beispiel auf die Diskussionsteilnahme in der Mailingliste zurückkommen. Teilnehmer in einer Diskussion sind beispielsweise über Turntaking (Sacks et al. 1950), Reziproziät (2002), „pecking order" (White 1992) und Reifung des Themas[3] aneinander gebunden. Das heißt, dass sich die entstehende Beziehung auch in Bindungskategorien beschreiben lässt. Allerdings kann man

---

3 Gespräche sind u.a. am Anfang deswegen offener – weil mit der Zeit Themen abgearbeitet werden, die dann nicht mehr ohne Weiteres aufgegriffen werden können.

hier ebenfalls große Unterschiede erwarten. Findet tatsächlich eine solche Bindung statt?[4] Oder stehen die Beiträge nebeneinander und die Teilnehmer gehen gar nicht aufeinander ein? Wenn eine Bezugnahme vorhanden ist – geht der Autor auf alle anderen Beiträge ein oder nur auf einen bestimmten?

Konstruiert man eine formale Beziehung auf diese Weise – wird man unterschiedliche Inhalte in einem Typus von Beziehung vereinigen – hierunter sind auch solche, die nur aufgrund des formalen Kriteriums als solche konstruiert werden, die bei einer inhaltlichen Betrachtung überhaupt nicht angesprochen würden.

Wenn wir zu dem Beispiel der gemeinsamen Arbeit an einem Wikipedia Artikel zurückkommen, drängt sich die Frage auf, ob die Beteiligten überhaupt Kenntnis voneinander haben, auch wenn man sagen kann, sie hätten sich formal an der Erstellung eines Produktes beteiligt. Eine gemeinsame Bearbeitung ist möglich, ohne etwas voneinander zu wissen – man braucht die Versionsgeschichte nicht anzuschauen, um eine Änderung vorzunehmen. Dennoch finden sich auch direkte Kooperationen unter den Teilnehmern, die Bearbeitungen an denselben Artikeln vornehmen. Zudem unterscheiden sich die Beiträge zu einem Artikel enorm – sie reichen vom Hauptautor, über Korrekturleser, Vandalismusbekämpfer bis dahin, dass jemand einfach ein Komma setzt.

Eine formale Regel in einer solchen Datenstruktur ist die Temporalität der Beitragsfolge – nur spätere Beiträge können auf davor liegende eingehen – in umgekehrter Richtung ist der Zusammenhang nicht möglich. Neben dieser formalen Regel scheint es aber kaum denkbar, dass ganz frühe Bearbeitungen in einem direkten Zusammenhang mit solchen nach zehn Jahren stehen, zumal, wenn der Artikel in der Zwischenzeit neu aufgebaut wurde.

Gleichwohl entwickeln sich formale Regeln im Verlauf der Bearbeitung, die dem bestehenden Inhalt und der Form ein eigenes faktisches Gewicht geben, das die Teilnehmer daran in ihren Verhaltensweisen bindet und tendenziell die Verhaltensspielräume einengt[5]. Auch das bereits Gesagte hat Einfluss darauf, was an Inhalten noch hinzugefügt oder verändert werden kann.

Zudem hat nicht jeder Bearbeiter die gleiche Aufgabe: In Wikipedia haben sich Positionen herausgebildet, die in unterschiedlicher Weise mitarbeiten. So sind Vandalismusbekämpfer potentiell an allen Artikeln beteiligt, Artikelschreiber sind dagegen eher inhaltlich spezialisiert. Gleichwohl kooperieren beide Positionen bei

---

4 So etwas beschreibt Goffman (1961) als gemeinsamer Focus bei Face-to-Face Kommunikation.
5 Damit sind nicht nur Formen gemeint – etwa, wie der Artikel aufgebaut ist und ob er sich an die allgemeinen Konventionen hält – sondern auch die bereits vorhandenen Inhalte, durch die der Spielraum, etwas anzufügen, eingeengt wird.

der Erstellung und Wartung der Artikel. Dem Forscher müssen die Unterschiede und die damit zusammenhängenden Interpretationen aber klar sein, wenn er solche Beziehungen konstruiert.

Gerade in den Networking Sites (Facebook, StudiVZ, Xing) lassen sich Beziehungen sehr gut messen – zum einen finden sich direkte Kontakte, die sog. Freunde oder geschäftlichen Kontakte. Zum anderen sind die meisten Teilnehmer von Networking Sites Mitglied in verschiedenen, oft sehr vielen Interessensgruppen. Aus der Mitgliedschaft in solchen Interessensgruppen lassen sich leicht bimodale Bezüge konstruieren. Man würde beispielsweise annehmen, dass zwischen allen Mitgliedern einer Gruppe eine Beziehung bestünde.

Das hiermit einhergehende Problem ist offensichtlich. Die Gruppen variieren hinsichtlich ihrer Größe gewaltig! Wenn die Zahl der Teilnehmer linear wächst, so steigt die Zahl der hierdurch konstruierten Beziehungen quadratisch an. Ein paar Beispiele:

Die Facebookgruppe „INSNA" (International Network of Social Network Analysis) zählt 306 Teilnehmer. Hieraus werden (n*(n-1)/2), nimmt man an, dass jedes Mitglied mit jedem anderen in einer Beziehung steht, 46665 Beziehungen etabliert. Die bei zahlreichen Schülern beliebte StudiVZ-Gruppe „Mathe ist ein Arschloch" zählte bei meiner Recherche 59920 Teilnehmer, was der Konstruktion von 1.795.173.240 Beziehungen entspräche. Die StudiVZ Gruppe „Uni Frankfurt: Soziologie WS 2007" 59 Mitglieder und 1.711 Beziehungen hingegen scheint sich viel eher als Beziehungskriterium zu eignen. Warum? Wenn man den Kontext kennt und weiß, dass es ein geographisch und zeitlich verortbares Zentrum für eine solche Gruppe gibt, womöglich auch noch einen Anlass zur Gründung, so ist inhaltlich eine größere Wahrscheinlichkeit gegeben, dass die Beteiligten einander zumindest einmal begegnet sind.

Warum sollte man eine Begegnung der Teilnehmer für die Konstruktion der Beziehung als wichtig erachten? Auffällig ist, dass im diskutierten Fall der Beziehungskonstruktion über Mitgliedschaft in einer Interessensgruppe mit anderen – natürlich eine Beziehung konstruiert werden kann. Aufgrund der Unmöglichkeit des Inkontaktkommens aller Beteiligten untereinander, gleicht eine solche Konstruktion der attributiven Übereinstimmung, wie wir sie aus der Übereinstimmung von Merkmalen in der Umfrageforschung kennen. Oben wurde diskutiert, dass man mit Hilfe solcher Merkmale zwar ebenfalls (formal) bimodale Netzwerke konstruieren könnte, dies aber in der Praxis meist nicht sinnvoll ist. Wenn man zur Konstruktion bimodaler Netzwerke greift, dann steht dahinter meist eine Annahme über irgendwie geartete weitergehende Kontakte. Man kann also die Konstruktion bimodaler Netzwerke mit dem Versuch gleichsetzen, aus abstrakten Informationen (etwa über Mitgliedschaften) Beziehungen zu konstruieren. Meist sind die

Informationen zu spärlich, um genauere Auskunft über den Inhalt der Beziehung zu geben – man könnte sich aber argumentativ helfen, indem man behauptet, solche bimodalen Netzwerke erhöhen die Wahrscheinlichkeit, dass eine Beziehung über den formalen Zusammenhang hinaus, besteht, bzw. etabliert wurde. Da bei zweimodalen Netzwerken meist keine Binnendifferenzierung vorgenommen werden kann: d.h. man weiß nicht, was sich während des „Events" abspielt, kann man dennoch Folgendes festhalten: Während ein gegenseitiges Wahrnehmen, eine Etablierung von Beziehungen bei bestimmten Events nahezu unumgänglich ist, ist es bei größeren Teilnehmerzahlen nahezu unmöglich. Bei größeren Events spielen Kapazitätsgrenzen (Dunbar 1993, für Gruppengröße)[6], Kurzzeitgedächtnis (Miller 1956), Gruppengrößen (siehe Stegbauer 2010) und zeit-räumliche Grenzen (Giddens 1995) eine wesentliche Rolle.

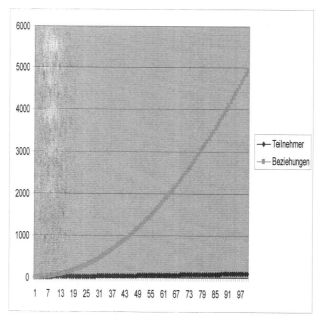

Abbildung 2: Zusammenhang zwischen Zahl der Eventteilnehmer und Zahl der etablierten Beziehungen

---

6   Die Aufführung von Dunbar an dieser Stelle soll lediglich auf eine solche Grenze hinweisen. Ich halte die Untersuchung von Dunbar selbst jedoch für fragwürdig.

Es gibt eine ganze Reihe von Möglichkeiten, die Relevanz von bimodalen Netzwerkbeziehungen durch Maßnahmen bei der Konstruktion zu erhöhen, was insbesondere bei großen Events eine Rolle spielt. Aus der eigenen Arbeit möchte ich drei Möglichkeiten dafür vorstellen.

6. Berücksichtigung der Zeit

Die erste hier vorzustellende Möglichkeit betrifft die Einführung eines zusätzlichen Merkmals, das sich zur Konstruktion einer Binnenstruktur eignet – der Zeit. Das Beispiel stammt aus Wikipedia. Betrachtet werden alle Diskussionen zu Artikeln, die zum Portal Philosophie gehören. Alle Beiträge sind mit einem Zeitstempel versehen. Man kann die folgenden Annahmen treffen: Die Strukturentwicklung findet über einen längeren Zeitraum statt und die Beteiligten vergessen im Laufe der Zeit, wo und mit wem sie zusammengearbeitet haben. Beides kann man bei der Konstruktion der Beziehung berücksichtigen. Eine Beziehung wird im Beispielfall zwischen allen angenommen, die innerhalb eines Jahres einen Beitrag im Diskussionsbereich zum selben Artikel geleistet haben. Der Tatsache Rechnung tragend, nicht nach Ablauf eines Jahres alles, was davor gewesen war, vergessen wird, sondern, dass das Vergessen mit der Zeit eintritt, modellieren wir unsere Netzwerke mit Hilfe eines „Sliding Windows"-Verfahrens. Das bedeutet, dass für jede Periode das Zeitfenster um sechs Monate weitergeschoben wird. Dadurch wird im Modell ein Anschluss an die zuvor etablierte Struktur ermöglicht – würde man ohne Überschneidung des Fensters arbeiten, hätte man abrupte Übergänge, die es aber bei der tatsächlichen Strukturentwicklung nicht gibt. Jeweils ist die Hälfte der nächsten Periode mit der vorhergehenden identisch (das Bild stimmt nicht ganz, da sowohl die Teilnehmerzahl, als auch die Zahl der Beiträge über den gesamten Untersuchungszeitraum stark zugenommen haben – und damit das Ende der Periode ein höheres Gewicht erhält). Ein solches „sliding window"-Verfahren haben wir in einem anderen Zusammenhang beschrieben (Stegbauer und Rausch 2006).

So wie die Untersuchung im hier betrachteten Fall angelegt ist, werden alle Beziehungen im Gesamtkontext betrachtet – dies ist insofern ein Vorteil, da in der Realität einzelne Handlungen ebenfalls von der Gesamtkonstellation beeinflusst sein dürften. Allerdings zählt bei einer solchen Modellierung jeder Beitrag gleich viel. Es gibt keine Binnendifferenzierung etwa nach Art des Beitrages – eine Korrektur eines Rechtschreibfehlers wirkt sich genauso beziehungskonstitutiv aus wie ein längerer inhaltlicher Beitrag – mehr noch selbst Vandalismus, (wenn man damit eine Beziehungskonstitution verbindet, dann allenfalls eine negative), wird in gleicher Weise gezählt. Zudem scheinen alle Beziehungen bei dieser Modellierung (abgesehen von der ersten und letzten Halbperiode) zwei Mal auf.

Die Entscheidung für die 12 Monate ist aus inhaltlichen und pragmatischen Gründen getroffen worden. Die Größe des so konstruierten Netzwerkes lässt sich gerade noch mit dem üblichen Schreibtischcomputer (und dem Concor-Algorithmus) bearbeiten. Ein Jahr ist ein Zeitraum, in dem wahrscheinlich für die meisten Beteiligten noch die Erinnerung an das Gewesene vorhanden ist. Allerdings kann man davon ausgehen, dass es hier Unterschiede geben mag und zwar danach, wie routiniert die Beteiligten sind und welches Gewicht der eine Beitrag in der Gesamtbeteiligung einnimmt. Man kann auch sagen, dass hier eine vom Wissenschaftler vorgenommene Konstruktion der Struktur nicht mit der Wahrnehmung der einzelnen Teilnehmer übereinstimmt. Eine Übereinstimmung ist gar nicht möglich, wenngleich das Konstruktionsmodell den Anspruch erhebt, dem ein wenig nahe zu kommen. Da es aber nicht in der Lage ist, die Positionen der Teilnehmer zu berücksichtigen, ist das Modell aus der Perspektive fast aller Teilnehmer immer falsch.

Das muss nicht unbedingt so bedeutend sein – das Ziel der Analyse ist es ja, eine grobe Struktur der Beteiligung aufzudecken (und die ist nicht unbedingt für den Beteiligten sichtbar). Ferner steckt dahinter die Frage, ob sich die Struktur über die Zeit wandelt und ob es über den gesamten Zeitraum dieselben Positionen sind, die das Geschehen in diesem Portal beherrschen.

Da es um Beziehungen zunächst zwischen Personen, nach der Analyse zwischen Blöcken geht, wird die unimodale Projektion hierauf in die Analyse eingeführt. Für jede der betrachteten Perioden gibt es eine Beziehungsmatrix - allerdings werden alle Perioden simultan in die Analyse, quasi als unterschiedliche „Types-of-Tie", einbezogen.

Das Beispiel stammt aus Wikipedia. Betrachtet werden alle Diskussionsbereiche zu Artikeln, die im Portal „Philosophie" verlinkt sind. Die Beziehungsdefinition lautet folgendermaßen:

Eine Beziehung wird konstituiert, wenn jemand im definierten Zeitabschnitt (von einem Jahr) einen Beitrag mit jemand anderem gemeinsam im Diskussionsbereich desselben zum Portal Philosophie gehörenden Artikels geschrieben hat.

Die betrachteten Perioden überlappen sich jeweils um sechs Monate. Da wir an der Entwicklung der Gesamtstruktur interessiert sind, werden die Matrizen für jeden Zeitraum simultan in die Analyse eingeführt. Es sind alle Teilnehmer berücksichtigt, die mehr als eine Bearbeitung im jeweiligen Zeitraum beigesteuert haben. In den ersten beiden Perioden finden sich nur ganz wenige Beziehungen. Das hängt damit zusammen, dass es damals noch nicht so viele Artikel gab, aber auch, dass der Diskussionsbedarf erst mit der Reife eines Artikels anwächst.

Probleme der Konstruktion zweimodaler Netzwerke

Abbildung 3: Blockmodellanalyse aller Perioden simultan – Abbildung von reduzierten Matrizen

Periode 1	Periode 2	Periode 3	Periode 4
Anzahl Teilnehmer: 7 Overall density = 0,0000	Anzahl Teilnehmer: 23 Overall density = 0,0003	Anzahl Teilnehmer: 40 Overall density = 0,0005	Anzahl Teilnehmer: 73 Overall density = 0,0013
1 0 0 0 0 0 0 0 0 0 0 0 0 0 0 0 0 0 0 0 0 0 0 0 0 0 0 0 0 0 0 0 0 0 0 0 0 0 0 0 0 0 0 0 0 0 0 0 0 0 0 0 0 0 0 0 0 0 0 0 0 0 0 0	1 1 0 0 1 1 1 1 1 0 0 0 0 0 0 0 0 0 0 0 0 0 0 0 0 0 0 0 0 0 0 0 1 0 0 0 0 0 0 0 1 0 0 0 0 0 0 0 1 0 0 0 0 0 0 0 1 0 0 0 0 0 0 0	1 1 1 0 1 1 1 1 1 0 0 0 0 0 0 0 1 0 0 0 0 0 0 0 0 0 0 0 0 0 0 0 1 0 0 0 0 0 0 0 1 0 0 0 0 0 0 0 1 0 0 0 0 0 0 0 1 0 0 0 0 0 0 0	1 1 1 1 1 1 0 1 1 1 0 0 0 0 0 0 1 0 0 0 0 0 0 0 1 0 0 0 0 0 0 0 1 0 0 0 0 0 0 0 1 0 0 0 0 0 0 0 0 0 0 0 0 0 0 0 1 0 0 0 0 0 0 0

Periode 5	Periode 6	Periode 7	Periode 8
Anzahl Teilnehmer: 90 Overall density = 0,0016	Anzahl Teilnehmer: 142 Overall density = 0,0045	Anzahl Teilnehmer: 248 Overall density = 0,0101	Anzahl Teilnehmer: 353 Overall density = 0,0186
1 1 1 1 1 1 0 1 1 1 1 0 1 0 0 0 1 1 1 0 0 0 0 0 1 1 0 0 0 0 0 0 1 0 0 0 0 0 0 0 1 1 0 0 0 0 0 0 0 0 0 0 0 0 0 0 1 0 0 0 0 0 0 0	1 1 1 1 0 0 0 0 1 1 1 1 1 1 0 0 1 1 1 0 0 0 0 0 1 1 0 0 0 0 0 0 0 1 0 0 0 0 0 0 0 1 0 0 0 0 0 0 0 0 0 0 0 0 0 0 0 0 0 0 0 0 0 0	1 1 1 0 0 0 0 0 1 1 1 1 1 1 0 0 1 1 1 0 0 0 0 0 0 1 0 0 0 0 0 0 0 1 0 0 0 0 0 0 0 1 0 0 0 0 0 0 0 0 0 0 0 0 0 0 0 0 0 0 0 0 0 0	0 0 0 0 0 0 0 0 0 1 1 1 1 1 0 0 0 1 1 1 1 0 0 0 0 1 1 1 1 0 0 0 0 1 0 1 0 0 0 0 0 1 0 0 0 0 0 0 0 0 0 0 0 0 0 0 0 0 0 0 0 0 0 0

Periode 9	Periode 10	Periode 11	Periode 12
Anzahl Teilnehmer: 439 Overall density = 0,0253	Anzahl Teilnehmer: 464 Overall density = 0,0326	Anzahl Teilnehmer: 546 Overall density = 0,0462	Anzahl Teilnehmer: 637 Overall density = 0,0680
0 0 0 0 0 0 0 0 0 1 1 1 1 0 0 0 0 1 1 1 1 0 0 0 0 1 1 1 1 1 0 0 0 1 1 1 0 0 0 0 0 0 0 1 0 0 0 0 0 0 0 0 0 0 0 0 0 0 0 0 0 0 0 0	0 0 0 0 0 0 0 0 0 0 1 1 0 0 0 0 0 0 1 1 1 1 0 0 0 1 1 1 1 1 0 0 0 0 1 1 1 0 0 0 0 0 1 1 0 0 0 0 0 0 0 0 0 0 0 0 0 0 0 0 0 0 0 0	0 0 0 0 0 0 0 0 0 0 0 0 0 0 0 0 0 0 1 1 1 1 0 0 0 0 1 1 1 1 0 0 0 0 1 1 1 1 0 0 0 0 1 1 1 1 0 0 0 0 0 0 0 0 0 0 0 0 0 0 0 0 0 0	0 0 0 0 0 0 0 0 0 0 0 0 0 0 0 0 0 1 0 1 1 0 0 0 0 0 0 0 0 0 0 0 0 1 0 1 1 0 0 0 0 1 0 1 1 0 0 0 0 0 0 0 0 0 0 0 0 0 0 0 0 0 0 0

Periode 13	Periode 14	Periode 15	
Anzahl Teilnehmer: 704 Overall density = 0,0788	Anzahl Teilnehmer: 776 Overall density = 0,0833	Anzahl Teilnehmer: 622 Overall density = 0,0400	
0 0 0 0 0 0 0 0 0 0 0 0 0 0 0 0 0 0 0 0 1 1 0 0 0 0 0 0 0 0 0 0 0 0 1 0 1 1 1 0 0 0 1 0 1 1 1 1 0 0 0 0 1 1 1 0 0 0 0 0 1 0 0 0	0 0 0 0 0 0 0 0 0 0 0 0 0 0 0 0 0 0 0 0 0 0 0 0 0 0 0 0 0 0 0 0 0 0 0 0 0 1 1 0 0 0 0 0 1 1 1 1 0 0 0 0 1 1 1 0 0 0 0 0 0 1 0 1	0 0 0 0 0 0 0 0 0 0 0 0 0 0 0 0 0 0 0 0 0 0 0 0 0 0 0 0 0 0 0 0 0 0 0 0 0 1 0 0 0 0 0 0 1 1 1 0 0 0 0 0 1 1 1 1 0 0 0 0 0 1 1 1	

Abbildung 3: Blockmodellanalyse aller Perioden simultan – Abbildung von reduzierten Matrizen

Die hinter der Blockmodellanalyse (hier Concor-Algorithmus) stehende Idee ist, dass in den Blöcken möglichst strukturell äquivalente (ähnliche) Teilnehmer zusammen sortiert werden. Da Teilnehmer Gruppen (Blöcken) zugeordnet werden, handelt es sich um ein Clusterverfahren. Die Besonderheit ist dann, dass in der weiteren Betrachtung einzelne Teilnehmer keine Rolle mehr spielen und man nur noch die Beziehungen zwischen den Blöcken interpretiert. Dies ist möglich, weil ein Block eine Ansammlung gleichartiger Teilnehmer darstellt. Das Beziehungsprofil der Blockmitglieder gleicht also einander.

In der Abbildung werden Beziehungen in und zwischen den Blöcken mit einer 1 symbolisiert, fehlende Beziehungen mit einer 0. In Periode 1 beispielsweise finden sich Beziehungen lediglich in einem Block – aber nicht zwischen Blöcken. Das ändert sich in den Perioden 2 und 3, in denen sich eine eindeutige Zentrum-Peripherie Struktur herausbildet. Zentrum-Peripherie ist eine Konstellation, in der alle Beziehungen zwischen den Blöcken über einen zentralen Block abgewickelt werden. Nur in diesem einen zentralen Block finden sich Beziehungen zwischen den Teilnehmern; die anderen Blöcke stehen nicht untereinander in Kontakt. Zentrum-peripherieartige Beziehungen mit später nicht ganz so eindeutiger Ausformung finden sich auch in anderen Perioden, gleichzeitig zeigt sich eine Tendenz zu egalitärer werdenden Gruppenbeziehungen. Auffällig ist aber, dass die ursprünglich beherrschenden Blöcke zu späteren Zeitpunkten keine Rolle mehr spielen. Die tonangebenden Akteure wechseln mit der Zeit.

Ein weiteres Problem der gewählten Vorgehensweise ist das starke Wachstum an Teilnehmern während des Beobachtungszeitraumes. Hier ist eine Entscheidung zu treffen, ob man sich an Zeit als strukturgebenden Faktor hält oder beispielsweise eine Einteilung nach Zahl der beteiligten Akteure vornimmt. Bei letzterem Vorgehen wären die einzelnen Untersuchungsspannen unterschiedlich lange – sie dauerten am Anfang sehr lange und würden mit dem Wachstum immer kürzer. Ein solches Vorgehen hat den Vorteil, dass die erzeugten Matrizen die jeweils gleiche Größe aufweisen – und das Ergebnis nicht durch die Zahl der Teilnehmer beeinflusst wird. Nachteilig dürfte sein, dass die erste Periode unverhältnismäßig gespreizt wird – die Periode, in der nach soziologischer Kenntnis, die wichtigsten Festlegungen für die spätere Struktur getroffen werden.

Wie man letztlich modelliert, hängt von der Fragestellung und den zur Verfügung stehenden Daten ab. Auf jeden Fall sollte man sich Gedanken über die Konsequenzen der Entscheidungen machen – auch wenn diese sicherlich nicht immer von vornherein bis ins Letzte übersehbar sind. Klar sollte auch sein, dass die getroffenen Entscheidungen fast immer eine artifizielles Modell erzeugen, mit dem hoffentlich Strukturen aufgedeckt werden können, die bestimmte Aspekte der sozialen Wirklichkeit aufscheinen lassen.

7. Kombination mehrerer Netzwerke

7.1 Teilnahme an Treffen

Im nächsten Beispiel wird ein Netzwerk erzeugt, dass aus drei unterschiedlichen Teilnetzen zusammengesetzt ist: 1. der Teilnahme an Treffen. Dabei handelt es sich meist um sog. Stammtische der Wikipedianer. Die Vorbereitungen für die Face-to-Face Treffen finden in Wikipedia statt, dort findet sich auch meist eine Art von Protokoll, aus dem hervorgeht, wer an dem jeweiligen Treffen teilgenommen hat.

Neben Stammtischen sind Anlässe für die Treffen Messeteilnahmen, gemeinsame Stadtbegehungen oder in einem Fall auch ein Zelturlaub. Die Zahl der Teilnehmer schwankt zwischen 2 und 77 (Mittelwert 11 und Modalwert 6).

Das Netzwerk wird folgendermaßen konstruiert: Zwei Teilnehmer stehen durch die gemeinsame Teilnahme an einem Treffen in einer Beziehung. Das bedeutet, hier wird ein bimodales Netzwerk wie im klassischen Beispiel der „Southern Women" erzeugt. In die Auswertung gehen 240 Treffen mit insgesamt 765 Teilnehmern ein. Besonders bei Treffen mit wenigen Teilnehmern ist die Chance sehr groß, dass jeder mit jedem in Kontakt kommt. Von den ausgehenden Bindungsmöglichkeiten müssten aus soziologischer Sicht kleine Treffen stärker gewichtet werden als große. Durch das angewendete Verfahren allerdings werden größere Treffen als insofern bedeutender bewertet, als durch sie mehr Verbindungen zustande kommen.

7.2 Beteiligung an einem von 31 Artikeln mit Diskussion

In unserem Projekt zu Wikipedia (Stegbauer 2009) haben wir uns die Beziehungsstruktur von 31 Artikeln genauer angesehen. Die Artikel wurden zufällig aus einer Grundgesamtheit ausgewählt. Diese Grundgesamtheit umfasste alle Artikel der Wikipedia mit mindestens 20 Edits im Diskussionsbereich. Das Netzwerk wird folgendermaßen konstruiert: Zwei Teilnehmer stehen dann miteinander in Kontakt, wenn sie am selben Artikel gearbeitet haben oder wenn sie zum selben Artikel diskutierten. Das heißt, Artikel und Diskussion werden getrennt beachtet. Bei 31 Artikeln und dem zugehörigen Diskussionsbereich kommen wir damit auf 62 Ereignisse. Es sind 790 Teilnehmer involviert. Es wird ein bimodales unbewertetes Netzwerk erzeugt.

Bei diesem Vorgehen lässt sich kritisch fragen, ob tatsächlich die Teilnehmer, die gemeinsam an einem Artikel gearbeitet haben, in Kontakt stehen. Ein ähnlicher Einwand kann geltend gemacht werden, wenn man die Diskussion betrachtet. In einem anderen Zusammenhang haben wir Bezugnahmen im Diskussionsbereich manuell codiert (Stegbauer 2009). Dort konnten wir feststellen, dass die Teilnehmer sich tatsächlich oft auf niemanden beziehen oder sie beziehen sich auf einen bestimmten Beitrag eines anderen Teilnehmers. Insbesondere zeitlich weit auseinander liegende Beiträge wiesen selten eine Bezugnahme auf.

7.3 Beteiligung an Artikeln und Diskussionen zu Artikeln in einem von drei Portalen

In ähnlicher Weise wie bei den 31 Artikeln wird bei der Konstruktion des Netzwerkes aus drei Portalen vorgegangen. Portale unternehmen den Versuch, Artikel aus einem Wissensgebiet strukturiert darzustellen. Sie bieten so etwas wie eine inhaltliche Klammer in einem Wissensgebiet – sie ermöglichen einen schnellen Überblick und ein Suchen im Kontext eines Gebietes. Wir haben drei Portale genauer untersucht und ähnlich wie im vorhergehenden Abschnitt, jeweils die Artikel und die zugehörende Diskussion getrennt voneinander in die Konstruktion des Netzwerkes einbezogen. Es handelt sich um die Portale „Bildende Kunst" mit 240 Ereignissen und 2521 Teilnehmern, „Olympische Spiele" mit 274 Ereignissen und 2848 Teilnehmern und „Philosophie" mit 197 Ereignissen und 2451 Teilnehmern. Insgesamt besteht das Netzwerk aus 711 Ereignissen mit 5699 Teilnehmern.

Das Netzwerk ist auf die folgende Weise definiert: Zwei Teilnehmer stehen miteinander in Kontakt, wenn sie am selben Artikel gearbeitet oder wenn sie zum selben Artikel diskutiert haben.

Im Unterschied zu den 31 zufällig ausgewählten Artikeln sind die Portale, obgleich es sich darunter auch um Artikel handelt, für sich selbst eine Struktur, d.h. es gibt ein „Portalprojekt", bei dem es einen thematischen und organisatorischen Zusammenhang gibt (Gruppe und Koordinator). Aktivisten kommen auf jeden Fall über die Portaldiskussion, bzw. Projektdiskussionsseiten miteinander in Kontakt.

7.4 Durchschnitt über zweimodale Beziehungen verschieden konstruierter Netzwerke

In einem nächsten Schritt verknüpfen wir die drei wie beschrieben konstruierten Netzwerke. Wir folgen dabei der folgenden Idee: dass man, sobald man sich verschiedene Bereiche innerhalb von Wikipedia genauer anschaut, man auf dieselben Beteiligten stößt, von denen man schnell vermutet, dass diese zu einer Führungsschicht gehören. Die Frage ist nun, ob man mit einem solchen Vorgehen, eine Führungsschicht identifizieren kann – und ob es in dieser „Elite" selbst eine Struktur gibt. Außerdem entsprang die Analyse dem Wunsch, attributives Vorgehen wie es in der Umfrageforschung üblich ist, mit einer stärker in der Netzwerkanalyse fundierten Untersuchung zu vergleichen (veröffentlicht in Stegbauer und Rausch 2009). Natürlich kann man auch hierbei kritisch fragen, warum gerade diese Artikel, warum gerade diese Portale und warum die Treffen ausgewählt wurden. Wir wollten mit dem Vorgehen die Grenzen von geschlossenen Netzwerken, die ja immer nur einen Teil der Beziehungsstruktur abbilden, umgehen, bzw. erweitern. Ein weiterer Grund dafür war, dass wir mit den Daten aus unseren Analysen vertraut waren und das Ganze für uns explorativen Charakter hatte. Wir wollten sehen, wie weit man mit einem solchen Vorgehen kommen kann.

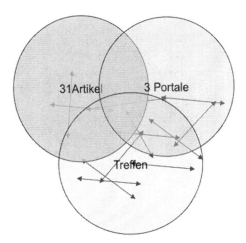

Abbildung 4: Die interne Beziehungsstruktur in jedem der drei Bereiche wird berücksichtigt

In der Umfrageforschung würde man eine einfache Verknüpfung vornehmen – man würde fragen, wer auf einem Treffen war, wer an einem der 31 Artikel mitgearbeitet hat und ebenso bei der Bearbeitung eines der Portale aktiv war. Hierdurch kann man zwar ebenfalls Schnittmengen bestimmen, die unterliegenden Beziehungen werden jedoch nicht gewürdigt. In unserem Vorgehen ist das (trotz der oben geäußerten Vorbehalte) anders – hier sind die internen Beziehungen von Bedeutung. Dies ist in der folgenden Graphik mit den Pfeilen, die unterliegende Beziehungskanten darstellen sollen, angedeutet.

7.5 Überschneidungen bei den Teilnehmern

Da wir den Kern von Wikipedia ermitteln wollen, sind wir besonders an den Überschneidungen der Netzwerke interessiert – und hierbei insbesondere an dem Bereich, der von allen drei Netzwerken geschnitten wird. Die folgende Tabelle enthält Kennzahlen über die Größe der Überschneidungen. Im Schnittpunkt aller drei Netzwerke findet man noch 33 Personen, die untereinander in einer strukturierten Beziehung stehen.

Bereich	Anzahl Teilnehmer
	bei Durchschnitt über Beziehungen
Treffen ∩ Artikel	44
Treffen ∩ Portale	376
Artikel ∩ Portale	390
Treffen ∩ Artikel ∩ Portale	33

Tabelle 1: Schnittmengen von Teilnehmern mit den berücksichtigten Subnetzwerken

Die 33 Personen, die in allen einbezogenen Netzwerken vorkommen und dort mit mindestens einer weiteren Person in einer (wie beschriebenen) Beziehung stehen, werden als Graphik in der nächsten Abbildung dargestellt.

Es ist sichtbar, dass die Graphik in unterschiedliche Komponenten zerfällt. Neben einigen kleineren Komponenten (Dyaden) und zwei Vierergebilden ist eine Hauptkomponente erkennbar. In der Hauptkomponente sind nochmals einige Teilnehmer zentraler als andere. Nahezu alle über die Schnittmengen bestimmten Teilnehmer sind uns aus unseren Untersuchungen bekannt. Sie gehören tatsächlich zu den führenden Mitarbeitern der Wikipedia.

Das gewählte Vorgehen erbringt eine interpretierbare Struktur. Das Verfahren ist sicherlich leistungsfähig, um zur Führungsschicht zugehörige Teilnehmer zu identifizieren. Allerdings muss auch hierbei eingeschränkt werden: Hätten wir bei einer anderen Auswahl an Artikeln und Portalen ein anderes Netzwerk erhalten? Mit Sicherheit ja, obgleich einige der Teilnehmer mit hoher Wahrscheinlichkeit auch dort dabei gewesen wären. Das liegt daran, dass hier weniger Spezialisten, als Generalisten und „allgemeine" Führungskräfte vertreten sind – häufig auch solche, die schon seit langem bei Wikipedia dabei sind und sich zu Zeiten engagierten, als es noch viel einfacher war, substantielle Artikelarbeit zu leisten. Es fällt ferner auf, dass auch einige Vandalismusbekämpfer übrig blieben. Im Vorfeld haben wir nicht die Bots (Programme, die Routinearbeiten durchführen) identifiziert – sie spielen hier keine Rolle, weil diese künstlichen Akteure keine Treffen besuchen können. Bevor man zu einer Datenreduktion greift, wie hier vorgeführt, sollte man also auch hier genau über die Konsequenzen der getroffenen Entscheidungen nachsinnen.

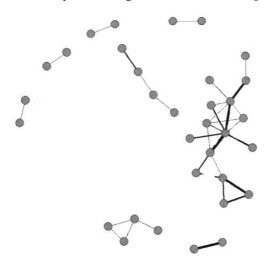

Abbildung 5: *Subnetzwerk: Durchschnitt über Beziehungen von Treffen, Artikeln und Portalen*

8. Schwellenwert bei der Zahl der Kontakte

Wie bereits betont, bedeutet bimodale Analyse, meist eine Annahme über das Zustandekommen einer Beziehung zu treffen. Im vorhergehenden Beispiel wurde sich nicht alleine darauf verlassen, dass man das mehr oder weniger gleichzeitige Auftreten zweier Personen bei einer Bearbeitung beziehungskonstitutiv bewertete – am Ende war es wichtig, dass eine solche Beziehung in verschiedenen Kontexten sichtbar wurde.

Bleibt man im selben Kontext, kann die Wahrscheinlichkeit, dass sich zwei Teilnehmer tatsächlich begegnen, gesteigert werden, wenn ein Schwellenwert eingeführt wird. Der Schwellenwert greift erst ab einer bestimmten Zahl gemeinsamer Bearbeitungen.[7]

Analysiert man beispielsweise Wikipedia-Artikel dahingehend, ob zwei Teilnehmer bei der Bearbeitung eines Artikels eine Beziehung aufgebaut haben / in direkten Kontakt gekommen sind – so ist die Wahrscheinlichkeit bei einem einzigen gemeinsam bearbeiteten Artikel gering.

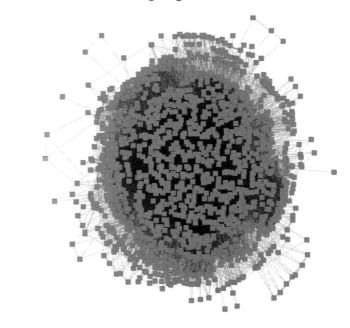

Abbildung 6: Gesamtes Netzwerk offenbart nicht viel an Struktur
Mindestens ein Artikel wurde gemeinsam bearbeitet, Artikel des Portals „Bildende Kunst", Zeitraum 1 Jahr (01.11.2005-01.11.2006), 227 Artikel, 1411 Teilnehmer

---

7　Eine weitere Möglichkeit zur Steigerung der Kontaktwahrscheinlichkeit wäre z.B. eine Verkleinerung des betrachteten Zeitraums.

8.1 Über gemeinsame Bearbeitung konstituierte Beziehungen – ohne Schwellenwert

Das Beispiel offenbart schnell, dass eine solche Konstruktion der „Weisheit der Vielen" (Surowiecki und Beckmann 2007) Rauschen erzeugt. Es finden sich so viele Kontakte, die kaum übersehbar sind. Eine Struktur ist kaum zu erkennen (jedenfalls nicht auf den ersten Blick). Man kann nun versuchen einen Schwellenwert einzuführen. In welcher Weise sich die dann noch vorhandene Zahl der Beziehungen dadurch ändert, sehen wir in Abbildung 7.

Die Beziehungen zwischen den Akteuren, konstituiert durch Zusammenarbeit an Artikeln, ist sehr stark rückläufig.

8.2 Einführung eines Schwellenwertes

Die Anzahl der im Netzwerk verbleibenden Akteure bei Erhöhung des Schwellenwertes verringert sich nach einem Potenzgesetz. Im Netzwerk sind 1411 Teilnehmer mit Beziehungen. Die meisten sind aber mit jemand anderem nur über einen einzigen Artikel verbunden. Würde man den Schwellenwert nun auf mindestens zwei auf diese Weise konstituierte Beziehungen erhöhen, blieben noch etwas über 400 Teilnehmer übrig. Bei mindestens drei gehen nochmals etwa die Hälfte der Teilnehmer verloren usw.

Im hier präsentierten Beispiel einer bimodalen Netzwerkkonstruktion werden alle Teilnehmer einbezogen, die an mehr als 10 Artikeln gemeinsam gearbeitet haben. Berücksichtigt wurde ein Teilbereich der Wikipedia, nämlich das Portal „Bildende Kunst". Der untersuchte Zeitraum beträgt ein Jahr (01.11.2005-01.11.2006). Es handelt sich um 167 Artikel.

Es zeigt sich sehr schnell, dass offenbar nur einige wenige Teilnehmer die Beziehungen zusammenhalten. Das Ergebnis einer Blockmodellanalyse zeigt drei Blöcke, einen 3-er Block, einen 13-er Block und einen 7-er Block. Die nächste Abbildung offenbart, dass die Blöcke tatsächlich in ganz unterschiedlicher Weise zusammenarbeiten. Ein fast geschlossener gemeinsam bearbeiteter Artikelbereich wird von dem 3-er Block bearbeitet. Bei den anderen Blöcken ist das bei weitem nicht so eindeutig. Es zeigt sich keine so klare Struktur. Interessant ist aber, dass es sich bei neun der 13 Teilnehmer um Bots handelt, also Programme, die meist kleine Änderungen automatisch vornehmen und dabei sehr viele Artikel ändern. Die übrig gebliebenen 4 Teilnehmer dieses Blocks sind entweder Vandalenjäger oder Generalisten. Es verwundert keineswegs, dass sich Vandalenjäger in diesem Block befinden – sie arbeiten eigentlich ganz ähnlich wie Bots: sie besitzen Programme zum Aufspüren von Vandalismus. Inhaltliche Kenntnisse sind bei ihnen kaum gefragt. Die Teilnehmer des 7-er Blocks beschäftigen sich eher mit Portalinhalten. Auch hier bringt die Blockmodellanalyse ein sehr schön interpretierbares Ergebnis – alle Blöcke sind funktional voneinander getrennt.

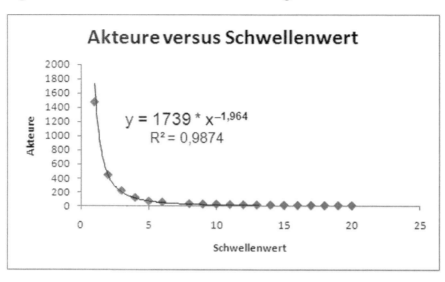

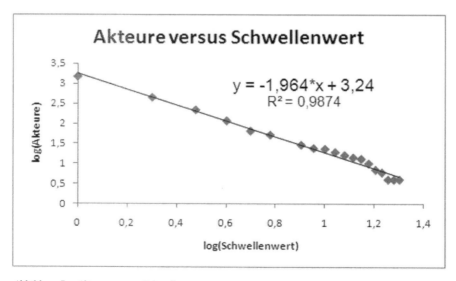

Abbildung 7: Akteure versus Schwellenwert.

Probleme der Konstruktion zweimodaler Netzwerke   199

Daraus ergibt sich die **Potenzfunktion** *mit dem Exponenten −1.964*

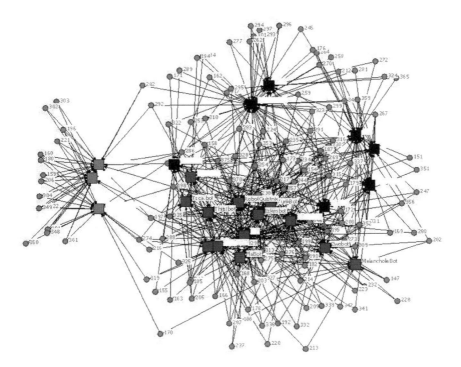

Abbildung 8:   Bimodales Netzwerk aus Artikeln und Teilnehmern des Portals „Bildende Kunst". Beziehungskriterium: die Teilnehmer müssen an mindestens 10 Artikeln zusammen gearbeitet haben.

In der nächsten Abbildung wird nun die unimodale Projektion der Teilnehmerbeziehungen gezeigt. Es wird noch klarer, wie sehr die Vandalenjäger mit den Bots verbunden sind. Mit unserer Methode lassen sich nur wenige inhaltlich zusammenarbeitende Teilnehmer identifizieren. Das weist auf eine Problematik hin, die der Schwellenwertvorgabe innewohnt. Es wird ein sehr oberflächliches Kriterium für Beziehung angewendet – damit aber die Spezifität der unterschiedlichen Zugänge der Akteure eingeebnet.

Man kann nun exemplarisch untersuchen, an welchen Artikeln tatsächlich zusammengearbeitet wurde. Lässt man die Bots weg, dann ist darüber sehr schnell ein Bild zu gewinnen, wie die Zusammenarbeit in diesem Bereich tatsächlich ausschaut. Es lässt sich sehr gut nachweisen, dass es sich beim 3-er Block tatsächlich um inhaltlich im selben Bereich arbeitende Teilnehmer handelt. Die Schnittmenge der von allen drei Teilnehmern bearbeiteten Artikel ist relativ groß. Es handelt sich um Artikel zu griechischen Künstlern der Antike.

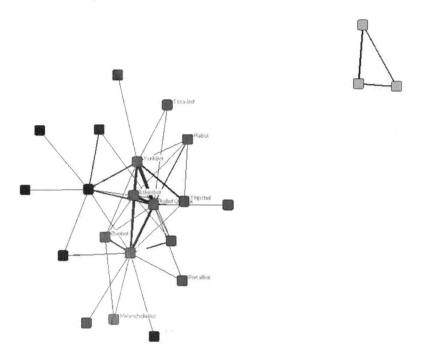

Abbildung 9: Unimodale Projektion der bimodalen Beziehungen im Portal „bildende Kunst" auf die Beziehungen zwischen Teilnehmern (>10 gemeinsame Artikelbearbeitungen)

Bei den beziehungskonstitutiven Artikeln der anderen Teilnehmer ist ein solcher gemeinsamer Focus nicht klar erkennbar. Einige Autoren arbeiten offenbar an Listen und Überblicksartikeln zusammen. Deutlich wird, dass die bearbeiteten Artikel wesentlich heterogener sind.

Wie ist nun das hier gezeigte methodische Vorgehen zu bewerten? Es handelt sich um eine durchaus übliche Methode (von Batagelj 2008, Islands genannt) – um in einem Netzwerk, was durch Mitgliedschaft oder Teilnahme an Events erzeugt wird, eine Struktur erkennen zu können, muss eine Datenreduktion vorgenommen werden. Eine einfache Methode ist es, einen Schwellenwert einzusetzen. Problematisch daran ist, wie man sieht, dass unterschiedliche Klassen von Akteuren übrig bleiben, die sehr wenig miteinander zu tun haben. Das ist an sich zwar ein sehr interessantes Ergebnis. Wenn es aber darauf ankommen sollte, Teilnehmer zu identifizieren, die tatsächlich miteinander in Kontakt kommen oder zusammen arbeiten, so muss man feststellen, dass dieses Verfahren das bestenfalls in einem (eher kleinen Teilbereich) erreichen konnte. Der größte Block besteht zum überwiegenden Teil aus „nichtmenschlichen" Akteuren, die an dieser Stelle nicht mit den Teilnehmern in einen Topf geworfen werden sollten. Eindeutig ist das Ergebnis lediglich in dem kleinen 3-er Block – in dem so viele gemeinsame Bearbeitungen vorgenommen wurden, dass es naheliegt, dass die Teilnehmer einander zur Kenntnis genommen haben.

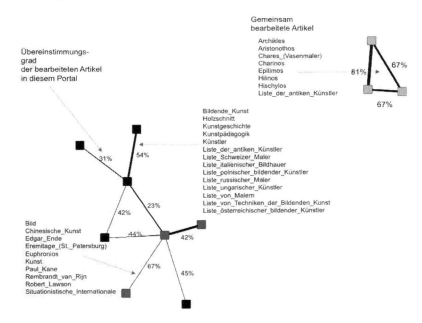

Abbildung 10: Über gemeinsame Bearbeitung konstituierte Beziehung im Portal Bildende Kunst (ohne Bots) mit gemeinsam bearbeiteten Artikeln.

Um ein Verfahren einzuführen, das näher an einem gewünschten Ergebnis „Teilnehmer stehen untereinander in Kontakt" liegt, wäre es also angebracht, eine genauere, freilich dann auch komplexere Beziehungsdefinition vorzunehmen. Unter Umständen müssen außerdem inhaltliche Dimensionen mit in eine solche Definition einfließen.

9. Resümee

In diesem Beitrag wurde der Versuch unternommen, einen kritischen Blick auf verschiedene Verfahren der bimodalen Netzwerkanalyse zu werfen. Dabei stellte sich heraus, dass alle Vorgehen mit spezifischen Problemen behaftet sind – die Methoden oft nur für eine bestimmte Fragestellung geeignet sind. Bei solchen eingeschränkten Fragestellungen werden manchmal gute Ergebnisse erzielt. In sehr vielen Fällen geht man damit aber auch in die Irre – hier müssen die Beziehungsdefinitionen sehr viel komplexer werden, um befriedigende Untersuchungen zu erlauben. Ein möglicher Weg, dies zu erreichen, ist die Einbeziehung von Positionen, die formal definiert werden können oder von positionaler Analyse. Hierdurch werden die Analysen zwar aufwändiger und diese erfordern eine genauere Kenntnis der verwendeten Daten – dafür dürfte der Forscher durch klarer interpretierbare Ergebnisse und einen transparenteren Blick auf die Daten belohnt werden.

Im Internet finden sich so viele Datenquellen, mit denen man bimodale oder gar multimodale Netzwerkanalysen durchführen kann. Hierin werden noch viele Zusammenhänge zu entdecken sein – allerdings, und das wurde im vorliegenden Werkstattbericht deutlich, ist noch einiges an Forschung zu investieren, um zu verbesserten Ergebnissen zu kommen. Ein einfaches Analysieren der Daten, wie sie sind oder wie sich möglichst einfach Beziehungen definieren lassen, dürfte kaum den zukünftigen Anforderungen genügen. Auch wenn beispielsweise die Einbeziehung von Schwellenwerten bei der Beziehungsdefinition Konvention geworden sind, so zeigt sich doch, dass das vorgestellte Forschungsfeld noch gar nicht reif für solche Konventionen ist – noch fehlt sehr viel Grundlagenforschung.

10. Literatur

Batagelj, Vladimir. 2008. *Analysis of Large Networks with Pajek*. Workshop, Sunbelt XXVIII, St. Pete Beach, Florida, USA, 22-27 January, 2008. (http://vlado.fmf.uni-lj.si/pub/networks/Doc/Sunbelt/sunbeltXXVIII.pdf).

Breiger, Ronald L. 1974. The Duality of Persons and Groups. *Social Forces* 53, 181–190.

Davis, Allison, Burleigh B. Gardner, Mary R. Gardner, und W. L. Warner. 1941. *Deep South. A social anthropological study of caste and class*. Chicago Ill.: The University of Chicago press.

Dunbar, R. I. M. 1993. Coevolution of neocortical size, group size and language in humans. *Behavioral and Brain Sciences*, Jg. 16, H. 04, 681–694. Online verfügbar unter http://journals.cambridge.org/action/displayAbstract?fromPage=online&aid=6742756&fulltextType=RA&fileId=S0140525X00032325.

Freeman, Linton C. 2003. Finding social groups: a meta-analysis of the Southern Women data. In *Dynamic Social Network Modeling and Analysis: Workshop Summary and Papers. National Research Council*, Hrsg. R. Breiger, C. Carley, und P. Pattison, P., 39-97. Washington, DC: The National Academies Press.

Giddens, Anthony. 1997. *Die Konstitution der Gesellschaft. Grundzüge einer Theorie der Strukturierung*. Frankfurt/Main: Campus.

Homans, George C. 1950. *The human group*. New York: Harcourt Brace.

Hummell, Hans J., und Wolfgang Sodeur. 2010. Netzwerkanalyse. In *Handbuch der sozialwissenschaftlichen Datenanalyse*, Hrsg. C. Wolf und H. Best, 575-606. Wiesbaden: VS Verl. für Sozialwiss.

Levine, Joel H. 1972. The Sphere of Influence. *American Sociological Review* 37, 14–27.

Linden, Greg, Brent Smith, und Jeremy York. 2003. *Amazon.com Recommendations. Item-to-Item Collaborative Filtering*. JANUARY • FEBRUARY 2003 Published by the IEEE Computer Society. http://www.win.tue.nl/~laroyo/2L340/resources/Amazon-Recommendations.pdf (28.02.2011).

Mariolis, Peter. 1975. Interlocking directorates and control of corporations: The theory of bank control. *Social Science Quarterly* 56, 425–439.

Miller, George A. 1956. The magical number seven, plus or minus two: Some limits on our capacity for processing information. *Psychological Review*, Jg. 63, 81–97.

Sacks, Harvey, Emanuel A. Schegloff, und Gail Jefferson. 1974. A simplest systematics for the organization of turn-taking for conversation. *Language* 50, 696–735.

Schoorman, F. D., Max H. Bazerman, und Robert S. Atkin. 1981. Interlocking Directorates: A Strategy for Reducing Environmental Uncertainty. *The Academy of Management Review* 6, 243–251.

Scott, John. 1991. NETWORKS OF CORPORATE POWER: A Comparative Assessment. *Annu. Rev. Sociol.* 17, 181–203.

Stegbauer, Christian. 2001. *Grenzen virtueller Gemeinschaft. Strukturen internetbasierter Kommunikationsforen*. Wiesbaden: Westdt. Verl.

Stegbauer, Christian. 2009. *Wikipedia. Das Rätsel der Kooperation*. Wiesbaden: VS Verlag für Sozialwissenschaften.

Stegbauer, Christian. 2002. *Reziprozität. Einführung in soziale Formen der Gegenseitigkeit.* Wiesbaden: Westdt. Verl.

Stegbauer, Christian. 2010. Strukturbildung durch Begrenzung und Wettbewerb. In *Relationale Soziologie. Zur kulturellen Wende der Netzwerkforschung,* Hrsg. J. Fuhse und S. Mützel, 207–232. Wiesbaden: VS Verlag für Sozialwissenschaften.

Stegbauer, Christian, und Alexander Rausch. 2006. *Strukturalistische Internetforschung. Netzwerkanalysen internetbasierter Kommunikationsräume.* Wiesbaden: VS Verlag für Sozialwissenschaften.

Stegbauer, Christian, und Alexander Rausch. 2009. Grenzen der Erfassung = Grenzen von Netzwerken? Schnittmengeninduzierte Bestimmung von Positionen. In *Netzwerkforschung, vol. 3, Grenzen von Netzwerken,* Hrsg. R. Häußling, 133–154. Wiesbaden: VS Verlag für Sozialwissenschaften / GWV Fachverlage GmbH Wiesbaden.

Surowiecki, James, und Gerhard Beckmann. 2007. *Die Weisheit der Vielen. Warum Gruppen klüger sind als Einzelne.* München: Goldmann.

Vedres, Balazs, und David Stark. 2010. Structural Folds: Generative Disruption in Overlapping Groups. *American Journal of Sociology* 115, 1150–1190 (http://www.journals.uchicago.edu/doi/abs/10.1086/649497).

Wehner, Josef. 2010. Numerische Inklusion - Wie die Medien ihr Publikum beobachten. In *Medienwandel als Wandel von Interaktionsformen,* Hrsg. T. Sutter, und A. Mehler, 183–210. Wiesbaden: VS Verlag für Sozialwissenschaften.

White, Harrison C. 1992. *Identity and control. A structural theory of social action.* Princeton, N.J.: Princeton University Press.

Kapitel II: Empirische Aspekte der Analyse sozialer und sprachlicher Netzwerke

Michael Beißwenger

Raumorientierung in der Netzkommunikation. Korpusgestützte Untersuchungen zur lokalen Deixis in Chats

1. Einleitung

370	**doridoro**	hast du nix besseres in deiner freizeit vor, als **hier** zu chatten ?@+++
371	**Weswolf**	*kicher*
372	+++	Naja, hänge an der Uni rum und treffe mich in ner halben Stunde mit ein paar freunden ,schlage gerade die Zeit tot
373	**Weswolf**	Aha
374	**doridoro**	soso
375	**Emon**	na denn....
376	**doridoro**	hm
380	**Emon**	hmmm... sind aber grade semesterferien....
381	**Emon**	also **hier** jedenfalls
382	**doridoro**	**hier** auch
383	**Weswolf**	Kommt drauf an, **wo**

Beispiel 1.[1]

Bei der Kommunikation in Computernetzen ist die Koordination zwischen den Beteiligten aufgrund der speziellen technologischen Rahmenbedingungen erschwert. Dennoch erfreut sich das Kommunizieren „im Netz" ungebrochen hoher Popularitätswerte – nicht nur in Foren, Chats und „sozialen Netzwerken" im Freizeitbereich, sondern immer mehr auch in professionellen Nutzungskontexten (vgl.

---

1 Ausschnitt (gekürzt) aus einem „Plauder-Chat" im Freizeitbereich (Dortmunder Chat-Korpus, Dokument 2221005). Sprünge in der Nummerierung der Chat-Beiträge ergeben sich – in diesem wie auch in allen folgenden Beispielen – durch die Auslassung von Beiträgen aus dem Original-Dokument, die für das, was das Beispiel belegen soll, nicht relevant sind. Die vollständige Sequenz kann im Dortmunder Chat-Korpus unter http://www.chatkorpus.tu-dortmund.de eingesehen werden.

Beißwenger und Storrer 2005; Storrer 2007). Dies legt nahe, dass die Nutzerinnen und Nutzer Strategien entwickeln, um ein erfolgreiches Verständigungshandeln unter den technologisch gesetzten Rahmenbedingungen möglich und die Potenziale internetbasierter Kommunikation effizient nutzbar zu machen.

In Beißwenger (2007, 2010) wurde gezeigt, dass in der Chat-Kommunikation im Gegensatz zu mündlichen Gesprächen technologiebedingt ein direkter interaktiver Abgleich von kommunikationsbezogenen Aktivitäten zur Laufzeit der Kommunikation ausgeschlossen und somit eine Organisation des Austauschs auf Basis des Turn-taking-Apparats nicht oder nur sehr eingeschränkt möglich ist. Dennoch ist die Interaktion per Chat nicht unstrukturiert in dem Sinne, dass eine sinnvolle sequenzielle Organisation partnerbezogenen sprachlichen Handelns nicht stattfände. Während Mitschnitte des schriftlichen Kommunikationsaufkommens in Chats, so wie es sich auf den Bildschirmen der Beteiligten dokumentiert, bisweilen *ex post* als schwierig nachvollziehbar anmuten, zeigen Untersuchungen zu individuellen Nutzeraktivitäten beim Chatten, dass die einzelnen Chatter ihr Beteiligungsverhalten durchaus an einer kohärenten Anschließbarkeit ihres eigenen Handelns an das Handeln ihrer Partner orientieren und beispielsweise ihre schriftliche Beitragsproduktion in Ausrichtung auf dieses Ziel an die gegebenen medialen Rahmenbedingungen anpassen.

Im vorliegenden Beitrag soll nun auf der Grundlage eines Korpus mit Chat-Mitschnitten (= archivierten Verlaufsprotokollen von Chat-Ereignissen) untersucht werden, welche besonderen Herausforderungen sich in der synchronen schriftlichen Internetkommunikation bei der sprachlichen Herstellung geteilter Orientierung über Räume ergeben und wie die Kommunikationsbeteiligten mit diesen Herausforderungen umgehen. Angeknüpft wird dabei an die Beobachtungen in Storrer (2001) zu den Besonderheiten beim Umgang mit lokaler Deixis in Chats.[2] Der Fokus der Untersuchung liegt auf Fällen der Lokalisierung mittels lokaler Deixis, konkret mit den Lokaladverbien ‚hier', ‚dort' und ‚da' sowie mit quasideiktischen Adverbien wie ‚links', ‚rechts', ‚oben', ‚unten'.

In Abschnitt 2 wird zunächst aufgezeigt, welche Herausforderungen an die Verwendung und Deutung entsprechender „Zeigwörter" in der Chat-Kommunikation geknüpft sind. In Abschnitt 3 wird ein Vorschlag zur Systematisierung der in Chats als deiktische Verweisräume in Frage kommenden topologischen Strukturen formuliert. Der Abschnitt präsentiert weiterhin Analysen von Korpusbeispielen für Fälle deiktischen und quasideiktischen Verweisens in den verschiedenen Typen von Verweisräumen und diskutiert, welche Voraussetzungen jeweils gege-

---

[2] Angelika Storrer danke ich auch für wertvolle Anregungen und Diskussionen bei der Konzeption des vorliegenden Beitrags.

ben sein müssen, damit das sprachliche Zeigen und die damit vorgenommenen lokalen Fokussierungen von den Adressaten nachvollzogen werden können. In Abschnitt 4 wird schließlich anhand einer quantitativ-qualitativen Korpusstudie zur Verwendung von ‚hier' und ‚dort' die Frage verfolgt, ob die Verwendung von Lokaldeiktika in Chats auf Standardannahmen basiert bzw. ob der Umgang mit lokaler Deixis in Chats deshalb weitgehend komplikationslos funktioniert, weil in einzelnen Typen von Chats jeweils bestimmte Raumkonzepte dominieren, die – sofern im Kontext nicht anders markiert – der Verwendung deiktischer Lokaladverbien standardmäßig zugrunde gelegt werden.

Die Datenbasis für die qualitativen Analysen in Abschnitt 3 wie auch für die quantitativ-qualitative Studie in Abschnitt 4 bildet das *Dortmunder Chat-Korpus*[3], das in den Jahren 2002–2008 am Dortmunder Lehrstuhl für Linguistik der deutschen Sprache und Sprachdidaktik aufgebaut wurde und das im Umfang von 140.000 Chat-Beiträgen bzw. 1,06 Millionen laufenden Wortformen Daten aus unterschiedlichen Zweckbereichen sprachlichen Handelns umfasst: Neben Webchats und IRC-Chats im Freizeitbereich dokumentiert es Chats in Lehr-/Lernkontexten, in verschiedenen Formen institutioneller Beratung und in journalistischen Nutzungskontexten.

2. Herausforderungen beim Umgang mit lokaler Deixis in der Chat-Kommunikation

Im Gegensatz zu den „Nennwörtern" einer Sprache (Bühler 1934[1982]), deren Bedeutung im Gebrauch auf der Grundlage sprachverwendergemeinschaftlich eingespielter symbolischer Zuordnungen erschlossen werden kann, ist die Bedeutung von „Zeigwörtern" (*Deixeis*) wie ‚ich', ‚du', ‚hier', ‚dort', ‚jetzt' *subjektiv* und *situationsabhängig*: Ihre Semantisierung ist untrennbar an die Origo eines Koordinatensystems geknüpft, das vom jeweiligen Sprecher/Schreiber gesetzt wird und das von den Adressaten notwendigerweise als Ausgangspunkt des sprachlichen Zeigens rekonstruiert werden muss, um die mit der Verwendung einzelner Zeigwörter vorgenommenen Fokussierungen nachzuvollziehen (Kameyama 2007: 582). Die deiktische Verweisung ist nach Ehlich (1978[2007]: 19) „(a) Ausdruck (Exothese) einer Fokussierung, die [*ein Sprecher*] S auf Elemente des Verweisraumes selbst vorgenommen hat, (b) Aufforderung an den Hörer H, diese Fokussierung seinerseits zu vollziehen und so für S und H eine gemeinsame Fokussierung innerhalb des Verweisraumes herzustellen." Den Verweisraum fasst

---

3 http://www.chatkorpus.tu-dortmund.de

Ehlich dabei als eine „mehrdimensionale Größe, deren Grenzen die möglichen Objekte der deiktischen Prozedur von solchen Objekten trennen, die nicht durch eine einfache Suchaufforderung des Sprechers zur Fokussierung und Findeprozedur des Hörers Gegenstand der kommunikativen Relevanz werden können" (ebd.: 20). Deiktisches Verweisen ist dabei nicht lediglich auf die „physikalischen Determinationen" des Sprechzeitraums in elementarer Face-to-face-Kommunikation begrenzt, sondern kann auch auf vorgestellte Objekte/Räume, Rede- und Texträume ausgedehnt werden (ebd.).

Als *Lokaldeiktika* des Deutschen werden im vorliegenden Beitrag – in Anlehnung u.a. an Bühler (1934[1982]) und Hoffmann (1997) – die Ausdrücke ‚hier', ‚dort' und ‚da' betrachtet. Mitberücksichtigt werden ferner auch „sekundär-deiktische" bzw. „quasideiktische" Ausdrücke wie ‚oben', ‚unten', ‚links' und ‚rechts', die – wie die „echten" Deiktika – an der Origo ansetzen, bei denen aber „ein zusätzliches perspektivisches Bezugssystem ins Spiel kommt" (Hoffmann 1997: 312) bzw. bei denen die Origo mit einem Verankerungspunkt im Raum verbunden und von diesem Punkt aus sprachlich gezeigt wird (ebd.: 327; zum Unterschied zwischen deiktischen und quasideiktischen Lokaladverbien vgl. weiterhin Hoffmann 2007: 239-245). Weiterhin mitberücksichtigt werden Fälle der Verwendung lokaldeiktischer Ausdrücke zur Themafortführung (*Anadeixis*), bei denen der Adressat der Äußerung mit dem Deiktikon „im Bereich der unmittelbar verarbeiteten Diskurs-/Texteineiten reorientiert" wird (Hoffmann 1997: 555). Einzelne der in der Sequenz der Vorgängerhandlungen etablierten Text-/Diskurseinheiten werden dabei „vergegenständlicht und als Redegegenstand fortgeführt" (ebd.: 556), auf den – neben anderen sprachlichen Formen – mittels der Lokaldeiktika ‚hier', ‚da', ‚dort' orientiert wird.[4]

Die Orientierungsleistung, die ein Hörer/Leser erbringen muss, um die Verwendung eines lokaldeiktischen Ausdrucks im Sinne des jeweiligen Sprechers/Schreibers zu semantisieren, zerlegt Klein (1978) in eine Reihe systematisch miteinander verbundener Teilprobleme, u.a.:

1. das *Koordinationsproblem*: Der Hörer/Leser muss rekonstruieren, worauf der Sprecher/Schreiber mit der Verwendung von ‚hier', ‚dort', ‚da' verweist;
2. das *Identifikationsproblem*: Der Hörer/Leser muss den Ort identifizieren, an welchem der Sprecher/Schreiber sich zum Zeitpunkt seiner Äußerung befindet beziehungsweise (z.B. im Falle „verschobener Deixis") von dem ausgehend ein bestimmter Raum als Verweisraum konstituiert wird;
3. das *Raumproblem*: Der Hörer/Leser muss erschließen, welche Art von Raumkonzeption der Sprecher/Schreiber seiner Verwendung der lokaldeikti-

---
4   Zur Anadeixis vgl. auch Ehlich (2007).

schen Ausdrücke zugrunde legt (seine reale Umgebung? einen vorgestellten oder erinnerten Raum? einen Text- oder Rederaum?);
4. das *Problem der Origofestlegung*: Führt der Sprecher/Schreiber eine neue oder zusätzliche Origo ein, die nicht über die Kenntnis seines Äußerungsortes erschließbar ist, so muss der Hörer/Leser diese Origo rekonstruieren, um Verweisungen mit ‚hier', ‚dort', ‚da' nachvollziehen zu können;
5. das *Abgrenzungsproblem*: Der Hörer/Leser muss erschließen, wie der Sprecher/Schreiber den gewählten Verweisraum in Teilräume unterteilt, d.h. wie die seiner Verwendung von ‚hier', ‚dort', ‚da' zugrunde gelegten Teilräume gegeneinander abzugrenzen sind;
6. das *Problem der deiktischen Oppositionen*: Der Hörer/Leser muss erschließen, wie der Sprecher/Schreiber die Teilräume, die er seiner Verwendung von ‚dort' und ‚da' zugrunde legt, in Opposition zum Ziel seines Verweisens mit ‚hier' verortet.

Die verschiedenen Problembereiche hängen auf vielfältige Weise miteinander zusammen. So interagieren etwa die drei letztgenannten Teilprobleme in Bezug auf die Abgrenzung von Teilräumen in Abhängigkeit zur Origo des Sprechers/Schreibers: Da im Deutschen – im Gegensatz zur Persondeixis ‚ich', die unmittelbar auf die Origo verweist – kein lokaldeiktischer Ausdruck für die lokale Origo existiert, geht es beim lokaldeiktischen Verweisen immer um eine Lokalisierung im Tiefenraum; grundlegend ist dabei die Opposition zwischen einem Nahbereich, der den Sprecherort umfasst, und einem Fernbereich, der außerhalb des Nahbereichs liegt (Hoffmann 1997: 328f.). Die von Klein vorgenommene Differenzierung macht aber anschaulich, welch unterschiedliche Rekonstruktions- und Koordinationsleistungen für eine adäquate Deutung der Verwendung lokaldeiktischer Ausdrücke erbracht werden müssen. Entsprechend konstatiert Klein, es sei „erstaunlich, daß ein derart komplexes System so gut funktioniert, denn in der Praxis haben wir relativ wenig Schwierigkeiten zu identifizieren, was jemand meint, wenn er ‚dort', ‚hier' usw. sagt" (Klein 1978: 36). Umgekehrt sei das System gerade deshalb so leistungsfähig, weil es (a) mit Blick auf die Grundlagen menschlicher Physis und Wahrnehmung ein „sehr naheliegendes" System darstelle und weil es sich darüber hinaus (b) im Gegensatz zu situations- bzw. Origo-unabhängigen Bezugssystemen durch eine große Flexibilität auszeichne (ebd.).

Ein grundlegender Aufriss zu den Besonderheiten beim sprachlichen Zeigen und Lokalisieren in der Chat-Kommunikation findet sich bereits in Storrer (2001). Generell ist mit Blick auf die Chat-Kommunikation davon auszugehen, dass der Umgang mit lokaler Deixis den Beteiligten deutlich höhere Koordinationsleistungen abverlangt und dass aufgrund des Ausschlusses direkter interpersonaler

Wahrnehmung ein gegenüber anderen Kommunikationsformen erhöhtes Risiko für Ambiguität beim sprachlichen Zeigen insbesondere mit den „echten" Deiktika ‚hier', ‚da' und ‚dort' besteht:

- Gegenüber der Face-to-face-Kommunikation teilen die Chat-Beteiligten keinen gemeinsamen Wahrnehmungsraum mit der Möglichkeit zur gemeinsamen Orientierung und zur „demonstratio ad oculos".
- Gegenüber der Face-to-face-Kommunikation und auch der Kommunikation per Telefon erfolgt die Übermittlung von Kommunikationsbeiträgen *en bloc*, d.h.: die Äußerung muss erst als Ganze produziert, verschickt und übermittelt werden, bevor sie von den Adressaten rezipiert werden kann. Eine Rezeption der Äußerung zur Laufzeit ihrer Hervorbringung ist damit ausgeschlossen, Chat-Kommunikation ist in dieser Hinsicht *synchron* ohne die Möglichkeit zur *Synchronisierung* (i.S.v. Auer 2000).[5] Eine Rückmeldung von Semantisierungsproblemen in Bezug auf Verwendungen von Lokaldeiktika aus der Rezipientenposition simultan zur Äußerungsaktivität des Produzenten ist damit ausgeschlossen.
- Gegenüber *asynchronen* Formen der Kommunikation mit der Möglichkeit, Beiträge in einem monologischen Setting und ohne zeitlichen Druck zu produzieren, schreitet das Kommunikationsgeschehen in der Chat-Kommunikation häufig rapide voran. Entsprechend orientiert sich die Gestaltung von Kommunikationsbeiträgen (nicht ausschließlich, aber unter anderen) am Prinzip der Ökonomie: Was nicht notwendigerweise sprachlich explizit gemacht werden muss, ist verzichtbar (im Zweifelsfalle würde es das dialogische Setting der Chat-Kommunikation den Adressaten erlauben, Verstehensprobleme in einer Folgeäußerung metakommunikativ zu thematisieren und um Klärung zu bitten).

Darüber hinaus bringt die Schriftlichkeit des Austauschs, die Nutzung des Internet als technischer Infrastruktur sowie das Angewiesensein auf Computer und ihre Peripheriegeräte gegenüber mündlichen Formen der Kommunikation zusätzliche topologische Strukturen und Konzepte ein, die als Verweisräume für sprachliches Zeigen relevant werden können.

Bereits Haase et al. (1997: 67f.) haben anhand des folgenden Beispiels, in dem die Äußerungsbedeutung von „hier" explizit thematisiert wird, auf die Ambiguität im Umgang mit lokaler Deixis in der Chat-Kommunikation hingewiesen:

---

5 Zu den Äußerungs- und Wahrnehmungsbedingungen beim Kommunizieren im Chat und ihren grundlegenden Unterschieden zu mündlichen Gesprächen vgl. im Überblick z.B. Beißwenger (2010: 353-261), zu den Auswirkungen dieser Unterschiede auf die Handlungskoordination zwischen den Beteiligten in der einen wie der anderen Form vgl. ausführlich Beißwenger (2007).

<Karin>	Gleich wird Theo herkommen
<Horst>	**Hier** in den IRC?
<Karin>	Horst: Nein, er kommt mich besuchen für das Wochenende

Beispiel 2: (aus Haase et al. 1997: 67); vgl. dazu auch Storrer 2001: 18).

Interessanterweise finden sich beim Fahnden nach vergleichbaren Beispielen im Dortmunder Chat-Korpus keine wirklich einschlägigen Beispiele, in denen Semantisierungsprobleme in Bezug auf die Verwendung von Lokaldeiktika explizit thematisiert würden.[6] Das muss nicht bedeuten, dass solche Semantisierungsprobleme grundsätzlich nicht auftreten – dennoch ist dieser Befund zunächst einmal überraschend, legt er doch nahe, dass selbst unter den Rahmenbedingungen der Chat-Kommunikation ein Umgang mit lokaler Deixis weitgehend problemlos möglich zu sein scheint.

Bevor den Gründen dafür nachgespürt werden kann, weshalb Chatter in der Regel keine Probleme damit haben, mit der potenziellen Ambiguität lokaler Deixis im Chat umzugehen, sollen in Abschnitt 3 zunächst die wichtigsten Raumkonzepte vorgestellt werden, die in der Chat-Kommunikation als deiktische Verweisräume eine Rolle spielen.

3. Arten von Verweisräumen in der Chat-Kommunikation

Ausgehend von Bühlers „Modi des Zeigens" (Bühler 1934[1982]: 80) und in Anlehnung an die Differenzierungen in Hoffmann (1997: 313ff.) ist zunächst zwischen verschiedenen Arten der Deixis zu differenzieren, die sich in der Art der zugrunde liegenden Verweisräume und in der Zugänglichkeit ihrer Elemente unterscheiden:

- Bei der *situativen Deixis* (von Bühler auch als ‚demonstratio ad oculos' bezeichnet) wird im *Raum der Äußerungssituation* verwiesen. Die Bindung an den situativen Kontext (anwesende Personen/Objekte, Zeitpunkt und räumliche Umgebung der Äußerung) ist prototypischerweise für alle Kommunikationsbeteiligten in gleicher Weise gegeben (elementare Kommunikationsform face-to-face). Ist der Adressat der Äußerung nicht in der Äußerungssituation anwesend (im Falle zeitlich und/oder räumlich „zerdehnter" Kommunikation i.S.v. Ehlich 1983), kann die Äußerungsbedeutung der

---

6 Gesichtet wurden zwei Subsets der Daten aus dem Dortmunder Chat-Korpus mit 66.592 Nutzerbeiträgen (707.132 lfd. Wortformen), die insgesamt 1.472 Vorkommen der Lokaldeiktika ‚hier' und ‚dort' enthalten. Dieser Korpusausschnitt bildet auch die Datengrundlage für die in Abschnitt 4 beschriebene quantitativ-qualitative Untersuchung.

verwendeten deiktischen Ausdrücke nicht unmittelbar aus dem situativen Kontext (des Adressaten zum Rezeptionszeitpunkt am Rezeptionsort) erschlossen werden, sondern sind weitere Hinweise (seitens des Sprechers/ Schreibers) erforderlich, um die deiktischen Verweise im Sinne des Äußernden interpretierbar zu machen.
- Bei der *imaginativen Deixis* (bei Bühler: ‚Deixis am Phantasma') wird auf imaginierte Größen in einem *Vorstellungsraum* verwiesen. Bei den vorgestellten Räumen kann es sich entweder um reale (erinnerte) oder zur Gänze imaginierte Räume handeln: Die imaginative Deixis spielt sich ab „im Bereich der ausgewachsenen Erinnerungen und der konstruktiven Phantasie" (Bühler 1934[1982]: 123; vgl. auch die Differenzierung in Sitta 1991: 14-17).
- Bei der *Rede- und Textdeixis* wird auf vom Hörer zuvor Gesagtes oder zu Sagendes bzw. auf vorangehende oder folgende Elemente eines Textes verwiesen. Als Verweisräume fungieren in diesem Fall der Rede- bzw. Textraum, der die Redegegenstände bzw. Textelemente umfasst. Einen Sonderfall der Textdeixis stellt die sog. *Lokutive Textdeixis* dar, bei der „nicht auf die verbalisierten Elemente, sondern auf die Verbalisierungen selbst verwiesen wird" (Hoffmann 1997: 316).

Für die Kommunikation über räumliche Distanz ist nun gerade charakteristisch, dass im Falle *situativer Deixis* der für die Semantisierung der verwendeten deiktischen Ausdrücke relevante Verweisraum dem Adressaten der Äußerung grundsätzlich nicht in gleicher Weise zugänglich ist wie dem Produzenten. Dass der betreffende Raum vom Adressaten imaginativ konstruiert oder eine bestimmte visuelle Wahrnehmung – etwa im Falle der Kommunikation per Webcam – imaginativ zu einer Raumvorstellung ergänzt werden muss, ist der Standardfall.

Im Fall der Chat-Kommunikation (und gleichermaßen der Instant-Messaging-Kommunikation) ist situative Deixis in für alle Kommunikationsbeteiligten gleichermaßen zugänglichen Verweisräumen mit unmittelbar sinnlich erfahrbaren Elementen nur in Bezug auf das an den Bildschirmen angezeigte schriftliche Protokoll des Kommunikationsverlaufs möglich. Zwar kann die Darstellung des Chat-Protokolls auf den Bildschirmen der einzelnen Nutzer – bedingt durch die Bildschirmgröße, individuelle Schriftgrößeneinstellungen, die individuell gewählte Fenstergröße oder die verwendete Browsersoftware – im Detail voneinander abweichen; die ‚oben'/'unten'-Dimension, die für das Verweisen im Protokollverlauf grundlegend ist, wird aber bei allen Nutzern in derselben linearen Anordnung der Kommunikationsbeiträge manifest und konstituiert die topologische Struktur, in der – ausgehend vom einzelnen angezeigten Chat-Beitrag – mit „siehe oben" auf Beiträge der protokollierten Vorkommunikation verwiesen werden kann. Da die Rezeption von Kommunikationsbeiträgen (und damit auch von in diesen enthaltenen lokaldeiktischen Ausdrücken) notwendigerweise über das Bildschirmverlaufsprotokoll erfolgt, kann eine Orientiertheit der Kommunikationspartner (nicht permanent, aber zumindest zum Zeitpunkt der Rezeption eines bestimmten Beitrags) über die Anordnung der Beiträge am Bildschirm produzentenseitig vorausgesetzt werden.

Alle anderen Arten von Räumen, die beim Chatten als Verweisräume genutzt werden können, müssen entweder vom Rezipienten in der Vorstellung konstituiert werden oder können vom Produzenten nicht zwangsläufig als dem Rezipienten sinnlich zugänglich vorausgesetzt werden. Ein Beispiel für letzteren Fall wäre das deiktische Verweisen im zweidimensionalen Raum von Bildschirm-Interfaces (z.B. einer WWW-Seite oder dem WWW-Interface eines Bibliothekskatalogs), von denen im Chat die Rede ist: Diese sind zwar potenziell sinnlich erfahrbar (nämlich durch Aufruf des betreffenden Interfaces durch den Adressaten der Äußerung); der Produzent einer Äußerung, der das Interface bei der Verwendung eines lokaldeiktischen Ausdrucks als Verweisraum zugrunde legt, kann aber nicht voraussetzen, dass seine Adressaten dieses Interface bereits kennen oder aktuell – z.B. in einem zweiten Fenster ihrer Windows-Anwendung – angezeigt und somit in unmittelbarem sinnlichem Zugriff haben.

Da in Konstellationen der Distanz ohne Sichtkontakt, in denen die Kommunikationsbeteiligten keinen gemeinsamen Wahrnehmungsraum teilen, somit zumindest bei einer Partei stets die Imagination an der Rekonstruktion oder Konstruktion der relevanten Verweisräume mitbeteiligt ist, möchte ich – speziell mit Blick auf die Verwendung von Lokaldeiktika in der Chat-Kommunikation und alternativ (aber nicht im Widerspruch) zu der o.a. Einteilung in Anlehnung an Bühler (1934[1982]) und Hoffmann (1997) – im Folgenden verschiedene Arten deiktischen Verweisens nach der *Art der zugrunde liegenden Verweisräume* unterscheiden. Die Unterscheidung unterschiedlicher Arten von Verweisräumen setzt dabei beim ontologischen Status der topologischen Strukturen an: Topologische Strukturen existieren entweder als reale, sinnlich unmittelbar oder zumindest potenziell erfahrbare Phänomene oder sind Konstrukte in der Vorstellung; entsprechend unterscheide ich ganz grundlegend zwischen *realen Räumen* auf der einen und *imaginativ konstruierten Räumen* auf der anderen Seite. Der Terminus ‚Raum' steht dabei in einem weitgefassten Sinne für jedwede Art topologischer Struktur, muss also nicht zwangsläufig ein dreidimensionales Konzept bezeichnen, sondern schließt auch zwei- und eindimensionale Strukturen ein.

In *imaginativ konstruierten Räumen* ist die Deixisverwendung grundsätzlich imaginativ; die relevanten Verweisräume sind keinem der Beteiligten sinnlich zugänglich. Ihre topologische Beschaffenheit und Struktur wird von den Kommunikationsbeteiligten ausschließlich mit den Mitteln ihrer konstruktiven Fantasie hergestellt. Sie sind generell nicht sinnlich verifizierbar und können in ihrer spezifischen Konzeptualisierung mehr oder weniger stark an die Eigenschaften realer Räume angelehnt sein. Im Einzelfall kann die topologische Beschaffenheit vorgestellter Raumkonzepte auch nur metaphorisch und/oder können deren strukturelle Eigenschaften gegenüber „echten" Räumen stark reduziert sein. Letzteres gilt etwa für die Konzeptualisierung von Text- und Redegegenständen als Ensembles von räumlich zueinander positionierten Objekten („Diskursraum", vgl. nachfolgend Abschnitt 3.3), ersteres und letzteres gilt für die Konzeptualisierung der kommunikativen Kontakt stiftenden Technologie als einer (dimensionslosen) Sphäre „virtueller" Begegnung (metaphorischer „Chat-Raum", vgl. Storrer 2001: 18f. sowie Abschnitt 3.5).

Für *reale Räume* ist charakteristisch, dass sie als reale, verifizierbare Phänomene existieren, die der Verwendung des Deiktikons zugrunde liegende Origo somit ihre Basis in einer empirischen topologischen Struktur hat, die zumindest dem Sprecher/Schreiber bekannt ist, d.h. ihm entweder zum Zeitpunkt der Äußerung direkt sinnlich zugänglich ist oder von ihm auf der Grundlage seiner Erinnerung an ihre empirische Struktur rekonstruiert wird. Kennt der Adressat der Äußerung den betreffenden Raum nicht aus eigener Anschauung, muss er ihn auf Grundlage der vom Sprecher/Schreiber gegebenen nicht-deiktischen Hinweise bzw. unter Einbeziehung sonstiger Kontextinformationen mit den Mitteln seiner konstruktiven Fantasie imaginativ vergegenwärtigen. Dennoch handelt es sich um einen Raum, der grundsätzlich sinnlich verifizierbar ist. Bei *imaginativ konstruierten Räumen* ist das gerade nicht der Fall.

Somit ergibt sich für die hier skizzierte alternative Einteilung (nach Arten von Verweisräumen, nicht nach Deixisarten) auf oberster Ebene eine klare Unterscheidung zwischen real existierenden und nicht real existierenden Gegenständen. Diese lassen sich dann nach weiteren Merkmalen feiner unterteilen. Dies ermöglicht eine differenzierte Darstellung der Raumkonzepte, die bei der Verwendung lokaler Deixis in der Chat-Kommunikation als Verweisräume in Frage kommen.

Die folgenden Arten von Verweisräumen lassen sich in den Daten des Dortmunder Chat-Korpus empirisch belegen:

A. Reale Räume:
    A1. Dreidimensionale Räume (Umgebungen in der realen Welt)
    A2. Interfaces von Objekten
    A3. Interfaces am Bildschirm
    A4. Das Chat-Verlaufsprotokoll (als Inhalt eines Teils eines Bildschirm-Interfaces)

B. Imaginativ konstruierte Räume:
    B1. Der Diskursraum
    B2. Das Internet als Ressourcenraum
    B3. Der metaphorische „Chat-Raum"
    B4. Fiktive Schauplätze

In den folgenden Abschnitten werden anhand einer Analyse ausgewählter Datenbeispiele aus dem Dortmunder Chat-Korpus die verschiedenen Verweisräume und ihre Eigenschaften näher charakterisiert.

3.1 Umgebungen in der realen Welt

In der umgebenden realen Welt können Räume beliebigen Zuschnitts ausgegrenzt und der Verwendung von Lokaldeiktika als Verweisräume zugrunde gelegt werden. Der Angelpunkt für den Nahbereich (die ‚hier'-Origo) fällt dabei entweder – im prototypischen Fall – mit der Raumposition des Äußernden zusammen oder wurde zuvor durch entsprechende sprachliche oder nicht-sprachliche Hinweise an einen bestimmten (erinnerten) Ort in der realen Welt versetzt (z.B. im Falle von Wegbeschreibungen, die auf Räume in der realen Welt bezogen sind).

    Um ‚hier' im Sinne des Äußernden semantisieren zu können, benötigt der Adressat der Äußerung Hinweise zur Abgrenzung zwischen Nah- und Fernbereich und zu deren jeweiligem Zuschnitt, mindestens aber zur Verortung der Origo und zu den Grenzen des ‚hier'. Diese Hinweise ermöglichen zugleich die Ausgrenzung des relevanten Verweisraums aus dem gesamten empirischen dreidimensionalen Raum: Was zum Verweisraum gehört, kann – i.S.v. Ehlich (1978[2007]) – Objekt der deiktischen Prozedur werden, was außerhalb des Verweisraumes liegt, kann hingegen *nicht* deiktisch, sondern kann nur symbolisch „Gegenstand der kommunikativen Relevanz werden".

    Im Folgenden seien einige Beispiele aus unterschiedlichen Arten von Chats beschrieben, an denen deutlich wird, dass das sprachliche Verweisen mit lokaldeiktischen Ausdrücken in Distanzkommunikation im Einzelfall auf ganz unterschiedlichen Annahmen über das Vorwissen der Adressaten zum situativen Kontext des Produzenten bezogen sein und die Konstituierung der real umgebenden Welt als Verweisraum im Einzelfall sehr unterschiedlich ausfallen kann.

1   **anna-sui:**   holaa smudo! **wo** bleibt der rest der truppe?
2   **Smudo:**   anna-sui - keine ahnung **wo** die anderen sind - ich sitze **hier** in meiner privaten wohnung in hamburg

86	zest:	smudo: was ist eigentlich das besondere an hamburg? was hat die stadt, das andere staedte nicht haben? warum ist hiphop gerade **dort** so stark?
87	**Smudo:**	warum hiphop **hier** so stark ist vermag ich nicht zu sagen. die attraktivitaet von hamburg finde ich hat nichts mit der musik **hier** zu tun. das wasser ist nah und gut. die stadt ist sehr liberal und bietet sehr viel abwechslung und kulturelles leben

Beispiel 3: *Moderierte Chat-Fragestunde mit Smudo, Texter und Rapper der deutschen HipHop-Gruppe Die Fantastischen Vier (Dortmunder Chat-Korpus, Dokument 1306017).*

Beispiel 3 zeigt zwei Frage-Antwort-Paare aus einem moderierten Chat mit einem deutschen Popstar, in dessen Rahmen dieser die Fragen von Fans beantwortet. Wechselseitiges Vorwissen ist asymmetrisch vorhanden, insofern Rapper *Smudo* nichts über die Fragesteller weiß, die Fragesteller aber zumindest über die öffentliche Figur *Smudo* und ihr Schaffen orientiert sind. Wissen über den Ort und die Umgebung, in der sich *Smudo* zum Zeitpunkt des Chats aufhielt, war den Fragestellern nicht unmittelbar zugänglich (weder wurde Entsprechendes im Rahmen einer Anmoderation erwähnt, noch konnte *Smudo* über eine Webcam-Verbindung beim Chatten beobachtet werden). Entsprechend ist zu Beginn des Chat-Ereignisses noch gar kein Verweisraum etabliert, auf den sich das von Teilnehmerin *anna-sui* in Beitrag 1 verwendete deiktische Interrogativum ‚wo' beziehen ließe. Mit Blick auf den kontextuellen Rahmen des Kommunikationsereignisses (‚Prominenter steht zu Termin X für begrenzte Zeit per Chat für Fan-Fragen zur Verfügung') lässt sich aber annehmen, dass das „Wo" auf die – nur metaphorische – „Anwesenheit" des Prominenten „im" Chat bezogen ist: Nur *Smudo*, Rapper und Texter der insgesamt vierköpfigen HipHop-Gruppe *Die Fantastischen Vier*, ist in den Chat eingeloggt; *anna-sui* ist aber möglicherweise davon ausgegangen, dass die gesamte Gruppe im Chat präsent sein würde. *Smudo* bezieht *anna-sui*s „Wo" auf die reale Welt, indem er in Beitrag 2 seine „private wohnung in hamburg" dadurch als seinen gegenwärtigen Nahbereich ausweist, dass er mit ‚hier' darauf verweist; zugleich macht er deutlich, dass „die anderen", deren gegenwärtigen Aufenthaltsort er nicht kenne („keine ahnung wo"), sich nicht in diesem Bereich aufhalten. Möglicherweise zielt *Smudo*s Beitrag auch darauf herauszustellen, dass es ihm (der er als alleiniger Vertreter der Gruppe von den Betreibern des Chats zur Fragestunde eingeladen wurde) mit Blick auf *seine* Chat-Teilnahme egal sei, wo sich die anderen derzeit aufhielten; in diesem Fall kann der Aufbau der räumlichen Opposition „*ich:* hier in meiner privaten wohnung in hamburg ↔ *die anderen:* keine ahnung wo" auch als Relevantsetzung seiner eigenen Beteiligung am Chat gelesen werden (im Sinne von „Hauptsache ich, der ich stellvertretend für die Gruppe diesen Chat bestreite, befinde mich gegenwärtig vor dem Rechner, der in diesen Chat eingeloggt ist").

In Beitrag 86 führt Teilnehmer *zest* die Region Hamburg als geographischen Bereich ein und verweist auf diesen anschließend mit „dort". Er konstituiert somit einen Verweisraum in der realen Welt, an dem der Fernbereich als thematisch relevant herausgestellt wird (die Region Hamburg wird thematisiert). Der Nahbereich wird nicht näher charakterisiert; durch die Bezugnahme auf Hamburg mit „dort" wird aber deutlich gemacht, dass *zest* sich gegenwärtig *nicht* in Hamburg befindet (ansonsten wäre er nicht in der Lage, auf die Region Hamburg mit *dort* zu verweisen). Die für die Semantisierung von „dort" erforderliche Aufteilung des zugrunde gelegten Verweisraums in einen Nah- und einen Fernbereich ist also intakt, auch wenn der Zuschnitt der beiden Bereiche – thematisch bedingt – in unterschiedlicher Detailliertheit dargeboten wird.

Da *Smudo* zu Beginn des Chat-Ereignisses (Beitrag 2) seinen eigenen gegenwärtigen Standort als in Hamburg liegend charakterisiert hat, kann er auf denselben geographischen Bereich, auf den *zest* mit „dort" zeigt, von seiner eigenen Origo ausgehend mit „hier" verweisen. Er setzt damit voraus, dass *zest* seine zu eingangs gegebene Information zum eigenen Standort noch präsent ist. Das „hier" in Beitrag 87 verweist dabei auf einen anders zugeschnittenen Nahbereich als das „hier" aus Beitrag 2. Im Kontext von Beitrag 87 wäre es nicht kooperativ (weil thematisch nicht relevant), mit „hier" weiterhin nur auf die eigene Wohnung zu verweisen. Da der Bereich der eigenen Wohnung aber zuvor als ein Teilbereich der Region Hamburg eingeführt wurde und da *zest* in Beitrag 86 die Region Hamburg neu als einen Bereich konstituiert hat, auf den deiktisch gezeigt werden kann, kann *Smudo* in 87 ohne die Notwendigkeit einer weiteren Erläuterung diesen Bereich als (neuen) Nahbereich für sein eigenes Verweisen mit „hier" zugrunde legen.

224	**Gunnar**	hmm.. gut; und bekomme ich in der Regel Studienleistungen aus dem Ausland **hier** anerkannt?... ich bin noch nicht „modularisiert" :-))
225	**B_Schmid**	@Gunnar Kommt drauf an, bei Erasmus ist das meistens schon vorgeklärt, sonst auf jeden Fall mit Studienfachberatern bzw. Professoren abklären, was anerkannt werden kann.
226	**Gunnar**	... ist das also eher Verhandlungssache in manchen Fällen?
227	**B_Schmid**	@Gunnar Ja, oft wollen die Profs genauer wissen, was die Gastuni anbietet, und ob das in etwa den Lehrveranstaltungen **hier** entspricht. Je mehr Info man einholt, umso besser.

Beispiel 4: Studienberatung im Hochschulkontext zum Thema „Internationales Studium" (Dortmunder Chat-Korpus, Dokument 1202015).

Die Sequenz in Beispiel 4 entstammt einem Chat-Angebot im Bereich der institutionellen Beratung (Offene Gruppenberatung der Studienberatung der Ruhr-Universität Bochum). Der institutionelle und thematische Kontext erlaubt es, die Institution als gemeinsamen Nahbereich zu konstituieren. Die konkrete räumliche Trennung der Kommunikationsbeteiligten während des Chattens tritt in den Hintergrund zugunsten der institutionell vorgegebenen Fokussierung des Chat-Angebots auf Themen, die mit der Institution Ruhr-Universität verknüpft sind und die zugleich die institutionellen Rollen (Studierende/r – Studienberater/in) determinieren, die die Voraussetzung für das Zusammentreffen der beiden Beteiligten im Chat bilden. Das Raumkonzept ist recht abstrakt, insofern der Nahbereich nicht direkt geographisch eingegrenzt ist, sondern die Institution als Organisationseinheit umfasst, die die Autorität besitzt, für bestimmte gesellschaftliche Bereiche (Studium) Regularien und Rahmenbedingungen festzulegen. Die Institution selbst ist jedoch verortet an einem identifizierbaren geographischen Ort; beim Verweisen auf diesen Nahbereich mit „hier" wird vorausgesetzt, dass allen Beteiligten klar ist, dass weder auf alle Hochschulen in Deutschland (also auf die gesellschaftliche Institution ‚Deutsche Hochschule' im allgemeinen) noch auf eine beliebige, sondern auf eine ganz bestimmte Hochschule verwiesen wird, nämlich diejenige, in der diejenigen Vorgaben gelten, von denen in den Kommunikationsbeiträgen die Rede ist, und die ihren Sitz an einem bestimmten geographischen Ort hat. Die Wissensvoraussetzung, um die ‚hier'/‚nicht-hier'-Opposition in Beispiel 4 nachzuvollziehen, ergibt sich dabei aus einem Wissen (a) um den Anbieter des Chats (= die Institution Ruhr-Universität Bochum) und (b) um das vorgegebene Thema des Chat-Ereignisses („Internationales Studium"). (a) legt den ‚hier'-Bereich fest, (b) legt fest, dass als relevante Verweisziele im Fernbereich nur Orte/Institutionen außerhalb Deutschlands zu erwarten sind. Der Verweisraum, der hier konstituiert wird, stellt insofern eine Abstraktion vom konkreten geographischen Raum dar, als bestimmte thematisch nicht relevante geographische Bereiche in ihm nicht enthalten sind: Alles, was institutionell zur Ruhr-Universität Bochum gehört, bildet den Nahbereich, den Fernbereich bilden ausländische Hochschulen; geographisch dazwischen liegende andere deutsche Hochschulen sind im Kontext des vorgegebenen Themas nicht relevant.

1	13:06:45	**Benutzer:**	<u>Wo</u> ist die Webcam zu finden? [7]
2	13:03:32	**Auskunft:**	Die Webcam gibt es nicht mehr

---

[7] Dass der Timestamp des ersten Benutzerbeitrags in der abgebildeten Sequenz (13:06:45, Format Stunde:Minute:Sekunde) den Eintreffenszeitpunkten aller anderen Beiträge zeitlich nachgeordnet ist, hat damit zu tun, dass mit seiner Anfrage zur Kontaktaufnahme über das Chat-Angebot der Universitätsbibliothek der Benutzer bereits seine Frage mit übermittelt. Diese wird während

3	13:03:32	**Benutzer:**	hallo! :)
4	13:03:41	**Benutzer:**	hängt also nur noch so rum?
5	13:03:47	**Auskunft:**	Hallo!
6	13:04:06	**Auskunft:**	Ja, da **dort oben** keine PCs mehr sind
7	13:04:14	**Benutzer:**	ok, danke schön! :)
8	13:04:17	**Benutzer:**	eigentlich schade
9	13:04:21	**Auskunft:**	brauchten wir keine mehr
10	13:04:33	**Auskunft:**	da sie uns nur dazu diente,
11	13:04:46	**Auskunft:**	dass wir Benutzern **unten** schon sagen konnten
12	13:04:58	**Auskunft:**	ob **oben** noch ein freier Platz ist
13	13:04:59	**Auskunft:**	
14	13:05:04	**Benutzer:**	ah versehe
15	13:05:17	**Benutzer:**	danke für die auskunft
16	13:05:29	**Auskunft:**	WeBitte sehr;-))
17	13:05:32	**Benutzer:**	tschööööö
18	13:05:41	**Auskunft:**	Tschüß!
19	13:05:45	**system:**	*** Benutzer: hat den chat verlassen. ***

Beispiel 5: *Chatbasierte Bibliotheksauskunft der TU Dortmund (Dortmunder Chat-Korpus, Dokument 1203135).*

Ebenfalls dem Bereich der institutionellen Kommunikation entnommen ist die Sequenz in Beispiel 5. Es handelt sich um ein Chat-Angebot auf der Website der Universitätsbibliothek Dortmund, bei dem sich NutzerInnen der Universitätsbibliothek zur Klärung von Fragen rund um die Literaturrecherche per Mausklick mit einer Mitarbeiterin der Bibliotheksauskunft zu einem 1:1-Chat verbinden lassen konnten. Die Idee hinter dem Angebot war, den NutzerInnen eine Möglichkeit

---

des Chats als erster Beitrag angezeigt. Das System speichert für diesen Initiativbeitrag, der den thematischen Rahmen für die gesamte Chat-Sitzung repräsentiert, den Zeitpunkt der Beendigung der Chat-Sitzung als Timestamp ab; für alle übrigen Beiträge, die im Rahmen der Sitzung ausgetauscht werden, stellt der Timestamp den Eintreffenszeitpunkt beim Server dar. Der erste in der Sequenz angezeigte Beitrag wurde also tatsächlich als erster verschickt und angezeigt, obwohl der Timestamp einen Zeitpunkt wiedergibt, der nach dem Eintreffenszeitpunkt des letzten Beitrags der Sequenz liegt. Die in die Bearbeitung der Frage des Benutzers eingeschobene Gruß– Gegengruß-Sequenz (Beiträge 3 und 5) hat damit zu tun, dass der Benutzer seine Anfrage vorab übermittelt hat, die Auskunftsperson aber erst mit ihrem ersten Bei-trag (Beitrag 2) in den Chat eintritt. Entsprechend kann die Dialogeröffnung – „hallo! :)"/„Hallo!" – von den Beteiligten – bedingt durch die technische Prozedur für die Initiierung einer Chat-Sitzung im betreffenden Chat-Angebot – erst nachträglich zur thematischen Spezifikation des Anliegens des Ratsuchenden geleistet werden. (Zu Besonderheiten bei der sequenziellen Organisation von Chat-Diskursen und ihren Ursachen vgl. Beißwenger 2007.)

bereitzustellen, um Fragen, die sich z.B. bei der Online-Recherche im Bibliothekskatalog oder in Literatur-Fachdatenbanken stellen, direkt und über dieselbe Schnittstelle (= die Website der Bibliothek) einer Expertin zum Thema vorzutragen und auf diese Weise unmittelbar Hilfe zur Klärung des Problems einzuholen. Eingehende Chat-Anfragen wurden auf verschiedene Mitarbeiterinnen der Bibliotheksauskunft verteilt. Der Chat öffnete sich jeweils in einem separaten Browserfenster und war außer dem Ratsuchenden („Benutzer") und der Auskunftsperson („Auskunft") für niemanden anderen zugänglich oder einsehbar. Bei der abgebildeten Sequenz handelt es sich um den vollständigen Dialog, d.h. die Webcam wird in Beitrag 1 zum ersten Mal erwähnt. Durch die Verwendung des bestimmten Artikels („Wo ist *die* Webcam zu finden?") gibt der Benutzer zu erkennen, dass er über die Existenz einer Webcam in der Bibliothek vororientiert ist. Prinzipiell könnte sich das Wissen des Nutzers über die Bibliothek nur auf die Kenntnis der Information beschränken, dass die Bibliothek über eine Webcam verfügt; u.U. ist das deiktische Interrogativum „Wo" in Beitrag 1 sogar gar nicht auf die Räumlichkeiten im Bibliotheksgebäude, sondern auf das WWW-Angebot der Bibliothek als Institution bezogen. Der Antwortbeitrag der Auskunftsperson (Beitrag 2 „Die Webcam gibt es nicht mehr") lässt dies zunächst ebenfalls offen. Nachdem aber der Benutzer in Beitrag 4 („hängt also nur noch so rum?") durch die Bezugnahme auf physikalische Eigenschaften (‚rumhängen') spezifiziert hat, dass er sich auf die Webcam als Gerät und nicht als Videostream im Internet bezieht, setzt die Auskunftsperson in ihren Folgebeiträgen nicht nur voraus, dass der Benutzer über die räumliche Aufteilung des (mehrstöckigen) Bibliotheksgebäudes im Bilde ist, sondern darüber hinaus auch darüber, wo im Gebäude sich der PC-Pool und wo sich der HelpDesk der Auskunftsmitarbeiter befindet. Ohne die Annahme eines Wissens des Benutzers über (a) die räumliche Beschaffenheit des Gebäudes, (b) den Ort des PC-Pools im Gebäude, (c) den Ort des Auskunfts-HelpDesks im Gebäude und (d) die Tatsache, dass der Chat von den Auskunftsmitarbeiterinnen betreut wird, wäre ein Verweis auf den früheren Ort der Webcam im Gebäude mit „dort oben" ohne weitere Erläuterung für den Benutzer nicht hilfreich. Gleiches gilt für die ‚oben'/'unten'-Opposition in den Beiträgen 11 und 12, die weiterhin ein Wissen darüber voraussetzt, dass beim Eintritt in die Räumlichkeiten der Bibliothek das HelpDesk der Auskunft passiert wird, bevor das Stockwerk mit dem PC-Pool erreicht werden kann („...damit wir den Benutzern *unten schon* sagen können, ob oben noch ein freier Platz ist").

    Der Benutzer scheint über all diese Wissensvoraussetzungen zu verfügen. Seine Reaktionen „ok, danke schön", „eigentlich schade", „ah vers[t]ehe", „danke für die auskunft") legen nahe, dass er mit der Rekonstruktion des von der Auskunftsperson zugrunde gelegten Verweisraums keine Probleme hat. Die institutionelle Rahmung des Chat-Angebots der Universitätsbibliothek sowie die Einbettung in das WWW-Angebot der Bibliothek machen zudem erwartbar, dass es sich bei einem Großteil der NutzerInnen der Chat-Möglichkeit um Personen handelt, die in irgendeiner Weise mit der Institution und ihrem Angebotsspektrum verbunden und folglich auch mit den Räumlichkeiten vertraut sind. Der thematische Fokus des Chat-Angebots – Hilfe bei Fragen rund um die Bibliothek und die Literaturrecherche – macht erwartbar, dass als relevante Verweisräume eher real existierende denn metaphorische oder „virtuelle" Räume (B3, B4) in Frage kommen.

Beispiel 6 zeigt eine Sequenz, in welcher die Kommunikationsbeteiligten auf zwei unterschiedliche Räume desselben Universitätsgebäudes verteilt sind. Die Nummern der betreffenden Seminarräume bzw. Büros („4409", „3205") werden zu eingangs ausgetauscht. Die Beteiligten wissen wechselseitig voneinander, dass sie mit der Aufteilung des Gebäudes vertraut sind. Entsprechend können sie problemlos mit deiktischen Ausdrücken wir „hier", „da oben", „hier oben", „hier unten" auf ihre jeweiligen verschiedenen Standorte verweisen, ohne die zugrunde liegenden deiktischen und quasideiktischen Oppositionen (‚hier'/‚dort', ‚oben'/ ‚unten') explizit klären zu müssen. Für einen außenstehenden Leser des Protokolls (oder einen möglichen weiteren Chat-Beteiligten, der nicht am geteilten Wissen der übrigen Kommunikanten partizipiert) sind diese Oppositionen und Abgrenzungen jedoch ohne Erläuterung nicht nachvollziehbar:

82	**Student9**	ich sitz in 4409
85	**Student3**	wir sind in 3205 komm her
86	**Student1**	wir sind in 3205 komm zu uns
88	**Student5**	was machst **da oben**?
99	**Student9**	weil **hier** noch was frei war und ich dachte, das es unten zu voll wäre
128	**Student9**	warum unterstützt uns denn **hier oben** keiner?
135	**Student1**	Student9 komm nach **unten**!
143	**Student8**	wrum du nicht unterstützt wirst **da oben**, weil du mich **hierunten** sitzen läßt, Student9
147	**Student9**	ich war eher **hier** als du mouse
149	**Student4**	Student9 komm herrrrrrr ;)

Beispiel 6: Informelle Chat-Kommunikation Studierender vor einer „virtuellen" Seminarsitzung (Dortmunder Chat-Korpus, Dokument 1104001a).

3.2 Interfaces (Objekte, WWW-Seiten)

Internetbasierte Kommunikation ist *apparate*-vermittelte Kommunikation. Wer übers Netz kommuniziert, blickt auf das Display eines technischen Apparats (Bildschirm) und manipuliert die darauf angezeigten Objekte mittels anderer technischer Apparate (Tastatur, Maus). Die genutzten technischen Geräte, ihre Oberflächen (physikalischen Benutzerschnittstellen) und auch die auf diesen Oberflächen zur Anzeige gebrachten virtuellen Benutzerschnittstellen können – als sinnlich unmittelbar erfahrbare topologische Strukturen in der realen Welt – die Matrix für sprachliche Lokalisierungen bilden. Für standardisierte physikalische Benutzerschnittstellen sind häufig intrinsische Koordinatensysteme eingespielt, innerhalb derer einzelne Bereiche oder Objekte unter Verwendung quasideiktischer Ausdrücke nicht-deiktisch lokalisiert werden können (z.B. die Funktionstasten der Computermaus, die üblicherweise unabhängig von der Perspektive des jeweiligen Sprechers als „rechte" und „linke Maustaste" bezeichnet werden). Im Falle deiktischen Lokalisierens auf am Bildschirm angezeigter WWW-Seiten und in am Bildschirm explorierbaren Hypertextanwendungen sind die Dimensionen ‚rechts'/'links' und ‚oben'/'unten' grundlegend; komplizierend kommt hinzu, dass das, was deiktisch oder quasideiktisch fokussiert wird, u.U. außerhalb des aktuell am Bildschirm sichtbaren Bereichs gegeben sein kann – etwa in einem Bereich der „Seite", der erst durch Betätigung der Scrollfunktion ins Bildschirmfenster bewegt werden muss *oder* in einem Element des betreffenden Hypertextmoduls, das erst nach Manipulation eines bestimmten Bildschirmobjekts in die Anzeige eingeblendet wird (z.B. Einträge in einem Pulldown-Menü) *oder* in einem anderen Modul des aktuell explorierten Hypertextes, das erst nach Aktivierung eines entsprechenden Linkobjekts als WWW-Seite angezeigt wird. Da im Falle von Hypertextstrukturen zwar die Ressourcen am Bildschirm visualisiert und somit unmittelbar sinnlich erfahren werden, die topologische Struktur hingegen nur imaginativ existiert (wobei jeweils die aktuell angezeigte Ressource als „nah" und die übrigen Ressourcen als „fern" konzeptualisiert werden), wird beim über die Begrenzungen einzelner WWW-Seiten hinausweisenden Lokalisieren die Grenze zwischen realen und imaginativ konstruierten Räumen überschritten. In Fällen, in denen beide Arten von Verweisräumen kombiniert genutzt werden (etwa bei der Vorgehensbeschreibung in Bezug auf die Nutzung des Hypertext-Frontends einer Katalog-Schnittstelle wie in nachfolgend Beispiel 11), besteht entsprechend Gefahr, die Übersicht zu verlieren.

In Beispiel 7 lokalisiert Chatterin *zora* unter Verwendung der Quasideiktika *rechts* und *oben* nicht-deiktisch eine bestimmte Taste auf der Computertastatur: Um *tränchen* zu erläutern, wie sie den (offenbar versehentlich aktivierten) „Caps

Lock"-Modus bei der Tastatureingabe wieder deaktivieren kann, grenzt sie zunächst mit „die taste *rechts*" entlang der ‚links'/'rechts'-Dimension einen Bereich ein. Anschließend beschreibt sie die relevante Taste als diejenige innerhalb des ‚rechts'-Bereichs, die mit einem „pfeil *nach oben*" bedruckt ist. Die Position des mit „rechts" charakterisierten Bereichs ist dabei ebenso unabhängig von *zora*s gegenwärtiger Origo im Anschauungsraum wie auch die Gerichtetheit des auf die Taste aufgedruckten Pfeils in Relation zu *zora*s oben/unten-Wahrnehmung: Unabhängig davon, von welcher Seite *zora* auf die Tastatur blickt, wird der ‚rechts'-Bereich immer derjenige sein, der bei der üblichen Positionierung eines Menschen an seinem Computerarbeitsplatz in der Draufsicht auf die Tastatur rechts liegt. Unabhängig davon, ob die Tastatur waagerecht auf der Arbeitsfläche platziert oder aufgestellt ist, und ebenfalls wieder unabhängig davon, von welcher Seite auf die Tastatur geblickt wird, ist ein auf eine Taste aufgedruckter Pfeil, der von derjenigen Tastaturseite, die bei Computerarbeit üblicherweise dem Nutzer zugewandt ist, in Richtung der dem Bildschirm zugewandten Seite zeigt, ein „nach oben" gerichteter Pfeil.

1226	tränchen	7zIMTEIS HALLO WAS IST MIT DIR HALLO ß
1233	tränchen	7zIMTEIS HALLO WAS IST MIT DIR AHHLO ß
1235	zora	tränchen hallo?
1240	tränchen	7ZIMTEIS HALLO
1242	zora	tränchen die taste **rechts** mit dem pfeil nach **oben** drücken

Beispiel 7: Chat im Freizeitbereich *(Dortmunder Chat-Korpus, Dokument 2221003).*

In Beispiel 8 fragt Chatterin *Pamina852003* in die Runde, wie sie von einem Chat-Raum in einen anderen wechseln könne. Zwei der anderen anwesenden Chatter verweisen sie daraufhin mit „rechts" (*stoeps*, 766) bzw. „oben rechts unter chatbefehle" (*TomcatMJ*, 773) auf einen Bereich der am Bildschirm angezeigten WWW-Seite, in der ein Linkanzeiger „Chat-Befehle" per Mausklick eine Übersicht zu den Funktionen der Chat-Umgebung einsehbar macht (vgl. Abbildung 1). Ganz offensichtlich ist mindestens einer der beiden Hinweise für *Pamina852003* hilfreich, wie ihr nächster Beitrag (774: „Danke für die Hilfe!") nahelegt.

761	**Pamina852003**	bloss wie kommt man denn in einen anderen Raum?
765	**Bambi**	pamina: indem du ihn wechselst *g*
766	***stoeps***	*empfiehlt die chatbefehle* **rechts**
773	**TomcatMJ**	pamina'les einfach mal **oben rechts** unter chat-befehle...**da** steht wies geht...
774	**Pamina852003**	Danke für die Hilfe!

Beispiel 8: Chat im Freizeitbereich *(Dortmunder Chat-Korpus, Dokument 2221008).*

Das Interface am Bildschirm, die das Chat-Verlaufsprotokoll umfasst, stellt die einzige topologische Struktur dar, von der die Chat-Beteiligten annehmen können, dass sie für die Kommunikationspartner unmittelbar und – von browserbedingten Darstellungsunterschieden abgesehen – in weitestgehend identischer Struktur sinnlich zugänglich ist wie für sie selbst.[8] So kann Chatter *stoeps* in Beispiel 8 davon ausgehen, dass *Pamina852003* im Augenblick der Rezeption seines Beitrags „stoeps empfiehlt die chatbefehle rechts" definitiv auf die WWW-Seite schaut, auf welcher er den Bereich mit dem entsprechenden Hyperlink lokalisiert. Tatsächlich ist unter Einbeziehung der Darstellung am Bildschirm die Wiedergabe des textuellen Linkanzeigers in Kombination mit der quasideiktischen Suchaufforderung „rechts" ausreichend, um das Ziel des Verweises auf der WWW-Seite aufzufinden. *TomcatMJ* gibt eine etwas präzisere Suchanweisung – „oben rechts" – und verweist mit dem Zusatz „unter Chat-Befehle" nicht etwa auf einen Bildschirmbereich unterhalb des angezeigten Hyperlinks, sondern auf die erst nach Aktivierung des Hyperlinks anzuzeigende Zielressource. Auf diese reorientiert er unmittelbar anschließend mit dem Deiktikon „da": „da steht wies geht". Die beiden Teile seines Beitrags 773 legen somit zwei verschiedene Verweisräume zugrunde: zunächst die am Bildschirm aktuell angezeigte WWW-Seite, auf der er entlang einer ‚links'/'rechts'-Opposition verweist; anschließend die Hypertext-Struktur der übergeordneten Website, die abstrakt als ein Ressourcenraum konzeptualisiert wird, bei dem das aktuell am Bildschirm sichtbare und somit dem Benutzer unmittelbar zugängliche Hypertextmodul (implizit) als Nahbereich („hier"-Bereich) konstituiert wird und andere, aktuell nicht angezeigte Module als Fernbereich (im vorliegenden Fall: „da"-Bereich). Während die einzelne WWW-Seite eine unmittelbar sinnlich verifizierbare zweidimensionale topologische Struktur darstellt, handelt es sich bei der Konzeptualisierung der Hypertextstruktur als Ressourcenraum um ein imaginativ konstruiertes Raumkonzept (vgl. hierzu auch Abschnitt 3.4).

---

8   Das Chat-Verlaufsprotokoll ist dabei nicht gleichzusetzen mit dem Interface, das das Chat-Verlaufsprotokoll anzeigt. Im Falle von Webchats ist ein (zentraler) Bereich der WWW-Schnittstelle für die Anzeige des Verlaufsprotokolls reserviert, während in den übrigen Bereichen andere Inhalte und Funktionen dargestellt werden, die z.T. die Benutzung des Chat unterstützen (z.B. Formularfeld für die Eingabe eigener Beiträge, Links zu Hilfeseiten etc.), z.T. der Einbettung des Chat-Angebots in die Struktur der übergeordneten Website oder anderen Zwecken dienen (Navigationsleisten, Logos, Werbeeinblendungen). Im Falle von Internet Relay Chats (IRC) erfolgt der Zugriff über eine Client-Software, die neben dem Chat-Verlaufsprotokoll ebenfalls weitere Funktionen und Bildschirmbereiche umfasst. Wie in Abschnitt 3.3 gezeigt wird, weist das Verlaufsprotokoll, wenn es als Verweisraum genutzt wird, eine andere topologische Struktur auf als die WWW-Seite, in der es beim Chatten angezeigt wird.

Raumorientierung in der Netzkommunikation

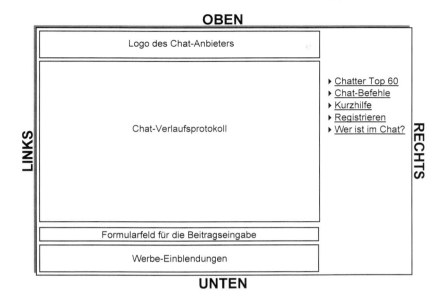

Abbildung 1: Aufteilung der WWW-Seite am Bildschirm (zu Beispiel 8).

WWW-Seiten stellen zwar unmittelbar sinnlich verifizierbare topologische Strukturen dar, beim sprachlichen Verweisen auf WWW-Seiten aber muss nicht jeder Bereich oder jedes Objekt, auf das verwiesen wird, zum Zeitpunkt der Verweisung auch tatsächlich am Bildschirm sichtbar sein. So können Verweise entlang der Dimensionen *oben/unten* und *links/rechts* auch auf Bereiche fokussieren die gerade *nicht* am Bildschirm sichtbar sind, sondern erst durch Nutzung der Scrollfunktion aufgefunden werden können. In der Sequenz in Beispiel 9 verwendet *Survivor* (Beitrag 97) das Quasideiktikon *unten*, um *kaetzchen* auf eine Reihe von Fotos hinzuweisen, die im unteren Bereich der von ihm mit seinem nächsten Beitrag referenzierten WWW-Seite aufzufinden sind. Bei der WWW-Seite handelt es sich um eine Meldung auf *heise online*, in der es um automatische Agenten geht und auf welcher u.a. eine intelligente Lampe als Schnittstelle zum Computer und ein Prototyp namens *iCat* vorgestellt wird, der eine Katze nachbildet.

95	**Survivor**	kaetzchen?
96	**kaetzchen**	yo?
97	**Survivor**	siehst du auch so aus wie die bilder **unten**?
98	**Survivor**	http://www.heise.de/newsticker/meldung/61718

99	**Survivor**	^^
101	**Survivor**	da musst ich irgendwie an cat und kaetzchen denken *fg*
104	**kaetzchen**	ne, nicht wirklich, mein latexanzug ist schwarz :-P
113	**kaetzchen**	aber dieses Icat teil sieht ja mal richtig hässlich aus....
114	**Survivor**	hehe
115	**Survivor**	jo
117	**Survivor**	dann lieber die nette lampe **oben**

Beispiel 9: Chat (IRC) im Freizeitbereich (Dortmunder Chat-Korpus, Dokument 2213001).

*Survivor*s Verwendung von *unten* in Beitrag 97 macht erst Sinn durch die im nächsten Beitrag nachgelieferte URL. Die URL fungiert als Aufforderung an die Adressatin zur Versetzung ihrer Origo auf den nach Aufruf der URL in einem separaten Browserfenster angezeigten Ausschnitt der damit verknüpften WWW-Seite. Die Fotos des *iCat*-Prototypen, die auf der Seite enthalten sind, sind im nach Aufruf der URL angezeigten oberen Ausschnitt der Seite noch gar nicht zu sehen. Sie können erst nach Betätigung der Scrollfunktion des Browsers aufgefunden werden (vgl. Abbildung 2). Ganz offensichtlich hat *kaetzchen* keine Probleme, die Origoversetzung nachzuvollziehen sowie der mit der Verwendung von *unten* verbundenen Suchaufforderung erfolgreich nachzukommen: In den Beiträgen 101 und 104 nennt sie das abgebildete Prototypen beim auf der WWW-Seite angegebenen Namen und nimmt Bezug auf dessen Farbe. *Survivor* kann daraus folgern, dass *kaetzchen*s aktueller Fokus auf dem unteren Bereich der WWW-Seite liegt; entsprechend verweist er in Beitrag 117 auf die ebenfalls auf der Seite abgebildete Lampe mit *oben*.

Für *kaetzchen* sind der in den Beiträgen 97 und 98 etablierte Verweisraum und auch der in diesem Verweisraum fokussierte Bereich zunächst imaginierte Größen. Erst die Interpretation von *Survivor*s Beiträgen als Aufforderung zum Aufruf der betreffenden Seite, zur Origoversetzung und zum Aufsuchen des betreffenden Seitenausschnitts führen zu einer sinnlichen Fundierung von *Survivor*s Verweisung.

Der adäquate Bezug von sprachlichen Verweisen auf unbekannte bzw. aufzufindende topologische Strukturen ist eine zentrale Herausforderung für den Nachvollzug von Wegauskünften. Wegauskünfte entsprechen – etwa nach Klein (1979) – einer „imaginären Wanderung vom Standpunkt zum Ziel", in deren Rahmen zunächst (symbolisch) ein Hinweis zu einer Wegmarke gegeben und die Origo an den betreffenden Punkt versetzt wird und anschließend ausgehend von der entsprechend (imaginativ) vergegenwärtigten Zwischenstation deiktisch und quasideiktisch Hinweise zum Anpeilen der nächsten Wegmarke gegeben werden (usf., bis das Ziel erreicht ist). *Survivor* verfährt in Beispiel 9 analog: Mit der Angabe

Raumorientierung in der Netzkommunikation 229

der URL als einer eindeutigen Adresse zur Auffindung einer Online-Ressource identifiziert er (nicht-deiktisch) eine notwendige Zwischenstation auf dem Weg zu den *iCat*-Bildern, die Suchaufforderung „die bilder *unten*" peilt dann ausgehend von der an den Beginn der betreffenden WWW-Seite versetzten Origo quasideiktisch das Ziel an.

Abbildung 2: Screenshots der in der Sequenz in Beispiel 9 referenzierten WWW-Seite. Der rechte Screenshot zeigt den oberen Bereich der Seite, der beim Aufruf der URL unmittelbar angezeigt wird, der linke Screenshot zeigt den Bereich mit den Fotos des iCat-Prototypen, der nach Betätigung der Scrollfunktion im unteren Bereich der Seite aufgefunden werden kann.

Einen Fall der Origoversetzung, bei dem die Aufforderung zum Nachvollzug durch Zeigen mit ‚hier' explizit gemacht wird, bietet Beispiel 10: *J_J_Rousseau* nennt hier zunächst die URL einer WWW-Ressource und konstituiert diese durch deiktisches ‚hier' als neuen Nahbereich. Anschließend wird in diesem Bereich mittels einer nichtdeiktischen Lokalisierung („bei Reaktionen - Europa - Deutschland") ein Teilbereich charakterisiert, in welchem die zuvor (Beitrag 1597) von ihm zitierte Meldung belegt ist:

1597	19:51	J_J_Rousseau:	„Bundespräsident Köhler hat in einem Telegramm an die englische Königin Elisabeth II. die Anschläge als „barbarisch" verurteilt."
1598	19:51	**Macabros:**	Was soll er auch sonst sagen?
1602	19:52	J_J_Rousseau:	http://de.wikinews.org/wiki/Terroranschl%C3%A4ge_in_London
1603	19:53	J_J_Rousseau:	<u>Hier</u> bei Reaktionen - Europa - Deutschland gucken.

Beispiel 10: Internet Relay Chat (IRC) im Freizeitbereich (Dortmunder Chat-Korpus, Dokument 2211001).

Das sprachliche Verweisen in zweidimensionalen Interfaces am Bildschirm kann im Einzelfall sehr komplex werden, insbesondere dann, wenn für die Bearbeitung einer kommunikativen Aufgabe nicht nur eine einzelne, sondern eine Folge aufeinander aufbauender deiktischer Orientierungen erforderlich ist und vom Adressaten nachvollzogen werden muss.

Die Sequenz in Beispiel 11 zeigt einen Fall, in dem eine Bibliotheksmitarbeiterin („Auskunft") einem Ratsuchenden („Benutzer") per Chat die Suche in einem Online-Recherchesystem erläutert. Der Ratsuchende hat Probleme, die vorgenommenen deiktischen Orientierungen nachzuvollziehen und scheitert letztlich bei der Übertragung der gegebenen Vorgehensbeschreibung auf das auf seinem Bildschirm angezeigte WWW-Interface.

Das Koordinationsproblem besteht in diesem Beispiel in der Schwierigkeit, deiktische Orientierung über Bereiche einer Hypertextanwendung herzustellen, bei welcher Nutzereingaben zu einem ganzen oder partiellen Austausch der Inhalte im sichtbaren Bildschirmbereich führen können und bei der nicht alle im Rahmen der Vorgehensbeschreibung angepeilten Punkte von vornherein für den Benutzer sichtbar sind. Zudem hat die Auskunftsperson keine unmittelbare Kontrolle darüber, ob der Benutzer die Schritte, die sie beschreibt, unmittelbar am Bildschirm nachvollzieht und ob die Identifikation der angepeilten Wegmarken und die Versetzung der Origo im Einzelfall gelingt. Der Nutzer wiederum muss ständig zwischen dem Browserfenster mit der Chat-Anwendung und dem Browserfenster mit dem WWW-Interface des Online-Katalogs hin- und herwechseln, um die von der Auskunft beschriebenen Schritte zu vollziehen.

1	11:56:18 **Benutzer:**	ich suche diplomarbeiten zum thema sexuellen missbrauch [9]
2	11:40:37 **Auskunft:**	
3	11:40:57 **Auskunft:**	bitte schauen sie in unseren online-katalog
4	11:42:13 **Benutzer:**	danke, es gibt also keine spezifische eingabe, die nur diplomarbeiten und ihre themen ausspuckt?
5	11:43:17 **Auskunft:**	4ja , über <u>das menü Suche, **dort** experten-suche</u>
6	11:43:54 **Benutzer:**	danke, ich versuche es mal
7	11:43:59 **Auskunft:**	**<u>hier</u>** können sie über ein pulldown-menü
8	11:44:19 **Auskunft:**	öffnen,, **dort** Hochschulschrifften auswählen
9	11:44:42 **Auskunft:**	die suche ist sehr kompliziert zu erklären
10	11:45:04 **Auskunft:**	sind sie **<u>hier</u>** <u>im hause der bibliothek</u> ?
11	11:45:08 **Benutzer:**	wof
12	11:45:26 **Benutzer:**	**<u>wo</u>** finde ich dieses pulldown menü
13	11:45:43 **Auskunft:**	dann wenden sie sich an das auskunftspersonal
14	11:46:33 **Auskunft:**	**<u>rechts</u>** <u>in expertensuche</u> ist ein kleines fenster, **dort** öffnet sich über den kleinen pfeil das pulldownmenü
15	11:47:11 **Benutzer:**	nein, leider nicht, aber das hat mir schon weitergeholfen, werde es mal versuchen, sonst schaue ich mal vorbei
16	11:47:58 **Auskunft:**	
17	11:48:16 **Auskunft:**	wäre wohl besser, denn sie wissen dann sicher nicht weiter
18	11:49:46 **Auskunft:**	
19	11:50:01 **Auskunft:**	Viel glück
20	11:50:51 **Benutzer:**	danke, <u>bin grad auf der seite der experten suche und finde das fenster für das pulldown menü nicht</u>
21	11:55:18 **system:**	*** Benutzer: hat den chat verlassen. ***

Beispiel 11: Chatbasierte Bibliotheksauskunft der TU Dortmund (Dortmunder Chat-Korpus, Dokument 1203131).

---

[9] Für den Timestamp des ersten Beitrags in der abgebildeten Sequenz gilt dasselbe wie für den ersten Beitrag in Beispiel 5 (vgl. die Erläuterung in Fußnote 7).

Auf die Frage des Ratsuchenden nach einer geeigneten Strategie für seine Suchanfrage benennt die Auskunftsperson zunächst „das menü Suche" und fordert durch Verwendung des Deiktikons *dort* dazu auf, in diesem Menü eine spezifische Auswahl zu treffen („dort experten-suche"). Zugleich wird die Origo auf das mit „Experten-Suche" bezeichnete Zwischenziel verschoben – wobei unklar bleibt, ob es sich bei der Experten-Suche um einen für den Benutzer bereits vor jeder Manipulation des Interfaces sichtbaren Teilbereich der Startseite der Online-Suche oder um eine verborgene Menüoption handelt (etwa als Unterpunkt eines Pulldown-Menüs, das erst per Mausklick ausgeklappt werden muss) bzw. ob das Untermenü der Experten-Suche, von dem in der Folge die Rede ist, erst nach Aktivierung eines entsprechenden Menüpunktes aufgerufen wird oder ob es bereits angezeigt wird und vom Benutzer nur mit den Augen aufgefunden werden muss. Ohne eine bestätigende Rückmeldung des Benutzers abzuwarten, fährt die Auskunftsperson in ihrem nächsten Beitrag damit fort, ausgehend von der auf das Zwischenziel „Experten-Suche" verschobenen Origo eine Menüauswahl zu beschreiben, bei der es sich nun explizit um ein Pulldown-Menü handelt. Dabei wird das Funktionsangebot der Experten-Suche als Nahbereich („hier") konstituiert, der das Pulldown-Menü einschließt, der anzupeilende Menüpunkt „Hochschulschriften" hingegen, der eine vor Aktivierung des Menüs nicht sichtbare Auswahloption darstellt, wird als Fernbereich ausgegrenzt („dort Hochschulschrifften auswählen", Beitrag 8). Der Auskunftsperson fällt selbst auf, dass die Beschreibung des Vorgehens kompliziert ist (Beitrag 9), sie wechselt daher den Verweisraum und fragt nach dem aktuellen realen Aufenthaltsort des Ratsuchenden („sind sie hier im hause der bibliothek?", Beitrag 10). Der Ratsuchende hingegen behält den Verweisraum ‚WWW-Interface' bei (möglicherweise hat er Beitrag 10 der Auskunft noch nicht zur Kenntnis genommen) und fragt noch einmal nach dem Weg zu dem von der Auskunft benannten Pulldown-Menü (Beiträge 11/12). In Beitrag 14 präzisiert die Auskunftsperson ihre in Beitrag 5/7 gegebenen Hinweise zum Auffinden des Menüs: Es ist nun nicht mehr einfach ein nicht näher bestimmter Teil der visuellen Repräsentation des Funktionsumfangs der Experten-Suche, sondern „rechts in expertensuche" (also vermutlich innerhalb eines am Bildschirm angezeigten Bereichs) ein „fenster", das einen „kleinen pfeil" enthält, über dessen Aktivierung das Pulldown-Menü aufgerufen werden kann. Die Origo liegt dabei ganz offensichtlich nicht auf der Experten-Suche, da das „kleine fenster", das einen Teilbereich der Repräsentation der Experten-Suche darstellt („rechts *in* expertensuche") unter Verwendung von *dort* als Fernbereich konstituiert wird. Möglicherweise hat die Auskunftsperson inzwischen selbst den Überblick über ihre aktuelle Orientierung und Origo innerhalb der sichtbaren und nicht sichtbaren Teile des WWW-

Interfaces verloren; die Komplexität der kommunikativen Aufgabe hat sie ja zuvor bereits eingeräumt und dem Ratsuchenden der Einfachheit halber angeboten, für eine effizientere Bearbeitung der Aufgabe vor Ort vorstellig zu werden. Der Ratsuchende hingegen gibt im letzten Beitrag der Sequenz zu erkennen, dass er den Origoversetzungen der Auskunftsperson nicht folgen konnte und macht noch einmal explizit, welche Unterseite des WWW-Interfaces er aktuell auf seinem Bildschirm angezeigt hat. Nach wie vor kann er den Bereich mit dem Pulldown-Menü nicht auffinden. Der Chat-Dialog endet mit dem Ende der hier wiedergegebenen Sequenz; ob der Nutzer sein Anliegen durch Besuch des HelpDesks der Auskunft in den Räumlichkeiten der Bibliothek letztlich klären konnte, ist nicht dokumentiert.

3.3 Sprachliches Zeigen auf den Diskurs und seine Inskription am Bildschirm

Der Diskursverlauf kann in zweierlei Hinsicht zum deiktischen Verweisraum werden: Einerseits als topologisch vorgestelltes Ensemble von Diskursgegenständen, auf die im weiteren Diskursverlauf durch lokaldeiktische Verweise reorientiert werden kann, andererseits als protokollierter Verlauf von Diskursbeiträgen am Bildschirm, in dem – analog zur lokutiven Textdeixis (vgl. Hoffmann 1997: 353-358) – eine Reorientierung auf Teile der graphischen Inskription möglich ist.

In ersterem Falle – der *Rede-* oder *Diskursdeixis* – wird der Verweisraum durch die zeitliche Abfolge der Diskursgegenstände konstituiert, in der entweder rückverwiesen (*Anadeixis*, vgl. Beispiele 12–14) oder vorverwiesen werden kann (*Katadeixis*, Beispiel 14) werden kann. Der Diskursgegenstand, auf den deiktisch fokussiert wird, kann dabei entweder im selben Beitrag gegeben sein (Beispiel 12 (Anadeixis), Beispiel 15 (Katadeixis)), in einem unmittelbar vorausgehenden oder nachfolgenden Beitrag desselben Produzenten (Beispiel 13) oder auch in einem Beitrag eines anderen Diskursbeteiligten (Beispiel 14).

| 122 | 14:51 | **Kahlua** | In Germanistik bin ich fast durch, ha<u>be</u> aber m<u>ei</u>n 2.Fach noch nicht gefunden. **Dort** liegt mein Problem. |

Beispiel 12: Studienberatung im Hochschulkontext zum Thema „Lehramtsstudiengänge" (Dortmunder Chat-Korpus, Dokument 1202004).

| 159 | 10:56 | **Teacher2** | D<u>as</u> B<u>ildwörterbuch</u> schließlich ist ein klassisches onomasiologisches WB... |

160	10:56	**Teacher2**	da sich die Zugriffsstruktur **hier** völlig von den sprachlichen Zeichen entfernt...
161	10:56	**Teacher2**	und die lexikalischen Einheiten rein über Sachgruppen verfügbar gemacht werden...

Beispiel 13: Chat-basiertes hochschulübergreifendes Seminar zum Thema „Lexikographie und Wörterbuchbenutzung" (Dortmunder Chat-Korpus, Dokument 1102013a).

226	22:24:40	**Michael**	ich studiere im 1. semester Wiwi auf diplom in bochum und wollte jetzt zum wintersemester auf 2 fach bachelor Wiwi und geographie wechseln...also für geographie muss ich mich bewerben aber für W<u>iwi</u> nur umschreiben oder?
228	22:26:05	**B_Pape**	@michael Nein leider nicht. Auch **hier** muss man sich bewerben. Und auch noch die Vertiefungsrichtung (BWL oder VWL) angeben.

Beispiel 14: Studienberatung im Hochschulkontext zum Thema „Einschreibung und Zulassung" (Dortmunder Chat-Korpus, Dokument 1202013).

4	12:14	**bsommer**	Hallo und herzlich willkommen zur eBay-Onlineberatung! Ich bin Bianca Sommer und werde versuchen, Ihnen einige Fragen zum Thema eBay zu beantworten, auf die Sie schon immer eine Antwort wissen wollten. ;-)
5	12:14	**bsommer**	Welche Themen möchten Sie heute gerne besprechen?
7	12:15	**jag**	Dann **hier** gleich die erste Frage: Ich habe einen Artikel gekauf der defekt ist, aber als neuwertig beschrieben wurde

Beispiel 15: Chat-Beratung zum Thema „eBay und Online-Auktionen" (Dortmunder Chat-Korpus, Dokument 1204012).

Im Falle des Verweisens auf Teile der graphischen Inskription wird der Verweisraum durch die lineare Abfolge der schriftlichen Kommunikationsbeiträge am Bildschirm konstituiert, die beim Eintreffen neuer Beiträge schriftrollenartig fortgeschrieben wird. In der überwiegenden Mehrzahl der Chats (und in allen Fällen der im Dortmunder Chat-Korpus enthaltenen Chats) wird dabei der zeitliche Verlauf von oben nach unten abgebildet (Chats mit umgekehrtem Aufbau des Verlaufsprotokolls sind selten; ein Beispiel beschreibt Storrer 2001: 19f.). Mit jedem Eintreffen eines neuen Chat-Beitrags werden andere, ältere Beiträge aus dem am Bildschirm unmittelbar sichtbaren Bereich verdrängt; in aller Regel sind diese aber unter Nutzung der Scrollfunktion nachträglich einsehbar. Gegenüber Verweisen im gedruckten Medium kommen „siehe unten"-Verweise nicht vor, da sich der Chat dialogisch weiterentwickelt, ein Beitrag nach seiner Verschickung immer den jeweils untersten Beitrag des Protokolls darstellt und ein mit „unten" fokussierter Bereich der Inskription somit zum Zeitpunkt der Äußerung des „siehe unten"-Verweises noch gar nicht existiert. Hingegen kommen „(siehe) oben"-Verweise vor, die – in Form einer unspezifischen, aber ökonomischen – Suchanweisung den Adressaten dazu veranlassen sollen, in der graphischen Inskription nach einem thematisch passenden Element zu suchen – wie etwa in den folgenden beiden Beispielen:

180	22:18:31 **Marvin**	für stipendien (gerade japan ist ja wohl ziemlich teuer) müßte ich mich dann noch separat kümmern, oder gibt es da auch irgendwo ein verzeichnis mit instituionen die soetwas bieten?
183	22:19:12 **B_Schmid**	@Marvin Der DAAD hat alle Möglichkeiten in einer Broschüre zusammengefasst, die Sie bei uns kriegen können. Oder im Internet www.daad.de unter Länderinformaitonen schauen.
184	22:19:34 **Marvin**	ah sorry mein browser hat irgendwie nicht mehr mitgespielt
185	22:19:58 **Marvin**	war meine frage zu stipendien jetzt angekommen?
189	22:20:27 **B_Schmid**	@Marvin Zu den Stipendien habe ich vorhin geschrieben - siehe **oben**.

Beispiel 16: Studienberatung im Hochschulkontext zum Thema „Internationales Studium" (Dortmunder Chat-Korpus, Dokument 1202015).

443	15:10 **Speedy**	Aber im Schreiben steht doch, dass ein Widerspruch keine aufschiebende Wirkung hat und die Zahlungspflicht bestehen bleibt

| 451 | 15:11 | **BJuhre** | @Speedy Lesen Sie <u>weiter **oben**</u> im Chat auch: Widerspruch ist nicht dasselbe wie ein Härtefallantrag. Widerspruch ist ganz allgemein, wenn der dann abgelehnt wird, können Sie dagegen klagen. |

Beispiel 17: Studienberatung im Hochschulkontext zum Thema „Studienkonten: Anrechnung von Auslandssemestern, Restguthaben, Promotion" (Dortmunder Chat-Korpus, Dokument 1202008).

Verweise entlang der graphischen Inskription des Bildschirmverlaufsprotokolls reorientieren in einem realen, sinnlich verifizierbaren Verweisraum. Ana- und katadeiktische Verweise entlang der Abfolge von Diskurseinheiten reorientieren hingegen in einer abstrakten, imaginativ zu konstruierenden topologischen Struktur (Einheiten der Inskription sind unmittelbarer Anschauung zugänglich, Diskurseinheiten sind lediglich textuell repräsentiert und „existieren" in der Vorstellung).

3.4 Das Internet als Ressourcenraum

In den Beispielen 9 und 10 (vgl. Abschnitt 3.2) wurden Fälle beschrieben, in denen die Angabe einer URL verbunden wurde mit einer Versetzung der Origo auf den nach deren Aufruf sichtbaren Teil der zugehörigen WWW-Seite. Das Lokaldeiktikon ‚hier' in Beispiel 10 zeigte auf eine WWW-Seite als visuelle, am Bildschirm explorierbare Ganzheit, um anschließend mit nichtdeiktischen Mitteln einen Teilbereich daraus näher zu fokussieren. In den nachfolgenden Beispielen 18–20 tritt deiktisches *dort* in Verbindung mit der Angabe einer URL auf. *Dort* hat in diesen Fällen nicht die Funktion, die Adressaten zu einer Versetzung ihrer Origo aufzufordern, statt dessen dient es dem Verweis auf externe Ressourcen, die – im Gegensatz zum aktuellen Aufmerksamkeitsfokus der Kommunikationsbeteiligten, der auf dem Verfolgen des Chat-Geschehens liegt – als fern, weil erst nach Aufruf der genannten URLs einsehbar vorgestellt werden:

| 49 | **purp:** | smudo: „Euer ‚neuestes' Werk - F4 Unplugged - genial, wie kam es dazu?" |
| 50 | **Smudo:** | kann man alles unter www.smudo.com/smudo/unplugged_proben.htm und www.smudo.com/smudo/unplugged_show.htm anschauen und nachlesen. **dort** ist auch das gesamte album als 22khz-mp3 anzuhoeren |

Beispiel 18: Moderierte Chat-Fragestunde mit Smudo, Texter und Rapper der deutschen HipHop-Gruppe Die Fantastischen Vier (Dortmunder Chat-Korpus, Dokument 1306017).

140	**Anna2:**	Salü Francine wann bist Du wieder mal in der Innerschweiz an einem Konzert zu hören?
141	**Francine Jordi:**	Besuch doch meine Homepage, **dort** findest Du alle Daten: www.francine-jordi.ch

Beispiel 19: Moderierte Chat-Fragestunde mit der Schweizer Schlagersängerin Francine Jordi (Dortmunder Chat-Korpus, Dokument 1306040).

224	11:06	**Teacher1:**	OK, bevor ihr in die Grupenm geht die ich gleich nennen werde
225	11:06	**Teacher1:**	ruft in eurem Browser bitte die Folgende Seite / URL auf:
226	11:06	**Teacher1:**	http://… [URL]
227	11:06	**Teacher1:**	***dort*** findet ihr die Aufgabe

Beispiel 20: Chat-basiertes hochschulübergreifendes Seminar zum Thema „Lexikographie und Wörterbuchbenutzung" (Dortmunder Chat-Korpus, Dokument 1102004a).

Fällen wie diesem liegt – wie auch bereits den ‚hier'/‚dort'-Verwendungen für unterschiedliche Module einer Hypertextanwendung in Beispiel 11 – die Konzeptualisierung des World Wide Web als eines Raumes miteinander verknüpfter Ressourcen zugrunde, von denen immer jeweils eine (= die aktuell als „Seite" am Bildschirm angezeigte und damit unmittelbar zugängliche) den aktuellen Nahbereich darstellt, während die übrigen, aktuell nicht angezeigten Ressourcen in einem unbestimmten Fernbereich liegen. Durch Traversierung von Hyperlinks oder den Aufruf von URLs können diese anderen, fernen Ressourcen erreicht werden.

3.5 Der metaphorische „Chat-Raum" und die „Chat-Umgebung"

Eine Besonderheit der Chat-Kommunikation stellt die Konzeptualisierung der durch die Technologie gestifteten Möglichkeit zur kommunikativen Kontaktaufnahme *als Ort* dar. Die zwischen zeitgleich eingeloggten Chattern existierende Möglichkeit zur kommunikativen Kontaktaufnahme wird metaphorisch als ‚Raum' bezeichnet und die kommunikative Erreichbarkeit eines eingeloggten Chat-Nutzers als eine Form der ‚Anwesenheit' aufgefasst. Dies mag u.a. mit der Nähe des Chats zu mündlichen Gesprächen zu tun haben, die im prototypischen Falle ein synchrones Zugegensein aller Beteiligten an einem Ort in der realen Welt erfordern (Storrer 2000), allerdings findet im Falle der Telefonkommunikation eine vergleichbare Konzeptualisierung der technologisch vermittelten kommunikativen Nähe nicht statt. Zum Teil dürfte die Vorstellung des Chats als

Ort mit der metaphorischen Konzeptualisierung des World Wide Web als Ressourcenraum (s.o.) und der damit in Zusammenhang stehenden Reise- und Bewegungsmetaphorik zu tun haben (Datenautobahn, Surfen, Navigieren, Homepage, Online-Plattform, Online-Umgebung etc.). Während man, um telefonisch mit jemandem in Kontakt zu treten, lediglich den Telefonapparat bedienen muss, muss man, um jemanden per Webchat zu erreichen, eine bestimmte WWW-Seite *aufsuchen* und sich über diese auf einem Chat-Server *ein*loggen.[10] Anschließend wird man auf eine WWW-Seite geleitet, auf welcher man für die Dauer der Chat-Sitzung das Chat-Geschehen folgen und sich mit eigenen Beiträgen daran beteiligen kann. Der wesentliche Unterschied zur Telefonie besteht aber – zumindest bei den so genannten „Plauder-Chats" im Freizeitbereich, die den ursprünglichen Typus der Chat-Anwendungen darstellen – in den unterschiedlichen Rahmenbedingungen für kommunikative Kontaktaufnahme: Speziell in den „Plauder-Chats" kommt kommunikativer Kontakt in der Regel auf der Grundlage von Zufallsbegegnungen zweier oder mehrerer Chatwilliger zustande; dabei stiftet die Chat-Technologie den Rahmen für das zufällige Aufeinandertreffen: Im Gegensatz zur Telefonie, bei der die Kontaktaufnahme über das Medium immer gezielt ist, insofern sie das Anwählen einer ganz bestimmten Nummer und damit einer zuvor zumindest vage bekannten Person oder Institution voraussetzt, wählt man sich in „Plauder-Chats" durch die Login-Prozedur zunächst lediglich in eine Chat-Umgebung ein, *ohne* sich bereits mit einem ganz bestimmten Partner verbinden zu lassen. Die Kontaktaufnahme erfolgt erst anschließend, durch Sichtung der Namen und ggf. Benutzerprofile der übrigen zur selben Zeit eingeloggten Chatter, durch unspezifisch adressierte erste eigene Beiträge, anhand derer man sich der Runde der anwesenden Chatter präsentiert, oder durch Verschicken eines Reaktivbeitrags auf eine entsprechende Selbsteinführung eines anderen Chatters. Man versammelt sich also – ähnlich wie beim Besuch einer Party – zunächst an einem bestimmten *Ort*, kommunikative Kontakte und Konstellationen werden erst in einem zweiten Schritt und weitgehend spontan ausgehandelt. Um Kommunikationsbeiträge, die an diesem Ort zwischen den anwesenden Personen gewechselt werden, unmittelbar wahrnehmen zu können, muss man sich selbst zur selben Zeit an diesem Ort aufhalten. Entsprechend werden in „Plauder-Chats" die schriftlich verfassten Beiträge in der Regel nicht für eine Rezeption durch Chatter vorgehalten, die sich erst später einloggen.

Der metaphorische Chat-Raum steht somit für die Möglichkeit der zeitgleich beim Chat-Server eingeloggten Nutzer, kommunikativ zueinander in Kontakt zu treten. Wer eingeloggt ist, ist für die übrigen ebenfalls eingeloggten

---

10 Zu Nutzermetaphern im World Wide Web vgl. auch Storrer (2004).

Chatwilligen kommunikativ erreichbar.¹¹ Das metaphorische Raumkonzept ist entsprechend „arm" insofern, als es keinerlei Dimensionen aufweist: Entweder, man ist „drinnen" (= einer Kontaktaufnahme durch die anderen Chatter zugänglich) oder man ist „draußen", wobei „draußen" bzw. „nicht drin" zu sein die Abgeschnittenheit von der Kontaktmöglichkeit bedeutet. „Drinsein" bzw. (deiktisch) „*Hier*sein" meint dabei immer das Eingeloggtsein in den Chat, während „Draußen-" bzw. „*Nicht-hier*-Sein" weniger spezifisch festgelegt ist: Wer „draußen" bzw. „nicht hier" ist, kann entweder anderweitig im Netz unterwegs sein oder sich gänzlich ins „Reallife" verabschiedet haben; in jedem Fall ist er für das weitere Kommunikationsgeschehen im Chat-Raum aber nicht mehr erreichbar. Dabei fallen im Chat-Raum das metaphorische Raumkonzept und der Nahbereich zusammen: Mit *hier* wird auf den Chat-Raum als Ganzes verwiesen, Fernbereiche werden darin nicht ausgezeichnet; entsprechend finden sich keine Belege für die Verwendung von *dort* zum Zeigen auf den Chat-Raum bzw. die eigene Anwesenheit im Chat (vgl. Storrer 2001: 18). Auf fiktive räumliche Konstellationen zwischen den in einem Chat-Raum präsenten Nutzern wird höchstens spielerisch Bezug genommen, in solchen Fällen liegt dann aber ein anderes Raumkonzept – nämlich ein spielerisch ausgehandeltes – zugrunde, das mit dem metaphorischen Chat-Raum nicht unmittelbar zusammenhängt (zu Raumkonzepten dieser Art vgl. Abschnitt 3.6).

Wenn im Zusammenhang mit der Präsenz in einer Chat-Umgebung das Deiktikon *dort* verwendet wird, dann grundsätzlich nur in solchen Fällen, in denen die betreffende Chat-Umgebung das Kommunikationsaufkommen in *mehreren* Chat-Räumen organisiert bzw. in der einzelne Nutzer die Möglichkeit haben, anhand eines speziellen Befehls selbst temporäre Chat-Räume zu eröffnen, um sich dort mit Kommunikationspartnern ihrer Wahl in exklusiver Runde auszutauschen. In solchen Fällen zeigt das Deiktikon *dort* grundsätzlich auf einen der anderen Chat-Räume, während ‚hier' für denjenigen Chat-Raum steht, in welchem sich der Äußernde gerade befindet. Entsprechend ist die deiktische Opposition ‚hier'/ ‚dort' in solchen Fällen eine, die den aktuellen Chat-Raum als Nahbereich und einen bestimmten anderen Chat-Raum als Fernbereich konstituiert; der Verweisraum ist in diesem Fall nicht der einzelne (dimensionslose) Chat-Raum, sondern die gesamte Chat-Umgebung als (ebenfalls topologische) Metapher für die dem einzelnen Chat-Raum übergeordnete Kommunikations-Infrastruktur.

---

11 Interessanterweise ist im ursprünglichsten aller Chat-Dienste – dem Internet Relay Chat (IRC) – nicht die Raum-, sondern die Kanalmetapher als Chiffre für die kommunikative Kontaktmöglichkeit gebräuchlich: Anstatt von „Räumen" ist dort von „Channels" die Rede – eine Metapher, die, in Anlehnung an den CB-Funk und im Gegensatz zur Metapher des „Raumes", eher das Trennende bzw. die Überbrückungsleistung denn das Verbindende akzentuiert.

In Chat-Umgebungen, in denen die Nutzer über eine Programmfunktion selbst eigene Chat-Räume eröffnen können, existieren die so geschaffenen Chat-Räume in der Regel nur so lange, wie sich zumindest ein eingeloggter Nutzer in ihm aufhält. Verlässt der letzte Nutzer den Raum wieder, hört auch der Raum auf zu existieren – eine Eigentümlichkeit, die so gar nichts mit Räumen in der realen Welt gemein hat, die aber mit Blick auf das, wofür die Raum-Metapher im Chat steht, nämlich kommunikative Nähe, nur folgerichtig erscheint.[12]

Beispiel 21 zeigt zwei Verwendungen von ‚hier' zum Verweis auf den Chat-Raum, Beispiel 22 eine Sequenz, in der mit ‚dort' auf einen anderen Chat-Raum in derselben Chat-Umgebung verwiesen wird.

26	23:20	**sven:**	hallo zusammen
31	23:20	**sven:**	Wollte nur mal kurz spicken, was **hier** so läuft.
37	23:21	**Beraterin:**	@sven **hier** ist jetzt echt was los

Beispiel 21: Studienberatung im Hochschulkontext (Dortmunder Chat-Korpus, Dokument 1202016).

| 763 | 17:08:02 **Ratsuchende:** | ich werde so oft im chat **drüben** veräppelt. weißt du warum das so ist? |
| 778 | 17:09:48 **Berater:** | du bist leider nicht die einzige, die sich im offenen chat nicht mehr wohlfühlt. das liegt leider an den leuten, die **dort** stammgäste sind. wir können daran leider zunächst wenig ändern... |

Beispiel 22: Chatbasierte psychosoziale Beratung (Dortmunder Chat-Korpus, Dokument 1201008).

Da Eingeloggtsein nicht zwangsläufig bedeuten muss, dass der betreffende Teilnehmer das Kommunikationsgeschehen auch permanent verfolgt, beinhalten manche Chat-Systeme eine Funktion, die es erlaubt, eine Systemmeldung generieren zu lassen, den Chat-Partnern den vorübergehenden Abzug der eigenen Aufmerksamkeit vom Chat-Geschehen anzukündigen und eine kurze Erläuterung dafür zu hinterlegen. Die betreffende Meldung wird unmittelbar nach ihrer Erstellung einmal für alle und im weiteren Verlauf individuell für all diejenigen Chat-Beteiligten angezeigt, die den betreffenden Teilnehmer mit einer Privatnachricht adressieren. Der Teilnehmer loggt sich während der Spanne seines „weg"-Seins nicht aus dem Chat-Raum aus, sondern bleibt eingeloggt, kennzeichnet sich aber durch die auf

---

12 Zu den Besonderheiten metaphorischer Chat-Räume vgl. weiterhin Storrer (2001: 18f.) und Beißwenger (2002: 282-284).

dem Server hinterlegte Abwesenheitsnotiz explizit als jemand, der nicht nur zum „Lurken" eingeloggt, sondern nur vorübergehend inaktiv ist und an ihn adressierte Beiträge bis auf Weiteres nicht wahrnehmen kann.

Beispiel 23 zeigt einige typische Fälle solcher Abwesenheitsmeldungen aus einem Webchat im Freizeitbereich, bei denen allesamt der Abzug des Aufmerksamkeitsfokus aus dem Chat-Raum (= der Sphäre kommunikativen Kontakts mit den übrigen Chattern) mit vorübergehenden anderweitigen Aktivitäten in der realen Welt begründet wird (vgl. auch Beißwenger 2007: 146ff.).

Darüber hinaus wird „weg" von den Chattern aber auch – analog zu „draußen" und „nicht hier" – als Opposition zum deiktischen „hier" für alle Formen der Nichtanwesenheit (d.h. auch das Nicht-Eingeloggtsein) verwendet:

> Der Unterschied zwischen „hier" und „weg" [...] korrespondiert aus der Sicht der Sprecher mit der An- und Abwesenheit des laufenden Kommunikationsprotokolls am Bildschirm: Wer „hier" ist, kann mitlesen, wer „weg" [...] ist, ist von der Kommunikation abgeschnitten. (Storrer 2001: 19)

silme *ist jetzt weg:* tel
Kosa *ist jetzt weg:* microwelle
Asja *ist jetzt weg:* mal kurz woanders
Tigerelse *ist jetzt weg:* küche
Diddlchen *ist jetzt weg:* Ice Age gucken
Luna84 *ist jetzt weg:* aaaah... studieren is doooooof...
Kartmen *ist jetzt weg:* schauen nach ner mail
Tigerelse *ist jetzt weg:* müsli holn
Emon *ist jetzt weg:* was tun
Flauscheentchen *ist jetzt weg:* was lesen

Beispiel 23: Von einzelnen Teilnehmern in Auftrag gegebene und mit einer frei formulierten textuellen Begründung versehene Systemmeldungen, die deren vorübergehende „Abwesenheit" aus dem Chat-Raum anzeigen (Dortmunder Chat-Korpus, Dokumente 2221010, 2221003 und 2221008).

3.6 Fiktive Schauplätze

Der metaphorische Chat-Raum ist dimensionslos und fungiert als Chiffre für kommunikative Nähe. In „Plauder-Chats" wird die Eigenschaftslosigkeit des metaphorischen Raumkonzepts bisweilen zum Anlass genommen, dem virtuellen „Ort" auf kreative Weise Dimensionalität zu verleihen und ihm im Zuge spielerischer

Aushandlung Schritt um Schritt fiktive Eigenschaften zuzuschreiben. Im metaphorischen Chat-Raum werden auf diese Weise interaktiv Schauplätze für spielerische Interaktionen etabliert und sukzessive ausgestaltet. Innerhalb dieser fiktiven Schauplätze können Origines gesetzt, Nah- und Fernbereiche unterschieden, deiktische Oppositionen etabliert und Lokaldeiktika zum sprachlichen Zeigen *am Phantasma* („im Bereich ... der konstruktiven Phantasie", Bühler 1934[1982]: 123) genutzt werden.[13]

Beispiel 24 zeigt Ausschnitte aus einer längeren Sequenz, in welcher mehrere Chat-Beteiligte sich darauf verständigen, eine Kreuzfahrt zu unternehmen. *McMike*, von dem die Initiative zum Übertritt in einen spielerischen Handlungsrahmen stammt (Beitrag 50), eröffnet, nachdem *adelheid* signalisiert hat, sich auf das Spiel einzulassen (52: „oh ja, in die Wärme..."), einen neuen, temporären Chat-Raum mit dem programmatischen Titel „Kreuzfahrt" (64). Mehrere andere Chat-Beteiligte folgen ihm in diesen neuen Raum, in dem anschließend Rahmenbedingungen für das Kreuzfahrtspiel ausgehandelt werden beziehungsweise die beteiligten Chatter sich Aktivitäten und Eigenschaften zuschreiben, die allesamt auf das Szenario „Kreuzfahrt" bezogen sind: *ineli26* grüßt mit „ahoi" und gibt vor, seekrank zu werden (72), *McMike* ruft zum Abschotten der Luken auf (79), *Matrose* beansprucht den Skipper-Posten (82) und *ineli26* die Position der ersten Offizierin (87), *Raebchen* – offenbar in Anspielung auf seinen Nickname – verkleidet sich als Möwe (85), *adelheid* legt sich in die Sonne (88) und *McMike*, der Initiator des Spiels, bittet um Ernennung zum Kapitän (89), die ihm prompt von *ineli26* gewährt wird (94). *Raebchen*, konsequent weiter den Bordvogel gebend, deklariert, „im Krähennest", also dem Korb an der Mastspitze, zu sitzen (108).

Mehr als 350 Beiträge später deklariert *McMike* mittels eines Beitrags im Zuschreibungs-Modus, den Mast empor zu klettern (466/468). *adelheid* verortet sich selbst innerhalb des aktuellen Spielzusammenhangs als auf Deck befindlich (470); *McMike*s antizipierte neue Position im fiktiven Anschauungsraum kennzeichnet sie deiktisch konsequent mit „da oben" und somit als in einem oberhalb von ihrer Origo gelegenen Fernbereich liegend. Derselbe Punkt im gedachten Raum, auf den *adelheid* mit „da oben" verweist, wird von *Raebchen* mit „hier oben" (478) fokussiert. Ganz offensichtlich verortet er sich, im Gegensatz zu *adelheid*, als nach

---

13 Beispiele für Chat-Sequenzen dieser Art, die Züge spontaner Stegreiftheaterspiele aufweisen, sind in Beißwenger (2000: 183-200) und Beißwenger/Storrer (2012) beschrieben. Vergleichbare Sequenzen konnten auch für die Freizeitkommunikation im Usenet nachgewiesen werden (Bücker 2010:67ff.).

wie vor im Krähennest sitzend; die Distanz zur Position von *adelheid* bringt er durch die Wahl des komplementären Deiktikons „hier" zum Ausdruck, während das Quasideiktikon „oben" von beiden in gleicher Weise verwendet wird.[14]

50	**McMike**	wie wärs mit einer kleinen Kreuzfahrt?
52	**adelheid**	oh ja, in die Wärme...
64	McMike geht in einen anderen Raum: **Kreuzfahrt**	
65	adelheid geht in einen anderen Raum: **Kreuzfahrt**	
68	Raebchen geht in einen anderen Raum: **Kreuzfahrt**	

[...]

71	**adelheid**	wohin geht's denn?
72	**ineli26**	hallooo *ahoi*
74	**McMike**	wir müssen noch auf den Käptn warten
76	**adelheid**	ui, wann kommt denn der?
77	**ineli26**	*schwank* ... *seekrank*
79	**McMike**	Luuuuuukeeeen DICHT!
82	**Matrose**	damit das klar ist: ich bin der skipper
85	**Raebchen**	*mövenkostüm anzieh*
87	*ineli26 will erste offizierin sein* [15]	
88	*adelheid liegt lieber in der Sonne....*	
89	**McMike**	könntet Ihr mich bitte zum Käpten ernennen?
94	*ineli26 ernennt McMike zum Kapitaen*	
97	**McMike**	Danke, dann können wir ja los
108	*Raebchen sitzt im Krähennest *gg**	

[...]

466	*McMike klettert auf den Mast*	
468	**McMike**	*kletterkletter*
470	**adelheid**	McMike, was machst Du **da oben**???

---

14 Das Verweisen auf denselben Punkt im (gedachten) Raum aus zwei unterschiedlichen Perspektiven unter Wechsel des Deiktikons, aber unter Beibehaltung des quasideiktischen Ausdrucks belegt im übrigen sehr anschaulich die semantischen Unterschiede zwischen „echten" Deiktika und quasideiktischen Ausdrücken.

15 Einige Chats bieten ihren Nutzern die Möglichkeit, mittels eines Codes einen speziellen Typ von Kommunikationsbeitrag zu erzeugen, der den eigenen Teilnehmernamen (Nickname) integriert und der es erlaubt, eine Aussage über den eigenen Chat-Charakter in der 3. Person (und damit aus einer quasi-auktorialen Außensicht) zu formulieren. Solche „Aktionsbeiträge" bzw. „Beiträge mit Zuschreibungscharakter" (vgl. Beißwenger 2000: 87-94) werden insbesondere in Spielsequenzen gerne genutzt. Ihr Gebrauch ist nahezu ausschließlich auf „Plauder-Chats" im Freizeitbereich beschränkt (Storrer 2007: 55).

| 478 | **Raebchen** | ganz schön eng jetzt **hier oben** |

Beispiel 24: Chat im Freizeitbereich (Dortmunder Chat-Korpus, Dokument 2221001).

Eine kohärente sprachliche Koorientierung auf Punkte und Bereiche im fiktiven Handlungsraum ist in Spielsequenzen dieser Art eine Sache der Kooperativität. Jede Folgeäußerung, die zum bislang etablierten Spielkontext und den in ihn eingeführten Elementen und ihm zugeschriebenen situativen Rahmenbedingungen passt, ist immer auch erneute Ratifizierung der ungebrochenen individuellen Zustimmung zum Spiel.

Der Übergang vom Raumkonzept ‚Metaphorischer Chat-Raum' zum Raumkonzept ‚Fiktiver Schauplatz' beginnt da, wo ein Chatter – wie in Beispiel 24 – explizit den Übertritt in ein entsprechendes Spielszenario vorschlägt oder wo ein Chatter dem metaphorischen Chat-Raum konkrete topologische Eigenschaften zuschreibt. In Beispiel 25 ist das in Beitrag 980 der Fall, in dem von *Hansi* diese Zuschreibung dadurch hergestellt wird, dass er vorgibt, sich „hier" (= im Chat-Raum) räumlich eingeengt zu fühlen. _Mausi_ steigt auf seine Initiative zur spielerischen Ausgestaltung des Chat-Raums zum fiktiven Schauplatz mit spielerisch unterstellter Dimensionalität ein, indem sie mit ihrer Zuschreibung in 982 eine Aktivität beschreibt, die sich nur in Räumen mit „echter" physikalischer Ausdehnung denkbar ist, nicht aber in einer rein metaphorischen und dimensionslosen Sphäre kommunikativer Nähe:

975	20:30	**system gelsenkirchen** has joined #funatic-radio
976	20:30	**gelsenkirchen** hi all
977	20:30	**_Mausi_** hallo gelsenkirchen
980	20:30	***Hansi*** fühlt sich eingeengt wenn ***hier*** ne komplette Stadt eintritt...
982	20:31	***_Mausi_*** rutscht mal bissel das gelsenkirchen platz hat
984	20:31	**byteridr** sitzt da wirklich ganz Gelsenkirchen vor einem PC? Das dürfte doch ziemlich eng werden. ;-)
986	20:31	**_Mausi_** nee, jeder darf mal für ne minute lol
987	20:32	**gelsenkirchen** jau

Beispiel 25: Internet Relay Chat (IRC) im Freizeitbereich (Dortmunder Chat-Korpus, Dokument 2213002).

4. Korpusuntersuchung zur Verwendung von ‚hier' und ‚dort' in der Chat-Kommunikation

Selbst unter den Rahmenbedingungen der Chat-Kommunikation und trotz der Vielzahl der als Verweisräume in Frage kommenden Raumkonzepte scheint der Umgang mit lokaler Deixis den Kommunikationsbeteiligten in Chats in aller Regel keine schwerwiegenden Probleme zu bereiten. Zumindest finden sich im Dortmunder Chat-Korpus kaum einschlägige Belege für Semantisierungsprobleme in Bezug auf Verwendungen lokaldeiktischer Ausdrücke.

Offensichtlich verfügen Chat-Nutzer über Strategien für die Behandlung möglicher Orientierungsprobleme beim Umgang mit Lokaldeiktika, die es erlauben, das System der lokalen Deixis als flexibel an Situationen adaptierbares Lokalisierungsinstrument auch für synchrone schriftliche Formen der Kommunikation zu erhalten.

Bereits Storrer (2001:18) hat in Bezug auf die Kommunikation in „Plauder-Chats" angemerkt, „im Standardfall" diene „der metaphorisch konstituierte Chatraum als Verweisraum", wenn auch – wie etwa in dem in Beispiel 2 zitierten Beleg aus Haase et al. (1997) – das Risiko ambiger Deutungen in Bezug auf Verwendungen lokaldeiktischer Ausdrücke potenziell vorhanden sei.

Im Rahmen einer korpusgestützten Untersuchung zu Verwendungen der genuin deiktischen Ausdrücke ‚hier' und ‚dort' soll im Folgenden geprüft werden, ob sich die Annahme eines Standard-Verweisraums für die Chat-Kommunikation empirisch untermauern lässt. Die der Untersuchung zugrunde liegende Hypothese lautet:

[H1:] Es gibt in der Chat-Kommunikation ein ausgezeichnetes Raumkonzept, das von den Chattern *standardmäßig* als Verweisraum für den Umgang mit lokaler Deixis zugrunde gelegt wird. ‚Standardmäßig' bedeutet: Dieses Konzept wird der Verwendung bzw. Deutung lokaldeiktischer Ausdrücke *dann* zugrunde gelegt, wenn im Kontext kein abweichender Raum explizit spezifiziert ist.

Kann diese erste Hypothese verifiziert werden, so lautet die zweite zu prüfende Hypothese:

[H2:] Welche Raumkonzepte in der Chat-Kommunikation von den Chattern *standardmäßig* als Verweisraum für den Umgang mit lokaler Deixis zugrunde gelegt werden, unterscheidet sich in Abhängigkeit vom Typus des Chats: In unmoderierten Chats mit freier Themenentwicklung ist der Standard-Verweisraum ein anderer als in Chats mit institutioneller Prägung und restriktivem Interaktionsmanagement (Moderation o.Ä.).

Um die beiden Hypothesen zu überprüfen, werden in den untersuchten Daten zunächst, getrennt für unterschiedliche Typen von Chats, sämtliche Vorkommen der Lokaldeiktika ‚hier' und ‚dort' quantitativ erfasst. Anschließend wird in einem ersten qualitativen Analyseschritt jedes Vorkommen durch intellektuelle Analyse einem der in Abschnitt 3 unterschiedenen Raumkonzepte zugeordnet. Dabei wird für jeden Beleg ein Kontextausschnitt von 21 Nutzerbeiträgen analysiert, der zusätzlich zu dem Nutzerbeitrag, der den Beleg enthält, jeweils die zehn im Kommunikationsverlauf vorausgehenden sowie die zehn nachfolgenden Nutzerbeiträge umfasst. In einem zweiten Schritt wird für jedes Vorkommen von ‚hier' und ‚dort' ermittelt, ob der seiner Verwendung zugrunde liegende Verweisraum bzw. der darin deiktisch fokussierte Bereich oder Gegenstand innerhalb des analysierten Kontextausschnitts von einem der Kommunikationsbeteiligten sprachlich explizit gemacht wird oder nicht. Die Ergebnisse der beiden qualitativen Analyseschritte werden getrennt nach Typen von Chats und getrennt nach den Vorkommen von ‚hier' und den Vorkommen von ‚dort' dargestellt.

Es wird davon ausgegangen, dass es sich bei dem standardmäßig als Verweisraum aktivierten Raumkonzept um dasjenige Raumkonzept handelt, das in den betreffenden Chats am häufigsten zur Anwendung kommt. Die erste Hypothese gilt für ein untersuchtes Teilkorpus (und damit für den darin dokumentierten Typus von Chats) daher dann als verifiziert, wenn in diesem Teilkorpus eines der acht unterschiedenen Raumkonzepte deutlich häufiger als alle übrigen Raumkonzepte dem deiktischen Zeigen zugrunde liegt und wenn die entsprechenden Vorkommen von ‚hier' bzw. ‚dort' in den zugehörigen Kontextausschnitten signifikant seltener explizit mit einem Raumkonzept verbunden werden als die Vorkommen, denen andere Raumkonzepte als Verweisräume zugrunde liegen. Die zweite Hypothese gilt als verifiziert, wenn (a) die erste Hypothese verifiziert ist und (b) wenn sich die Befunde für die unterschiedlichen Teilkorpora (die unterschiedliche Typen von Chats dokumentieren) signifikant unterscheiden.

Der Untersuchung ist ein Korpus mit Chat-Mitschnitten zugrunde gelegt, das etwa 74% des Gesamtbestandes des Dortmunder Chat-Korpus[16] (in Tokens) umfasst. Aus dem Gesamtbestand des Chat-Korpus ausgewählt wurden einerseits Teilkorpora, die in Chat-Angeboten erhoben wurden, in denen der Kommunikationsverlauf und die Themenentwicklung von den Nutzern selbst bestimmt werden kann und anbieterseitig auf eine Regulierung bzw. Moderation des Kommunikationsaufkommens verzichtet wird (sog. „freie Chats", vgl. Tabelle 1). In dieses erste Subset fallen Mitschnitte aus „Plauder-Chats" im Freizeitbereich (Webchats und IRC), daneben aber auch Mitschnitte aus einem chatbasierten Angebot zur

---

16 http://www.chatkorpus.tu-dortmund.de

psychosozialen Beratung, offene Studienberatungs-Chats der Ruhr-Universität Bochum sowie freie Nutzerchats im Anschluss an moderierte Chat-Runden mit Studiogästen aus der TV-Sendung „Sabine Christiansen". In einem zweiten Subset wurde eine Reihe von Teilkorpora zusammengefasst, die Chats dokumentieren, bei denen das Kommunikationsaufkommen eine starke strukturelle Prägung durch die anbietende Institution aufweist: Einerseits gibt es durch reale Institutionen (z.b. Universität) gestützte hierarchische Rollenkonstellationen (z.b. Lehrender– Studierender, Auskunftsperson– Klient), anderseits restriktive, z.t. technisch unterstützte Formen des Interaktionsmanagements. Manche der Chat-Angebote, die hier dokumentiert sind, beschränken die Kommunikation auch auf reine 1:1-Chats. Enthalten ist ein Teilkorpus mit restriktiv moderierten Politiker-/Promi-Chats im Medienkontext, ein Teilkorpus mit Experten-Chats im Rahmen von Seminarveranstaltungen im Hochschulkontext, ein Teilkorpus mit dem Komplettmitschnitt eines chatbasierten hochschulübergreifenden Seminars sowie ein Teilkorpus mit Mitschnitten aus der chatbasierten Bibliotheksauskunft an der TU Dortmund. Die beiden Subsets, denen auch die in Abschnitt 3 analysierten Beispiele entnommen sind, umfassen insgesamt 66.592 Nutzerbeiträge.

Korpusteil	Nutzerbeiträge
Korpus-Subset 1 „Freier Chat":	
TK 1.1: „Plauder-Chats" außerhalb von Medienkontexten	27.101
TK 1.2: Psychosoziale Beratung	9.207
TK 1.3: Offene Studienberatungs-Chats	5.771
TK 1.4: Chats im Anschluss an die TV-Sendung „Sabine Christiansen"	4.364
Subset „Freier Chat" gesamt:	**46.443**
Korpus-Subset 2 „Chat institutionell & moderiert":	
TK 2.1: Moderierte Politiker-/Promi-Chats	13.314
TK 2.2: Moderierte Experten-Chats im E-Learning-Kontext	1.410
TK 2.3: Chatbasiertes hochschulübergreifendes Seminar	3.150
TK 2.4: Chatbasierte 1:1-Bibliotheksauskunft „on demand"	2.275
Subset „Chat institutionell & moderiert" gesamt:	**20.149**
Subset 1 + 2 gesamt:	**66.592**

Tabelle 1: Das untersuchte Korpus (zusammengestellt aus dem Bestand des Dortmunder Chat-Korpus, http://www.chatkorpus.tu-dortmund.de); TK = Teilkorpus.

Im untersuchten Korpus fanden sich insgesamt 1.132 Belege für deiktisches ‚hier' sowie 340 Belege für deiktisches ‚dort'. Für jeden der 1.472 Belege wurde anhand des Suchwerkzeugs *STACCADo*[17] ein Korpusexzerpt mit einer Kontextgröße von 21 Beiträgen (= 10 Nutzerbeiträge vor und 10 Nutzerbeiträge nach dem Belegbeitrag) angefertigt; diese Exzerpte bildeten die Datengrundlage für die intellektuelle Analyse und die Klassifikation der Belege nach Arten von Verweisräumen.[18]

Korpus-Subset Belege ‚hier' nach VR-Arten	Subset 1 „Freier Chat"		Subset 2 „Chat institutionell / moderiert"		Signifikanz (x^2)	
Gesamtzahl Belege, undifferenziert:	879	(100 %)	253	(100 %)	–	
VR_{A1} = Umgebungen in der realen Welt	170	(19,3 %)	68	(26,9 %)	6,72	(p = 0,01)
VR_{A2} = Interfaces von Objekten	8	(0,9 %)	5	(2,0 %)	1,97	(n.s.)
VR_{A3} = Interfaces am Bildschirm	2	(0,2 %)	3	(1,2 %)	4,10	(p = 0,05)
VR_{A4} = Chat-Verlaufsprotokoll	4	(0,5 %)	1	(0,4 %)	0,02	(n.s.)
VR_{B1} = Diskursraum	46	(5,2 %)	63	(24,9 %)	87,33	(p = 0,001)
VR_{B2} = Internet als Ressourcenraum	9	(1,0 %)	1	(0,4 %)	0,89	(n.s.)
VR_{B3} = Metaphorischer Chat-Raum	577	(65,6 %)	74	(29,2 %)	106,48	(p = 0,001)
VR_{B4} = Fiktive Schauplätze	18	(2,0 %)	0	(0 %)	5,26	(p = 0,05)
Sonstige VR	24	(2,7 %)	32	(12,6 %)	–	
nicht entscheidbar	19	(2,2 %)	5	(2,0 %)	–	

Tabelle 2: Die Belege für ‚hier' in den beiden Korpus-Subsets, klassifiziert nach zugrunde liegenden Verweisräumen; VR = Verweisraum (Die Siglen A1, A2, ..., B4 stehen für die verschiedenen Arten von Verweisräumen, so wie sie in der Übersicht in Abschnitt 3 unterschieden wurden); n.s. = nichtsignifikante Verteilung.

Tabelle 2 zeigt die Ergebnisse für die Klassifikation aller 1.132 Belege für ‚hier', verteilt auf die beiden Korpus-Subsets und klassifiziert nach den in Abschnitt 3 unterschiedenen Arten von deiktischen Verweisräumen (*VR*). Die Verteilung der Belege auf die VR-Typen ist für jedes Subset jeweils als absoluter Wert und in Prozent an der Gesamtzahl der Belege des Subsets angegeben (Beispiel: Subset 1 umfasst insgesamt 879 Belege für ‚hier'; 170 oder 19,3% davon entfallen auf den

---

[17] STACCADo ist eine GUI-basierte Java-Anwendung, die von Bianca Stockrahm speziell für die Formulierung und Durchführung von Suchanfragen über dem Datenbestand des Dortmunder Chat-Korpus programmiert wurde (vgl. http://www.chatkorpus.tu-dortmund.de/staccado.html).

[18] Für Unterstützung bei der Auswertung der Korpusdaten danke ich Laura Häckel, Tatjana Kindop, Alla Krasnokutskaya, Alexander Kurek und Bianca Stockrahm.

VR-Typ „Umgebungen in der realen Welt"). Die letzte Spalte der Tabelle listet Signifikanzwerte für die unterschiedliche Verteilung der Belege für einzelne VR-Typen in den beiden Subsets. Die Signifikanz wurde anhand des x^2-Tests ermittelt.

Das Ergebnis der intellektuellen Klassifikation der ‚hier'-Belege nach VR-Typen und Korpus-Subsets zeigt, dass innerhalb des Subsets „Freier Chat" der metaphorische Chat-Raum mit 65,6% aller Belege den mit großem Abstand am häufigsten zugrunde gelegten Verweisraum darstellt. Der am zweithäufigsten zugrunde gelegte Verweisraum „Umgebungen in der realen Welt" erzielt 19,3%, alle übrigen VR-Typen stellen nur maximal je 5% der Belege. Im Subset der institutionell geprägten/moderierten Chats ist die Verteilung weniger eindeutig. Hier gibt es drei Typen von VR, die in etwa gleicher Häufigkeit die Basis für die Verwendung von deiktischem ‚hier' bilden: den metaphorischen Chat-Raum, die Umgebungen in der realen Welt und den Diskursraum.

Im Falle des Zeigens im Diskursraum (VR-Typ B1) ist eine textuelle Repräsentation des Diskursgegenstands, auf den deiktisch verwiesen wird, notwendigerweise immer im näheren Kontext der Äußerung präsent. Für die Belege zu den sieben übrigen VR-Typen (A1– A4 und B2– B4) ergibt die intellektuelle Analyse, dass im Subset „Freier Chat" zu 19,1% (oder 151 von 790) aller Belege im Umfeld von zehn Beiträgen vor/nach dem Belegbeitrag ein expliziter Hinweis auf die Art des Verweisraums oder eine Charakterisierung des in ihm fokussierten Elements erfolgt. Im Subset 2 „Chat institutionell/moderiert" ist dies in 41,5% (oder 63 von 152) der Belege der Fall (vgl. Tabelle 3). Für die beiden in beiden Subsets dem Deiktikon ‚hier' am häufigsten zugrunde gelegten VR – den metaphorischen Chat-Raum (A1) und die Umgebungen in der realen Welt (B3) – ergeben sich die folgenden Werte: Das Zeigen auf den metaphorischen Chat-Raum wird in den freien Chats nur in 10,8% der Fälle im Kontext explizit desambiguiert, in den institutionell geprägten/moderierten Chats in 31,1% der Fälle. In beiden Subsets wird der metaphorische Chat-Raum somit unterdurchschnittlich häufig explizit als Verweisraum kenntlich gemacht. Demgegenüber finden sich, wenn auf Umgebungen in der realen Welt verwiesen wird, überdurchschnittlich hohe Quoten an expliziten Hinweisen zum Verweisraum: in den freien Chats in 39,4% der Fälle (bei einem Durchschnitt von 19,1%), in den institutionell geprägten/moderierten Chats in 75,0% der Fälle (bei einem Durchschnitt von 41,5%). Die Unterschiede bei der Explizitmachung der Verweisräume für die beiden häufigsten VR-Typen wie auch für die Gesamtheit der VR-Typen zwischen den untersuchten Subsets sind signifikant.

Korpus-Subset / ,hier': VR explizit im Kontext	Subset 1 „Freier Chat"	Subset 2 „Chat institutionell / moderiert"	Signifikanz (x^2)
Fälle gesamt $VR_{A1-A4, B2-B4}$	151 von 790 (19,1 %)	63 von 152 (41,5 %)	36,21 (p = 0,0001)
Fälle VR_{A1} (= Reale Umgebungen)	67 von 170 (39,4 %)	51 von 68 (75,0 %)	24,61 (p = 0,0001)
Fälle VR_{B3} (= „Chat-Raum")	62 von 577 (10,8 %)	23 von 74 (31,1 %)	23,89 (p = 0,0001)

Tabelle 3: Belege für die Verwendung von ‚hier' im Korpus, bei denen der relevante Verweisraum oder der darin fokussierte Bereich/Gegenstand im zugehörigen Kontextausschnitt explizit benannt wird. Z. 1 verzeichnet die Gesamtverteilung für alle ‚hier'-Belege (nicht differenziert nach VR-Typen und ohne Berücksichtigung der Belege für VR_{B1} „Diskursraum"), die Z. 2 u. 3 verzeichnen die Verteilungen, die sich bei separater Betrachtung der Belege zu den beiden am häufigsten der Verwendung von ‚hier' zugrunde gelegten VR ergeben („Reale Umgebungen" und „Chat-Raum"). Nicht mitgerechnet sind in dieser Auswertung die in Tabelle 2 unter „Sonstige" und „nicht entscheidbar" gebuchten Fälle.

Die Zusammenschau der in den Tabellen 2 und 3 dargestellten Ergebnisse zeigt, dass in freien Chats der am häufigsten aktivierte Verweisraum (der metaphorische Chat-Raum) deutlich weniger häufig im Kontext explizit gemacht wird als die undifferenzierte Betrachtung der Belege für *alle* Typen von Verweisräumen. Auch hier lässt sich mittels des x^2-Tests die Verteilung (Belege für VR_{B3} vs. Belege für alle anderen VR) als signifikant ausweisen (p = 0,0001). Auch im Falle der institutionell geprägten/moderierten Chats wird der metaphorische Chat-Raum unterdurchschnittlich häufig, aber deutlich häufiger als im Falle der freien Chats explizit im Kontext kenntlich gemacht, während reale Umgebungen in Subset 2 sogar in 75% aller Fälle explizit im Kontext ausgewiesen werden. Da in den in Subset 2 dokumentierten Chats drei Typen von VR in ungefähr gleich häufig als Verweisräume herangezogen werden, ist anzunehmen, dass das Risiko der Ambiguität in Chats dieser Art höher ist als in den freien Chats, entsprechend also signifikant häufiger von der Möglichkeit der Explizitmachung des jeweils aktivierten Raumkonzepts Gebrauch gemacht wird. In den freien Chats scheint der Umgang mit ‚hier' hingegen unproblematischer zu sein: Da hier in 65,6% aller Fälle auf den metaphorischen Chat-Raum verwiesen wird, muss zumindest im Falle des Verweisens auf den Chat-Raum der relevante Verweisraum standardmäßig *nicht* eigens explizit gemacht werden. Entsprechend finden sich im Subset der freien Chats insgesamt anteilig deutlich weniger Belege mit expliziter Kennzeichnung des zugehörigen Verweisraums im Kontext und wird gerade der am häufigsten herangezogene Verweisraum unterdurchschnittlich selten explizit als solcher eingeführt.

Belege ‚dort' nach VR-Arten / Korpus-Subset	Subset 1 „Freier Chat"	Subset 2 „institutionell / moderiert"	Signifikanz (x^2)
Gesamtzahl Belege, undifferenziert:	178 (100 %)	162 (100 %)	–
VR_{A1} = Umgebungen in der realen Welt	125 (70,2 %)	123 (75,9 %)	1,40 (n.s.)
VR_{A2} = Interfaces von Objekten	2 (1,1 %)	3 (1,9 %)	0,31 (n.s.)
VR_{A3} = Interfaces am Bildschirm	12 (6,7 %)	12 (7,4 %)	0,06 (n.s.)
VR_{A4} = Chat-Verlaufsprotokoll	1 (0,6 %)	0 (0 %)	0,91 (n.s.)
VR_{B1} = Diskursraum	4 (2,2 %)	8 (4,9 %)	1,80 (n.s.)
VR_{B2} = Internet als Ressourcenraum	17 (9,6 %)	14 (8,6 %)	0,08 (n.s.)
VR_{B3} = Metaphorischer Chat-Raum	12 (6,7 %)	0 (0 %)	11,32 (p = 0,001)
VR_{B4} = Fiktive Schauplätze	0 (0 %)	0 (0 %)	–
Sonstige VR	1 (0,6 %)	2 (1,2 %)	–
nicht entscheidbar	4 (0 %)	0 (0 %)	–

Tabelle 4: Die Belege für ‚dort' in den beiden Korpus-Subsets, klassifiziert nach zugrunde liegenden Verweisräumen; VR = Verweisraum (Die Siglen A1, A2, ..., B4 stehen für die verschiedenen Arten von Verweisräumen, so wie sie in der Übersicht in Abschnitt 3 unterschieden wurden); n.s. = nichtsignifikante Verteilung.

Im Fall der Verwendungen von ‚dort' bietet sich ein anderes Bild: 70,2 bzw. 75,9% aller Belege entfallen auf das Zeigen in Umgebungen in der realen Welt, andere Verweisräume spielen nur eine untergeordnete Rolle. Die Verteilung in den freien Chats und in den institutionell geprägten/moderierten Chats ist weitgehend ähnlich, es gibt kaum signifikante Unterschiede. Der metaphorische Chat-Raum spielt aufgrund der Dimensionslosigkeit des damit verbundenen Raumkonzepts (vgl. Abschnitt 3.5) bei der Verwendung von ‚dort' nur eine unwesentliche Rolle.

Die Belege für die Verwendungen von ‚dort' werden insgesamt deutlich häufiger von expliziten Hinweisen zum zugrunde liegenden Verweisraum begleitet als dies bei den Verwendungen von ‚hier' der Fall ist (Tabelle 5). Tabelle 6 stellt die entsprechenden Anteile für ‚hier' und für ‚dort' in den beiden Subsets noch einmal gegenüber: Im Falle beider Deiktika ist die Quote der Belege mit expliziten Hinweisen auf den Verweisraum im Kontext in den institutionell geprägten/moderierten Chats höher als in den freien Chats. Im Falle von ‚dort' ist die Quote dabei insgesamt signifikant höher als im Falle von ‚hier': ‚dort' wird in freien Chats annähernd viermal so häufig im Kontext spezifiziert als ‚hier', in institutionell geprägten/moderierten Chats immerhin mehr als doppelt so häufig.

Korpus-Subset ‚dort': VR explizit im Kontext	Subset 1 „Freier Chat"	Subset 2 „Chat institutionell / moderiert"	Signifikanz (x2)
Fälle gesamt VRA1– A4, B2– B4	126 von 169 (74,6 %)	133 von 152 (87,5 %)	8,60 (p = 0,01)
Fälle VRA1 (= Reale Umgebungen)	88 von 125 (70,4 %)	109 von 123 (88,6 %)	12,60 (p = 0,001)
Fälle VRB3 (= „Chat-Raum")	10 von 12 (83,3 %)	0 von 0 (0,0 %)	–

Tabelle 5: Belege für die Verwendung von ‚dort' im Korpus, bei denen der relevante Verweisraum oder der darin fokussierte Bereich/Gegenstand im zugehörigen Kontextausschnitt explizit benannt wird. Z. 1 verzeichnet die Gesamtverteilung für alle ‚dort'-Belege (nicht differenziert nach VR-Typen und ohne Berücksichtigung der Belege für VR_{B1} „Diskursraum"), die Z. 2 u. 3 verzeichnen separat die Verteilungen für die VR „Reale Umgebungen" und „Chat-Raum". Nicht mitgerechnet sind in dieser Auswertung die in Tabelle 4 unter „Sonstige" und „nicht entscheidbar" gebuchten Fälle.

Korpus-Subset \ Deiktikon	‚hier': VR explizit benannt (Anteil Fälle) [® Tabelle 3]	‚dort': VR explizit benannt (Anteil Fälle) [® Tabelle 5]	Signifikanz (x2)
Subset 1 „Freier Chat"	151 von 790 (19,1 %)	126 von 169 (74,6 %)	208,33 (p = 0,0001)
Subset 2 „Chats institutionell / moderiert"	63 von 152 (41,5 %)	133 von 152 (87,5 %)	70,37 (p = 0,0001)

Tabelle 6: Fälle der Verwendung von ‚hier' und ‚dort' mit expliziter Spezifikation des Verweisraums im Kontext im Vergleich.

Die Ergebnisse der Korpusuntersuchung, so wie sie in den Tabellen 2–6 zusammengefasst sind, lassen sich wie folgt bewerten:
- Zumindest für Verwendungen des Lokaldeiktikons ‚hier' in unmoderierten „freien" Chats mit lokal ausgehandelter Themenentwicklung kann die Hypothese 1 als bestätigt gelten: Unter den diversen möglichen Raumkonzepten ist genau eines – das des metaphorischen Chat-Raums – hoch frequent. Zugleich wird die Nutzung dieses Konzepts als Verweisraum deutlich weniger häufig explizit gemacht als im Durchschnitt aller Fälle der Verwendung von ‚hier' im entsprechenden Korpus-Subset.

- In Chats mit starker institutioneller Einwirkung auf die Strukturierung des Kommunikationsaufkommens (Rollenhierarchie, Themenfixierung, restriktives Interaktionsmanagement, Beschränkung der Teilnehmerzahl) tritt die Dominanz des metaphorischen Chat-Raums hingegen deutlich zurück. Zwar werden Fälle des Verweisens auf den Chat-Raum auch weiterhin unterdurchschnittlich häufig im Kontext explizit gemacht, doch werden reale Umgebungen sowie der Diskursraum in ungefähr ebenso häufig wie der Chat-Raum als Verweisräume aktiviert. Lässt man das Zeigen im Diskursraum, bei welchem eine textuelle Repräsentation des deiktisch fokussierten Diskursgegenstands notwendigerweise im Kontext gegeben sein muss, außer acht, so kann die potenzielle Ambiguität der Verwendung von ‚hier' in dieser Gruppe von Chats trotz allem als höher gelten als in den freien Chats: ‚hier'-Verweise auf die reale Welt kommen ebenso häufig vor wie ‚hier'-Verweise auf die „virtuelle" Anwesenheit im Chat. Dass insgesamt der Anteil von Belegen mit expliziter Spezifikation des relevanten Verweisraums im Kontext in Subset 2 höher ist als in Subset 1 (41,5% gegenüber 19,1% der Fälle), passt gut ins Bild: Wo das Risiko ambiger Deutungen höher ist, neigen die Äußerungsproduzenten häufiger dazu, ihren Adressaten durch mehr Explizitheit Hilfestellungen zur Desambiguierung zu geben.
- Deutet man die Ergebnisse für ‚hier' in Subset 2 dahingehend, dass auch in dieser Gruppe von Chats der metaphorische Chat-Raum noch den Standard-Verweisraum darstellt (Indiz: nach wie vor unterdurchschnittlich häufige Spezifikation im Kontext), sein Potenzial als Standard-Verweisraum aber deutlich schwächer zur Geltung kommt als in den freien Chats (Indiz: Der Chat-Raum ist nicht mehr der am häufigsten zugrunde gelegte Verweisraum), so muss Hypothese 2 als widerlegt gelten: Es gibt in den beiden hier betrachteten Gruppen von Chats keine unterschiedlichen Standard-Verweisräume, sondern ein- und dasselbe Raumkonzept spielt in beiden Gruppen die Standard-Rolle, allerdings mit unterschiedlicher Wirkmächtigkeit.
- Für die Verwendungen des Lokaldeiktikons ‚dort' stellen in beiden Subsets Umgebungen in der realen Welt die bevorzugten Verweisräume dar. In Anbetracht der hohen Quote an Spezifikationen von Verweisräumen im Kontext (75,6% in Subset 1, 87,5% in Subset 2) kann kaum von einem Standard-Verweisraum die Rede sein. Die Funktion eines Standard-Verweisraums wäre ja gerade die, im Falle des Fehlens einer Spezifikation im Kontext als Verweisraum angenommen zu werden. Betrachtet man nur die Fälle, in denen ‚dort' in den beiden Subsets zum Verweisen in realen Umgebungen verwendet wird, so liegt die Quote an Spezifikationen des Verweisraums im Kontext für Subset 1 nur geringfügig niedriger als der Durchschnitt, für Subset 2

sogar minimal über dem Durchschnitt. Entsprechend müssen beide Hypothesen für ‚dort' zurückgewiesen werden. Der Grund dürfte die spezifische Semantik von ‚dort' sein, die grundsätzlich einen höheren Grad an Vororientierung voraussetzt als im Falle von ‚hier': Um Verwendungen von ‚dort' zu deuten, muss nicht nur der Verweisraum klar (d.h.: explizit eingeführt worden oder zumindest erschließbar sein), sondern es muss auch entweder des Äußernden ‚hier' oder irgendjemandes anderen ‚hier'-Bereich – innerhalb des betreffenden Verweisraums – bekannt oder erschließbar sein. ‚Dort' ist immer da, wo ‚hier' *nicht* ist; entsprechend werden beim Umgang mit ‚dort' zusätzlich zum Koordinations-, zum Identifikations-, zum Raum- und zum Origoproblem insbesondere das Abgrenzungsproblem und das Problem der deiktischen Oppositionen nach Klein (1978) (vgl. Abschnitt 2) relevant.

5. Fazit und Ausblick

Die von den Kommunizierenden zu erbringenden Koordinationsleistungen beim Umgang mit lokaldeiktischen Ausdrücken erscheinen in der Chat-Kommunikation gegenüber anderen Formen der Distanzkommunikation als besonders komplex: Im Gegensatz zu mündlichen Formen wie der Telefonie wird durch die besonderen technologischen Rahmenbedingungen (Schriftlichkeit, *en bloc*-Verschickung, fehlende Synchronisierung) die Möglichkeit zum schnellen Abgleich der Beteiligten zur Laufzeit der Interaktion erschwert. Durch die Einbettung der Kommunikation in die übergreifende Ressourcen-Infrastruktur „Internet", die Bindung der Beteiligung an netzgestützter Kommunikation an Computermedien sowie die Konzeptualisierung des Agierens im Chat als einer Interaktion in „virtuellen Räumen" ergeben sich darüber hinaus zusätzliche topologische Konzepte, die der Konstituierung von Verweisräumen beim sprachlichen Zeigen zugrunde gelegt werden können.

Einige der als Verweisräume in Frage kommenden Raumkonzepte sind jedem Chat-Beteiligten während seiner Chat-Teilnahme direkt präsent und unmittelbar sinnlich zugänglich: der ihn umgebende reale Raum, die physische Schnittstelle seines Computerarbeitsplatzes (Tastatur, Maus etc.), die WWW-Seite am Bildschirm, das auf der WWW-Seite angezeigte Kommunikationsverlaufsprotokoll sowie die sequenzielle Abfolge der sprachlichen Einheiten in den angezeigten Beiträgen seiner Kommunikationspartner. Weitere topologische Strukturen müssen imaginativ konstruiert werden, um als Basis für deiktisches Verweisen genutzt werden zu können: der Diskursraum, der Ressourcenraum „Internet", der „Chat-Raum" als Metapher für die technologisch vermittelte Kontaktsphäre sowie die fiktive Räumlichkeit interaktional erzeugter Spiel-Szenarien. Imaginativ konstruiert werden müssen darüber hinaus auch die realen Umgebungen der anderen Kommunikationsbeteiligten sowie Schnittstellen am Bildschirm, die man selbst noch nicht vor Augen hatte. Den einzigen Raum, dessen Wahrnehmung als allen Kommunikationsbeteiligten in gleicher (oder – browserabhängig – in zumindest ähnlicher) Weise bekannt und unmittelbar sinnlich zugänglich angenommen werden kann, ist das während des Chattens an den Bildschirmen fortgeschriebene Kommunikationsverlaufsprotokoll sowie das Bildschirminterface (WWW-Seite), in die es eingebettet ist.

Trotz der Vielfalt der möglichen topologischen Konzepte, die als Verweisräume beim lokaldeiktischen Zeigen in Frage kommen, scheinen Chat-Nutzer in der Regel kaum Probleme damit zu haben, den für die Verwendung eines Lokaldeiktikons jeweils relevanten Verweisraum zu identifizieren – gegebenenfalls auch ohne, dass entsprechende Informationen zuvor explizit kommuniziert wurden.

Die Ergebnisse der in Abschnitt 4 dieses Beitrags beschriebenen Korpusuntersuchung legen nahe, dass zumindest für ‚hier' in freien, unmoderierten Chats die Chatter über eine Standardannahme verfügen, die, wenn kein anderer Typ von Verweisraum im Kontext spezifiziert oder sonstwie erschließbar ist, ein bestimmtes Raumkonzept (nämlich den metaphorischen Chat-Raum) als üblicherweise erwartbaren Verweisraumtyp vorsieht. Dafür spricht, dass der Chat-Raum in Chats des betreffenden Typs das am häufigsten zum Verweisen mit ‚hier' herangezogene topologische Konzept darstellt und dass deiktische Verweise innerhalb des Chat-Raums deutlich seltener als üblich im Kontext explizit als solche ausgewiesen werden. In Chats anderen Typs, in denen häufiger als im freien Chat auch auf Umgebungen in der realen Welt und auf Diskursgegenstände verwiesen wird, ist der Chat-Raum weniger dominant, wird aber nach wie vor seltener explizit eingeführt als andere, ähnlich häufig aktivierte Raumkonzepte.

Die Ergebnisse geben Grund zu der Annahme, dass das prototypischerweise unmittelbar körper- und situationsgebundene Lokalisierungsinstrument der lokalen Deixis nicht nur, wie bereits bekannt, für Formen der ortsversetzten mündlichen (Telefon) wie auch der zeitversetzten schriftlichen Kommunikation (Brief) adaptiert werden kann. Vielmehr kann es selbst in einer Kommunikationsform, in der die Beteiligten ortsversetzt, schriftlich, körperentbunden und synchron kommunizieren, erfolgreich zur Herstellung gemeinsamer Orientierung in realen wie imaginativ konstruierten, unmittelbar zugänglichen wie vorgestellten Räumen genutzt werden. Standardannahmen stellen eine Strategie dar, mit den aufgrund der kommunikativen Rahmenbedingungen verschärften Koordinationsproblemen in Bezug auf die Verwendung lokaldeiktischer Ausdrücke umzugehen, größtmögliche Explizitheit eine andere. Beim Umgang mit lokaler Deixis im Chat werden

– zumindest für deiktisches ‚hier' – beide Strategien kombiniert: eine Standardannahme für unmarkierte Fälle, Explizitheit für Fälle, in denen vom standardmäßig unterstellten Verweisraum abgewichen wird.

Untersuchungen zum Umgang mit lokaler Deixis in weiteren innovativen Formen internetbasierter Kommunikation werden dazu beitragen, die Flexibilität des Systems und die Mechanismen seiner Anpassung an unterschiedlichste kommunikative Rahmenbedingungen weiter auszuloten sowie ein besseres Verständnis der Rahmenbedingungen und Grenzen für sprachliches Zeigen unter den Bedingungen technischer Vermittlung zu ermöglichen.

6. Literatur

Auer, Peter (2000): *On line*-Syntax – oder: was es bedeuten könnte, die Zeitlichkeit der mündlichen Sprache ernst zu nehmen. *Sprache und Literatur* 85, 43-56.

Beißwenger, Michael. 2000. *Kommunikation in virtuellen Welten: Sprache, Text und Wirklichkeit*. Stuttgart: ibidem.

Beißwenger, Michael. 2002. Getippte „Gespräche" und ihre trägermediale Bedingtheit. Zum Einfluß technischer und prozeduraler Faktoren auf die kommunikative Grundhaltung beim Chatten. In *Moderne Oralität*, Hrsg. Ingo W. Schröder und Stéphane Voell, 265-299. Marburg: Curupira.

Beißwenger, Michael. 2007. *Sprachhandlungskoordination in der Chat-Kommunikation*. Berlin. New York: de Gruyter (Linguistik – Impulse & Tendenzen 26).

Beißwenger, Michael. 2010. *Chattern unter die Finger geschaut: Formulieren und Revidieren bei der schriftlichen Verbalisierung in synchroner internetbasierter Kommunikation*. In *Nähe und Distanz im Kontext variationslinguistischer Forschung*, Hrsg. Vilmos Ágel und Mathilde Hennig, 247-294. Berlin. New York: de Gruyter (Linguistik – Impulse & Tendenzen 35).

Beißwenger, Michael, und Angelika Storrer. 2012. Interaktionsorientiertes Schreiben und interaktive Lesespiele in der Chat-Kommunikation. *Zeitschrift für Literaturwissenschaft und Linguistik* 168 (Themenschwerpunkt „Dinge und Maschinen in der Kommunikation"), 92-124.

Beißwenger, Michael, und Angelika Storrer (Hrsg.). 2005. *Chat-Kommunikation in Beruf, Bildung und Medien: Konzepte – Werkzeuge – Anwendungsfelder*. Stuttgart: ibidem.

Bücker, Jörg. 2010. *Sprachhandeln und Sprachwissen. Grammatische Konstruktionen in der kommunikativen Praxis*. Diss., Westfälische Wilhelms-Universität Münster.

Bühler, Karl. 1934[1982]. *Sprachtheorie. Die Darstellungsfunktion der Sprache*. Neudruck mit einem Geleitwort von Friedrich Kainz. Stuttgart. New York: Gustav Fischer (Nachdruck der Originalausgabe Jena 1934).

Ehlich, Konrad. 1978[2007]. Deixis und Anapher. In *Konrad Ehlich: Sprache und sprachliches Handeln. Band 2: Prozeduren des sprachlichen Handelns*, 5-24. Berlin. New York: de Gruyter. [Zuerst in *Essays on Deixis*, Hrsg. Gisa Rauh, 79-97. Tübingen 1978.]

Ehlich, Konrad. 1983. Text und sprachliches Handeln. Die Entstehung von Texten aus dem Bedürfnis nach Überlieferung. In *Schrift und Gedächtnis. Archäologie der literarischen Kommunikation I*, Hrsg. Aleida Assmann, Jan Assmann und Christof Hardmeier, 24-43. München: Wilhelm Fink.

Ehlich, Konrad. 2007. Anadeixis und Anapher. In *Konrad Ehlich: Sprache und sprachliches Handeln. Band 2: Prozeduren des sprachlichen Handelns*, 25-44. Berlin. New York: de Gruyter.

Haase, Martin, Michael Huber, Alexander Krumeich, und Georg Rehm. 1997. Internetkommunikation und Sprachwandel. In *Sprachwandel durch Computer*, Hrsg. Rüdiger Weingarten, 51-85. Opladen: Westdeutscher Verlag.

Hoffmann, Ludger. 1997. Deixis und situative Orientierung. In *Grammatik der deutschen Sprache* (Bd. 1), Hrsg. Gisela Zifonun, Ludger Hoffmann und Bruno Strecker, 310-359. Berlin. New York: de Gruyter (Schriften des Instituts für deutsche Sprache 7.1).

Hoffmann, Ludger. 2007. Adverb. In *Handbuch der deutschen Wortarten*, Hrsg. Ludger Hoffmann, 223-264. Berlin. New York: de Gruyter.

Kameyama, Shinichi. 2007. Persondeixis, Objektdeixis. In *Handbuch der deutschen Wortarten*, Hrsg. Ludger Hoffmann, 577-600. Berlin. New York: de Gruyter.

Klein, Wolfgang. 1978. Wo ist hier? Präliminarien zu einer Untersuchung der lokalen Deixis. *Linguistische Berichte* 58, 18-40.

Klein, Wolfgang. 1979. Wegauskünfte. *Zeitschrift für Literaturwissenschaft und Linguistik* 33, 9-57.

Sitta, Georg. 1991. *Deixis am Phantasma. Versuch einer Neubestimmung*. Bochum: Brockmeyer (Bochumer Beiträge zur Semiotik 31).

Storrer, Angelika. 2000. Schriftverkehr auf der Datenautobahn. Besonderheiten der schriftlichen Kommunikation im Internet. In *Neue Medien im Alltag: Begriffsbestimmungen eines interdisziplinären Forschungsfeldes*, Hrsg. G. Günter Voß, Werner Holly und Klaus Boehnke, 153-177. Opladen: Lese + Budrich.

Storrer, Angelika. 2001. Sprachliche Besonderheiten getippter Gespräche: Sprecherwechsel und sprachliches Zeigen in der Chat-Kommunikation. In *Chat-Kommunikation. Sprache, Interaktion, Sozialität & Identität in synchroner computervermittelter Kommunikation. Perspektiven auf ein interdisziplinäres Forschungsfeld*, Hrsg. Michael Beißwenger, 3-24. Stuttgart: ibidem.

Storrer, Angelika. 2004. Text-Bild-Bezüge und Nutzermetaphern im World Wide Web. In *Sprache und Bild I. Mitteilungen des Germanistenverbands 51.1*, Hrsg. Werner Holly, Almut Hoppe und Ulrich Schmitz, 40-57.

Storrer, Angelika. 2007. Chat-Kommunikation in Beruf und Weiterbildung. *Der Deutschunterricht* 1, 49-61.

Claudia Fraas

Frames – ein qualitativer Zugang zur Analyse von Sinnstrukturen in der Online-Kommunikation

1. Einleitung

Im Kontext der Ausrichtung des vorliegenden Bandes auf Interdependenz und Dynamik sozialer und sprachlicher Netzwerke fokussiert der Beitrag die Ebene der Sinnstrukturen. Er greift damit modernere Entwicklungen der Netzwerkforschung auf, die die Strukturebene mit der Ebene von Sinnmustern und Praktiken verbinden und soziale Systeme als kontingente Ergebnisse sinnstiftender Transaktionsprozesse begreifen (vgl. die Einleitung zu diesem Band, S. 5). Der Beitrag schlägt vor, das Frame-Konzept als analytischen Zugang zur Ebene von Sinnstrukturen fruchtbar zu machen[1], denn es umfasst den kognitionswissenschaftlichen Fokus auf (subjektive) Sinnzuschreibungen ebenso wie die kultur- und sozialwissenschaftliche Vorstellung der Musterhaftigkeit, der sozialen Prägung und damit Kollektivität von Sinnstrukturen. Frames sind in unterschiedlichen Wissenschaftstraditionen ein ebenso produktives wie umstrittenes Konzept, dessen heuristischer Wert sowie methodologische Potenz jedoch außer Frage stehen. Der vorliegende Beitrag zeichnet zunächst grundlegende Traditionslinien der Frame-Forschung nach, deren Basisannahmen die gegenwärtigen Frame-Ansätze fundieren, auch wenn nicht immer explizit darauf Bezug genommen wird. Diese Traditionslinien inspirieren den methodischen Ansatz zur Analyse von Sinnmustern, der anschließend vorgestellt und dessen empirischer Ertrag beispielhaft gezeigt wird.

---

1 Vgl. auch das Chemnitzer DFG-Projekt „Methodeninstrumentarium der Online-Diskursanalyse", dessen Ziel es ist, ein online-medienadäquates Methodeninstrumentarium zur Datenerhebung, -analyse und Bestimmung von Online-Diskursen zu entwickeln und empirisch zu erproben (weitere Informationen unter http://www.medkom.tu-chemnitz.de/mk/online-diskurse/).

2. Sinnstrukturen

Der vorliegende Beitrag folgt der Vorstellung der phänomenologischen Netzwerktheorie, dass Netzwerke als Sinn generierende Strukturen begriffen und somit neben strukturellen auch kulturelle Einflüsse wie Bedeutungen, Sinnzusammenhänge und Diskurse berücksichtigt werden müssen (White 1992, 1995; DiMaggio 1992; Emirbayer 1997; Tilly 2002; zusammenfassend Fuhse 2006, 2008, auch Haas und Mützel 2010). Soziale Beziehungen werden in diesem Kontext also nicht nur unter strukturellen Aspekten beschrieben, sondern als Phänomene, die sich auf der Grundlage symbolischer Interaktionen konstituieren und mit der Aushandlung von Sinn- und Deutungsmustern verbunden sind. Dem liegt ein grundlegend relationales Verständnis des Sozialen zu Grunde, denn nicht Individuen oder Makrozusammenhänge werden als dessen Triebkräfte gesehen, sondern die Transaktionsprozesse mit ihrer Eigenlogik und ihrer Dynamik in der Konstruktion von Netzwerken, Akteuren und sozialen Gebilden (vgl. Fuhse 2006: 260). Die phänomenologische Netzwerktheorie integriert somit einen traditionell eher strukturalistisch ausgerichteten Netzwerkbegriff mit den Grundannahmen des Symbolischen Interaktionismus und der Wissenssoziologie und sieht die Strukturebene als durch interaktiv verhandelte Symbole, Sinnmuster und Wissensordnungen organisiert. Auch moderne Kulturtheorien verweisen auf die Relevanz von Wissensordnungen im Sinne von Wissensschemata, Sinn- bzw. Deutungsmustern und symbolischen Kodes, die als „tacit knowledge" (Polanyi 1985) Handlungsentscheidungen beeinflussen (vgl. Reckwitz 2000: 165). Kulturelle Schemata werden in diesem Sinne als implizite kollektive Wissensbestände verstanden, die Muster der Sinnzuschreibung liefern und den Hintergrund für Handlungsentscheidungen bilden, den Handelnden selbst jedoch in der Regel nicht bewusst sind. Im Rahmen von Praxistheorien werden kollektive Wissensordnungen sowie entsprechende Muster von subjektiven Sinnzuschreibungen neben kollektiven Verhaltensmustern als konstitutiv für soziale Praktiken beschrieben, weil sie Verhaltensmuster ermöglichen und sich in ihnen ausdrücken (vgl. Reckwitz 2000: 565).

2.1 Frames als analytischer Zugang zu Sinnstrukturen

Einen möglichen analytischen Zugang zu diesen Sinnstrukturen bietet das Frame-Konzept, das im Zentrum des vorliegenden Beitrags steht. Frames werden seit vielen Jahrzehnten in unterschiedlichen Wissenschaftstraditionen zur Beschreibung von Wissensordnungen und deren Rolle in Verstehens- und Interpretationsprozessen herangezogen. So greifen sowohl kognitionswissenschaftliche und linguistische Ansätze als auch sozialwissenschaftliche Forschungen auf das Frame-Konzept zurück (vgl. für die Kognitionswissenschaften Minsky 1975, 1977, 1981, 1988; Schank und Abelson 1977; Barsalou 1992; für linguistische Ansätze Fillmore 1968, 1977, 1982, 1985; Konerding 1993; Fraas 1996; Lönneker 2003; Ziem 2008; für Ansätze der Sozialwissenschaften Goffman 1974; für die Wissenssoziologie mit der Analyse von Deutungsmustern Keller 2005; für Frame-Analyse im Rahmen der Social Movement Theory Gamson 1988, 1992; Snow und Benford 1988; Johnston 1995; für die Kommunikationswissenschaft Entman 1993; Scheufele 2003; Dahinden 2006; Matthes 2007; Matthes und Kohring 2008). In der aktuellen Forschung wird das Frame-Konzept auf Grund seines heuristischen Wertes sowie seiner methodologischen Potenz vor allem in Linguistik, Kommunikationswissenschaft und Social Movement Theory eingesetzt und weiterentwickelt. Jedoch sind sowohl seine begriffliche Klärung als auch sein analytischer Einsatz in empirischen Studien an die jeweils aktuellen Erkenntnisinteressen der unterschiedlichen Forschungsrichtungen gebunden, was eine integrative Sicht der unterschiedlichen Ansätze erschwert.

Der Vergleich der Ansätze macht deutlich, dass entweder – wie vor allem in der Kognitionsforschung und Linguistik – mehr die Frame-Struktur fokussiert oder aber mehr eine holistische Sicht (Frames als Rahmen) favorisiert wird. Im ersten Fall sind die Forschungen eher auf Frames als Repräsentationsformate für kognitive Strukturen, im zweiten eher auf den Prozess der Aktivierung dieser kognitiven Strukturen in konkreten Situationen, das Framing gerichtet. Framing als Prozess der mehr oder weniger bewussten Kontextualisierung, Bedeutungskonstitution und Interpretation ist mit Komplexitätsreduktion, Kategorisierung, Perspektivierung, Selektion und Salienz verbunden und wird in den unterschiedlichen Forschungsrichtungen auf unterschiedlichen Ebenen beschrieben: 1. als Prozess der Bedeutungskonstitution beim Sprachverstehen, 2. als Prozess der Interpretation von konkreten Situationen zur Handlungsermöglichung und 3. als Praxis der Wissens-Aktivierung in komplexeren diskursiven Zusammenhängen bis hin zur strategischen Deutungsarbeit. Der *erste* Punkt, also der Prozess der Bedeutungskonstitution beim Sprachverstehen, betrifft die linguistische Semantik, die mit Hilfe des Frame- bzw. Framing-Ansatzes semantische und grammatische Phänomene wie Bedeutungskonstitution, Bedeutungsdifferenzen, Polysemie oder Verbvalenz erklären will. Framing wird verstanden als im Rahmen von Verstehens- und Interpretationsprozessen durch sprachliche Kontextualisierung angeleitete Interpretation und Perspektivierung von kognitiven Strukturen. So wird z.B. der semantische Unterschied der Benennungen *land* und *ground* darauf zurückgeführt, dass beide eine unterschiedliche Perspektive auf ein Phänomen lexikalisieren: *land* wird als „the dry surface of the earth as it is distinct from the sea" und *ground* als „the dry surface of the earth as it is distinct from the air above it" beschrieben (Fillmore 1982: 120). Oft sind solche Perspektivierungen, die auf alternatives Framing des gleichen Sachverhaltes zurückgehen, verbunden mit Bewertungen, z.b. wenn jemand, der auf bestimmte Weise mit Geld umgeht, als *sparsam* bzw. *geizig* (im Falle von wenig Geld ausgeben) oder als *großzügig* bzw. *verschwenderisch* (im Falle von viel Geld ausgeben) bezeichnet wird (Fillmore 1982: 125). Der *zweite* Punkt, Framing als Interpretation von konkreten Situationen, betrifft die soziologische Frame-Theorie (Goffman 1974), die Frames als kognitive Strukturen sieht, die im Gedächtnis Organisationsprinzipien alltäglicher sozialer Situationen speichern und im Bedarfsfalle zur Verfügung stellen, wodurch alltägliches Handeln erst möglich wird. Um situationsadäquat handeln zu können, fragen sich die Beteiligten in jeder Situation, die es zu bewältigen gilt, „what is it that's going on here?" (Goffman 1974: 8). Es geht also um die Interpretation und Perspektivierung von alltäglichen Situationen, um gegenseitige Erwartungen offenzulegen und Handeln zu ermöglichen. Der *dritte* Punkt betrifft Kommunikationswissenschaft, Social Movement Theory sowie Wissenssoziologie, denen es um Perspektivierung hinsichtlich der kommunikativen Auswahl und (strategischen) Hervorhebung einzelner Themenaspekte zu Gunsten anderer geht, also um die gemeinschaftlich auszuhandelnde Art und Weise der Thematisierung von Sachverhalten, Ereignissen und Prozessen. So hat eine Analyse zum Framing des Themas Biotechnologie (Matthes und Kohring 2008) gezeigt, dass die New York Times in der ersten Hälfte der 1990er Jahre vor allem deren ökonomischen Nutzen hervorhebt, während in der zweiten Hälfte der 1990er Jahre in erster Linie zu erwartende positive Effekte in Forschung und Gesundheitswesen sowie die problematischen Seiten der neuen Technologie (z.B. im Zusammenhang mit der künstlichen Erzeugung genetisch identischer Lebewesen) betont werden. Ein Beispiel aus der Wissenssoziologie (Keller 2005: 278) zeigt, dass das Müll-Problem in modernen Gesellschaften entweder vor dem Hintergrund von Katastrophen- oder aber vor dem Hintergrund von Problemkontrolle-Szenarios kommuniziert (geframed) wird. Die Social Movement Theory sieht Frames als Mittel der Interpretation und Perspektivierung von gesellschaftlich relevanten Zuständen, Prozessen und Inhalten, die aus der Sicht sozialer Bewegungen verändert werden sollen. Soziale Bewegungen betreiben in diesem Prozess bewusst Deutungsarbeit im Sinne von strategischem Framing (Johnston und Noakes 2005), brechen im öffentlichen Diskurs verankerte Frames auf (*breaking the frame*, vgl. Johnston und Oliver 2005) und versuchen, neue Interpretationen (Frames) zu etablieren.

Bei aller Unterschiedlichkeit der Ansätze lassen sich doch grundlegende Gemeinsamkeiten feststellen. *Erstens* gehen alle mehr oder weniger explizit davon aus, dass Frames sowohl im kognitiven System verankert als auch stark durch soziale Prozesse beeinflusst sind. Sowohl Kognitions- als auch Sozialwissenschaftler sehen den Doppelcharakter von Frames als ebenso kognitiv wie sozial bestimmt. So fordern Croft und Cruse (2007: 18) als Kognitionswissenschaftler, dass "frame semantics is being extended to describe (semantic) differences that appear to be defined on social rather than conceptual grounds" – eine Forderung, die durch Fillmores Frame-Semantik eingelöst wird, denn diese sieht Erfahrungen und soziale Praktiken als grundlegend für die Interpretation sprachlicher Äußerungen an. Ebenso verweist der Sozialwissenschaftler Johnston auf die sowohl kognitive als auch soziale Komponente von Frames, wenn er diese beschreibt als "mental templates of appropriate behavior for common situations, acquired through socialization and experience and fine tuned by the individual on the basis on what worked in the past and/or what others report as useful. Thus, they are both individual and social" (Johnston 2005: 239). *Zweitens* wird sowohl in kognitions- als auch sozialwissenschaftlichen Ansätzen die Potenz von Frames zur Komplexitätsreduktion, Kategorisierung, Perspektivierung, Selektion, Salienz, Bedeutungskonstitution und Interpretation von Phänomenen und Situationen gesehen. Diese werden – wie weiter oben beschrieben – in den unterschiedlichen Forschungsrichtungen lediglich auf unterschiedlichen Ebenen betrachtet. *Drittens* favorisieren empirisch arbeitende Forscher sowohl in den Kognitions- als auch in den Sozialwissenschaften Ansätze, die Frames als Strukturen interpretieren, die aus Frame-Elementen bestehen. So beziehen sich kommunikationswissenschaftliche Frame-Analysen im Wesentlichen auf Entman (1993), der Medienframes als aus vier Frame-Elementen bestehend beschreibt: 1. Problemdefinition, 2. Ursache, 3. Bewertung und 4. Lösungen. Diese Frame-Elemente resultieren im Grunde genommen aus dem typischen Aufbau journalistischer Berichterstattung: es wird eine Problemdefinitionen nahe gelegt, es werden Ursachen eruiert, es werden Bewertungen zugeschrieben und Lösungsmöglichkeiten aufgezeigt. Insofern ergeben sich die vier Frame-Elemente aus den Konventionen journalistischer Textproduktion. Kognitionswissenschaften und Linguistik gehen hier einen anderen Weg und leiten die Frame-Elemente aus dem konkreten Datenmaterial ab. Frames werden als dynamische Slot-Filler-Strukturen gesehen, die von Kontext zu Kontext variieren. Woher diese Idee kommt, wie sie die Frame-Forschung beeinflusst hat und welche Implikationen sich daraus für empirische Frame-Analysen ergeben, soll im Folgenden dargestellt werden.

2.2 Back to the roots: Minsky und Fillmore

Die Grundannahmen sowohl der kognitions- als auch der sozialwissenschaftlichen empirischen Frame-Ansätze gehen auf die Künstliche Intelligenz Forschung und insbesondere auf die Arbeiten von Minsky (1975, 1977, 1981, 1988) zurück. Auch wenn nicht immer ein expliziter Bezug auf Minsky hergestellt wird, sind doch alle Frame-Ansätze von dessen Grundideen beeinflusst. In der Linguistik wurde die Frame-Forschung mit der Entwicklung der Frame-Semantik durch Fillmore (1968, 1975, 1977, 1982, 1985) sowohl theoretisch als auch methodologisch weitergeführt. Weil sowohl Minsky als auch Fillmore die Frame-Forschung mit elaborierten Ansätzen geprägt haben und für den im vorliegenden Beitrag vorgestellten methodischen Ansatz von grundlegender Bedeutung sind, sollen im Folgenden deren wesentliche Grundzüge dargestellt werden.

2.2.1 Frames als Slot-Filler-Strukturen, die Interpretationen anleiten: Minsky

Minsky geht es darum, mit Hilfe des Frame-Modells die Organisation von Wissen zu beschreiben, das in konkreten Situationen aktualisiert wird. Er nimmt mit dieser Idee die Arbeiten des Psychologen Bartlett (1932) zur kognitiven und sozialen Fundierung von Erinnerung und Wahrnehmung auf. Bartlett beschreibt die hochkomplexen Prozesse der Wissensverarbeitung als schemabasiert, wobei Schemata als mentale Modelle verstanden werden, die die Effektivität alltäglicher Informationsverarbeitungsprozesse hinsichtlich der Interpretation von Zeichen und Situationen gewährleisten, indem sie Komplexität reduzieren. Die Idee der Komplexitätsreduktion durch Schemata (vgl. auch Tannen und Wallat 1993; Scheufele 1999) ist in der Forschung mit Hilfe einer Reihe ähnlicher Modelle beschrieben worden, wie z.B. Scripts (Schank und Abelson 1977), Szenen (Fillmore 1975, 1977), Szenarios (Sanford und Garrod 1981; Brown und Yule 1983), Meme (Dawkins 1976), idealisierte kognitive Modelle (Lakoff 1987), Domainen (Fillmore 1982; Lakoff 1987; Langacker 1987), Basis (im Sinne von Bezugsgröße Langacker 1987) oder Mental Space (Fauconnier 1985). All diese Modelle können zusammengefasst werden als "general concept of frame [because they all] can be defined as any of the many organized packages of knowledge, beliefs, and patterns of practice that shape and allow humans to make sense of their experiences [...] [and] play an important role in how people perceive, remember, and reason about their experiences, how they form assumptions about the background and possible concomitants of those experiences, and even how one's own life experiences can or should be enacted" (Fillmore und Baker 2010: 314).

Minskys Interesse als KI-Forscher war darauf gerichtet, Weltwissen zu modellieren, das Menschen im Kontext der Sozialisation erwerben und auf das sie in konkreten Situationen zurückgreifen können, über das Computer jedoch nur verfügen, wenn sie entsprechend programmiert werden. Insbesondere im Kontext der automatischen Übersetzung zeigte sich, dass Menschen zur Interpretation von Zeichen und Situationen komplexe und z.T. implizite Wissensstrukturen aktivieren, die für Computer explizit gemacht werden mussten. Insofern war Minsky interessiert an einer "theory of human thinking" (1975: 215). Das Frame-Modell diente ihm dazu, das Problem der Komplexitätsreduktion dadurch zu lösen, dass Weltwissen über Frames in „micro-worlds" zerlegt werden kann. Frames werden dabei als Organisationseinheiten von Wissen verstanden: "when one encounters a new situation (or makes a substantial change in one's view of the present problem) one selects from memory a structure called a frame. This is a remembered framework to be adapted to fit reality by changing details as necessary. A frame is a data structure for representing a stereotyped situation, like being in a certain kind of living room, or going to a child's birthday party. Attached to a frame are several kinds of information. Some of this information is about how to use the frame. Some is about what can be expected to happen next. Some is about what to do if these expectations are not confirmed" (1975: 212).

In dieser inzwischen klassischen Definition ist die Grundidee zum Verständnis des Frame-Konzepts bereits formuliert: Frames sind mentale Repräsentationen von Weltwissen, die mit konkreten Situationen, Prozessen und Objekten verbunden und im menschlichen Gedächtnis gespeichert sind, wo sie bei Bedarf abgerufen werden können. Diese grundlegende Annahme wird von den meisten Forschern geteilt, die sich in unterschiedlichen Fachgebieten und Wissenschaftstraditionen mit Frames befassen. Der besondere Nutzen von Minskys Ansatz – und ein wesentlicher Grund dafür, dass empirisch arbeitende Wissenschaftler nach wie vor und ganz explizit auf ihn Bezug nahmen – ist seine Praktikabilität als Analyseinstrument. Minsky beschreibt Frames als Slot-Filler-Repräsentationen, als "a sort of skeleton, somewhat like an application form with many blanks or slots to be filled" (Minsky 1988: 245). Frames werden dabei als hierarchisch organisierte Datenstrukturen aus Knoten und Kanten modelliert, wobei die Knoten auf der oberen Ebene der Frames durch Standardwerte repräsentiert werden, die alle erwartbaren Situationen adäquat beschreiben. Auf den weiter unten liegenden Ebenen fungieren Leerstellen (Slots) als Platzhalter für konkrete Werte, die in aktuellen Kontexten oder Situationen aktualisiert werden können. Jeder Slot kann Bedingungen für erwartbare Fillers spezifizieren. Die Erwartbarkeit einer Personenangabe oder eines bestimmten Wertes für ein Objekt wären dabei relativ einfache Bedingungen, während komplexere Bedingungen bestimmte Relationen zwischen Slots und Fillers charakterisieren (Minsky 1975: 212). So würde z.B. der Frame für eine Situation wie „zu einer Kindergeburtstagsfeier gehen" Slots für das Geburtstagskind (PERSON), Geburtstagsgäste (PERSON), Geburtstagsgeschenke (GEGENSTAND), Geburtstagskuchen (GEGENSTAND/SPEISE), Kakao (GEGENSTAND/GE-TRÄNK), Gratulationen (INTERAKTION), Geburtstagskerzen anzünden und ausblasen (AKTION) und Spiele (INTERAKTION) als Standardwerte enthalten. Diese Defaultwerte verweisen auf Instanzen, die normalerweise in einer solchen Situation erwartet werden. "Much of the power of the theory hinges on the inclusion of expectations and other kinds of presumptions. [...] The default assignments are attached loosely to their terminals, so that they can be easily displaced by new items that fit better the current situation. They thus can serve also as 'variables' or as special cases" (Minsky 1975: 213). So würde für die Geburtstagsfeier eines Kindes, das gern Fußball spielt, "Fußballspiel" als Filler für den Slot SPIELE besser passen (und eher erwartet werden) als z.B. „mit Puppen spielen". Auch würden Fillers wie „Rum" oder „Champagner" für den Slot GETRÄNKE ebenso wenig erwartet werden wie „Poker" als Filler für den Slot SPIELE. Slots, die für konkrete Situationen und Kontexte zentral sind, können zu Sub-Frames entfaltet werden und ihrerseits eine Slotstruktur eröffnen, so dass eine komplexe Frame-Struktur entsteht, die sowohl Frame-Elemente (Slots und Fillers) als auch ganze Frames miteinander verbindet.

Der analytische Nutzen des Ansatzes von Minsky leitet sich zum einen aus der Modellierung einer variablen Slot-Filler-Struktur her, zum anderen aus dem Einsatz von Fragen, die die Slot-Struktur mit konkreten Situationen und Kontexten verbinden. Frames werden gesehen als "a collection of questions to be asked about a hypothetical situation; it specifies issues to be raised and methods to be used in dealing with them" (Minsky 1975: 246, auch 1977: 360). Somit werden Frames als Datenstrukturen gesehen, die stereotype Situationen und deren Konzeptualisierung repräsentieren und über die Slotstruktur Fragen an die konkrete Situation bzw. den konkreten Kontext zur Verfügung stellen. Diese Fragen spezifizieren konkrete Situationen und Kontexte und können somit als Analysewerkzeug eingesetzt werden. Genau diese Vorstellung wird im methodischen Vorgehen des vorgestellten Ansatzes fruchtbar gemacht (vgl. Absatz 3).

2.2.2 Frames als strukturierte Interpretationsrahmen: Fillmore

Kognitive Prozesse und damit auch Frames und Framing sind sprach*geleitet*, auch wenn nicht alle Frames unbedingt sprach*gebunden* sind. Menschen verfügen auch über Frames, die nicht sprachlich ausgedrückt werden (Geeraerts et al. 2006: 302). Das betrifft alle vorsprachlichen Vorstellungen und Konzepte, die eher mit komplexen sinnlichen (visuellen, auditiven, taktilen oder olfaktorischen) Wahrnehmungen verbunden, jedoch nicht lexikalisiert sind (z.b. der sinnliche Eindruck eines Vogelflugs oder Tanzes). Dennoch kommt sprachlichen Strukturen für kognitive Prozesse eine bedeutende Rolle zu – eine Erkenntnis, die seit den 1970er Jahren zu einem wachsenden Austausch zwischen Kognitionswissenschaften und Linguistik geführt hat und die in den Kognitionswissenschaften auch als „linguistic turn", in der Linguistik als „cognitive turn" bezeichnet wird. Insbesondere psychologische Forschungen zum Funktionieren von Gedächtnis, Wahrnehmung, Aufmerksamkeitslenkung und Kategorisierung haben die Forschungen der kognitiven Linguistik geprägt, die die Rolle von Kognition und Kategorisierung für die Sprachverwendung hervorhebt. Es wurde erkannt, dass dem Gebrauch von Sprache sowohl für die Konstitution von Wissen im weitesten Sinne als auch für die Konstitution von Bedeutungen eine wesentliche Funktion zukommt.

Einer der bedeutendsten Ansätze ist die von Charles Fillmore in den 1960er, 70er und 80er Jahren als empirisches Forschungsprogramm entwickelte Frame-Semantik, die Sprache und Erfahrung konsequent aufeinander bezieht. Im Gegensatz zur in den 1960er und 70er Jahren vorherrschenden Merkmalssemantik, die als strukturalistische "checklist theory of meaning" (Fillmore 1975: 128) eher statische Merkmalsbündel beschreibt, basiert die Frame-Semantik auf der Grundannahme, dass Bedeutungskonstitution und sprachliche Verstehensprozesse in einem engen Zusammenhang mit menschlicher Erfahrung sowie sozialen Praktiken und Institutionen stehen. Frame-Semantik ist also ein erfahrungs- und verstehensbasierter dynamischer Ansatz, der von Fillmore (1985) auch als „semantic of understanding" bezeichnet wird. Sie berücksichtigt die Begleitumstände des Sprachgebrauchs und beschreibt auf dieser Basis semantische Unterschiede, die ihre Ursachen ebenso auf konzeptueller wie auf sozialer Ebene haben können. Beide sind miteinander verbunden, weil Menschen im Rahmen soziokulturell geprägter Praktiken ihre Erfahrungen aufeinander beziehen und teilen und so eine Grundlage für gemeinschaftlich geteilte konzeptuelle Strukturen schaffen, die als Frames der betreffenden Konzepte modelliert werden können (Clark 1996: 102-104; Croft und Cruse 2007: 18). Während Kognitionswissenschaftler sich immer wieder mit dem Vorwurf auseinandersetzen müssen "for being focused exclusively on the mind of the speaker or hearer, and ignoring the central function of language as communication and the role of social interaction" (Croft und Cruse 2007: 329), kann der modernen Frame-Semantik eine starke Ausrichtung auf die Rolle sozialer Aspekte attestiert werden. Bereits in den frühen 1980er Jahren hob Fillmore hervor, dass die einzige Möglichkeit zu beurteilen, ob der Gebrauch einer sprachlichen Äußerung wirklich verstanden worden ist, darin besteht, die Erfahrungen, Praktiken und Institutionen einzubeziehen, die Sprecher (Hörer) dazu veranlasst haben, genau die Kategorisierungen vorzunehmen, die in der Äußerung ausgedrückt sind (Fillmore 1982: 134). Auf welche Weise eine Erfahrung geframed wird, ist eine Sache der Interpretation in einer konkreten Situation, „it depends on how the speaker conceptualizes the experience to be communicated, for the understanding of the hearer" (Croft und Cruse 2007: 19).

Um Prozesse der Kategorisierung und Interpretation zu beschreiben, die nicht nur für die Frame-Semantik, sondern für die Kognitive Linguistik insgesamt von zentraler Bedeutung sind, stellt das Frame-Modell einen heuristisch plausiblen Ansatz zur Verfügung. Die Frame-Forschung sieht den interpretativen Hintergrund, vor dem Kategorien gebildet und sprachliche Äußerungen verstanden werden, als durch Frames organisiert, die in bestimmten Situationen bzw. mittels sprachlicher Äußerungen aufgerufen werden und die Interpretation steuern. Genau da setzt die Frame-Semantik an, denn sie will die Beziehungen beschreiben, die zwischen Wissensstrukturen, die durch kognitive Frames organisiert sind, und sprachlichen Strukturen bzw. Äußerungen, die auf diese Wissensstrukturen referieren, bestehen. Kognitive Frames – soweit sie sprachlich ausgedrückt werden können – sind sprachlich in der Weise verankert, dass sprachliche Zeichen (ein Wort oder eine mehr oder weniger komplexe Phrase) in einer konkreten kommunikativen Situation einen mit den betreffenden Zeichen verbundenen Frame aufrufen, der die Interpretation der Zeichen in eine bestimmte Richtung lenkt. Gleichzeitig aktiviert der sprachlich verankerte kognitive Frame für den Hörer oder Leser die mit dem Frame verbundenen und in der Frame Struktur ausgedrückten erwartbaren Erfahrungen, die Verstehen und Interpretation ermöglichen (Fillmore und Baker 2010: 316).

Kognitive Frames sind also zum einen mit sprachlichen Strukturen verbunden und steuern Kategorisierungsprozesse, zum anderen spielen sie mit soziokulturellen Erfahrungen zusammen, die Interpretationshintergründe zur Verfügung stellen. Dieser Aspekt der Frame-Semantik ist inspiriert durch die Prototypentheorie von Eleanor Rosch (1973), die das Wesen menschlicher Kategorisierungsprozesse als soziokulturell geprägt beschreibt und hervorhebt, dass die Art und Weise, wie Kategorien gebildet und Bedeutungen konstituiert und verstanden werden, eng mit soziokulturellen Erfahrungen und Prägungen zusammenhängt. Fillmore (1982: 118) bezieht sich auf dieses Paradigma, wenn er die soziokulturelle Prägung von Interpretationen am Beispiel des Wortes *breakfast* erläutert: Dieses Wort richtig zu interpretieren heißt, die kulturell geprägte soziale Praxis zu verstehen, die dieses Wort aufruft, nämlich täglich drei Mahlzeiten einzunehmen (typischerweise eine am Morgen, eine mittags und eine abends). Die prototypische Vorstellung von *having breakfast* in der amerikanischen Kultur umfasst eine Mahlzeit mit speziellen Speisen und Getränken, die morgens nach einer längeren Schlafperiode eingenommen wird. Prototypisch heißt, dass die Kategorie HAVING BREAKFAST für die prototypische breakfast-Situation durch drei grundlegende Eigenschaften konstituiert wird: EARLY MORNING, AFTER SLEEP, BREAKFAST MENU, die in spezifischen Situationen modifiziert werden können (Eiscreme statt Cornflakes, Brunch mittags anstatt einer Mahlzeit morgens oder eine Mahlzeit nach einer schlaflosen Nacht anstatt nach einer längeren Schlafperiode).

In den 1960er Jahren entwickelte Fillmore (1968) sein Frame-Konzept im Kontext seiner Arbeit an der sogenannten Kasusgrammatik, die die Bedeutung von Sätzen aus der Prädikatstruktur auf der Grundlage der Verbvalenz herleitet. Grundlegend dabei ist die Vorstellung, dass Verben als Kern von Prädikaten eine oder mehrere Kasusrollen (semantische Rollen, Tiefenkasus) regieren (z.B. AGENS, PATIENS, INSTRUMENT, AFFIZIERTES bzw. EFFIZIERTES OBJEKT usw.). Die Anzahl und Art und Weise der von einem Verb in einem konkreten Satz obligatorisch oder auch fakultativ eröffneten Kasusrollen bilden den Kasusrahmen, die semantisch-syntaktische Tiefenstruktur des Satzes, der durch die Verb-Valenz bestimmt wird. Kasusrahmen mit ihren Kasusrollen charakterisieren "a small or abstract 'scene' or 'situation', so that to understand the semantic structure of the verb it is necessary to understand the properties of such schematized scenes" (Fillmore 1982: 115). Eine Konsequenz der Konzentration auf die syntaktisch-semantische Leistung von Verben und der Vorstellung, dass Verben kleine Szenen beschreiben, war die terminologische Unterscheidung von „Szene" als Kategorie, die eher konzeptuelles und erfahrungsgebundenes Wissen beschreibt, und „Frame" als einer im Sinne der Kasusgrammatik eher linguistischen Kategorie (Fillmore 1975). Diese Unterscheidung wurde in späteren Arbeiten wieder aufgegeben und Frames wurden mehr und mehr verstanden als "any system of concepts related in such a way that to understand any one of them you have to understand the whole structure in which it fits; when one of the things in such a structure is introduced into a text, or into a conversation, all the others are automatically made available" (Fillmore 1982: 111).

Fillmores Forschungen zu spezifischen Verbdomänen waren ein wesentlicher Meilenstein der Frame-Forschung: Sie ließen zum einen die komplexe Vernetzung von Frames und Frame-Elementen zu komplexen semantischen Strukturen hervortreten – einen Aspekt, der in der Frame-Forschung eine zentrale Rolle spielt. Zum anderen wurde die Perspektivierungsleistung von Sprachverwendung deutlich, die mit Hilfe des Frame-Modells gut beschrieben werden kann: Durch die Verwendung bestimmter Verben werden bestimmte Aspekte einer Situation hervorgehoben, weil unterschiedliche Perspektiven auf die Situation ausgedrückt werden können. Fillmore erläutert das an seinem berühmten Beispiel des „commercial/transaction" Frames. Die Situation der kommerziellen Transaktion ist gekennzeichnet durch die Beteiligung eines Käufers, eines Verkäufers, des Tauschmittels Geld und der gehandelten Waren als zentrale Frame-Elemente. Eine Reihe von semantisch verbundenen Verben und Verbalphrasen (*kaufen, verkaufen, kosten, in Rechnung stellen, bezahlen* usw.) können diesen Frame in Verstehensprozessen aktivieren, wobei jedes der Verben bzw. jede der Verbalphrasen einen anderen Aspekt der kommerziellen Tansaktion hervorhebt, während die anderen entsprechend in den Hintergrund rücken. So legt das Verb *bezahlen* den Fokus auf den Käufer, das Geld und den Verkäufer, während die Waren zwar zur Szene gehören, durch das Verb jedoch nicht ins Zentrum gerückt sind. Demgegenüber fokussiert das Verb *verkaufen* den Verkäufer und die Ware, wobei Käufer und Geld zwar zur Szene gehören, jedoch in den Hintergrund treten.

Eine der Basisannahmen der modernen Frame-Semantik besagt, dass alle Inhaltswörter, also nicht nur Verben, die im frühen Werk Fillmores eine zentrale Rolle spielen, sondern auch Substantive, Adjektive und Adverbien "require for their understanding an appeal to the background frames within which the meaning they convey is motivated and interpreted" (Fillmore und Baker 2010: 318). Frame-Semantik untersucht, wie sprachliche Formen Frames aktivieren und welche Rolle einmal aktivierte Frames, die auch immer auf nicht sprachliches Wissen zurückgreifen, im Rahmen von Interpretations- und Verstehensprozessen spielen. Frames stellen einerseits Hintergrundwissen für Interpretations- und Verstehensprozesse bereit, indem sie lexikalische Einheiten (Paare von Wörtern mit jeweils einer ihrer Bedeutungen (Cruse 1986)) in übergeordnete größere Kontexte (background) stellen. Andererseits steuern Frames die Engführung von Bedeutungen in Interpretationsprozessen. Das heißt, dass jede lexikalische Einheit in einem konkreten Interpretations- und Verstehensprozess einen Frame samt seinen Hintergrundinformationen aktiviert und die Bedeutung der lexikalischen Einheit somit auf einen größeren Zusammenhang bezieht. Gleichzeitig wird im konkreten Akt der Interpretation ein spezifischer Aspekt oder eine spezifische Komponente dieses Frames hervorgehoben und somit die Interpretation in eine bestimmte Richtung gelenkt. So können Konzepte, die das gleiche Phänomen betreffen, vor dem Hintergrund unterschiedlicher Frames interpretiert werden (Croft und Cruse 2007: 18). Die Konzepte ROGEN und KAVIAR (lexikalisiert durch die Wörter *Rogen* und *Kaviar*) beziehen sich beide auf das Phänomen „Fischeier", jedoch ist KAVIAR vor dem Hintergrund des Frames NAHRUNGSZUBEREITUNG UND -VERZEHR zu interpretieren, wohingegen ROGEN vor dem Hintergrund des Frames REPRODUKTIONSKREISLAUF VON FISCHEN verstanden werden muss (Langacker 1987: 164-165). Das heißt, unterschiedliche Konzepte und lexikalische Einheiten framen Wirklichkeitsausschnitte auf unterschiedliche Weise. Alternatives Framing ist oft bewertendes Framing, denn Framing korrespondiert häufig mit Konnotationen. Wie eine Erfahrung mit einem

Phänomen geframed wird, hängt ab von deren Konzeptualisierung hinsichtlich der Kommunikationsziele und der gesamten Kommunikationssituation. Beispielsweise können die Konzepte FETUS und UNGEBORENES LEBEN (verbalisiert durch die Ausdrücke *Fetus* und *ungeborenes Leben*) im Rahmen der Abtreibungs-Debatte strategisch eingesetzt werden, indem Schwangerschaftsunterbrechung einmal mit dem Konzept FETUS verbunden und somit als biologisches Phänomen geframed wird, zum anderen der Aspekt des ungeborenen Lebens hervorgehoben wird und das Thema damit eine klare ethische Ausrichtung erfährt (Croft und Cruse 2007: 19).

Auch im Rahmen der Frame-Semantik werden Frames also zunächst auf der konzeptuellen Ebene verortet, nämlich als "frameworks of knowledge or coherent schematizations of experience" (Fillmore 1985: 223) und als "a way of describing the cognitive context which provides the background for and is associated with cognitive categories" (Ungerer und Schmid 2006: 211-212). Dabei wird die Struktur von Frames ebenso wie bei Minsky als Slot-Filler-Repräsentation gesehen, die Standardwerte sowie situationsadäquate konkrete Fillers enthalten (Fillmore und Baker 2010: 314 mit Referenz auf Brachman und Schmolze 1985). Gleichzeitig wird Frames auch Materialität zugesprochen, denn sie werden in Interpretations- und Verstehensprozessen durch sprachliche Einheiten aktiviert (Fillmore 1982).

3. Empirischer Zugang zu Sinnstrukturen

Die Frame-Ansätze der Kognitionswissenschaften und Linguistik, die weiter oben ausführlicher dargestellt wurden, können insofern auf die empirische Frame-Forschung der Kommunikationswissenschaft bezogen werden, als auch dort die Frame-Struktur aus Frame-Elementen und das Framing als Interpretations- und Perspektivierungsprozess eine zentrale Rolle spielen (Entman 1993; Scheufele 2003; Dahinden 2006; Matthes 2007). Das methodische Verfahren, das der vorliegende Beitrag vorschlägt (vgl. auch Fraas et al. 2010, 2013; Pentzold 2011) führt diese Ansätze zusammen und integriert die Kodier- und Kategorisierungspraxis der Grounded Theory (Glaser und Strauss 1967; Strauss und Corbin 2005). Die Grounded Theory bietet sich an, weil sie vor allem dort erfolgreich eingesetzt wird, wo es um die Analyse zeichenvermittelter Handlungs- und Sinnzusammenhänge sowie komplexer sozialer Wirklichkeiten in ihrer Kontextualität geht (Strauss und Corbin 2005: VII). Da sie die Bedeutungskonstruktionen der Akteure im jeweils untersuchten Handlungszusammenhang fokussiert, unterstützt sie das Ziel, über die Analyse von Frame-Strukturen zur Beschreibung von Frames als Sinnhorizonte bzw. Interpretationsmuster zu gelangen. Darüber hinaus verleihen die nach klaren Regeln durchzuführenden Kodier- und Kategorisierungsverfahren der Grounded Theory den Frame-Analysen Stringenz und Nachvollziehbarkeit. Für die im vorliegenden Beitrag beschriebene Methodik sind vor allem die Prozeduren der Datenerhebung und – analyse relevant, die Regeln für einen spiralförmigen Analyse-Prozess bereitstellen und es auf diese Weise ermöglichen, die Frame-Strukturen datennah anzureichern und auszudifferenzieren.

3.1 Methodisches Vorgehen

Im Folgenden sollen die einzelnen Analyseschritte genauer beschrieben werden (vgl. Abbildung 1). Die Analyse startet mit dem kognitionslinguistischen Instrumentarium von Frame-Analysen und geht von Frames als Slot-Filler-Strukturen aus, die durch bestimmte Äußerungen evoziert und damit als Kontextualisierungspotential der betreffenden Frames interpretiert werden können (Konerding 1993; Fraas 1996; Ziem 2008).

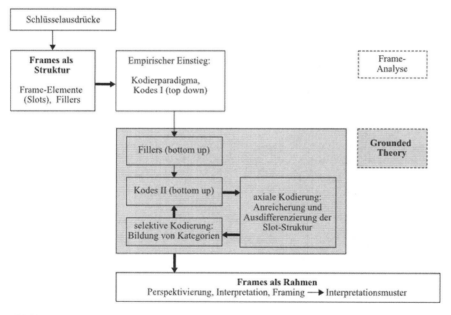

Abbildung 1: Frames als Struktur und Rahmen: Methodisches Vorgehen der Frame basierten Analyse von Sinnstrukturen: (eigene Darstellung)

Die Slots werden als Frame-Elemente interpretiert, die in aktuellen Verwendungssituationen kontextuell gefüllt werden. Da die semantische Struktur von Diskursen von diskursiv zentralen Schlüsselkonzepten getragen wird, werden im zu untersuchenden Diskursausschnitt zunächst die mit diesen Konzepten verbundenen Schlüsselausdrücke erhoben. Schon Minsky weist darauf hin, dass "the key words and ideas of a discourse evoke substantial thematic or scenario structures, drawn from memory with rich default assumptions" (1977: 369). Die Slot-Struktur der Frames, die durch diese diskursiv zentralen Schlüsselausdrücke aktiviert werden, dient im Sinne der Grounded Theory als Kodierparadigma für einen ersten empirischen Zugriff auf die Daten.

In der ersten Phase der Datenanalyse werden einzelne Wörter, Wortgruppen oder längere Textstellen als Filler für die Frame-Elemente (Slots) den diskursiv zentralen Schlüsselausdrücken zugeordneten und als Kodes identifiziert und benannt. Dabei werden die Frame-Elemente genutzt, um Fragen an das Material zu stellen und ständig Vergleiche hinsichtlich der gefundenen Fillers zu ziehen, wobei die Kodes auf der Grundlage der entsprechenden Fillers weiter angereichert und ausdifferenziert werden. In weiteren Schritten werden auf der Basis des axialen und selektiven Kodierens (Strauss und Corbin 2005: 75ff.) Querverbindungen gebildet und die Kodes zu Kategorien gebündelt und verdichtet, was in späteren Phasen der Analysen sowohl den weiteren Selektionsprozess als auch das Herausarbeiten zentraler Interpretationsmuster anleitet. So wird es möglich, auf einer höheren Ebene analytisch Sinnstrukturen herauszuarbeiten, die auch unterschiedliche Interpretationen der Akteure und das Aushandeln von Bedeutung erkennen lassen. Auf diese Weise kann die Vernetzung von Akteuren über thematische Beziehungen und somit die propositionale Netzstruktur des Diskurses expliziert werden. Abbildung 1 verdeutlicht dieses Vorgehen und zeigt, dass Frame-Strukturen, die datennah angereichert werden, diskursive Interpretationsmuster erkennen lassen und damit Indikatoren für Frames als (Interpretations)Rahmen sind. Das vorgeschlagene Verfahren startet also bei der *Struktur* von Frames und gelangt über Kodierprozesse und die datennahe Anreicherung und Ausdifferenzierung der Struktur zur Aufdeckung von Sinnstrukturen, also zu Frames als *Rahmen*.

3.2 Herleitung der Slot-Struktur als Kodierparadigma

Die Slot-Struktur der Frames, die den Einstieg in die Analysen bilden, kann mit Rückgriff auf das FrameNet-Projekt der Universität Berkeley (Fillmore et al. 2003) hergeleitet werden. Das großangelegte Projekt entwickelt ein Korpus von hierarchisch organisierten Frame-Netzwerken des gesamten lexikalischen Inventars der englischen Sprache (Ableger anderer Sprachen und die Korrelation zu und zwischen diesen sind in Arbeit). Gegenwärtig enthält der Datenbestand ca. 10.000 *lexical units* (jeweils ein Wort mit einer seiner Bedeutungen) und ca. 800 hierarchisch miteinander verknüpfte Frames (Ruppenhofer et al. 2010). Die englische Version (der Kernbestand des Projektes) basiert auf dem *British National Corpus,* das ca. 100 Mio Wortformen umfasst (weitere Quellen vgl. Boas 2005). Entsprechend der framesemantischen Tradition des Projektes werden Frames definiert als "a scriptlike conceptual structure that describes a particular type of situation, object, or event along with its participants" (Ruppenhofer et al. 2010: 5). Dabei wird davon ausgegangen, dass in (geschriebenen wie gesprochenen) Texten Kernelemente (Schlüsselausdrücke) bestimmte Frames aktivieren, die die Interpretation dieser Ausdrücke leiten. Die Frame-Elemente, die die Struktur der Frames bilden, stehen für Einheiten "which may or must be present in any instance of a given frame" (Fillmore und Baker 2010: 324). So erwecken bzw. aktivieren die Verben *bake, blanch, boil, simmer* oder *steam* den sogenannten „apply heat"-Frame, der als Beschreibung einer typischen Situation die Frame-Elemente „cook", „food" sowie „heating instrument" enthält, die im jeweiligen aktuellen Kontext durch aktuelle situationsadäquate Instanzen besetzt werden.

Die Organisation von FrameNet basiert auf der Prädikatstruktur von Äußerungen und somit auf Verben als Zentrum Frame aktivierender Ausdrücke. Aus dieser Sicht fungieren Nominalphrasen als von Prädikaten mehr oder weniger stark regierte Ergänzungen innerhalb der syntaktischen Struktur. In FrameNet stehen Nominalphrasen oft als Frame-Elemente, die jedoch zu eigenen Frames entfaltet werden können. Auf diese Weise werden Frame-Elemente mit der komplexen semantischen Struktur des gesamten Netzwerks verbunden. Die Entfaltung eines Frame-Elements zu einem eigenen Frame kann beispielhaft am Substantiv *event* gezeigt werden, das als Frame-Element des CHANGE OF STATE SCENARIO-Frames fungiert und dort als Sub-Frame seine eigene Frame-Struktur entfaltet (vgl. Abbildung 2). Frame-Elemente des CHANGE OF STATE SCENARIO-Frames sind ENTITY, EVENT, REASON, PLACE und TIME. Der Sub-Frame „event" enthält davon die Elemente PLACE, TIME und REASON ebenfalls und darüber hinaus die Elemente DURATION, FREQUENCY und MANNER. Auf Grund der für die strukturelle und semantische Organisation von Substantiven charakteristischen Eigenschaft der Vererbung sind diese Frame-Elemente auch Bestandteile der Frames von Substantiven, die als EVENT charakterisiert werden können. Die Eigenschaft der Vererbung ermöglicht auf diese Weise, dass Schlüsselkonzepte, die die Sinnstrukturen von Diskursen tragen und dementsprechend mit diskursiven Schlüsselausdrücken verbunden sind, auf übergeordnete Frames zurückgeführt werden können. Diese übergeordneten Frames vererben ihre Slot-Struktur in der Hierarchie des Frame-Netzwerks und stellen auf diese Weise die Slot-Struktur für Ausdrücke zur Verfügung, die in der Hierarchie mit dem übergeordneten Frame verbunden sind (Ruppenhofer et al. 2010; auch Konerding 1993, der Frames von konkreten Konzepten aus übergeordneten sogenannten Matrixframes herleitet).

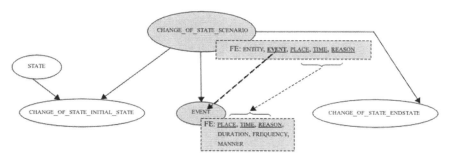

Abbildung 2: CHANGE OF STATE SCENARIO-*Frame mit Sub-Frame „event" (eigene Darstellung nach FrameNet)*

Wenn z.B. im Diskurs um Biotechnologie Ausdrücke wie *biotech, genetic, clone, genom* oder *food industry* als diskursive Schlüsselausdrücke fungieren, kann die Slotstruktur der Schlüsselausdruck-Frames mit Rückgriff auf FrameNet hergeleitet werden. Jeder Schlüsselausdruck ist mit einem übergeordneten Frame verbunden, der eine abstrakte Struktur von Frame-Elementen (Slots) bereitstellt. So kann z.B. das Schlüsselwort *cloning* (das verbunden ist mit dem Konzept CLONING) auf den INTENTIONALLY ACT-Frame zurückgeführt werden, der Elemente enthält für die Handlung des Klonens (ACTION), die Akteure, die das Klonen ausführen (ACTOR), das Ziel bzw. den Zweck des Klonens (PURPOSE), die Mittel, mit deren Hilfe das Klonen ausgeführt wird (MEANS) sowie den Bereich, in dem das Klonen stattfindet (DOMAIN). Der Schlüsselausdruck *food industry* (verbunden mit dem Konzept FOOD INDUSTRY) aktiviert den ORGANIZATION-Frame, der Frame-Elemente bereitstellt wie PURPOSE, ACTING PERSONS, CHARACTERISTICS, PERIOD OF EXISTENCE sowie GENERAL FIELD (in dem die Lebensmittelindustrie operiert). Die Frame-Elemente können in empirischen Untersuchungen als Variablen operationalisiert werden, die mit bestimmten Kategorien verbunden sind, und in diesem Sinne z.B. für Kodierverfahren im Rahmen von Inhaltsanalysen nutzbar gemacht werden (vgl. für quantitative Clusteranalysen von Medienframes Matthes und Koring 2008). Der vorliegende Beitrag schlägt jedoch ein methodisches Verfahren vor, das die Frame-Elemente im Sinne der Grounded Theory als Kodierparadigma einsetzt, das einen ersten heuristischen Zugang zum empirischen Material eröffnet, indem es ein erstes Aufbrechen, Systematisieren und Kategorisieren des Materials unterstützt, und das im Prozess der Datenauswertung entsprechend der konkreten Daten modifiziert wird.

3.3 Ein Beispiel

Wie die Bildung von Konzepten und Kategorien mit Hilfe der Kodierpraxis der Grounded Theory durchgeführt werden kann, zeigt Pentzold (2011) in einer explorativen Studie zur kommunikativen Vergemeinschaftung der Online-Enzyklopädie Wikipedia. Die Studie untersucht das Selbstverständnis der aktiven Wikipedia-Autoren, also derjenigen, die die Arbeit an der Enzyklopädie tragen und deren Wachstum vorantreiben. Dabei liegt der Fokus auf der kommunikativen Konstruktion des Sinnhorizontes, der das Gemeinschaftsgefühl der Wikipedianer begründet. Pentzold schließt hier an das theoretische Konzept der deterritorialen Vergemeinschaftung (Tepe und Hepp 2007) an. Dieses Konzept leitet Vergemeinschaftungsprozesse aus einer hohen Interaktionsdichte unter der Bedingung der potentiell global verteilt interagierenden Akteure her, weshalb ein Diskurs zur Etablierung eines translokalen Sinnhorizonts eine notwendige Bedingung ist. Pentzold untersucht auf der Grundlage der Kommunikation der englischsprachigen Mailingliste der Wikipedia (30.500 Postings zwischen Januar 2001 und Dezember 2007) die in den Kommunikaten ausgedrückten gemeinsamen sowie konkurrierenden Sinnorientierungen, welche die Vergemeinschaftung begründen. Insofern steht er auch in der Tradition der phänomenologischen Netzwerktheorie, die Netzwerke als Sinn generierende Strukturen begreift (White 1992, 1995). Eine erste Vorstudie bestätigte die zentrale Stellung des Ausdrucks *community*. Entsprechend der Frame-Semantik wurden die Frame-Elemente des durch *community* aktivierten Frames als Kodierparadigma benutzt, um Fragen an das Material zu stellen, die den Kodierprozess anleiten. Entsprechend der Grounded Theory wurden datennah Konzepte entwickelt, ausdifferenziert und zu Kategorien verdichtet. Auf diese Weise konnte herausgearbeitet werden, dass im Untersuchungszeitraum unter den aktiven Wikipedia-Autoren vier konkurrierende Konzepte existierten, die das Selbstverständnis der Gemeinschaft beschreiben: Wikipedia als ETHOS COMMUNITY, als LANGUAGE COMMUNITY, als TECHNICAL COMMUNITY sowie als EXPERT COMMUNITY.

Im weiteren Prozess der selektiven Kodierung manifestierte sich das Konzept der ETHOS COMMUNITY als Kernkategorie, die datennah weiter angereichert wurde. Dabei kristallisierte sich heraus, dass die gemeinschaftsbildende Kraft der aktiven Wikipedia-Autoren daraus resultiert, dass sie sich als „ethos-action community" begreifen (vgl. Abbildung 3). Denn die Mitgliedschaft definiert sich zwar über das Bekenntnis zu den Basisregeln des Projektes, die die gemeinschaftlich ausgehandelten und akzeptierten Ziele, Werte und Normen bestimmen (ETHOS). Diese Einstellungen manifestieren sich jedoch erst durch die im Rahmen von Wikipedia vollzogenen Handlungen (ACTION). Die Vorstellung, eine Gemeinschaft (COMMUNITY) zu sein, gründet also letztendlich in den sozialen Praktiken, die dem Wikipedia-Ethos verpflichtet sind, aber das Projekt im eigentlichen Sinne erst ausmachen.

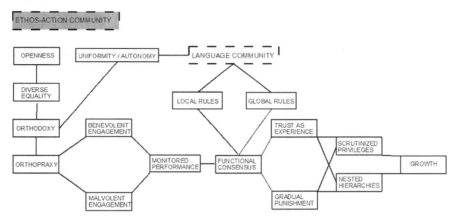

Abbildung 3: Netz der Kodes und Kategorien, die die datengeleitete Generierung der Theorie einer ETHOS-ACTION COMMUNITY begründen (aus: Pentzold (2011, 713))

4. Fazit

Wenn sinnstiftende Transaktionsprozesse als konstitutiv für soziale Systeme angesehen werden, stellt sich aus der Perspektive der empirischen Forschung die Frage, welche analytischen Zugänge zur Ebene von Sinnstrukturen möglich sind. Dabei erweist sich das Frame-Konzept als eine fruchtbare Möglichkeit, denn es umfasst den kognitionswissenschaftlichen Fokus auf (subjektive) Sinnzuschreibungen ebenso wie die kultur- und sozialwissenschaftliche Vorstellung der Musterhaftigkeit, der sozialen Prägung und damit Kollektivität von Sinnstrukturen. Beide Aspekte finden sich in der Tradition der Frame-Forschung bereits bei Minsky und Fillmore. Beide verstehen Frames als Modelle für kognitive Ordnungen, die jedoch ganz wesentlich durch soziale Bedingungen und Prozesse geprägt sind. Der vorliegende Beitrag folgt dieser Traditionslinie und operationalisiert die Integration dieser beiden Aspekte im Rahmen eines methodischen Ansatzes. Frames werden dabei gesehen als *erstens* Analysewerkzeuge, *zweitens* Repräsentationsformate für kognitive Strukturen und *drittens* Beschreibungsinstrumente für die Aktualisierung dieser kognitiven Strukturen in sprachlichen, situativen und diskursiven Interpretationsmustern. Auf diese Weise werden zwei Auslegungen des Frame-Konzepts aufeinander bezogen: die Vorstellung von Frames als Strukturen und die Vorstellung von Frames als Rahmen, die im Prozess der Aktivierung von kognitiven Strukturen in konkreten Situationen die Kontextualisierung, Bedeutungskonstitution und Interpretation anleiten und mit Komplexitätsreduktion, Kategorisierung, Perspektivierung, Selektion und Salienz verbunden sind. Die Auslegung von Frames als (Interpretations)Rahmen betrifft den Prozess des Framing, der in den unterschiedlichen Forschungsrichtungen auf unterschiedlichen Ebenen beschrieben wird: 1. als Prozess der Bedeutungskonstitution beim Sprachverstehen, 2. als Prozess der Interpretation von konkreten Situationen zur Handlungsermöglichung und 3. als Praxis der Wissens-Aktivierung in komplexeren diskursiven Zusammenhängen bis hin zum strategischen Einsatz von Perspektivierung und Interpretation.

Der vorgestellte Ansatz integriert diese Sichtweisen, indem er grundlegende Aspekte der kognitionswissenschaftlichen und linguistischen sowie der kommunikationswissenschaftlichen Frame-Forschung zusammenführt und methodisch die Kodier- und Kategorisierungspraxis der Grounded Theory fruchtbar macht. So wird zunächst von Frame-Strukturen ausgegangen, die in Kognitionswissenschaften und Linguistik als Slot-Filler-Repräsentationen und in der Kommunikationswissenschaft als Cluster von Frame-Elementen angesehen werden. Diese Frame-Elemente bzw. Slot-Strukturen werden im Sinne der Grounded Theory als Kodierparadigma für einen ersten empirischen Zugriff auf die Daten operationalisiert. Dabei werden die Frame-Elemente nicht – wie in der Kommunikationswissenschaft – als gegeben angenommen, sondern entsprechend der linguistischen Frame-Forschung als dynamische Strukturen verstanden, die auf der Grundlage expliziter Verfahren empirisch hergeleitet werden können. Diese Frame-Strukturen werden im Verlauf der Analysen datennah aufgefüllt, weiter angereichert und ausdifferenziert sowie zu zentralen Kategorien verdichtet. Auf diese Weise werden aus den Daten heraus diskursive Interpretationsmuster generiert, die als Indikatoren für Frames im Sinne von (Interpretations)Rahmen fungieren. Das vorgeschlagene Verfahren startet also bei der *Struktur* von Frames und gelangt über Kodierprozesse und die datennahe Anreicherung und Ausdifferenzierung der Struktur zur Aufdeckung von Sinnstrukturen, also zu Frames als *Rahmen*. Über thematische Beziehungen und Interpretationsmuster kann auf diese Weise die Vernetzung der

Akteure auf der Ebene der Sinnstrukturen aufgedeckt werden. Dadurch wird es möglich, die propositionale Netzstruktur des Diskurses sowie Prozesse des diskursiven Aushandelns von Bedeutung offenzulegen.

Literatur:

Barsalou, Lawrence W. 1992. *Cognitive Psychology*. Hillsdale, New Jersey: Lawrence Erlbaum Associates.
Bartlett, Frederic 1932. *Remembering: A Study in Experimental and Social Psychology*. Cambridge: Cambridge University Press.
Boas, Hans C. 2005. Semantic Frames as Interlingual Representation for Multilingual Lexical Databases. *International Journal of Lexicography* 18(4), 445-478.
Brown, Gillian, und George Yule. 1983. *Discourse Analysis*. Cambridge: Cambridge University Press.
Brachman, Ronald, und James G. Schmolze. 1985. An Overview of the KL-ONE Knowledge Representation System. *Cognitive Science* 9(2). 171-216.
Clark, Herbert H. 1996. *Using Language*. Cambridge: Cambridge University Press.
Croft, William, und D. Alan Cruse. 2007. *Cognitive Linguistics*. Cambridge: Cambridge University Press.
Cruse, D. Alan. 1986. *Lexical Semantics*. Cambridge: Cambridge University Press.
Dahinden, Urs. 2006. *Framing. Eine integrative Theorie der Massenkommunikation*. Konstanz: UVK.
Dawkins, Richard. 1976. *The Selfish Gene*. Oxford: Oxford University Press.
DiMaggio, Paul. 1992. Nadel's Paradox Revisited: Relational and Cultural Aspects of Organizational Structure. In *Networks and Organizations: Structure, Form and Action,* Hrsg. Nitin Nohira und Robert G. Eccles, 118-142. Boston: Harvard Business School Press.
Emirbayer, Mustafa. 1997. *Manifesto* for a Relational Sociology. *The American Journal of Sociology* 103(2), 281-317.
Entman, Robert M. 1993. Framing: Toward Clarification of a Fractured Paradigm. *The Journal of Communication* 43(4), 51-58.
Fauconnier, Gilles. 1985. *Mental Spaces*. Cambridge, Massachusetts: MIT Press.
Fillmore, Charles J. 1968. The case for case. In *Universals in Linguistic Theory*, Hrsg. Bach und Harms, 1-88. New York: Holt, Rinehart, and Winston.

Fillmore, Charles J. 1975. An alternative to checklist theories of meaning. In *Proceedings of the first annual meeting of the Berkeley Linguistic Society.* Februar 15-17, 123-131.
Fillmore, Charles J. 1977. Scenes-and-frames semantics. Linguistic Structures Processing. *Fundamental Studies in Computer Science* 59, 55-88.
Fillmore, Charles J. 1982. Frame Semantics. In *Linguistics in the Morning Calm.* Hrsg. Linguistic Society of Korea, 111-137. Seoul: Hanshin Pub. Co.
Fillmore, Charles J. 1985. Frames and the Semantics of Understanding. *Quaderni di Semantica* 6(2), 222-254.
Fillmore, Charles J., Christopher R. Johnson, und Miriam. R. L. Petruck. 2003. Background to Framenet. *International Journal of Lexocography* 16(3), 235-250.
Fillmore, Charles J., und Collin Baker. 2010. A Frame Approach to Semantic Analysis. In *The Oxford Handbook of Linguistic Analysis*, Hrsg. Bernd Heine und Heiko Narrog, 313-339. Oxford: Oxford University Press.
Fraas, Claudia. 1996. *Gebrauchswandel und Bedeutungsvarianz in Textnetzen – Die Konzepte „identität" und „deutsche" im Diskurs zur deutschen Einheit.* Tübingen: Gunter Narr.
Fraas, Claudia, Stefan Meier, und Christian Pentzold. 2010. Konvergenz an den Schnittstellen unterschiedlicher Kommunikationsformen – Ein Frame-basierter analytischer Zugriff. In *Neue Medien – neue Formate. Mediengattungen: Ausdifferenzierung und Konvergenz der Medienkommunikation,* Hrsg. Hans-Jürgen Bucher, Thomas Gloning und Katrin Lehnen, 227-256. Frankfurt a. M.: Campus.
Fraas, Claudia, Stefan Meier, Christian Pentzold und Vivien Sommer. 2013. Diskursmuster - Diskurspraktiken. Ein Methodeninstrumentarium qualitativer Diskursforschung. In Online-Diskurse. Theorien und Methoden transmedialer Diskursforschung. Hrsg. Claudia Fraas, Stefan Meier und Christian Pentzold, 102-135. Köln: von Halem.
FrameNet. https://framenet.icsi.berkeley.edu/fndrupal/ (Stand: 22.04.2013)
Fuhse, Jan. 2006. Gruppe und Netzwerk - eine begriffsgeschichtliche Rekonstruktion. *Berliner Journal für Soziologie* 16(2), 245-263.
Fuhse, Jan. 2008. Menschen in Netzwerken. In *Die Natur der Gesellschaft,* Hrsg. Karl-Siegbert Rehberg, 2933-2943. Frankfurt/Main: Campus.
Gamson, William A. 1988. Political Discourse and Collective Action. *International Social Movement Research* 1, 219-244.
Gamson, William A. 1992. *Talking Politics.* Cambridge, New York: Cambridge University Press.

Geeraerts, Dirk, René Dirven, und John R. Taylor. 2006. *Cognitive Linguistic Research 34*. Berlin/New York: Mouton de Gruyter.

Glaser, Barney G., und Anselm L. Strauss. 1967. *The discovery of grounded theory. Strategies for qualitative research*. New York: de Gruyter.

Goffman, Erving. 1974. *Frame Analysis: An Essay on the Organization of Experience*. Cambridge, Massachusetts: Harvard University Press.

Haas, Jessica und Sophie Mützel. 2010. Netzwerkanalyse und Netzwerktheorie in Deutschland – eine empirische Übersicht und theoretische Entwicklungspotentiale. In *Netzwerkanalyse und Netzwerktheorie. Ein neues Paradigma in den Sozialwissenschaften*. Hrsg. Christian Stegbauer, 49-62. Wiesbaden: VS-Verlag.

Johnston, Hank. 1995. A Methodology for Frame Analysis: From Discourse to Cognitive Schemata. In *Social Movements and Culture*. Hrsg. E. Larana, H. Johnston und J. R. Gusfield, 217-264. Minneapolis: University of Minnesota Press.

Johnston, Hank. 2005. Comparative Frame Analysis. In *Frames of Protest. Social Movements and the Framing Perspective*. Hrsg H. Johnston und J. A. Noakes, 237-260. Lanham, Boulder, New York, Toronto, Oxford: Rowman & Littlefield Publishers.

Johnston, Hank, und Pamela E. Oliver. 2005. Breaking the Frame. In *Frames of Protest. Social Movements and the Framing Perspective*. Hrsg. H. Johnston, und J. A. Noakes, 213-216. Lanham, Boulder, New York, Toronto, Oxford: Rowman & Littlefield Publishers.

Johnston, Hank und John A. Noakes (Hrsg.). 2005. *Frames of Protest. Social Movements and the Framing Perspective*. Lanham, Boulder, New York, Toronto, Oxford: Rowman & Littlefield Publishers.

Keller, Reiner. 2005. *Wissenssoziologische Diskursanalyse. Grundlegung eines Forschungsprogramms*. Wiesbaden: VS Verlag für Sozialwissenschaften.

Konerding, Klaus-Peter. 1993. *Frames und lexikalisches Bedeutungswissen. Untersuchungen zur linguistischen Grundlegung einer Frametheorie und zu ihrer Anwendung in der Lexikographie*. Tübingen: Niemeyer.

Lakoff, Georg. 1987. *Women, fire, and dangerous things: What categories reveal about the mind*. Chicago: University of Chicago.

Langacker, Ronald W. 1987. *Foundations of Cognitive Grammar. Theoretical Prerequisites*. Stanford: Stanford University Press.

Lönneker, Birte. 2003. *Konzeptframes und Relationen: Extraktion, Annotation und Analyse französischer Corpora aus dem World Wide Web*. Heidelberg: Akademische Verlagsgesellschaft AKA.

Matthes, Jörg. 2007. *Framing-Effekte. Zum Einfluss der Politikberichterstattung auf die Einstellung der Rezipienten.* München: Fischer.
Matthes, Jörg, und Matthias Kohring. 2008. The Content Analysis of Media Frames: Toward Improving Reliability and Validity. *Journal of Communication* 58(2), 258-279.
Minsky, Marvin. 1975. A Framework for Representing Knowledge. In *The Psychology of Computer Vision,* Hrsg. P. H. Winston, 211-278. New York: McGraw-Hill.
Minsky, Marvin. 1977. Frame-System Theory. In *Thinking,* Hrsg. Johnson-Laird, N. Phillip und Peter C. Wason, 355-377. Cambridge: Cambridge University Press.
Minsky, Marvin. 1981. A Framework for Representing Knowledge. In *Mind Design: Philosophy, Psychology, Artificial Intelligence,* Hrsg. John Haugeland, 95-128. Montgomery VT: Bradford Books.
Minsky, Marvin. 1988. *The Society of Mind.* New York: Simon & Schuster.
Pentzold, Christian. 2011. Imagining the Wikipedia Community. What do Wikipedia authors mean when they write about their community? In *New Media & Society 13(5), 704-721.*
Polanyi, Michael. 1985. *Implizites Wissen.* Frankfurt/Main: Suhrkamp.
Reckwitz, Andreas. 2000. *Die Transformation der Kulturtheorien. Zur Entwicklung eines Theorieprogramms.* Weilerswist: Velbrück Verlag.
Rosch, Eleanor H. 1973. On the Internal Structure of Perceptual and Semantic Categories. In *Cognitive Development and the Acquisition of Language,* Hrsg. Timothy E. Moore, 111-144. New York: Academic Press.
Ruppenhofer, Josef, Michael Ellsworth, Miriam R. L. Petruck, Christopher Johnson, und Jan Scheffczyk. 2010. FrameNet II: Extended Theory and Practice. http://http://framenet2.icsi.berkeley.edu/docs/r1.5/book.pdf (Stand: 22.04.2013).
Sanford, Anthony, und Simon Garrod. 1981. *Understanding Written Language.* Chichester: Wiley.
Schank, Roger C., und Robert P. Abelson. 1977. *Scripts, Plans, Goals and Understanding: an Inquiry into Human Knowledge Structures.* Hillsdale, New Jersey: Erlbaum.
Scheufele, Bertram. 2003. *Frames - Framing - Framing-Effekte: Theoretische und methodische Grundlegung des Framing-Ansatzes sowie empirische Befunde zur Nachrichtenproduktion.* Wiesbaden: VS Verlag für Sozialwissenschaften.
Scheufele, Dietram A. 1999. Framing as a Theory of Media Effects. *Journal of Communication,* 49(1), 103-122.

Snow, David A., und Robert D. Benford. 1988. Ideology, Frame Resonance and Participant Mobilization. *International Social Movement Research,* 1, 197-219.

Strauss, Anselm L., und Juliet Corbin. [2005] 1996. *Grounded Theory. Grundlagen Qualitativer Sozialforschung.* Weinheim: Beltz.

Tannen, Deborah, und Cynthia Wallat. 1993. Interactive Frames and Knowledge Schemas in Interaction: Examples from a Medical Examination/Interview. In *Framing in Discourse,* Hrsg. Deborah. Tannen, 57-76. New York: Oxford University Press.

Tepe, Daniel, und Andreas Hepp. 2007. Digitale Produktionsgemeinschaften. Die Open-Source-Bewegung zwischen kooperativer Softwareherstellung und deterritorialer politischer Vergemeinschaftung. In *Social Software,* Hrsg. C. Stegbauer und M. Jäckel, 27-47. Wiesbaden: VS Verlag.

Tilly, Charles. 2002. *Stories, Identities, and Political Change.* Lanham: Rowman & Littlefield.

Ungerer, Friedrich, und Hans-Jörg Schmid. 2006. *An Introduction to Cognitive Linguistics.* London: Longman.

White, Harrison. 1992. *Identity and Control. A Structural Theory of Social Action.* Princeton: Princeton University Press.

White, Harrison. 1995. Passages réticulaires, acteurs et grammaire de la domination. *Revue française de sociologie* 36, 705-723.

Ziem, A. 2008. *Frames und sprachliches Wissen. Kognitive Aspekte der semantischen Kompetenz.* Berlin/New York: de Gruyter.

Rainer Hammwöhner

Bilddiskurse in den Wikimedia Commons

Zusammenfassung

Dieser Beitrag setzt sich mit der Bildbewertung in den Wikimedia-Commons auseinander. Zunächst wird dazu ein Überblick über das Forschungsfeld mit seinen bisher noch weitgehend unbearbeiteten Fragestellungen gegeben. Insbesondere wird eine Zusammenfassung des internen Regelwerks zum Umgang mit Bildern vermittelt. Dann erfolgt eine Konzentration auf ein konkretes Teilgebiet, nämlich die bewertenden Abstimmungen in den Commons. Eine quantitative Analyse der hier vorgebrachten Argumente erlaubt Rückschlüsse auf Wichtigkeit und Durchsetzbarkeit der im allgemeinen Regelwerk vermittelten Werte.

1. Einleitung

Die Wikimedia-Commons gehören zu den zahlreichen von der Wikimedia-Foundation getragenen Projekten. Ziel der Commons ist die Sammlung und Bereitstellung von Bildmedien (Fotografien, Illustrationen, Videos, Reproduktionen von Gemälden etc.), die einerseits zur Illustration von Texten der Wikpedia oder ihrer Schwesterprojekte dienen können, andererseits aufgrund ihrer offenen Lizenz auch einer freien Verwendung zu beliebigen Zwecken offen stehen. Die kooperative Arbeitsweise in den Commons ist ähnlich angelegt wie in der Wikipedia. Sie basiert auf einer Version der *Wiki*-Software (Cunningham und Leuf 2001) (MediaWiki). Eine offene Community von Nutzern trägt Bildmaterialien bei, beschreibt und bewertet diese. So entsteht auch hier eine „content-meritocracy", wie sie als prägend für die Nutzergemeinschaften der neuen Kultur des Internet (Castells 2001) angesehen werden kann. Im Gegensatz zur Wikipedia profitieren die Commons auch von größeren Bildspenden. Im Dezember 2008 stellte z.B. das deutsche Bundesarchiv 100.000 Bilder für die Commons im Rahmen einer Kooperationsvereinbarung zur Verfügung (Wikimedia1). Die regelmäßige Übergabe weiterer Bilder ist vorgesehen. Im März 2009 wurden 250.000 Bildern durch die Deutsche Fotothek zugänglich gemacht, mit der eine analoge Kooperationsvereinbarung getroffen wurde (Wikimedia2). Durch diese Kooperationen wird einerseits relevantes Bildmaterial für die Wikipedia verfügbar. Andererseits erreichen die Archive eine verbesserte Zugänglichkeit ihrer Archivalien durch die Öffentlichkeit. Hier zeigt sich ein wichtiger Unterschied in der Verwendung der Bild- und Textmedien in den Projekten der Wikimedia-Foundation. Während die Texte der Wikipedia nahezu ausschließlich innerhalb des Projekts erstellt werden, werden Bildmedien in größerem Umfang – vor allem auch aus der großen online Bilddatenbank *flickr* – importiert, sofern die Bildlizenzen es erlauben.

Die Online-Enzyklopädie Wikipedia ist in den letzten Jahren zu einem prominenten Forschungsgegenstand geworden. Allein die Online-Literaturdatenbank *DBLP Computer Science Bibliography*[1] weist für die Jahre 2010 und 2011 237 Publikationen zu diesem Thema auf. Die dabei verfolgten Forschungsinteressen sind sehr vielfältig. Sie sollen hier nur exemplarisch aufgeführt und mit Literatur belegt werden. Grundsätzlich sind dabei folgende Forschungsrichtungen zu unterscheiden:

1. Die Wikipedia wird als primärer Forschungsgegenstand angesehen. Formen der Kooperation (Antin und Cheshire 2010) oder Aspekte der Textqualität (Calzada und Dektyar 2010) werden untersucht.
2. Aufbauend auf den unter 1. erzielten Ergebnissen werden Instrumente zur effektiveren oder effizienteren Arbeit an der Wikipedia vorgeschlagen, durch die z.B. Vandalismus (West et al. 2010) besser erkannt werden kann, oder Argumentationsstrukturen von Texten expliziert werden (Rad und Barbosa 2011).
3. Die Wikipedia wird als Korpus für Forschung auf anderen Gebieten, etwa der (semi-) automatischen Konstruktion von Ontologien (Wang et al. 2010) oder dem multilingualen Information Retrieval (Roth und Klakow 2010) verwendet.
4. Die Nutzung der Wikipedia für andere als Forschungszwecke wird untersucht. Hier ist insbesondere der Einsatz für den Unterricht (Konieczny 2010) von Interesse.

Entsprechend den verschiedenartigen Fragestellungen wird auch ein weit gespanntes Methodenspektrum eingesetzt, das von der Netzwerkforschung (Stegbauer 2009) über die quantitative Inhaltsanalyse (Hammwöhner 2007) bis zu Verfahren der statistischen Sprachverarbeitung (Ni et al. 2011) reicht.

Im Vergleich hierzu ist die bisher dem Bildkorpus der Wikimedia-Commons gewidmete Forschung zu vernachlässigen (Hammwöhner 2011). Eine systematische Erforschung der Commons würde in allen für die Wikipedia identifizierten Forschungsfeldern innovative Fragestellungen eröffnen, die auch auf die Wikipe-

---

1 http://dblp.uni-trier.de/

diaforschung im engeren Sinne zurückwirken würden. Hinsichtlich der grundsätzlichen Strukturen – verwendete Basissoftware, Versionierung von Dokumenten, Beschreibung von Dokumenten durch Verschlagwortung (Kategorien) usw. – besteht zwischen Wikipedia und den Wikimedia-Commons eine hohe Vergleichbarkeit. Unterschiede bestehen in der Medialität der zu verwaltenden Dokumente – primär Texte auf Seiten der Wikipedia versus Bilder und Bewegtbilder auf Seiten der Commons:

- Analog zur Wikipediaforschung sind auch hier Forschungen zur Kooperation sinnvoll. Ebenso ist zu bestimmen, wie ein Konzept der Bildqualität in den Commons operationalisiert wird.
- Das Problem der Vandalismuserkennung stellt sich in den Commons analog. Bewusst regelwidrig gestaltete, provozierende Bilder wären zu erkennen und automatisch für die Löschung zu markieren.
- Mit mittlerweile (Stand 8.8.2011) $10*10^6$ Mediendokumenten stellen die Commons ein Bildkorpus zur Verfügung, das für bildwissenschaftliche Untersuchungen von hohem Interesse ist. Im Vergleich zu anderen Bilddatenbanken – wie z.B. *flickr* oder *webshots* –, die über noch erheblich umfänglichere Bildbestände verfügen, sind aus den Commons in großem Umfang Text-Bild-Beziehungen (s.u.) erschließbar, die einen eigenen Forschungsgegenstand darstellen.
- Die von (Konieczny 2010) vorgeschlagenen Ansätze zur Nutzung der Wikipedia und anderer Wikis der Wikimedia Foundation zu Lehrzwecken, insbesondere die Möglichkeit Unterrichtsteilnehmer aktiv an der Gestaltung von Medien zu beteiligen, lassen sich unmittelbar auf Bildmaterialien übertragen.

Im weiteren Verlauf dieser Abhandlung wird ein Forschungsansatz verfolgt, der die Wikimedia-Commons und die Wikipedia im Zusammenhang als eigenständige Forschungsgegenstände interpretiert und die Ergebnisse in einen weiteren bildwissenschaftlichen Rahmen einordnet. Dementsprechend wird im Folgenden zunächst ein kurzer Überblick über die relevanten Strukturen der Commons vermittelt. Sodann wird ein bildwissenschaftlicher Ordnungsrahmen erarbeitet, aus dem die Commons betreffende Fragestellungen abgeleitet werden können. Aus den möglichen Forschungsfragen wird eine Teilmenge ausgewählt, die in einer empirischen Studie bearbeitet werden. Das Design der Studie und die eingesetzten Instrumente werden vorgestellt, erste Ergebnisse präsentiert und diskutiert.

2. Die Wikimedia Commons[2]

Die technische Basis der Wikimedia-Commons ist – analog zur Wikipedia – das MediaWiki-System (MediaWiki). Jedes in den Commons enthaltene Medienobjekt wird durch einen eigenen Artikel repräsentiert, der das Medienobjekt und weitere Metainformation enthält. Das sind:
- Referenzen zu Versionen des Medienobjekts
- Angaben zu den Autoren
- Mehrsprachige Beschreibungen des Medienobjekts
- Zuordnung des Medienobjekts zu Kategorien, welche seinen Inhalt, seine Qualität oder weitere technische oder organisatorische Aspekte erfassen.

Da die Kategorien – vergleichbar einer Mehrfachklassifikation oder einem Thesaurus (Hammwöhner 2007) – in ein System von Unter-/Oberkategorien eingeordnet sind, kann jedes Medienobjekt in hierarchische inhaltliche bzw. organisatorische Strukturen eingeordnet werden. Alternativ können Medienobjekte auch wahlfrei zu Galerien zusammengestellt werden. Für die Verwendung von Kategorien (Wikimedia3) und Galerien (Wikimedia4) sowie für die angemessene mehrsprachige Beschreibung von Medienobjekten (Wikimedia5) werden in den Commons jeweils ausführliche Bearbeitungshinweise gegeben.

Grundsätzlich können nur – zumindest pseudonym – authentifizierte Autoren Medieninhalte in die Commons einstellen. Teilnahme an Diskussionen und Abstimmungen, sowie die Erstellung von Meta-Information sind auch anonym möglich. Folgende Mindestkriterien werden an die Inhalte angelegt:
- Medienobjekte dürfen nicht durch Copyright geschützt sein, vielmehr müssen sie unter einer Lizenz publiziert werden, die alle Formen des Gebrauchs erlaubt (Wikimedia 6). Dies schließt eine kommerzielle Nutzung ausdrücklich ein. Die gewählte Lizenz muss dem Dokument durch einen angemessenen Deskriptor beigefügt werden (Wikimedia7).
- Die Dokumente müssen in einem zulässigen, insbesondere freien Datenformat repräsentiert sein. Proprietäre Dateitypen (z.B. Word-Format) sind nicht erlaubt (Wikimedia8).
- Die Inhalte müssen in den USA – dem Standort der Wikimedia-Server – legal sein (Wikimedia9).
- Es dürfen keine Persönlichkeitsrechte – z.B. abgebildeter Personen – verletzt werden (Wikimedia9).
- Die Dokumente müssen den Zielen des Projekts zuzuordnen sein (Wikimedia9).

---

2 Dieser einführende Text findet sich in ähnlicher Formulierung auch in (Hammwöhner 2011).

- Letzteres gilt auch für pornografische Inhalte (Wikimedia 9).

Über diese Regeln hinaus erfolgt keine Zensur, insbesondere sind Geschmacksfragen belanglos (Wikimedia9). Zusagen über Verwertungs- oder Bildrechte Dritter werden, um Nachvollziehbarkeit zu garantieren, über das standardisierte Ticketing-System OTRS abgewickelt (Wikimedia 15). Regelwidrige Dokumente können zur Löschung vorgeschlagen werden. In dringlichen Fällen kann Schnelllöschung beantragt werden, sonst wird zunächst über den Antrag abgestimmt (Wikimedia9). Selbst eine oberflächliche Untersuchung der Löschanträge zeigt, dass Verletzungen des Urheberrechts zumeist leicht zu handhaben sind, während z.B. die Debatten um die Bilder des niederländischen Fotografen Peter Klashorst (Wikimedia10) im Spannungsverhältnis zwischen Vorwürfen der Verletzung der Persönlichkeitsrechte abgebildeter Personen sowie der Pornografie auf der einen Seite und Zensurfreiheit und enzyklopädischen Dokumentationszielen auf der anderen die Schwierigkeit der eindeutigen Operationalisierung der obigen Kriterien in z.T. hochemotionalen Diskussionsbeiträgen aufzeigen.

Um auch eine positive Qualitätsdebatte zu eröffnen und herausragende Medienobjekte zur prioritären Verwendung in der Wikipedia zu offerieren, unterscheiden die Commons mehrere Qualitätsstufen, die jeweils aufgrund eines Wahlprozesses (Wikimedia14) zugewiesen werden. Im Folgenden werden nur die Regelungen für Bilder angeführt[3]:

- *featured pictures* (derzeit 3406) sollen weit über den Durchschnitt herausragen und sowohl von ihrer Bildqualität als auch von ihrem Nutzen für das enzyklopädische Projekt über jeden Zweifel erhaben sein (Wikimedia11).
- *valued pictures* (derzeit 2.168 Bilder und 68 Bildssätze) sind von hohem Nutzen für die Wikipedia, obschon Einschränkungen der (technischen) Bildqualität – etwa bei historischen Aufnahmen – gegeben sind. *valued pictures* verlieren ihren Status, sobald Bilder höherer Qualität verfügbar werden (Wikimedia12).
- *quality pictures* (derzeit 16.400) sind exemplarische Beispiele für eine hohe technische Bildqualität. Motivwahl, Ausleuchtung, Belichtung und Tiefenschärfe etc. sind optimal gewählt. Eine hohe Relevanz für die Enzyklopädie ist hier keine Voraussetzung (Wikimedia13).

---

3   Es gibt auch Regeln für Bildserien bzw. andere Medienobjekte wie Animationen oder Tondokumente.

3. Bildwissenschaftliche Einordnung

Gegenstand der Bildwissenschaft ist die Formulierung eines Theorierahmens, in dem interdisziplinäre Forschungsansätze über Bildphänomene konzipiert, geordnet und systematisch aufeinander bezogen werden können (Sachs-Hombach 2006: 14 ff). Eine Motivation für eine intensivere bildwissenschaftliche Anstrengung kann aus der besonders in den digitalen Medien zu beobachtenden Bilderflut (Scholz 2009: 2) abgeleitet werden, für die auch die großen Bildbestände der Bilddatenbanken des Web 2.0 als Symptom angesehen werden können.

Die große Eingangsfragestellung der Bildwissenschaft, was ist ein Bild und was zeichnet es aus, ist für den Kontext dieser Arbeit weniger drängend. Fast alle in den Wikimedia-Commons vorfindliche Objekte sind trivialerweise Bilder – Fotografien, Illustrationen usw. –, weil sie als solche bezeichnet und gebraucht werden. Andersartige Medien – Tondokumente, textuelle Metainformation – sind von den Bildern eindeutig zu unterscheiden. Eine Gebrauchstheorie des Bildes erscheint jedoch als naheliegend (Scholz 2009: 137 ff). Jedes Bild in den Commons und der Wikipedia wird in eine Vielfalt von Verwendungszusammenhängen gestellt, die sich hier in einer hohen Zahl an intermedialen Beziehungen, insbesondere Bild-Text- und Bild-Bild-Relationen zeigen (Stöckl 2004: 242 ff; Martinec und Salway 2005). Zu nennen sind:

- Die Verwendung eines Bildes in einem Lexikonartikel der Wikipedia, die durch komplexe Bild-Text Relationen gekennzeichnet ist – zu nennen sind hier die Beziehungen zu Titel und Inhalt des Artikels, zur Bildbeschriftung usw.
- die Erfassung von Bildern durch Metainformation – Bildtitel, Verschlagwortung durch Kategorien, mehrsprachige Bildbeschreibung – um die Suche nach Bildern zu erleichtern,
- die Zusammenstellung von Bildern zu einem Gegenstandsbereich in Bildgalerien,
- die Bewertung von Bildern, die zur Prämierung als *Featured Images*, *Values Images* oder *Quality Images* oder von Bildern, die zur Löschung vorgeschlagen werden.

Die Struktur dieser Diskurse wird durch die oben genannten Regelwerke definiert. Der Zusammenhang von Regelwerk und konkreter Ausprägung der Diskurse bedarf aber noch der Untersuchung. Im Folgenden soll mit einer Untersuchung von Bildbewertungen in den Commons ein erster Schritt auf diesem Weg unternommen werden.

Scholz (Scholz 2009: 199 ff) schlägt ein Schichtenmodell für die in das Bildverstehen involvierten kognitiven Leistungen vor. Damit ein Bild seiner kommunikativen Funktion im Gebrauch gerecht wird – bzw. damit ein Rezipient diese angemessen wahrnehmen kann – müssen Voraussetzungen sowohl von Seiten des kognitiven Apparats als auch von Seiten des Bildes erfüllt sein. Während Scholz primär die Kompetenzen des Rezipienten betont, werden wir im Folgenden erhöhtes Gewicht auf die erforderlichen Bildeigenschaften legen. Dann erscheint dieses Schichtenmodell als geeignet, um Bildbewertungen bezüglich der jeweils betroffenen Kompetenzebene einzuordnen. Deshalb soll dieses Modell hier kurz vorgestellt und für unseren Bedarf angepasst werden. Folgende Ebenen des Bildverstehens sind zu unterscheiden:

1. **Perzeptuelles Verstehen** - Bilder müssen dem Betrachter als Perzepte erkennbar sein. Schwarzlichtfarben etwa können nur bei Beleuchtung mit ultraviolettem Licht wahrgenommen werden.

   In Bezug auf die hier zu behandelnden digitalen Bilder sind vor allem Anforderungen an die Präsentationsgeräte zu stellen. HDR[4]-Bilder z.B. sind mit marktüblichen Endgeräten nicht darstellbar. Es sind aber auch Anforderungen an Bildeigenschaften, wie Auflösung, Helligkeit und Kontrast, zu formulieren.

2. **Plastisches Verstehen** ist gefordert, wenn es um die Wahrnehmung von Mustern geht, wenn Gegenstände als geordnet und zusammenhängend identifiziert werden sollen.

   Für Fotografien sind hier ein angemessenes Verhältnis von Bildschärfe, Kontrast und Helligkeit Voraussetzung.

3. **Etwas als Zeichen verstehen** - Eine Fußspur im Schnee kann intendiert sein und zeichenhaften Charakter haben. Nicht immer wird sie aber so wahrgenommen.

   Derartige Missverständnisse sind im Kontext unserer Untersuchung nicht möglich – es sei denn, ein Datenbankinhalt würde als Bildschirmstörung interpretiert.

4. **Etwas als bildliches Zeichen verstehen** - Ein grafisches Gedicht kann als textuelles und als bildliches Zeichen interpretiert werden.

---

4   High-Dynamic-Range

Diese Unterscheidung kann im Kontext dieser Untersuchung insofern von Bedeutung werden, als bildliche Repräsentationen textueller Zeichen (Scans von Buchseiten) nicht zu den Sammelgegenständen der Commons gehören.

5. **Verstehen des Bildinhalts** - Hier geht es um die Semantik des Bildes. Was wird dargestellt? Handelt es sich um Pferde, Zebras oder Einhörner? Während das Pferdebild auch zur Illustration eines Beitrags zu Säugetieren dienen mag, bleibt dem Einhornbild derjenige über Fabelwesen vorbehalten. Erst im Zusammenhang von Bild und Text entsteht also ein Fokus auf den zu aktualisierenden Textinhalt.

   Es ist zu untersuchen, wie Bild, Bildbeschreibungen und Bildverwendung – insbesondere in der Wikipedia – interagieren. Eine Zuordnung generischer Konzepte zu Bildern wird vor allem durch das hierarchisch strukturierte Kategoriensystem unterstützt.

6. **Verstehen des denotativen Sachbezugs** - Hat das Bild auch einen Sachbezug in der Welt? Stellt das Bild ein typisches oder ein konkretes Pferd dar?

   Während die meisten Bilder der Commons einen konkreten Sachbezug aufweisen dürften – Fotomontagen, Reproduktionen von Gemälden etc. stellen eher Ausnahmen dar – ist der jeweilige Bildgebrauch von hohem Interesse.

7. **Verstehen nicht-denotativer Bezüge: Exemplifikation und Ausdruck** – Steht ein Bild für einen konkreten Gegenstand oder für eine Klasse von Gegenständen, so zeigt bzw. exemplifiziert es bestimmte Eigenschaften dieser Gegenstände. Ein Bild eines konkreten Pferdes steht für seine Gestalt, nicht aber seine absolute Größe.

   Zu untersuchen ist in diesem Zusammenhang ein spezieller Aspekt des Text-Bild-Verhältnisses. Wie werden Bilder aus einem großen Bestand so ausgewählt, dass sie in einem Lexikonartikel die jeweils angesprochenen Eigenschaften exemplifizieren? Auf dieser sowie den höheren Ebenen des Bildverstehens wird deutlich, dass auch die nicht verwendeten Bilder in die Untersuchung einzubeziehen sind. Warum ist das verwendete Bild ein besseres Pferdebild im Vergleich zu den anderen verfügbaren?

8. **Modales Verstehen: Erfassen der kommunikativen Rolle des Bildes** – Analog zur Verwendung sprachlicher Zeichen, die als Handlung, als Sprechakt begriffen wird, so hat auch die Bildverwendung eine kommunikative Rolle und stellt eine Handlung dar. Neben Handlungen, wie Zeigen, Verdeutlichen oder Erklären treten Grenzüberschreitungen und Tabuverletzun-

gen. Hier sind z.B. explizite Darstellungen von Krankheit und Tod zu nennen oder auch das pornografische Bild.

Des Weiteren unterliegt die Verwendung von Bildern Beschränkungen, die dem Schutz Dritter dienen. Es sind der Jugendschutz und die Wahrung von Urheberrechten zu nennen. Darin zeigt sich die besondere Natur der Bildverwendung. Während z.b. nichts gegen die Beschreibung eines Gebäudes oder Kunstwerks in textueller Form spricht, ist die fotografische Darstellung zumeist durch das Urheberrecht eingeschränkt. Eine Besonderheit stellt hier in Deutschland das Recht auf Panoramafreiheit dar, das die Abbildung des öffentlichen Raums erlaubt.

9. **Verstehen des indirekt Mitgeteilten** – analog zum indirekten Sprechakt ist auch ein indirekter Bildakt vorstellbar.

   Es ist nicht klar, ob diese Form der Bildverwendung in dem zu untersuchenden Korpus eine nennenswerte Rolle spielt. Enzyklopädien sind einem expliziten Kommunikationsstil verpflichtet, der indirekte Kommunikationsakte eher ausschließt.

Nachdem hiermit ein bildwissenschaftlicher Theorierahmen expliziert wurde, soll im Weiteren auf eine konkrete Studie eingegangen werden.

4. Analyse der Bewertungsdialoge in der Wikipedia

Wie oben schon erläutert, werden in den Commons mehrere Qualitätsstufen für Bilder unterschieden. Der weitaus größte Teil der Bilder ist unbewertet. Während *quality images* ein hohes technisches Niveau zugesprochen wird, werden *valued images* als inhaltlich bedeutsam eingeschätzt. Bei historischen Aufnahmen bedeutsamer Ereignisse können Einschränkungen der technischen Qualität in Kauf genommen werden. *Featured Pictures* sollen sowohl technisch als auch inhaltlich das höchste Niveau erreichen. Jeder Nutzer kann Bilder für diese Qualitätsstufen vorschlagen. Es folgt eine Abstimmung, in der jeder Nutzer Kommentare, Informationen, positive und negative Voten abgeben kann. Diese Voten sollten begründet werden, eine Stellungnahme wird aber nicht zwingend verlangt. Das Ergebnis der Abstimmung ergibt sich aus dem Mehrheitsvotum. Für *quality images* ist ein vereinfachtes Verfahren vorgesehen. Hier ist eine positive Besprechung des Bildes ausreichend für die Prämierung. In Konfliktfällen wird auf das ausführliche Abstimmungsverfahren ausgewichen. Eine Besonderheit ist für *valued images* zu verzeichnen. Hier erfolgt die Bewertung relativ zu der Menge der zu einem

Thema verfügbaren Bilder. Um Vergleichbarkeit herzustellen, beschränkt sich diese Untersuchung auf einzelbildbezogene Werturteile. Die Abstimmungen zu den *valued images* werden im Folgenden also nicht mehr berücksichtigt. Kontrastiv zu den Qualitätsbewertungen werden die Löschabstimmungen hinzugezogen. Bilder, die den Mindestkriterien (s.o.) für die Commons nicht genügen, können hier von jedem Nutzer zur Löschung vorgeschlagen werden. Ähnlich wie bei den vorgenannten Abstimmungen können die Nutzer Voten abgeben. Die endgültige Entscheidung über die Löschung eines Bildes erfolgt aber nicht auf der Basis des Mehrheitsvotums, sondern aufgrund der Würdigung der vorgebrachten Argumente durch einen Administrator (ein Nutzer mit privilegierten Kompetenzen).

Auf der Basis eines Korpus von Abstimmungsdialogen sollen nun folgende Fragen bearbeitet werden:
1. Wie wirkt sich die Abstimmungsmodalität auf das Argumentationsverhalten aus? Wie viele Argumente werden vorgebracht, wie ausführlich werden sie ausgearbeitet? Dabei wird von der Annahme ausgegangen, dass die Löschdialoge, die auf Argumentation und nicht auf Mehrheitsentscheid beruhen, die ausführlicheren Debatten hervorbringen.
2. Auf welche Bildqualitäten bzw. Bildhandlungen beziehen sich die Debatten primär? Es ist zu erwarten, dass hier große Unterschiede vor allem zwischen Lösch- und Prämierungsdialogen bestehen werden.
3. Welche Bewertungskriterien treten häufig konkurrierend oder ergänzend in Abstimmungen zu einem Bild auf?
4. Wie kooperieren die Nutzer in den Abstimmungen? Ist eine Spezialisierung auf Teilgebiete zu verzeichnen? Gibt es Autoren, die auf bestimmten Gebieten besonders aktiv sind und deshalb häufiger kooperieren?

4.1 Korpus

Als Grundlage der Studie wurden aus den Wikimedia Commons folgende Daten extrahiert[5]:
- Sämtliche Löschdialoge der Jahre 2005-2010, das sind 73.544 Löschdebatten mit 285.377 Debattenbeiträgen,

---

5 Abweichungen können aus unterschiedlicher Behandlung von Inkonsistenzen im Markup der archivierten Debatten erklärt werden. Berücksichtigt wurden jeweils vollständige Jahrgänge, so dass alle Debatten als abgeschlossen angesehen werden können. Jeweils unvollständige Jahrgänge, in denen ein Abstimmungsverfahren neu eingeführt wurde, wurden nicht berücksichtigt, um nur eingespielte Verfahren zu evaluieren.

- alle Abstimmungen zu *quality images* der Jahre 2007-2010, das sind 24.793 Debatten mit 63.109 Debattenbeiträgen,
- sämtliche Abstimmungen zu featured images der Jahre 2005-2010, das sind 11.693 Debatten mit 162.486 Beiträgen.

4.2 Auswertungsmethode

Die Datenerhebung und Auswertung erfolgt mit einem vom Verfasser entwickelten Evaluationswerkzeug für Wikis. Die von der Wikimedia-Foundation zur Verfügung gestellten Archivdateien werden von einem Parser in normierte Fragmente zerlegt. Für jede Debatte können so die Debattenbeiträge, ihr Typ (Information, Kommentar, positives oder negatives Votum) und die beteiligten Autoren ermittelt werden. Die Textbeiträge werden einer Textreduktion unterzogen. Dabei wird vorausgesetzt, dass der Großteil der Beiträge in englischer Sprache verfasst ist. Vereinzelte anderssprachige Debattenbeiträge werden ignoriert. Zunächst werden anhand einer Stoppwortliste die Funktionswörter entfernt. Das verbleibende sprachliche Material wurde durch heuristische Grundformenreduktion nach dem Porter-Verfahren (Frakes 1992) standardisiert. Die entstehenden Wortmengen werden so invertiert, dass Wortpositionen und Worthäufigkeiten effizient ermittelt werden können. Für den Vergleich von Texten stehen die häufig verwendeten Maße zur Termgewichtung (Salton und Buckley 1988) zur Verfügung, um so Termvektoren bestimmen zu können, für die wiederum die gängigen Distanzmaße ermittelt werden können (Huang 2008). Zuvor kann das sprachliche Inventar auf der Basis eines einfachen Deskriptorsystems kategorisiert werden, bei der Mehrwertwortgruppen berücksichtigt werden können. Termvektoren und Distanzmaße bilden die Basis für die Berechnung von Clustern. Dafür stehen gängige Verfahren der hierarchischen, partitionierenden und dichtebasierten Clusteranalyse zur Verfügung. Zur Bewertung der Cluster können Intra- und Interclusterähnlichkeiten sowie die durchschnittliche Silhouette ermittelt werden. In den folgenden Ausführungen werden allerdings primär einzelmerkmalbezogene Korrelationen ermittelt. Nach Dichotomisierung der nicht-numerischen Merkmale können hier punktbiseriale Korrelationen bzw. der Phi-Koeffizient berechnet werden (Bortz 2004: 224 ff.).

In einem gegenüber dem Volltext vereinfachten Verfahren können die Debatten auch nach anderen Merkmalen invertiert werden – hier ist vor allem die Untersuchung der beteiligten Autoren von Interesse.

Als erstes werden im Folgenden einfache Textmerkmale (Textumfang, Anzahl der Autoren sowie der Debattenbeiträge) ermittelt. In den anschließenden Absätzen wird auf Besonderheiten der einzelnen Teilkorpora eingegangen, die dann abschließend vergleichend gewürdigt werden.

4.3 Anzahl und Umfang der Debatten

Zunächst werden einige quantitative Kenngrößen der Debatten erhoben (s. Tabelle 1 im Anhang), aus denen sich erste Hinweise auf die Beantwortung der eingangs gestellten Fragen ergeben. Ermittelt wurden: die absolute Zahl der jeweiligen Abstimmungen und der insgesamt an ihnen beteiligten authentifizierten Nutzer. Die zweite Zahl ergibt sich aus der Zahl der besonders aktiv Beteiligten (mehr als 10 Diskussionsbeiträge). Weiterhin werden aufgeführt: die Anzahl an Beiträgen pro Abstimmung, der Umfang der Beiträge in Worten (Token) und Types (reduzierte Wortformen ohne Stoppworte). Letztere wurden für jede Abstimmung nur einmal gezählt, so dass der Durchschnittswert einen Hinweis auf das jeweils durch Debattenbeiträge eingeführte neue Sprach- und damit auch Argumentationsmaterial gibt. Abschließend wird noch die Zahl der beteiligen Autoren aufgeführt. Die Werte sind nach Jahren aufgeschlüsselt, um die Entwicklung der jeweiligen Textsorte anzudeuten. Als Verteilungsparameter sind der Mittelwert, die Standardabweichung und der Median angeführt. Es handelt sich um stark links-schiefe, long-tail empirische Verteilungen, die sich gut durch log-normale Verteilungen approximieren lassen.

Die Auswirkung der Abstimmungsmodalität zeigt sich wie erwartet. Löschdialoge enthalten im Durchschnitt weniger, aber ausführlichere Diskussionsbeiträge als Prämierungsdialoge. Bei letzteren sind häufiger nicht weiter begründete Voten zu finden. Ein besonderer Drang zur effizienten Bearbeitung ist bei den *Quality Images* festzustellen. Dies erklärt sich leicht aus der großen Zahl an Bewertungen, die von einer vergleichsweise kleinen Zahl an Juroren vorgenommen werden muss. Über die Zeit hinweg sind zwei schwache Tendenzen zu erkennen. Während die Löschdialoge etwas kürzer und effizienter werden, tendieren die Debatten um *featured images* dazu, an Umfang zu gewinnen. Als Erklärung bietet sich an, dass mit zunehmendem Umfang der Commons die Bereitschaft sinkt, um einzelne zur Löschung vorgeschlagene Bilder Grundsatzdebatten zu führen. Im Gegenzug sollen die *featured images* ihren elitären Status erhalten. Die Zugangskriterien werden deshalb immer strikter interpretiert. Früher prämierte Bilder werden aufgrund der härteren Regelauslegung z.T. auch zurückgestuft.

Ein interessanter Zusammenhang ist zwischen der Anzahl der Abstimmungsbeiträge und dem Abstimmungsergebnis bei den exzellenten Bildern zu beobachten. Für einen positiven Ausgang werden durchschnittlich um ein Drittel mehr Stimmen aufgewendet als für einen negativen. Wenige negative Voten zu Beginn der Debatte scheinen den Erfolg einer Nominierung also deutlich zu begrenzen.

4.4 Thematik der Debatten

Im Folgenden soll untersucht werden, auf welche Bildeigenschaften bzw. Aspekte der Bildverwendung primär im Verlauf der Debatten Bezug genommen wird. Dies ermöglicht Schlussfolgerungen über das implizite Wertesystem der Diskussionsteilnehmer, das im Anschluss zu dem in den Policies der Commons festgelegten Regelwerk in Beziehung gesetzt werden kann. Zu diesem Zweck wurde aus den Korpora ein kontrolliertes Vokabular extrahiert. Nach Sichtung dieses Materials wurde deutlich, dass mit einem vergleichsweise geringen Wortschatz ein Großteil der Debatten den jeweils gültigen Beurteilungskriterien zuzuordnen ist. Auf dieser Basis wurde ein Menge von Hauptdeskriptoren (30) extrahiert, denen jeweils eine Kollektion von Nebendeskriptoren (139) zugeordnet wurde (s. Tabelle 2 im Anhang). Die Deskriptoren wurden ohne Rücksicht auf semantische Ausgewogenheit so gewählt, dass sie bei automatischer Indexierung der Debatten eine hohe inhaltliche Abdeckung erzielen und eher generelle Zuordnungen erlauben. Das Deskriptorensystem ist noch nicht endgültig validiert, so dass die hier zu treffenden Aussagen in mancher Hinsicht vorläufig sind. Vergleiche zwischen den drei Debattentypen und einfache Strukturanalysen ergeben aber jetzt schon interessante und valide Ergebnisse.

Die klassifizierten Themen lassen sich zu den folgenden Großgruppen zusammenstellen:
- Gegenstand des Bildes: Landschaft, Gebäude, Tier, Pflanze, Person etc.
- Genrebezeichner: Als einzig relevante Bezeichner verblieben erotische und pornografische Fotografie, die mangels Trennschärfe (vor allem in der Debatte) zusammengefasst wurden. Andere Genrebezeichner fielen entweder trivialerweise mit den abgebildeten Gegenständen zusammen (Tier-, Pflanzen- oder Landschaftsfotografie) oder waren im Korpus nicht oder kaum vertreten (Portrait).
- Bewertungskriterien:
  - Bildbezogene Kriterien: Belichtung, Schärfe, Kontrast, Farbe, Ausschnitt, Perspektive

- Nutzungsbezogene Kriterien: Lizenz, Angemessenheit des Gegenstands in Bezug auf den Sammelbereich der Commons (*Scope*), Erwägungen zu Persönlichkeits- und Urheberrechten.
- Bewertungsbezogene Kriterien: Zensurfreiheit, Unterstellen guter Absichten, Angaben zu den Bildquellen, die für Fragen zur Urheberschaft von Bedeutung sind.

Zu untersuchen ist nun, wie die drei oben genannten Argumentationsebenen in den zu beobachtenden Bewertungsdialogen interagieren. Dazu wurden Korrelationen zwischen den festzustellenden Auftretensfällen ermittelt. Insgesamt waren nur schwache bis mittlere Korrelationen (0,2-0,5) nachzuweisen, die sich durch inferenzstatistische Methoden absichern ließen. Auf diese technischen Details soll hier nicht weiter eingegangen werden.

4.4.1 Themen der Löschdialoge

Die Löschdialoge sind primär von Fragen nach dem Copyright und den Bildquellen sowie der Wahl der Bildlizenzen bestimmt (die relativen Häufigkeiten der Themen finden sich als Histogramm im Anhang). Zu den von rechtlichen Erwägungen bestimmten Themen gehört auch das Recht am eigenen Bild. Vergleichsweise häufig wird noch die Frage nach dem Sammelbereich (*Scope*) aufgeworfen. Alle weiteren Themen treten in weniger als 10% der Debatten auf.

In der Thematik der Löschdialoge sind – das für diese Studie gewählte kontrollierte Vokabular vorausgesetzt – folgende Strukturen zu erkennen:
- Mittlere Korrelationen bestehen zwischen den Themen Copyright, Lizenz und Bildquelle: mögliche Urheberrechte sind häufig nur anhand der Bildquellen zu erschließen. Eine Lizenzvergabe wiederum erfordert die Würdigung der Urheberrechte. Alle weiteren erwähnten Korrelationen betreffen nur Merkmalspaare.
- Ein Spezialfall zur Urheberrechtsdebatte zeigt sich bei Abbildungen von Gebäuden und öffentlichen Großkunstwerken (Standbilder etc.). Obwohl die Werke eigentlich durch das Urheberrecht geschützt sind, werden in manchen Ländern mit gewissen Einschränkungen Panoramaaufnahmen gestattet, die diese Objekte enthalten. Die Korrelation zwischen den Begriffen *Building* und *Freedom of Panorama* zeigt, dass diese Zusammenhänge immer wieder – z.B. für eine neues Land oder einen uninformierten Benutzer – neu geklärt werden müssen.
- Neben die Urheberrechte treten die Rechte am eigenen Bild (Privacy). Einverständniserklärungen abgebildeter Personen werden in den Commons über

das Ticketing-System OTRS abgewickelt. Es ergibt sich so ein starker nachweisbarer thematischer Zusammenhang zwischen dem zu lösenden Problem (Nachweis von Bildrechten) und der hierzu eingesetzten Technik (OTRS).
- Von den abgebildeten Objekten der Commons wird eine gewisse Notabilität erwartet. Während aber Landschaften oder Gebäuden eher auch dann Bedeutsamkeit zugesprochen wird, wenn kein Wikipedia-Artikel zu diesem Thema in Sicht ist, besteht eine derartige Großzügigkeit im Falle unbekannter Personen kaum, wie sich in der Korrelation zwischen den Themen *Person* und *Sammelbereich (Scope)* zeigt. Diese Unduldsamkeit ist vermutlich nicht zuletzt einem Quantum an Selbstdarstellungs-Spam geschuldet. Das Thema *Scope* ist zudem das einzige, das signifikante negative Korrelationen zu anderen Themen aufweist. Über *Scope* verhandelt man erst dann, wenn das *Copyright* nicht in Frage steht. Letzteres ist nämlich im Vergleich zu Ersterem nicht verhandelbar.
- Eine vergleichsweise starke Korrelation (0.34) besteht zwischen dem Themenfeld *Erotik* und *Pornografie* und der internen Arbeitsmaxime *Zensurfreiheit*. Dies ist daraus zu erklären, dass in der Wikipedia und mehr noch in den Commons, bei gleichzeitiger Abwehr exhibitionistischer Spams, Freiräume für die freizügige Abbildung von Körperlichkeit und Sexualität geschaffen werden sollen. Erstaunlich ist aber, dass dies – von vereinzelten Ausnahmen abgesehen – der alleinige thematische Ort ist, an dem von Zensur gesprochen wird. Offensichtlich befördern die Sammelbedingungen der Commons nicht den Zugang zum aktuellen politischen oder religionskritischen Bild, das Gegenstand einer politisch oder kulturell motivierten Zensur sein könnte.

4.4.2 Themen bei der Bewertung von Quality Images

Die Debatten um die als qualitativ hochwertig eingeschätzten Bilder sind primär auf Effizienz angelegt. Deutlich mehr als die Hälfte der Anträge wird, häufig ohne längere Diskussion, positiv beschieden. Thematische Zusammenhänge zeigen sich kaum. Auffällig ist allenfalls, dass hier sowohl die Frage des *Sammelbereichs* als auch diejenige nach der Verfügbarkeit von exif-Daten häufig unter Bezugnahme auf die internen Regeln (*policies*) der Commons diskutiert werden. Man ist zwar bereit, unvollständig beschriebene Bilder, die nicht perfekt in den Sammelbereich fallen, im Korpus zu belassen, nicht jedoch, sie zu prämieren. Hier spielt außer der Bildqualität im engeren Sinne auch die Nützlichkeit eine, wenn auch nicht primäre

Rolle. Lizenzrechtliche Überlegungen sind bei den Qualitätsdialogen von geringer Bedeutung, der Zusammenhang zwischen Copyright und Panoramafreiheit zeigt sich in einigen wenigen Beispielen.

Korrelationen zwischen den Bildeigenschaften, welche die eigentliche Grundlage für die Qualitätsbewertung darstellen (Belichtung, Bildausschnitt etc.) zeigen sich nicht. Ein deutlicher Zusammenhang ist aber – abweichend von den Bewertungsdialogen anderen Typs – zwischen den erwähnten Kriterien und dem Bewertungsergebnis zu erkennen. Nennung von Bildbewertungskriterien geht mit einer Zunahme negativer Voten einher und führt auch häufig zu ablehnenden Gesamturteilen. Dies trifft besonders auf die Kriterien Gesamtkomposition, Belichtung und Bildfokus zu. Vermutlich ist dies auf zwei Sachverhalte zurückzuführen. Zum einen richtet sich die Bewertung als *Quality Image* primär auf technische Aspekte der Abbildung und ist damit in geringerem Maße von Geschmacksurteilen abhängig als dies bei exzellenten Bildern der Fall ist. Zum anderen führt das schon erwähnte Bemühen um Effizienz dazu, dass nur entscheidungsrelevante Fehler des Bildes hervorgehoben werden. Anmerkungen zu den projektinternen Regeln (*Policies*) führten mit höherer Wahrscheinlichkeit zu neutralen oder positiven Urteilen. Die Regeln werden also eher zur Abwehr ungerechtfertigter Kritik als zur Kritik an Bildinhalten genutzt.

4.4.3 Themen bei der Auswahl exzellenter Bilder

Auch in den Debatten um exzellente Bilder stehen die Bildeigenschaften im Vordergrund. Wie schon bei den *Quality Images* ist der Bildaufbau das meistgenannte Kriterium, gefolgt von eher technischen Aspekten (Belichtung etc.). Das Spektrum der diskutierten Kriterien ist etwas weiter gespannt. Zudem kommt hier eher als in den anderen Bewertungsdialogen der Bildgegenstand zur Sprache.

Es zeigen sich relativ starke Zusammenhänge zwischen lizenz- und persönlichkeitsrechtlichen Erwägungen. Die dabei zur Sprache gekommenen Bedenken führten in Einzelfällen unmittelbar zu Löschantragen für die als exzellent nominierten Bilder.

Eine Besonderheit der exzellenten Bilder stellt der sogenannte wow-Faktor dar, der die Qualität eines Bildes über die kriterienbezogene Bewertung hinaus kennzeichnen soll. Diskussionen über die Exzellenz – das Wow – eines Bildes finden sich nur in den Debatten um *Featured Images*. In den anderen Debatten kann ein Bild bestenfalls als interessant bezeichnet werden. Einen Zusammenhang zur Entscheidung zeigt die Nutzung dieser wertenden Ausdrücke jedoch nicht auf.

4.5 Kooperation der Juroren

Zunächst soll festgestellt werden, ob sich die Autoren gleichmäßig an allen drei Bewertungsverfahren beteiligen, oder ob hier Spezialisierungen zu beobachten sind. Es zeigt sich, dass an den Löschdebatten viele Autoren teilnehmen, die keine Beiträge zu den Prämierungen leisten und umgekehrt. Zwischen den beiden Prämierungsverfahren findet ein reger Austausch statt. Dies ist naheliegend, da bei den Prämierungen jeweils ähnliche Kriterien anzulegen sind, während die Löschdebatten eigene Kompetenz, z.B. im Urheberrecht, verlangen. Dennoch gibt es auch Nutzer, die in allen drei Bereichen tätig sind.

Im Weiteren ist zu untersuchen, ob es Nutzergruppen gibt, die immer wieder gemeinsam auftreten. Sei es, weil sie sich auf ein bestimmtes Thema spezialisiert haben, sei es weil sie gegenseitig ihre Bilder fördern oder vor Löschung schützen wollen.

Zu diesem Zweck wurde zunächst mit den Datenbeständen eine Clusteranalyse durchgeführt (k-medoid), bei der die an einer Debatte beteiligten Autoren als Merkmalsvektor dienten. Als Distanzmaß wurde 1-cos verwendet. Es ergaben sich jeweils einige wenige (<5) geschlossene Cluster von maximal 20 Debatten, die unmittelbar darauf zurückzuführen waren, dass in zeitlich dichter Abfolge mehrere Bilder zum gleichen Thema vorgeschlagen wurden. Hier haben sich also die gleichen Teams am verwandten Problem zusammengefunden.

Im Weiteren wurde noch erhoben inwieweit Korrelationen zwischen der Beteiligung einzelner Autoren festgestellt werden können. Um den Berechnungsaufwand zu begrenzen wurden die Korrelationen nur für die 100 aktivsten Diskussionsteilnehmer ermittelt. Bei Autoren, die sich nur sporadisch äußern, bestünde zudem eine hohe Wahrscheinlichkeit für Zufallskorrelationen.

Insgesamt entsteht – ohne dass die Reichweite dieser ersten explorativen Untersuchung überschätzt werden soll – der Eindruck geringer Kooperation der Autoren auf der Ebene dieser Debatten. Es äußert sich, so scheint es, derjenige, der gerade Zeit und Lust hat. Es wäre naheliegend, eine ähnliche Untersuchung auch mit den Lösch- und Prämierungsdebatten der Wikipedia durchzuführen. Daraus könnten sich Hinweise ergeben, ob die Partizipation der Nutzer primär von der Struktur der Debatte oder der Natur des zu diskutierenden Mediums geprägt ist. Während es von der Wikipedia bekannt ist, dass es Teams zur Verbesserung einzelner Artikel oder Themenbereiche gibt, ist diese Form der Kooperation bei Fotografien, die den Hauptanteil der Inhalte der Commons darstellen, schwer zu erzielen.

5. Diskussion der Ergebnisse

Die vorgehend erläuterte Studie hat ausgehend von einer fast als Vollerhebung anzusehenden Stichprobe – der Jahrgang 2011 war nicht berücksichtigt – quantitative Zusammenhänge in den Bewertungsdialogen der Wikimedia-Commons untersucht. Es hat sich gezeigt, dass der Bedarf an einem effizienten Bewertungsinstrument für große Bild- bzw. Medienkonvolute zügig zur Entwicklung eines Spezialvokabulars geführt hat, in dem die relevanten Sachverhalte auf der Basis der internen Regeln der Commons schnell angesprochen werden können. Die Effizienz der Abstimmungsverfahren rührt nicht zuletzt daraus, dass auf inhaltliche Aspekte der Bilder kaum eingegangen wird. Zur Prämierung eines Bildes kommt es, wenn dieses vorgegebenen visuellen Qualitätskriterien gerecht wird. Die Eignung des Bildes zur Illustration eines Sachverhalts steht ebenso wenig im Vordergrund, wie ihr Mangel zur Löschung führen würde. Löschdialoge sind vielmehr geprägt von der Zuschreibung von Urheber- oder Persönlichkeitsrechten. Dort wo keine sichere Klärung dieser Rechte erzielt werden konnte, wird auf die angenommene oder bekannte Qualität der Informationsquelle oder des Autors rekurriert. Wo selbst dies nicht zum Ergebnis führt, wird im Allgemeinen eine wohlwollende Interpretation (good faith) bevorzugt.

Insgesamt sind, von wenigen Ausnahmen abgesehen, keine starken, sondern allenfalls mittlere Korrelationen (zwischen 0.3 und 0.5) zu beobachten.

Überzufällig gehäufte Kooperation zwischen Bewertern ist nur in Einzelfällen bei den Featured Votings zu beobachten. Insgesamt entstand nicht der Eindruck, dass die Ergebnisse von „Seilschaften" nennenswert beeinflusst wären.

Korrelationen zwischen den Themen der Diskussionsbeiträge sind weniger häufig als erwartet und allenfalls mit mittlerer Stärke ausgeprägt. Auch eine Spezialisierung von Bewertern auf bestimmte Themen scheint es nicht zu geben, wenngleich für einzelne Autoren gewisse Vorlieben deutlich werden.

Der relativ häufige Rückgriff auf kriterienlose Bewertung (wow) zeigt ein Dilemma der Commons auf. Einerseits sollen die Bilder der Commons für die Wikipedia zur Verfügung stehen, andererseits soll sich die Bedeutung der Commons nicht darin erschöpfen. Sie sollen zudem ein Bildrepositorium für die allgemeine Nutzung sein. Unter diesen Bedingungen können aber weder rein nutzungsbezogene noch rein ästhetische Bewertungskriterien formuliert werden.

6. Ausblick

Die vorliegende Studie befasst sich mit einem vergleichsweise engen Gegenstandsfeld. Es stellt sich die Frage nach Verallgemeinerungsmöglichkeiten. Diese sind zunächst noch im Rahmen des Wikipedia-Projekts zu stellen.

Ein kontrastive Untersuchung der Bewertungsdialoge der Wikipedia-Texte – auch hier können Vorschläge zur Löschung oder Prämierung von Beiträgen eingereicht werden – könnte klären, ob Bild und Text in jeweils anderer Form diskutiert und bewertet werden. Zu berücksichtigen sind auch die Auswirkungen der jeweils anderen Richtlinien für die Wikipedia. Im Gegensatz zu den Bildmaterialien der Commons sind die Texte der Wikipedia auf einen neutralen Standpunkt festgelegt, die Gegenstände der Artikel müssen eine gewisse Bedeutsamkeit erlangt haben, Behauptungen sollen durch Quellenangaben belegt werden. Als Folge sollte das sprachliche Inventar derartiger Debatten breiter angelegt sein, da vermehrt auf Aspekte des Gegenstandsbereichs eingegangen werden muss und nicht nur auf die Qualität des Mediums. Texte sind zudem leichter in der Debatte zu zitieren und mit Änderungsvorschlägen zu belegen als Bilder. Letzteres gilt vor allem für Fotografien, die häufig in nicht reproduzierbaren Situationen entstehen und allenfalls einer differenzierten Nachbearbeitung zugänglich sind.

Eine alternative Fortsetzung der Forschung liegt in der detaillierten Evaluation der Text-Bild-Beziehungen in der Wikipedia unter Berücksichtigung der in den Commons vermittelten Bildbeschreibungen. Die Vielfalt der explizit repräsentierten Strukturen erlaubt hier eine Abbildung von Text-Bild-Relationen, die über traditionelle Modelle (Stöckl 2004) hinausgeht. Ein innovativer Ansatz, der Bildern auch eine erweiterte Vermittlungsfunktion zwischen Texten zuweist, wird von (Zhang et al. 2011) entwickelt. Dieser Ansatz zielt primär auf die Feststellung der Eignung von Bildern ab, ohne auf ein Rezeptionsmodell verweisen zu können. Entsprechende Studien werden derzeit in Regensburg vorbereitet.

Während die hier skizzierten Studien instrumentell auf den Gegenstand der Wikipedia und ihrer Schwesterprojekte eingeschränkt sind, so ist doch zu erwarten, dass die Ergebnisse, die auf der Basis dieser großen Korpora erzielt werden können, auch auf andere vergleichbare Textsorten, insbesondere natürlich auf Enzyklopädien, übertragbar sein werden.

Literaturangaben

Antin, Judd, und Coye Cheshire. 2010. Readers are not free riders: reading as a form of participation on Wikipedia. In *Proc. of the 10th int. ACM conf. on computer supported cooperative work*, doi: 10.1145/1718918.1718942.

Bortz, Jürgen. 2004. *Statistik für Human- und Sozialwissenschaftler*. Springer, Heidelberg.

Calzada, Gabriel De la, und Alex Dekhtyar. 2010. On Measuring the Quality of Wikipedia Articles. In *Proc. of the 5th Workshop on Information Credebility*, doi: 10.1145/1772938.1772943.

Castells, Manuel. 2001. *The Internet Galaxy. Reflections on the Internet, Business, and Society*. New York: Oxford Universität Press.

Cunningham, Ward, und Bo Leuf. 2001. *The Wiki Way. Quick Collaboration on the Web*. Mass.: Addison-Wesley.

Frakes, William B. 1992. Stemming Algorithms. In *Information Retrieval. Data Structures & Algorithms*, Hrsg. William B. Frakes und Ricardo Baeza-Yates, 131-160. Upper Saddle River, NJ: Prentice Hall.

Hammwöhner, Rainer. 2007. Qualitätsaspekte der Wikipedia. In *Wikis: Diskurse, Theorien und Anwendungen*, Hrsg. Christian Stegbauer, Jan Schmidt und Klaus Schönberger. Sonderausgabe von kommunikation@gesellschaft, Jg. 8. Online-Publikation: http://www.soz.uni-frankfurt.de/K.G/B3_2007_Hammwoehner.pdf (Stand: 8. August 2011).

Hammwöhner, Rainer. 2011. Bilder für die Welt I. In *Bilder sehen*, Hrsg. Christoph Wagner, Bernd Körber, Rainer Hammwöhner, Marc Greenlee und Christian Wolff. Regensburg: Schnell & Steiner.

Huang, Anna. 2008. Similarity Measures for Text Document Clustering. In *Proc. of the New Zealand Computer Science Research Student Conference*. 49-56. http://nzcsrsc08.canterbury.ac.nz/site/proceedings/Individual_Papers/pg049_Similarity_Measures_for_Text_Document_Clustering.pdf (Stand 8. August 2011).

Konieczny, Piotr. 2010. Teaching with Wikipedia and other Wikimedia foundation wikis. In *Proc. of the 6th int. symposium on Wikis and open collaboration*, doi: 10.1145/1832772.1832810.

Martinec, R.; Salway, A. 2005. A system for image– text relations in new (and old) media. *Visual Communication*, Bd. 4, Nr. 3, 339-374.

Ni, Xiaochuan, Sun, Jian-Tao, Hu, Jian, und Zheng Chen. 2011. Cross lingual text classification by mining multilingual topics from Wikipedia. In *Proc. of the 4th ACM int. conf. on web search and data mining*, doi: 10.1145/1935826.1935887.

Rad, Hoda Seperi, und Denilson Barbosa. 2011. Towards identifying arguments in Wikipedia pages. In *Proc. WWW '11 Proc of the 20th International Conference Companion on World Wide Web, ACM*, doi: 10.1145/1963192.1963252.
Roth, Benjamin, und Dietrich Klakow. 2010. Cross-language retrieval using link-based language models. In *Proc. of the 33rd int. conf. ACM SIGIR conf. on research and development in information retrieval*, doi: 10.1145/1835449.1835609.
Sachs-Hombach, Klaus. 2006. *Das Bild als kommunikatives Medium. Elemente einer allgemeinen Bildwissenschaft*. Köln: Halem.
Salton, Gerard, und Christopher Buckley. 1988. Term weighting approaches in automatic text retrieval. *Information Processing and Management*, Bd. 24, Nr. 5, 513-523.
Scholz, Oliver R. 2009. *Bild, Darstellung, Zeichen*. Frankfurt a. M.: Vittorio Klostermann.
Stegbauer, Christian. 2009. *Wikipedia: Das Rätsel der Kooperation*. Wiesbaden: VS-Verlag.
Stöckl, Hartmut. 2004. *Die Sprache im Bild – das Bild in der Sprache. Zur Verknüpfung von Sprache und Bild im massenmedialen Text*. Berlin, New York: Walter de Gruyter.
Wang, Huan, Chia, Liang Tien, und Gao, Shenghua. 2010. Wikipedia-assisted concept thesaurus for better web media understanding. In *MIR '10, proc. of the international conference on multimedia information retrieval*, doi: 10.1145/1743384.1743441.
West, Andrew G., Sampath Kannan, und Insup Lee. 2010. Stiki: An Anti Vandalism Tool for Wikipedia Using Spatio-Temporal Analysis of Revision Metadata. In *Proc. of the 6th Int. Symp. on Wikis and Open Collaboration*, doi: 10.1145/1832772.1832814.
Zhang, Xinpeng, Asano, Yasuhito und Yoshikawa, Masatoshi. 2011. Towards Improving Wikipedia as an Image Rich Encyclopedia through Analyzing Appropriateness of Images for an Article. In *Web Technologies and Applications. Lecture Notes in Computer Science,* Band 6612, 200-212, Springer.

Quellen aus dem WWW

MediaWiki: MediaWiki. www.mediawiki.org, zitiert am 6.8.2011
Wikimedia1:Bundesarchiv.commons.wikimedia.org/wiki/Commons:Bundesarchiv/de (Stand: 6. August 2011).

Wikimedia2: Deutsche Fotothek. commons.wikimedia.org/wiki/Commons:Deutsche_ Fotothek/de (Stand: 6. August 2011).
Wikimedia3: Categories. commons.wikimedia.org/wiki/Commons:Categories (Stand: 6. August 2011).
Wikimedia4: Galleries. commons.wikimedia.org/wiki/Gallery.htm (Stand: 6. August 2011).
Wikimedia5: Language policy. commons.wikimedia.org/Commons:Language_ policy (Stand: 6. August 2011).
Wikimedia6: Licensing. commons.wikimedia.org/wiki/Licensing (Stand: 6. August 2011).
Wikimedia7: Copyright tags. commons.wikimedia.org/wiki/Copyright_tags (Stand: 6. August 2011).
Wikimedia8: File types. commons.wikimedia.org/wiki/Commons:File_types (Stand: 6. August 2011).
Wikimedia9: What commons is not. commons.wikimedia.org/wiki/Commons:What_ commons_is_not (Stand: 6. August 2011).
Wikimedia10: Peter Klashorst. http://commons.wikimedia.org/Category: Peter_ Klashorst (Stand: 6. August 2011).
Wikimedia11: Featured pictures. commons.wikimedia.org/wiki/Commons:Featured_ pictures (Stand: 6. August 2011).
Wikimedia12: Valued images. commons.wikimedia.org/wiki/Commons:Valued_ images (Stand: 6. August 2011).
Wikimedia13: Quality images. commons.wikimedia.org/wikiCommons:Quality_ images (Stand: 6. August 2011).
Wikimedia14: Featured picture candidates. commons.wikimedia.org/wiki/Featured_picture_candidates (Stand: 6. August 2011).
Wikimedia 15: OTRS. commons.wikimedia.org/wiki/Commons:OTRS (Stand: 6. August 2011).

Anhang

Quantitative Angaben zu den Debatten

		2005	2006	2007	2008	2009	2010
Deletion Votings	Total Nr	552	4229	9686	16.219	16.672	26.186
	Authors	546 44	1979 229	4049 439	4774 547	4598 574	5565 680
	Votes	5,5 / 15,6 2	4,8 / 7,31 3	4,9 / 7,1 3	3,8 / 4,7 3	3,8 / 4,4 3	3,4 / 3,5 2
	Words per Vote (Token)	25,4 / 24,2 18,5	19,3 / 20,4 14,2	18,4 / 42 13	18,1 / 33,3 13	20,1 / 20,6 14,5	17,3 / 16,4 12,5
	Types per Vote	9 / 8,9 6,8	7 / 6,6 5,8	6,8 / 16,32 5,5	7 / 11,9 6	7,6 / 4,8 6,5	7,3 / 4,9 6,3
	Authors	5,3 / 15 2	4,7 / 7,1 3	4,7 / 6,9 3	3,8 / 4,6 3	3,8 / 4,3 3	3,3 : 3,4 2
Featured Votings	Total Nr.	952	1043	2317	2273	2803	2251
	Authors	482 134	505 147	962 245	1045 274	995 292	851 241
	Votes	13,7 / 6,4 13	14,1 / 6,2 13	13,4 / 7,3 12	13,2 / 7,5 11	13,8 / 7,5 12	15,6 / 7,7 14
	Words per Vote	6,2 / 3,9 5,2	6 / 3,7 5	12 / 7,3 10	12,1 / 7,1 10,5	12,1 / 7,1 10.3	13,3 / 6,1 12
	Types per Vote	2,3 / 1,2 2	2,2 / 1,2 2	4,3 / 1,9 4	4,5 / 2 4,1	4,5 / 1,9 4,1	4,8 / 1.9 4,5
	Authors	12 / 4,6 11	12,5 / 4,7 12	11,7 / 6,.6 10	11,4 / 6,8 10	11,5 / 6,6 10	11,8 / 6,7 10
Quality Votings	Total Nr	-	-	3646	4603	6150	10.394
	Authors			300 95	441 138	430 142	453 170
	Votes	-	-	3 / 2,7 2	2,9 / 2,6 2	2,35 / 1,7 2	2,36 / 1,9 2
	Words per Vote	-	-	12,7 / 8,5 10,5	10,6 / 6,3 9	8,7 / 5,6 7	8,6 / 5,8 7
	Types per Vote	-	-	6,4 / 2,8 6	5,7 / 2,5 5,4	5,1 / 2,3 4,5	5,1 / 2,5 4,5
	Authors	-	-	2,95 / 2,69 2	2,9 / 2,6 2	2,3 / 1,7 2	2,3 / 1,9 2

Tabelle 1: Quantitative Erfassung der Debatten (Mittelwert, Standardabweichung und Median)

Kontrollierter Wortschatz

Die Abdeckung des Wortschatzes der untersuchten Bewertungsdialoge durch Synsets erfolgte heuristisch mit dem Ziel, mit kleinem kontrolliertem Vokabular einen möglichst großen Teil der Beiträge erfassen und unter eine begrenzte Zahl von Deskriptoren subsumieren zu können. Die erfassten Begrifflichkeiten decken häufige Bildthemen (Tier, Pflanze), Bildeigenschaften (Farbe, Belichtung), Bildbearbeitung (verwendete Software etc.), den rechtlichen Rahmen (Urheberrecht, Panoramafreiheit, Recht am eigenen Bild) sowie die Bewertung hinsichtlich der Richtlinien der Commons (Pornografie, Vandalismus, Scope) ab. Die Zuordnungen sind in Bezug auf die Diskurspraxen der Commons sinnvoll und verständlich. So wird in dem hier verwendeten Korpus auf den Tod von Personen nur im Zusammenhang mit dem Erlöschen des Urheberrechts bezug genommen, ohne dass Schlüsselworte wie „copyright" überhaupt Erwähnung fänden. Wegen der besseren Lesbarkeit sind die Synsets hier als Vollformen angegeben. Morphologische Varianten dieser Schreibweisen werden vom System automatisch zusammengeführt:

Hauptdeskriptor	Nebendeskriptoren
animal	bear, bird, bug, butterfly, elephant, fly, horse, insect, lion
bad name	bad file, bad name, misspell, redirect, spell wrong file, wrong name, wrong title
building	bridge, castle, house, station, tower
censor	censorship
color	chromatic aberration, haze, white balance
composition	angle, background, bore, crop, detail, distraction, foreground, perspective, subject, surronding
compression	artifact
contrast	soften
copyright	artist work, artwork, copyleft, copyvio, copy violation, derivation, dead, died, illegal, law, legal, unfree, watermark, work of art
data	exif, geocode, source, unsourced
distortion	antialiasing, tilt
exposure	blown, overexposed, underexposed
flower	tree
focus	blurred, depth of field, dof, oversharped, sharp, unsharp
fop	freedom of panorama, panoramafreiheit
good faith	senior user
image size	downsample, resolution
interesting	

Bilddiskurse in den Wikimedia Commons 309

landscape	hill, mountain, park, river, sea, wood
license	cc, gfdl, pd, public domain
light	dark, lens flare, lighten, shadow, vignet
noise	dirt, dust, grain, scratch, spot
permission	otrs
person	man, woman, girl, boy
policy	featured picture, fp, quality image, qi, standard, village pump
point of view	caricature, politics, pov
porn	clitoris, hardcore, nude, nudist, penis, pornography, sex, vulva
post processing	restore, stich, software,
privacy	consent, model release, personal rights
scope	educational, encyclopedic, informative, unused, usable, useless
source	flickr, movie, screenshot, television, trailer, tv, web, webpage, website
supersede	duplicate, identical, obsolete, redundant, replaced, reuploaded, version
vandalism	spam, sockpuppet
wow	excellent, remarkable

Tabelle 2: Kontrolliertes Vokabular: Haupt- und Nebendeskriptoren

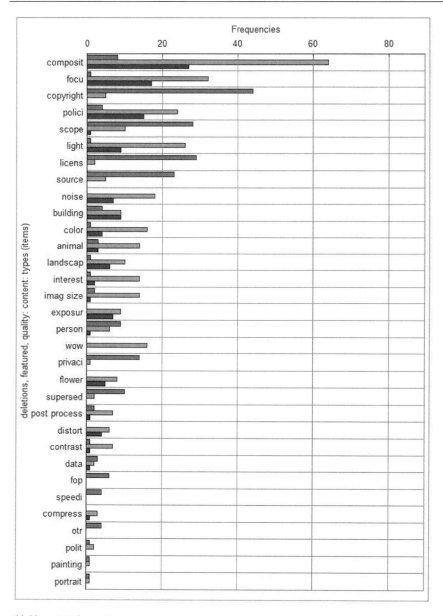

Abbildung 1: Relative Häufigkeiten der Themennennung in den Löschdialogen (rot) und den Debatten um exzellente (grün) bzw. qualitativ hochwertige (blau) Bilder.

Gerhard Heyer

Soziale Netzwerke und inhaltsbasierte Suche in P2P-Systemen

Zusammenfassung

Im Folgenden präsentieren wir eine Anwendung der netzwerkbasierten Analyse von sozialen Strukturbildungsprozessen in der Informatik für eine Verbesserung der Dokumentensuche in Netzwerken, die auf sog. Peer-to-Peer (P2P)-Systemen beruhen. P2P-Systeme setzen sich aus einer Menge von gleichartigen oder zumindest mit kompatiblen Interfaces versehenen Softwareagenten zusammen, welche auf i.a. verschiedenen, durch ein Verbindungsnetzwerk (typischerweise das Internet) verbundenen, Computern „leben". Kennzeichnendes Merkmal dieser Softwareagenten ist, dass jeder sowohl als Client als auch als Server agieren kann. Diese Softwareagenten werden daher auch als Servents (*Serv*er/Cli*ent*) bezeichnet. Jeder Servent besitzt eine Datenbank mit IP-Adressen von Computern (Nachbarn dieses Servents), welche andere zum System gehörende Servents „hosten". Zu den Vorteilen von P2P-Systemen zählen insbesondere die hohe Aktualität der verfügbaren Daten, Ausfallsicherheit und der Schutz vor Manipulationen der Retrievalergebnisse. Nachteilig ist in der Praxis bisher meist der hohe Aufwand für die Suche in P2P-Netzwerken sowie die hohe Netzlast.

Um diese Nachteile zu verringern, ist in den von der DFG geförderten Projekten SemPIR I und II ein Ansatz für eine inhaltsbasierte Suche in P2P-Netzwerken entwickelt worden (http://www.asv.informatik.uni-leipzig.de/projects/6). Als Ausgangspunkt dient dabei die Überlegung, dass der Erfolg einer Informationssuche zu einem gewissen Teil immer auch auf dem in der sozialen Struktur einer Gesellschaft implizit gespeicherten Wissen beruht: Es ist für einen Anfrager oftmals hinreichend zu wissen, welcher seiner Bekannten Kenntnisse über ein fragliches Thema besitzt, um die gewünschte Information zu erhalten. Der Befragte kann dann selbst antworten und/oder die Anfrage an einen ihm bekannten, noch besser zur Anfrage passenden Experten weiterleiten, der selbst entweder antwortet und/ oder abermals weiterleitet usw. Diese Idee fußt maßgeblich auf einer ursprünglich von Stanley Milgram (Milgram 1967) nachgewiesenen Eigenschaft von sozialen Netzwerken, dass die Pfade zwischen beliebigen ihrer Knoten (Mitglieder einer

Gesellschaft) nur wenige Bekanntschaftsverbindungen lang sind. Selbst hochspezialisierte Experten sollten sich somit von jedem Knoten (Anfrager) im sozialen Netzwerk aus über wenige Verbindungen finden lassen. Für Netzwerke mit diesen Eigenschaften wurde der Begriff „*small world*" geprägt, der nach der Definition von Watts und Strogatz solche Graphen bezeichnet, die einen hohen Clustering-Koeffizienten bei geringer mittlerer Pfadlänge aufweisen (Watts und Strogatz 1998). Jon Kleinberg erkannte (Kleinberg 2000), dass zur effizienten Ausnutzung solcher Netzwerkeigenschaften für einen Anfrager klar sein muss, in welche Richtung er sich nach Antworten umsehen muss („*latent navigational cues*").

In den SemPIR Projekten wurde auf der Basis von Text Mining ein Verfahren entwickelt, das die genannten Small-World-Eigenschaften sozialer Netzwerke auf ein Netzwerkmodell für inhaltsbasierte Peer-to-Peer-Suche überträgt. Dieses Overlay-Netzwerk (über das physische Netzwerk „gelegtes" Netzwerk) strukturiert sich aus den Textdaten der Peers selbständig aufgrund von festgelegten Präferenzkriterien, welche anderen Peers jeder Peer „kennt", und steuert die Routing-Vorgänge bei der Suche. Empirische Evaluationen zeigen einen durchschnittlich deutlich besseren Wert für precision, als bei einer vergleichbaren zentralistischen Sucharchitektur.

1. Das zentralistische Paradigma und Aspekte sozialer Netzwerke im Information Retrieval

Das World Wide Web (WWW) stellt heute den größten elektronisch verfügbaren Informationsbestand dar. Das sehr große Volumen und die extrem hohe Dynamik dieses Datenbestandes, wie auch die unterschiedliche Qualität der im WWW verfügbaren Daten, werfen vielfältige neue Probleme bei der Informationssuche auf.

Die leistungsfähigsten Werkzeuge zur Erschließung der im WWW verfügbaren Informationen stellen gegenwärtig Suchmaschinen wie *Google* und *Yahoo!* dar, die dem zentralistischen Paradigma folgen. In diesem Paradigma werden die Daten in einem Datenzentrum zentral erfasst und für die Indexierung aufbereitet. Für den fortlaufenden Betrieb der zentralisierten Architekturen ist jedoch oft ein großer Wartungs- und Aktualisierungsaufwand notwendig. Zudem stellen die häufig verwendeten zentralisierten Strukturen (Server, Datenbanken) einen wesentlichen Angriffspunkt bezüglich Systemsicherheit und Datenschutz dar.

Theoretisch ist der gesamte Informationsbestand des WWW jederzeit von jedem mit dem Internet verbundenen Computer aus verfügbar. Praktisch stehen dieser potentiell unbegrenzten Verfügbarkeit jedoch Probleme entgegen. Diese Probleme sind begründet in der Größe und der ungeheuren Dynamik des Informationsbestandes. Dazu kommen Fragen der Qualität der angebotenen Information, welche insbesondere deren Aktualität und Korrektheit betreffen. Die effiziente Suche nach aktuellen und qualitativ hochwertigen bzw. vertrauenswürdigen Informationen ist eines der zentralen Probleme des WWW.

Aus Sicht des Nutzers besteht das Ziel der Informationsrecherche darin, Dokumente zu finden, welche ein beim Nutzer vorhandenes Informationsbedürfnis befriedigen. Um dies zu realisieren, ist es erforderlich, eine Beschreibung der relevanten Dokumente zu geben. Der eigentliche Suchvorgang besteht dann darin, alle verfügbaren Dokumente zu lokalisieren, welche dieser Beschreibung genügen. Im Allgemeinen wird das Suchergebnis, d.h. die Menge der Dokumente, welche der Beschreibung genügen, nicht genau aus den relevanten Dokumenten bestehen, sodass nach Durchsicht des Suchergebnisses der Vorgang gegebenenfalls mit einer modifizierten Beschreibung wiederholt werden muss. Diese Charakterisierung des Suchvorganges ist zunächst einmal unabhängig davon, ob Textdokumente im WWW oder herkömmliche Textdokumente (in gedruckter Form) gesucht werden.

Prinzipiell sind Suchmaschinen aus den folgenden Komponenten aufgebaut:
- Einem oder mehreren Erfassungsagenten (*spider, crawler*),
- einem Index, und
- dem eigentlichen Suchmaschinenprogramm.

Die Erfassungsagenten erschließen den von allen im WWW vorhandenen Webseiten gebildeten Suchraum, indem sie ausgehend von einer initialen Menge von URL's den durch die Links auf der Menge der Webseiten gebildeten gerichteten Graphen (Webgraph) durchmustern. Die von den Erfassungsagenten besuchten Webseiten werden in komprimierter Form in einer Zwischenablage gespeichert. Von dort werden die Webseiten dann vom Suchmaschinenprogramm aufgerufen, entfaltet und geparst. Für jede Seite werden alle auftretenden Wörter hinsichtlich ihrer Position auf der Seite, Fontgröße und Groß- bzw. Kleinschreibung gespeichert und so der Index aufgebaut. Alle in den Seiten auftretenden Links werden in einem Ankerfile erfasst. Die im Ankerfile enthaltenen relativen Links werden durch einen URL-Resolver in absolute URL's umgewandelt und in einer Link-Datenbank gespeichert. Für die Links in der Link-Datenbank wird ein Seitenrang (page rank) ermittelt. Dieser dient zur Bewertung der Relevanz der Suchergebnisse. Suchanfragen werden beantwortet, indem die URL's aller im Index gespeicherten Webseiten, welche die in der Suchabfrage enthaltenen Terme bzw. logischen Verknüpfungen dieser enthalten ausgegeben werden. Im Allgemeinen ist diese Menge sehr groß. Daher ist es für die Nutzbarkeit des Suchergebnisses von großer Bedeutung, die Ergebnismenge entsprechend ihrer Relevanz zu ordnen. Die dazu verwendeten heuristischen Algorithmen beruhen insbesondere auf dem oben erwähnten Seitenrang.

Mit der explosionsartigen Vergrößerung des Datenbestandes im Internet und seiner gestiegenen Dynamik haben sich auch die Probleme verschärft, Informationen aufzufinden. Gerade die Identifikation aktueller und qualitativ hochwertiger Quellen hat eine zentrale Wichtigkeit erlangt, da mittlerweile ein Großteil der Wirtschaft und Gesellschaft von ihnen abhängig geworden ist. Die Bewertung von Quellen jedoch hängt grundsätzlich viel mehr von menschlicher Aktivität ab als die inhaltliche Bewertung, die mit automatischen Indizierungsverfahren in vielen Fällen in ausreichender Qualität möglich ist.

Ein klassischer Ansatz zur Bewertung von Informationen bei der Suche ist die kontextbezogene Nutzung von *Relevance Feedback*, indem das Suchergebnis vom Benutzer nach seiner Relevanz für sein Informationsbedürfnis bewertet und eine Suchanfrage wiederholt wird mit einer geänderten Gewichtung der Suchbegriffe oder erweitert mit zusätzlichen Begriffen aus relevanten Dokumenten (Rocchio 1971; Ide 1971). Zu dieser expliziten Form des Relevance Feedback analog ist wieder die implizite Form, die ohne Nutzerinteraktion auskommt und beispielsweise auf automatischer Verwendung von Information aus den höchstbewerteten Dokumenten im Suchergebnis beruht (Buckley 1994; Kelly und Teevan 2003).

Ein anderer Ansatz zur Informationsbewertung ist Collaborative Filtering (CF), bei dem Informationen – oder, viel allgemeiner, Objekte wie z.B. jede Art von Produkt in einem Webshop – von Mitgliedern einer Community direkt bewertet werden. Hier lassen sich explizit Fragen über verschiedene Qualitäten der Objekte stellen (z.B. fachliche Richtigkeit), es ist also eine Differenzierung der Bewertungsfragestellung möglich. Ein klassischer Ansatz wurde von Konstan (Konstan et al. 1997) implementiert: Das Verfahren GroupLens lässt Nutzer Artikel aus Newsgroups bewerten, um ähnlichen Nutzer gezielt solche Artikel anzubieten, die diese besonders interessieren. Die Ähnlichkeiten beruhen ihrerseits auf einem Clustering der Nutzer nach ihren Bewertungen. Neben dieser expliziten Form von Bewertung ist auch die implizite Bewertung durch Beobachtung des Nutzerverhaltens möglich, z.B. kann der Kauf eines Artikels als Empfehlung gewertet werden. Ein lokalisierter Ansatz für Collaborative Filtering wurde z.B. von Canny (Canny 2002) vorgeschlagen.

Bei der Schätzung der „Wichtigkeit" (oder Popularität) von Webseiten haben topologiebasierte Verfahren wie HITS (Kleinberg 1999) oder PageRank (Page und Brin 1998) eine zentrale Bedeutung im WWW. Sie können als „soziale" Ansätze interpretiert werden, da sie Verlinkungsstrukturen im WWW als soziales Netzwerk auffassen. Zudem hängt es von der Aktivität der Community der Webseiten-Autoren als sozial vernetzter Instanz ab, wie häufig eine bestimmte Seite referenziert bzw. verlinkt wird, was zu ihrer „Authority" bzw. ihrem Page-Rank beiträgt. Ein anderer, besonders auch für lokalisierte Systeme relevanter Algorithmus ist

NodeRanking (Pujol et al. 2002). Die Ergebnisse dieser Verfahren führen zu einem absoluten Wert für jeden Knoten, der die relative Wichtigkeit innerhalb des Netzwerks angibt.

2. Dezentrale Informationsrecherche - Der P2P-Ansatz

Peer-to-Peer Systeme (P2P-Systeme) sind eine Sammelbezeichnung für ein dezentrales Paradigma des Informationsaustausches. *„Peer-to-Peer computing is a network-based computing model for applications where computers share resources via direct exchange between the participating computers"* (Barkai 2002). Gegenwärtig werden P2P Systeme hauptsächlich als Filesharing Systeme eingesetzt. Bekannte Ausführungsformen solcher P2P Systeme waren in den letzten Jahren Gnutella, FreeNet und NeuroNet, welche sich jedoch durch die Art und Weise der Weiterleitung und Bearbeitung von Suchanfragen unterscheiden.

Ein zentrales Problem von P2P-Ansätzen im Information Retrieval ist der hohe Aufwand für die Suche in Peer-Netzwerken sowie die sehr hohe Netzlast, die durch das breite Streuen von Suchanfragen *(broadcasting)* ernste Probleme hinsichtlich der Skalierbarkeit dieses Ansatzes bereitet (Ritter 2002). Lösungen zu diesem Problem sind u.a. die Einführung von sog. *Ultrapeers* (Singla 2002). Teilnehmer mit höherer Leistungsfähigkeit (etwa hinsichtlich der Bandbreite) und/ oder Ressourcenverfügbarkeit können als Ultrapeers behandelt werden. Suchanfragen werden dann immer zuerst an diese Ultrapeers geleitet, was zu einer Reduktion der Anzahl der Nachrichten je Suchanfrage führt und bei passender Wahl der Ultrapeers auch die durchschnittlichen Antwortzeiten verkürzt. Dieser Ansatz durchbricht jedoch das Paradigma der prinzipiellen Gleichheit aller Teilnehmer (peers) des Systems.

In (Decker et al. 2002) und (Nejdl et al. 2002) wird, abgesehen vom Vorschlag zum Ausnutzen von manuell erstellten Metatags, ein sogenannter Hypercube vorgeschlagen, um die Broadcast-Kosten auf das theoretische Minimum zu senken. Dabei wird im Prozess des Entstehens des Netzwerkes mit jedem Beitritt eines Knotens der Hypercube weiter aufgebaut, bis er vollständig ist. Tritt dann ein weiterer Knoten bei, erhöht sich die Dimensionalität des Hypercube um eins, womit wieder neue Plätze entstehen usw. Bei einem Broadcast in diesem System ist garantiert, dass jeder Knoten die Nachricht nur einmal erhält. Weiterhin ist garantiert, dass der Durchmesser dieses Systems nicht unnötig wächst. Bei diesem Verfahren wird davon ausgegangen, dass jeder Knoten exakt gleichberechtigt mit den anderen Knoten ist insofern, als dass jeder Knoten die gleiche Funktionalität *und* Last bewältigen können muss. Dies stellt eine vollkommene Loslösung vom

Schema der Ultrapeers oder anderer leicht zentralistischer Ansätze dar, lässt aber unberücksichtigt, dass in der Praxis jeder einen Knoten in diesem Netzwerk repräsentierende PC unterschiedlich viele Ressourcen zur Verfügung hat. Während einige etwa über sehr viele Dokumente verfügen, aber eine schlechte Netzanbindung, gibt es andere, die zwar dokumentenlos sind, sich aber etwa direkt an einer Backbone befinden, womit sie eine sehr starke Netzanbindung haben und demzufolge viel Traffic bewältigen können.

Im Freenet System (Joseph 2002a) wird vorausgesetzt, dass alle im Gesamtsystem vorhandenen Dokumente durch einen eindeutigen Schlüssel gekennzeichnet sind. Jeder Freenet Servent besitzt dann eine Datenbank, welche die bisher erkannten Beziehungen zwischen einer Teilmenge der Schlüssel und seinen Nachbarn repräsentiert. Es wird ferner vorausgesetzt, dass auf der Menge aller Dokumente ein Abstandsmaß (Ähnlichkeit) existiert, welches so beschaffen ist, dass ähnliche Dokumente mit höherer Wahrscheinlichkeit auf demselben Computer gespeichert sind. Einen ähnlichen Ansatz benutzt auch NeuroNet. Es ist evident, dass der Erfolg dieser Vorgehensweise entscheidend von der Güte des angesprochenen Abstandsmaßes abhängt.

Die Entwicklung im Bereich von P2P-Systemen hat sich in den letzten Jahren weniger auf die „klassische" Anwendung in Filesharingsystemen und Synchronkommunikation (CSCW) konzentriert, als vielmehr in Richtung neuartiger Nutzung des Designprinzips (Steinmetz und Wehrle 2007). Der Aufbau semantischer Nachbarschaftsnetzwerke zwischen Peers wird nicht nur zur Informationssuche selbst genutzt, sondern kann auch zur Erschließung und Strukturierung von Communities über semantische Gemeinsamkeiten verwendet werden.

Eine weitere wichtige Entwicklung ist die Verknüpfung von Peer-to-Peer-Ansätzen mit dem im Aufbau befindlichen Semantic Web (Staab & Stuckenschmidt 2009). Beide Ansätze versuchen, die Bedeutung von textuellen Inhalten durch geeignete, von lexikalischen Phänomenen möglichst unabhängige Repräsentationen zu erfassen und so Informationsbedürfnisse besser zu bedienen. Dabei baut das Semantic Web auf Ontologien auf, die bei hinreichender Qualität jedoch größtenteils manuell erstellt werden müssen.

Im Unterschied zu den genannten Verfahren und Projekten zielt der Ansatz der von der DFG im Zeitraum 2004 bis 2008 geförderten Projekte SemPIR I und II auf eine aus den verfügbaren Dokumenten einer Website mit Hilfe von Verfahren der Automatischen Sprachverarbeitung automatisch errechneten *inhaltlichen* Klassifikation der Dokumente. Durch den automatischen, textbasierten Vergleich der generierten Metadaten der eigenen Dokumente mit den Metadaten der Nachbarn entsteht ein Netzwerk, bei dem Knoten mit ähnlichen Inhalten miteinander verbunden sind. Dadurch brauchen Anfragen an das System nicht mehr geflutet werden, sondern können gezielt an den inhaltlich passendsten Knoten weitergeleitet werden. Dabei wird zwischen zwei Ressourcen unterschieden: Inhalt und Kapazität. Knoten mit viel Netzkapazität werden dabei automatisch zentralere Rollen zugewiesen, ohne sie explizit als Server zu deklarieren oder die Neztstruktur explizit zu verändern.

3. Inhaltsbasierte Suche in P2P-Systemen – Die SemPIR Projekte

Das Ziel des Projektes war es, durch einen geeigneten *content*-basierten Ansatz ein logisches Communitynetzwerk auf bestehenden Netzwerkstrukturen zu schaffen, das die Vorteile von Systemen mit zentralen Suchmaschinen mit denen von P2P-Systemen verbindet und so dem Nutzer ein leichteres Auffinden der von ihm gesuchten Dokumente ermöglicht.

Der wissenschaftliche Beitrag des Projektes lag dabei im Entwurf einer geeigneten, lernfähigen Knotenstruktur, die im wesentlichen auf einer Erweiterung der Grundprinzipien der P2P Systeme beruht. Servents dieses Systems generieren automatisch Metadaten aus der jeweils ihnen zugeteilten Dokumentensammlung. Diese Metadaten werden ebenfalls unbeaufsichtigt mit denen anderer Agenten verglichen. Die Agenten versuchen dann, Verbindungen zu anderen Agenten mit ähnlichen Inhalten zu halten, sowie zu solchen, die über sehr viele Verbindungen zu anderen Agenten verfügen, auch wenn ihre Metadaten nicht passend schienen. Suchanfragen können dann gezielt an passende Agenten weitergeleitet werden, ohne die Nachteile von Flutung oder seriellem Suchen in Kauf nehmen zu müssen. Vorhandene, herkömmliche zentrale Suchmaschinen passen sich in dieses Bild ein als diejenigen Agenten, die über sehr viele Verbindungen verfügen.

Als Grundannahme wurde ein beliebiges mögliches (und damit auch im Rahmen einer Suche anzusprechendes) Thema aufgefasst als die Menge derjenigen Dokumente, die einen Beitrag zu den durch dieses Thema beschriebenen Inhalten leisten. Die Schlagworte der Themenbeschreibung müssen somit nicht wörtlich in den Dokumenten enthalten sein. Prinzipiell ist durch dieses Verständnis eine Community unmittelbar durch eine Fuzzymenge über den Peers beschrieben, deren Zugehörigkeitsfunktion zu einem bestimmten Thema verschieden von Null ist.

Das Wissen eines Knotens über ein Thema bestimmt sich nach diesen Auffassungen aus zwei getrennt zu betrachtenden Datenmengen eines Knotens:

- aus der Anzahl der von diesem Knoten (Peer) in einem sogenannten Dokumentenspeicher abgelegten direkten Verweise auf ein Dokument (URL's) sowie
- aus seinem in dem sogenannten Peerspeicher festgehaltenen Wissen über die von dem Thema bestimmte Communitymenge.

Bei der Bearbeitung des Projektes ist von der Beobachtung ausgegangen worden, dass in realen, sozialen Gemeinschaften i.a. nach einer bestimmten Zeit jedes Individuum weiß, wie aussagekräftig sein eigenes Wissen und das Wissen der ihm bekannten Individuen zu einem bestimmten Thema ist. Im Rahmen der Forschungsarbeiten des Projektes ist simulativ nachgewiesen worden, dass sich die genannten Small-World-Eigenschaften sozialer Netzwerke auf ein Netzwerkmodell für inhaltsbasierte Peer-to-Peer-Suche überträgt. Dieses Overlay-Netzwerk (über das physische Netzwerk „gelegte" Netzwerk) strukturiert sich selbständig aus den Textdaten der Peers und steuert die Routing-Vorgänge bei der Suche. Experten und Anfrager stehen so in Analogie zu Peers, Wissen und Suchinteressen realer Personen in Analogie zu Textinhalten in Dokumenten und Suchanfragen.

Für die Repräsentation von Peers, Dokumenten und Suchanfragen wurden Profile eingeführt, die Textinhalte in komprimierter Form widerspiegeln und semantisch vergleichbar machen. Als prinzipiell sinnvoller Ansatz zur Textrepräsentation wurde das Vektor-Space-Modell angesehen. Ein Peer-Profil sollte dabei durch Summierung von Dokumenten-Profilen gebildet werden. Um eine kompakte, netzwerkeffiziente Beschreibung zu erhalten, wurde im Konzept die Länge der Profil-Vektoren auf die signifikantesten Begriffe beschränkt.

Im Folgenden werden die beiden Algorithmen zur Strukturbildung und Suche beschrieben, wie sie ausführlich in Witschel (Witschel 2008) dargelegt sind. Da die Strukturbildung das Verfahren der Suche benutzt, soll letztere zuerst beschrieben werden.

Die Suche in dem Overlay-Netzwerk wurde aus der oben beschriebenen Expertenanfrage heraus konzipiert:

> Erhält ein Peer P eine Anfrage Q, so durchsucht er zunächst seine eigene Bibliothek nach Dokumenten, welche zu Q passen. Falls dies erfolgreich ist, werden die Profile der Dokumente an Q angehängt. P wählt sodann denjenigen seiner Nachbarn aus, dessen Profil Q am ähnlichsten ist und leitet die Anfrage nur an ihn weiter. Dies geschieht solange, bis die time-to-live (TTL) der Suchanfrage-Nachricht abgelaufen ist, woraufhin die Anfrage direkt zu P

zurückgeleitet wird. Um Schleifen zu vermeiden, trägt außerdem jeder Peer seine Adresse in das Log der Nachricht ein: Q wird daraufhin nicht an Peers weitergeleitet, welche bereits im Log enthalten sind.

Aufgrund der Struktur der Small World kann die Suche als eine Form von Hill Climbing interpretiert werden: Die Nachricht bewegt sich hin zu (semantisch relativ homogenen) Peer-Clustern, die immer besser zur Anfrage passen. Ist der richtige Cluster gefunden, so kann aufgrund der starken Vernetzung innerhalb des Clusters schnell der beste Peer für die Anfrage identifiziert werden.

Zur Strukturbildung (oder Selbstorganisation) des Small-World-Overlay-Netzwerkes wurde ein Gossiping-Verfahren (aktive Verteilung von Peer-Profilen) entwickelt. Dabei stellt jeder Peer P periodisch Anfragen nach seinem eigenen Profil an seine Nachbarn, welche mit Hilfe des beschriebenen Suchverfahrens verarbeitet werden. Der einzige Unterschied zur Suche besteht darin, dass im Falle des Gossipings Peers zusätzlich zu ihrer Adresse auch ihr Profil in das Log der Nachricht eintragen. Erhält P nun die Antwort auf seine Anfrage, so kann er die Einträge des Logs inspizieren und sich evtl. neue Nachbarn wählen. Damit auch andere Peers von Ps Existenz erfahren können, kann jeder Peer, welcher die Gossiping-Nachricht weiterleitet, ebenfalls deren Log inspizieren.

Für die Auswahl von Nachbarn werden dabei jeweils semantische Ähnlichkeiten der Peer-Profile herangezogen, was ein Clustering semantisch ähnlicher Peers bewirkt (*Cluster-Strategie*: Experten mit gleichem fachlichen Hintergrund kennen sich wahrscheinlicher als Fachfremde). Außerdem wurde die Möglichkeit von semantisch unähnlichen Verbindungen zwischen Knoten im Netzwerk erlaubt (*Intergroup-Strategie*: Experten haben auch fachübergreifende Bekanntschaften), was die maximalen Radien im Netzwerk verkürzt und Brücken zwischen semantischen Clustern bildet. Die mittels beider Strategien gefundenen Nachbarn werden getrennt betrachtet, wobei die zugelassenen Größen der Mengen „Cluster-Nachbarn" und „Intergroup-Nachbarn" die Struktur des sich bildenden Overlay-Netzwerkes maßgeblich beeinflussen.

Zu bemerken ist, dass die Cluster-Nachbarn eines Peers für den menschlichen Betrachter von großem Interesse sein können, da es sich bei den Betreibern von im Overlay-Netzwerk nahen Peers oft um Menschen handelt, welche sich mit ähnlichen Fragestellungen beschäftigen. Eine Offenlegung dieser Strukturen kann also für den menschlichen Betrachter sehr interessant sein.

Als eine weitere Möglichkeit der Nutzung von Cluster-Informationen wurde ein Caching-Verfahren entwickelt, d.h. die Speicherung von Informationen aus dem Gossiping-Prozess. Wie bei der normalen Suche wird auch beim Gossiping auf jedem Peer nach passenden Dokumenten gesucht, und deren Vektoren werden an die Anfrage angehängt. Das bedeutet, dass der Peer, welcher nach seinem eigenen Profil gefragt hat, eine Liste von Dokumenten als Antwort erhält, welche gut zu seinem Profil passen. Bei genügend verfügbarem Speicherplatz können diese Dokumenten-Profilvektoren (oder die Dokumente selbst) auf dem Peer gespeichert werden. Dies ist einerseits für den Benutzer interessant – als eine Art automatischer Literaturrecherche, welche seinen Dokumentenbestand semantisch homogen erweitert. Andererseits wird der Peer durch die Einbeziehung des neuen Wissens mehr Anfragen zu seinem Spezialgebiet beantworten können.

Zur Verifikation des Small-World-Ansatzes wurde die prinzipielle Funktionsweise mit abstrahierten Inhalten simulativ überprüft. Hierfür wurde eine Simulationsumgebung mit Hilfe des Netzwerksimulators OMNeT++ implementiert. Es sollte durch Vergleich verschiedener Simulationsläufe herausgefunden werden, wie das Verhalten des Systems bei Strukturbildung und Suche sich mit den verschiedenen Strategien verändert. Bei der Simulation wurde mit zufällig generierten synthetischen „Dokumenten" gearbeitet, die statt durch Wörter durch 50 synthetische Kategorien dargestellt wurden. Für die Durchführung des Experiments wurden 8000 Peers mit insgesamt 10000 verschiedenen Dokumenten versehen. Dabei wurde die Interessenverteilung der Peers durch die zufällige Zuordnung von bis zu 3 Kategorien modelliert. Die Dokumente erhielten ebenfalls Kategorien und wurden den Peers so zugeteilt, dass (1) jedes Dokument eine Kategorie aus den Interessen des Peers enthält und (2) dass die Zahl der Dokumente der Peers einer Power-Law-Verteilung entsprach. Vereinfachend wurde bei diesen Simulationen das Online-Verhalten (Churn) außer Acht gelassen, und jeder Peer hatte mindestens ein Dokument (kein Freeriding). Zu Anfang der Simulation erhielt zudem jeder Peer die Adressen von drei zufällig gewählten anderen Peers (seine initiale Nachbarschaft). Eine Übersicht der Strukturbildung des Overlay-Netzwerkes findet sich in der Tabelle in Abbildung 1. So ergab sich für die reine Clustering-Strategie ein stark zerteiltes Netz mit 6829 Einzelkomponenten. Die kombinierte Clustering- und Intergroup-Strategie hingegen erzeugte ein wesentlich zusammenhängenderes Netz mit 135 Komponenten, wobei der Ausgangswert vor der Strukturierung 445 war. Die Clusterkoeffizienten waren in allen Durchläufen wesentlich höher als im Zufallsgraphen, die mittlere Weglänge hingegen nur unwesentlich größer, was klar als Small-World-Struktur interpretiert werden kann.

Zur Simulation der Suche in den gebildeten Overlay-Netzwerken wurden 100 Peers zufällig ausgewählt, welche jeweils nacheinander Anfragen nach allen 50 Kategorien generierten. Zur Bewertung der Suchqualität wurde der Recall (d.h. die Anzahl gefundener relevanter Dokumente im Vergleich zu einer zentralisierten

Suche) gemessen sowie die Anzahl der Weiterleitungen zwischen Peers (time-to-live), die für den jeweiligen Recallwert benötigt wurden. Abbildung 2 zeigt den Recall als Funktion der TTL.

	Cluster-Koeffizient	Mittlere Weglänge	# Komponenten	Größe der größten Komponente
Lauf 1	0,56	3,7	6829	1168
Lauf 2	0,34	4,3	135	7865
Lauf 3	0,31	4,2	135	7865
Zufallsgraph	0,0024	3,3	1	8000

Abbildung 1: Eigenschaften der gebildeten Netzwerkstrukturen.

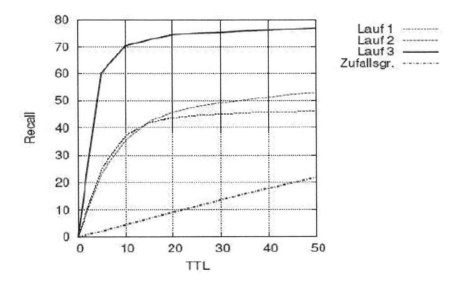

Abbildung 2: Recall und Anzahl besuchter Peers (TTL).

Die Ergebnisse zeigten, dass der Recall für die verwendeten Strategien recht schnell konvergiert, d.h. schon nach wenigen Weiterleitungen ein Großteil der durch die Overlay-Struktur prinzipiell auffindbaren Dokumente gefunden wurde. Small-World-Strukturen vereinfachen somit offensichtlich die Suche deutlich gegenüber einem Zufallsgraphen. Überraschenderweise wirkte sich das Caching ähnlicher Dokumente aus vorherigen Gossiping-Vorgängen stark auf den Recall aus: Die Werte waren um fast die Hälfte besser als ohne Caching. Ebenfalls überraschend war der geringe Unterschied, den die Intergroup-Strategie machte (Lauf 1): Die verbleibende größte Komponente in Lauf 1 mit 1168 Peers (s. Abbildung 1) enthielt offensichtlich bereits über 46% (s. Abbildung 2) der inhaltlich wichtigen Knoten. Eine Untersuchung des Zusammenhangs zwischen Anzahl der auf einem Peer gespeicherten Dokumente und seinem Eingangsgrad nach Konvergenz des Gossipings ergab eine lose Korrelation, d.h. die gut erreichbaren Peers waren solche, die viele Inhalte anboten.

Der wichtigste zusätzliche Faktor zur Umsetzung des Strukturierungs-und Suchalgorithmus war die Wahl einer geeigneten Profilrepräsentation für die Beschreibung und den Vergleich von realen Dokument-, Anfrage-und Peerinhalten. Diese setzt ein geeignetes Verfahren für die automatische semantische Analyse von natürlichsprachlichem Text sowie für ein Ähnlichkeitsmaß voraus. Zu den Eignungskriterien für Profilrepräsentationen zählen geringe Rechenlast, Kompaktheit (und damit niedrige Netzwerklast) sowie gute Recallwerte. Da für Suche und Strukturbildung (als Sonderform der Suche) Recall die entscheidende Größe ist und diese durch eine starke Komprimierung der Profile am stärksten beeinträchtigt wird, sollte außerdem untersucht werden, wie das recall-reduzierende Problem des Vocabulary Mismatch durch Anfrageerweiterung (Query Expansion) verringert werden kann.

Die naheliegendste Möglichkeit der Profilberechnung ist das Vector-Space-Modell, da ihm mit der häufig verwendeten TF-IDF-Vorschrift zur Signifikanzschätzung und dem Cosinusmaß zur Ähnlichkeitsberechnung prinzipiell einfache und skalierbare Verfahren zugrundeliegen und es aufgrund empirischer Erfahrungen gute Retrieval-Ergebnisse liefert (Baeza-Yates und Ribeiro-Neto 1999). Wenn jedoch – wie im vorliegenden Fall – keine Möglichkeit besteht, global auf alle Dokumente im Korpus zuzugreifen, lassen sich vom Korpus abhängige Signifikanzparameter wie die inverse Dokumentenfrequenz IDF nicht ermitteln. Als Lösung hat Kronfol vorgeschlagen (Kronfol 2002), die IDF aus einem Referenzkorpus zu berechnen, vergleichbar mit einem Sprachmodell.

Dieser Ansatz wurde im Projekt erweitert: Statt der Verwendung der IDF wurde ein Verfahren entwickelt, das die Signifikanz von Wörtern mithilfe eines Likelihood-Verhältnisses (Likelihood Ratio, LR) berechnet (Dunning 1994): Es vergleicht die relative Frequenz eines Wortes in einem Dokument zu jener in einem Referenzkorpus. Wörter, deren relative Frequenzen im Dokument danach signifikant höher als im Referenzkorpus sind, werden als bedeutender („LR-signifikanter") für die Inhaltsanalyse angesehen, und Wörter unter einer Signifikanzschwelle lassen sich vernachlässigen, oder ein Profil verwendet eine festgelegte Anzahl der signifikantesten Wörter.

Im Gegensatz zu den oben beschriebenen Simulationen wurde nun anstelle der synthetischen Daten ein deutschsprachiger Zeitschriften-Korpus mit 3429 Dokumenten verwendet, welche jeweils manuell einer von zehn thematischen Kategorien zugeordnet waren. Aus einem Teil des Korpus wurde ein Trainingskorpus für die LR-Signifikanzbewertungen der Kookkurrenzen und für die Schätzung einer LSI-Basis erstellt. Der andere Teil wurde auf die Peers verteilt, indem jeder Peer ähnlich wie in der oben skizzierten Simulation Interessen-Kategorien zugeordnet bekam und dann anhand dieser Kategorien Dokumente aus dem Korpus zum Peer zugeordnet wurden. Zusätzlich wurden noch einfache Anfragen aus den Testdokumenten generiert (vgl. Witschel und Böhm 2005).

Zwei Szenarien wurden simuliert. In einer ersten Simulation (Szenario 1) wurde mit einer vereinfachten Netzwerkstruktur der Einfluss der Strukturbildung ausgeblendet. Hierzu wurde das Overlay-Netzwerk als Radialstruktur um einen zentralen Peer Z gebildet, der mit 1000 Peers X_n verbunden ist. Mit den verschiedenen Strategien Ci wurden die Ähnlichkeiten zwischen Anfrage Q und den X_n, $D(Q, X_n | C_i)$, zentral berechnet und in einer Liste geordnet, wobei die Profillänge als Maß der Kompaktheit variiert wurde. Anschließend wurde untersucht, wie viele der jeweils bekannten, zur Testanfrage passenden Dokumente nach der Abfrage wie vieler Peers bereits in der Ergebnismenge vorhanden waren, d.h. die Abhängigkeit zwischen Recall und TTL bei sukzessiver Abfrage von Peers in der Reihenfolge absteigender Ähnlichkeit zu Q. Als Baseline wurde eine zufällige Sortierung von Peers unter Ausschluss von Wiederholungen verwendet. Zusätzlich wurde noch eine Simulation der Standard-Strategie mit ungekürzter Profillänge durchgeführt („Informed Strategy"), die die Einflüsse der Kompression bei der Profilverkürzung zeigen sollte.

Für die zweite Simulation (Szenario 2) wurde die Peer-to-Peer-Netzwerkstruktur mit der kombinierten Intergroup- und Clusteringstrategie mit 1000 Peers verwendet. Wie in der Simulation mit synthetischen Daten wurde eingangs die Struktur des Overlay-Netzwerkes aufgebaut, diesmal allerdings mit den verschiedenen Profil-Strategien C_i, wobei die Profillänge variiert wurde. Anschließend wurden an das Netzwerk Testanfragen gestellt und untersucht, wie viele der bekannten zur Anfrage passenden Dokumente nach der Abfrage wie vieler Peers in der Ergebnismenge vorhanden waren, d.h. die Abhängigkeit zwischen Recall und TTL. Als Baseline wurde wieder ein Zufallsgraph verwendet, zusammen mit einer zufälligen Weiterleitung von Suchanfragen an Peers unter Ausschluss von Wiederholungen, vergleichbar mit einem Zufalls-Graphen als Overlay. Zusätzlich wurde wie im Szenario 1 noch eine Simulation der Standard-Strategie mit ungekürzter Profillänge durchgeführt („Informed Strategy").

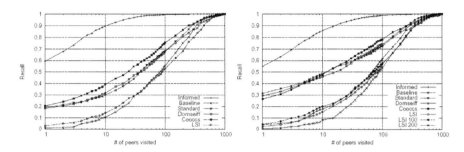

Abbildung 3: Vereinfachte Netzwerkstruktur: Simulationsergebnisse für verschiedene Extraktionsmethoden.
Beispiel mit Profillängen 16 (li.) und 48 (re., LSI zusätzlich noch mit Konzeptzahl 100 und 200).

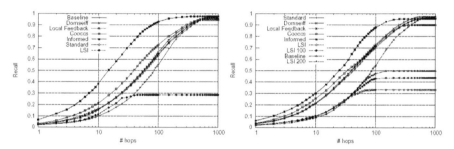

Abbildung 4: Small-World-Netzwerkstruktur: Simulationsergebnisse für verschiedene Extraktionsmethoden.
Beispiel mit Profillänge 16 (li.) und 48 (re., LSI zusätzlich noch mit Konzeptzahl 100 und 200).

Für beide Szenarien ergaben sich für das Recallverhalten mit Profillängen 16 und 48 die in Abbildungen 3 und 4 gezeigten Graphen. Sowohl bei der vereinfachten Netzwerkstruktur, als auch unter Einbeziehung der Strukturbildung wurde der beste Recall für kleine und mittlere Weiterleitungszahlen (ca. 1-50) durchweg mit der sog. Kookkurrenz-Strategie erreicht, d.h. ein Dokumenten-Profil wird aus den LR-signifikantesten Wörtern eines Dokuments gebildet, wobei die Anfragen um Wörter erweitert werden, mit denen die Suchwörter im Trainingskorpus häufig kookkurieren (LR-Signifikanzen). Ein Peer-Profil ergibt sich aus der Summe von Dokumentenprofilen, wobei die Kookkurrenzwörter in die Profil-Ähnlichkeiten einbezogen werden. Die Erweiterung von Anfragen fördert also den Recall gegenüber der nicht erweiternden Standard-Strategie.

Ein bemerkenswertes Ergebnis der Versuche war, dass der als qualitativ vielversprechend angesehene Ansatz der latenten semantischen Analyse (LSA) zu enttäuschenden Ergebnissen führte, selbst für relativ große Konzeptanzahlen. Es gibt mehrere mögliche Gründe hierfür. So ist die unvollständige Überlappung zwischen Referenzkorpus und Testkorpus eine mögliche Ursache. Ein anderer möglicher Grund ist die schlechte statistische Übereinstimmung zwischen der Normalverteilung, für welche die LSA-Implementierung mit Singulärwertzerlegung optimal ist, und der tatsächlichen Verteilung der Termfrequenzen, die laut Stichproben im verwendeten Korpus stark von der Normalverteilung abweicht (vgl. Dunning 1994; Jansche 2003; Hofmann 2001).

Interessant ist, dass schon mit Profillänge 16 ein Großteil der Dokumente mit der gleichen Anzahl von Weiterleitungen gefunden wurde, wie mit Profillänge 48. Zusätzlich lässt der relativ geringe Recall-Unterschied zu den vollständigen Profillängen (ca. 200) bei der Informed Strategy den Schluss zu, dass ein Großteil als insignifikant bewerteter Wörter für die Profilbildung tatsächlich ignoriert werden kann.

Eine Untersuchung der Netzwerk-Strukturen, die sich aus den verschiedenen Profilbildungs-Strategien für Szenario 2 ergaben, zeigte prinzipiell ein ähnliches Bild wie für die Simulation mit synthetischen Daten.

Als Gütemaß für die gebildeten Cluster wurde die Neighbour Precision eingeführt, für jeden Peer ist dies der Anteil seiner Cluster-Nachbarn, die mindestens eine Interessen-Kategorie mit ihm teilen. Sie erreichte für die Standard- und Kookkurrenz-Strategie jeweils nahe 1 (dem Idealwert) und war damit sehr viel besser als für Baseline und LSI.

Ein anschauliches visuelles Beispiel für die entstandene Struktur ist in Abbildung 5 gezeigt. Einige Erkenntnisse lassen sich aus der Tabelle in Abbildung 6 ziehen. So weisen die im Vergleich zur Baseline-Strategie stark vergrößerten Clusterkoeffizienten der verschiedenen Verfahren bei vergleichbaren mittleren Weglängen darauf hin, dass sich Small-World-Strukturen auch mit realen Textdaten aufbauen lassen. Dabei blieb bei den Standard- und Kookkurrenz-Strategien jeweils eine große Hauptkomponente im Netzwerk zusammenhängend, wobei mit größerer Informationsmenge in den Profilen bzw. Anfrageerweiterung die Anzahl der von diesem Hauptnetzwerk abgespaltenen kleinen Komponenten zunahm. Die LSI-Strategie war aus oben vermuteten Gründen deutlich schlechter. Insgesamt zeigte sich aber, dass sich Small World Strukturen auch und besonders mit sehr kurzen Profilen und einfachen Ähnlichkeitsmaßen zuverlässig erzeugen lassen.

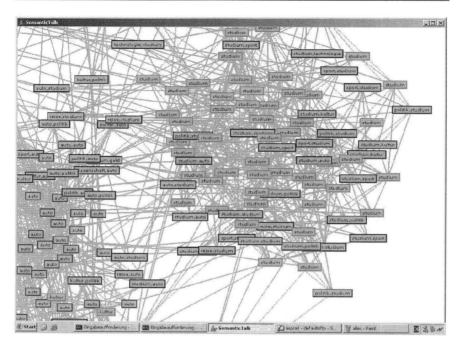

Abbildung 5: Visualiserung eines Ausschnitts des Overlay-Netzwerks nach der Strukturierung. Die Knoten bzw. Peers sind mit den zugeordneten Interessen-Kategorien bezeichnet.

Pr. length		Base- line	Stan- dard	Co- occs	LSI
16	Cluster Coeff.	0.015	0.15	0.2	0.46
	# Components	1	51	108	896
	Neighbour Prec.	0.21	0.997	0.978	0.29
	Avg. distance	3.2	3.6	3.7	3.5
32	Cluster Coeff.	0.015	0.15	0.21	0.34
	# Components	1	63	219	842
	Neighbour Prec.	0.21	1	0.99	0.47
	Avg. distance	3.2	3.6	3.8	3.4
48	Cluster Coeff.	0.015	0.16	0.21	0.34
	# Components	1	88	230	697
	Neighbour Prec.	0.21	1	0.994	0.5
	Avg. distance	3.2	3.5	3.8	6.2

Abbildung 6: Netzwerkeigenschaften.

4. Kritische Würdigung und Ausblick

Der skizzierte Ansatz einer inhaltsbasierten Suche in Peer-to-Peer Systemen konnte bisher noch nicht in einer realen Umgebung getestet bzw. evaluiert werden. Hier besteht dringender Forschungsbedarf. Überraschenderweise gibt es keine Referenzmodelle, die das komplette Verhalten einer P2P- Community mit realen Daten beschreiben. Traditionelle Testkollektionen, wie sie beispielsweise für verschiedene Information-Retrieval-Tasks von der Text Retrieval Conference (TREC) zur Verfügung gestellt werden, beinhalten einen Textkorpus und eine Menge von Anfragen mit zugehörigen Relevanzbewertungen. Für die Peer-to-Peer-Simulation müssten jedoch zusätzlich sowohl eine semantische, als auch eine zeitliche Dimension abgedeckt werden, wobei die semantische Dimension einerseits das Wissensangebot (die einem Peer zugeordneten Dokumente) und andererseits die Interessen (die von einem Peer typischerweise abgefragten Themen, gegeben z.B. seine Dokumente) sowie das Download-Verhalten von Peers abzudecken hätte. Zwar sind u.a. von Crespo et al. (2002) und Schlosser et al. (2003) Verteilungen von Themen vorgeschlagen worden, die die Interessen jedes Peers beschreiben und anhand derer Anfragen gestellt werden können. Die Annahmen für diese Themenverteilung sind jedoch sehr stark vereinfacht, und zur eigentlichen Modellierung von Inhalten wird behelfsmäßig auf frei verfügbare Korpora zurückgegriffen (z.B. Open Directory oder CiteSeer), deren Themenverteilungen auf Peers übertragen werden.

Dennoch stellen Peer-to-Peer Systeme aus heutiger Sicht einen neuartigen Ansatz für die Suche in virtuellen Gemeinschaften dar, welcher durch die Lokalisierung wichtiger Aufgaben in einer Community einige wesentliche Mängel zentralisierter Ansätze beheben könnte:

- Informationen können lokal so bereitgestellt werden, dass zwar ihr Standort, aber nicht unbedingt ihr Inhalt global bekannt gemacht werden muss. Diese Lokalisierung gibt dem Benutzer einen höheren Grad von Kontrolle als bei zentralisierten Ansätzen, wie auf die von ihm bereitgestellte Information zugegriffen wird. So kann einerseits das Auffinden und das Herunterladen von lokalen Dokumenten auch lokal gesteuert werden, andererseits lassen sich kritische Personalisierungsinformationen lokal speichern und somit der „gläserne Benutzer" vermeiden.
- Das Einbringen von Inhalten in ein Content-Management-System kann langwierig und aufwendig sein: Oft gelangen neue Dokumente nur nach einem Redaktionsprozess ins System. Das Einfügen eines Dokumentes in ein Peer-to-Peer-Netzwerk ist sehr viel unkomplizierter und erleichtert so das

Einbringen „halboffizieller" Information, wie sie häufig bei akademischer oder kommerzieller Projektarbeit vorkommen.
- Statisch vernetzte Gemeinschaften haben oft Schwierigkeiten, sich an neue Anforderungen anzupassen. Eine Peer-to-Peer-Infrastruktur kann über Selbstorganisation die Struktur virtueller Communities und vor allem deren dynamische Entwicklung besser abbilden als zentralistische Ansätze, wenn die Peer-to-Peer-Netzwerkstrukturen durch geeignete Verfahren anhand von realen Strukturen aufgebaut werden. So werden mit einem semantischen Strukturierungsansatz Menschen, die an ähnlichen Problemen arbeiten, auf Systemebene vernetzt. Dies kann zur Aufdeckung unbekannter Gemeinsamkeiten und somit zu neuen Synergien führen. Nebeneffekte der verteilten Architektur sind schließlich erhöhte Ausfallsicherheit und Kosteneinsparung bei der Wartung, da die Pflege zentraler Server entfällt.

Literatur

Baeza-Yates, Ricardo, und B.A. Ribeiro-Neto. 1999. *Modern Information Retrieval*. ACM Press & Addison-Wesley.

Barkai, David. 2002. *Peer-to-Peer Computing. Technologies for Sharing and Collaborating on the Net: Technologies for Sharing and Collaborating on the Net*. Santa Clara CA: Intel Press.

Brin, Sergey and Lawrence Page. 1998. The anatomy of a large-scale hypertextual Web search engine, *Proceedings of the Seventh International World Wide Web Conference,* Computer Networks and ISDN Systems Volume 30, Issues 1-7, 107-117.

Buckley, C. 1994. Automatic query expansion using smart: TREC 3. In *Proc. TREC-3*, 69-80.

Canny, J. 2002. Collaborative Filtering with Privacy via Factor Analysis. In *Proc. ACM Conference on Research and Development in Information Retrieval*, SIGIR.

Crespo, A., und H. Garcia-Molina. 2002. Semantic Overlay Networks for P2P Systems. *Technical report,* Computer Science Department: Stanford University.

Decker, S., M. Schlosser, M. Sintek, und W. Nejdl. 2002. HyperCuP - Hypercubes, Ontologies and Efficient Search on P2P Networks. *2002 International Workshop on Agents and Peer-to-Peer Computing*, Bologna.

Dunning, T. 1994. Accurate methods for the statistics of surprise and coincidence. *Computational Linguistics*, 19(1), 61.

Hofmann. Thomas. 1999. Probabilistic Latent Semantic Analysis, *Proc. of Uncertainty in Artificial Intelligence*, UAI'99.

Ide, E. 1971. New Experiments in Relevance Feedback, In *The SMART Retrieval System,* Hrsg. Gerard Salton. Prentice Hall.

Jansche, M. 2003. Parametric Models of Linguistic Count Data. *Proc. of the 41st Annual Meeting of the Association for Computational Lingu*istics (ACL 41), 288-295.

Joseph, S. 2002. NeuroGrid – Freenet Simulation Results. *www.neurogrid.net/ngsimulation.html*.

Kelly, D., und J. Teevan. 2003. Implicit feedback for inferring user preference: A bibliography. *SIGIR Forum,* 37(2), 18–28.

Kleinberg, John. 2000. The small-world phenomenon: An algorithmic perspective. In *Proc. 32nd ACM Symposium on Theory of Computing. Web*: http://www.cs.cornell.edu/home/kleinber/swn.d/ swn.html.

Konstan, J., B. Miller, D. Maltz, J. Herlocker, L. Gordan, und J. Riedl. 1997. GroupLens: Applying Collaborative Filtering to Usenet News. *Communications of the ACM*, Vol. 40, No. 3, 77-87.

Kronfol, A.Z. 2002. *FASD: A Fault-tolerant, Adaptive, Scalable, Distributed Search Engine*. PhD thesis.

Milgram, Stanley. 1967. The Small World Problem. In: *Psychology Today*, 1967(5), 60-67.

Nejdl, Wolfgang, B. Wolf, S. Staab, und J. Tane. 2002. EDUTELLA: Searching and Annotating Resources within an RDF-based P2P Network. *Semantic Web Workshop.*

Pujol, Josep M., Ramon Sangüesa und Jordi Delgado. 2002. Xtracting reputation in multi agent systems by means of social network topology, *Proceeding AAMAS '02 Proceedings of the first international joint conference on Autonomous agents and multiagent systems*, Part 1.

Rocchio, J.-J. 1971. Relevance feedback in information retrieval. In *The SMART Retrieval System*, Hrsg. Gerard Salton, 313–323, Prentice Hall.

Ritter, J. 2002. Why Gnutella can't scale. No, really. *www.nearlydeaf.8m.com/ygnutellwnwrk.html.*

Schlosser, M.T., T. E. Condie, und S. D. Kamvar. 2003. Simulating a File-Sharing P2P Network. In *First Workshop on Semantics in P2P and Grid Computing, 12th.WWWConference*, Budapest, 2003.

Singla, A., und C. Rohrs. 2002. Ultrapeers: Another Step Towards Gnutella Scalability. *Lime Wire LLC*, Working Draft, www.limewire.com/developrer/Ultrapeers.html.

Staab, Steffen, und Heiner Stuckenschmidt (Hrsg.). 2009. *Semantic Web and Peer-to-Peer: Decentralized Management and Exchange of Knowledge and Information*, Berlin, Heidelberg, New York: Springer.

Steinmetz, Ralf, und Klaus Wehrle (Hrsg.). 2005. *Peer-to-Peer Systems and Applications*, Berlin, Heidelberg, New York: Springer.

Watts, D., und S.Strogatz. 1998. Collective Dynamics of 'Small-World' Networks. *Nature*, 393(6), 440–442.

Witschel, Hans-Friedrich. 2008. *Global and Local Resources for Peer-to-Peer Text Retrieval*. Dissertation. Fakultät für Mathematik und Informatik, Universität Leipzig.

Witschel, Hans-Friedrich, und Thomas Böhme. 2005. Evaluating profiling and query expansion methods for p2p information retrieval. In *Proc. of the 2005 ACM Workshop on Information Retrieval in Peer-to-Peer Networks (P2PIR)*.

Angelika Storrer

Sprachstil und Sprachvariation in sozialen Netzwerken

1. Einleitung

Schriftsprachliche Kommunikation spielt in sozialen Netzwerken eine zentrale Rolle. Die technisierten Kommunikationsplattformen des Web 2.0 bieten viele neue Schreibanlässe, in denen Schriftsprache nicht nur für den Informationsaustausch oder die kollaborative Zusammenarbeit genutzt wird, sondern auch wichtige Funktionen für den Beziehungsaufbau und die Beziehungspflege übernimmt. Damit wird Schrift erstmals im großen Stil auch in Bereichen der Alltagskommunikation genutzt, im dialogischen, spontanen und informellen Austausch, der bislang eher eine Domäne der gesprochenen Sprache war. Hierbei bilden sich neue Haltungen zu Schreiben und Schriftlichkeit heraus, für die sich charakteristische Sprachgestaltungs- und Formulierungsmuster entwickeln.

In der sprachbesorgten Öffentlichkeit und in den Medien werden diese Entwicklungen oft skeptisch betrachtet (vgl. Brommer 2007; Dürscheid und Brommer 2009). Schließlich weichen Produkte der schriftlichen Netzkommunikation, wie die in Abbildung 1, 3 und 7 gezeigten, deutlich von den normativen Erwartungen ab, die man normalerweise an elaborierte Schriftlichkeit anlegt. In der linguistischen Forschung hingegen werden die Veränderungen recht einheitlich als Ausdifferenzierung der Möglichkeiten schriftsprachlichen Handelns gedeutet, die an die neuen Anforderungen der Kommunikation in sozialen Netzwerken angepasst werden. Diese linguistische Sichtweise soll in Abschnitt 2 ausführlicher begründet werden. Dass diese Sichtweise in der sprachbesorgten Öffentlichkeit oft auf ungläubiges Staunen stößt, liegt auch daran, dass Prozesse des Sprachwandels und die Vielfalt sprachlicher Varietäten nur wenigen Sprachteilnehmern bewusst sind. Sicherlich werden sich die Vorbehalte gegen die neuen Schreibformen auch nicht durch empirische Befunde alleine ausräumen lassen. Dennoch kann die empirisch arbeitende Sprachwissenschaft zur Versachlichung der Diskussionen beitragen, indem sie die gegenwärtigen Entwicklungen datengestützt untersucht und in größere sprach- und mediengeschichtliche Zusammenhänge einordnet. Diese Versachlichung ist angesichts der wachsenden Bedeutung von sozialen Netzwerken nicht nur im Hinblick auf die sprachkritische Diskussion in der Öffentlichkeit, sondern vor allem auch für die Thematisierung von Sprachstil und Sprachvariation im schulischen Deutschunterricht ein Desiderat: Schließlich gilt es auch im sprachdidaktischen Kontext, die neuen Schreib- und Stilformen dezidert von anderen Formen elaborierter Schriftlichkeit abzugrenzen und damit die Kompetenz zur situativ und kontextuell angemessenen Sprach- und Stilwahl zu fördern.

In diesem Kontext der Versachlichung stehen auch die in diesem Beitrag beschriebenen korpusgestützten Untersuchungen. Der korpuslinguistische Ansatz ergänzt empirische Studien zur Entwicklung schulischer Schreibkompetenzen (Sieber 1998; Dürscheid et al. 2010), linguistische Modelle für internetbasierte Schreibprozesse (Beißwenger 2007) und explorative Studien, die Einzelaspekte und spezielle Sprachphänomene an qualitativen Analysen mit kleineren Datensets herausarbeiten (z.B. Günthner und Schmidt 2002; Hoffmann 2004; Androutsopoulos und Ziegler 2003; Schlobinski 2006). Der Schwerpunkt der in diesem Artikel vorgestellten Untersuchungen liegt auf der quantitativen Analyse größerer, texttechnologisch aufbereiteter Datenbestände mit Hilfe von korpuslinguistischen Werkzeugen, die eine automatische Suche und Auswertung der Daten, Annotationen und Metadaten unterstützen (vgl. auch Beißwenger in diesem Band, Diewald und Frank-Job in diesem Band). Am Beispiel der Untersuchungen soll deutlich werden, welchen Beitrag korpuslinguistische Studien zur empirischen Erforschung des Feldes leisten können, welche Erkenntnisse man mit welchem Aufwand gewinnen kann und welche Desiderate sich für den Aufbau bzw. die Weiterentwicklung entsprechender Korpora und Werkzeuge gewinnen lassen.

2. Linguistischer Hintergrund: Schriftlichkeit und sprachlicher Ausbau

In diesem Abschnitt sollen die Kernpunkte der linguistischen Positionen zur Sprachlichkeit in der internetbasierten Kommunikation skizziert werden, vor deren Hintergrund die korpusbasierten Untersuchungen durchgeführt wurden. Im Folgenden werde ich zunächst skizzieren, wie sich die neuen Schreibformen in sprachgeschichtliche Entwicklungen von mündlichen und schriftlichen Diskurstraditionen einordnen lassen. Auf dieser Basis kann man erklären, warum viele Sprachwissenschaftler die sprachlichen Besonderheiten der internetbasierten Kommunikation nicht als Indiz für den Verfall von Sprach- und Schriftkultur bewerten, sondern als Ausbau der Schriftsprache im Hinblick auf neue Anforderungen. Diese Anforderungen stehen im Zusammenhang mit der Nutzung von Schrift für die direkte, dialogische Interaktion in einer technisierten Schreibumgebung, für die ich die Bezeichnung „interaktionsorientiertes Schreiben" einführen möchte. Im Gegensatz zum *textorientierten* Schreiben, das die schulische Schreiberziehung bislang prägt, steht beim interaktionsorientierten Schreiben nicht das Schreibprodukt, sondern die laufende Interaktion zwischen den Akteuren des Netzwerks im Zentrum. Für den kommunikativen Erfolg beim interaktionsorientierten Schreiben sind deshalb andere Kompetenzen erforderlich als für das Verfassen von Texten. Aus diesem Grund ist es auch nicht zielführend, die Qualitätsmaßstäbe, die für elaborierte Schrifttexte entwickelt wurden, einfach auf die beim interaktionsorientierten Schreiben entstehenden Produkte zu übertragen. Gerade aus schreibdidaktischer Perspektive ist es vielmehr entscheidend, Kompetenzen für beide Formen des schriftsprachlichen Handelns zu entwickeln (vgl. Storrer i.Dr.).

2.1 Internetbasierte Kommunikation im Spannungsfeld von Mündlichkeit und Schriftlichkeit

Zentral für die linguistische Diskussion ist das Verhältnis der Kategorien „Text" und „Gespräch". Da Texte und Gespräche mit teilweise unterschiedlichen Kategorien und Methoden[1] untersucht werden, wird der Status neuen Sprachformen als Texte oder als Gespräche in der Linguistik intensiv diskutiert[2]. Dabei spielt auch das Verhältnis von Mündlichkeit und Schriftlichkeit eine wichtige Rolle. Schon frühe Untersuchungen (Feldweg et al. 1995; Haase et al. 1997) stellten heraus, dass in der internetbasierten Kommunikation viele Merkmale der gesprochenen Alltagssprache mit schriftsprachlichen Mitteln nachgebildet und dass mündliche und schriftsprachliche Versprachlichungsmuster auf neuartige Weise kombiniert werden. Zur Beschreibung und Einordnung dieser Beobachtungen hat man in der deutschen Forschung schon früh[3] an terminologische Differenzierungen angeknüpft, die in Arbeiten von Peter Koch und Wulf Oesterreicher[4] eingeführt wurden und auf Arbeiten des Freiburger SFB „Übergänge und Spannungsfelder zwischen Mündlichkeit und Schriftlichkeit" zurückgehen. Kern dieses Ansatzes ist die terminologische Separierung von zwei Aspekten, die in der Diskussion um die Opposition „Mündlichkeit" vs. „Schriftlichkeit" eine Rolle spielen.

- Der eine Aspekt betrifft die Realisierung sprachlicher Äußerungen als ‚phonisch' oder ‚graphisch' – im Ansatz als „Medium" bezeichnet. Für diese

---

[1] Einen umfassenden Einblick in die Unterschiede geben die beiden einschlägigen Handbücher zur Textlinguistik Brinker et al. 2000 und zur Gesprächslinguistik Brinker et al. 2001.
[2] Vgl. zu diesem Thema z.B. Storrer 2001; Hoffmann 2004; Beißwenger 2007; Herring 2010.
[3] Z.B. Haase et al. 1997; Runkehl et al. 1998; Beißwenger 2000; Storrer 2001; im Hinblick auf entsprechende Entwicklungen im Französischen vgl. Thaler 2003, Frank-Job 2009/2010.
[4] Vgl. Koch und Oesterreicher 1994, 2007.

Opposition wurden die Termini *medial mündlich* vs. *medial schriftlich* eingeführt.
- Der andere Aspekt bezieht sich auf den sprachlichen Duktus, den man intuitiv mit mündlichen Gesprächen auf der einen und elaborierten Schrifttexten auf der anderen Seite in Verbindung bringt – im Ansatz als „Konzeption" bezeichnet. Für diese Opposition wurden die Termini *konzeptionell mündlich* vs. *konzeptionell schriftlich* eingeführt.

Die Separierung der beiden Aspekte ist nicht neu[5]; der neue Gedanke, den Koch und Oesterreicher ins Spiel brachten, betrifft den konzeptionellen Aspekt: Im Gegensatz zu dem als dichotomisch eingestuften Oppositionspaar „phonisch – graphisch" wird die konzeptionelle Opposition als Kontinuum modelliert, das verschiedene Abstufungen zwischen den Polen Nähe und Distanz umfasst. Das Kontinuum zwischen Nähe und Distanz steht nach Auffassung von Koch und Oesterreicher (1994: 588) für „anthropologisch begründbare, universale Kommunikationshaltungen" mit speziellen Kommunikationsbedingungen und dafür typischen Versprachlichungsstrategien. In der kritischen Rezeption des Ansatzes wurde das Verhältnis zwischen Kommunikationsbedingungen und Versprachlichungsstrategien weiter präzisiert.[6] Die grundlegende Idee der Assoziierung der Nähe (in verschiedenen Dimensionen: räumlich, zeitlich, referentiell, emotional) mit konzeptionell mündlichen Sprachmerkmalen einerseits und der Distanz mit konzeptioneller Schriftlichkeit andererseits blieb als Grundidee aber erhalten. Die Separierung von Nähe und Distanz hat zum Ziel, Prozesse des sprachlichen Wandels und des Ausbaus von Varietätenräumen zu systematisieren. Die begriffliche Differenzierung steht im größeren Kontext eines Ansatzes, der Sprachgeschichte als Geschichte von Varietäten- und Kommunikationsräumen beschreibt, wobei die Autoren davon ausgehen, dass Nähe und Distanz das zentrale Organisationsprinzip bilden, nach dem sich einzelsprachliche Varietätenräume – falls mehrere Sprachen im Spiel sind auch ganze Kommunikationsräume – organisieren.

Auf dieser Basis dieses Ansatzes können die Besonderheiten der neuen internetbasierten Kommunikationspraxen in sprachhistorische Entwicklungen bei der Ausdifferenzierung medial mündlicher und schriftlicher Diskurstraditionen[7]

---

5 Sie gehen zurück auf die von Ludwig Söll eingeführte Unterscheidung zwischen *code* parlé und *code* écrit (vgl. Koch und Oesterreicher 1994: 587). Raible (1999: 11ff.) zieht weitere Verbindungslinien zu Karl Bühlers Unterscheidung von Sprechhandlung (*energeia*) vs. Sprachwerk (*ergon*).
6 Z.B. Koch und Oesterreicher (2007), Àgel und Hennig (2006, 2010).
7 Der Ausdruck „Diskurstradition" steht in diesem Ansatz für Traditionen des Strukturierens und Formulierens, die sich teilweise übereinzelsprachlich entwickeln und wissenschaftlich mit Begriffen wie „Textsorten", „Gattungen"/„Genres", „Stile" erfasst werden (vgl. Koch und Oesterreicher 1994: 593ff.).

eingeordnet werden. Wichtig hierfür ist die Erkenntnis, dass die Ausbildung einer konzeptionell elaborierten Schriftsprache mit Prozessen einhergeht, für die Koch und Oesterreicher die von Heinz Kloss eingeführte Metapher des Ausbaus übernehmen. Koch und Oesterreicher (1994: 589ff.) unterschieden dabei zwischen Prozessen des extensiven und des intensiven Ausbaus. Mit *extensivem Ausbau* ist gemeint, dass eine Sprache in immer vielfältigeren schriftbasierten Diskurstraditionen des Distanzbereichs verwendet wird, also etwa in den Bereichen Rechtssprechung, Religion und Wissenschaft. Damit einhergehend entwickelt sich das Inventar der Ausdrucksmittel einer Einzelsprache im Hinblick auf die Anforderungen der schriftlichen Distanzkommunikation weiter. Dieser Prozess wird als *intensiver Ausbau* bezeichnet und betrifft verschiedene Ebenen und Phänomenbereiche, z.B. die Erweiterung des Wortschatzes im Bereich der Abstrakta, aber auch bei den Konnektoren und Präpositionen, die Ausdifferenzierung des Tempus- und Modusgebrauchs sowie die Ausbildung des sog. Nominalstils.

Das Deutsche der Gegenwart ist im konzeptionell schriftlichen Bereich sehr gut ausdifferenziert. Die Bewertung der neuen Sprachformen in der internetbasierten Kommunikation kann nicht isoliert, sondern nur vor dem Hintergrund genereller Veränderungen im Stellenwert der Schriftlichkeit erfolgen. Im Laufe des 20. Jahrhunderts wurde eine Epoche starker Schriftlichkeit durch eine teilweise Reoralisierung der öffentlichen Kommunikation abgelöst (v. Polenz 1999: 37ff.). Elektronische Medien – insbesondere Rundfunk und Fernsehen – haben den extensiven Ausbau durch neue Diskurstraditionen sowohl im medial schriftlichen als auch im medial mündlichen Bereich beschleunigt, wobei die Normen für die schriftliche Distanzkommunikation auch das medialisierte Sprechen in der Distanz beeinflussen. Das Deutsche verfügt über kodifizierte Normen, die sowohl im medial mündlichen als auch im medial schriftlichen Bereich die Sprachlichkeit in der Distanzkommunikation prägen – natürlich immer im Rahmen der jeweils individuellen Sprachfähigkeiten. Computer und Internet haben die Möglichkeiten, in räumlicher Distanz zu kommunizieren, nun erheblich erweitert. Unter der Perspektive der Sprach- und Varietätengeschichte kann man diese neuesten Entwicklungen als Fortsetzung des extensiven Ausbaus einordnen, als Weiterentwicklung von bestehenden und Herausbildung von neuen Kommunikationsformen im Internet, die in der einschlägigen Forschung als „digitale Genres" (Mehler et al. 2010) beschrieben werden.

Welchen Einfluss die verstärkte Nutzung internetbasierter Kommunikationsformen auf den Sprachgebrauch in anderen Bereichen hat, lässt sich empirisch nur bedingt ermitteln: Medialer und nicht-medialer Sprachgebrauch sind eng miteinander verwoben, sodass der Sprachgebrauch in einem bestimmten Medium nur in Laborsituationen isoliert untersucht werden kann (vgl. Schmitz 2004: 124). In jedem Fall bringt das Internet eine neue Qualität in die Entwicklung insofern, als es von seiner Übertragungsschnelligkeit her Dialogizität in medialer Schriftlichkeit in qualitativ neuer Weise fördert. Damit wird mediale Schriftlichkeit zunehmend in Handlungsbereichen genutzt, die bisher eher der gesprochenen – mündlichen bzw. fernmündlichen – Sprache vorbehalten waren: im spontanen dialogischen Austausch teilweise zwischen Unbekannten, in sozialen Netzwerken aber auch zwischen Menschen, die sich persönlich kennen und einander nahe stehen. Es entwickeln sich neue Kommunikationsformen mit Parameterprofilen und Sprachmerkmalen in einem bislang noch nicht so stark abgedeckten Bereich, nämlich am Nähepol im Bereich der medialen Schriftlichkeit. Hierfür bilden sich nun neue Muster im Umgang mit Schriftsprache heraus, die auf die Konstellation der Nähekommunikation – situative Einbettung, geringe Planung, Dialogizität, Emotionalität – hin optimiert werden. Der intensive Ausbau erstreckt sich v.a. auf den Bereich der interaktiven Einheiten[8], die zur Emotionalisierung, zur Kommentierung sprachlicher Handlungen und zur Gesprächssteuerung dienen. Hierzu rechnet man auch die Emotikons und Aktionswörter, die in den folgenden Untersuchungen als Stilmarker für den sprachlichen Duktus in der internetbasierten Kommunikation gewertet werden (s.u.). Wichtig für die sprachkritische Diskussion ist außerdem, dass nicht die Kommunikationstechnologie alleine, sondern ein Zusammenspiel verschiedener sozialer, individuell-situativer oder technischer Faktoren den Sprachstil bestimmt. Anders gesagt: Eine Kommunikationstechnologie wie der Chat ist zwar prädestiniert für konzeptionell mündlich geprägte Szenarien und die entsprechenden Sprachmerkmale. In Kontexten der beruflichen und massenmedialen Chatnutzung kann sich der Sprachstil aber wieder an schriftsprachlichen Normen orientieren (vgl. Abschnitt 3.3).

2.2 Interaktionsorientiertes vs. textorientiertes Schreiben

Um die Unterscheidung von Nähe und Distanz mit den verschiedenen Schreibformen in Verbindung zu bringen, differenziere ich zwischen dem *interaktionsorientierten* Schreiben, das sich in seinen Kommunikationsbedingungen und Versprachlichungsstrategien eher am Nähepol orientiert, und dem *textorientierten* Schreiben, das in seinen vielfältigen Textsorten ein breites Spektrum im Spannungsfeld von (konzeptioneller) Schriftlichkeit und Mündlichkeit abdeckt:

---

8   Zur grammatischen Kategorie „interaktive Einheit" vgl. die „Grammatik der deutschen Sprache" (Zifonun et al. 1997, insb. Kap C4.2).

Beim **interaktionsorientierten Schreiben** steht das aktuelle Kommunikationsgeschehen im Fokus der Aufmerksamkeit eines Netzwerk-Akteurs, der in der Interaktion mit anderen stets zwischen Produzenten- und Rezipientenrolle wechselt und auf die Beiträge anderer Akteure reagiert[9]. Bestimmend für die Versprachlichungsstrategien ist der kommunikative Erfolg in der laufenden Interaktion; hierfür kann die Schnelligkeit der Reaktion wichtiger sein als Prägnanz und sprachliche Elaboriertheit. Für das Interaktionsmanagement und die Beziehungsgestaltung bilden sich neue Formulierungstraditionen und grafische Konventionen heraus, die paraverbale und körpergebundene Kommunikationssignale aufgreifen und in neuer Weise medial realisieren[10]. Charakteristisch für viele Produkte des interaktionsorientierten Schreibens ist es, dass sie nur für das Funktionieren in der aktuellen Situation konzipiert sind und nicht für das nachträgliche erneute und mehrfache Lesen. Gerade wegen ihrer neuartigen interaktiven Einheiten eignen sie sich auch nicht für das nachträgliche Vorlesen; sie bleiben – trotz ihres mündlichen Duktus – sehr stark an ihre graphische Form gebunden[11].

Beim **textorientierten Schreiben** ist das Schreibziel ein schriftsprachliches Produkt, das über den laufenden Kommunikationszusammenhang hinausgehend Bestand haben soll. Charakteristisch für das textorientierte Schreiben ist die „Dissoziierung der Sprechsituation durch den schriftlichen Text" (Ehlich 1994: 20): Textorientierte Schreibprodukte sind auf eine Rezeptionssituation hin konzipiert, bei denen keine unmittelbare Interaktion zwischen Schreiber und Leser vorgesehen ist; das geschriebene Wort muss aus sich heraus und unabhängig vom kommunikativen Kontext interpretierbar sein. Von den schriftsprachlichen Produkten beim textorientierten Schreiben wird normalerweise erwartet, dass sie im Hinblick auf orthographische Normen und grammatische Standards redigiert sind[12]; außerdem erwartet man eine Anpassung an Strukturierungsmuster und Formulierungstraditionen, die in der Linguistik als „Textsorten", „Diskursformen" und „Genres" systematisch gefasst und beschrieben sind. Das textorientierte Schreiben steht im Zentrum der schulischen Schreibdidaktik (vgl. Storrer i.Dr.); es prägt aber auch viele Schreibanlässe in beruflichen und institutionellen Kontexten – auch das literarische, journalistische und wissenschaftliche Schreiben ist üblicherweise textorientiert. Die für das textorientierte Schreiben charakteristischen Prozesse des

---

9 Vgl. hierzu auch die Beobachtungsstudien in Beißwenger (2007: Kap. 5 u. 6) und (2010).
10 Vgl. z.B. Runkehl et al. (1998); Beißwenger (2000); Kilian (2001); Günthner und Schmidt (2002); Luckhardt (2009).
11 Vgl. Storrer (2001: 452ff.).
12 Natürlich lässt das literarische und auch journalistische Schreiben viel Spielraum für Abweichungen von Normen und Standards, diese Abweichungen werden aber als bewusst gesetzte Mittel zur Erzeugung stilistischen Sinns gedeutet.

Planens und Überarbeitens, die „Arbeit am Text", sind in der Schreibprozessforschung inzwischen gut erforscht und beschrieben. In diesem Zusammenhang wird auch der „epistemische Effekt des Schreibens" hervorgehoben, der darin besteht, dass die mit dem Schreiben verbundene Aufgabe, Ideen und Gedanken in eine visuell sichtbare Ordnung zu bringen, auch beim Schreibenden zu einer Klärung gedanklicher Zusammenhänge führt (vgl. z.B. Raible 1999: 42).

2.3 Sprachvariation und Stilmarker in der internetbasierten Kommunikation

Dass die neuen Kommunikationsformen und Versprachlichungsmuster als sprachlicher Ausbau gewertet werden, impliziert, dass sie den allgemeinen Trend zur Erweiterung und Ausdifferenzierung von Diskursformen fortsetzen, während andere etablierte Diskursformen und Versprachlichungsmuster fortbestehen und sich parallel weiterentwickeln. In den sozialen Netzwerken bilden sich dabei sehr viele unterschiedliche Diskursformen heraus, die sich durch technische Kommunikationsfunktionen, soziale Konstellationen und Lebensweltbezüge erheblich unterscheiden. Was in der Linguistik unter Etiketten wie „Netzsprache", „Sprache des Internets" oder „Internetslang" beschrieben wird, ist deshalb keine einheitliche Varietät. Vielmehr gibt es nicht nur erhebliche Unterschiede zwischen Kommunikationsformen wie z.B. Chatten und Bloggen, sondern auch eine große Variation innerhalb derselben Form in unterschiedlichen Kontexten. Dies wird in Abschnitt 3 am Beispiel der Sprach- und Stilvariation des Chats gezeigt werden. Dennoch gibt es bestimmte Formulierungsmuster, die als „typische" Elemente der internetbasierten Kommunikation (bzw. teilweise auch der „Sprache der SMS") gelten. Dazu gehören Emotikons wie „:-)" und interaktive Einheiten, die als Akronyme (z.B. „lol" aus „laughing out loud") oder aus unflektierten Verbstämmen (sog. Inflektive wie „lach", „seufz") gebildet sind. Zwar erschöpfen sich die sprachlichen Besonderheiten der internetbasierten Kommunikation keinesfalls in der Verwendung dieser Elemente; sie sind aber in fast allen einschlägigen Aufstellungen zur „Netzsprache" bzw. zum „Netzjargon" aufgeführt und spielen auch für die öffentliche Debatte zum Thema eine zentrale Rolle. Exemplarisch sei ein Ausschnitt aus einem Diskussionsbeitrag zitiert, der unter der Überschrift „Grins, lol, rofl, verhindertsei" in der Berliner Zeitung publiziert wurde:[13]

---

13 Der von Andreas Weiland verfasste Beitrag ist am 4. Juli 2005 in der Rubrik „Jugend und Schule" erschienen: http://www.berlinonline.de/berliner-zeitung/archiv/.bin/dump.fcgi/2005/0704/jugendundschule/0043/index.html.

Wenn durch diese Entwicklung in ferner Zukunft bald niemand mehr korrektes Deutsch verstehen kann, wird Heinrich Heines „Deutschland, ein Wintermärchen" im Unterricht bald so vermittelt werden: „an Deutschland in der Nacht denk, nicht kann schlafen".

Die Schüler würden dann vielleicht „lol" sagen. In Aufsätzen würden sie „zwinker" hinter zweideutige Sätze schreiben und der Lehrer würde darunter ein „Beeindrucktsei" vermerken.[14]"

Weil diese Elemente in vielen Bereichen als typisch für schriftsprachliches Handeln im Internet angesehen werden, haben wir sie in den Mittelpunkt unserer korpusbasierten Untersuchungen zur Sprach- und Stilvariation gestellt. Gegenüber anderen Merkmalen der internetbasierten Kommunikation – unklare Ganzsatzgrenzen, Abweichungen von orthographischen Normen etc. – können diese Elemente aufgrund ihrer klaren Formeigenschaften relativ gut automatisch ausgezählt werden. Sie eignen sich deshalb auch für Vergleichsstudien in sehr großen Korpora. Für die Beschreibung der Untersuchungen und der Interpretation der Ergebnisse erwies es sich als hilfreich, einen griffigen Ausdruck für diese Elemente zu haben; wir haben uns für den Ausdruck „Stilmarker" entschieden.

3. Sprachstil und Sprachvariation im Dortmunder Chat-Korpus

3.1 Motivation und Fragestellungen

Chat ist – neben dem Instant Messaging – der Prototyp einer interaktionsorientierten Schreibtechnologie: Im Gegensatz zu Wikipedia-Diskussionen, E-Mails, Diskussionsforen oder der Microblogging-Plattform Twitter ist die Chattechnologie vom Konzept her auf ein kommunikatives Setting angelegt, in dem die Akteure gleichzeitig online sind, das aktuelle Kommunikationsgeschehen direkt verfolgen und mit eigenen Beiträgen darauf reagieren. Das Beispiel in Abbildung 1 illustriert, dass insbesondere die in Flirt- und Plauderchats produzierten Beiträge stark vom Duktus der gesprochenen Sprache geprägt sind und Normen zur Interpunktion und Substantivgroßschreibung weitgehend ignoriert werden. Weil die Beiträge in der Reihenfolge angezeigt werden, in der sie beim Chat-Server eintreffen,

---

14 Dass die Strophen „Denk ich an Deutschland in der Nacht, dann bin ich um den Schlaf gebracht", auf die der Autor vermutlich anspielt, aus Heines „Nachtgedanken" und nicht aus „Deutschland. Ein Wintermärchen" stammen, ist für unseren Zusammenhang unerheblich.

stehen inhaltlich aufeinander bezogene Beiträge nicht unbedingt hintereinander. In Abbildung 1 sind beispielsweise die Beiträge zum durchlaufenden Thema „Heiraten – pro und kontra" durch Sequenzen zur Begrüßung und Verabschiedung von Chattern unterbrochen. Um die Rekonstruktion der Bezüge zu erleichtern, werden Beiträge oft explizit adressiert. In Abbildung 1 adressiert z.B. der Chatter *stoeps* seinen Beitrag 1090 an den Chatter *Dussel* und macht damit klar, dass „lol" als Rückmeldung auf Dussels „Heiratsantrag" in Beitrag 1087 zu verstehen ist.

1079	**madcow2**	nee aber ich hör dauernd wann wollen wir uns denn verloben? willst du mcih überhaupt noch?
1080	**madcow2**	*blabla blubb*
1081	**stoeps**	ups
1082		*Dussel hört sowas nie*
1083	**system**	Topper betritt den Raum.
1084	**Topper**	Hi Leute!
1085	**stoeps**	hi topper
1086	**TomcatMJ**	der haken is nur, wenns in die brüche geht dann wirds eventuell verdammt teuer....scheidungsanwälte sind nich gerade die günstigsten....
1087		Dussel fragt mal bei stoeps an: wollen wir heiraten? polygamie ist wieder im kommen...
1088		*luckyluke verdrückt sich dann ma wieder*
1089	**luckyluke**	bye ihr leuts
1090	**stoeps**	*lol* dussel
1091	**TomcatMJ**	by eluke
1092	**stoeps**	bye luke
1093	**luckyluke**	frohes feiern
1094	**TomcatMJ**	tach topf
1095	**madcow2**	meine kleine hat schon n ehevertrag fertig *ggg*

Abbildung 1: Mitschnitt aus einem Plauderchat (Quelle: Dortmunder Chat-Korpus[15])

Chats gehören – gerade wegen ihrer sprachlichen und strukturellen Auffälligkeiten – mittlerweile zu den am besten erforschten Formen der internetbasierten Kommunikation. Sowohl für die sprachlichen Besonderheiten als auch für die im Vergleich zu mündlichen Gesprächen merkwürdigen Strukturen liegen linguis-

---

15 Dokument Nr. 2221008; online unter http://www.chatkorpus.tu-dortmund.de/files/releasehtml/html-korpus/unicum_03-03-2003.html.

tisch fundierte, an Beispielkorpora belegte Erklärungsansätze vor[16]. In der interdisziplinären Chat-Forschung wurden Chats in verschiedenen sozialen Kontexten – Beruf, Bildung, Medien – untersucht. Dabei zeigte sich, dass der Sprachstil vom sozialen und institutionellen Setting mindestens ebenso stark geprägt ist wie von den technischen Rahmenbedingungen der jeweiligen Chatumgebung[17]. Einen ersten Eindruck von der großen Variationsbreite erhält man, wenn man Abbildung 1 mit dem in Abbildung 2 gezeigten Beispiel vergleicht, das in einem Chat-Angebot der Universitätsbibliothek der TU Dortmund mitgeschnitten wurde. In diesem Mitschnitt siezen sich die Beteiligten, sie verzichten auf Emotikons oder Aktionswörter und orientieren sich sehr viel stärker an orthographischen Normen. Dies liegt sicherlich daran, dass die Interaktion in einem institutionellen Kontext verankert ist, dessen Rollenkonstellation (UB-Mitarbeiter – UB-Nutzer) und die daran gebundenen Verhaltenskonventionen übernommen werden. Ein weiterer Unterschied zum Mitschnitt in Abbildung 1 besteht darin, dass die Chatter einen Zwei-Personen-Dialog führen, in dessen Rahmen sie ihre Beiträge ohne Eile produzieren und sich ohne Unterbrechung durch andere Chatter austauschen können – an den Zeitmarken wird ersichtlich, dass sich die Interaktion über insgesamt 5 Minuten hinzieht. Bereits der Vergleich der beiden Mitschnitte macht also die in der Linguistik vertretene Auffassung plausibel, dass nicht die Kommunikationsform des Chats als solche den sprachlichen Duktus bestimmt, sondern dass verschiedene mediale, kontextuelle und soziale Parameter den Sprachstil beeinflussen.

[11:57:16]	**BENUTZER**	Können Sie mir sagen, ob das Buch Fn 25665 ausgeliehen ist? [18]
11:51:26	**AUSKUNFT**	Hallo, wenn Sie einen Moment Geduld haben, schaue ich im Regal nach - Moment
11:51:39	**BENUTZER**	danke
11:53:33	**AUSKUNFT**	Ist da, ich lege es Ihnen bei der Information im Erdgeschoss zurück, wenn Sie mir bitte Ihren Namen schreiben.

---

16 Vgl. die Beiträge im Sammelband Beißwenger (2001a) sowie die Monographien Beißwenger (2000) und (2007), Thaler (2003, zum französischen Chat), Dorta (2005) und Luckhardt (2009).
17 Vgl. Beißwenger und Storrer (2005) und Storrer (2007).
18 In der vom UB-Chat verwendeten Software wird die Verbindung mit dem UB-Mitarbeiter erst nach erfolgter Anliegenformulierung hergestellt. Die Anliegenformulierung wird als erster Chat-Beitrag des Benutzers angezeigt. Bei der automatischen Archivierung des Chat-Protokolls ordnet die Software diesem ersten Benutzerbeitrag, der als Formulierung des thematischen Rahmens für die Chat-Sitzung aufgefasst werden kann, nachträglich den Zeitpunkt der Archivierung der Chat-Sitzung als Timestamp zu. Aus diesem (technischen) Grund ist im hier wiedergegebenen Beispiel dem ersten Benutzerbeitrag ein späterer Timestamp zugeordnet als dem letzten, obwohl er den Auftakt der Chat-Sitzung bildete.

11:54:11	BENUTZER	Melanie Treitinger - bis wann muß ich es abgeholt haben?
11:54:43	AUSKUNFT	Bis wann schaffen Sie es, dann mache ich den entsprechenden Hinweis dran?
11:55:19	BENUTZER	heute oder morgen
11:55:30	AUSKUNFT	O.k. dann schreibe ich bis morgen drauf.
11:55:41	BENUTZER	Vielen Dank!
11:56:00	AUSKUNFT	Gern geschehen und schönen Tag noch.
11:56:09	BENUTZER	Ebenfalls
11:56:16	system	*** BENUTZER hat den chat verlassen. ***

Abbildung 2: Mitschnitt aus dem UB-Chat der TU Dortmund (Quelle: Dortmunder Chat-Korpus[19])

Um die Zusammenhänge zwischen Sprach- und Diskursstrukturen und den verschiedenen technischen, kontextuellen und sozialen Parametern in der Chatkommunikation auch quantitativ untersuchen zu können, wurde an der TU Dortmund ein Korpus mit Mitschnitten aus verschiedenen Handlungsbereichen – Freizeit, Bildung, Medien, Beruf – aufgebaut und texttechnologisch aufbereitet (Details s.u. 3.2). Auf dieser Ressource – dem Dortmunder Chat-Korpus – basieren die im Folgenden dargestellten Studien.

3.2 Datenbasis: Das Dortmunder Chat-Korpus

Das Dortmunder Chat-Korpus[20] wurde in den Jahren 2002–2008 aufgebaut und umfasst ca. 140.000 Nutzerbeiträge bzw. 1,06 Millionen Tokens aus unterschiedlichen sozialen Handlungsbereichen: „Plauderchats" aus dem Freizeitbereich (IRC und Webchats), Chatmitschnitte aus den Bereichen Bildung (E-Learning, studentische Beratung), Chats in medialen Kontexten (Flankierend zu TV-Sendungen, Politchats) und Mitschnitte aus der beruflichen Chatnutzung (Beratung, Service). Alle Mitschnitte wurden in mehreren semiautomatisch und manuell durchgeführten Aufbereitungsschritten in ein XML-Format überführt, das die Struktur der Mitschnitte und der Komponenten der Beiträge (Nickname, ggf. Timestamp, Beitragstext) explizit erfasst. Weiterhin wurde annotiert, ob es sich um Systemmeldungen (z.B. Beitrag 1083 in Abbildung 1) oder um von menschlichen Nutzern generierte Beiträge handelt. Auf dieser Basis lassen sich Elemente wie Nicknames

---

19 Dokument Nr. 1203043; online unter http://www.chatkorpus.tu-dortmund.de/files/releasehtml/html-korpus/UB_Gesamt.html.
20 Vgl. http://www.chatkorpus.tu-dortmund.de/.

und Systemmeldungen, die in „Bag-of-words"-Ansätzen zur statistischen Auswertung von Chatdaten die Ergebnisse kontaminieren, bei den quantitativen Analysen (s.u.) ausfiltern.

Bei den nutzergenerierten Beiträgen sind die sog. Aktionsbeiträge („action messages") explizit gekennzeichnet, in denen Chatter über sich in der dritten Person schreiben (z.B. die Beiträge 1087 und 1088 in Abbildung 1). Weiterhin sind typische Stilmarker der internetbasierten Kommunikation annotiert, u.a. die Emotikons und die Aktionswörter (asterisk expressions)[21]. Ebenfalls annotiert wurden explizite Adressierungen (z.B. in den Beiträgen 1090, 1091, 1092 in Abbildung 1); auf diese Weise kann ausgewertet werden, welche Akteure in einer Community besonders häufig angesprochen werden und welche besonders intensiv miteinander kommunizieren[22]. Für sämtliche Chatter sind Metadaten erfasst, u.a. das vermutete Geschlecht sowie die Anzahl der von ihnen produzierten Beiträge und Tokens.[23]

Für die Auswertung des Korpus und der darin verfügbaren Annotationen steht das spezialisierte Werkzeug STACCADo zur Verfügung.[24] Mit diesem Werkzeug lassen sich Suchanfragen formulieren oder statistische Auswertungen zu einzelnen Chattern, Chatmitschnitten oder Teilkorpora erzeugen. Die im Korpus annotierten Stilmarker können gefiltert, gezählt und mit frei wählbaren Kontexten ausgegeben werden. Weiterhin erzeugt STACCADo sog. „Logfile-Profile", in denen die durchschnittlichen Längen der nutzergenerierten Beiträge und die Vorkommensfrequenz von Stilmarkern – Emotikons, Aktionswörtern, Aktionsbeiträgen – zu Chat-Mitschnitten erfasst sind. Solche Logfile-Profile bilden die Basis für die Untersuchungen zur Stilvariation in Abschnitt 3.3. Die „Chatter-Profile" liefern Übersichten zu den Anteilen einzelner Chatter am Beitragsaufkommen in einem Teilkorpus und ermitteln die Frequenz der verwendeten Stilmarker. In der in 3.4. diskutierten Studie wurden Chatter-Profile u.a. für die Auswahl der untersuchten Akteure in der Community (die Ü600-Gruppe mit insgesamt mehr als 600 Beiträgen) und zur quantitativen Analyse individueller Stilpräferenzen genutzt.

---

21 Bei der semi-automatischen Annotation wurden allerdings nur die mit „*" markierten Aktionswörter explizit gekennzeichnet, deshalb der Ausdruck „asterisk expressions".
22 Eine Analyse von Adressierungsstrukturen in einer Chat-Community findet sich bei Luckhardt (2009: 148ff.).
23 Zur Aufbereitung der Daten für das Dortmunder Chat-Korpus und zum Aufbau des XML-Formats vgl. die Dokumentation unter http://www.chatkorpus.tu-dortmund.de/files/korpusaufbereitung.pdf.
24 STACCADo (Search Tool for Annotated Chat Corpus Analyses Dortmund) ist eine GUI-basierte Java-Anwendung, die im Rahmen des Projekts von Bianca Selzam programmiert wurde und kostenfrei auf der Website zum Download bereitsteht. Ebenfalls frei verfügbar, teilweise auch direkt als HTML-Dateien einsehbar, sind Teile des Korpus, in denen in einigen Dokumenten aber Teilnehmernamen sowie Hinweise auf Personen und geographische Orte anonymisiert wurden.

3.3 Sprachvariation in Abhängigkeit von Handlungsbereichen und Kommunikationsphasen

In der sprachwissenschaftlichen Forschung wird immer wieder darauf hingewiesen, dass die sprachliche Form von Chat-Beiträgen in Chats nicht an die Kommunikations*form* des Chats und die Funktionen der zugrundeliegenden Kommunikationstechnologie gebunden ist, sondern an das kommunikative Setting, in dem das Kommunikationsereignis stattfindet. Bereits Runkehl et al. (1998: 81) stellten in Bezug auf den Unterschied zwischen moderierten und unmoderierten Chats fest, dass „es sehr unterschiedliche Chats gibt" und dass deshalb „Pauschalaussagen über das Chatten, wie man sie all zu häufig findet, problematisch sind". Beim Zusammenstellen des Dortmunder Chat-Korpus haben wir deshalb darauf geachtet, Mitschnitte aus einer möglichst großen Bandbreite an kommunikativen Handlungsbereichen zu erfassen; es finden sich Beispiele aus dem „traditionellen" Internet Relay Chat (IRC) als auch aus verschiedenen Typen von unmoderierten und moderierten Webchats. Gemeinsames Merkmal ist lediglich, dass sie mit schriftbasierten Standard-Chat-Systemen erzeugt wurden, d.h. Grafik-Chats oder Audio-Chats sind nicht erfasst[25]. Auf dieser Basis kann man nun Stichproben von Mitschnitten aus unterschiedlichen sozialen Handlungsbereichen zusammenstellen und mit STACCADo auswerten. Unter dem Namen *BalaCK* („Balanced Chat-Korpora") gibt es bereits vier „vorgefertigte" Stichprobenkorpora aus den Beständen des Dortmunder Chat-Korpus, die Mitschnitte aus den vier Bereichen Freizeit (sog. „Plauder"-Chats), E-Learning (Seminar-Chats), Beratung und Medien (Polit-Chats etc.) enthalten, wobei in den vier Bereichen entweder die Zahl der Textwörter (Tokens) oder die Zahl der Beiträge (Messages) übereinstimmt[26].

Teilkorpus	Beiträge nutzergeneriert	Tokens nutzergeneriert	Durchschnittl. Anzahl Tokens pro Beitrag	Asterisk Expressions		Emotikons	
				Vorkommen absolut	*Relative Frequenz*	Vorkommen absolut	*Relative Frequenz*
Freizeit	6000	25786	4,30	1077	*0,042*	551	*0,021*
E-Learning	6000	44980	7,50	42	*9,337E-4*	320	*0,007*
Beratung	6000	71037	11,84	10	*1,408E-4*	189	*0,003*
Medien	6000	78142	13,02	110	*0,001*	124	*0,002*

Tabelle 1: Auswertung der Logfile-Profile für das Vergleichskorpus BalaCK 2b.

---

25 Einen Überblick über Chatsysteme gibt Beißwenger (2007: 56ff./Kap 3.3.); dort wird auch der Ausdruck „Standard-Chat-System" definiert (S. 64).
26 Zur Zusammensetzung im Detail vgl. http://www.chatkorpus.tu-dortmund.de/korpora.html#balack.

Unsere quantitative Vergleichsstudie, deren Ergebnisse in Tabelle 1 zusammengefasst sind, basiert auf dem Stichproben-Korpus BalaCK 2b, das Stichproben mit je 6000 Beiträgen aus allen vier Handlungsbereichen enthält. Maßgeblich war die Zahl der nutzergenerierten Beiträge (inkl. action messages), da systemgenerierte Beiträge immer wieder dieselben Textbausteine – z.B. „betritt den Raum", „verlässt den Raum" – enthalten und damit statistische Auswertungen schnell verzerren können. Auf der Basis der mit STACCADo erstellten Logfile-Profile wurden für alle vier Bereiche die folgenden Merkmale ausgewertet: Die durchschnittliche Länge der Beiträge, gemessen an der Gesamtzahl der von den Nutzern generierten Tokens[27]; die Anzahl der Vorkommen von Emotikons und die Anzahl der Vorkommen von Aktionswörtern. Die Anzahl der Aktionsbeiträge wurde nicht verglichen, weil viele Mitschnitte vom Typ Seminarchats, Politchats und Beratungschats aus Chatumgebungen stammen, die keine Funktionen zum Erzeugen von Aktionsbeiträgen anbieten.

Die Ergebnisse dieser Auswertung in Tabelle 1 machen deutlich, dass sich die beim Vergleich von Abbildung 1 und 2 beobachtbaren Unterschiede quantitativ nachweisen lassen. Die Mitschnitte aus den sog. Plauderchats sind durchschnittlich wesentlich kürzer und enthalten anteilig sehr viel mehr Emotikons und Aktionsbeiträge als die Mitschnitte in den Vergleichskorpora.

Für den Befund, dass in Plauderchats sehr viel kürzere Beiträge geschrieben werden als in den anderen Handlungsbereichen, bietet die Linguistik plausible Erklärungsmuster an. Z.B. hat bereits Beißwenger (2000: 45 ff.) darauf hingewiesen, dass im kommunikativen Setting eines Plauderchats viele Beiträge dazu dienen, fortbestehende Aufmerksamkeit und Kommunikationsbereitschaft zu signalisieren, hier genügen sehr kurze Rückmeldungen. Auch bei den Begrüßungs- und Verabschiedungsritualen entstehen – wie in Abbildung 1 sichtbar – viele kurze Beiträge. Beim interaktiven Schreiben in Mehrpersonenchats, bei denen Beiträge in schneller Abfolge über den Bildschirm laufen, ist es vor allem wichtig, kommunikativ „am Ball" zu bleiben, auch hierfür sind mehrere kurze Beiträge funktional angemessen: Da die Beiträge für die Chatpartner erst sichtbar werden, wenn sie am Bildschirm erscheinen, unterbricht das Formulieren längerer Beiträge den dialogischen Kommunikationsfluss. Gerade im Kontext des E-Learning hat sich die Technik des sog. „Splitting" bewährt, bei dem Produzenten ihre Beiträge in mehrere hintereinander geschaltete Chunks aufbrechen und damit einen konti-

---

27 Weil sowohl die interne Struktur der Beiträge als auch die Beitragstypen im Korpus explizit annotiert sind, können bei der Berechnung sowohl die Systembeiträge als auch die ebenfalls automatisch vom System hinzugefügten Nicknames zu Nutzerbeiträgen aus der Berechnung ausgeklammert werden.

nuierlicheren Lesefluss ermöglichen.[28] Dies könnte auch erklären, warum die durchschnittliche Länge der Beiträge in Seminarchats zwar größer ist als die der Plauderchats, aber doch geringer als man dies bei Seminardiskussionen erwarten würde.

38	**Betzebub**	Der Countdown läuft
39	**Humanist**	jo
40	**[zdf]axel**Richtig.	
41	**Erik89**	smakelijk eten hahahaha
42	**internetzer2004**	loddar wir lieben dich
43	**Der Bomber**	Hallo!! Na schon gespannt auf heute Abend??????????ß
44	**zeneca**	weil di halt defiziten haben
45	**bart2004**	weil die vielleicht echt schlecht sind.
46	**Betzebub**	Wir habens drauf;)
47	**DeutschlandFan161616**	genau, nicht normal
48	**[zdf]aring**	Wenn Lothar Matthäus im Chat ist, wird der Chat moderiert - das heißt die Fragen werden gesammelt und einzeln freigestellt
49	**PassionMan85**	Wer teilt meine meinung, das Deutschland 3:1 gewinnt?
50	**internetzer2004**	ich
51	**aligo**	Es kam über die Jahre und jetzt sitzt es ziemlich fest.Solangs um Fußball geht... ;-)
52	**Erfurter**ich	
53	**Wolf2362**	ich auch
54	**internetzer2004**	3:1
55	**Humanist**	ich

Abbildung 3: Mitschnitt aus der Vorlaufphase eines „Promichats"[29]

Dass im Bereich der medialen Chats relativ lange Beiträge produziert werden, lässt sich ebenfalls mit dem technischen und kommunikativen Setting der hier untersuchten Mitschnitte erklären. Es handelt sich größtenteils um moderierte

---

28 Vgl. dazu die Beispiele in Lemnitzer und Naumann (2001); Storrer (2001: 454ff.); Beißwenger (2007: 245-253).
29 Dortmunder Chat-Korpus, Dokument Nr. 1305002; Interview mit Lothar Matthäus, zum Zeitpunkt des Chats (15.6.2004) Bundestrainer der ungarischen Nationalmannschaft; online unter http://www.chatkorpus.tu-dortmund.de/files/releasehtml/html-korpus/zdf_Lothar_Matthaeus_15-06-2004.html.

Chats, in denen Moderatoren darüber entscheiden, welche der von den Chattern gestellten Fragen an die Interviewpartner zur Beantwortung weitergereicht werden. In diesem Setting ist also nicht der Zeitpunkt des Eintreffens beim Server, sondern maßgeblich auch die sprachliche und inhaltliche Qualität des Beitrags entscheidend für das Erreichen des kommunikativen Handlungsziels (= die Auswahl der Frage durch den Moderator und die nachfolgende Beantwortung durch den Interviewgast). Deshalb bleibt wieder mehr Zeit für die Sprachplanung und die Formulierung längerer, sprachlich elaborierter Beiträge. Interessant für unseren Untersuchungszusammenhang ist, dass es in vielen moderierten Chats einen unmoderierten Vorlauf und Ausklang gibt, in dem die Chatter vor dem Eintreffen des Interviewpartners und nach dessen Verabschiedung ohne moderierenden Eingriff miteinander kommunizieren können. Bereits Diekmannshenke (2005: 135ff.) hat für Politchats gezeigt, dass in diesen Phasen wieder der für das interaktionsorientierte Schreiben typische Sprachduktus vorherrscht. Der Vergleich der Mitschnitte in Abbildung 3 (Vorlaufphase) und 4 (Interviewphase) illustriert diese Unterschiede in Struktur und sprachlichem Duktus; beide stammen aus einem Chat mit Lothar Matthäus, der am 15.6.2004 wenige Stunden vor der Partie Deutschland gegen die Niederlande während der Fußball-Europameisterschaft in Portugal mitgeschnitten wurde.

284	**Phantom+**	Sehr geehrter Herr Matthäus, glauben sie, dass Michael Ballack die in ihn gesetzten Erwartungen erfüllen kann?
285	**Lothar Matthäus**	Ich hoffe es.
286	**Alter Preuße**	Philip Lahm erinnert mich in seiner Dynamik, perfekten Ballbehandlung und Kraft sehr an den jungen Lothar Matthäus. Stimmen Sie mir da zu, Herr Matthäus?!
287	**Lothar Matthäus**	Er spielt auf einer anderen Position, aber er hat zumindest den gleichen Charakter wie ich in jungen Jahren.
288	**Humanist**	Herr Matthäus, glauben Sie an einen EM-Sieg der Deutschen oder halten sie dass für abwegig?
289	**the duke**	Was glauben sie wie weit Deutschland kommt?
290	**Lothar Matthäus**	Im Fußball ist alles möglich.

291	**maxx18**	Herr Matthäus...wenn Sie einen Spieler nachnominieren könnten...wer wäre dies? Ein junger Wilder wie Benjamin Auer, ein verärgerter Jörg Böhme und jemand ganz anderes?
292	**Lothar Matthäus**	Kommt auf die Position an.
293	**tim0r77**	Herr Matthäus; Wird Bobic von Anfang an spielen oder rechnen sie mit Podlski und Kurani?
294	**Lothar Matthäus**	Ich rechne da nur mit Kuranyi.
295	**holgi84**	Was meinen sie Herr Matthäus, ist es nicht ein wenig übertrieben, wie Herr Völler und Michael Skibbe die Taktik der Deutschen Mannschaft verheimlichen? Bzw. was ist der Sinn der Sache, es ist doch eigentlich fast alles klar wie gespielt wird.
296	**Lothar Matthäus**	Man versucht, den Gegner noch zu verunsichern, um nicht alle Karten aufzudecken.
297	**EhEhm**	Glauben Sie Podolski oder Schweinsteiger könnten heute eine Jokerrolle spielen oder wird Rudi sie bei einem so wichtigen SPiel nicht einwechseln?
298	**Lothar Matthäus**	Beides ist möglich. Wenn nötig, wird Rudi sie bringen.

Abbildung 4: Mitschnitt aus der Interviewphase desselben Chats wie in Abbildung 3

Bislang sind im Korpus die unterschiedlichen Phasen in medialen Chats nicht explizit annotiert, sodass man nicht automatisch auswerten kann, wie sich die Emotikons und Aktionswörter über die Phasen hinweg verteilen. Stichproben zeigen, dass sehr viele davon aus den unmoderierten Chatphasen stammen. Der Vergleich von Beiträgen desselben Chatters in verschiedenen Phasen – vgl. die Beispiele in Abbildung 5 – kann Indizien dafür liefern, dass sich auch beim interaktionsorientierten Schreiben mehrere Stilregister ausbilden, aus denen die Akteure diejenigen auswählen, die aus ihrer Sicht zur jeweiligen Gesprächsphase am besten passen. Dies spricht für die Auffassung, dass die Kompetenz zum situationsangemessenen Schreiben durch die neuen interaktionsorientierten Schreibformen nicht verloren geht, sondern sich lediglich in neuer Weise ausdifferenziert. Diese in Abschnitt 2 als „Hypothese des sprachlichen Ausbaus" eingeführte Sichtweise wird durch die Ergebnisse der in Abschnitt 4 diskutierten quantitativen Vergleichsstudie weiter gestärkt.

Moderierte Phase:		
57	eCoach	Es wird behauptet, Kernenergie sei sauber. Wieviel Schaden entsteht denn nun durch Uranbergbau und Freisetzung radioaktiver Edelgase – Ist Kernenergie „fast" sauber oder „Fast so dreckig wie fossile Brennstoffe ?
Ausklangphase		
247	eCoach	@wilhelmyne: Die violetten Blödeln rum, die blauen versteh ich nicht und die schwarzen halten sich nicht an die Farbentrennung. Wilhelmyne, lass uns doch auf GRÜN schalten , damit man die sinnvollen Beiträge sofort erkennt
409	eCoach	hauptsache, der wird jetzt auch benutzt. Was fährste nu ?
452	eCoach	LOL

Abbildung 5: Beiträge desselben Chatters in verschiedenen Phasen eines Experten-Chats[30]

3.4 Individuelle Sprachvariation und stilistische Präferenzen

Eine umfangreiche korpuslinguistische Studie zum Sprachstil in einer Chat-Community hat Kristin Luckhardt in ihrer Dissertation vorgelegt (Luckhardt 2009). Die Arbeit verbindet Konzepte und Methoden zur Stilanalyse von Barbara Sandig (1986, 2006) mit korpusgestützten Methoden, um grundlegende stilistische Handlungsmuster – Ökonomisieren, Emotionalisieren, Solidarisieren – und die dafür typischen stilistischen Verfahren herauszuarbeiten. Datenbasis sind Mitschnitte aus einer Chat-Umgebung, die als Teil eines medialen Portals Informationen rund um das Radsportereignis „Tour de France" bereithält. Das Korpus umfasst Mitschnitte

---

30 „Moderierte Phase" = Phase mit restriktiver, technisch unterstützter Moderation im Beisein des Experten / „Ausklangphase" = Phase im Anschluss an die moderierte Phase, in der die Moderation und die technische Regulierung des Beitragsaufkommens wieder aufgehoben sind; die kommunikativen Rahmenbedingungen entsprechen in dieser Phase denen eines unmoderierten Plauderchats (Quelle: Dortmunder Chat-Korpus, Dokument Nr. 1303001; Experten-Chat mit Hans-Joachim Schellnhuber vom Potsdam-Institut für Klimafolgenforschung im Anschluss an eine vorangegangene TV-Diskussion in der ZDF-Sendung *Christiansen* zum Thema „Hochwasser-Katastrophe: Die Flut und die Folgen..." vom 18.8.2002; online unter http://www.chatkorpus.tu-dortmund.de/files/releasehtml/html-korpus/Sabine_Christiansen_Hans-Joachim_Schellnhuber_userchat_18-08-2002.html).

aus dem Zeitraum vom 5.–27.7. 2003; die Chatter waren über das Forschungsvorhaben informiert. 55 Mitschnitte wurden mit den für das Dortmunder Chat-Korpus genutzten Verfahren annotiert und mit der Recherche- und Analysesoftware STACCADo ausgewertet (vgl. Luckhardt 2009: 10ff.). Im Folgenden möchte ich aus den Ergebnissen den Aspekt der individuellen Sprachvariation herausgreifen.

In ihrem korpusgestützten Ansatz arbeitet Kristin Luckhardt die stilistischen Handlungsmuster nicht nur an Beispielen heraus, sondern erhebt zusätzlich Daten zur Häufigkeit typischer Verfahren zur Durchführung dieser Muster. Denn für viele stilistische Handlungsmuster gibt es alternative stilistische Verfahren: So kann z.B. beim Handlungsmuster „Emotionalisieren" entweder ein Emotikon, ein Aktionswort (z.B. **freu**) oder ein Aktionsbeitrag (z.B. *engelchen freut sich auf sonntag....*) verwendet werden. Mit Hilfe von STACCADo hat Luckhardt analysiert, wie häufig die Chatter der untersuchten Community von diesen drei Optionen Gebrauch machen. Dabei konzentrierte sie sich auf eine Gruppe von Chattern, die im Untersuchungszeitraum insgesamt mehr als 600 Chat-Beiträge verfasst hatten (die sog. Ü600-Gruppe). In Tabelle 2 sind die Ergebnisse der Frequenzanalysen zu Emotikons, Aktionswörtern und Aktionsbeiträgen für die einzelnen Chatter (alphabetisch nach deren Nicknames geordnet) zusammengefasst; einmal in absoluten Zahlen, einmal anteilig in Bezug auf die Gesamtmenge der von der Gruppe verwendeten Stilmarker dieses Typs[31].

Die Daten illustrieren die große individuelle Variation: Einige Chatter, z.B. *Engelchen* oder *florentine*, machen von allen drei stilistischen Verfahren Gebrauch. Andere Chatter haben klare Präferenzen: *uweampler*, *juergene* und *181074* produzieren sehr viele Aktionsbeiträge, aber kaum Emotikons; *Somme ma* und *Hernanb* haben eine Präferenz für Emotikons; *Zoe34* für Aktionswörter. Interessant ist, dass der Chatter *tourteam* mit einer einzigen Ausnahme keines dieser dem Handlungsmuster „Emotionalisieren" zugeschriebenen Verfahren nutzt, was Luckhardt (2009: 133f.) plausibel auf dessen Rolle als ein vom Anbieter des Chatangebots bezahlter Radsportexperte zurückführt. Interessant ist auch, dass vor allem die männlichen Chatter gerne und häufig Aktionsbeiträge produzieren, mit denen sich das kommunikative Geschehen im Chatraum von einer „Außenperspektive" kommentieren und kreativ ausgestalten lässt[32], während der häufige Gebrauch von Emotikons eher eine Stilpräferenz weiblicher Chatter zu sein scheint. Diese Indizien für genderspezifische Unterschiede müssten aber natürlich auf einer sehr viel breiteren Datenbasis und mit

---

31 Die Zahlen sind zusammengestellt aus verschiedenen Aufstellungen in Luckhardt (2009: 110f., 114, 117, 127).
32 Der Stellenwert des Verfahrens für die Konstitution der Gruppe und eines Gruppenstils wird in den qualitativen Analysen zum Handlungsmuster „Solidarisieren" sichtbar, vgl. die Beispiele in Luckhardt (2009: 176f., 182f.).

einem Ansatz untersucht werden, der quantitative Auswertungen mit qualitativen, gesprächsanalytischen Methoden verbindet. Die Arbeit von Luckhardt (2009), aus der hier nur ein Aspekt herausgegriffen wurde, dokumentiert, dass sich qualitative und quantitative, korpusbasierte Analysen sehr gut ergänzen.[33] Einerseits sind Recherchewerkzeuge, mit denen gezielt nach sprachlichen Merkmalen in Korpora gesucht werden kann, sehr nützlich für die Hypothesengenerierung und die explorative Auswertung des Datenbestandes. Andererseits können die Werkzeuge zur statistischen Auswertung – z.b. die Chatter- und Logfile-Profile – dazu beitragen, die an Einzelbeispielen gewonnenen Hypothesen mit quantitativen Methoden an einem größeren Datenbestand zu überprüfen und damit empirisch zu untermauern. Das Potenzial der Kombination von quantitativer und qualitativer Analyse wird zwar bereits am relativ kleinen Dortmunder Chat-Korpus erkennbar. Um im Hinblick auf sprachliche Veränderungen und Sprachvariation aussagekräftige Ergebnisse erzielen zu können, würden aber weitaus größere Datenbestände benötigt.

Chatter	Emotikons	Anteil Emotikons	Aktionswörter	Anteil Aktionswörter	Aktionsbeiträge	Anteil Aktionsbeiträge
Benzi 1	23	3,97%	65	15,63%	26	1,06%
Coco	11	1,90%	30	7,21%	18	0,73%
Danidrach	20	3,45%	2	0,48%	0	0%
Engelchen	45	7,76%	73	17,55%	390	15,84%
Florentine	9	1,55%	63	15,14%	123	5,00%
Hernanb	121	20,86%	10	2,40%	41	1,67%
Hexmex	40	6,90%	4	0,96%	9	0,37%
Juergene	1	0,17%	9	2,16%	669	27,17%
Lupus	9	1,55%	2	0,48%	19	0,77%
Ninja 1	52	8,97%	28	6,73%	41	1,67%
Somme ma	150	25,86%	1	0,24%	18	0,73%
Tetedela	5	0,86%	12	2,89%	242	9,83%
tourteam	1	0,17%	0	0%	0	0%
Ursi99	42	7,24%	2	0,48%	0	0%
Uweampler	0	0%	18	4,33%	297	12,06%
Zoe 34	3	0,52%	95	22,84%	18	0,73%
181074	1	0,17%	0	0%	387	15,72%
221262	47	8,10%	2	0,48%	164	6,66%
Insgesamt	**580**	**100%**	**416**	**100%**	**2462**	**100%**

Tabelle 2: Individuelle Stilpräferenzen in einer Chatter-Community

---

33 Ein weiteres Beispiel für die Verbindung quantitativer und qualitativer Analysen bei der Arbeit mit dem Dortmunder Chat-Korpus ist die Untersuchung von Michael Beißwenger (in diesem Band) zur Verwendung von Lokaldeiktika in der Chat-Kommunikation.

4. Sprachvariation in der Wikipedia

4.1 Motivation und Fragestellung

In dieser Studie geht es um den Sprachstil und die Sprachvariation in der deutschen Wikipedia. Ausgangspunkt ist die in Abschnitt 2 eingeführte Unterscheidung von textorientiertem und interaktionsorientiertem Schreiben und die Annahme, dass sich die netztypischen Besonderheiten vor allem in den neuen interaktionsorientierten Schreibprozessen herausbilden. Um diese Annahme empirisch zu untermauern, eignen sich kollaborative Wiki-Projekte wie die Wikipedia deshalb gut, weil die für Wiki-Software typische Unterscheidung zwischen Artikel- und Diskussionsseiten (s.u.) sehr gut mit den beiden Schreibhaltungen korrespondiert: Artikeltexte werden eher mit einer textorientierten Schreibhaltung, Diskussionsseiten eher mit einer interaktiven Schreibhaltung verfasst (vgl. auch Diewald und Frank-Job in diesem Band). Da viele Akteure der Wikipedia sowohl an Artikel- als auch an Diskussionsseiten beteiligt sind, kann ein Vergleich der beiden Seitentypen Indizien dafür liefern, dass kompetente Schreiber zwischen den beiden Schreibhaltungen und den jeweiligen Stilen wechseln können.

Den ARD/ZDF-Online-Studien 2010/2011[34] zufolge ist die Wikipedia das am häufigsten genutzte Angebot des Web 2.0; allerdings ist nur ein sehr kleiner Teil der Nutzer auch selbst aktiv am Aufbau der Wikipedia beteiligt. Da auch nicht alle Nutzer mit dem Unterschied zwischen Artikel- und Diskussionsseiten vertraut sind, möchte ich im folgenden Abschnitt kurz die für die Untersuchung relevanten linguistischen Aspekte des Vergleichs erläutern.

4.2 Artikelseiten vs. Diskussionsseiten in der Wikipedia

Die Wikipedia basiert technisch auf der Software *MediaWiki*[35], die – wie andere wikibasierte Systeme – spezielle Funktionen für die gemeinschaftliche Textproduktion bereitstellt. Eine dieser Besonderheiten besteht darin, dass jede Artikelseite mit einer dazugehörigen Diskussionsseite verknüpft ist, auf der über Inhalte der jeweiligen Artikelseite diskutiert werden kann[36]. Die beiden Seitentypen unterscheiden sich grundlegend sowohl im Aufbau als auch im sprachlichen Duktus;

---

34 http://www.ard-zdf-onlinestudie.de/.
35 http://www.mediawiki.org/.
36 Die Diskussionsseiten sind nicht der einzige, aber doch der wichtigste Ort, an dem über die Inhalte der Artikelseiten diskutiert wird; vgl. Stegbauer (2009: 71f.).

zur Illustration habe ich Ausschnitte aus der Artikelseite zu Ernst Jandls Gedicht „Ottos Mops" (Abbildung 6) und der dazugehörigen Diskussionsseite abgebildet (Abbildung 7)[37].

Abbildung 6: Wikipedia-Artikelseite (ottos mops).

Schon die kleinen Ausschnitte machen zwei zentrale Unterschiede deutlich: Die Artikelseite ist monologisch strukturiert, die Abfolge und Anordnung der Teilthemen folgt Konventionen für den behandelten Thementyp „Gedicht". Die Normen der schriftlichen Standardsprache sind eingehalten, das sprachliche Produkt entspricht den Erwartungen, die man sprachstilistisch an einen enzyklopädischen Artikel stellt, auch wenn natürlich durch die gemeinschaftliche Arbeit am Text und dessen Hypertextualität (Verlinkung, Veränderbarkeit etc.) Aspekte hinzukommen, die bei der individuellen produktbezogenen Textproduktion fehlen. Die Diskussionsseite hingegen ist chronologisch nach Themen geordnet; innerhalb eines Diskussionsthemas findet man die für Diskussionsforen typischen „Thread-Strukturen", d.h. es gibt einen Anfangsbeitrag und darauf bezogene Repliken, die dann (in einem rekursiven Prozess) ihrerseits wieder Gegenstand von Repliken werden können. Gerade die Folgebeiträge zeigen oft die typischen sprachlichen Merkmale

---

37 Die Ausschnitte wurden am 15.8.2010 fotografiert.

der interaktionsorientierten Schreibhaltung, die sich am Duktus der informellen mündlichen Kommunikation orientiert (die englische Bezeichnung „talk page" für diesen Seitentyp macht diese Orientierung besonders gut deutlich).

Abbildung 7: Wikipedia-Diskussionsseite (ottos mops).

Die sprachstilistischen Unterschiede zwischen Artikel- und Diskussionsseiten machen die Wikipedia zu einem interessanten Korpus, an dem die Herausbildung, Entwicklung und individuelle Variation der interaktionsorientierten Schriftlichkeit auch sprachvergleichend untersucht werden kann. Die im Folgenden dargestellte Vergleichsstudie konnte an einem linguistisch nicht annotierten Wikipedia-Korpus nur eine kleine Menge von formal gut erkennbaren Stilmarkern untersuchen. Die Studie zeigt aber das Potenzial der Wikipedia als Datengrundlage für weitere Untersuchungen, wobei auch deutlich wird, warum für weiterführende Untersuchungen eine linguistisch und texttechnologisch aufbereitete Version wünschenswert wäre, die gezielten Zugriff auf die Dokumentstrukturen der Artikelseiten bzw. die Threadstrukturen der Diskussionsseiten (inkl. der entsprechenden Metadaten zu Autoren, Timestamps etc.) erlaubt.

4.3 Datengrundlage und Auswahl der analysierten Stilmarker

In einer Vergleichsstudie untersuchten wir Vorkommensfrequenzen von typischen Stilmarkern in Artikel- und Diskussionsseiten an einer kompletten Kopie der deutschsprachigen Wikipedia vom 18.6.2009, die uns freundlicherweise vom Ubiquitous Knowledge Processing Lab (*UKP*) der TU Darmstadt bereitgestellt und in eine MySQL-Datenbank importiert wurde. Die Kopie umfasst insgesamt 1.314.853 Seiten, davon sind 1.011.112 Artikelseiten und 303.741 Diskussionsseiten[38]. Die durch eine Datenbankabfrage ermittelte Gesamtzahl der Tokens beläuft sich auf 692.863.553, davon finden sich 515.593.226 in Artikelseiten und 177.270.327 in Diskussionsseiten. Bei der Datenbankabfrage wurden alle Elemente als Tokens gewertet, die durch zwei Leerzeichen getrennt sind; da die Datenbank die Quelltexte der Seiten erfasst (also nicht die formatierten Versionen, die im Browser angezeigt sind), wurden auch Elemente der HTML-Syntax als Tokens gewertet, wenn diese zwischen zwei Leerzeichen auftraten.

Zur Datenerhebung nutzten wir ein von Bianca Stockrahm entwickeltes Java-Programm namens „WikiSearch", das sämtliche Artikel- und alle Diskussionsseiten nach einem Suchterm durchsucht und die Treffer unter Angabe des Seitennamens als Liste in eine HTML-Datei schreibt; der Belegschnitt erfasst dabei 50 Zeichen vor und nach dem Suchterm. Die Anbindung von „WikiSearch" an die Datenbank basierte auf der an der TU Darmstadt entwickelten Open-Source-Schnittstelle *JWPL* (Java Wikipedia Library).[39]

Bei der Zusammenstellung der untersuchten Stilmarker orientierten wir uns an den Vorkommensfrequenzen im Dortmunder Chat-Korpus, in dem die folgenden interaktiven Einheiten am häufigsten belegt sind:
- die Aktionswörter *lol, lach, freu, grins, wink, seufz*; diese wurden im Wikipedia-Korpus sowohl in den formal durch * markierten Varianten als auch in unmarkierter Form ausgewertet;
- die Emotikons :-), :), ;-), ;), :-(, :(

Die Studie beschränkt sich damit auf eine kleine Auswahl von interaktiven Einheiten zur emotionalen Kommentierung, die sich an formalen Kennzeichen relativ gut erkennen und deshalb an einem nicht-annotierten Korpus mit vertretbarem Zeitaufwand untersuchen lassen[40].

---

[38] Die technische Option, eine Diskussion zu eröffnen, ist prinzipiell immer vorhanden, sie wird aber bei weitem nicht bei jeder Artikelseite genutzt (vgl. auch die Befunde in Stegbauer 2009: 71, 118f.).

[39] Vgl. Zesch, Müller und Gurevych (2008); weitere Informationen zum Tool finden sich unter: http://www.ukp.tu-darmstadt.de/index.php?id=2634. Wir bedanken uns bei Torsten Zesch für die tatkräftige Unterstützung.

[40] Die Auswertung erfolgte im Zusammenhang mit der studentischen Staatsarbeit von Christina Lüken.

4.4 Datenauswertung und Interpretation der Ergebnisse

Die Ergebnisse der Auswertung der Artikelseiten sind in Tabelle 3, die Ergebnisse der Auswertung der Diskussionsseiten in Tabelle 4 zusammengestellt. Es zeigt sich sehr klar, dass die untersuchten Stilmarker fast ausschließlich auf den Diskussionsseiten vorkommen[41]. Auf den Artikelseiten – immerhin 1.011.112 Seiten mit 515.593.226 Tokens – gibt es keinen einzigen Beleg für die Verwendung eines Aktionsworts und nur sechs Verwendungen von Emotikons. Dieser Befund ist in seiner Eindeutigkeit doch überraschend, zumal man davon ausgehen kann, dass die an Wikipedia beteiligten Akteure[42] mit dem Duktus des interaktionsorientierten Schreibens vertraut sind. Auf den Diskussionsseiten sind die Stilmarker zwar zu finden, allerdings sehr viel seltener als z.B. in der Stichprobe der Plauderchats des Dortmunder Chat-Korpus, wie man am Vergleich der relativen Häufigkeiten in den Tabellen 1 (Abschnitt 3) und 4 sieht.

Suchformen	Treffer	Pseudotreffer	Belege	Relative Häufigkeit
lol *lol*	59	59	0	0
seufz *seufz*	0	0	0	0
grins *grins*	46	46	0	0
lach *lach*	170	170	0	0
freu *freu*	47	47	0	0
wink *wink*	266	266	0	0
;-)	8	6	2	3,88E-9
:-)	338	337	1	1,94E-9
:)	127	127	0	0
;)	46	44	2	3,88E-9
:-(	36	36	0	0
:(	50	49	1	1,94E-9

Tabelle 3: Frequenz der IBK-Stilmarker auf den Artikelseiten.

---

41 Wegen der unterschiedlichen Verteilung der Gesamttokens auf die beiden Seitentypen müssen die absoluten Frequenzzahlen in Relation zur Grundmenge der beiden Seitentypen gesetzt werden; die Angaben zur relativen Frequenz sind deshalb in die Tabellen integriert.
42 Vgl. die soziodemographischen Analysen in Stegbauer (2009: 285ff.).

Suchform	Treffer	Pseudotreffer	Belege	Relative Häufigkeit
lol *lol*	646	11	615	3,47E-6
seufz *seufz*	223	1	222	1,25E-6
grins *grins*	192	19	173	9,76E-7
lach *lach*	180	67	113	6,37E-7
freu *freu*	239	188	51	2,88E-7
wink *wink*	128	123	5	2,82E-8
;-)	25350			1,43E-4
:-)	24211			1,37E-4
:)	10424			5,88E-5
;)	9893			5,58E-5
:-(	1438			8,11E-6
:(	822			4,64E-6

Tabelle 4: Frequenz der IBK-Stilmarker auf den Wikipedia-Diskussionsseiten.

Dieses eindeutige Ergebnis entsteht allerdings nur, wenn die Trefferliste bereinigt und Pseudotreffer (falsch positive Treffer) ausgesondert werden. Bei den Aktionswörtern, die als unflektierte Verbstämme (Inflektive) gebildet sind, betrifft dies v.a. homonyme Formen der 1. Person Singular (Beispielbeleg 1) und des Imperativ Singular (Beispielbeleg 2).

> (1) So viel Spaß für wenig Geld (Ich **freu** mich)[43]
> (2) Karin Jeromin / Rüdiger Pfeffer: Komm **freu** dich mit mir. Die Bibel für Kinder erzählt.[44]

Fast alle Belege dieses Typs sind Bestandteile von Zitaten oder Titeln von Filmen, Liedern, TV-Sendungen o.ä. Weil das Suchwerkzeug nicht zwischen Groß- und Kleinbuchstaben unterscheiden kann, gab es weiterhin sehr viele Pseudotreffer, in denen homographe Eigennamen ausgegeben wurden; zu diesem Typ gehören sehr viele Pseudotreffer von „lach" und „lol" (Beispielbeleg 3).

> (3) 1968 trat der experimentelle Saxophonist **Lol** Coxhill bei, und der Bandname wechselte zu „Steve Miller's Delivery", der übersetzt „Steve Miller's Botschaft" bedeutet.[45]

---

43 Artikelseite „Die Prinzen".
44 Artikelseite „Die Kinderbibel".
45 Artikelseite „Delivery (Band)".

Bei den Emotikons resultieren viele Pseudotreffer aus formgleichen Zeichenkombinationen, z.B. in zwar bereits angelegten, aber noch nicht ausgefüllten Tabellen zu Sportereignissen wie in *„Niederlande – Finnland -:- (-:-) Samstag, 29. August 2009, 17:30"* auf der damaligen Artikelseite „Fußball-Europameisterschaft der Frauen 2009".

Weitere Pseudotreffer bei Emotikons haben damit zu tun, dass die Datenbasis die Quelltexte der Seiten erfasst und damit auch Elemente der HTML-Syntax mit entsprechenden Graphemfolgen enthält. Außerdem fanden sich erwartungsgemäß in Wikipedia-Artikeln, die sich mit internetbasierter Kommunikation befassen, auch Treffer wie in Belegbeispiel 4, in denen die betreffenden Ausdrücke als Beispiele erwähnt, aber nicht im Satz verwendet werden.

> (4) Die fehlenden parasprachlichen Mittel werden durch Emoticons (z. B. :-), ;-) oder :-o) und Akronyme (z. B. lol = laugh(ing) out loud; dt. „Lautes Lachen") oder Abkürzungen ersetzt.[46]

Derartige metakommunikative Treffer wurden in den Ergebnistabellen ebenfalls zu den Pseudotreffern gerechnet.

Die Erfahrungen aus der Studie zeigen deutlich, dass eine manuelle Bereinigung der Trefferlisten unerlässlich ist, um ein zuverlässiges Bild von den tatsächlichen Vorkommensfrequenzen zu erhalten: Von den 338 automatisch gezählten Treffern des Emotikons „:-)" in den Artikelseiten blieb nach der Bereinigung nur ein Beleg übrig. Die Trefferlisten zu allen Aktionswörtern in Artikelseiten enthalten überhaupt nur Pseudotreffer. Bei den Diskussionsseiten liegt der Anteil der Pseudotreffer deutlich niedriger, dennoch lohnt sich die Bereinigung auch deshalb, weil die Anzahl der Pseudotreffer bei den verschiedenen Einheiten erheblich schwankt, sodass es nicht möglich ist, formunabhängige Schätzwerte anzugeben. Bei den Emotikons in den Diskussionsseiten mussten wir aufgrund der hohen Trefferzahlen auf eine manuelle Bereinigung verzichten; die Werte müssen also mit Vorsicht interpretiert werden; allerdings ist der Unterschied zu den (unbereinigten) Vorkommensfrequenzen in den Artikelseiten schon überaus auffällig.

Wegen des hohen Nachbereitungsaufwandes sind vergleichende Untersuchungen zu anderen Sprachmerkmalen, die als typisch für das interaktionsorientierte Schreiben in sozialen Netzwerken gelten, auf linguistisch nicht weiter aufbereiteten Versionen der Wikipedia extrem zeitaufwändig. Da momentan in der Korpuslinguistik an der linguistischen und diskursstrukturellen Aufbereitung der Wikipedia gearbeitet wird, ist zu erwarten, dass bald auch weitere systematischere Studien zur Sprach- und Stilvariation auf Artikel- und Diskussionsseiten durchgeführt werden können. Insgesamt machen die Ergebnisse dieser kleinen Vergleichs-

---

46 Artikelseite „Chat".

studie deutlich, welches Potenzial sich durch den Vergleich der beiden Seitentypen für die empirische, quantitativ gestützte Untersuchung der sprachstilistischen Unterschiede zwischen interaktions- und textorientierten Schreibformen ergibt.

5. Stilmarker der internetbasierten Kommunikation in der journalistischen Prosa

Die Wikipedia-Vergleichsstudie liefert empirische Indizien dafür, dass die untersuchten Stilmarker tatsächlich an Kontexte des interaktionsorientierten Schreibens gebunden sind. Ergänzend soll nun geprüft werden, ob und wie häufig sie in redigierten Zeitungstexten verwendet werden. Eine solche Untersuchung kann auf der Basis digitaler und linguistisch aufbereiteter Zeitungskorpora heutzutage auf relativ einfache Weise durchgeführt werden. Für eine exemplarische Studie dieses Typs haben wir die Texte der Wochenzeitschrift „Die ZEIT" nach den in Abschnitt 4 untersuchten Aktionswörtern (*lol, lach, freu, grins, wink*) durchsucht. Wir nutzten dafür das ZEIT-Korpus, das als Bestandteil des digitalen lexikalischen Informationssystems DWDS an der Berlin-Brandenburgischen Akademie der Wissenschaften zur Verfügung steht[47]. Das Korpus umfasst alle ZEIT-Ausgaben von 1946 bis 2009 (ca. 460 Millionen Tokens); da erst ab dem Aufkommen des WWW und der damit einhergehenden Popularisierung des Internets mit einem Spracheinfluss zu rechnen ist, wurde nur der Zeitraum 1991–2009 ausgewertet[48].

Form	Gesamtzahl der Treffer	Pseudotreffer	Metakommunikative Treffer	Echte Verwendungen
lach	133	128	5	0
freu	102	101	1	0
lol	20	4	16	0
wink	17	17	0	0
grins	3	2	1	0

Tabelle 5: Suche nach Aktionswörtern im DWDS-Zeitungskorpus „Die ZEIT".

---

47 Das Korpus ist verfügbar unter http://www.dwds.de. Wir suchten nach den Formen „@lol", „@lach", „@freu", „@grins" – eine Suche nach dem Verbstamm ohne Operator würde zusätzlich alle flektierten Formen des Verbs ausgeben. Für die Suche nach dem Aktionswort „wink" haben wir die komplexere Anfrage „@wink &&!=NN with @wink" genutzt, um Pseudotreffer zum Nomen „der Wink" auszuschließen.
48 Hierfür setzten wir den DWDS-Suchfilter auf den Zeitraum 1990-12-31 bis 2009-12-31.

An den Ergebnissen in Tabelle 5 überrascht wiederum v.a. die Eindeutigkeit: Zu keinem der Aktionswörter fand sich in den Ausgaben der ZEIT von 1991–2009 auch nur ein einziger echter Beleg. Allerdings zeigt auch diese Untersuchung, dass es unerlässlich ist, die von Korpusrecherchesystemen erzeugten Trefferlisten manuell zu bereinigen, denn selbst wenn die Korpora – wie das DWDS-Korpus – linguistisch aufbereitet sind, ist es auch in ihnen nicht möglich, homographe Formen von Aktionswörtern zuverlässig auszuschließen oder gar metakommunikative Treffer wie das Beispiel 5 automatisch zu erkennen.

(5) Die Rede ist von DLS mit und ohne Fastpath, von Ping-Raten und Verzögerung in der Datenübermittlung. Jeder zweite Satz wird mit » Lol « oder » Rofl « beendet. Lol?[49]

In allen Trefferlisten fanden sich dieselben Typen von Pseudotreffern wie in der Wikipedia-Auswertung. Die relativ hohe Anzahl von metakommunikativen Treffern zu „lol" belegt, dass dieses Akronym auch in der journalistischen Diskussion um die Sprachlichkeit in der internetbasierten Kommunikation als typisches Stilelement hervorgehoben wird.

6. Fazit und Ausblick

Die korpusbasierten Untersuchungen, die in diesem Artikel diskutiert wurden, untermauern allesamt die in der Linguistik vertretene Hypothese des sprachlichen Ausbaus und die damit verbundene Auffassung, dass Schreiben und Schriftlichkeit durch die neuen interaktionsorientierten Schreibtechnologien nicht beschädigt werden, sondern sich im Hinblick auf neue Anforderungen erweitern und neu ausdifferenzieren. Bislang gibt es keine empirischen Indizien dafür, dass die Versprachlichungsmuster des interaktionsorientierten Schreibens den Sprachstil beim textorientierten Schreiben beeinflussen. In dem in Abschnitt 5 untersuchten Zeitungskorpus fand sich in den 1990-2009 erschienenen Ausgaben der Wochenzeitschrift „Die ZEIT" kein einziger Beleg für die untersuchten einschlägigen Stilmarker. Die in Abschnitt 4 diskutierte Vergleichsstudie, in der Stilmarker in Artikel- und Diskussionsseiten der deutschen Wikipedia ausgewertet wurden, dokumentiert, dass die Akteure in sozialen Netzwerken offensichtlich sehr gut in der Lage sind, zwischen text- und interaktionsorientiertem Schreiben zu unterscheiden. Dass dieses Differenzierungsvermögen bereits bei jugendlichen Schreibern im Grundsatz vorhanden ist, hat die umfangreiche empirische Studie zu schulischen und privaten Schreibprodukten Schweizer Jugendlicher ergeben (Dürscheid

---

49 Aus: Netz-Opa mit Ende 30. DIE ZEIT, 01.05.2008, Nr. 19. http://www.zeit.de/2008/19/I-Treffen-Second-Life.

et al. 2010). Vieles spricht also dafür, dass kompetente Schreiber zwischen verschiedenen Schreibhaltungen und den jeweiligen Stilen wechseln können. Für das interaktionsorientierte Schreiben werden allerdings andere Kompetenzen benötigt als für das Verfassen elaborierter Schrifttexte. In der Sprach- und Schreibdidaktik wird es deshalb künftig auch darum gehen, die Kompetenz zur situativ und kontextuell angemessenen Sprach- und Stilwahl auch im Hinblick auf die neuen interaktionsorientierten Schreibformen zu fördern (vgl. Storrer i.Dr.).

Hierfür ist aber die Einsicht wichtig, dass die charakteristischen Stilmerkmale nicht an das Medium (Internet) oder ein bestimmtes soziales Netzwerk (deutsche Wikipedia) gebunden sind, sondern dass die Schreiber ihren Schreibstil an das jeweilige kommunikative Setting und die dafür üblichen sprachlichen Gepflogenheiten anpassen. Diese Sprach- und Stilvariation wurde in Abschnitt 3 auf der Basis des Dortmunder Chat-Korpus für eine prototypische interaktive Schreibtechnologie, nämlich den Chat, gezeigt. Die in Abschnitt 3.3. diskutierte quantitative Vergleichsstudie liefert empirische Indizien für die Annahme, dass auch beim Chatten mehrere Stilregister zur Verfügung stehen, aus denen die Chatter diejenigen auswählen, die aus ihrer Sicht am besten zum kommunikativen Setting und den darin verankerten Rollenkonstellationen passen. Da oft mehrere Alternativen für dieselbe sprachliche Handlung zur Verfügung stehen, können die Chatter einen individuellen „Chatstil" entwickeln, der neben dem Nickname zur Ausbildung einer vornehmlich schriftsprachlich konstituierten „Chatter-Persönlichkeit" beiträgt. In Abschnitt 3.4 wurden Ergebnisse aus einer von Kristin Luckhardt durchgeführten Untersuchung zum Sprachstil in einer Chat-Community vorgestellt (Luckhardt 2009), an denen solche individuellen Präferenzen für bestimmte stilistische Handlungsmuster auch mit quantitativen Analysen herausgearbeitet wurden.

Linguisten werden von den Ergebnissen der korpuslinguistischen Studien nicht überrascht sein; bemerkenswert ist allenfalls die Eindeutigkeit der Resultate, die bei der Analyse des umfangreichen Zeitungskorpus und beim Vergleich der Vorkommensfrequenzen von einschlägigen Stilmarkern in den beiden Seitentypen der Wikipedia erzielt wurden. Die Studien in Abschnitt 4 und 5 nutzten ein relativ kleines Set von einschlägigen Stilmarkern, die wegen ihrer speziellen Form auch mit vertretbarem Zeitaufwand in sehr großen Korpora untersucht werden konnten. Bereits bei diesen recht gut formal identifizierbaren Einheiten wurde aber in beiden Studien sehr deutlich, dass die Trefferlisten unbedingt manuell gesichtet und um Pseudotreffer bereinigt werden müssen, um aussagekräftige Vorkommenszahlen zu erhalten. Um die sprachlichen Unterschiede zwischen interaktionsorientiertem und textorientiertem Schreibduktus auf allen relevanten Ebenen – Orthographie, Morphologie, Syntax, Lexik (Stilregister) – empirisch herauszuarbeiten, würde man Korpora benötigen, die linguistisch wesentlich feiner annotiert sind.

Die in Abschnitt 3 diskutierten Studien am Dortmunder Chat-Korpus zeigen die erweiterten Auswertungsmöglichkeiten, die sich durch strukturelle und linguistische Annotationen für quantitative Analysen ergeben.

Bereits die sehr simple Vergleichsstudie in Abschnitt 4 macht deutlich, dass der Vergleich von Artikel- und Diskussionsseiten sehr gut geeignet ist, um die Variation zwischen beiden Schreibhaltungen in derselben Community an großen Datenmengen zu untersuchen. Im Hinblick auf die in Abschnitt 2 erläuterte Differenzierung von Nähe (konzeptionelle Mündlichkeit) und Distanz (konzeptionelle Schriftlichkeit) lässt sich an vielen Merkmalen nachweisen, dass die Diskussionsbeiträge Charakteristika konzeptioneller Mündlichkeit aufweisen, während die Artikelseiten im Duktus der konzeptionellen Schriftlichkeit verfasst sind. Um solche Unterschiede auch quantitativ untersuchen zu können, wäre allerdings eine linguistisch aufbereitete, zumindest lemmatisierte und wortartenannotierte Version der beiden Seitentypen erforderlich. Auch wäre es sinnvoll, auf die Dokumentstrukturen der Artikelseiten bzw. die Threadstrukturen der Diskussionsseiten (inkl. der Metadaten zu Autoren und Timestamps) gezielt zugreifen zu können. Da die Wikipedia in sehr vielen Kontexten eine sehr interessante Ressource ist, kann man davon ausgehen, dass derartige aufbereitete Versionen in absehbarer Zukunft für die linguistische Forschung zur Verfügung stehen[50].

Um die Sprachentwicklung und Sprachvariation in den verschiedenen digitalen Genres systematisch untersuchen zu können, wären linguistisch annotierte Korpora wünschenswert, die über eine Zeitspanne hinweg verschiedene Formen internetbasierter Kommunikation in ausgewogenem Verhältnis berücksichtigen. Bislang gibt es lediglich kleinere Korpora, die im Rahmen von Einzelprojekten aufgebaut wurden; auch fehlt es an standardisierten Verfahren zur linguistischen Annotation derartiger Korpora (Beißwenger und Storrer 2008). Der Aufbau von ausgewogenen, linguistisch aufbereiteten Korpora zur internetbasierten Kommunikation und ihre Bereitstellung über Online-Schnittstellen von Korpusinfrastrukturprojekten könnten erheblich dazu beitragen, die Forschung zu den neuen Entwicklungen im Umgang mit Schriftlichkeit auf ein solides und überprüfbares empirisches Fundament zu stellen.

---

50 Vgl. für die englische Wikipedia Ferschke/Gurevych/Chebotar 2012.

7. Literatur

Ágel, Vilmos, und Mathilde Hennig (Hrsg.). 2006. *Grammatik aus Nähe und Distanz. Theorie und Praxis am Beispiel von Nähetexten 1650-2000.* Tübingen: Niemeyer.
Ágel, Vilmos, und Mathilde Hennig (Hrsg.). 2010. *Nähe und Distanz im Kontext variationslinguistischer Forschung.* Berlin und New York: de Gruyter.
Androutsopoulos, Jannis K., und Evelyn Ziegler. 2003. Sprachvariation und Internet: Regionalismen in einer Chat-Gemeinschaft. In *Standardfragen: soziolinguistische Perspektiven auf Sprachgeschichte, Sprachkontakt und Sprachvariation,* Hrsg. Jannis K. Androutsopoulos und Evelyn Ziegler, 251-279. Frankfurt a. M.: Lang.
Beißwenger, Michael. 2000. *Kommunikation in virtuellen Welten: Sprache, Text und Wirklichkeit.* Stuttgart: ibidem.
Beißwenger, Michael (Hrsg.). 2001a. *Chat-Kommunikation. Sprache, Interaktion, Sozialität & Identität in synchroner computervermittelter Kommunikation. Perspektiven auf ein interdisziplinäres Forschungsfeld.* Stuttgart: ibidem.
Beißwenger, Michael. 2007. *Sprachhandlungskoordination in der Chat-Kommunikation.* Berlin und New York: de Gruyter.
Beißwenger, Michael. 2010. *Chattern unter die Finger geschaut: Formulieren und Revidieren bei der schriftlichen Verbalisierung in synchroner internetbasierter Kommunikation.* In *Nähe und Distanz im Kontext variationslinguistischer Forschung,* Hrsg. Vilmos Ágel und Mathilde Hennig, 247-294. Berlin und New York: de Gruyter.
Beißwenger, Michael. in diesem Band: *Raumorientierung in der Netzkommunikation. Korpusgestützte Untersuchungen zur lokalen Deixis in Chats.*
Beißwenger, Michael, und Angelika Storrer. 2005. Chat-Szenarien für Beruf, Bildung und Medien. In *Chat-Kommunikation in Beruf, Bildung und Medien: Konzepte – Werkzeuge – Anwendungsfelder,* Hrsg. Michael Beißwenger und Angelika Storrer, 9-25. Stuttgart: ibidem.
Beißwenger, Michael, und Angelika Storrer. 2008. Corpora of Computer-Mediated Communication. In *Corpus Linguistics. An International Handbook,* Band 1, Hrsg. Anke Lüdeling und Merja Kytö, 292-308. Berlin und New York: de Gruyter.
Brinker, Klaus, Gerd Antos, Wolfgang Heinemann und Sven F. Sager (Hrsg.). 2000. *Text- und Gesprächslinguistik. / Linguistics of Text and Conversation. Ein internationales Handbuch zeitgenössischer Forschung.* 1. Halbband: Textlinguistik. Berlin und New York: de Gruyter.

Brinker, Klaus, Gerd Antos, Wolfgang Heinemann, und Sven F. Sager (Hrsg.). 2001. *Text- und Gesprächslinguistik. / Linguistics of Text and Conversation. Ein internationales Handbuch zeitgenössischer Forschung.* 2. Halbband: Gesprächslinguistik. Berlin und New York: de Gruyter.

Brommer, Sarah. 2007. „Ein unglaubliches Schriftbild, von Rechtschreibung oder Interpunktion ganz zu schweigen" – Die Schreibkompetenz der Jugendlichen im öffentlichen Diskurs. *Zeitschrift für germanistische Linguistik* 35 (3), 315-345.

Diekmannshenke, Hajo. 2005. Politische Kommunikation in Zeiten des Internet. Kommunikationswandel am Beispiel moderierter und unmoderierter Politik-Chats. In *Chat-Kommunikation in Beruf, Bildung und Medien: Konzepte – Werkzeuge – Anwendungsfelder,* Hrsg. Michael Beißwenger und Angelika Storrer, 119-144. Stuttgart: ibidem.

Diewald, Nils, Frank-Job, Barbara. in diesem Band. Kollaborative Aushandlung von Kategorien am Beispiel des GuttenPlag Wikis.

Dorta, Gabriel. 2005. *Soziale Welten in der Chat-Kommunikation. Untersuchungen zur Identitäts- und Beziehungsdimension in Web-Chats.* Bremen: Hempen.

Dürscheid, Christa, und Sarah Brommer. 2009. Getippte Dialoge in neuen Medien. Sprachkritische Aspekte und linguistische Analysen. *Linguistik online* 37 (1).

Dürscheid, Christa, Franc Wagner, und Sarah Brommer. 2010. *Wie Jugendliche schreiben. Schreibkompetenz und neue Medien.* Berlin und New York: de Gruyter.

Ehlich, Konrad. 1994. Funktion und Struktur schriftlicher Kommunikation. In *Schrift und Schriftlichkeit. Ein interdisziplinäres Handbuch internationaler Forschung,* Band 1, Hrsg. Hartmut Günther und Otto Ludwig, 18-41. Berlin und New York: de Gruyter.

Feldweg, Helmut, Ralf Kibiger, und Christine Thielen. 1995. Zum Sprachgebrauch in deutschen Newsgruppen. *Osnabrücker Beiträge zur Sprachtheorie* 50, 143-154.

Frank-Job, Barbara (2009): Formen und Folgen des Ausbaus französischer Nähesprache in computervermittelter Kommunikation. In: Pfänder, Stefan / Kailuweit, Rolf / Cousin, Vanessa (Hgg.), FrankoMedia: Aufriss einer französischen Sprach- und Medienwissenschaft. Berlin: Berliner Wissenschafts-Verlag, 71-88.

Frank-Job, Barbara (2010): Sprachwandel und Medienwandel. In: Mehler, Alexander; Sutter, Tilmann (Hg.), Medienwandel als Wandel von Interaktionsformen — von frühen Medienkulturen zum Web 2.0. Wiesbaden: Verlag für Sozialwissenschaften, 27-46.

Ferschke, Oliver; Gurevych, Iryna; Chebotar, Yevgen (2012): Behind the Article: Recognizing Dialog Acts in Wikipedia Talk Pages. Proceedings of the 13th Conference of the European Chapter of the Association for Computational Linguistics (EACL 2012).

Günthner, Susanne, und Gurly Schmidt. 2002. Stilistische Verfahren in der Welt der Chatgroups. In *Soziale Welten und kommunikative Stile*, Hrsg. Inken Keim und Wilfried Schütte, 315-337. Tübingen: Narr.

Haase, Martin, Michael Huber, Alexander Krumeich, und Georg Rehm. 1997. Internetkommunikation und Sprachwandel. In *Sprachwandel durch Computer*, Hrsg. Rüdiger Weingarten, 51-85. Opladen: Westdeutscher Verlag.

Herring, Susan. 2010. Computer-Mediated Conversation: Introduction and Overview. *Language@Internet* 7. Online: http://www.languageatinternet.de/articles/2010/2801

Hoffmann, Ludger. 2004. Chat und Thema. *Osnabrücker Beiträge zur Sprachtheorie* 68, 103-122.

Kilian, Jörg. 2001. T@stentöne. Geschriebene Umgangssprache in computervermittelter Kommunikation. In Chat-Kommunikation. Sprache, Interaktion, Sozialität & Identität in synchroner computervermittelter Kommunikation. Perspektiven auf ein interdisziplinäres Forschungsfeld, Hrsg. Michael Beißwenger, 55-78. Stuttgart: ibidem.

Koch, Peter, und Wulf Oesterreicher. 1994. Schriftlichkeit und Sprache. In *Schrift und Schriftlichkeit. Ein interdisziplinäres Handbuch internationaler Forschung*, Band 1, Hrsg. Hartmut Günther und Otto Ludwig, 587-604. Berlin und New York: de Gruyter.

Koch, Peter, und Wulf Oesterreicher. 2007. Schriftlichkeit und kommunikative Distanz. *Zeitschrift für germanistische Linguistik* 35 (3), 346-375.

Luckhardt, Kristin. 2009. *Stilanalysen zur Chat-Kommunikation. Eine korpusgestützte Untersuchung am Beispiel eines medialen Chats*. Dissertation, TU Dortmund. http://hdl.handle.net/2003/26055.

Lemnitzer, Lothar, und Karin Naumann. 2001. „Auf Wiederlesen!" – das schriftlich verfasste Unterrichtsgespräch in der computervermittelten Kommunikation. In *Chat-Kommunikation. Sprache, Interaktion, Sozialität & Identität in synchroner computervermittelter Kommunikation. Perspektiven auf ein interdisziplinäres Forschungsfeld*, Hrsg. Michael Beißwenger, 469-491. Stuttgart: ibidem.

Mehler, Alexander, Serge Sharoff, und Marina Santini (Hrsg.). 2010. *Genres on the Web: Computational Models and Empirical Studies*. Dordrecht: Springer.

Polenz, Peter v. 1999. *Deutsche Sprachgeschichte vom Spätmittelalter bis zur Gegenwart*. Band 3. 19. und 20. Jahrhundert. Berlin und New York: de Gruyter.

Raible, Wolfgang 1999. Kognitive Aspekte des Schreibens. Heidelberg, C.Winter
Runkehl, Jens, Peter Schlobinski und Torsten Siever. 1998. *Sprache und Kommunikation im Internet. Überblick und Analysen.* Opladen: Westdeutscher Verlag.
Sandig, Barbara. 1986. *Stilistik der deutschen Sprache.* Berlin und New York: de Gruyter.
Sandig, Barbara. 2006. *Textstilistik des Deutschen.* Berlin und New York: de Gruyter.
Schlobinski, Peter (Hrsg.). 2006. *Von *hdl* bis *cul8r*. Sprache und Kommunikation in neuen Medien.* Mannheim: Dudenverlag.
Schmitz, Ulrich. 2004. *Sprache in modernen Medien. Einführung in Tatsachen und Theorien, Themen und Thesen.* Berlin: Erich Schmidt.
Sieber, Peter. 1998. *Parlando in Texten. Zur Veränderung kommunikativer Grundmuster in der Schriftlichkeit.* Tübingen: Niemeyer.
Stegbauer, Christian. 2009. *Wikipedia. Das Rätsel der Kooperation.* Wiesbaden: VS Verlag für Sozialwissenschaften.
Storrer, Angelika. 2001. Getippte Gespräche oder dialogische Texte? Zur kommunikationstheoretischen Einordnung der Chat-Kommunikation. In *Sprache im Alltag. Beiträge zu neuen Perspektiven in der Linguistik*, Hrsg. Andrea Lehr, Matthias Kammerer, Klaus-Peter Konerding et al., 439-465. Berlin und New York: de Gruyter.
Storrer, Angelika. 2007. Chat-Kommunikation in Beruf und Weiterbildung. *Der Deutschunterricht* 2007 (1), 49-61.
Storrer, Angelika. 2012. Neue Text- und Schreibformen im Internet: Das Beispiel Wikipedia. Erscheint in: Köster, Juliane / Feilke, Helmuth (Hg.): *Textkompetenzen in der Sekundarstufe II.* Freiburg: Fillibach, 277-306
Thaler, Verena. 2003. *Chat-Kommunikation im Spannungsfeld zwischen Oralität und Literalität.* Berlin: VWF-Verlag.
Zesch, Torsten, Christoph Müller, und Iryna Gurevych. 2008. Extracting Lexical Semantic Knowledge from Wikipedia and Wiktionary. *Proceedings of the Conference on Language Resources and Evaluation (LREC), Marrakesch, Marokko.*
Zifonun, Gisela, Ludger Hoffmann, Bruno Strecker u.a. (Hrsg.). 1997. *Grammatik der deutschen Sprache.* 3 Bde. Berlin und New York: de Gruyter.

Nils Diewald und Barbara Frank-Job

Kollaborative Aushandlung von Kategorien am Beispiel des GuttenPlag Wikis

Unser Beitrag untersucht am Beispiel des GuttenPlag Wikis[1] die Interdependenz und Dynamik zwischen kollaborativen[2] und interaktiven Handlungen von Akteuren im World Wide Web. Das Beispiel eignet sich besonders, um einerseits die spezifische Dynamik eines Kollaborationsnetzwerks im World Wide Web hinsichtlich der dabei sichtbar werdenden Partizipationsformen aufzuarbeiten. Andererseits lässt sich hier die Emergenz und Ausdifferenzierung kollektiv gültiger Konzepte beschreiben wie sie grundlegend sind für die Konstitution sozialer Gemeinschaften.

Methodisch kombinieren wir eine qualitativ-interpretierende Beschreibung mit einer quantitativ-statistischen Erfassung der kategorisierenden Verfahren und Strategien der Akteure, ihrer kooperativen Partizipationen und der damit zusammenhängenden Emergenz im Kollektiv gültiger Begriffe.

1. Einführung

Am 16. Februar 2011 berichtete die „Süddeutsche Zeitung" über eine Rezension der Dissertation von Karl-Theodor Freiherr zu Guttenberg (zu Guttenberg, 2009) in der Zeitschrift „Kritische Justiz", welche Teile dieser Dissertation unter Plagiatsverdacht gestellt hatte (Fischer-Lescano, 2011). Von diesem Zeitpunkt an stand die Doktorarbeit des damaligen Bundesverteidigungsministers im Fokus der Öffentlichkeit. Während zu Guttenberg selbst den Plagiatsverdacht zurückwies[3] wurden weitere plagiatsverdächtige Stellen in Blogs und Zeitungen veröffentlicht.

---

1 http://guttenplag.wikia.com/; zuletzt abgerufen am 7.10.2011.
2 Wir verwenden „kollaborativ" hier in Anlehnung an den englischen Sprachgebrauch, der inzwischen so auch in der deutschsprachigen Literatur v.a. im Kontext der Internet-Kommunikation verwendet wird, als Synonym zum deutschen Begriff „kooperativ". Vgl. auch Fußnote 21.
3 Tagesschau vom 16.2.2011.

Am 17. Februar 2011 wurde auf der Plattform *Google Text & Tabellen* ein Dokument mit Plagiatsfragmenten aus der Guttenbergschen Dissertation zur kollaborativen Begutachtung, Bearbeitung und Erweiterung publiziert, das aufgrund der hohen Anzahl von beteiligten Akteuren jedoch schon nach kurzer Zeit nicht mehr erreichbar war[4]. Der Initiator dieser Plagiatsdokumentation wechselte daraufhin auf die Plattform *Wikia* und änderte die ursprünglich lineare Dokumentstruktur in eine vernetzte Wiki-Struktur (Leuf und Cunningham, 2001).[5] In den darauffolgenden Tagen und Wochen expandierte dieses Wiki zu einem mehr als zweitausend Webseiten umfassenden Hypertext, an dem zahlreiche registrierte und nicht registrierte Akteure mitwirkten.

Zunächst war das Wiki ausschließlich auf die Dokumentation von Urheberrechtsverletzungen in der Dissertation von Karl-Theodor zu Guttenberg gerichtet. In den ersten Wochen erweiterte sich diese ursprüngliche Zielsetzung jedoch dahingehend, dass das GuttenPlag Wiki zu einer vorbildgebenden Instanz für künftige Plagiatsuntersuchungen auf Basis des *Crowdsourcing*-Ansatzes (Howe, 2006) in Kollaborationsnetzwerken des Typs „Wiki" werden sollte. Für die folgende Analyse der kollaborativen Erstellung von Plagiatskategorien ist diese Wandlung von Belang, denn sie begründet einhergehend den Anspruch auf eine quasi normative Festlegung des Kategoriensystems des dort verwendeten Plagiatsbegriffs – nicht nur zur relativen Strukturierung der Plagiate im GuttenPlag Wiki sondern darüber hinaus auch für künftige kollaborative Plagiatsdokumentationen.[6]

Damit unterscheidet sich dieser Typ Wiki von Dokumentationssystemen wie der *Wikipedia*[7], die dem Anspruch folgen, rein deskriptiven Charakter zu haben: Das GuttenPlag Wiki als Plagiatsdokumentationswiki dient nicht nur der Wissenskonservierung oder -verbreitung, sondern auch der Schaffung von Wissen – in Bezug auf die Aufdeckung von Intertextualitätsbeziehungen zwischen unbekannten Referenztexten und der fraglichen Dissertation, wie auch der normativen Ausgestaltung der

---

4   Siehe hierzu einen Kommentar des Initiators auf der Microblogging-Plattform *Twitter*: https://twitter.com/PlagDoc/status/38160669958348800; zuletzt abgerufen am 7.10.2011.

5   Weitere Informationen zum chronologischen Ablauf finden sich unter http://de.guttenplag.wikia.com/wiki/Chronologie; zuletzt abgerufen am 2.5.2011. Unter besonderer Berücksichtigung der Rolle des GuttenPlag Wikis, siehe auch Hirte (2011); Pörksen und Detel (2011).

6   In der Tat sind inzwischen nach dem Vorbild des GuttenPlag Wikis und unter Übernahme der dort erarbeiteten Plagiatskategorien weitere kollaborative Plagiatsdokumentationen entstanden; vgl. v.a. VroniPlag, das weitgehend die Plagiatskategorien vom GuttenPlag Wiki übernommen hat (http://de.vroniplag.wikia.com/wiki/VroniPlag_Wiki:PlagiatsKategorien; zuletzt abgerufen am 8.10.2011), allerdings ohne darauf hinzuweisen. Desweiteren findet das kollektiv erarbeitete Korpus aufgrund seiner hohen Güte bereits Eingang in die Evaluation automatisierter Plagiats-Detektions-Software (Gipp et al., 2011).

7   http://www.wikipedia.org/

Plagiatskategorien.[8] Ein wesentlicher Beitrag der Nutzer des GuttenPlag Wikis war daher die kooperative Erstellung eines Kategoriensets zur Beschreibung eben jener intertextuellen Bezüge, die das Ergebnis einer intensiven Diskussion der beteiligten Akteure und ihrer gemeinsamen Bearbeitung der Seiten des Wikis darstellt. Im Zentrum dieses Kategoriensets steht ein der Wissenschaft entnommener Plagiatsbegriff, welcher mit verschiedenen kooperativen und interaktiven sprachlichen Verfahren ergänzt, erweitert und ausdifferenziert wurde.

2. Plagiatsdokumentation als Social Media

Das GuttenPlag Wiki gehört zu einer Reihe von Kommunikationsplattformen im World Wide Web, die seit einigen Jahren auf Basis der sogenannten *Social Software* (Allen, 2004) bislang unbekannte Möglichkeiten von kommunikativer Interaktion und (hyper-)textueller Kollaboration über weite räumliche Distanzen hinweg bieten. Im Zusammenhang mit diesen neuen Möglichkeiten der kommunikativen Beteiligung von Akteuren an öffentlicher Kommunikation im Internet werden in verschiedenen Disziplinen Formen und Wirkungen von Partizipation, Kollaboration (Kooperation) und Interaktion auf die Entstehung sozialer Gemeinschaften diskutiert und auch vor dem Hintergrund älterer Formen medienvermittelter Kommunikation neu bestimmt (Bucher, 2004; Zerfaß et al., 2008; Bieber et al., 2009)[9]. Dabei wird insbesondere die im Zuge der Einführung der *Social Media* häufig postulierte neue Interaktivität und einhergehend das noch nie dagewesene Partizipationspotential der Nutzer kritisch hinterfragt. Aus Sicht der linguistischen Kommunikationsanalyse mangelt es diesen Debatten jedoch häufig an empirisch-fundierten qualitativen Untersuchungen konkreter Fälle von kooperativem und interaktivem Handeln im World Wide Web.

Unser Kapitel versteht sich daher auch als Beitrag der Kommunikationsanalyse zur Debatte um die Formen und Grade der Partizipation von Akteuren in Social Media. Am Beispiel der interaktiven Aushandlung und kollaborativen Erstellung von Plagiatskategorien wollen wir Interdependenz und Dynamik interaktiver und kooperativer Akteurshandlungen beim Aufbau dieser virtuellen Kommunikationsgemeinschaft untersuchen.

---

8   Im Folgenden werden wir weitgehend von gesellschafts- und wissenschaftspolitischen Aspekten des GuttenPlag Wikis und seines Entstehungskontextes absehen, um uns ausschließlich der kollaborativen Tätigkeit der beteiligten Akteure und deren interaktiver Aushandlung von kollektiv gültigen Plagiatskategorien zu widmen.
9   Vgl. auch aus mediensoziologischer Sicht die Beiträge von Jäckel & Fröhlich (2013) und Passoth et al. (2013) in diesem Band.

Die Kollaborations- und Interaktionsmöglichkeiten von Wikiplattformen als Beispiel für Social Media weisen sehr unterschiedliche Formen und Grade auf, die sich mit Stegbauer (2008, S. 152f) in ein Kontinuum der kommunikativen und kollaborativen Einbettung von Nutzern einordnen lassen. An dessen einem Ende können kollaborativ und kommunikativ schwach eingebettete, rein lesende Rezipienten der Wikiseiten eingeordnet werden, am anderen Ende dagegen ein kleiner Kern stark eingebetteter, hypertextproduzierender Akteure.

Im mittleren Bereich dieses Kontinuums sind verschiedene weitere Formen der kollaborativen und kommunikativen Einbettung zu verorten, zu denen insbesondere die interaktive Stellungnahme zu wikirelevanten Themen in Diskussionen, Foren und Blogbeiträgen gehört. Während die nur lesende Rezeption am ehesten typische Eigenschaften massenmedialer Kommunikationsformen zeigt (Sutter, 2008), weisen alle anderen Beteiligungsformen von Akteuren kooperative und/oder interaktive Eigenschaften unterschiedlicher Ausprägung auf.[10]

Die Annahme eines partizipatorischen Kontinuums erlaubt es nun, vor der Untersuchung konkreter Beispiele von kollektiven Kommunikationshandlungen im World Wide Web die grundsätzliche Bandbreite an Beteiligungsmöglichkeiten zu überblicken, ohne von Vornherein eine klare Grenzlinie zwischen Rezeptionshandlungen und Produktionshandlungen, zwischen individuellen Sprachproduktionshandlungen bei der Bearbeitung von Inhalten und dialogischen oder pologischen Aushandlungen bei der Diskussion um die Inhalte ziehen zu müssen. In ähnlicher Weise bestimmt Bruns (2009) die Form der „kollaborativen Inhaltserschaffung" (wie sie etwa auf Wikiplattformen realisiert wird) als hybride Mischung aus Nutzungs- und Produktionshandlung:

> „Produtzung zeigt die veränderte Wertschöpfungskette kollaborativer Websites auf: auf diesen Sites gilt eine strenge Dichotomie zwischen Produzenten und Konsumenten nicht mehr – stattdessen sind Benutzer fast immer auch in der Lage, Hersteller von Inhalten zu werden, und werden dies oft sogar notwendigerweise bei der Benutzung selbst. [...] Produtzung erfolgt

---

10 Wir verwenden den Begriff Akteur in diesem Zusammenhang zur bewussten Abgrenzung gegenüber den realen Nutzern des Wikis, da ein Nutzer für die Analyse ununterscheidbar mehrere Benutzerkonten, also Akteure, darstellen kann (zum Beispiel in Form so genannter „Sockenpuppen"-Accounts), wie auch umgekehrt ein Akteur von mehreren Nutzern betreut werden kann (ein Phänomen, das selten vorkommt, im vorliegenden Korpus aber von verschiedenen Akteuren in Bezug auf den Akteur „Afreind" angenommen wird; vgl. http://de.guttenplag.wikia.com/index.php?title=Diskussion:Diskussionen/@comment-1.1.1.1&permalink=87374; zuletzt abgerufen am 7.10.2011).

in einem Umfeld, in dem die Gemeinschaft als Grundlage für die verteilte, vernetzte Schöpfung von Werten durch inkrementelle, iterative, und evolutionäre Prozesse fungiert."[11] (Bruns, 2009, S. 69)

Im Folgenden werden wir zunächst einige Überlegungen zum Aufbau des GuttenPlag Wikis, seinen Kommunikationsbereichen und Partizpationsstrukturen anstellen und auf dieser Grundlage eine Bestimmung der Begriffe „Partizipation", „Kollaboration" und „Interaktion" für unsere Untersuchung vornehmen. In einem zweiten Teil präsentieren wir am Beispiel der Erstellung der Plagiatskategorienseiten Interdependenz und Dynamik interaktiver und kollaborativer Prozesse.

3. Partizipationsformen und -typen im GuttenPlag Wiki

Das GuttenPlag Wiki wurde auf Basis der Netzwerkplattform *Wikia*[12] mit dem Ziel gestartet, verschiedene, im wissenschaftlichen Sinne inkorrekt belegte intertextuelle Bezüge zwischen Teiltexten der Dissertation von Karl-Theodor Freiherr zu Guttenberg und anderen zuvor publizierten Texten zu identifizieren, diese anhand einer Reihe kooperativ festgelegter sprachlicher Kategorien rund um das Konzept des wissenschaftlichen Plagiats genauer zu bestimmen und mit Quellenangaben versehen zu veröffentlichen.

Abbildung 1: Aufteilung der GuttenPlag Wiki-Seiten: Gegenüberstellung von Dissertationsfragment und Originalfragment auf Plagiatsverdachtsseiten (links); Dokumentansicht mit Diskussionsbereich im unteren Teil (rechts).

---

11 „Produtzung" setzt sich aus den Begriffen „Produktion" und „Nutzung" zusammen. Weitere wesentliche Kennzeichen kollaborativer Websites sind nach Bruns (2009) eine fortwährende Unabgeschlossenheit, Partizipationsoffenheit und eine meritokratische Sozialstruktur, die auf individuellen Verdiensten um das gemeinschaftliche Projekt beruht.

12 http://www.wikia.com/Special:LandingPage; Wikia beschreibt sich selbst als Plattform zur Bildung von virtuellen Gemeinschaften: „Wikia is a collaborative publishing platform that enables communities to discover, create and share content on any topic in any language" (http://www.wikia.com/About_Us; zuletzt abgerufen am 1.7.2011).

Wikia bietet hierfür den Nutzern eine dem Wiki-Prinzip (Leuf und Cunningham, 2001) folgende Software an, um kollaborativ Dokumente zu erstellen und diese hypertextuell zu vernetzen. Die des Plagiats verdächtigten Fragmente der Dissertation werden dabei mutmaßlichen Originaltextstellen unmittelbar gegenübergestellt (s. Abbildung 1, links), und diese Fragmente über verschiedene Referenzbezüge, wie Originalautor, Seitenzahl oder Plagiatskategorie dem Wiki-Prinzip folgend verlinkt. Neben diesen plagiatsdokumentierenden Seiten existieren weitere Hypertexte, unter anderem zu Teilergebnispräsentationen, Diskussionen, Nutzerprofilen, und – im Zentrum dieses Artikels betrachtet – Plagiatskategorien.

Anders als in der Online-Enzyklopädie Wikipedia[13] wird der Diskussion der Nutzer im GuttenPlag Wiki breiter Raum gegeben: Zu den kollaborativ erstellten Inhalten können die Beitragenden Kommentare hinzufügen und auf Kommentare anderer Nutzer antworten, und so in dialogische und polylogische Kommunikation treten (s. Abbildung 1, rechts)[14]

3.1 Bereiche nähe- und distanzsprachlicher Kommunikation

Aufgrund der technischen Gegebenheiten lassen sich im GuttenPlag Wiki zwei große Kommunikationsbereiche anhand ihrer unterschiedlichen konzeptionellen Profile[15] und der darauf bezogenen Versprachlichungsstrategien unterscheiden:

Auf der einen Seite handelt es sich um die Wikibereiche, die vorrangig der Wissensdarstellung gewidmet sind (Plagiatsdokumentation, Plagiatskategorien, Zwischenberichte, Quellendarstellung, Pressespiegel etc.) und sich an die breite Öffentlichkeit richten. Für diese Kommunikationsbereiche gelten Kommunikationsbedingungen, die auf dem konzeptionellen Kontinuum im Bereich der Distanz anzusiedeln sind: Sie richten sich an die größte Zahl von Rezipienten, also an die große Masse der rein lesend Rezipierenden ebenso wie an all diejenigen, die in irgendeiner Weise an der Erstellung des Wikis partizipieren. Aus dem zentralen Ziel dieser Kommunikationsbereiche, der vorbildlichen faktenorientierten Darstellung von Plagiatsfunden in der untersuchten Dissertation, ergibt sich weiter

---

13 Sowohl Wikia als auch Wikipedia basieren auf der Software *MediaWiki* (http://www.mediawiki.org/) und wurden von Jimmy Wales initiiert.
14 Hierzu ist anzumerken, dass die *Wikia*-Software lediglich zweistufige Kommentare erlaubt, d.h. Antworten auf Antworten auf Kommentare werden technisch gleichbehandelt wie eine spätere Antwort auf einen Kommentar (vgl. Abbildung 1 rechts). Auf diese Weise lässt sich ohne qualitative Analyse keine eindeutige Aussage zur Relation von Antworten (mit Ausnahme von Erstantworten) auf den jeweiligen Kommentar machen.
15 Vgl. zum theoretischen Hintergrund des konzeptionellen Aspekts sprachlicher Äußerungen des GuttenPlag Wikis Koch und Oesterreicher (2011).

das Bemühen der Akteure, die methodischen Voraussetzungen der Untersuchung (Plagiatskategorien, Zuordnung von Fundstellen zu Kategorien) und die Ergebnisse der Wiki-Arbeit möglichst sachlich und verständlich darzulegen, so dass Auswahl- und Zuordnungskriterien von Fundstellen zu Plagiatskategorien auch für Rezipienten, die nicht über spezifisches Kontextwissen verfügen, nachvollziehbar werden. Die fertiggestellten Wikiseiten weisen daher einen monologischen Charakter auf, sie sind themenfixiert und weitgehend abgeschlossen. Wie wir später am Beispiel der Plagiatskategorienseiten zeigen werden, war die Erstellung dieser Seiten jedoch ein komplexer kollaborativer und interaktiver Prozess, dessen Spuren auch in den heute vorliegenden Seiten noch erkennbar sind. Dies sind Spuren dialogischer und polylogischer Aushandlungsprozesse, direkte Adressierungen kooperierender Akteure und Rezeptionshinweise, die einen hohen Grad von Situations- und Handlungseinbindung voraussetzen, mithin Spuren konzeptionell nähesprachlicher Kommunikationsbedingungen.

Einen zweiten großen Kommunikationsbereich des GuttenPlag Wikis bilden alle auf direkte Interaktion gerichtete Bereiche wie zum Beispiel der Diskussionsbereich der Wikiseiten, aber auch Revisionsanmerkungen, Blogs, Foren[16], IRC-Sitzungen und freier Chat. Sie alle weisen ein mehr oder weniger stark ausgeprägtes Profil der kommunikativen Nähe auf: So rechnen diese Seiten mit einer eingeschränkten Öffentlichkeit (diese reicht von im Chat mit Pseudonym angemeldeten bekannten Mitgliedern bis zur komplett anonymen Öffentlichkeit aller an einer Diskussion zum Wikithema Interessierten, wobei jedoch nur diejenigen Rezipienten, die sich tatsächlich kommunikativ beteiligen, als direkte Adressaten berücksichtigt werden). Die Äußerungen weisen einen hohen Grad von Vorläufigkeit und Offenheit auf, sie sind nicht streng themengebunden[17] und zeigen an vielen Stellen eine starke emotionale Beteiligung der Interaktionsteilnehmer.

Auch was die Versprachlichungsstrategien betrifft, können die genannten Kommunikationsbereiche voneinander unterschieden werden. Die dialogisch orientierten Bereiche des Wikis weisen zahlreiche universale Merkmale konzeptioneller Mündlichkeit auf (Koch und Oesterreicher, 2011, S. 41ff). So finden sich beispielsweise in den Diskussionen zu Plagiatskategorien oder zur Zuordnung von Textfunden zu Plagiatskategorien regelmäßig Abtönungsphänomene (Partikeln,

---

16 Deren Funktion als Plattform für Interaktionen wird in der Wikibeschreibung des Forums explizit: „Auf diesen Seiten ist Raum zum Fragenstellen und zum regen Austausch über dieses Wiki" (http://de.guttenplag.wikia.com/wiki/Forum:%C3%9Cbersicht; zuletzt abgerufen am 9.10.2011).
17 Die fehlende Themengebundenheit dieser Bereiche zeigt sich gerade darin, dass in den Kommentaren zu spezifischen Wikiseiten fast regelmäßig deren engere Themenbereiche überschritten und häufig sehr allgemeine Themen zu politischen und gesellschaftlichen Aspekten des Wikis behandelt werden.

Modusverwendung, Verwendung von Anführungszeichen, Erklärungen in Klammern und Parenthesen usw.), also Höflichkeitsstrategien, die im Zusammenhang mit dem *Facework* (Goffman, 1967; Brown und Levinson, 1987) der Interaktionspartner zu sehen sind, wie zum Beispiel im folgenden Kommentar aus der Diskussion der Plagiatskategorien:

> „täuscht es oder ist die typologie **noch nicht so ganz** anwendbar? also **zumindest**, wenn man jedes Plagiat _einer_ Kategorie zuweisen will, **würde** es nicht klappen, weil die Kategorien einander nicht immer ausschließen. Oder sollen dann mehrere Kategorien zugeordnet werden?"[18]

Weiter finden sich in den dialogischen Bereichen typisch nähesprachliche Versprachlichungstechniken wie im folgenden Beispiel Anakoluthe (Abbruch nach „wenn..."), Überbrückungsphänomene („oups!"), situationsgebundene Deixis („gerade" ... „jetzt" ... „das hier"), direkte Adressierungen („Hallo", „du"), graphische Symbolisierungen von parasprachlichen Signalen („-----") und an sprechsprachlicher Lautung orientierte Elisionen („klappt's", „ich lösch"):

> „Hallo Rtca,
> du hast gerade die von mir neu erstellte Seite Ghostwriter (Diskussion) Bearbeitet.
> Jetzt erscheint dort plötzlich eine Weiterleitung wenn ----- oups! Jetzt klappt's wieder, wenn ich die Seite von Forum/Übersicht aus starte. Ich lösch das hier trotzdem nicht, sondern nutze die Gelegenheit mal, um kurz meine ‚Aufwartung zu machen' und um ‚Hallo' zu sagen. Beste Grüße"[19]

In den dokumentierenden, monologischen Kommunikationsbereichen des Wikis dagegen bemühen sich die Akteure deutlich um einen fachlich-distanzsprachlichen Duktus. Wie bereits oben erwähnt geht aus metakommunikativen Äußerungen der Akteure hervor, dass sie die Ergebnisse ihrer Kollaboration nicht nur als Beitrag zur Meinungsbildung in der Öffentlichkeit verstehen, sondern auch als Grundlage für ein mögliches juristisches Verfahren, so dass sie damit rechnen, mit ihrer kollaborativen Tätigkeit in institutionelle Praxisbereiche hineinzuwirken. Dies verleiht ihren Kommunikaten den Charakter der Verbindlichkeit und auch institutionell festgelegten Gültigkeit, die in den gewählten sprachlichen Formaten

---

18 http://de.guttenplag.wikia.com/index.php?title=Diskussion:PlagiatsKategorien/@comment-92.226.210.80-20110219231109&permalink=29507; Hervorhebungen von B. Frank-Job; zuletzt abgerufen am 7.10.2011.
19 http://de.guttenplag.wikia.com/wiki/Benutzer_Diskussion:Rtca; zuletzt abgerufen am 7.10.2011.

zum Ausdruck kommt. Auch hierfür sei ein Beispiel zitiert, aus den ersten Zeilen des zum damaligen Zeitpunkt noch in Bearbeitung befindlichen Abschlussberichts zum Wiki:

> „Der hier vorgelegte Abschlussbericht dokumentiert die Arbeit des Gutten-Plag Wiki im Jahr 2011, die mit dazu beitrug, dass dem amtierenden Verteidigungsminister Karl-Theodor zu Guttenberg der Doktorgrad durch die Universität Bayreuth entzogen wurde und dass er am 1. März 2011 seinen Rücktritt von allen politischen Ämtern erklärte."[20]

Als spezifisch distanzsprachliche Techniken sind hier u.a. syntaktisch integrative Verfahren (Partizipialformen „vorgelegt", „amtierend"; ausgeprägte Hypotaxe) und die kontextentbundene Präzisierung des zeitlichen Verweisrahmens („im Jahr 2011") zu erkennen.

Wie noch zu zeigen sein wird, stehen beide Kommunikationsbereiche aber in enger Beziehung zueinander und es gibt Übergangsformen, so dass auch bei der Bearbeitung monologischer Seiten dialogische Äußerungsformate (direkte Adressierungen an die kooperierenden Akteure, initiierende und respondierende Akte wie Frage/Antwort oder Aufforderungen) auftauchen. Umgekehrt lassen sich auch in den Diskussionsbereichen stark monologische, distanzsprachlich geprägte Äußerungen finden.

3.2 Partizipationsformen

Die hier zunächst grob skizzierten Kommunikationsbereiche des GuttenPlag Wikis eignen sich dazu, die für die Analyse zu unterscheidenden heuristischen Kategorien der Partizipation, Kollaboration und Interaktion näher zu bestimmen.

So stellt Partizipation, verstanden als (wie auch immer geartete) Beteiligung an der Kommunikationsform Plagiatsdokumentationswiki, für uns zunächst eine umfassende Beschreibungsebene dar, die alle unterschiedlichen Arten und Grade der kommunikativen Beteiligung der Akteure umfasst, wie sie einleitend bereits skizziert wurden.

---

20 http://de.guttenplag.wikia.com/wiki/Abschlussbericht/Entwurf_(Inhalt); zuletzt abgerufen am 7.10.2011.

Auf der spezifischeren Ebene der (hyper-)textuellen Produktion angesiedelt ist die Beschreibungsebene der Kollaboration, die bestimmt, welchen qualitativen und quantitativen Anteil ein bestimmter Akteur am hypertextuellen Medienprodukt Wiki aufweist.[21]

Parallel zur hypertextuellen Produktivität ist schließlich die Ebene der Interaktion anzusiedeln, die den kommunikativen Handlungsaspekt betrifft, also den Grad der Beteiligung von Akteuren an direkten kommunikativen Aushandlungsprozessen. Interaktion als Partizipationsform begegnet uns im GuttenPlag Wiki insbesondere in den dialogischen und polylogischen Kommunikationsbereichen, in denen einzelne Beiträge direkt aufeinander Bezug nehmen, unabhängig davon, ob es sich um umfangreichere Sequenzen handelt oder nur um einzelne Antworten auf Kommentare. Der Begriff Interaktion wird bei uns also weiter gefasst als in der mediensoziologischen und konversationsanalytischen Tradition üblich, wo er sich in der Regel ausschließlich auf direkte Face-to-face-Kommunikationsakte bezieht (Hausendorf, 1992; Sutter, 2008; Mehler und Sutter, 2008) und daher sämtliche Formen der computervermittelten Kommunikation ausgeschlossen bleiben.[22] Methodisch erscheint uns bei dieser engen Bestimmung von Interaktion problematisch, dass sie in Anwendung auf jede Form der medienvermittelten Kommunikation als „uneigentlich" und „vermittelt" erscheint. Auch wenn aus kognitions- und entwicklungspsychologischer Sicht die face-to-face-Kommunikation als ursprünglichere und damit grundlegende Form der (verbalen) Interaktion betrachtet werden kann (Hausendorf und Quasthoff, 1996) und sich dies beispielsweise im Bereich der direkten gegenseitigen Abstimmung der Akteure und strengen Sequenzialität der Kommunikation niederschlägt, welche sich wesentlich auch auf die sprachliche Gestaltung der Äußerungen auswirkt, ist doch der schon in der Begrifflichkeit „Interaktion" angelegte Fokus auf den kollektiven Handlungsaspekt grundsätzlich auch für medial vermittelte Kommunikation gültig und bestimmend. Gerade spezifisch interaktionale Eigenschaften der Kommunikate wie Responsivität, Prozesshaftigkeit und Vorläufigkeit können, wie noch zu zeigen ist, auch für medienvermittelte Kommunikationsprozesse gelten. Ob das wahrgenommene Gegenüber tatsächlich anwesend ist oder symbolisch (Sutter, 2008, S. 67f), etwa über das Medium der Schrift, repräsentiert wird, tritt dann hinter den Handlungsaspekt und den Aspekt des Miteinanderaushandelns von Sinn zurück, wie er wesentlich ist für die Stiftung sozialer Beziehungen.

---

21 Kollaboration wird hier als Synonym zu Kooperation verstanden und bezeichnet gemeinsame zielgerichtete Aktivitäten von Akteuren (vgl. Clark, 1996, „joint activities"). Einen differenzierteren Begriff von Kollaboration in Abgrenzung von Kooperation schlägt Schmalz (2007) in Zusammenhang mit verschiedenen Wiki-Typen vor.

22 Vgl. hierzu ausführlich Bucher (2004).

3.3 Partizipationstypen

Was nun die Untersuchung der verschiedenen Partizipationstypen bei der Erstellung der Plagiatskategorien im GuttenPlag Wiki betrifft, so können wir feststellen, dass die rein rezeptive Partizipation am Wiki durch „passive Leser" der Analyse nicht ohne Weiteres zugänglich ist, da sie (mit Ausnahme einer möglichen Speicherung einzelner Zugriffe auf Seiten) keinerlei messbare oder interpretierbare Spuren hinterlässt. Auf Seiten der Akteure handelt es sich hier um eine rein perzeptive, also gerade nicht interaktive Beteiligung, wie wir sie von den traditionellen Massenmedien kennen. Dennoch kann aus linguistischer Sicht kein Zweifel daran bestehen, dass wir es mit einem Kommunikationsprozess zu tun haben, der sich verändernd auf die Einstellungen und Handlungen der rezipierenden Akteure auswirkt, etwa, indem diese neue Konzepte und sprachliche Kategorien zu deren Benennung erwerben.[23]

Für die übrigen Formen von Partizipation lassen sich nun tatsächlich der Analyse zugängliche (Inter-)Aktionen und deren Produkte identifizieren. So zeigt Abbildung 2 für den ersten Monat der Entwicklung des GuttenPlag Wikis (17. Februar bis 18 März 2011, und damit für die Phase, in der die Plagiatskategorien im Wesentlichen erstellt wurden) die fünfzig registrierten Akteure[24], die gemessen an der Anzahl ihrer Beiträge am produktivsten waren.

Neben dem rein quantitativen Aspekt (welcher im übrigen Ergebnisse der Netzwerkforschung zu Wikipedia bestätigt, nach denen meist eine kleine Anzahl sehr aktiver Nutzer einer großen Anzahl von gering beteiligten Nutzern gegenübersteht, vgl. z.B. Mehler und Sutter, 2008, S. 291),[25] sind Partizipationen hier bereits nach den zwei wesentlichen Kommunikationsbereichen des Wikis differenziert: So werden die Beiträge der Akteure in Bezug auf Erstellung und Über-

---

[23] Zur Bedeutung dieser „passiven" Kommunikation vgl. Bucher (2004, S. 133), unter Verweis auf Wolfgang Iser. Vgl. hierzu auch den von Ehlich (1984) geprägten Begriff der „zerdehnten Sprechsituation" für schriftliche Kommunikationsformen. Gerade am Beispiel der im Gefolge des GuttenPlag Wikis entstandenen weiteren Plagiatsdokumentationswikis, aber auch anhand zahlloser öffentlicher Diskussionen in verschiedenen Medien, ließen sich vermutlich genauere Untersuchungen zu den Auswirkungen anstellen, die die Erstellung dieses Wikis auf Rezipienten gehabt hat.

[24] Aufgrund der technisch bedingten nicht eindeutigen Zuordbarkeit von unregistrierten Akteuren (nur bedingt über gespeicherte IP-Adressen möglich), werden wir uns mit wenigen Ausnahmen (s. S. 377 und 378) auf die Analyse registrierter und damit einem Nutzerkonto zuordbarer Akteure konzentrieren. Hierbei sollte wiederum auf die Uneindeutigkeit in Bezug auf reale Personen hingewiesen werden (s. Fußnote 10).

[25] Für eine ausführliche netzwerkanalytische Untersuchung des GuttenPlag Wikis, siehe Mehler et al. (2013) in diesem Band.

arbeitung von Wikiseiten denen von Kommentaren zu diesen Seiten – wie auch zu anderen Kommentaren – gegenübergestellt. Gemessen wird dabei lediglich die Anzahl nicht der Umfang der Beiträge in beispielsweise Wörtern oder Zeichen.

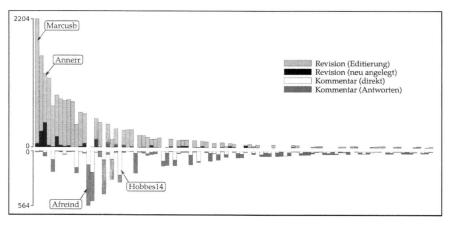

Abbildung 2: Die nach der Anzahl ihrer Beiträge (Revisionen/Neuanlegungen und Kommentare/Antworten) fünfzig produktivsten registrierten Akteure des GuttenPlag Wikis im Zeitraum vom 17.2. bis 18.3.2011.

Wie zu erkennen, liegen bei einzelnen Akteuren klare Vorlieben für einen Typ von Partizipation vor: Viele der Akteure, die mit der Produktion und Überarbeitung der Plagiatsdokumentationsseiten beschäftigt sind (in der Abbildung prototypisch vertreten durch die Akteure „Marcusb" und „Annerr"), nehmen nur in geringem Maße an Diskussionen im Kommentarbereich teil, während Akteure, die verstärkt mit Kommentaren zu Diskussionen beitragen, wiederum nur in geringem Maße an der Erstellung und Revision der Dokumentationsseiten beteiligt sind (in der Abbildung z.B. die Akteure „Afreind" und „Hobbes14").

Die aufgeführten prototypischen Akteure lassen sich in Bezug auf Partizipationstypen in den jeweiligen Kommunikationsbereichen weiter unterteilen: So ist erkennbar, dass Akteur „Marcusb" in hohem Maße an der Überarbeitung von Wikiseiten beteiligt ist, relativ zu Akteur „Annerr" jedoch nur wenige Seiten neu anlegt. Dies lässt auf unterschiedliche administrative Rollen der Akteure in der sozialen Gemeinschaft des GuttenPlag Wikis schließen, obwohl technisch betrachtet beide Akteure den gleichen Status eines Administrators haben.

Im Kommunikationsbereich der Diskussionen lassen sich ebenfalls zwei Typen von Beiträgen unterscheiden: Direkte Kommentare zu Wikiseiten und Antworten auf andere Beiträge[26]. In diesem Fall ist bei den prototypischen Akteuren festzustellen, dass der Akteur „Afreind" verstärkt antwortend in Diskussionen eingreift und im Vergleich seltener direkte Kommentare zu Wikiseiten verfasst. Bei genauerer Betrachtung ist hierbei zu bemerken, dass alle Beiträge des Akteurs auf der offiziellen Diskussionsseite des GuttenPlag Wikis[27] zu finden sind und es demnach keine Kommentare zu Fragmenten oder den Plagiatskategorien gibt. Ähnlich verhält es sich mit dem Akteur „Hobbes14", der – mit einer Ausnahme – ebenfalls nur an der Diskussionsseite beteiligt ist[28], jedoch größtenteils direkte Kommentare hinterlässt und seltener auf Kommentare anderer Akteure eingeht.

In Bezug auf die Qualität der Diskussionsbeiträge von „Afreind" und „Hobbes14" ist jedoch ein deutlicher Unterschied zu bemerken: Der Akteur „Hobbes14" sieht sich verpflichtet, aktuelle Pressemitteilungen zum GuttenPlag Wiki und zum Fall Guttenberg im Diskussionsbereich zu publizieren und damit zur Diskussion anzuregen, worin der hohe Anteil seiner direkten Kommentare begründet ist. Der Akteur „Afreind" hingegen bringt in seinen Beiträgen hauptsächlich seine Meinung zum Ausdruck und verteidigt diese in Diskussionen gegen andere Akteure.

Insgesamt beteiligen sich an den Diskussionen im betrachteten Zeitraum 16.369 Akteure – von denen allerdings nur 561 als Nutzer registriert sind. Während in vielen Analysen von *Social Software* die Nutzerschaft auf jene Akteure reduziert wird, die registriert und damit eindeutiger erfasst werden können (vgl. Fußnote 24), lohnt sich im Fall des GuttenPlag Wikis daher ein Blick auf alle interaktiv partizipierenden Akteure (registrierte wie unregistrierte) und die verschiedenen Formen ihrer Partizipation.

Alle Akteure verfassten im betrachteten Zeitraum gemeinsam 98.725 Diskussionsbeiträge, wobei die unregistrierten Nutzer für über 93 Prozent der Beiträge verantwortlich zeichnen. Dennoch stehen durchschnittlich 11,86 Beiträge registrierter Nutzer nur durchschnittlich 5,82 Beiträgen unregistrierter Nutzer ge-

---

26 S. Fußnote 14.
27 „Dies hier ist ein Ort, an dem sich alle willkommen fühlen können, die ‚nur mal eben vorbeischauen' wollen, um ihre Meinung – zum Wiki, zu Plagiarismus, Plagiaten & verwandten Themen – loszuwerden, oder um Fragen dazu zu stellen" (http://de.guttenplag.wikia.com/wiki/Diskussionen; zuletzt abgerufen am 7.10.2011). Im Betrachtungszeitraum waren ca. 87,9 Prozent aller Kommentarbeiträge dort zu finden.
28 Zum Vergleich: Der in erster Linie im Kommunikationsbereich des Wikis agierende Akteur „Annerr" beteiligte sich mit nur 53 Kommentaren an Diskussionen zu immerhin 43 verschiedenen Wikiseiten.

genüber[29] - was kaum überraschen dürfte, sind registrierte Nutzer doch technisch bedingt über einen längeren Zeitraum zu erfassen und entsprechenden Beiträgen zuzuordnen. Interessanter ist die Unterscheidung der Art der Diskussionsbeiträge im Vergleich, indem zwischen Kommentaren (initiale Diskussionsbeiträge) und Antworten auf Kommentare (responsive Diskussionsbeiträge) unterschieden wird – wie das Beispiel der Akteure „Afreind" und „Hobbes14" gezeigt hat. Ein registrierter Akteur hat danach im Betrachtungszeitraum durchschnittlich 5,22 Kommentare und 6,64 Antworten verfasst, während ein unregistrierter Nutzer nur 2,01 Kommentare und 3,81 Antworten verfasste. Im Verhältnis waren demnach die Diskussionsbeiträge eines registrierten Nutzers zu 56 Prozent responsiver Natur, während sie bei unregistrierten Nutzern zu 65,4 Prozent responsiv waren. Unregistrierte Nutzer waren somit im Verhältnis in einem höheren Maße responsiv an den Diskussionen beteiligt als registrierte Nutzer (vgl. mit dem registrierten Akteur „Afreind").

4. Kollaboration und Interaktion bei der Erstellung von Plagiatskategorien

Eine der Herausforderungen, der die Akteure des GuttenPlag Wikis gegenüberstanden, war die Bewertung ermittelter Fundstellen plagiatsverdächtiger Fragmente hinsichtlich ihrer Art des Verstoßes gegen wissenschaftliche Normen. Damit sollte die Plagiatsdokumentation sowohl strukturiert werden, als auch eine Aufbereitung für die mutmaßlich folgenden akademischen und juristischen Verfahren bieten. Es war also eine der vordringlichsten Aufgaben für die Akteure, sich auf ein Kategorienset zur Beschreibung eben jener intertextuellen Bezüge zu einigen, die als Plagiate dokumentiert werden sollten. Dieses Kategorienset stellt das sichtbare Ergebnis der Kollaboration und Interaktion der beteiligten Akteure dar.

4.1 Der Plagiatsbegriff

Im Zentrum der Aushandlungen steht ein der Wissenschaft entnommener Plagiatsbegriff, welcher verschiedene kollaborative und interaktive sprachliche Bearbeitungen erfuhr. Der Plagiatsbegriff, der den Ausgangspunkt für die Kooperationsarbeit darstellte, ist in der Literatur jedoch keineswegs eindeutig definiert (vgl.

---

29 Hierbei ist der zuvor genannte Vorbehalt (Fußnote 24) zu betonen, dass die Nutzung durch unregistrierte Akteure nicht eindeutig abbildbar ist, wir also keine Aussagen zum Nutzungsverhalten einzelner unregistrierter Akteure treffen können, sondern lediglich zur gesamten Nutzerschaft der unregistrierten Akteure.

Jakobs, 1997, S. 160ff).³⁰ So finden sich in einer Ausgabe der Zeitschrift „Information – Wissenschaft & Praxis" mit dem Schwerpunktthema „Plagiate" gleich drei verschiedene Definitionsansätze (Fröhlich, 2006; Weber-Wulff und Wohnsdorf, 2006; Weber, 2006), wobei alle Autoren betonen, wie umstritten eine eindeutige Begriffserklärung ist. Dennoch wurden für die Dokumentation der Plagiate im GuttenPlag Wiki zunächst Teile dieser Definitionsversuche als Arbeitsgrundlage herangezogen und im Folgenden diskursiv bearbeitet und definitorisch verfeinert.

Weber (2006) unterscheidet folgende Varianten: die „totalen Plagiate", die „partiellen Plagiate" und die „Ideenplagiate" (Weber, 2006, S. 105). Auch unterscheidet er als weitere bestimmende Dimension des Plagiats, ob unbewusst oder bewusst plagiiert wurde (Weber, 2006, S. 105).³¹ Im später erschienenen Buch „Das Google-Copy-Paste-Syndrom" (2007) gibt Weber weitere Dimensionen an, so zum Beispiel in Bezug auf die Genese des Plagiats (*Copy/Paste*, „digitaler Tauschhandel", Einscannen, Abschreiben oder *Ghostwriting*; Weber, 2007, S. 48f). Neben den zuvor genannten drei Varianten des Plagiats führt Weber (2007) zudem das „Strukturplagiat" ein, bei dem keine Textübernahme, jedoch die Übernahme der Gliederung einer Arbeit oder eines Textabschnitts vorgenommen wurde (Weber, 2007, S. 46), sowie das „Shake & Paste"-Plagiat (Weber, 2007, S. 46).

Dieser Begriff entstammt ursprünglich der Einteilung von Weber-Wulff und Wohnsdorf (2006), die diese Form des Plagiats als Übernahme und Vermischung meist ganzer Absätze aus verschiedenen Quellen beschreiben (Weber-Wulff und Wohnsdorf, 2006, S. 91). Weitere Varianten die sie nennen sind das Komplettplagiat (bezeichnet als „Copy & Paste in toto"), das „Übersetzungsplagiat" (welches Weber (2007) zufolge als Charakteristikum unterschiedlicher Formen des Plagiats vorkommen kann), die „Halbsatzflickerei" (hierbei werden „Sätze und Halbsätze aus verschiedenen Quellen genommen und etwas ‚bearbeitet'" (Weber-Wulff und

---

30 Sprachgeschichtlich kommt der Begriff aus dem Lateinischen – dort steht „plagium" für „Menschenraub". Der Begriff entstammt mutmaßlich dem Dichter Martial (40-103 n. Chr.), der seine Verse als seine Kinder bezeichnete, die von Fremden geraubt würden (Seifert, 1994, S. 364).

31 Diese „Dimension" wurde für die Bewertung durch die Universität Bayreuth (Kommission "Selbstkontrolle in der Wissenschaft" der Universität Bayreuth, 2011, S. 4) letztlich zu einem wichtigen Unterscheidungsmerkmal. In seiner eigenen Plagiatsdefinition gab zu Guttenberg vor dem Bundestag am 23. Februar an: „Ein Plagiat setzt – wie Sie und wie viele wissen – voraus, dass man bewusst und vorsätzlich getäuscht haben sollte. Und ich habe in all meinen Stellungnahmen deutlich gemacht, dass ich weder bewusst noch vorsätzlich getäuscht habe, aber gravierende Fehler gemacht habe" (Deutscher Bundestag, 2011, 10363C).

Wohnsdorf, 2006, S. 91) und das Strukturplagiat (als „Strukturübernahme")[32]. In ihrer Kategorisierung der Plagiatsformen beziehen sich die Akteure des Gutten-Plag Wikis explizit auf Weber-Wulff und Wohnsdorf (2006)[33].

4.2 Kollaborative Strategieaushandlung

Bei der Anlage der Seite „PlagiatsKategorien" durch den Akteur „PlagDoc" werden am 18. Februar 2011 um 20:56 Uhr mit dem Kommentar „Bisher gefundene kritische Textstellen lassen sich in verschiedene Plagiatshärtegrade unterteilen. Vorschläge von weberwu [...]"[34] zunächst die Unterkategorien „Komplettplagiat", „Shake & Paste", "Halbsatzflickerei", „Übersetzungsplagiat", „Strukturplagiat" und „Bauernopfer"[35] eingeführt. Damit bestimmt „PlagDoc" das Gesamtkonzept „Plagiat" zunächst als Kontinuum von Verstößen unterschiedlicher Schweregrade, eine Konzeptualisierung, die als Basis der Zuordnung von Plagiatsstellen eine Bewertung der Verstöße ansetzt.[36] In dieser ersten Version trägt „PlagDoc" zunächst nur rudimentäre Erläuterungen zu den Kategorien ein, wobei die fehlerhafte Morphosyntax anzeigt, dass der Text vorläufig und bearbeitbar ist:

„====Shake & Paste====
ist große Blöcke, die aus verschiedener Quellen stammen
Halbsatzflickerei
ist der Bearbeitung eines Textes."[37]

---

[32] Weber-Wulff und Wohnsdorf (2006, S. 91) geben zudem eine für die Programmierung spezifische Form des Plagiats an: die „gebundene Umbenennung".
[33] http://de.guttenplag.wikia.com/wiki/1._Zwischenbericht; zuletzt abgerufen am 9.10.2011.
[34] http://de.guttenplag.wikia.com/wiki/PlagiatsKategorien; zuletzt abgerufen am 22.4.2011.
[35] Obwohl „PlagDoc" für diesen Begriff zunächst als Referenz den Autor Volker Rieble nennt, geht der Begriff „Bauernopfer-Referenz" auf Lahusen (2006) zurück, der vier Formen dieser Plagiatskategorie unterscheidet bei denen die Referenz entweder irreführend in einer Fußnote an falscher Stelle, im Text an falscher Stelle, an einem unvollständig als Zitat ausgezeichneten Textteil oder nur im Literaturverzeichnis erbracht wird (Lahusen 2006, S. 405, 411f).
[36] Diese Strategie, die Typen von Plagiaten nach ihren unterschiedlichen Härtegraden zu klassifizieren, ist jedoch nicht systematisch weiterverfolgt worden und findet sich nur hie und da in wertenden Kategorienbeschreibungen.
[37] http://de.guttenplag.wikia.com/index.php?title=PlagiatsKategorien&action=historysubmit&diff=19513&oldid=19497; zuletzt abgerufen am 9.10.2011. Wegen fehlender Formatierungszeichen ist in dieser ersten Version „Halbsatzflickerei" nicht in der edierten Version als Kategorie erkennbar. Der besseren Nachvollziehbarkeit hinsichtlich der Dokumentstruktur wegen zitieren wir diese in Form der zugrundeliegenden Wiki-Syntax.

Die Kategorien „Komplettplagiat", „Übersetzungsplagiat" und „Strukturplagiat" erhalten in dieser ersten Version noch keine erläuternden Kommentare. Am ausführlichsten fällt die Bestimmung der Kategorie „Bauernopfer" aus, die als direkt der Literatur entnommen gekennzeichnet wird:

> „====Bauernopfer (nach Volker Rieble):====
> Fußnote zu einem unbedeutenden Teil eines Originaltexts, größere Abschnitte aus demselben ohne Zitat übernommen."[38]

Um 21:02 Uhr ergänzt „PlagDoc" die Kategorie „Komplettplagiat" um eine Erläuterung:

> „====Komplettplagiat====
> Komplette Abschnitte der Quelle werden wörtlich und ohne Zitat übernommen. Dabei lässt sich noch unterscheiden ob die Quelle im Literaturverzeichnis auftaucht (d.h. die Fußnote nur ‚vergessen' wurde) oder ob die Quelle überhaupt nicht erwähnt wird."[39]

Die Kategorisierungen in diesen Erläuterungen haben das elliptische Format von Lemmata einer Enzyklopädie. Im Fall des Komplettplagiats nimmt „PlagDoc" zusätzlich eine hierarchisierende Unterteilung der Kategorie in „im Literaturverzeichnis belegte bzw. nicht belegte" Fälle vor. Als Strategie der Systematisierung von Kategorien wird hier die Unterdifferenzierung in „Quelle erwähnt/nicht erwähnt" eingeführt, die implizit auch eine Graduierung nach Härtefall zulässt (ohne Quellennennung ist das Komplettplagiat „härter" als mit Quellennennung). Um 21:05 Uhr desselben Tages meldet sich auf der Diskussionsseite ein unregistrierter Akteur mit folgendem Beitrag:

> „Es sollte eine Kategorie für Verdachtsmomente geben, die noch näher geprüft werden müssen oder allgemein strittig sind, damit besser zwischen eindeutigen und weniger eindeutigen Fundstellen unterschieden werden kann. Zudem können Interessierte gezielt nach Fällen suchen, die weiterer Recherche oder Beurteilung/Einordnung bedürfen."[40]

---

38 http://de.guttenplag.wikia.com/index.php?title=PlagiatsKategorien&action=historysubmit&diff=19513&oldid=19497; zuletzt abgerufen am 9.10.2011.
39 http://de.guttenplag.wikia.com/index.php?title=PlagiatsKategorien&diff=next&oldid=19513; zuletzt abgerufen am 9.10.2011.
40 http://de.guttenplag.wikia.com/index.php?title=Diskussion:PlagiatsKategorien/@comment-78.52.212.61-20110218210555&permalink=16453; zuletzt abgerufen am 9.10.2011.

Der Interaktionsbeitrag, der durch das abtönende Modus („sollte") als Vorschlag kenntlich gemacht ist, wird inhaltlich doppelt begründet: Zum Einen geht es um die Möglichkeit Fälle zu dokumentieren, die noch nicht anderen Plagiatskategorien zugeordnet wurden. Hieraus ergibt sich zum Anderen als sekundäre Funktion die Aufgabe, kollaborationsinteressierten Akteuren eine Sammelkategorie anzubieten, in der sie noch zu bearbeitende Fälle finden.[41] Nach einigen Minuten fügt der gleiche Akteur schließlich selbst diese neue Kategorie auf der Kategorienseite ein. Zu ihrer Beschreibung verwendet er Versatzstücke der in der Diskussion verwendeten Argumente, wobei er deren Reihenfolge umtauscht („weitere Recherche", „strittige Fälle"):

> „====Verdachtsmomente====
> Fundstellen, die weiterer Recherche bedürfen (weil möglicherweise Primärquellen nicht online verfügbar sind) und allgemein strittige Fälle."[42]

Im Kommentarbereich taucht um 22.15 Uhr eine kurze Diskussion um die Rolle der Zuordnung von konkreten Plagiatsbeispielen zu Kategorien auf. Ein unregistrierter Akteur stellt die Frage:

> „sollen die seiten hier aufgelistet werden?"[43]

Worauf der Akteur „PlagDoc" zwar aus Höflichkeit zunächst die Berechtigung der Frage bestätigt, den in der Frage enthaltenen Vorschlag aber dauerhaft ablehnt:

> „kann man. wir machen das aber mittelfristig noch anders."[44]

Gleichzeitig mit der Frage hat der unregistrierte Akteur jedoch bereits auf der Kategorienseite einen Verweis auf zu Guttenberg (2009, S. 257-260) als Beispiel zum „verschärften Bauernopfer" eingestellt. Kurze Zeit später äußert der Akteur „Tichy" in der Diskussion denselben Gedanken der Beispielseiten, dieses Mal im Äußerungsformat eines Vorschlags, den er durch den gewählten Modus und die nähesprachliche Elision („es wär") abtönt und zusätzlich begründet:

---

41 Dieser Kommentar erhält in der Folge zwei „Antworten", die sich inhaltlich jedoch beide nicht direkt mit dem Vorschlag der Kategorieneubildung befassen.
42 http://de.guttenplag.wikia.com/index.php?title=PlagiatsKategorien&diff=next&oldid=19808; zuletzt abgerufen am 9.10.2011.
43 http://de.guttenplag.wikia.com/index.php?title=Diskussion:PlagiatsKategorien/@comment-78.50.87.198-20110218221549&permalink=17175; zuletzt abgerufen am 9.10.2011.
44 http://de.guttenplag.wikia.com/index.php?title=Diskussion:PlagiatsKategorien/@comment-78.50.87.198-20110218221549/@comment-PlagDoc-20110218234138&permalink=17934; zuletzt abgerufen am 9.10.2011.

"Ich denke es wär ein guter Start die Textstellen hier zuzuordnen (auch um zu gucken, ob die Kategorien so auch tatsächlich gut anwendbar sind)."[45]

Wieder reagiert „PlagDoc" sofort, dieses Mal stimmt er dem Vorschlag jedoch zu:

„jupp, das Ziel ist, ein paar Beispiele für jede Kategorie zu finden."[46]

Um 22:20 Uhr fügt der Akteur „Nicholaz" ebenfalls ein Seitenbeispiel zur Kategorie „Bauernopfer" hinzu. Ab diesem Zeitpunkt scheint es im Kollektiv Konsens, dass Plagiatskategorien als Teil ihrer Definitionen Beispielseiten mit Verlinkungen zu den entsprechenden Plagiatsdokumentationen aufweisen sollen. Im weiteren Verlauf der Arbeit gewinnen die konkreten Beispiele aus der sich sukzessive erweiternden Menge an Plagiatsfunden und die Diskussionen um deren Zuordnung zu Kategorien immer mehr an Gewicht für die Erstellung der Kategorienseiten.

4.3 Kollaborative Zielaushandlung

Während der Aushandlung der Strategien zur Kategorienfindung wird auch deren übergeordnetes Ziel weiter ausgehandelt, und dabei der ursprünglich normative Ansatz verlassen.

Um 23:06 Uhr legt der Akteur „Nicholaz" die Kategorie „Verschleierung" im Format einer expliziten Kategorisierung an, die erweitert wird um die Aufzählung formaler Eigenschaften und um durch diese Eigenschaften hervorgerufene Interpretationen und Wertungen der potentiellen Leser:

„====Verschleierungen====
Textstellen, die erkennbar von fremden Quellen abstammen aber umformuliert und nicht als Paraphrase oder Zitat erkennbar gemacht wurden. Gemeint sind Texte, die wegen der Umformulierung nicht als ‚Gänsefüßchen vergessen' in Frage kommen und wo die Vermutung naheliegt, daß die Neuforumulierung verschleiern soll, daß Sie aus einer fremden Quelle stammen."[47]

---

45 http://de.guttenplag.wikia.com/index.php?title=Diskussion:PlagiatsKategorien/@comment-I_Tichy-20110218225340&permalink=17537; zuletzt abgerufen am 9.10.2011.
46 http://de.guttenplag.wikia.com/index.php?title=Diskussion:PlagiatsKategorien/@comment-I_Tichy-20110218225340/@comment-PlagDoc-20110218234621&permalink=17973; zuletzt abgerufen am 9.10.2011.
47 http://de.guttenplag.wikia.com/index.php?title=PlagiatsKategorien&diff=prev&oldid=21179; zuletzt abgerufen am 9.10.2011.

Die Bestimmung der Kategorie „Verschleierung" basiert also u.a. auf unterstellten oder zumindest vorausgesetzten Interpretationsleistungen eines potentiellen kritischen Lesers. Dieser soll an der betreffenden Textstelle befinden, dass gegenüber dem Originaltext eine Umformulierung stattgefunden hat, die er als bewusste Verschleierung verstehen kann.

Dieses, aus wissenschaftlicher Sicht problematische Verfahren der Kategorisierung[48] von Textstellen wird in der Folge in der Kategoriendiskussion thematisiert. Dort entwickelt es der Akteur „Nicholaz", um einen Einwand eines anderen Akteurs zur Problematik der Zuordnung von Fundstellen zu Kategorien zu bearbeiten. So kritisiert der Akteur „Moralinix" in einer Frage implizit die fehlende Abgrenzung zwischen den Kategorien „Komplettplagiat" und „Verschleierung":

> „Kann, ob etwas Verschleierung oder Komplettplagiat ist, nicht auch davon abhängen, wie die Fragmente zugeschnitten sind? Vorhin habe ich einen Absatz gesehen, in dem bloß ein Wort im ersten Satz ausgetauscht war. Komplettplagiat (der anderen Sätze) oder Verschleierung? [...]"[49]

„Moralinix" wählt für seinen Einwand das Format einer geschlossenen Frage. Damit schwächt er zwar die face-verletzende Wirkung des Einwands ab, die geschlossene Form legt die Interaktanten aber auf eine einzige vorgesehene Antwortmöglichkeit fest. Zur Rechtfertigung seiner Kritik liefert er zusätzlich eine konkrete Anwendung seines Einwands am Beispiel eines strittigen Zuordnungsfalls. In einer ersten Antwort geht der Akteur „Nicholaz" auf den Einwand ein, indem er die im Einwand nicht explizit ausgesprochene Kritik an der fehlenden klaren Kategoriengrenze benennt und sie direkt mit einer Handlungsanweisung verbindet, an die sich wiederum eine nachgeschobene Begründung anschließt:

> „gewisse unschärfen werden kaum zu vermeiden sein, grad bei einzelabsätzen. ggf. nach Gefühl abschätzen (soweit ich das verstanden habe, werden die Fragmente in einem weiteren durchgang sowieso nochmal überprüft)."[50]

---

48 Dies gilt zumindest vor dem Hintergrund des genannten Ziels des GuttenPlag Wikis, das objektive und wissenschaftlich angemessene Methoden voraussetzen müsste:
„Unser Ziel ist, die wissenschaftliche Integrität eines Doktortitels in Deutschland zu sichern, damit auch weiterhin eine korrekte wissenschaftliche Arbeitsweise von Trägern eines solchen Titels erwartet werden kann" (http://de.guttenplag.wikia.com/wiki/GuttenPlag_Wiki; zuletzt abgerufen am 9.10.2011).

49 http://de.guttenplag.wikia.com/index.php?title=Diskussion:PlagiatsKategorien/@comment-Moralinix-20110220234437&permalink=41433; zuletzt abgerufen am 9.10.2011.

50 http://de.guttenplag.wikia.com/index.php?title=Diskussion:PlagiatsKategorien/@comment-Moralinix-20110220234437/@comment-Nicholaz-20110221002334&permalink=41742; zuletzt abgerufen am 9.10.2011.

In einer zweiten Antwort auf den gleichen Kommentar konkretisiert „Nicholaz" seine Anweisung zur Abgrenzung der Kategorien und schlägt als Vorgehen die in der Kategorienbestimmung bereits von ihm selbst entwickelte Interpretationsstrategie vor:

> „Notfalls sich fragen: Würde das mit Gänsefüßchen drumrun noch als wörtliches Zitat durchgehen? Wenn ja dann KomplettPlagiat, wenn nein Verschleierung."[51]

4.4 Verlauf der Kategorienfindung

An den genannten Beispielen aus den ersten Stunden der Produktion von Kategorienbeschreibungen wird bereits deutlich, wie stark interaktive Aushandlungsprozesse im Diskussionsbereich zum inkrementellen Aufbau der Kategorienseiten beitragen.

Die Abbildungen 3 und 4 illustrieren die folgenden kategorienprägenden Revisionen der Seite im betrachteten Zeitraum vom 17. Februar bis zum 18. März 2011[52]. Dabei werden unterschiedliche Strategien der Begriffsfindung illustriert, die in den jeweiligen Revisionen vorgenommen werden:

1. Die Übernahme einer Definition aus der wissenschaftlichen Literatur;
2. die Neuerstellung einer Kategorie und ihrer Definition;
3. die Elaboration der Definition, bei der textlich der definitorische Rahmen einer Kategorie erweitert oder verkleinert wird;
4. die Beispielgebung, mit der identifizierte Plagiats-Fragmente den zu definierenden Kategorien zugeordnet werden;
5. die Spezifikation von Kategorien durch Hinzufügen von Unterkategorien;
6. die Umsortierung von Kategorien, mit der die hierarchische Ordnung von Kategorien und Unterkategorien geändert wird; und
7. die Umsortierung von Beispielen.

---

51 http://de.guttenplag.wikia.com/index.php?title=Diskussion:PlagiatsKategorien/@comment-Moralinix-20110220234437/@comment-Nicholaz-20110221002532&permalink=41759; zuletzt abgerufen am 9.10.2011.
52 Anders als durch die Darstellung mittels *History Flows* (Viégas et al., 2004) wird hier der Umfang der einzelnen Revisionen und die Autorzugehörigkeit nicht visuell erfasst.

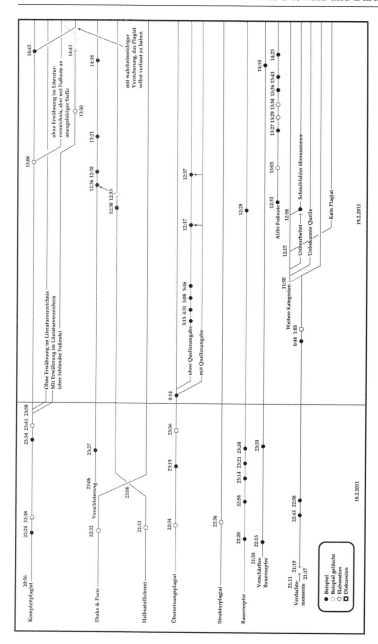

Abbildung 3: *Chronologische Abfolge aller kategorieprägenden Revisionen innerhalb der Seite „PlagiatsKategorien" im GuttenPlag Wiki vom 17.2. bis zum 19.2.2011 (fortgesetzt in Abbildung 4.)*

Kollaborative Aushandlung von Kategorien, Beispiel: GuttenPlag Wiki

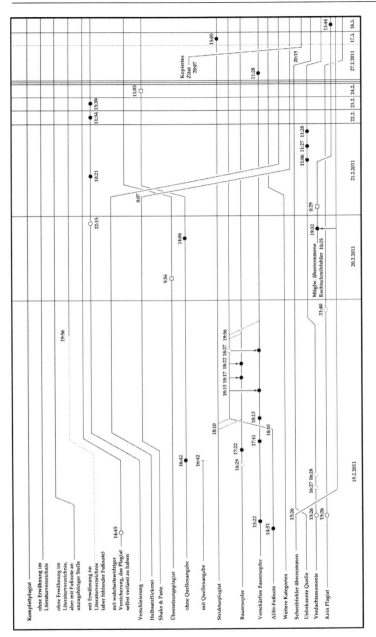

Abbildung 4: Chronologische Abfolge aller kategorieprägenden Revisionen innerhalb der Seite „Plagiatskategorien" im GuttenPlag Wiki vom 19.2. bis zum 18.3.2011 (Fortsetzung von Abbildung 3.)

Die Ausarbeitung dient dazu, angegebene Definitionen zu präzisieren, Missverständnisse auszuräumen oder eine klare Abgrenzung zu anderen Kategorien zu vollziehen. Anstöße zur Ausarbeitung der Definitionen kommen dabei wiederum zahlreich aus den verschiedenen Diskussionsbereichen. Aus diesen Erweiterungen und Präzisierungen der Beschreibungen einzelner Kategorien ergeben sich Verschiebungen in der Gesamtstruktur der Kategorien, die dann zu umfassenderen Strukturbearbeitungen führen.

So wird beispielsweise kurz nach der Einführung der Kategorie „Alibi-Fussnote" durch den Akteur „Rtca" (19.2.2011, 12:31 Uhr) deren Definition durch den selben Akteur erweitert um den Satz

> „Manchmal ist die Fußnote auch so angegeben, dass es aussieht, als beziehe sie sich nur auf einen Satz in der Mitte des Plagiats, während in Wirklichkeit die gesamte Passage absatzweise übernommen wurde."[53]

Hiermit nähert sich die Definition inhaltlich jener der Kategorie „Bauernopfer-Referenz", welcher sie am 19. Februar um 18:10 Uhr aus diesem Grunde als Unterkategorie des Strukturplagiats zur Seite gestellt wird, wobei gleichzeitig ihr Bezug zur Kategorie „Bauernopfer" geklärt wird:

> „Eine Alibi-Fussnote wird in zwei Subkategorien eingeteilt: ‚Bauernopfer' und ‚verschärftes Bauernopfer'".[54]

Infolge dieser hierarchisierenden Neustrukturierung wechseln viele Beispielfragmente ihre Kategorienzuordnung (19.2.2011, 18:15 Uhr bis 18:27 Uhr; s. Abbildung 3). Die textstrukturelle Einordnung der Bauernopfer-Referenz als Unterkategorie der Alibi-Fußnote wird um 19:56 Uhr durch den Akteur „Rtca" vollzogen.[55] Zu diesem Zeitpunkt beginnen einige größere Restrukturierungen wie die Neubildung einer Sammelkategorie „Weitere Kategorien" (19.2.2011, 11:50 Uhr durch den Akteur „PlagDoc", s. Abbildung 3). Diese Kategorie dient dazu, selten belegte oder diffus definierte Plagiatsformen zu markieren. In diese Kategorie werden die bestehenden „Verdachtsmomente" eingefügt und zusätzlich unbear-

---

53 http://de.guttenplag.wikia.com/index.php?title=PlagiatsKategorien&diff=prev&oldid=27476; zuletzt abgerufen am 27.6.2011.
54 http://de.guttenplag.wikia.com/index.php?title=PlagiatsKategorien&diff=prev&oldid=31354; zuletzt abgerufen am 27.6.2011. S. Abbildung 3. Später wird aus dieser Feststellung – direkt im Kommunikationsbereich der Wikiseite – eine Bitte, die an die kooperierenden Akteure adressiert wird: „Bei der Kategorisierung von Plagiaten (Seiten und Fragmente) bitte zwischen Bauernopfer und verschärftem Bauernopfer unterscheiden!" (http://de.guttenplag.wikia.com/index.php?title=PlagiatsKategorien&diff=next&oldid=31515; zuletzt abgerufen am 9.10.2011).
55 http://de.guttenplag.wikia.com/index.php?title=PlagiatsKategorien&diff=prev&oldid=32835; zuletzt abgerufen am 26.6.2011.

beitete Fragmente und Fragmente mit unbekannter Quelle hinzugefügt. Kurz darauf (19.2.2011, 12:15, unregistrierter Akteur) wird die Kategorie „Kein Plagiat" hierunter geführt.

Dies verdeutlicht, dass die Kategorie „Weitere Kategorien" verschiedene der oben angeführten Dimensionen von Plagiaten umfasst, und nicht spezifisch Unterkategorien des Plagiatsbegriffs führt. Mit einer weiteren Unterkategorie, die Stellen mit übernommenen Rechtschreibfehlern sammeln sollte (19.2.2011, 12:18 Uhr, unregistrierter Akteur), wird diese Charakterisierung unterstrichen (im Zuge dessen entfällt die Kategorie „unbearbeitet"[56]; s. Abbildung 3). Sehr viel später (21.2.2011, 8:07 Uhr) werden auch klassische Plagiatskategorien, wie die „Halbsatzflickerei" und „Shake & Paste" den „weiteren Kategorien" zugerechnet (s. Abbildung 4). Zu dieser Entscheidung schreibt Akteur „Nicholaz" in den Revisionsanmerkungen:

> „‚halbsatzflickerei' und ‚shake'n'paste' zu ‚weitere kategorien' verschoben, da diese bisher (mo früh) in den Fragmenten kaum oder nicht verwendet wurden."[57]

Damit bestätigt er explizit wiederum die wachsende Bedeutung, die die Zuordnung konkreter Plagiatsfundstellen für die Erstellung der Kategorienbeschreibungen und für die Struktur ihrer Systematik erhalten haben (s. Kap. 4.2). Gleichzeitig aber wird das Verlassen des normativen Ziels bestätigt (s. Kap. 4.3), indem direkt auf die Nachweisbarkeit der Plagiatskategorie im vorliegenden Korpus hingewiesen wird.

4.5 Interdependenz der Kommunikationsbereiche

Weitaus häufiger als diese direkten Spuren interaktiver Aushandlungsprozesse auf der Kategorienseite selbst sind Zusammenhänge zwischen den Kommunikationsbereichen des Wikis, die sich lediglich aus den archivierten Versionenseiten und Diskussionen rekonstruieren lassen. Ein gutes Beispiel für das komplexe Zusammenspiel zwischen Kategoriendiskussion und Bearbeitungen der Kategorienseite findet sich in der bereits erläuterten Revisionsgeschichte zur Kategorie „Alibi-

---

56 http://de.guttenplag.wikia.com/index.php?title=PlagiatsKategorien&diff=next&oldid=26756; zuletzt abgerufen am 26.6.2011.
57 http://de.guttenplag.wikia.com/index.php?title=PlagiatsKategorien&diff=prev&oldid=53742; zuletzt abgerufen am 9.10.2011.

Fussnote" (s. S. 21). Am 18. Februar um 22:52 Uhr weist der Akteur „PlagDetector" in der Diskussion der Plagiatskategorien auf eine englischsprachige Webseite mit diesbezüglichen Definitionen hin:

> „Interessant finde ich die Plagiatskategorien auf folgender Seite: http://research.ithenticate.com/citation_help/types_of_plagiarism.html
> Nicht unbedingt, um die Fundstellen hier danach zu kategorisieren, sondern um klarer zu definieren, WAS ein Plagiat ist. z.B. wird das sogenannte ‚Perfect Crime' (für mich unverständlicherweise) in manchen Diskussionen als kein Plagiat empfunden. Hier die Definition:
> Well, we all know the perfect crime doesn't exist. In this case, the writer properly quotes and cites sources in some places, but goes on to paraphrase other arguments from those sources without citation. This way, the writer tries to pass off the paraphrased material as his or her own analysis of the cited material.
> Und ein Beispiel dazu: http://de.guttenplag.wikia.com/wiki/Seite_110-111"[58]

Er erhält darauf eine bestätigende Antwort des Akteurs „Nicholaz" mit weiteren Beispielseiten:

> „Ja, das ist das was komplett von Seite 110 – 134 mit dem Material von Sonja Volksmann-Schluck passiert. Das geht Seitenweise so."[59]

Am 19. Februar um 13:34 Uhr fügt der Akteur „Rtca", der bereits die erste Beschreibung der Kategorie Alibi-Fussnote vorgenommen hatte, dem Kategoriennamen die zweite Benennung „Perfect Crime" hinzu.[60] Schon im nächsten Bearbeitungsschritt löscht er diesen zusätzlichen Kategoriennamen wieder, fügt stattdessen aber am Ende der Beschreibung der Kategorie „Alibi-Fussnote" als Beispiel die von „PlagDetector" erwähnten Seiten 110-111, sowie eine Referenz und einen Link auf die Webseite ein, auf die dieser in der Diskussion hingewiesen hatte.[61]

---

58 http://de.guttenplag.wikia.com/index.php?title=Diskussion:PlagiatsKategorien/@comment-PlagDetector-20110218225852&permalink=17584; zuletzt abgerufen am 9.10.2011.
59 http://de.guttenplag.wikia.com/index.php?title=Diskussion:PlagiatsKategorien/@comment-PlagDetector-20110218225852/@comment-Nicholaz-20110218231350&permalink=17710; zuletzt abgerufen am 9.10.2011.
60 http://de.guttenplag.wikia.com/index.php?title=PlagiatsKategorien&diff=prev&oldid=27830; zuletzt abgerufen am 9.10.2011.
61 http://de.guttenplag.wikia.com/index.php?title=PlagiatsKategorien&diff=next&oldid=27830; zuletzt abgerufen am 9.10.2011.

In der Letztversion der Plagiatskategorienseiten (Stand 1.8.2011) werden die Spuren dieser Querbeziehungen zwischen direktem dialogischen Aushandeln und der Formulierung von Beschreibungen der Kategorien von den Akteuren in der Regel bewusst getilgt, um den normativen und verbindlichen Charakter der Plagiatskategorien wieder herzustellen.

Eine Tilgung, die dem Text den dialogischen Charakter nimmt, findet sich zum Beispiel in der Kategorie „Übersetzungsplagiat". Am 18. Februar um 23:36 Uhr hatte dort ein unregistrierter Akteur einen Einwand eingetragen, der durch das argumentative „aber" klar als dialogisch gekennzeichnet ist:

> „Die verwendeten Quellen, nach denen übersetzt worden ist, wurden aber angegeben:"[62]

Am 19. Februar um 00:14 Uhr tilgt der Akteur „Guttigut" nun dieses „aber" und verleiht der Äußerung somit einen monologischeren Charakter[63]. Daraufhin nimmt der Akteur „Guttigut" (19.2.2011, 0:14 Uhr) die Spezifikation der Kategorie in Übersetzungsplagiate ohne Quellenangaben und jene mit Quellenangaben vor (s. Abbildung 3).

Ein weiteres Beispiel dafür, wie interaktives Aushandeln aus den dokumentierenden Wikiseiten entfernt wurde, ist der folgende Vorschlag eines unregistrierten Akteurs, der zunächst (19.2.2011, 11:55 Uhr) in die erste Zeile der Kategorienseite eingefügt wurde:

> „```Dringende Anregung```': Wichtig wäre es m.E. herauszustellen, wie viel % der formal ‚eigenen' Arbeit verseucht sind. Zur Erläuterung: Guttenbergs Arbeit ist über weite Teile ‚darstellend', d.h. sie gibt nur wieder, was andere bereits herausgefunden haben (Historische Abläufe etc.). Der wissenschaftliche Wert einer Dissertation liegt aber in den eigenen Schlüsse/Thesen/Bewertungen, die daraus gezogen werden. Diese Teile bilden – gerade bei Guttenbergs Arbeit – nur einen kleinen Teil der Arbeit. Interessant wäre, wie viel % dieser Teile von Plagiaten durchsetzt sind. Mein Tipp: fast alle. Und DAS ist der eigentliche Skandal. Allerdings wäre da eine inhaltlich Sichtung notwendig..."[64]

---

62 http://de.guttenplag.wikia.com/index.php?title=PlagiatsKategorien&diff=prev&oldid=21485; zuletzt abgerufen am 9.10.2011.
63 http://de.guttenplag.wikia.com/index.php?title=PlagiatsKategorien&diff=next&oldid=21706; zuletzt abgerufen am 9.10.2011.
64 http://de.guttenplag.wikia.com/index.php?title=PlagiatsKategorien&diff=prev&oldid=26392; zuletzt abgerufen am 9.10.2011.

Der Vorschlag, der sich selbst als „Anregung" kategorisiert, richtet sich direkt an die kollaborierenden Akteure und wird daher durch die Verwendung von abtönenden Techniken (Modus: „wäre"; abschwächende Einschübe „m.E.", einschränkende Konjunktion „allerdings") höflich abgeschwächt. Dass er von den Akteuren selbst als interaktiver Beitrag gewertet wird, ist daran erkennbar, dass er mit der Revisionsanmerkung „Form, Hinweis Kategorie, Kommentar in Kommentare verschoben" am 19. Februar um 11:59 Uhr in den Kommentarbereich verschoben wird, wo er die kurze bestätigende Antwort des Akteurs „Nicholaz" erhält: „dito."[65]

Trotz dieser Bemühungen der Akteure, dialogisch-interaktive Äußerungen aus den Kategorienseiten zu nehmen, finden sich dort tatsächlich noch zahlreiche Spuren interaktiver Aushandlungsprozesse. So kommt es an einigen Stellen vor, dass zur Erläuterung des in der Beschreibung einer Kategorie angeführten Textbeispiels auch Äußerungen aus der Diskussion zitiert werden, die zur Beurteilung und Zuordnung der entsprechenden Textstellen geführt wurden. So beispielsweise in der Beschreibung der Kategorie „Verschleierung":

> „Seite_016/Differenzen (bzw. Seite 16) (aus einem Kommentar dort: ‚So ist es. Damit wäre der bewusste Täuschungsversuch eindeutig bewiesen. Denn der Text wäre, egal wie man es dreht und wendet, kein ordentliches Zitat mehr'),"[66]

Ähnliche metakommunikative Kommentare und direkte Adressierungen in Frage- oder Imperativform zeigen, dass auch die von uns zuvor als „monologisch" bestimmten Kommunikationsbereiche des Wikis in der Erstellungsphase der Wikiseiten durchaus dialogischen Charakter annehmen können. Sie richten sich in diesem Fall an jene Gruppe regelmäßig das Wiki bearbeitende Akteure, die offensichtlich als stets anwesende Interaktionspartner konzipiert werden.[67] Dies geht so weit, dass sich in den Kategorienseiten auch Äußerungen finden, deren Referenzbezüge eigentlich nur im Kontext einer face-to-face-Kommunikationssituation verständlich sind, in der eine gemeinsame deiktische *Origo* (Buehler, 1934, S. 107) vorhanden ist. So stellt ein für den lesenden Rezipienten nicht näher zu identifizierendes „ich" gleich zu Beginn der Kategorienbeschreibungen fest:

---

65 http://de.guttenplag.wikia.com/index.php?title=Diskussion:PlagiatsKategorien/@comment-93.212.14.81-20110219135051/@comment-Nicholaz-20110219142346&permalink=23617; zuletzt abgerufen am 9.10.2011.
66 http://de.guttenplag.wikia.com/wiki/PlagiatsKategorien; zuletzt abgerufen am 9.10.2011.
67 In einem weiteren Artikel, in welchem wir das GuttenPlag Wiki als *Community of Practice* beschreiben, werden wir uns ausführlich mit den komplexen Partizipationsstrukturen und deren Bewertung durch die Akteure selbst befassen (Frank-Job et al., 2013).

"Mein Eindruck ist, dass inzwischen (fast?) alle Seiten nach ‚Quelle' kategorisiert wurden."[68]

Nur ein Rezipient, der mit dem Verfolgen der Versionsgeschichte dieser Webseite vertraut ist, vermag zu identifizieren, wer hier spricht. Dieses Äußerungsformat legt also nahe, dass damit vor allem diejenigen Akteure angesprochen werden, die an der Bearbeitung der Seiten oder zumindest an der sachlichen Diskussion um Plagiatskategorien beteiligt sind. Dies zeigt, dass auch von uns zuvor als eher abgeschlossen charakterisierte Bereiche des Wikis Aspekte der Vorläufigkeit und Prozesshaftigkeit des gesamten Hypertextnetzwerks durchscheinen lassen. Grundsätzlich sind auch die Plagiatskategorienseiten noch zur Bearbeitung offen. So wird zur letzten genannten Beispielseite der Kategorie „Bauernopfer" sogar explizit zu einer Weiterbearbeitung aufgerufen:

„Seite 338 [angeführt war 338-339 ohne Begründung, bitte diese nachreichen]"[69]

Dass die kollaborierenden Akteure ihre Beitragsarbeit selbst durchaus als interaktiven Prozess verstehen, lässt sich abschließend auch an zahlreichen kommentierenden und kontextualisierenden Anmerkungen in den Revisionsdokumentationen zu einzelnen Wikiseiten belegen, also den eher technischen Bereichen des Wikis, an dessen Rezeption vermutlich nur die tatsächlich kollaborierenden Akteure beteiligt sind. So kommentiert zum Beispiel der Akteur „Nerd wp" anlässlich seiner Einfügung von zusätzlichen Fragmentbeispielen in die Seite „Plagiatsdokumentation" am 28. Februar:

„(Fragment_016_27-33 zwischen ‚-26' und ‚34-' auf guttenberg it verlass!!!!!!!!!!!)"[70]

Kommentiert wird damit ironisch, dass es gelungen ist, eine Lücke von 7 Seiten zwischen belegten Plagiaten mit neuen Plagiatsfunden zu füllen.

5. Zusammenfassung

Die kollaborative Findung eines für die Arbeit des GuttenPlag Wikis adäquaten Kategoriensets von Plagiatsdefinitionen steht in engem Zusammenhang mit der Interaktion der am GuttenPlag Wiki partizipierenden Akteure. Diese Interaktion

---

68 http://de.guttenplag.wikia.com/wiki/PlagiatsKategorien; zuletzt abgerufen am 9.10.2011.
69 http://de.guttenplag.wikia.com/wiki/PlagiatsKategorien; zuletzt abgerufen am 9.10.2011.
70 http://de.guttenplag.wikia.com/index.php?title=Guttenberg-2006/016&diff=prev&oldid=124033; zuletzt abgerufen am 9.10.2011.

findet sich in sämtlichen Kommunikationsbereichen des Wikis und erweist sich als hochgradig dynamisch (vgl. Kap. 3.1 und Kap. 4.5). Die Akteure des GuttenPlag Wikis hingegen lassen sich zum Teil durchaus in disparate Gruppen auftrennen (s. Kap. 3.3), deren produktiver Anteil am Projekt „GuttenPlag" und den hervorgebrachten Plagiatskategorien unterschiedlich bewertet werden können.

Die kollaborative Aushandlung der Strategien zur Kategorienfindung und der Definition hinsichtlich der Adäquatheit für das GuttenPlag Projekt (s. Kap. 4.2 und 4.3) offenbart die Entwicklung eines komplexen Methodensets durch die Akteure.

Während im Kommunikationsbereich des Wikis die Beispielfindung, Elaboration und Neuordnung von Kategorien im Mittelpunkt stehen (s. Kap. 4.4), lassen sich auf Seiten der interaktiven Aushandlung hauptsächlich die kommunikativen Akte „Einwand erheben" und „Vorschlag einbringen" bzw. die darauf respondierenden Handlungen identifizieren („Einwände bzw. Vorschläge bearbeiten"). Beide Handlungstypen wirken in der Interaktion potentiell face-bedrohend und werden daher in aus der Alltagskommunikation bekannte Formate und Strategien der sprachlichen Höflichkeit gefasst.

Als wesentlicher Befund unserer qualitativen Analyse konnte aufgezeigt werden, dass zwischen den Partizipationsbereichen der Kollaboration (Zusammenarbeit bei der Erstellung der Plagiatskategorien, Zuordnung von Plagiatsfunden zu den Kategorien) und der Interaktion (direkte kommunikative Aushandlungen in Diskussionen) direkte Interdependenzen bestehen.[71]

Wir können sogar noch weiter gehen und feststellen, dass das kooperative Erstellen und Bearbeiten der Kategorienseiten gar nicht ohne interaktive Aushandlungsprozesse bewerkstelligt werden kann, um das gemeinsam verfolgte Handlungsziel, den Aufbau verbindlicher (oder zumindest adäquater) Kategorien zur Einordnung von Plagiatsfällen, zu erreichen.[72]

---

[71] Dieses Ergebnis deckt sich im Übrigen mit den Erkenntnissen der evolutionären Perspektive auf die Entwicklung kooperativer und sprachlich-interaktiver Fähigkeiten beim Menschen wie sie in Tomasello (2009, S. 3ff) beschrieben werden. Danach gehören in der Entwicklung sozialer Gemeinschaften Kooperation im Sinne der Fähigkeit zur Konzipierung eines gemeinsamen Handlungsziels und Interaktion im Sinne der Fähigkeit, im Gespräch stets die Wissenskontexte und Verstehensmöglichkeiten des Gegenüber mitzuvollziehen, engstens zusammen.

[72] Die hier beobachteten sprachlichen Verfahren und Techniken stimmen mit den bereits in den 1990er Jahren beobachteten Strategien von Akteuren beim kooperativen Schreiben überein (Lehnen, 1999, 2000). Dies betrifft beispielsweise den häufigen Einsatz metakommunikativer Kommentare, die gemeinsame Orientierung an bestehenden Textmodellen, aber auch die Reihenfolge bei der Anlage der Seiten des Hypertextes. Vgl. zum kooperativen Erstellen von PowerPoint-Präsentationen zuletzt Schaller (2011).

Dieser Beitrag wurde mit freundlicher Unterstützung gefördert durch das Bundesministerium für Bildung und Forschung im Rahmen des Projekts „Sprachliche Netzwerke: texttechnologische Repräsentation, computerlinguistische Synthese und physikalische Modellierung"[73]

Die Grafiken in diesem Artikel stehen unter einer Creative Commons Lizenz[fn] zur Verfügung und können unter http://nils-diewald.de/diewaldjob-2013.html heruntergeladen werden.

Bitte zitieren Sie bei Weiterverwendung diesen Artikel.

[fn] Namensnennung - Weitergabe unter gleichen Bedingungen 3.0 Unported,

http://creativecommons.org/licenses/by-sa/3.0/deed.de.

Literatur

Allen, Christopher (2004): *Tracing the Evolution of Social Software*. Blog Artikel. Zuletzt abgerufen am 4.1.2012.
URL http://www.lifewithalacrity.com/2004/10/tracing_the_evo.html

Bieber, Christoph, Martin Eifert, Thomas Gross und Jörn Lamla (Hrsg.) (2009): *Soziale Netze in der digitalen Welt. Das Internet zwischen egalitärer Teilhabe und ökonomischer Macht*. Campus, Frankfurt/M.

Brown, Penelope und Stephen C. Levinson (1987): *Politeness: Some universals in language usage*. Cambridge University Press, Cambridge.

Bruns, Axel (2009): *'Produtzung': Von medialer zu politischer Partizipation*. In: Christoph Bieber, Martin Eifert, Thomas Gross und Jörn Lamla (Hrsg.), *Soziale Netze in der digitalen Welt. Das Internet zwischen egalitärer Teilhabe und ökonomischer Macht*. Campus, Frankfurt/M., S. 65–85.

Bucher, Hans-Jürgen (2004): *Online-Interaktivität – Ein hybrider Begriff für eine hybride Kommunikationsform*. In: Christoph Bieber und Claus Leggewie (Hrsg.), *Interaktivität. Ein trans-disziplinärer Schlüsselbegriff*. Campus Verlag, Frankfurt/M., S. 132–167.

Bühler, Karl (1934): *Sprachtheorie. Die Darstellungsfunktion der Sprache*. Gustav Fischer Verlag, Stuttgart, Zweite Auflage.

Clark, Herbert (1996): *Using language*. Cambridge University Press, Cambridge.

Deutscher Bundestag (2011): *Stenografischer Bericht, 92. Sitzung, Plenarprotokoll 17/92*.

---

[73] http://project.linguistic-networks.net/.

Ehlich, Konrad (1984): *Zum Textbegriff.* In: Annely Rothkegel und Barbara Sandig (Hrsg.), *Text – Textsorten – Semantik.* Buske, Hamburg, S. 9–25.

Fischer-Lescano, Andreas (2011): *Karl-Theodor Frhr. zu Guttenberg, Verfassung und Verfassungsvertrag. Konstitutionelle Entwicklungsstufen in den USA und der EU, 2009.* In: *Kritische Justiz,* 44, 1, S. 112–119. Rezension.

Frank-Job, Barbara, Nils Diewald und Anna-Katharina Kurpiers (2013): *Das GuttenPlag Wiki als „Community of Practice".* In Vorbereitung.

Fröhlich, Gerhard (2006): *Plagiate und unethische Autorenschaft.* In: *Information – Wissenschaft & Praxis,* 57, 2, S. 81–89.

Gipp, Bela, Norman Meuschke und Joeran Beel (2011): *Comparative Evaluation of Text- and Citation-based Plagiarism Detection Approaches using GuttenPlag.* In: *Proceedings of the 11th ACM/IEEE Joint Conference on Digital Libraries (JCDL).* Ottawa.

Goffman, Erving (1967): *On Face-Work. An Analysis of Ritual Elements in Social Interaction.* In: Erving Goffman (Hrsg.), *Interactional Ritual. Essays on Face-to-Face Behaviour.* Aldine Pub. Co., New York, S. 5–45.

zu Guttenberg, Karl-Theodor Freiherr (2009): *Verfassung und Verfassungsvertrag. Konstitutionelle Entwicklungsstufen in den USA und der EU, Ausgabe 176 von Schriften zum internationalen Recht.* Duncker & Humblot, Berlin. Zugleich Dissertation (2006) an der Universität Bayreuth; Die Arbeit gilt als nicht den Standards guter wissenschaftlicher Arbeit entsprechend.

Hausendorf, Heiko (1992): *Gespräch als System. Linguistische Aspekte einer Soziologie der Interaktion.* Westdeutscher Verlag, Opladen. Neu erschienen 2004 in: Verlag für Gesprächsforschung; zuletzt abgerufen am 4.1.2012. URL http://www.verlag-gespraechsforschung.de/2004/hausendorf.htm

Hausendorf, Heiko und Uta Quasthoff (1996): *Sprachentwicklung und Interaktion. Eine linguistische Studie zum Erwerb von Diskursfähigkeiten.* Westdeutscher Verlag, Opladen. Neu erschienen 2005 in: Verlag für Gesprächsforschung; zuletzt abgerufen am 4.1.2012.

URL http://www.verlag-gespraechsforschung.de/2005/quasthoff.htm

Hirte, Katrin (2011): *Crowdsourcing und Regelbezüge - der Fall GuttenPlag.* In: *Informatik 2011 - Informatik schafft Communities.* Gesellschaft für Informatik e.V., Berlin.

Howe, Jeff (2006): *The Rise of Crowdsourcing.* In: *Wired.* Juni 2006.

Jäckel, Michael (2013): *Das aktive Publikum — Eine Ortsbestimmung.* In: Barbara Frank-Job, Alexander Mehler und Tilmann Sutter (Hrsg.), *Die Dynamik sozialer und sprachlicher Netzwerke. Konzepte, Methoden und empirische Untersuchungen am Beispiel des WWW 89-100.* VS Verlag für Sozialwissenschaften, Wiesbaden. In diesem Band.

Jakobs, Eva-Maria (1997): *Plagiate im Kontext elektronischer Medien.* In: Gerd Antos und Heike Tietz (Hrsg.), *Die Zukunft der Textlinguistik. Traditionen, Transformationen, Trends,* Reihe Germanistische Linguistik. Niemeyer, Tübingen, S. 157-172.

Koch, Peter und Wulf Oesterreicher (2011): *Gesprochene Sprache in der Romania: Französisch, Italienisch, Spanisch,* Ausgabe 31 von *Romanistische Arbeitshefte.* Walter de Gruyter, Berlin/New York, Zweite Auflage.

Kommission "Selbstkontrolle in der Wissenschaft" der Universität Bayreuth (2011): *Bericht an die Hochschulleitung der Universität Bayreuth aus Anlass der Untersuchung des Verdachts wissenschaftlichen Fehlverhaltens von Herrn Karl-Theodor Freiherr zu Guttenberg.*

Lahusen, Benjamin (2006): *Goldene Zeiten. Anmerkungen zu Hans-Peter Schwintowski, Juristische Methodenlehre.* In: *Kritische Justiz,* 39, 4, S. 398-417.

Lehnen, Katrin (1999): *Textproduktion als Aushandlungsprozess. Interaktive Organisation gemeinsamer Schreibaufgaben.* In: Eva-Maria Jakobs, Dagmar Knorr und Karl-Heinz Pogner (Hrsg.), *Textproduktion: HyperText, Text, Kon-Text,* Ausgabe 5 von *Textproduktion und Medium.* Peter Lang, Frankfurt/M., S. 75-92.

Lehnen, Katrin (2000): *Kooperative Textproduktion. Zur gemeinsamen Herstellung wissenschaftlicher Texte im Vergleich von ungeübten, fortgeschrittenen und sehr geübten SchreiberInnen.* Dissertation, Universität Bielefeld, Bielefeld. Zuletzt abgerufen am 4.1.2012.
URL http://bieson.üb.uni-bielefeld.de/volltexte/2004/495/

Leuf, Bo und Ward Cunningham (2001): *The Wiki Way - Quick Collaboration on the Web.* Addison-Wesley, Amsterdam.

Mehler, Alexander, Christian Stegbauer und Rüdiger Gleim (2013): *Zur Struktur und Dynamik der kollaborativen Plagiatsdokumentation am Beispiel des GuttenPlag Wikis: eine Vorstudie.* In: Barbara Frank-Job, Alexander Mehler und Tilmann Sutter (Hrsg.), *Die Dynamik sozialer und sprachlicher Netzwerke. Konzepte, Methoden und empirische Untersuchungen am Beispiel des WWW.* VS Verlag für Sozialwissenschaften, Wiesbaden. In diesem Band.

Mehler, Alexander und Tilmann Sutter (2008): *Interaktive Textproduktion in Wiki-basierten Kommunikationssystemen*. In: Ansgar Zerfaß, Martin Welker und Jan Schmidt (Hrsg.), *Kommunikation, Partizipation und Wirkungen im Social Web. Band 1: Grundlagen und Methoden: Von der Gesellschaft zum Individuum*. Herbert von Halem, Köln, S. 267-298.

Passoth, Jan-Hendrik, Tilmann Sutter und Josef Wehner (2013): *Vernetzungen und Publikumskonstruktionen im Internet*. In: Barbara Frank-Job, Alexander Mehler und Tilmann Sutter (Hrsg.), *Die Dynamik sozialer und sprachlicher Netzwerke. Konzepte, Methoden und empirische Untersuchungen am Beispiel des WWW*. VS Verlag für Sozialwissenschaften, Wiesbaden. In diesem Band.

Pörksen, Bernhard und Hanne Detel (2011): *Evidenzerfahrung für alle. Das kontraproduktive Krisenmanagement des Verteidigungsministers und die Logik der Skandalisierung im digitalen Zeitalter*. In: Oliver Lepsius und Reinhart Meyer-Kalkus (Hrsg.), *Inszenierung als Beruf. Der Fall Guttenberg*. Suhrkamp, Berlin, S. 56-70.

Schaller, Birte (2011): *Interaktionales Planen in aufgabenorientierten Gesprächen - computervermittelt und face-to-face*. Dissertation, Universität Bielefeld, Bielefeld.

Schmalz, Jan Sebastian (2007): *Zwischen Kooperation und Kollaboration, zwischen Hierarchie und Heterarchie. Organisationsprinzipien und -strukturen von Wikis*. In: *kommunika-tion@gesellschaft*, 8, 5. Zuletzt abgerufen am 20.7.2011.
URL http://www.soz.uni-frankfurt.de/K.G/B5_2007_Schmalz.pdf

Seifert, Fedor (1994): *Plagiatsgeschichte(n). Betrachtungen zu einem populären Begriff*. In: Ulrich Loewenheim und Thomas Raiser (Hrsg.), *Festschrift für Fritz Traub zum 65. Geburtstag*. Deutscher Fachverlag GmbH, Frankfurt/M., S. 343-366.

Stegbauer, Christian (2008): *Verteilte Wissensproduktion aus netzwerkanalytischer Perspektive. Das Beispiel Wikipedia*. In: Herbert Willems (Hrsg.), *Weltweite Welten. Internet-Figurationen aus wissenssoziologischer Perspektive*. VS Verlag für Sozialwissenschaften, Wiesbaden, S. 143–165.

Sutter, Tilmann (2008): *'Interaktivität' neuer Medien - Illusion und Wirklichkeit aus der Sicht einer soziologischen Kommunikationsanalyse*. In: Herbert Willems (Hrsg.), *Weltweite Welten. Internet-Figurationen aus wissenssoziologischer Perspektive*. VS Verlag für Sozialwissenschaften, Wiesbaden, S. 57-73.

Tomasello, Michael (2009): *Die Ursprünge der menschlichen Kommunikation*. Suhrkamp, Frankfurt/M.

Viégas, Fernanda B., Martin Wattenberg und Kushal Dave (2004): *Studying Cooperation and Conflict between Authors with history flow Visualizations.* In: *Proceedings of the SIGCHI Conference on Human Factors in Computing Systems (CHI'04),* Ausgabe 6. S. 575-582.

Weber, Stefan (2006): Das Textplagiat in den Kulturwissenschaften: Varianten, mutmaßliche empirische Trends, theoretische Verwirrungen. Ein Problemaufriss. In: Information – Wissenschaft & Praxis, 57, 2, S. 103–108.

Weber, Stefan (2007): Das Google-Copy-Paste-Syndrom. Wie Netzplagiate Ausbildung und Wissen gefährden. Heise Zeitschriften Verlag GmbH & Co KG, Hannover.

Weber-Wulff, Debora und Gabriele Wohnsdorf (2006): Strategien der Plagiatsbekämpfung. In: Information – Wissenschaft & Praxis, 57, 2, S. 90–98.

Zerfaß, Ansgar, Martin Welker und Jan Schmidt (Hrsg.) (2008): Kommunikation, Partizipation und Wirkungen im Social Web. Band 1: Grundlagen und Methoden: Von der Gesellschaft zum Individuum. Hamel Verlag, Köln.

Alexander Mehler, Christian Stegbauer und Rüdiger Gleim

Zur Struktur und Dynamik der kollaborativen Plagiatsdokumentation am Beispiel des GuttenPlag Wikis: eine Vorstudie

1. Einleitung

Dieser Beitrag thematisiert die zeitliche Entwicklung der wikibasierten Zusammenarbeit am Beispiel des GuttenPlag Wikis[1]. Es geht dabei um die Weiterentwicklung und Exemplifizierung netzwerkanalytischer Methoden im Bereich der Kollaborationsforschung, um die Analyse der Netzwerkstruktur von so genannten Kollaborationsnetzwerken also. Dies geschieht am Beispiel eines Wikis, das in besonderer Weise die Dynamik des *World Wide Web* zum Ausdruck bringt, in dem – besser als in jedem anderen der bislang bekannten Medien – das Aufkommen, die Entwicklung, die Erstarrung oder das Absterben von Instanzen neuer Dokumenttypen beobachtbar sind.

Das GuttenPlag Wiki stellt ein so genanntes Spezialwiki dar. Diese Attribuierung soll zum Ausdruck bringen, dass die Funktion des GuttenPlag Wikis nicht in der Manifestation und Herausbildung einer Enzyklopädie liegt, worin die Kernaufgabe der Wikipedia besteht, die aufgrund ihrer Größe, ihrer Bekanntheit und ihres Verbreitungsgrads als prototypisches Wiki betrachtet werden kann. Vielmehr geht es dem GuttenPlag Wiki um den Nachweis von Plagiaten in einer einzelnen Qualifikationsschrift. Mit dem vorläufigen Abschluss dieses Nachweises ist die Funktion dieses Wikis erfüllt, was sich folgerichtig in seinem abklingenden Aktivitätsgrad niederschlägt.

In Mehler (2008b) wurden mehrere Klassen von Spezialwikis unterschieden, welche der Freizeit- bzw. Fankommunikation, der Regionalkommunikation, der technischen Dokumentation, der Wissenskommunikation oder der Wissenschaftskommunikation dienen. Das GuttenPlag Wiki entstammt der Wissenschaftskommunikation, in deren Bereich bislang etwa Abteilungswikis oder Konferenzwikis entstanden sind. Aufgrund seiner politischen Bedeutung im Zuge des Rücktritts des ehemaligen Verteidigungsministers Karl-Theodor zu Guttenberg kommt die-

---

[1] http://de.guttenplag.wikia.com/wiki/GuttenPlag_Wiki

sem Wiki eine Kommunikationsfunktion auch jenseits der Wissenschaftskommunikation zu. Was das GuttenPlag Wiki im System der Webgenres (Santini, Mehler und Sharoff, 2009) zudem herausragen lässt ist der Umstand, dass die kollaborative Plagiatsdokumentation einen neuartigen Dokumenttyp manifestiert, der in dieser Weise außerhalb des Webs bislang unbekannt war, weder in Bezug auf seine Form noch in Bezug auf seinen Inhalt. In diesem Sinne ist das GuttenPlag Wiki ein originäres Webgenre ohne Vorgänger in Form traditioneller, nicht-webbasierter Dokumenttypen.[2]

Die vorliegende Untersuchung unternimmt nicht den Versuch einer qualitativen Untersuchung des GuttenPlag Wikis. Es geht nicht darum, herausragende Ereignisse der Netzwerkkonstitution auf spezielle Gegebenheiten in der Entwicklung dieses Wikis zurückzuführen. Wer wissen will, wer in diesem Wiki wann genau was verfasst und dabei wie kollaboriert hat, sollte das GuttenPlag Wiki selbst zu Rate ziehen. Das Primärziel dieses Beitrags besteht vielmehr in der Weiterentwicklung und Erprobung des Instrumentariums der Netzwerkanalyse auf der Basis von Netzwerk-Zeitreihen, welche den Wandel der webbasierten Kollaboration einer Gruppe von Agenten in struktureller Hinsicht zum Ausdruck bringen. Wir wollen zeigen, dass kollaborationsanalytische Ansätze, welche den Faktor Zeit aussparen, Gefahr laufen, das Ausmaß der tatsächlich beobachtbaren Kollaboration falsch einzuschätzen. Ziel ist es, die Parameterlast, welche dem Koautorenschaftsbegriff als Grundlage von Kollaborationsanalysen anhaftet, kritisch zu beleuchten. Unser Ansatz besteht darin, den Parameter Zeit bei der Bildung von Zeitfenstern der Kollaborationsmessung zu variieren und in seinen Auswirkungen zu beobachten. Die Verwendung von Zeitfenstern folgt dem klassischen Ansatz zur Abbildung linearer (hier zeitlich) geordneter Strukturen, der korpuslinguistisch gang und gäbe ist, und zwar zur Eingrenzung so genannter Textfenster (Evert, 2008).

Infolge der Variation des Parameters der Zeitfenstergröße beobachten wir am Beispiel des Gutten-Plag Wikis einen kritischen Abfall triadischer Kollaborationsbeziehungen[3], der desto früher einsetzt, je breiter das Zeitfenster ausfällt. Dies könnte auf eine *Unterschätzung der Kollaboration unter hochaktiven Agenten* ebenso hinweisen wie auch auf eine *Überschätzung der Kollaboration unter geringaktiven Agenten*, was wiederum ein kritisches Licht auf zeitinsensitive bzw. zeitlich gering auflösende Kollaborationsmessungen wirft. Insofern diese Beob-

---

2 Siehe auch das VroniPlag Wiki (http://de.vroniplag.wikia.com/wiki), das anders als das GuttenPlag Wiki nicht auf die Dokumentation von Plagiaten in einer einzelnen, sondern einer Vielzahl von wissenschaftlichen Arbeiten zielt.
3 Triadisch sind Kollaborationsbeziehungen dreier Agenten, wenn unter diesen jeder mit jedem zusammenarbeitet (Wasserman und Faust, 1999; Watts und Strogatz, 1998).

achtung in der vorliegenden Untersuchung anhand eines einzigen Wikis erfolgt, handelt es sich um eine *Vorstudie*, die in Folgearbeiten anhand größerer Korpora von Wikis fortgeführt werden soll. Bezogen auf das GuttenPlag Wiki macht diese Vorstudie die Beobachtung, dass die Teilnahme an diesem Wiki sehr schnell abgenommen und infolgedessen sehr schnell den Punkt der Geringaktivität erreicht hat, und zwar im Hinblick auf die Zahl der Kollaborationsbeziehungen. Wir argumentieren ferner, dass während der Periode der Hauptaktivität dieses Wikis aktive Agenten offenbar vorzugsweise unter sich geblieben sind. Dies führt uns zu der Hypothese, dass in diesem Wiki Kollaboration in dem hier definierten Sinn eine Angelegenheit des Zentrums des entsprechenden Kollaborationsnetzwerks war, nicht aber ein Charakteristikum auch seiner Peripherie.

In der folgenden Sektion knüpfen wir an die Forschungstradition zur Kollaborationsanalyse an und beleuchten dabei den für diese Untersuchung grundlegenden Begriff der Koautorenschaft als Bezugsgröße für Kollaborationsmessungen.

1.1 Kollaboration als Koautorenschaft

Die Messung von Kollaborationsbeziehungen auf der Basis von Koautorenschaftsbeziehungen besitzt eine lange Tradition (Ajiferuke, Burell und Tague, 1988; Melin und Persson, 1996; Björneborn und Ingwersen, 2004; Kretschmer und Aguillo, 2004). Sie reicht von der Betrachtung klassischer Netzwerke bestehend aus wissenschaftlichen Dokumenten (Egghe und Rousseau, 2003; Heimeriks, Hörlesberger und Besselaar, 2003; Newman, 2004b; Newman, 2004a) bis hin zu Netzwerken von Webdokumenten und Dokumenten des Web 2.0 (insbesondere der Wikipedia) (Tang, Biuk-Aghai und Fong, 2008; Brandes, Kenis, Lerner und Raaij, 2009; Liu und Ram, 2009; Fong und Biuk-Aghai, 2010; Laniado und Tasso, 2011). Dabei gewinnt die Betrachtung der Dynamik von Kollaborationsnetzwerken als Funktion ihrer zeitlichen Entwicklung zunehmend an Bedeutung (Huang, Zhuang, Li und Giles, 2008; Wu, Zhao, Yang, Suo und Tian, 2009). Für wikibasierte Kollaborationsanalysen ist der Zeitbezug wegen der Verfügbarkeit ihrer Versionsgeschichten besonders naheliegend, wobei zunehmend auch Arten von negativen Beziehungen unter Kollaborateuren in den Fokus geraten (Wattenberg, Viégas und Dave, 2004; Wattenberg, Viégas und Hollenbach, 2007; Viégas, Wattenberg, Kriss und Ham, 2007; Brandes, Kenis, Lerner und Raaij, 2009). Im Rahmen dieser Forschungslinie werden generell drei Ansätze unterschieden: auf der Makroebene werden Kollaborationsnetzwerke als ganzes untersucht und topologisch klassifiziert. Mesoebenen-bezogene Ansätze fokussieren demgegenüber auf Teilgruppen (Cliquen oder Cluster) von Kollaborateuren und deren Beziehungen

(Brandes, Kenis, Lerner und Raaij, 2009; Jesus, Schwartz und Lehmann, 2009; Kittur und Kraut, 2010). Mikroorientierte Ansätze schließlich betrachten das Wirken einzelner Agenten in Kollaborationsnetzwerken (Wu, Zhao, Yang, Suo und Tian, 2009; Adamic, Wei, Yang, Gerrish, Nam und Clarkson, 2010) etwa mit dem Ziel der Identifikation von strukturellen Positionen von Kollaborateuren (Stegbauer, 2009).

Für diese Ansätze ist kennzeichnend, dass zumeist Dokumente den Ausgangspunkt für die Kollaborationsmessung bilden. Insofern dabei Kollaborationsnetzwerke induziert werden, geht es folglich nicht um *semiotische*, sondern um *soziale* Netzwerke, deren Knoten Agenten und deren Kanten soziale Beziehungen dieser Agenten modellieren (Wasserman und Faust, 1999; Kautz, Selman und Shah, 1997; Otte und Rousseau, 2002). Als ein weiteres Beispiel solcher Ansätze können Studien gelten, in denen die webbasierte Kommunikation als Informationsquelle für die modellseitige Vernetzung von Agenten dient (Adamic und Adar, 2003). In diesen Bereich fallen auch Ansätze zur koautorenschaftlichen Betrachtung von *research group networks* (Calero, Buter, Valdés und Noyons, 2006), von *software developer networks* (Xu, Gao, Christley und Madey, 2005), deren Koautorenschaft an demselben *open source* Projekt untersucht wird, und zu *email networks* (Koku, Nazar und Wellman, 2001; Ebel, Mielsch und Bornholdt, 2002; Newman, Forrest und Balthrop, 2002; Tyler, Wilkinson und Huberman, 2003), in denen Agenten auf der Basis ihres E-Mail-Austauschs vernetzt werden (siehe auch das Modell bipartiter E-Mail-Personen-Netzwerke von Schwartz und Wood 1993). Vergleichbar mit bibliometrischen Analysen von Koautorenschaftsnetzwerken, die nicht die zugrunde liegenden Dokumente, sondern bloß die Namenslisten ihrer Autoren explorieren, gehen E-Mail-Netzwerk-Ansätze vor, die Mailinglisten (Newman, Forrest und Balthrop, 2002) oder E-Mail-Header (Tyler, Wilkinson und Huberman, 2003) als Informationsquellen heranziehen – unter Vernachlässigung der eigentlichen Inhalte der E-Mails. Schließlich seien *scholar networks* als Beispiele für soziale Netzwerke genannt, in denen Wissenschaftler auf der Grundlage von Danksagungen in wissenschaftlichen Publikationen vernetzt werden (Giles und Councill, 2004). Dieses Beispiel zeigt einmal mehr, dass die Fundierung sozialer Netzwerke durch die Berücksichtigung semiotischer Aggregate nicht bedeutet, dass diese Aggregate überhaupt inhaltlich analysiert werden. Aus textlinguistischer (allgemeiner: aus semiotischer) Sicht sind solche Ansätze daher zumeist trivial.

In dieser Arbeit betrachten wir Ansätze, welche die Vernetzung von Agenten als Funktion ihrer Zusammenarbeit an einem oder mehreren Zeichenaggregaten untersuchen. Der diesen Ansätzen zugrunde liegende Kollaborationsbegriff geht von dem Koautorenschaftsbegriff aus: zwei Personen eines Kollaborationsnetzwerks sind dann über eine (in der Regel ungerichtete) Kante miteinander verbunden (die folglich ein symmetrisches Beziehungsverhältnis unterstellt), wenn es mindestens ein Aggregat (Text, Webdokument, Quellcode etc.) gibt, für das beide Personen als Autoren bekannt sind. Als *Autor* bezeichnen wir Personen, deren Mitarbeit an den fraglichen Aggregaten anhand von Textkonstituenten, die sie hinterlassen haben, nachvollziehbar wird.[4] Dieser koautorenschaftliche Kollaborationsbegriff, den wir als *Standardmodell* bezeichnen, ist mehrfach problematisch:

1. **Kollaboration als Koautorenschaft:** Das Standardmodell reduziert den Begriff der Kollaboration auf jene Aspekte, die schriftlich manifestiert und autorenschaftlich zugeordnet sind. Aus dieser Sicht sind Kollaborateure stets Koautoren, und zwar in einem bibliometrisch eingeschränkten Sinn. Ausgehend von der mit dem Diskursbegriff (Koch und Oesterreicher, 1985; Dürscheid, 2005) bezeichneten Vielfalt der sprachlichen (nicht ausschließlich schriftlichen) Kommunikation ist der Begriff der Kollaboration jedoch sehr viel allgemeiner als jener der Koautorenschaft: Zwei Personen können auch dann kollaborieren, wenn sie niemals einen Text gemeinsam schriftlich verfasst haben, ihr reziproker mündlicher Diskurs jedoch ihre Textproduktion beeinflusst hat. Die Fokussierung auf den Begriff der Koautorenschaft impliziert daher stets die Möglichkeit einer Einengung des Skopus der Kollaboration: mündliche Formen der Kollaboration, die nicht schriftlich fixiert wurden oder deren schriftliche Fixierung nicht in Form einer Veröffentlichung zugänglich ist, bleiben von der Untersuchung ausgespart. Dabei ist zu beachten, dass kein korpusanalytischer Ansatz der Koautorenschaftsanalyse stets beanspruchen kann, sämtliche untersuchungsrelevanten Texte (etwa in Form von Skizzen, schriftlich fixierten Vorüberlegungen, Memos etc.) auch nur zu kennen. Ansätze, die Kollaboration als Funktion der Koautorenschaft untersuchen, fassen Koautorenschaft daher notwendigerweise *im Kontext des betrachteten Untersuchungskorpus* auf, dessen Abgrenzungsbedingungen in jedem Fall eingehend zu spezifizieren sind. Anders ausgedrückt: koautorenschaftliche Kollaborationsuntersuchungen sind korpusanalytische Ansätze, welche die Frage nach der Repräsentativität ihres Datenmaterials (Rieger, 1979) aufwerfen. Insofern Kollaborationsmessungen auf diesen Korpora operieren, betrifft dies zugleich Fragen nach der Reliabilität und Validität dieser Messungen.

2. **Bibliometrischer Koautorenschaftsbegriff:** Im Zentrum des Standardmodells steht ein bibliometrischer Koautorenschaftsbegriff, der jede Person als Kollaborateur auffasst, die als Autor mindestens eines Texts des Untersu-

---

4 Wir benötigen diesen textproduktionsbezogenen Autorenbegriff, da wir anders die von uns anvisierten Phänomene nicht messen können.

chungskorpus ausgewiesen ist. Das bedeutet, dass Personen, die nicht als Autor aufgeführt werden, auch dann nicht als Kollaborateur in Erscheinung treten, wenn sie faktisch an einem der betroffenen Texte mitgearbeitet haben. Umgekehrt werden sämtliche als „Autoren" eines Texts ausgewiesenen Personen auch dann berücksichtigt, wenn sie gar nicht an dem Text mitgearbeitet haben, sondern bloß aufgrund einer akademischen Unsitte als Autoren aufgeführt werden (Ioannidis, 2008). Der hier zur Debatte stehende Autorenschaftsbegriff ist offenbar nur mittelbar textproduktionsbezogen.

3. **Autorenschaft als rollenindifferentes binäres Prädikat:** Eine Begleiterscheinung des bibliometrischen Koautorenschaftsbegriffs bildet die Auffassung, wonach Autorenschaft ein binäres Prädikat sei, das außer Acht lassen könne, welche Person in welchen Rollen (als Hauptautor, als Ideengeber, als Datenlieferant etc.) wie viel zu einem Text beigetragen hat. Auf diese Weise kann nicht zwischen Autorenschaften unterschiedlichen Grads oder unterschiedlicher Qualität unterschieden werden. Im Extremfall eines wikibasierten Texts gilt ein Autor als Kollaborateur eines bereits verstorbenen Autors desselben Texts – unabhängig davon, wie weit ihre Beiträge zeitlich auseinander liegen und auch davon, ob erstere Person den Beitrag seines verstorbenen Kollegen überhaupt rezipiert hat, und zwar als Kotext seines eigenen Beitrags.

Das Standardmodell versteht unter Kollaboration offenbar weniger die reziproke *Zusammenarbeit von* Agenten als vielmehr deren nicht notwendigerweise reziproke *Mitarbeit* an demselben Aggregat. Insofern wäre besser von Kooperationsnetzwerken[5] als von Kollaborationsnetzwerken zu sprechen, wobei die für die vorliegende Untersuchung einschlägige netzwerkanalytische Literatur diese Unterscheidung von allgemeinerer Kooperation und speziellerer Kollaboration (im Sinne einer starken Kooperation) offenbar nicht macht. Wir sind der Auffassung, dass ein Ansatz, der den verschiedenen sozialen Qualitäten dieser Beziehungsarten gegenüber indifferent ist, Gefahr läuft, seine Messergebnisse zu überschätzen, etwa als Beleg für eine starke Kooperation.

Zeit ist eine mögliche Bezugsgröße für die Unterscheidung von anonymer Mitarbeit und reziproker Zusammenarbeit. Beiträge, die in kurzer Distanz aufeinander erfolgen, signalisieren möglicherweise die Reziprozität der sozialen Wahrnehmung der Beitragenden. Auf einen vergleichbaren Zusammenhang von sozialer Dynamik und zeitlicher Dimension in Wikis verweisen beispielsweise Laniado, Tasso, Volkovich und Kaltenbrunner (2011). Mit wikibasierten Medien und ihren Versionsgeschichten existiert nunmehr ein Webgenre, das die hierfür notwendige Datenbasis in einem Umfang und einer Detailliertheit verfügbar macht,

---

5   Bzw. Kopartizipationsnetzwerken (siehe unten).

wie sie bislang unbekannt waren. Im Hinblick auf die zeitliche Dimension sind Wikis vergleichsweise komplex, da sie quasi-synchrone und asynchrone Kommunikation unterstützen.[6] Auf der einen Seite kann der Beitrag einer Person nach kurzer Zeit durch andere Wikilokutoren[7] verändert, gelöscht oder diskutiert werden (Wattenberg, Viégas und Hollenbach, 2007; Laniado, Tasso, Volkovich und Kaltenbrunner, 2011; Gómez, Kappen und Kaltenbrunner, 2011). Auf der anderen Seite kann ein Beitrag jahrelang unberührt bleiben, ehe er auf einen Kollaborateur trifft, der diesen modifiziert. Diese medialitätsbezogene (Dürscheid, 2005) Besonderheit von Wikis steht in Zusammenhang mit ihrer dualen Funktion als Übertragungs- und Speichermedien. Was Wikis darüber hinaus hervorhebt, ist ihre soziale Komplexität. Diese reicht von der Manifestation von Formen der Massenkommunikation (bei der ein einzelner Artikel im Extremfall genau einen Autor aber viele Rezipienten hat – siehe Mehler und Sutter 2008) bis hin zur Manifestation von Prozessen hochkollaborativen Schreibens (bei dem viele aktive Schreiber denselben Artikel in unterschiedlichen Positionen (bzw. Rollen) etwa als *content provider* oder *remover* bearbeiten – siehe Brandes, Kenis, Lerner und Raaij 2009). Wikis wie die Wikipedia ermöglichen daher eine Art des kollaborativen Schreibens, bei dem verschiedene Wikilokutoren an demselben Text zu unterschiedlichen Zeiten an unterschiedlichen Orten arbeiten – unabhängig davon wie groß ihre zeitliche und räumliche Distanz ausfällt.

1.2 Kollaborationspostulate

Ausgehend von unserer Kritik des Standardmodells und den erweiterten Möglichkeiten der Koautorenschaftsanalyse, die Wikis aufgrund ihrer Versionsgeschichten bieten, unterscheiden wir nun fünf Bezugsgrößen für die Revision des Standardmodells, die wir jeweils in Form von Hypothesen einführen:[8]

1. **Produktionssensitivität:** Von Newman (2004b) (siehe auch Newman 2004a) stammt ein Ansatz, koautorenschaftliche Kollaborationsgraphen um Kantengewichtungen zu erweitern, welche den Kollaborationsgrad von Agenten abbilden sollen. Dies wird in der aus Newman (2004b) stammenden Abbildung 1 exemplifiziert: Das Gewicht der Kante zwischen Agent *A*

---

6 Zu der folgenden semiotischen Einordnung von Wikis im Kontext der Begriffe *Medialität, Modalität, Kodalität, Temporalität* und *soziale Komplexität* siehe genauer Mehler, Romary und Gibbon (2012).
7 Als solche bezeichnen wir (in Analogie zum Terminus des *interlocutor* aus der Dialogtheorie) Mitarbeiter desselben Wikis.
8 Die folgende Liste beansprucht keine Vollständigkeit. Ihre Verfeinerung mit zunehmender Ordnungszahl zielt jedoch auf zunehmend linguistisch ausgerichtete Kollaborationspostulate.

und *B* ist eine Funktion der Zahl der von diesen Agenten gemeinsam bearbeiteten Texte x_1, x_2 und x_3 unter Berücksichtigung der Gesamtzahl der Autoren dieser Texte. x_1 hat beispielsweise 4 Autoren. Aus der Sicht von Agent *A* bzw. *B* „hält" sein Pendant jeweils 1/3 der Anteile an x_1, die nicht von dem betrachteten Agenten selbst stammen. Diesem Ansatz gemäß trägt ein Text x desto weniger zur Bestätigung der Kollaboration zweier Agenten bei, je mehr Autoren dieser Text hat – unabhängig von der Länge des Texts und auch unabhängig von den tatsächlichen Produktionsanteilen der Agenten. Dieser Ansatz ist in Bezug auf Dokumente entwickelt worden, für die anders als in vielen Wikis keine Versionsgeschichte verfügbar ist, aus der diese Produktionsanteile extrahiert werden könnten. Ein textproduktionssensitiver Ansatz, der auch Löschungen auf der Wortebene berücksichtigt, wurde beispielsweise von Brandes, Kenis, Lerner und Raaij (2009) entwickelt. Ansätze dieser Art stehen offenbar im Kontext folgender Hypothesen über den Zusammenhang von Autorenschaft und Koautorenschaft als Bezugsgrößen der Kollaborationsmessung:

1.a *Je höher der Produktionsanteil eines Autors an einem Text, desto höher sein Grad der Autorenschaft an diesem Text.*
1.b *Je höher das Minimum der Autorenschaftsgrade zweier Autoren in Bezug auf einen Text, desto höher der Grad ihrer Koautorenschaft an diesem Text.*

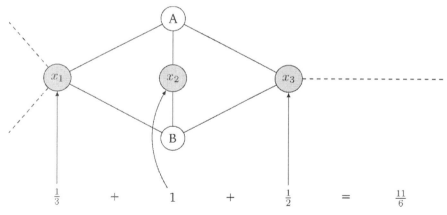

Abbildung 1: Der Ansatz von Newman (2004b) zur Berücksichtigung von Kantengewichtungen in koautorenschaftlichen Kollaborationsgraphen. Zwei Agenten A und B sollen über eine gewichtete Kante verbunden werden, deren Gewicht eine Funktion der Zahl der von diesen Agenten gemeinsam bearbeiteten Texte x_1, x_2 und x_3 ist.

Ohne Zugriff auf die Versionsgeschichte eines Texts sind Postulate dieser Art nicht operationalisierbar, da zu berücksichtigen ist, dass ein nicht versionsgeschichtlich annotierter Text seine Revisionen nicht manifestiert und somit den Produktionsanteil eines Autors möglicherweise nicht vollumfänglich zum Ausdruck bringt. In der vorliegenden Studie operationalisieren wir Postulat (1.a) und (1.b), wobei wir die Koautorenschaft zweier Agenten mittels folgender Formel gewichten:

$$\mu_x(A, B) = \mu_x(B, A) = \frac{\min(\alpha_A(x), \alpha_B(x))}{\sum_{C \in \mathcal{A}(x)} \alpha_C(x_i)} \quad (1)$$

Dabei ist $\mathcal{A}(x)$ die Menge aller Autoren von Text x und α_C, $C \in \mathcal{A}(x)$, der geeignet zu messende Produktionsanteil von Autor C an Text x. Mit Hilfe dieses Ansatzes wird nicht nur Postulat (1.b) Folge geleistet, sondern auch berücksichtigt, dass steigende Autorenzahlen den Koautorenschaftsgrad zweier Autoren bei ansonsten gleichen Textproduktionsanteilen der Autoren reduzieren.

2. **Rollensensitivität:**[9] In Brandes, Kenis, Lerner und Raaij (2009) wird ein Modell zur Unterscheidung von Autoren eines Texts vorgestellt, und zwar in die Gruppe der Autoren, die vorwiegend revidieren, und jene Gruppe von Autoren, deren Beiträge vorwiegend revidiert werden. Dieses Modell ist insofern mikrostrukturell, als es die Gruppeneinteilung der Autoren im Kontext eines Einzeltexts vornimmt. Stegbauer (2009) unterscheidet demgegenüber solche Rollen von Autoren, wie z.B. die Gruppe der Vandalenjäger, deren Rollenzugehörigkeit auf der Bearbeitung mehrerer Dokumente beruht (siehe hierzu auch Stegbauer und Mehler 2011). Für die Kollaborationsmessung sind diese Ansätze unmittelbar relevant, da sie dazu beitragen können, die Produktionsanteile eines Autors zu qualifizieren und entsprechend neu zu bewerten. Diese Überlegung bringt das folgende Postulat beispielgebend zum Ausdruck:

2.a Die Autorenschaft eines Autors ist durch seine Rolle bedingt: derselbe Autor kann an demselben Text in unterschiedlichen Rollen mitwirken, wodurch seine Koautorenschaft subklassifiziert wird.

Ein Autor in der Rolle des prüfenden Sichters wird sich beispielsweise die Beiträge aller Autoren der Texte seines Wirkungsbereichs zeitnah ansehen, anders als Autoren in der Rolle von Artikelschreibern (zu der netzwerkana-

---

9 Anstelle von Rollen spricht man soziologisch präziser von Positionen. Positionen ergeben sich aus der Art der Vernetzung eines Agenten in dem betrachteten sozialen Netzwerk. Handlungen aufgrund solcher Stellungen bezeichnet man als "Rollenhandeln". In diesem Aufsatz verwenden wir die Termini *Position* und *Rolle* als Synonyme.

lytischen Rekonstruktion dieser Rollentypen am Beispiel der Wikipedia siehe Stegbauer 2009). Die Kollaboration eines Sichters folgt einem anderen Handlungsmuster als die eines Vandalenjägers oder eines Artikelschreibers, weswegen die Textbeiträge von Inhabern unterschiedlicher Rollen verschieden zu qualifizieren und auch zu quantifizieren sind. Über dieses soziologisch motivierte Postulat hinaus betrachten wir nun Koautorenschaftshypothesen mit stärker linguistischem Bezug. Doch zunächst zu einem zeitorientierten Kriterium:

3. **Zeitsensitivität:** Mit der Verfügbarkeit der Versionsgeschichte eines Texts werden zeitliche Aspekte der Koautorenschaft abbildbar.[10] Ein Postulat, das einen Zusammenhang zwischen zeitlichem Abstand und Koautorenschaftsgrad herstellt, ist mit (3.a) gegeben:

3.a Je kürzer der zeitliche Abstand der Produktionen zweier Autoren desselben Texts, desto höher der Grad der hierdurch induzierten Koautorenschaft an diesem Text.

Für dieses Postulat ist die Vorstellung leitend, wonach Kollaboration zumindest Quasi-Synchronizität im Sinne von Dürscheid (2005) voraussetzt, die wiederum Bedingung der Möglichkeit von Reziprozität, das heißt, von einer Art des *turn taking* ist. Damit steht man vor dem Problem, dass Postulat (3.a) im strengen Sinne nicht gilt: aus der zeitlichen Konkomitanz zweier Textproduktionen an demselben Text ist nicht notwendigerweise darauf zu schließen, dass beide Autoren ihre Produktionen tatsächlich aufeinander beziehen.[11] Für die Postulierung eines solchen Zusammenhangs bedarf es der Kenntnis des kohärenten Zusammenhangs, zumindest aber des kohäsiven Zusammenhalts der betroffenen Textbeiträge, was nachfolgende Postulate thematisieren. Nichtsdestotrotz soll dieses Postulat in dieser Vorstudie operationalisiert werden, worauf Sektion 3 eingeht. Ein Grund für dieses Vorgehen besteht in der Interaktionsanalyse (Jäckel, 1995; Leggewie und Bieber, 2004; Sutter, 1999; Sutter, 2008; Wehner, 1997), derzufolge Interaktion (wofür die hier betrachtete Kollaboration ein Beispiel ist) prototypischer Weise synchron bzw. quasi-synchron, zumindest aber unter der Bedingung einer gewissen Zeitidentität der Handlungen der beteiligten Interaktionspartner erfolgt. Ein weiterer Grund für dieses Vorgehen besteht in der Komplexität kohärenzbezogener Postulate, so dass wir im Sinne einer Vorstudie erste

---

10 Ein Ansatz, der diese Zeitsensitivität am Beispiel von Mailing-Listen netzwerkanalytisch umsetzt, stammt von Stegbauer und Rausch (2006).
11 Genauso wenig folgt aus dem wechselseitigen kohärenten Bezug zweier Beiträge zwingend deren zeitliche Konkomitanz.

Schritte unternehmen, ehe wir an die Operationalisierung von im Kern linguistischen Kollaborationspostulaten herantreten.

4. **Kohäsionsbezogenheit:** Um über den zeitlichen Zusammenhang hinaus auch den sprachlichen Zusammenhang der Beiträge zweier Autoren zu berücksichtigen, kann an dem Phänomen der Textkohäsion (Beaugrande und Dressler, 1981; Stede, 2007) im Sinne des oberflächenstrukturellen Zusammenhalts der Segmente eines Texts angesetzt werden. Dabei geht es jenseits von lexikalischen Strukturen beispielsweise auch um die Referenzstruktur eines Texts (basierend auf der Verwendung von Anaphern oder Kataphern) (Halliday und Hasan, 1976). In diesem Kontext betrachten wir das folgende Postulat:

4.a Je kohäsiver die Beiträge zweier Autoren zu einem Text, je stärker die wechselseitige Verflochtenheit dieser Beiträge infolge der Verwendung von Kohäsionsmitteln, desto höher der Grad der Koautorenschaft beider Autoren an diesem Text.

Diesem Postulat liegt die Auffassung zugrunde, wonach die erfolgreiche Verwendung von Kohäsionsmitteln die verstehensorientierte Rezeption der betroffenen Textsegmente voraussetzt. Betrifft die kohäsive Verflechtung die Segmente zweier Autoren, so deutet dies auf eine wechselseitige Bezugnahme und somit auf eine Art der sprachlich manifestierten Reziprozität hin. Dabei ist zu beachten, dass das Kohäsionskriterium textabstandssensitiv ist, da Kohäsionsrelationen zumeist Segmente auf kurze Distanz miteinander verbinden (Halliday und Hasan, 1976). Die Operationalisierung eines solchen Postulats setzt die Verwendung von zum Teil aufwendiger computerlinguistischer Software voraus (etwa zur Anaphernresolution). Unabhängig davon sind Ansätze dahingehend zu unterscheiden, ob sie zumindest eine Worterkennung (Brandes, Kenis, Lerner und Raaij, 2009) samt Lemmatisierung betreiben oder Textbeiträge lediglich auf der Buchstabenebene quantifizieren. Es geht also um die Frage, ob Textproduktionen auf der Ebene von Buchstaben (mit der Funktion der *Bedeutungsunterscheidung*) oder auf der Ebene von Zeichen (mit der Funktion von *Bedeutungsträgern*) quantifiziert werden. Ein darüber hinaus gehender Ansatz, der sich an den Beitragsmustern von Wikis orientiert, stammt von Fong und Biuk-Aghai (2010). Einen Ansatz, der die Reziprozität von Edits in Wikis adressiert, stammt von Tang, Biuk-Aghai und Fong (2008).

5. **Kohärenzbezogenheit:** Jenseits von oberflächenorientierten Textstrukturen unterscheidet die Textlinguistik stärker tiefenstrukturelle Zusammenhänge wie sie etwa mit rhetorischen oder propositionalen Strukturen gegeben sind (Dijk und Kintsch, 1983; Mann und Thompson, 1988; Asher und Lascarides,

2003). Auf diese Textebene, die semantische und pragmatische Aspekte der Textkonstitution einschließt, bezieht sich das folgende Postulat zur koautorenschaftlichen Kollaborationsmessung:

5.a *Je kohärenter die Beiträge zweier Autoren zu einem Text, desto höher der Grad ihrer Koautorenschaft an diesem Text.*

Dieses Postulat zielt auf einen Begriff von Kollaboration als eine Form der sprachlichen Reziprozität, bei der die Beiträge kollaborierender Autoren kohärent verflochten sind – sozusagen in Analogie zu den im Erfolgsfalle einander kohärent abwechselnden Redebeiträgen von Gesprächspartnern. Folgerichtig setzt dieses Koautorenschaftspostulat an einen Kohärenzbegriff an, der den Prozesscharakter von Texten gegenüber ihrem Produktcharakter hervorhebt und in mündlichen Diskursen das Primat gegenüber schriftlichen Texten sieht (Givón, 1995). Aus diesem Ansatz ergibt sich ein Brückenschlag zur Alignmentforschung (Pickering und Garrod, 2004), den folgendes Postulat ausdrückt:

5.a.i *Koautorenschaft ist desto stärker ausgeprägt, je größer die Diskursbeiträge der betroffenen Autoren sind und je umfänglicher gleichzeitig das (lexikalische, syntaktische, semantische etc.) Alignment dieser Beiträge ausfällt.*

Als Bezugsgröße für Kollaborationsmessungen setzt Textkohärenz ein Maß von Textverstehen voraus, wie es derzeit nicht automatisierbar ist. Es geht dabei sozusagen um einen Laplaceschen Messapparat für kognitive Prozesse, der stets genau weiß, welcher Autor in welchem Sinne mit welchem seiner Koautoren kollaboriert (hat). Die Operationalisierung der Postulate (1–4) hat quasi die Funktion der Approximation dieser idealen Bezugsgröße der Kollaborationsmessung. Dabei stehen die Postulate nicht notwendigerweise in Konkurrenz zueinander, sondern tragen zu einem akkumulierten Messergebnis bei.[12] Ihre Funktion als Bezugsgrößen der Kollaborationsmessung thematisieren folgende zwei finalen Postulate, die auch zum Ausdruck bringen sollen, dass Koautorenschaft unserer Auffassung nach eine graduierbare Eigenschaft ist – ebenso wie die Autorenschaft in wikibasierten Medien (Mehler und Sutter, 2008):

6. *Je höher der Grad der Koautorenschaft zweier Autoren bezogen auf einen Text, desto höher der Grad ihrer Kollaboration im Kontext dieses Texts.*
7. *Je höher die Zahl der Texte mit je höherem Grad der Koautorenschaft zweier Autoren, desto höher der Grad ihrer Kollaboration im Kontext des betrachteten Korpus.*

---

12 Eine formale Prüfung dieses Sachverhalts ist Gegenstand einer zukünftigen Untersuchung.

Die Kollaborationspostulate (1) bis (5), die letztere beiden Postulate zu einem Gesamturteil aggregieren, spannen eine Art Kontinuum auf, das von der bloßen *Ko-partizipation*[13] bis hin zur voll ausgeprägten, bilateralen *Kollaboration* reicht. Dabei ist zu beachten, dass es uns um die Messung von Kollaboration geht, deren schwache Ausprägung (die etwa nur entlang von Postulat 1 oder 2 messbar ist) eher für eine bloße Kopartizipation sprechen mag, während deren starke Ausprägung (etwa entlang von Postulat 4 und 5) für eine Kollaboration im eigentlichen Sinne stehe. Wie wir bereits angedeutet haben, knüpfen wir an die entsprechende Literatur zur Kollaborationsanalyse an und sprechen daher vereinheitlichend von Kollaboration. Wir bewegen uns damit im Bereich einer Analogie zur Unterscheidung von textoberflächennaher Kohäsion und textoberflächenferner Kohärenz in der Linguistik, in der Kohäsion bisweilen ebenfalls als eine Form der oberflächennah ausgeprägten Kohärenz aufgefasst wird.

Diesem Ansatz folgend verbleiben wir im Rahmen eines koautorenschaftlichen Kollaborationsbegriffs, wobei – anders als in bisherigen Arbeiten – Kollaboration expliziter als Zusammenarbeit operationalisiert werden soll. Das Ziel des Beitrags besteht somit in der Erprobung eines Ansatzes zur gleichzeitigen Umsetzung der Postulate (1) und (3), wobei entlang des Kohäsionskriteriums die Wortebene zur Quantifizierung von Textbeiträgen herangezogen werden soll. Der Charakter einer Vorstudie dieses Beitrags kommt dabei auch dadurch zum Ausdruck, dass die solcherart operationalisierten Kollaborationspostulate als Wegbereiter für eine neuartige Form der Kollaborationsmessung dienen sollen, welche stärker diskurslinguistisch ausgerichtet ist, indem sie zusätzlich auf die Operationalisierung der Postulate (2), (4) und (5) zielt.

1.3 Zur Struktur des Beitrags

Anknüpfend an diese Vorüberlegungen umfasst der Beitrag fünf Sektionen: In Sektion 2 wird der für diese Studie entwickelte datenbanktechnische Apparat für die Modellierung und Extraktion von Wikis vorgestellt. Dies beinhaltet einen Größenvergleich des GuttenPlag Wikis mit seinem Pendant in Form des VroniPlag Wikis und dem Memory Alpha Wiki, das der Freizeit- bzw. Fankommunikation entstammt. In Sektion 3 wird unser Modell für die Operationalisierung der Kollaborationspostulate (1) und (3) vorgestellt. Das Hauptaugenmerk liegt dabei auf der Parametrisierung von Zeitfenstern für die zeitraumsensitive Erfassung von Kollaborationsbeziehungen. In Sektion 5 wird das netzwerkanalytische Pendant zu un-

---

13 Für den Hinweis auf diesen Terminus danken wir Claudia Müller-Birn.

serem Kollaborationsmodell dargestellt. Das Hauptaugenmerk dieser Sektion liegt nicht auf der Einführung neuer Vernetzungsindikatoren. Es geht vielmehr um die Motivation der Analyse von Kollaborationsnetzwerken, die aufgrund ihrer Genese einer unmittelbaren Anwendung von Informationsflussmodellen entgegenstehen. Der Beitrag schließt mit einer Zusammenfassung und einem Ausblick auf beabsichtigte Erweiterungen in Abschnitt 6.

2. Datenbanktechnische Modellierung und Extraktion von Wikis

Diese Sektion beschreibt die datentechnische Extraktion, Modellierung und Vorverarbeitung von Wikis, wie sie dem vorliegenden Experiment zugrunde liegt. Für die Analyse von Wikis ist es generell erforderlich, auf eine adäquate Repräsentation zurückgreifen zu können, die das Wiki-orientierte Retrieval unterstützt, und zwar im Hinblick auf die Inhalte von Wiki-Pages ebenso wie auf die Autorenschaften dieser Inhalte und deren Editionsgeschichte. Anders als bei der *Wikimedia Foundation*, die umfassende Archive sprachspezifischer Versionen der Wikipedia zum Download anbietet[14], stehen derartige Daten für Spezialwikis wie das GuttenPlag Wiki im Allgemeinen nicht zur Verfügung. Es ist in der Regel also nicht unmittelbar möglich, die Daten eines Wikis, seine Inhalte und deren Editionsgeschichte exakt zu rekonstruieren, wenn diese nicht als Datenbankarchiv bereitgestellt werden. Daher stellt sich die Frage, wie diese Inhalte repräsentiert und entsprechend extrahiert werden können. Diese Frage beinhaltet zwei Teilfragen:

(1) Auf welcher Plattform basiert das Wiki und welche Datenstruktur besitzen infolgedessen seine Daten?

Wikis ähneln sich darin, dass sie allesamt dasselbe Prinzip der kollaborativen Textproduktion unterstützen. Dennoch gibt es wichtige technische Unterschiede. Neben der *MediaWiki*[15] Software, auf der neben der Wikipedia viele Spezialwikis gründen, gibt es eine Reihe weiterer Plattformen vergleichbarer Funktionalität, die teils sehr unterschiedliche Datenstrukturen erzeugen. Dies betrifft etwa *MoinMoin Wiki*[16], *JAMWiki*[17], *TWiki*[18] und *XWiki*[19]. Ausgehend von dieser Variabilität der Plattformen hat man es mit einer Vielfalt von Datenstrukturen zu tun. Diese

---

14 http://dumps.wikimedia.org/backup-index.html
15 http://www.mediawiki.org
16 http://moinmo.in/
17 http://amwiki.org
18 http://twiki.org
19 http://www.xwiki.org

Variabilität kann jedoch auch dieselbe Plattform betreffen, wenn diese aufgrund verschiedener Versionen dieselben Daten unterschiedlich strukturiert. Es bedarf also einer generischen Modellierung, welche die Abbildung von Wikis verschiedener Plattformen wie auch verschiedener Versionen derselben Plattform auf ein einheitliches Format leistet.

Die zweite grundlegende Frage betrifft den Grad der Reproduktion der Daten eines Wikis:

(2) Wie kann eine möglichst exakte Reproduktion der Daten eines Spezialwikis vorgenommen werden?

Liegen wie im Falle der Wikipedia die Datenbankdefinitionsskripte und -archive zum Download bereit, so ist eine exakte Datenreproduktion prinzipiell möglich. Voraussetzung dafür ist, dass das Datenbankarchiv das zugrunde liegende Datenmodell weitgehend zu rekonstruieren erlaubt. Steht kein solches Archiv bereit und ist das entsprechende Datenmodell unbekannt, sind alternative Ansätze unabdingbar. Einige Systeme bieten *Web APIs* an, die einen strukturierten Zugriff auf die Daten eines Wikis ermöglichen. Für die drei in diesem Aufsatz untersuchten Wikis sind derartige Schnittstellen verfügbar[20]. Solche APIs sind jedoch weder standardisiert noch stets aktiviert. Es bleibt also nur der Ansatz, Wiki-Nutzer zu emulieren, das heißt, Abrufe von Daten mittels HTTP-Anfragen zu tätigen und die zurückgegebenen HTML-Seiten auszuwerten. Dieser Vorgang ist mit zwei Unsicherheiten behaftet, die durch folgende Fragen zum Ausdruck gebracht werden:

(3) Nach welchen Regeln sind die zu extrahierenden Daten im Wiki kodiert?

(4) Sind diese Regeln auf andere Wikis derselben Plattform übertragbar?

Während es vergleichsweise einfach ist, eine Extraktion für ein einzelnes Wiki zu schreiben, ist es mitunter sehr aufwendig, diesen Ansatz auf andere Wikis zu übertragen – selbst dann, wenn diese auf derselben Plattform gründen (siehe oben). Aus dieser Sicht sind Wikis *heterogene semistrukturierte* Datenstrukturen, deren oftmals unbekanntes Datenmodell Plattform- und Versions-bedingt variiert.

Basierend auf dieser Anforderungsanalyse haben wir mit dem *Generic Wiki Extractor* eine Software für die Extraktion, Repräsentation und Vorverarbeitung von Wikis entwickelt. Der *Generic Wiki Extractor* basiert auf dem *Generic Wiki Data Model* zur einheitlichen Repräsentation und Speicherung heterogener Wikis. Das Modell geht von der Annahme aus, dass Wikis im Kern aus *Seiten* (*pages*),

---

20 Siehe http://de.guttenplag.wikia.com/api.php, http://de.memory-alpha.org/api.php bzw. http://de.vroniplag.wikia.com/api.php

Revisionen (revisions), *Benutzern (users)* und *Texten (texts)* bestehen. Das Klassendiagramm in Abbildung 2 gibt einen Überblick über unser Datenmodell. Es geht davon aus, dass jedes Wiki einen Namen, eine URL und eine Sprache besitzt (siehe die Klasse *Wiki*). Wikis umfassen Benutzer, die Inhalte für Seiten produzieren. Eine Seite verfügt über einen Titel und eine URL zur eindeutigen Identifikation. Seiten setzen sich aus chronologisch geordneten Revisionen zusammen. Jede Revision ist durch ihren Entstehungszeitpunkt und den Benutzer gekennzeichnet, der sie verfasst hat. Darüber hinaus können Revisionen mit einem Text verknüpft sein. Alle beschriebenen Klassen sind (mehrfach) typisierbar.

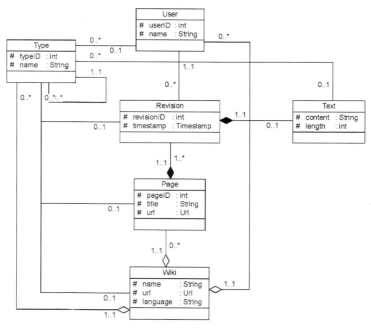

Abbildung 2: Das UML-Klassendiagramm des Generic Wiki Extractor Data Model.

Wie können mit Hilfe dieses abstrakten Datenmodells nun konkrete Wikis modelliert werden? An dieser Stelle kommt das Typensystem des *Generic Wiki Data Model* zum Tragen. Abbildung 3 zeigt das Beispiel eines Typensystems wie es aus der Extraktion einer MediaWiki-Instanz resultieren könnte. MediaWiki kategorisiert Seiten eines Wikis nach Namensräumen (*Namespaces*). Das wird im Datenmodell dadurch abgebildet, dass Seiten etwa als `Article` oder `Category` typisiert werden. Da das System der Namensräume von Instanz zu Instanz variiert, bildet die Erzeugung dieses Teils des Typensystems eine Teilaufgabe der Extraktion. Revisionen sind als *geringfügig (minor)* typisierbar. Ferner können Texte nach ihren Formaten (also *etwa MediaWiki Markup Source* oder *HTML*) typisiert werden. Das Typensystem ist folglich das Mittel der Wahl zur Anpassung an die Besonderheiten einzelner Wikis, deren Gemeinsamkeiten das Klassenmodell des *Generic Wiki Extractor* zum Ausdruck bringt. Des weiteren besteht die Möglichkeiten der Ableitung von speziellen Klassen ausgehend von den Basisklassen des *Generic Wiki Data Model*, um weitergehende Spezifika von Wikis zu modellieren.

Bislang wurde der Aspekt der Datenmodellierung abstrakt betrachtet. Abbildung 4 zeigt die Prozesskette, welche der Extraktion beliebiger Wikis zugrunde liegt und als Ergebnis Instanzen des *Generic Wiki Data Model* erzeugt. Der Grundgedanke dieser Prozesskette besteht in dem inkrementellen Aufbau einer Repräsentation: die Kette beginnt mit der Erzeugung einer Instanz der Klasse *wiki* wie auch mit der Einrichtung einer Extraktionsumgebung. Der nächste Schritt besteht in der Erzeugung des Typensystems, das für die Repräsentation von Seiten, Revisionen, Benutzern und Texten benötigt wird. Ein erster aufwendiger Arbeitsschritt betrifft den Aufbau eines Index aller Seiten des Wikis. Die Softwarearchitektur sieht hierfür eine abstrakte Klasse namens *Page Index* vor. Diese Klasse implementiert jene *Process*-Schnittstelle, welche von allen Klassen zu implementieren ist, die Teil der Extraktionskette sind. Hierzu muss jeder dieser Prozesse eine *execute*-Methode implementieren. Im Falle des *Page Index* besteht die Aufgabe darin, einen Index aller Seiten eines Wikis zu extrahieren. Die Art und Weise der Extraktion dieser Information variiert von Wiki-Plattform zu -Plattform. Diese Abstraktion, welche die *Process*-Schnittstelle leistet, vereinfacht jedoch die Integration neuer Wiki-Systeme, da diese in einen stetig wachsenden Rahmen von Extraktionsmethoden eingebettet werden können. Im Anschluss an die Indexerstellung erfolgt die Extraktion der *revision history* je Seite sowie die Extraktion der Liste der Benutzer. Einer der letzten und zeitintensivsten Arbeitsschritte bildet die Extraktion der Texte. Da die Extraktion eines Wikis sehr zeitaufwendig ist, unterstützt der *Generic Wiki Extractor* die Wiederaufnahme abgebrochener Extraktionen. Solche Abbrüche treten häufig im Zusammenhang von Netzwerkproblemen auf.

Der *Generic Wiki Extractor* verwendet die Graphdatenbank Neo4j[21] für die Speicherung und das Management von Daten. Für die externe Weiterverarbeitung wurde mit dem *Generic Wiki XML Schema*[22] (siehe Abbildung 5) ein Datenmodell zur Serialisierung von Wikis in XML Dateien entwickelt. Dieses XML-Schema bildet

---

21 http://neo4j.org/
22 http://dtd.hucompute.org/genericwiki.xsd

das bereits vorgestellte Datenmodell ab und ist also gleichermaßen entlang der Besonderheiten einzelner Wikis erweiterbar. Darauf gründende Exportroutinen sind gegenwärtig noch nicht implementiert und Gegenstand zukünftiger Arbeiten.

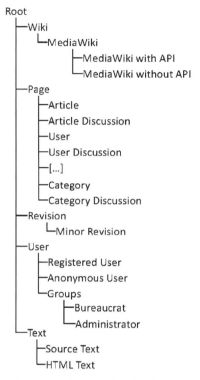

Abbildung 3: Exemplarisches Typensystem (Auszug) einer MediaWiki-Instanz.

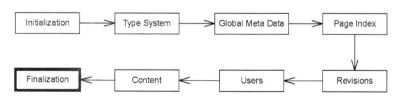

Abbildung 4: Die Prozesskette der Wiki Extraktion.

Das im Folgenden exemplarisch analysierte GuttenPlag Wiki wurde mit Hilfe des *Generic Wiki Extractor* heruntergeladen und vorverarbeitet (siehe die Tabellen 1–3). Für die Analyse von Kollaborationsbeziehungen wurden zudem sämtliche Dokumente aller Namensräume dieses Wikis herangezogen (siehe Tabelle 2). Wegen der Namensraum-bezogenen Klassifikation dieser Dokumente besteht grundsätzlich die Möglichkeit einer Verfeinerung der Analyse unter Bezug auf Teilmengen dieser Dokumenttypen.

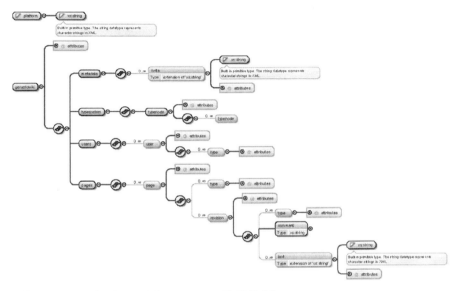

Abbildung 5: Graphisches Modell des Generic Wiki XML Schema.

Parameter	GuttenPlag Wiki	de.memory-alpha.org	VroniPlag Wiki
Pages	139.943	51.430	7.847
Revisionen	284.338	413.535	39.763
User (gesamt)	22.212	15.587	2.170
User (registriert)	1.347	1.559	451
User (in Gruppen)	520	301	266
Groups (Gruppen)	16	13	12
Namensräume	37	28	39
Erste Revision	2011-02-17 09:03:23	2004-05-13 17:52:22	2011-02-18 20:56:22
Letzte erfasste Revision	2011-08-12 22:27:28	2011-08-19 01:41:11	2011-09-13 01:22:05

Tabelle 1: Zahlen zum Download von drei Wiki-Beispielen im Überblick.

Nr.	Namensräume	#
1.	(Artikel)	4.181
2.	(Artikel) Diskussion	108.871
3.	Attribut	24
5.	Benutzer	1.202
6.	Benutzer Blog	156
7.	Benutzer Blog Komm.	244
8.	Benutzer Diskussion	22.248
9.	Blog	4
11.	Datei	371
12.	Datei Diskussion	26
17.	Formular	3
19.	Forum	1.404
20.	Forum talk	289
21.	GuttenPlag Wiki	36
22.	GuttenPlag Wiki Disk.	38
23.	Hilfe	2
25.	Kategorie	687
26.	Kategorie Diskussion	6
29.	Layout	2
31.	MediaWiki	31
32.	MediaWiki Diskussion	2
36.	Video	8
38.	Vorlage	103
39.	Vorlage Diskussion	5
	Summe	139.943

Nr.	Namensraum	#
1.	(Artikel)	23.843
2.	(Artikel)Diskussion	3.763
3.	Benutzer	702
4.	Benutzer Diskussion	1.712
5.	Benutzer Blog	76
6.	Benutzer Blog Komm.	135
7.	Blog	2
8.	Blog Diskussion	1
9.	Datei	14.215
10.	Datei Diskussion	569
11.	Forum	1.711
12.	Forum Diskussion	11
14.	Hilfe	39
15.	Hilfe Diskussion	10
16.	Kategorie	1.159
17.	Kategorie Diskussion	88
19.	MediaWiki	633
20.	MediaWiki Diskussion	19
21.	Memory Alpha	251
22.	Memory Alpha Disk.	98
23.	Portal	43
24.	Portal Diskussion	6
27.	Video Diskussion	2
28.	Vorlage	2.176
29.	Vorlage Diskussion	166
	Summe	51.430

Nr.	Namensraum	#
1.	(Artikel)	3.743
2.	(Artikel)Diskussion	195
3.	Analyse	105
5.	Attribut	1
7.	Benutzer	518
8.	Benutzer Diskussion	1.117
9.	Benutzer Blog	96
10.	Benutzer Blog Kommentare	362
11.	Blog	2
13.	Datei	258
14.	Datei Diskussion	3
21.	Forum	252
25.	Kategorie	978
26.	Kategorie Diskussion	6
27.	Konzept	61
29.	Layout	4
31.	MediaWiki	15
32.	MediaWiki Diskussion	1
38.	Vorlage	112
39.	Vorlage Diskussion	1
40.	VroniPlag Wiki	12
41.	VroniPlag Wiki Diskussion	5
	Summe	7.847

Tabelle 2: Die Namensräume der drei Wikis und deren Umfänge.

Nr.	Gruppe	#
1.	all	0
2.	bot	3
3.	bot-global	1
4.	bureaucrat	2
5.	checkuser	0
6.	checkuser-global	1
7.	council	37
8.	fb-user	332
9.	helper	10
10.	internal	0
11.	oversight	0
12.	rollback	0
13.	staff	105
14.	sysop	22
15.	util	74
16.	vstf	13

Nr.	Gruppe	#
1.	bot	4
2.	bot-global	1
3.	bureaucrat	5
4.	council	40
5.	checkuser-global	1
6.	developer	0
7.	fb-user	110
8.	helper	12
9.	rollback	6
10.	staff	107
11.	sysop	10
12.	util	80
13.	vstf	13

Nr.	Gruppe	#
1.	bureaucrat	4
2.	bot	2
3.	bot-global	1
4.	council	40
5.	checkuser-global	1
6.	fb-user	70
7.	helper	11
8.	rollback	7
9.	staff	109
10.	sysop	22
11.	util	82
12.	vstf	13

Tabelle 3: Die Namensräume der drei Wikis und deren Umfänge.

3. Ein Modell zur Induktion von Zeitreihen von Kollaborationsnetzwerken

In dieser Sektion stellen wir unser Modell für die Operationalisierung der Kollaborationspostulate (1) und (3) aus Sektion 1.2 vor. Dabei fokussieren wir insbesondere auf Postulat (3), das die Zeitsensitivität von Kollaborationsmessungen thematisiert. Unser Ziel besteht in der Entwicklung eines Ansatzes, der die wikibasierte Kollaboration zeitfensterbezogen abbildet. Die Annahme lautet, dass je zeitnäher zwei Autoren ihre Beiträge zueinander platzieren, die Wahrscheinlichkeit desto höher ist, dass sie dies in Kenntnis des Beitrags ihres Koautors tun. Zur Untersuchung dieser Hypothese induzieren wir Zeitreihen basierend auf Folgen von unterschiedlich breiten, einander überlappenden Zeitfenstern, welche die Zeitspanne, in der wir die Genese des GuttenPlag Wikis beobachten, vollständig abdecken. Für jede dieser Zeitreihen und jedes ihrer Zeitfenster induzieren wir ein separates Kollaborationsnetzwerk, das die Kollaboration in diesem Zeitraum in der von uns gemessenen Weise abbildet. Jedes dieser Netzwerke wird anschließend einer separaten Netzwerkanalyse unterzogen, um Einblicke in die zeitliche Dynamik der Kollaboration des Inputwikis zu erlangen. Auf diese Weise wird die Zeitreihe der Koautorenschaftsfenster zunächst auf eine Zeitreihe von Kollaborationsnetzwerken und diese schließlich auf Zeitreihen von Graphinvarianten abgebildet. Im Ergebnis erhalten wir Zeitreihen reeller Zahlen als Modelle der zeitlichen Dynamik der Koautorenschaft in Wikis. Im Folgenden erläutern wir dieses dreistufige Modell Schritt für Schritt. Wir betrachten dabei speziell die netzwerkanalytische Dynamik der wikibasierten Kollaboration mit der Funktion der Plagiatsdokumentation. Es geht um die makrostrukturelle Untersuchung der Kollaborationsbeziehungen von Wikilokutoren als Agenten so genannter Kollaborationsnetzwerke, die wir als *Kollaborationsgraphen* (K-Graphen) bezeichnen. Unsere Untersuchung ist insofern *makrostrukturell*, als sie auf die Gesamtstruktur von Kollaborationsnetzwerken zielt, nicht aber auf Paare oder kleinere Gruppen von Agenten. Mit dem Terminus *Kollaborationsgraph* beziehen wir uns folglich auf eine Klasse von (nicht notwendigerweise ungerichteten) Graphen, deren Knoten Kollaborateure und deren Kanten Kollaborationsbeziehungen dieser Agenten denotieren.

Anders als bei Dokumentnetzwerken, deren Knoten beispielsweise Webpages und deren Kanten Hyperlinks dieser Pages repräsentieren, sind Kollaborationsnetzwerke keiner direkten Beobachtung zugänglich (siehe oben).[23] Ihre Repräsentation als K-Graphen ist daher notwendigerweise das Ergebnis einer *indirekten* Messung. Durch die terminologische Separation von Kollaborations*netzwerken*

---
23 Durch Kollaboration werden Beziehungen etabliert, die anders als in der Mehrzahl sozialwissenschaftlicher Netzwerkstudien auf realen Verhaltensweisen von Agenten beruhen. Es handelt sich zudem um Verlaufsdaten, die eine Berücksichtigung ihres zeitlichen Verlaufs notwendig machen.

(als Modelloriginale) und Kollaborations*graphen* (als Modelle dieser Originale) tragen wir dem Umstand der prinzipiellen Offenheit jener Ansätze Rechnung, die auf die Messung von Kollaboration zielen.

In diesem Beitrag gehen wir zur Messung der Kollaboration in Wikis – wie die Mehrheit der uns bekannten Ansätze – von dem bibliometrischen Begriff der Koautorenschaft aus (siehe Sektion 1.1). In Stegbauer und Mehler (2011) haben wir einen solchen Ansatz der koautorenschaftlichen Kollaboration angewandt. Dabei ging es am Beispiel der deutschen Wikipedia darum, die Verteilung von Koautorenschaften basierend auf einem soziologischen Rollenmodell in der Weise zu dekomponieren, dass Abweichungen vom Ideal einer potenzgesetzlichen Verteilung zumindest ansatzweise erklärbar werden. Diesem Ansatz folgend induzieren wir nun am Beispiel von GuttenPlag Wiki K-Graphen, deren Knoten idealerweise genau einem Benutzer entsprechen. Dabei wird immer dann zwischen zwei Knoten eine ungerichtete Kante gezogen, wenn es im Inputwiki mindestens ein Dokument gibt (z.B. einen Artikel), das jene Benutzer gemeinsam bearbeitet haben, welche diesen Knoten entsprechen (siehe Stegbauer und Mehler, 2011). In Mehler (2008b) und in Mehler, Gleim, Ernst und Waltinger (2008) finden sich formale Betrachtungen solcher Graphen; Mehler (2008b) und Mehler und Sutter (2008) vergleichen zudem K-Graphen mit Dokumentgraphen.

Unser Ansatz berücksichtigt zwei der in Sektion 1.2 unterschiedenen Kollaborationspostulate:

1. Dies betrifft zum einen das Postulat der *Produktionssensitivität*, demzufolge wir die Semantik von Textbeiträgen nicht abbilden (siehe oben). Das Kohäsions- und Kohärenzpostulat bleiben also außer Acht, was unsere Ergebnisse entsprechend relativiert. Zukünftige Erweiterungen unseres Ansatzes werden daher insbesondere letztere beiden Postulate einzubeziehen haben. Zudem ist auf das Problem der „Mehrfachvertretung" hinzuweisen. In den von uns modellierten Graphen kann nämlich derselbe Benutzer über mehrere Knoten vertreten sein, etwa dann, wenn er einmal angemeldet und zu einem anderen Zeitpunkt anonym agiert. Die Möglichkeit der Mehrfachvertretung bezieht auch Fälle mit ein, in denen derselbe Benutzer verschiedene Konten verwendet.[24] An dieser Stelle wird ein möglicher Vorteil des Netzwerkansatzes deutlich: durch den Fokus auf die Gesamttopologie von Kollaborationsgraphen besteht die Möglichkeit, dass Mehrfachvertretungen, so sie in geringem Maße vorkommen, das Untersuchungsergebnis nicht signifikant beeinflussen. Wie dieses Maß der Beeinflussung genau skaliert ist, ist

---

24 Unter bestimmten Umständen spricht man in solchen Fällen von so genannten *Sockenpuppen* (siehe http://de.wikipedia.org/wiki/Sockenpuppe_(Netzkultur)).

unseres Wissens nach bislang jedoch nicht untersucht worden. Bedingung für die Berücksichtigung von Agenten ist unter allen Umständen, dass diese laut Versionsgeschichte des Wikis auf mindestens einer Seite tätig geworden sind. Zur Ermittlung dieser Tätigkeit verwenden wir einen Filter, der vorsieht, dass Beiträge unterhalb der Wortebene (also auf der Ebene einzelner Zeichen) nicht als Autorenschaft berücksichtigt werden. Ferner zählen wir Beiträge von weniger als drei Wörtern ebenfalls nicht als Autorenschaft. Dieses Vorgehen verweist auf einen weiteren Parameter unseres Verfahrens, der in Zusammenhang mit einer Sensitivitätsanalyse steht, welche das Spektrum möglicher Parameterwerte durchläuft. Im vorliegenden Fall geht es um eine Schranke, ab derer Textbeiträge als signifikant gelten sollen. Diese Sensitivitätsanalyse unterbleibt hier und ist daher ebenfalls in zukünftigen Arbeiten nachzuholen.

2. *Zeitsensitivität:* Die zweite Neuerung, die wir betrachten, betrifft das Kollaborationspostulat (3). Hierzu verwenden wir Zeitfenster, um allein solche Koautorenschaften als kollaborativ zu werten, deren Einzelbeiträge einen maximalen (im Folgenden aber variierten) Zeitabstand nicht überschreiten. Dabei gehen wir von der Hypothese aus, dass je benachbarter zwei Autorenschaftsereignisse im zeitlichen Sinne sind, desto wahrscheinlicher es ist, dass sie die Kollaboration der involvierten Autoren manifestieren. An dieser Stelle tritt wieder das Problem der Unmöglichkeit einer direkten Messung von Kollaboration auf: die Konkomitanz zweier Autorenschaftsereignisse ist genauso wenig notwendigerweise ein Hinweis auf Kollaboration, wie ein großer zeitlicher Abstand stets das Gegenteil bedeutet. Liegt beispielsweise ein sehr langer Text vor, in dem zwei Autoren kurz nacheinander weit auseinander liegende Segmente bearbeitet haben, ohne Notiz voneinander zu nehmen, so ist dies nicht als Zusammenarbeit, sondern als Mitarbeit zu werten. Die Entwicklung eines elaborierteren Kollaborationsbegriffs, der den verschiedenen Bedingungen der Zusammenarbeit ebenso Rechnung trägt wie ihren verschiedenen Ausmaßen und also auch die Reziprozität von Koautoren erfasst, steht nach wie vor aus.[25]

---

25 Es sei darauf hingewiesen, dass Brandes, Kenis, Lerner und Raaij (2009) insofern Reziprozität erfassen, als sie berücksichtigen, welche Beiträge welchen Autors von welchem anderen Autor verändert werden. Vergleichbares wird auch von Tang, Biuk-Aghai und Fong (2008) geleistet. In Folgeuntersuchungen wollen wir diese beiden Ansätze mit unserem Ansatz verbinden, jedoch durch Hinzuziehung der Bedeutungsseite von Textbeiträgen unter dem Gesichtspunkt der Kohäsion.

Die Idee der zeitbegründeten Aufspaltung von Kollaborationsnetzwerken in Teilnetzwerke folgt soziologischen Beziehungsannahmen. Es geht um die Fokussierung von zeitnaher Kooperation bei der Erstellung von Wissensinhalten. Mit diesem Modell können keine Aussagen über die Kooperationsinhalte verbunden werden, zumal da es nicht zwischen positiven und negativen Beziehungen unterscheidet. Unter einer positiven Beziehung verstehen wir eine konstruktive Zusammenarbeit, bei der verschiedene Teilnehmer ein gemeinsames Ziel verfolgen. Negative Beziehungen sind demgegenüber tendenziell destruktive Beziehungen, wie sie in Wikipedia etwa durch so genannte *editwars* oder durch Vandalismus zum Ausdruck kommen. Für Wikipedia ist bekannt, dass Autoren bestimmte Artikel in dem Sinne beobachten, dass sie über Änderungen informiert werden, um auf diese reagieren zu können. In ähnlicher Weise beobachten Vandalismusbekämpfer die gesamte Wikipedia. Auch sie reagieren auf die Beiträge anderer Teilnehmer. Seit einiger Zeit sind Sichtungsregeln eingeführt worden, nach denen bestimmte Änderungen erst nach der Sichtung eines autorisierten Teilnehmers für die allgemeine Wikipedia freigegeben werden. Das hier beschriebene Zusammenspiel steht in einem engen zeitlichen Zusammenhang. Darüber hinaus kommt es auch vor, dass sich Autoren ihre Zusammenarbeit absprechen, etwa in Bezug auf Rechercheaufträge. In solchen Fällen dürfte das Kollaborationszeitfenster größer sein als in den zuvor beschriebenen Fällen, so dass man von einer Variabilität der Zeitfenster auszugehen hat.

Im Folgenden betrachten wir Zeitfenster ausgehend von einem diskreten Zeitmodell, die durch zwei Parameter festgelegt werden: die *Fensterbreite* eines Koautorenschaftsfensters gibt den maximalen zeitlichen Abstand an, unterhalb dessen Koautorenschaften als kollaborativ gelten.[26] Die *Taktrate* wiederum bestimmt den zeitlichen Abstand, um den das Fenster verschoben wird, beginnend mit dem Anfangszeitpunkt des gesamten Zeitintervalls, in dem Koautorenschaft beobachtet wird, bis hin zum Endzeitpunkt dieses Intervalls, das wir im Folgenden als *Beobachtungsintervall* bezeichnen.[27] Die Verschiebung des Zeitfensters endet, sobald der durch die Fensterbreite definierte Endzeitpunkt des Koautorenschaftsfensters jenseits des Endzeitpunkts des Beobachtungsintervalls liegt. Ausgehend von demselben Beobachtungsintervall definieren zunehmend größere Fensterbreiten immer kleinere Mengen von Fenstern, in denen Koautorenschaft beob-

---

26 Dabei gehen wir von einem links- und rechtsseitig geschlossenen Intervall aus.
27 An dieser Stelle scheint die Möglichkeit eines fuzzy-linguistischen (Rieger, 1998) Begriffs von Fensterbreite und Taktrate im Sinne Zadehscher *granules* (Zadeh, 1997) auf, der dem Problem starrer Grenzziehungen, wie wir sie vornehmen, entgeht. Ein solcher Zeitbegriff macht in jedem Fall das Instrumentarium gewichteter Graphen unabdingbar. Siehe herzu den in Tabelle 4 als dynamisch bezeichneten Ansatz, der etwa von Tang, Biuk-Aghai und Fong (2008) exemplifiziert wird.

achtet wird. Dabei ist zu beachten, dass uns nicht Mengen, sondern Zeitreihen von Koautorenschaftsfenstern interessieren: das Parameterpaar von Fensterbreite und Taktrate definiert für ein gegebenes Beobachtungsintervall eine Zeitreihe von Koautorenschaftsfenstern, für die je ein K-Graph abgeleitet wird. Offenbar sollte dabei die Taktrate ρ kleiner sein als die Fensterbreite β, um einander überlappende Zeitfenster zu erhalten und Diskontinuitäten zu vermeiden. Dies wird in Abbildung 6 veranschaulicht.

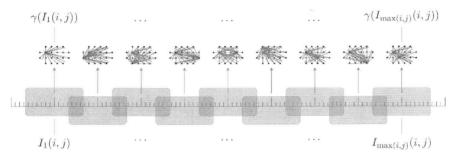

Abbildung 6: Aufteilung eines Beobachtungsintervalls I (Zeitskala) in einander überlappende Zeitfenster $I_k(i, j)$ der Breite i und der Taktrate j. Zur Erläuterung der Formalia siehe Abbildung 7 sowie die Ausführungen in dieser Sektion.

Der Notwendigkeit einer Sensitivitätsanalyse entsprechen wir dadurch, dass wir eine Familie unterschiedlicher Fensterbreiten bei gleicher Taktrate betrachten, und zwar für $\beta \in \{2, \ldots, 30\}$ und $\rho = 1$, wobei diese Parameter tagesbezogen skaliert werden, so dass die zeitliche Grundeinheit 24 Stunden beträgt.[28] Um ausgehend von dem Beobachtungsintervall I und einem Parameterpaar (i, j) (von Fensterbreite i und Taktrate j) als Element der Menge

$$\{(i, j) \mid i \in \{2, \ldots, 30\} \wedge j = 1\} \tag{2}$$

jene Zeitreihe $I(i, j)$ von Koautorenschaftsfenstern zu denotieren, welche durch das Intervall I und das Parameterpaar (i, j) festgelegt werden, verwenden wir folgende Schreibweise:

$$I(i, j) = \{I_1(i, j), \ldots, I_{\max(i,j)}(i, j)\} \tag{3}$$

Dabei repräsentiert max(i, j) die obere Grenze der Zahl von Koautorenschaftsfenstern, die mittels ganzzahliger Division wie folgt berechnet wird:

---

28 Die Variation der Taktrate ist Gegenstand einer umfassenderen Sensitivitätsanalyse – sie soll in folgenden Arbeiten ergänzt werden.

$$\max(i,j) = \begin{cases} \left\lfloor \frac{m_I - (i-j)}{j} \right\rfloor & : i > j \\ \left\lfloor \frac{m_I}{j} \right\rfloor & : i \leq j \end{cases} \qquad (4)$$

wobei m_I die maximale Anzahl von Skaleneinheiten im Beobachtungsintervall I ist (also beispielsweise die Zahl der angebrochenen Tage, aus denen I zusammengesetzt ist). Ist also I tagesweise skaliert, so steht $I(3, 1)$ für jene Zeitreihe von Koautorenschaftsfenstern der Länge von drei Tagen, die im Intervall I durch Verschiebung um jeweils einen Tag zustande kommen, während $I_k(3, 1)$, $k \leq \max(i, j)$, dasjenige Fenster bezeichnet, das durch $k-1$-malige Verschiebung des Initialfensters zustande kommt.

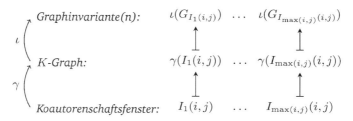

Abbildung 7: Der zweistufige Prozess der Abbildung von Zeitreihen von Koautorenschaftsfenstern auf Zeitreihen von Graphinvarianten, und zwar mittels Zeitreihen von K-Graphen.

Dabei wird so oft verschoben, solange Fenster der vollen Breite β resultieren – verkürzte Fenster, die am Ende des Beobachtungsintervalls I vorkommen können, sind zu vernachlässigen oder gesondert auszuweisen.

Die nächsten beiden Modellierungsschritte bestehen darin, die Zeitreihe $I(i,j)$ zunächst auf eine Zeitreihe von K-Graphen und diese schließlich auf Zeitreihen von Graphinvarianten (allgemeiner: von topologischen Indizes) abzubilden. Dies gewährleisten wir mit Hilfe der totalen Funktion

$$\gamma: I(i,j) \to \{G_{I_1(i,j)} = \gamma(I_1(i,j)), \ldots, G_{I_{\max(i,j)}(i,j)} = \gamma(I_{\max(i,j)}(i,j))\} = G(i,j) \qquad (5)$$

Die Funktion γ ist durch die oben beschriebene Vorschrift zur Induktion von K-Graphen festgelegt. Für eine gegebene Graphinvariante ι ist schließlich

$$\iota(G(i,j)) = \{\iota(G_{I_1(i,j)}), \ldots, \iota(G_{I_{\max(i,j)}(i,j)})\} \qquad (6)$$

die Zeitreihe jener reellen Zahlen $\iota(G_{I_k(i,j)}) \in \mathbb{R}$, welche die Dynamik der durch ι denotierten topologischen Eigenschaft der K-Graphen $G_{I_k(i,j)}$, $k \in \{1, \ldots, \max(i,j)\}$, beschreiben.

Damit verfolgen wir zusammenfassend gesprochen den Ansatz, wikibasierte Kollaboration zeitfensterbezogen zu untersuchen, indem wir Zeitreihen von K-Graphen induzieren, welche über die betrachtete „Lebensspanne" eines Wikis die Dynamik der ihm zugrunde liegenden Koautorenschaft in konsekutiven, einander überlappenden Zeitfenstern modelliert. Die Idee ist, jeden der $\max(i, j)$ vielen K-Graphen einer separaten Netzwerkanalyse (Newman, 2010) zu unterziehen. Auf diese Weise wird die Zeitreihe der Koautorenschaftsfenster zunächst auf eine Zeitreihe von K-Graphen und diese schließlich auf verschiedene Zeitreihen von Graphinvarianten zur quantitativen Bemessung der Struktur dieser Graphen abgebildet (siehe Abbildung 7). Im Ergebnis erhalten wir Zeitreihen reeller Zahlen als Modelle der zeitlichen Dynamik der Koautorenschaft in Wikis. Als Nullmodell bezeichnen wir in diesem Zusammenhang jene Zeitreihe, die resultiert, wenn man $\beta = m_I$ und $\rho = 0$ setzt. $I(m_I, 0)$ ist also jene Zeitreihe, die genau ein Element enthält, und zwar den K-Graphen $\gamma(I(m_I, 0))$, der Koautorenschaften im gesamten Beobachtungsintervall abbildet – ohne jede zeitliche Filterung.

1. zeitinsensitiv (Kollaboration wann auch immer)
   Resultat: *1 Netzwerk*
2. zeitsensitiv (Kollaboration in Zeitfenstern der Breite i und der Taktrate j)
   (a) <u>punktuell</u>
       Resultat: *n Netzwerke für n Zeitfenster*
   (b) aggregierend:
       i. kumulativ: nachfolgende Zeitfenster enthalten vorangehende Fenster
          Resultat: *n Netzwerke*
       ii. komplementär-kumulativ: vorangehende Zeitfenster enthalten nachfolgende Fenster
           Resultat: *n Netzwerke*
       iii. <u>vollständig kumulativ</u>: alle Zeitfenster werden zu einem einzigen Zeitfenster zusammengefasst
            Resultat: *1 Netzwerk*
       iv. partiell kumulativ (zur Unterscheidung von Abschnitten im Lebenszyklus eines Netzwerks):
           Resultat: *$m < n$ Netzwerke*
   (c) dynamisch (siehe beispielsweise Tang, Biuk-Aghai und Fong 2008):
       i. vollständige Erfassung aller Kollaborationen jeweils gewichtet als Funktion ihres zeitlichen Abstands
          Resultat: *1 Netzwerk*

Tabelle 4: Alternativen zur Induktion zeitbedingter Kollaborationsnetzwerke. Die in der vorliegenden Studie realisierten Alternativen sind unterstrichen.

Einen vergleichbaren zeitreihenbezogenen Ansatz der Netzwerkanalyse haben wir in Mehler, Lücking und Weiß (2010) zur Modellierung der zeitlichen Dynamik von Dialogen entwickelt und erprobt, jedoch unter Rekurs auf *kumulative Zeitfenster* (in denen nachfolgende Fenster ihre vorangehenden Pendants enthalten). Eine auf nicht-kumulativen Zeitfenstern beruhende Zeitreihenanalyse von Netzwerken haben wir in Mehler, Gleim, Waltinger und Diewald (2010) vorgestellt, und zwar zur Analyse eines zeitlich geschichteten Langzeitkorpus. Generell gesprochen unterscheidet sich unser Vorgehen von Ansätzen, bei denen das Kollaborationsnetzwerk über eine große Zeitspanne betrachtet wird, indem ausgehend von einem Nullmodell (siehe oben) lediglich solche Kanten dem Gewicht nach reduziert oder ausgefiltert werden, bei denen die Autoren nicht in kurzen Abständen häufig und in vielen Texten koautorenschaftlich tätig waren. Ein vielversprechender Ansatz hierzu stammt von Tang, Biuk-Aghai und Fong (2008). In unserem Ansatz geht es in Abgrenzung von Ansätzen dieser Art darum, Koautorenschaft zu untersuchen, die in Zeitfenstern beobachtbar ist und auf diese Weise den Wandel der Kollaboration untersuchbar macht. Tabelle 4 fasst die Vielfalt von zeitfensterbezogenen Ansätzen der Kollaborationsmessung zusammen.

4. Funktionsorientierte Analyse von Kollaborationsnetzwerken

In dieser Sektion, die auf einen Brückenschlag zwischen unserem Kollaborationsmodell und seiner Netzwerkanalyse zielt, entwickeln wir ein funktionsorientiertes Modell für die Analyse von Kollaborationsnetzwerken. Es geht dabei *nicht* um die Mehrung der bereits kaum überschaubaren Menge topologischer Indizes zur Netzwerkmodellierung (Wasserman und Faust, 1999; Brandes und Erlebach, 2005; Newman, 2010). Vielmehr geht es um ein möglichst kleines Inventar von Graphinvarianten, das Aufschluss über die Dynamik von Kollaborationsnetzwerken als Funktion ihrer Größe und ihres Entwicklungszeitpunkts gibt. Aus diesem Grund verzichten wir auf die Entwicklung neuer Indizes ebenso wie auf die Entwicklung neuer Klassifikationsmodelle.[29]

Das funktionsorientierte Modell für die Analyse von Kollaborationsnetzwerken, auf das wir zielen, dient dazu, unsere netzwerkanalytische Perspektive zu begründen. Das mag auf den ersten Blick hinfällig erscheinen, da dieses Feld der Netzwerkanalyse als hinlänglich tradiert gilt. Tatsächlich werden dabei jedoch vielfach Modelle entwickelt, die auf geodätischen Distanzen, zumindest aber auf

---

29 Ein solches Klassifikationsmodell namens *Quantitative Network Analysis* wurde in Mehler (2008b) eingeführt und in mehreren Arbeiten erprobt, darunter Mehler (2011), Mehler, Pustylnikov und Diewald (2011) und Mehler, Lücking und Weiß (2010).

mittelbaren Beziehungen von Netzwerkknoten beruhen. Folglich steht man vor dem Problem, dass Agenten in wikibasierten Kollaborationsnetzwerken oft nicht direkt miteinander kommunizieren, ihr Kontakt somit "virtuell" bleibt, so dass der Begriff der geodätischen Distanz nicht direkt anwendbar ist. Was nämlich soll es unter diesen Umständen bedeuten, dass die durchschnittliche Distanz in solchen Netzwerken X betrage, wenn es praktisch keinen mittelbaren Austausch jenseits von direkten Kontakten gibt, wenn also Begriffe wie *Informationsfluss*, *Informationsausbreitung* oder *mediates* (d. h. indirekt vermitteltes) *Lernen* nicht motiviert werden können? Unter dieser Perspektive bedarf es einer alternativen Fundierung der Netzwerkanalyse. Um dies zu leisten, gehen wir von einem tripartiten Modell der *wikibasierten* Kollaboration aus, das an den Begriffen *Prozess*, *Prozessträger* und *Prozessresultat* ansetzt:

1. Unter der *Prozessperspektive* betrachten wir Wikis als Medien von Prozessen der kollaborativen Manifestation, Strukturierung und Entwicklung von Wissensgebieten.
2. Als *Träger* solcher Prozesse der kollaborativen Informations- und Wissensstrukturierung fungieren die jeweiligen Kollaborationsnetzwerke.
3. Als *Prozessresultat* betrachten wir das entsprechende Wiki als ein mediales Artefakt, das wir unter anderem als Hypertext zusammen mit seiner Versionsgeschichte auffassen.

Diese Bezugsgrößen bilden die Grundlage für die Motivation einer netzwerkanalytischen Perspektive auf die wikibasierte Kollaboration. Hierzu gehen wir von der Hypothese aus, wonach Kollaborationsnetzwerke als *Prozessträger* so strukturiert sind, dass die Struktur des resultierenden Wikis, welche dieses Kollaborationsnetzwerk als *Prozessresultat* hervorbringt, das zugrunde liegende Wissensgebiet nutzenorientiert manifestiert. Aufgrund unserer Prozessperspektive nehmen wir an, dass es sich dabei um ein Fließgleichgewicht handelt, und zwar zwischen der Struktur des Kollaborationsnetzwerks und seinem semiotischen Pendant in Form des wikibasierten Hypertexts, bei der das soziale Netzwerk seine Struktur fortlaufend ändert und folglich auch der Hypertext als semiotisches Artefakt. Anders ausgedrückt: wir vertreten eine Art von „funktionalistischem Strukturalismus", indem wir annehmen, dass das Netzwerk der Autoren in der Weise kollaborativ strukturiert ist, dass das Resultat ihrer Kollaboration eine Struktur annimmt, welche die Zielfunktion bedient, indem es das jeweilige Informations- bzw. Wissensgebiet in Form eines Wikis effizient zu rezipieren erlaubt.[30] Unsere Analyse von Kollaborationsnetzwerken zielt daher nicht auf Prozesse der Informationsausbreitung,

---

30 Wir vermeiden es, von optimaler Strukturierung zu sprechen, da uns die Strukturbedingungen dieser Art von Optimalität nicht bekannt sind.

sondern auf die kommunikative Funktion der kollaborativen Vernetzung. Wir nehmen also beispielsweise nicht an, dass kurze Wege einer effizienten Informationsausbreitung dienen, sondern dass ihre Funktion in der Gewährleistung einer effizienten Strukturierung des jeweiligen Wissensgebiets liegt. Mit Hilfe dieser Vorüberlegungen können wir die Verwendung von Vernetzungsindikatoren funktionsorientiert motivieren.

Nachfolgend beschreiben wir jene Graphinvarianten, die wir zur Charakterisierung der Dynamik der Kollaboration im GuttenPlag Wiki heranziehen. Ausgehend von der Fülle an Forschungsarbeiten zu Graphinvarianten fokussieren wir auf sechs solcher Invarianten, wobei Einfachheit und Interpretierbarkeit die Auswahlkriterien bilden, womit wir uns wiederum auf die Netzwerktheorie (Newman, 2010) stützen:[31]

1-2. Als erste Graphinvariante betrachten wir die Kohäsion $coh(G) = \frac{\sum_{v \in V} d_G(v)}{|V|^2 - |V|} \in [0, 1]$ eines Graphen G als das Verhältnis der Zahl realisierter Kollaborationen im Vergleich zur Menge aller möglichen Kollaborationen ($d_G(v)$ ist der Grad des Knoten v, im vorliegenden Fall also die Anzahl der Kollaborateure des durch v bezeichneten Benutzers). Diesen Indikator untersuchen wir in Zusammenhang mit dem Maß $lcc(G)$ der Konnektiertheit, das die Zahl der Knoten der größten konnektierten Komponente von G ins Verhältnis zur Gesamtzahl seiner Knoten setzt. Aus diesen beiden Parametern kann man bereits aussagekräftige Netzwerkmodelle ableiten. So wissen wir beispielsweise, dass die Kohäsion bestimmter sprachlicher Netzwerke, die kleine Welten (Watts und Strogatz, 1998) aufspannen, gegen 0 geht, während umgekehrt deren Konnektivität gegen 1 geht (Mehler, Gleim, Waltinger und Diewald, 2010). Es handelt sich dabei um Netzwerke, die mit einer sehr geringen Kantendichte einen maximalen Konnektivitätseffekt erzielen, so dass nahezu jedes beliebige Paar von Knoten über einen Pfad miteinander verbunden ist. Die Frage ist, welche dieser Eigenschaften Kollaborationsnetzwerke besitzen.

3-4. Unmittelbar an das Modell kleiner Welten schließen die folgenden zwei Graphinvarianten an: der Clusterwert C_{ws} von Watts und Strogatz (1998) schätzt die Wahrscheinlichkeit, mit der zwei Kollaborateure, die mit demselben Benutzer kollaborieren, selbst koautorenschaftlich tätig sind. Eine Variante hierzu stammt von Bollobás und Riordan (2003), die anders als Watts und Strogatz einen gewichteten Mittelwert berechnen, auf den Knoten einen desto größeren Einfluss nehmen, je höher ihre Gradzahl ist (im vorliegenden Anwendungsfall entspricht dies der Zahl der Kollaborationsbeziehungen des entsprechen-

---

31 Für Übersichten über Graphinvarianten in der allgemeinen Netzwerkanalyse siehe Newman (2010). Für Übersichten solcher Invarianten speziell im Bereich sprachlicher Netzwerke siehe Mehler (2008a), Mehler (2008b) und Mehler, Lücking und Weiß (2010).

Wikilokutors). Ein Vorteil dieses Ansatzes besteht darin, dass er in Zusammenhang mit der Theorie der strukturellen Balance steht (Heider, 1946; Heider, 1958; Davis, 1963). Es geht dabei um ein Transitivitätsmaß, das abzuschätzen erlaubt, inwieweit sich Beziehungsattribute entlang bestehender Beziehungen ausbreiten. Für höhere Werte dieses Maßes kann man von einer zunehmenden Etablierung der gegenseitigen Bindungen infolge der Zusammenarbeit ausgehen. Dabei ist zu vermuten, dass eine hohe Zahl von etablierten Bindungen eine Abschließungstendenz zur Folge hat, da die Möglichkeit, immer neue Kollaborationsbeziehungen einzugehen, beschränkt ist.

5-6. Eine hohe Clusterung ist ein wesentlicher Indikator für kleine Welten, die zugleich durch kurze geodätische Distanzen gekennzeichnet sind (Watts und Strogatz, 1998): mit $\langle L \rangle$ messen wir folglich die durchschnittliche Länge der kürzesten Wege zwischen beliebigen Knoten im jeweiligen Netzwerk. Es geht dabei um die Frage, ob Kollaborationsnetzwerke ihren bereits vielfach bestätigten Status als kleine Welten (Newman, 2003; Mehler, 2008b) beibehalten, und zwar am Beispiel einzelner Koautorenschaftsfenster (siehe Sektion 3). Um dabei einen Eindruck für die Dynamik geodätischer Distanzen zu gewinnen, betrachten wir ergänzend den Diameter D (der längste aller kürzesten Wege) dieser Netzwerke.

Die nachfolgenden Untersektionen stellen die Ergebnisse der Anwendung dieser Invarianten auf die Zeitreihen von Kollaborationsnetzwerken vor.

5. Eine kurze Geschichte der Kollaboration im GuttenPlag Wiki

5.1 Kollaboration als Funktion der Gruppengröße

Wir beginnen mit der Betrachtung der in Sektion 4 unterschiedenen Vernetzungscharakteristika als Funktion der Anzahl der Kollaborateure je Netzwerk, als Funktion der Ordnung der entsprechenden Graphen also. Einen ersten Eindruck von der zeitlichen Dynamik dieser Ordnung vermittelt Abbildung 8. Sie zeigt unterschiedliche Stadien der Vernetzung von Kollaborateuren im Modus $I(m_1, 0)$. Wir erhalten anhand dieser Darstellung einen ersten Hinweis auf die abnehmende Zahl der Kollaborateure mit zunehmender Zeit. Dieser Eindruck bestätigt sich, wenn wir die Ordnung der Kollaborationsgraphen in den 177 Zeitfenstern des Modus $I(2, 1)$ betrachten, wie sie in Abbildung 9 wiedergegeben werden. Ausgehend von einem Anstieg zu Beginn der Kurve fällt diese zunächst steil ab, ehe sie ein zweites lokales Maximum erreicht, um schließlich nahezu vollständig abzuflachen. Wegen der geringen Fensterbreite beobachten wir folgerichtig auch Netzwerke, deren Ordnung 0 beträgt (z.B. für $G_{I_{177}(2,1)}$).

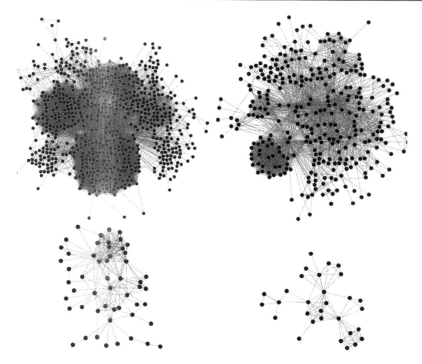

Abbildung 8: Vier Stationen in der Entwicklung der Kollaboration im GuttenPlag Wiki. Von links oben nach rechts unten werden der Stand vom 17.02.2011, 01.03.2011, 15.03.2011 und 01.04.2011 gezeigt, und zwar jeweils nur die größte zusammenhängende Komponente des entsprechenden Kollaborationsnetzwerks.

Auffallend ist zudem das lokale Maximum an der Stelle des Graphen $G_{I_{13}(2,1)}$ der Ordnung 381 (das ist die Anzahl der betrachteten Kollaborateure). Er entspricht dem Bezugszeitraum vom 1. bis zum 3. März 2011 (gemessen jeweils ab 9 Uhr morgens), wobei zu beachten ist, dass Freiherr von und zu Guttenberg am 1. März 2011 von seinen politischen Ämtern zurücktrat. Der Verlauf der Ordnung der Kollaborationsgraphen spiegelt dieses Ereignis anhand eines lokalen Maximums wieder, wobei zu betonen ist, dass dieses lokale Maximum nach vorangehender erheblicher Abnahme der Zahl der Kollaborateure zustande kommt. Diese Ordnungsverhältnisse (initialer Anstieg, starker Abfall, Erreichen eines lokalen Maximums und anschließendes schnelles Abflachen) bleiben topologisch gesehen auch dann weitgehend erhalten, wenn man die Ordnungen der entsprechenden Graphen im Modus $I(10, 1)$ betrachtet (siehe Abbildung 10). Selbst im Modus $I(30, 1)$, in dem sich das lokale Maximum nach links verschiebt und zu einem absoluten Maximum ausbildet, bleibt der generelle Trend unverändert erhalten:

ausgehend von einer anfänglich hohen Aktivität folgt ein vergleichsweise langer Zeitraum, in dem sehr viel weniger Kollaborateure aktiv sind. Vor diesem Hintergrund vermittelt das GuttenPlag Wiki im Hinblick auf die Größe der betrachteten Kollaborationsnetzwerke den Eindruck eines Spezialwikis mit begrenzter zeitlicher Funktion, wie sie für Teilgesamtheiten von thematisch zusammengehörigen Artikeln der Wikipedia (etwa zu dem Thema *Kernenergie*) in der Regel untypisch sein dürfte.

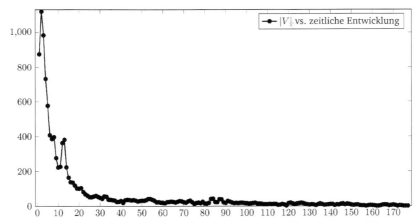

Abbildung 9: Zeitliche Entwicklung der Graphordnung im Modus I(2, 1) bezogen auf den gesamten in der vorliegenden Untersuchung betrachteten Zeitraum des GuttenPlag Wikis.

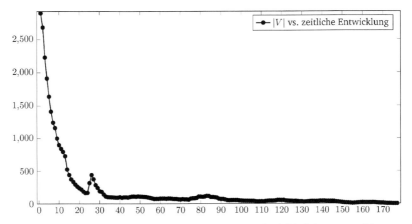

Abbildung 10: Zeitliche Entwicklung der Graphordnung im Modus I(10, 1) bezogen auf den gesamten in der vorliegenden Untersuchung betrachteten Zeitraum des GuttenPlag Wikis.

Betrachten wir nun genauer die Werteverläufe für die in Sektion 4 aufgezählten Graphinvarianten, und zwar im Modus $I(2, 1)$. Wir beginnen mit den Transitivitäts- bzw. Clustereigenschaften wie sie in Abbildung 11 wiedergegeben werden. Auf der einen Seite beobachten wir eine vergleichsweise hohe Dynamik der Werte der Invarianten für Graphen mit weniger als 100 Akteuren. Oberhalb dieser Schranke ist der jeweilige Werteverlauf stabiler. Gleichzeitig beobachten wir einen Anstieg des gewichteten Clusterwerts C_{br} über die Werte seines ungewichteten Gegenstücks C_{ws} hinaus. Jenseits von 100 Knoten gilt offenbar, dass je größer das Netzwerk ist, je mehr Akteure also aktiv sind, desto größer ist der Grad der Clusterung der hochaktiven Akteure, da ihr Beitrag gegenüber geringaktiven Akteuren zunimmt und im vorliegenden Fall zu einem Übersteigen von C_{ws} führt. Es stellt sich nun die Frage, mit welchen Akteuren solche hochaktiven Agenten kollaborieren? Auch die Antwort auf diese Frage wollen wir netzwerkanalytisch annähern. Betrachten wir zunächst die Gradverteilungen von Netzwerken mit mehr als 500 Agenten (wiederum im Modus $I(2, 1)$), so sehen wir, dass diese näherungsweise potenzgesetzlich verteilt sind (siehe Tabelle 5): in diesen Fällen kollaborieren sehr wenige Agenten mit sehr vielen und sehr viele Agenten mit sehr wenigen Agenten, wobei ein Zipfscher und also äußerst schiefer Übergang zwischen beiden Bereichen vorliegt. Es liegt nun die Vermutung nahe, dass die hochaktiven Agenten, die Kraft ihrer Vielzahl an Kollaborationsbeziehungen mit vielen Agenten interagieren, dazu tendieren, mit solchen Agenten eine Vielzahl triadischer Cluster auszubilden, die selbst zu den aktiven Agenten zählen. Betrachten wir hierzu die beiden Enden der für die Clusterung relevanten Gradverteilung beginnend mit jenen Agenten, die nur zwei oder kaum mehr Kollaborationsbeziehungen aufweisen. Falls nun die hochaktiven Agenten dazu tendierten, mit diesen geringaktiven Agenten zu kollaborieren, die ihrerseits untereinander kollaborieren, und gleichzeitig dazu tendierten, mit anderen aktiven Agenten nicht zu kollaborieren, hätten wir im Falle der geringaktiven Agenten einerseits einen zum Maximum von 1 tendierenden Clusterwert zu erwarten und andererseits das für den betrachteten Ausschnitt aus Abbildung 11 beobachtbare Übersteigen von C_{ws} durch C_{br} in Frage zu stellen. Beide Schlussfolgerungen widersprächen unseren Beobachtungen. Diese Interpretation wird durch die Wertverteilung des entsprechenden Assortativitätskoeffizienten ρ (Newman und Park, 2003) unterstützt (siehe Tabelle 5): Mit Ausnahme des Werts für den Graphen der Ordnung 730 beobachten wir positive Korrelationen der Gradzahlen kollaborierender Agenten: Agenten mit hoher Gradzahl arbeiten also mit solchen Agenten zusammen, die ebenfalls viele Kollaborationsbeziehungen eingehen und umgekehrt. Interessanter Weise entspricht die im Falle von 730 Agenten beobachtete leicht negative Korrelation gerade jenem Graphen, bei welchem der Wert von C_{br} wieder unter jenen von C_{ws} fällt, so dass auch diese vermeintliche Ausnahme nicht im Widerspruch zu unserer Interpretation steht. Zudem entsprechen die Positivwerte von ρ der von Newman und Park gemachten Beobachtung, wonach soziale Netzwerke – anders als biologische und technologische Netzwerke – zu Assortativität ($\rho \gg 0$) neigen. Offenbar also kollaborieren in den hier untersuchten Netzwerken mit vielen Kollaborateuren aktive Agenten eher untereinander, und zwar im Sinne der Ausbildung triadischer Kollaborationsbeziehungen. Wie wir in Abbildung 9 sehen konnten, betrifft dies Netzwerke, die im ersten Drittel der hier betrachteten Zeitspanne des GuttenPlag Wikis vorkommen.

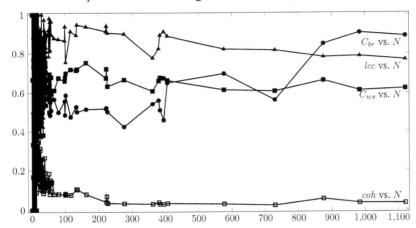

Abbildung 11: Transitivität im GuttenPlag Wiki als Funktion der Ordnung (Anzahl der Knoten) der entsprechenden Kollaborationsgraphen basierend auf dem Zeitfenstermodus I (2, 1).

Schließlich sei auf die Werteverläufe von *coh* und *lcc* verwiesen: während die Kohäsion einen für komplexe Netzwerke erwartbar geringen Wert annimmt (wonach in diesen Kollaborationsgraphen eine sehr geringe Zahl der tatsächlich möglichen Kollaborationsbeziehungen beobachtbar ist), wird der Wert von *lcc* für immer größere Werte von $N = |V|$ immer geringer. Hier kommt es offenbar zu einer für komplexe Netzwerke untypischen verhältnismäßigen Verkleinerung der größten konnektierten Komponente des jeweiligen Kollaborationsgraphen.

Sei nun das Verhalten von Koeffizienten betrachtet, die auf geodätischen Abhängigkeiten beruhen. Abbildung 12 zeigt hierzu die Werte des Diameters D, des Radius r, die durchschnittliche Länge der kürzesten Wege $\langle L \rangle$ und ihr gewichtetes Gegenstück $\langle W \rangle$ für die Zeitreihe der Kollaborationsgraphen im Modus $I(2, 1)$. Wie schon im Falle der Werteverläufe für die Clusterwerte beobachten wir eine Zunahme der Stabilität der Verläufe jenseits der Schranke von ca. 100 Knoten. Zudem fällt die Dynamik der hier betrachteten Koeffizienten geringer aus als in Abbildung 11, weswegen wir in Bezug auf die vorliegende Untersuchung auf eine geringere Aussagekraft von Koeffizienten schließen, die auf geodätischen Abständen beruhen. Diese Einschätzung folgt unserer funktional-strukturalistischen Deutung der hier betrachteten Kollaborationsnetzwerke, für die wir keine Informationsfluss-orientierte Semantik annehmen (siehe Sektion 4).

Es stellt sich nun die Frage, wie wir die zweifach beobachtete Schwelle von ca. 100 Knoten interpretieren können, unterhalb derer wir eine erhebliche und oberhalb derer wir eine geringere Dynamik der betrachteten Graphinvarianten beobachten. Möglicherweise existiert in diesen Netzwerken eine kritische Schwelle was die Zahl der Kollaborateure anbelangt: oberhalb der Schwelle nehmen die Netzwerke eine gleichartige Topologie an. Diese Topologie, die in Zusammenhang mit einem erweiterten Begriff der kleinen Welt (Watts, 2003) steht, reflektiert eine Art von netzwerkanalytischem Trägheitsmoment: ist die kritische Größe erreicht, sind die beobachteten Netzwerke weitgehend unabhängig von ihrer Zusammensetzung untereinander ähnlich. Vor diesem Hintergrund kann man danach fragen, *ob bzw. inwieweit eine kollaborativ vernetze Gemeinschaft mit einer Mindestzahl an Kollaborateuren sozusagen stets dasselbe globale Kollaborationsmuster (in dem hier gemeinten netzwerkanalytischen Sinn) erzeugt – und zwar unabhängig von der konkreten Zusammensetzung dieser Gemeinschaft.* Wäre diese Schranke im Rahmen von Dunbars Theorie der Dunbarschen Zahl (Dunbar, 1993; Dunbar, 2010) erklärbar? Eine solche Interpretation auf der Basis der Dunbarschen Zahl ist jedoch problematisch. Zum einen bezieht sich Dunbar auf eine Extrapolation des Zusammenhangs von Hordengröße und der Größe bestimmter Hirnregionen bei Affen. Hier sind Zweifel angebracht, ob solche Beobachtungen übertragbar sind. Andererseits ist evident, dass Menschen aufgrund ihrer kognitiven und zeitlichen Beschränkungen nicht unbegrenzt viele neue Beziehungen eingehen können. Wollte man die Dunbarsche Zahl auf wikibasierte Kollaborationen anwenden, so wäre zunächst die (unbekannte) Zahl bestehender Beziehungen von Agenten auch außerhalb des WWW zu berücksichtigen. Das aber liegt außerhalb der Möglichkeiten des hier vorgestellten Ansatzes. Ein alternativer Interpretationsansatz bestünde darin, netzwerkbezogene Positionen zu bestimmen, und zu überprüfen, wie die Zahl der Kollaborationen von diesen Positionen abhängt.

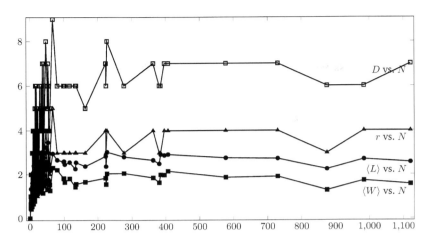

Abbildung 12: Charakteristika geodätischer Relationen im GuttenPlag Wiki als Funktion der Ordnung (Anzahl der Knoten) der entsprechenden Kollaborationsgraphen basierend auf dem Zeitfenstermodus I(2, 1).

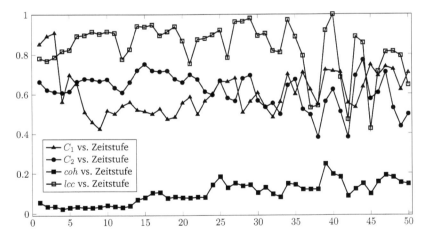

Abbildung 13: Zeitliche Entwicklung der Transitivitätsmuster im Modus I(2, 1) bezogen auf die ersten 50 Zeitstufen der Entwicklung des GuttenPlag Wikis. C_1 entspricht C_{br}; C_2 entspricht C_{ws}.

5.2 Kollaboration als Funktion der Zeitfensterbreite

Betrachten wir nun die Entwicklung der Graphinvarianten aus Sektion 4 als Funktion der Zeit. Wegen der rasanten Abnahme der Zahl der Kollaborateure mit fortschreitender „Lebenszeit" des GuttenPlag Wikis reduzieren wir diese Betrachtungen auf die ersten 50 Zeitfenster. Wegen der oben konstatierten Dynamik der Invarianten für Netzwerke mit weniger als 100 Agenten, die nahezu allesamt auf spätere Entwicklungszeitpunkte konzentriert sind, hat dies den Vorzug, dass die nun zu beobachtende Dynamik nicht als dadurch verursacht gelten kann, dass diese Schranke unterschritten wird. Die entsprechenden Zeitreihen von Graphinvarianten finden sich in den Abbildungen 13–17. Ausgehend von den Zeitreihen im Modus $I(2, 1)$ beobachten wir zunächst für alle vier Graphinvarianten (C_{br}, C_{ws}, coh und lcc) einen Anstieg der Dynamik für spätere Zeitpunkte. Dies ist leicht mit dem Hinweis auf die zu diesen Zeitpunkten bereits stark abgesunkene Teilnehmerzahl zu erklären. Zu Beginn der Zeitreihen steht demgegenüber eine gewisse Konstanz zu Buche. Da es dieser Zeitbereich ist, dem hohe Teilnehmerzahlen entsprechen, ist diese Beobachtung bereits durch die Ausführungen der vorangehenden Sektion abgedeckt. Doch was passiert, wenn wir die Zeitfenster tagesweise verbreitern? Hierzu betrachten wir ausschnittsweise die Modi $I(3, 1)$, $I(10, 1)$, $I(20, 1)$ und $I(30, 1)$ in den Abbildungen 14–17. Für diese Fälle sehen wir ein Muster entstehen, demzufolge in der ersten Hälfte eine immer breitere Differenz zwischen dem gewichteten Clusterwert C_{br} und seinem ungewichteten Pendant C_{ws} aufkommt. Während also für Zeitfenster der Breite von 30 Tagen die Werte von C_{br} nahezu parallel zur x-Achse verlaufen, manifestiert der Werteverlauf von C_{ws} eine Art Phasenübergang ausgehend von Werten, die oberhalb von C_{br} liegen, über Werte, die unterhalb von C_{br} liegen, bis hin zu Werten, die wieder dem Ausgangsverhältnis entsprechen. Legen wir nun die Interpretation der Beziehung beider Clusterwerte aus der vorangehenden Sektion zugrunde und berücksichtigen zugleich, dass zu Beginn der Zeitreihe die Kollaborationsnetzwerke mit vielen Teilnehmern dominieren, so liegt die Vermutung nahe, dass in dem Bereich, für den $C_{br} \gg C_{ws}$ gilt, die clusterbildenden Kollaborationen unter hochaktiven Agenten das im Wiki manifestierte Kollaborationsverhalten dominieren. Die Mitte des hiervon betroffenen Zeitfensters (siehe etwa die Werte für den Graphen $G_{I_{13}(30,1)}$ in Abbildung 17) fällt ungefähr mit dem Rücktrittsdatum zusammen, in dessen Vorfeld die mediale Aufmerksamkeit für das fragliche Ereignis sehr groß war, während es in der Folgezeit wieder abgeklungen ist. Vor diesem Hintergrund liegt die Vermutung nahe, dass im Zuge der medialen Attraktion, welche das GuttenPlag Wiki in diesem Zeitraum genossen hat, zwar sehr viele Personen als Agenten hinzutraten, ohne jedoch triadische Kollaborationsbeziehungen auszubilden. Die Ausbildung von solchen triadischen Beziehungen ist aber gerade für soziale Netzwerke typisch und ihr Ausbleiben folglich untypisch (Newman und Park, 2003; Watts und Strogatz, 1998). Unsere Analyse wirft ein differenzierteres Bild auf solche Transitivitätsbeziehungen als es mit zeitinsensitiven Modellen möglich ist, die keinerlei Werteverläufe anzeigen. Zudem decken wir durch unsere zeitsensitive Betrachtung eine Trendumkehr auf, wobei zum jetzigen Zeitpunkt nicht klar ist, ob diese allein durch die gleichzeitig abnehmende Zahl an Kollaborateuren in späteren Kollaborationsnetzwerken verschuldet ist. Dabei gilt natürlich, dass all unsere Aussagen an die Bedingungen unserer Messung gebunden sind.

$|V|$	β	γ	R^2	ρ
577	0.652	1.652	0.907	0.195
730	0.694	1.694	0.877	−0.038
875	0.385	1.385	0.828	0.182
984	0.530	1.530	0.954	0.683
1121	0.394	1.394	0.954	0.482

Tabelle 5: *Ergebnisse der Anpassung des Potenzgesetzes $ax^{-\beta}$ an die komplementär-kumulativen Gradverteilungen $P(X \geq x)$ von 5 Kollaborationsnetzwerken (der Ordnung $|V| \geq 500$) des GuttenPlag Wikis basierend auf dem Modus (2, 1). γ ist der analytisch gewonnene Exponent des Potenzgesetzes $bx^{-\gamma}$, das an die entsprechende Gradverteilung $P(X = x)$ anzupassen ist. Dabei gilt aus analytischer Sicht die Beziehung $\gamma = 1 + \beta$ (siehe hierzu Adamic 2000). Die Höhen der Werte für γ entsprechen der von Newman (2005) konstatierten „Natürlichkeitsbedingung" für solche Exponenten. Die Werte von R^2 zeigen die Güte der Anpassung von $ax^{-\beta}$. Die letzte Spalte zeigt die Werte für den Assortativitätskoeffizienten von Newman und Park (2003). In allen diesen Fällen werden die Werte auf drei Nachkommastellen gerundet.*

Betrachten wir nun vollständig aggregierte Kollaborationsgraphen (zur Erläuterung dieses Verfahrens siehe Tabelle 4 bzw. Sektion 3), und zwar für die Schar aller hier betrachteten Zeitfenster $I(2, 1)$, $I(3, 1)$, ..., $I(30, 1)$. Die entsprechenden Werteverläufe finden sich in Abbildung 18. Abbildung 19 ergänzt die entsprechenden Werteverläufe für die durchschnittliche Länge der kürzesten Wege $\langle L \rangle$ und deren gewichtetes Pendant $\langle W \rangle$. Jeder Punkt in diesen beiden Abbildungen entspricht also einem Modus $I(i, 1)$, $i \in \{2, ..., 30\}$, für den alle Kollaborationsnetzwerke der entsprechenden Zeitreihe zu einem Netzwerk vereinigt wurden. In einem solchen Netzwerk kann zwischen zwei Agenten immer dann eine Kollaborationskante bestehen, wenn es *mindestens* ein Zeitfenster gemäß dem betrachteten Modus gibt, in dem unter den in Sektion 3 erläuterten Bedingungen eine Kollaborationsbeziehung beobachtet wurde. In vollständig aggregierten Kollaborationsgraphen können also auch dann Kollaborationsbeziehungen bestehen, wenn diese nur in (möglicherweise diskontinuierlichen) Teilgesamtheiten der zugrunde liegenden zeitfensterbezogen ermittelten Kollaborationsgraphen beobachtbar sind. Dieses Modell weicht von seinem zeitinsensitiven Pendant der klassischen Kollaborationsnetzwerkanalyse dadurch ab, dass für letzteren Ansatz der Zeitfensterbezug nicht gilt. Abbildung 18 bringt nun zum Ausdruck, dass der gewichtete Clusterwert C_{br} der vollständig aggregierten Kollaborationsnetzwerke nahezu unabhängig von dem betrachteten Zeitfenstermodus ist. Umgekehrt beobachten wir eine nahezu konstante Abnahme der entsprechenden Werte des ungewichteten Pendants C_{ws} für zunehmende Fensterbreiten. Eine vergleichbare Dynamik entfaltet die Graphinvariante *lcc*, während der Dichtekoeffizient *coh* wieder nahezu konstant verläuft. Mit diesen Beobachtungen stehen zwei Vermutungen in Zusammenhang: Zum einen scheint im vorliegenden Wiki der Einfluss hochaktiver Agenten unabhängig von der Zeitfensterbreite stets derselbe zu sein, während die demgegenüber fluktuierenden Agenten geringer und geringster Aktivität erwartungsgemäß einen ungleichmäßigen Einfluss ausüben. Anders ausgedrückt: die Vergrößerung der Zeitfenster führt zu einem Wachstum an der Peripherie der Kollaborationsgraphen, jedoch ohne gleichzeitiges Aufkommen triadischer Kollaborationsbeziehungen. Darüber hinaus verweist unser Ansatz auf die generelle Möglichkeit der Unterscheidung von zeitinvarianten und zeitvarianten Graphindizes in dem hier erläuterten Sinn. Auf diesem Ansatz ließe sich eine Sensitivitätsanalyse aufbauen, die invariable Indizes zu identifizieren erlaubt. Eine solche Sensitivitätsanalyse ist immer dann vonnöten, wenn es darum geht, für beobachtete Dynamiken solche Einflussfaktoren auszuschließen, die durch Bezug auf immer größere Netzwerke, wie sie aus der Zunahme der Fensterbreite resultieren, erklärbar sind.

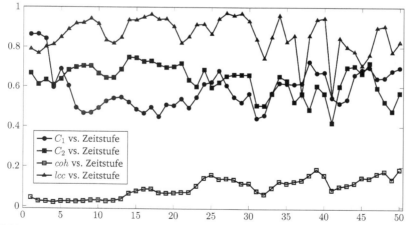

Abbildung 14: Zeitliche Entwicklung der Transitivitätsmuster im Modus I(3, 1) bezogen auf die ersten 50 Zeitstufen der Entwicklung des GuttenPlag Wikis. C_1 entspricht C_{br}; C_2 entspricht C_{ws}.

Zur Struktur und Dynamik der kollaborativen Plagiatsdokumentation 443

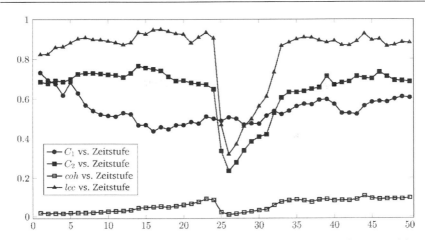

Abbildung 15: Zeitliche Entwicklung der Transitivitätsmuster im Modus I(10, 1) bezogen auf die ersten 50 Zeitstufen der Entwicklung des GuttenPlag Wikis. C_1 entspricht C_{br}; C_2 entspricht C_{ws}.

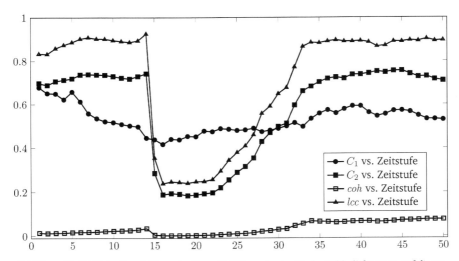

Abbildung 16: Zeitliche Entwicklung der Transitivitätsmuster im Modus I(20, 1) bezogen auf die ersten 50 Zeitstufen der Entwicklung des GuttenPlag Wikis. C_1 entspricht C_{br}; C_2 entspricht C_{ws}.

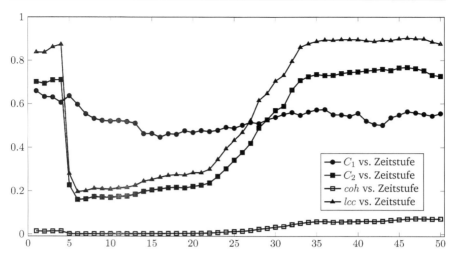

Abbildung 17: Zeitliche Entwicklung der Transitivitätsmuster im Modus I (30, 1) bezogen auf die ersten 50 Zeitstufen der Entwicklung des GuttenPlag Wikis. C_1 entspricht C_{br}; C_2 entspricht C_{ws}.

Ausgehend von den Abbildungen 18 und 19 sahen wir für immer breitere Zeitfenster die Werte des Clusterkoeffizienten C_{ws} abnehmen, während die durchschnittliche geodätische Distanz nahezu konstant blieb. Im Lichte der klassischen Definition kleiner Welten (Watts und Strogatz, 1998) bedeutet dies, dass der Status der entsprechenden Kollaborationsnetzwerke als eben solche kleinen Welten damit zunehmend in Frage steht. Dies gilt umso mehr, wenn man gleichzeitig die Entwicklung der größten konnektierten Komponente betrachtet, deren Umfang mit zunehmend geringer auflösenden Zeitfenstern ebenfalls stetig abnimmt. Offenbar also decken diese Analysen eine erhebliche Zeitsensitivität der Kollaboration im GuttenPlag Wiki auf.

Abschließend wollen wir die anfängliche Kritik am Kollaborationsbegriff, die wir in diesem Beitrag geübt haben, wieder aufgreifen und auf die damit verbundenen Restriktionen unserer Beobachtungen verweisen: eine Messmethode, wie wir sie exemplarisch vorgeführt haben, kann Kollaboration nicht als Ganzes abbilden. Ihr Aussagegehalt ist – wie bei jeder Messung – an die Messbedingungen geknüpft. Die Kollaboration unter Agenten ist stets eine mittelbare, die unter Rekurs auf die Bezugsgröße der Mitarbeit an denselben Texten beobachtet wird. Folgerichtig sind wir von einem Modell zunehmend verfeinerter Kollaborationspostulate ausgegangen, die nahezu ausschließlich auf die Produktion von Texten bezogen sind und auf die Abbildung von sozialen Beziehungen der Zusammenarbeit (und nicht bloß der Mitarbeit) zielen. Für die Zielrichtung dieser Postulate steht der Begriff der dialogischen Kommunikation Pate und also eine Art der sprachlich manifestierten Zusammenarbeit, bei der die Beiträge der jeweiligen „interlocutors" kohäsiv und kohärent miteinander verflochten sind. Auf die Abbildung dieses linguistisch motivierten Kollaborationsbegriffs im Sinne von sprachlich manifestierter Zusammenarbeit zielen wir letztlich und haben dazu nunmehr erste Schritte unternommen. Inwieweit wir mit unserem sozio-linguistisch ausgerichteten Kollaborationsbegriff und der hierauf gründenden Methode Kollaboration valide erfassen können, ist in unserer methodisch ausgerichteten Vorstudie am Beispiel nur eines Wikis nicht hinreichend beantwortbar. Diese Evaluation und Verfeinerung (gegebenenfalls auch Revision) unserer Methode soll folglich Gegenstand zukünftiger Publikationen sein. Unser Modell der Messbarmachung des Kollaborationsbegriffs hat in jedem Fall den Vorteil der leichten Berechenbarkeit, welche im Bereich schwer messbarer Phänomene und schwer zugänglicher Daten generell bedeutsam ist.

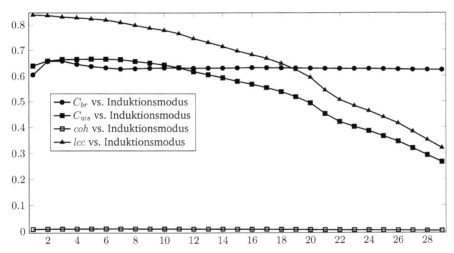

Abbildung 18: Entwicklung von Transitivitätsindikatoren in den jeweils gesamtaggregierten Kollaborationsnetzwerken (siehe Tabelle 4, Variante 2.(b)iii.) des GuttenPlag Wikis als Funktion des Netzwerkinduktionsmodus ausgehend vom Zeitfenstermodus I(2, 1) bis hin zum Modus I(30, 1) (Verbreiterung des Zeitfensters um jeweils einen Tag). Der erste Datenpunkt auf der x-Achse entspricht dem Modus I(2, 1), der letzte dem Modus I(30, 1) – es werden insgesamt 29 Zeifenstermodi unterschieden.

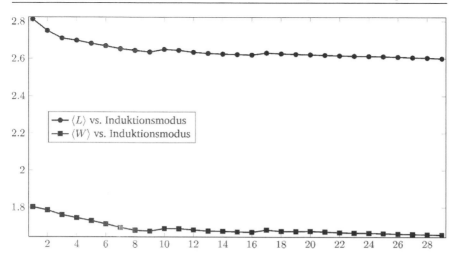

Abbildung 19: Entwicklung von Distanzindikatoren unter denselben Bedingungen wie in Abbildung 18.

6. Zusammenfassung

In diesem Aufsatz haben wir ein Modell für die zeitsensitive Messung von Strukturzusammenhängen in so genannten Kollaborationsnetzwerken entwickelt. Unser Ausgangspunkt bestand in einer Kritik des klassischen Ansatzes zur zeitinsensitiven Induktion solcher Netzwerke. Ausgehend von einem Schema der Kollaborationsmessung, das sieben Postulate dieser Messung unterscheidet, haben wir einen Ansatz zur Berücksichtigung der Postulate über die Textproduktions- und Zeitsensitivität von Kollaborationen entwickelt. Am Beispiel des GuttenPlag Wikis konnten wir durch eine Analyse der Zeitverläufe von Clusterkoeffizienten auf ein Verhältnis von hochaktiven und geringaktiven Kollaborateuren schließen, das in Zusammenhang mit dem Ereignisverlauf steht, welches diesem Wiki zugrunde liegt. Darüber hinaus haben wir eine erhebliche Sensitivität klassischer Netzwerkindizes, wie sie beispielsweise zur Beschreibung kleiner Welten herangezogen werden, gegenüber dem Faktor Zeit ausmachen können. Danach haben Kollaborationsnetzwerke keinen unveränderlichen Status etwa als kleine Welten, indem sie hohe Clusterwerte mit durchschnittlich kurzen Wegen verbinden. Vielmehr gilt unter anderem für den hier betrachteten Clusterwert C_{ws}, der im Modell von Watts und Strogatz (1998) zur Definition des Begriffs *kleine Welt* herangezogen wird, dass dieser über die Zeit erheblich variiert. Auf der Basis eines solchen Ansatzes wird daher auch die Qualität von Kollaborationen, wie sie in Zuschreibungen von Prädikaten der Art „*kleine Welt*" zum Ausdruck kommt, differenzierbar. Auf die Problematik des bibliometrischen Kollaborationsbegriffs, den wir hier aus Gründen des Anschlusses an die entsprechende Forschungsrichtung beibehalten, haben wir ausführlich hingewiesen. Eine der Weiterentwicklungen dieses Bereichs betrifft sinnvollerweise die terminologische Differenzierung der Art von Zusammenarbeit, wie wir sie anhand von Wikis beobachten und hier als Kollaboration bezeichnet haben.

Auch wenn das GuttenPlag Wiki beispielgebend für diesen Beitrag war, ging es in erster Linie um die (Weiter-)Entwicklung einer Methode zur automatischen Analyse von Kollaborationsphänomenen, deren Nutzen nicht allein an einem einzelnen Wiki belegt werden kann. Folgerichtig soll diese Methode in zukünftigen Arbeiten an einer Vielzahl von Wikis und insbesondere anhand der Wikipedia erprobt und evaluiert werden. Darüber hinaus zielen wir auf die Entwicklung einer netzwerkanalytischen Methode für die Identifikation und Klassifikation von Ereignissen in sozialen Netzwerken (z.B. Rollenwechsel, Emergenz sozialer Positionen etc.). Dabei steht die Frage im Vordergrund, inwiefern aus der Dynamik der Veränderung von Kollaborationsbeziehungen in der Zeit auf solche zugrunde liegenden Ereignisse geschlossen werden kann. Ein weiteres, stärker texttechnologisches Forschungsfeld betrifft die Webgenre-bezogene Klassifikation von Spezialwikis und deren Vergleich mit der Wikipedia. Eine solche Klassifikation von Spezialwikis findet sich bereits in Mehler (2008b), jedoch noch ohne Zeitbezug. In zukünftigen Arbeiten soll dieses Modell weiterentwickelt werden.

Danksagung

Wir danken Andy Lücking für seine kritischen Hinweise und Korrekturvorschläge. Insbesondere danken wir Debora Weber-Wulff und Claudia Müller-Birn für kritische Hinweise zu Teilen dieser Arbeit, die wir im Rahmen der Wikipedia Academy 2012 vorgestellt haben. Diese Arbeit entstand im Rahmen des BMBF-Projekts Linguistic Networks (siehe http://www.linguistic-networks.net/) und des LOEWE-Schwerpunkts Digital Humanities (http://www.dhhe.de/), für deren finanzielle Unterstützung wir uns an dieser Stelle ebenfalls bedanken.

Literatur

Adamic, Lada A. (2000). Zipf, *Power-law, Pareto – a ranking tutorial*. http://www.hpl.hp.com/research/idl/papers/ranking/.

Adamic, Lada A. und Eytan Adar (2003). „Friends and neighbors on the Web". In: *Social Networks* 25.3, S. 211–230.

Adamic, Lada A., Xiao Wei, Jiang Yang, Sean Gerrish, Kevin Kyung Nam und Gavin S. Clarkson (2010). „Individual focus and knowledge contribution". In: *Computing Research Repository*.

Ajiferuke, Isola, Q. Burell und Jean Tague (1988). „Collaborative Coefficient: A Single Measure of the Degree of Collaboration in Research". In: *Scientometrics* 14.5-6, S. 421–433.

Asher, Nicholas und Alex Lascarides (2003). *Logics of Conversation*. Cambridge: Cambridge University Press.

Beaugrande, Robert A. de und Wolfgang U. Dressler (1981). *Einführung in die Textlinguistik*. Tübingen: Niemeyer.

Björneborn, Lennart und Peter Ingwersen (2004). „Towards a basic framework for webometrics". In: *Journal of the American Society for Information Science and Technology* 55.14, S. 1216–1227.

Bollobás, Béla und Oliver M. Riordan (2003). „Mathematical Results on Scale-Free Random Graphs". In: *Handbook of Graphs and Networks. From the Genome to the Internet*. Hrsg. von Stefan Bornholdt und Heinz G. Schuster. Weinheim: Wiley-VCH, S. 1–34.

Brandes, Ulrik und Thomas Erlebach, Hrsg. (2005). *Network Analysis: Methodological Foundations [outcome of a Dagstuhl seminar, 13-16 April 2004]*. Bd. 3418. LNCS. Springer.

Brandes, Ulrik, Patrick Kenis, Jürgen Lerner und Denise van Raaij (2009). „Network analysis of collaboration structure in Wikipedia". In: *Proceedings of the 18th international conference on World wide web*. WWW '09. Madrid, Spain: ACM, S. 731–740.

Calero, Clara, Renald Buter, Cecilia Cabello Valdés und Ed Noyons (2006). „How to identify research groups using publication analysis: an example in the field of nanotechnology". In: *Scientometrics* 66.2, S. 365–376.

Davis, James A. (1963). „Structural Balance, Mechanical Solidarity, and Interpersonal Relations". In: *The American Journal of Sociology* 69.4, S. 444–462.

Dijk, Teun A. van und Walter Kintsch (1983). *Strategies of Discourse Comprehension*. New York: Academic Press.

Dunbar, Robin I. M. (1993). „Coevolution of neocortical size, group size and language in humans". In: *Behavioral and Brain Sciences* 16.4, S. 681–735.

— (2010). *How Many Friends Does One Person Need?: Dunbar's Number and Other Evolutionary Quirks*. Harvard: Harvard University Press.

Dürscheid, Christa (2005). „Medien, Kommunikationsformen, kommunikative Gattungen". In: *Linguistik online* 22.1.

Ebel, Holger, Lutz-Ingo Mielsch und Stefan Bornholdt (2002). „Scale-free topology of e-mail networks". In: *Physical Review* E 66, S. 035103–1–035103–4.

Egghe, Leo und Ronald Rousseau (2003). „BRS-compactness in networks: theoretical considerations related to cohesion in citation graphs, collaboration networks and the Internet". In: *Mathematical and Computer Modelling* 37.7-8, S. 879–899.

Evert, Stefan (2008). „Corpora and collocations". In: *Corpus Linguistics. An International Handbook of the Science of Language and Society*. Hrsg. von Anke Lüdeling und Merja Kytö. Berlin/New York: Mouton de Gruyter, S. 1212–1248.

Fong, Peter Kin-Fong und Robert P. Biuk-Aghai (2010). „What did they do? Deriving high-level edit histories in Wikis". In: *Proceedings of the 6th International Symposium on Wikis and Open Collaboration*. WikiSym '10. Gdansk, Poland: ACM, 2:1–2:10.

Giles, L. und I. Councill (2004). „Who gets acknowledged: Measuring scientific contributions through automatic acknowledgment indexing". In: *Proceedings of the National Academy of Sciences* 101.51, S. 17599–17604.

Givón, Talmy (1995). „Coherence in Text vs. Coherence in Mind". In: *Coherence in Spontaneous Text*. Hrsg. von M. A. Gernsbacher und T. Givón. Amsterdam: John Benjamins, S. 59–115.

Gómez, Vicenç, Hilbert J. Kappen und Andreas Kaltenbrunner (2011). „Modeling the structure and evolution of discussion cascades". In: *Proceedings of the 22nd ACM conference on Hypertext and hypermedia*. HT '11. Eindhoven, The Netherlands: ACM, S. 181–190.

Halliday, Michael A. K. und Ruqaiya Hasan (1976). *Cohesion in English*. London: Longman.

Heider, Fritz (1946). „Attitudes and Cognitive Organization". In: *Journal of Psychology* 21, S. 107–112.

— (1958). *The psychology of interpersonal relations*. New York: John Wiley & Sons.

Heimeriks, Gaston, Marianne Hörlesberger und Peter Van Den Besselaar (2003). „Mapping communication and collaboration in heterogeneous research networks". In: *Scientometrics* 58.2, S. 391–413.

Huang, Jian, Ziming Zhuang, Jia Li und C. Lee Giles (2008). „Collaboration over time: characterizing and modeling network evolution". In: *Proceedings of the international conference on Web search and web data mining*. WSDM '08. Palo Alto, California, USA: ACM, S. 107–116. ISBN: 978-1-59593-927-2.

Ioannidis, John P. A. (2008). „Measuring Co-Authorship and Networking-Adjusted Scientific Impact". In: *PLoSONE* 3.7, e2778. DOI: 10.1371/journal.pone.0002778. URL: http://dx.doi.org/10.1371%2Fjournal.pone.0002778.

Jäckel, Michael (1995). „Interaktion. Soziologische Anmerkungen zu einem Begriff". In: *Rundfunk und Fernsehen* 43.4, S. 389–408.

Jesus, Rut, Martin Schwartz und Sune Lehmann (2009). „Bipartite networks of Wikipedia's articles and authors: a meso-level approach". In: *Proceedings of the 5th International Symposium on Wikis and Open Collaboration*. WikiSym '09. Orlando, Florida: ACM, 5:1–5:10.

Kautz, Henry, Bart Selman und Mehul Shah (1997). „Referral Web: combining social networks and collaborative filtering". In: *Communications of the ACM* 40.3, S. 63–65.

Kittur, Aniket und Robert E. Kraut (2010). „Beyond Wikipedia: coordination and conflict in online production groups". In: *Proceedings of the 2010 ACM conference on Computer supported cooperative work*. CSCW '10. Savannah, Georgia, USA: ACM, S. 215–224.

Koch, Peter und Wulf Oesterreicher (1985). „Sprache der Nähe – Sprache der Distanz. Mündlichkeit und Schriftlichkeit im Spannungsfeld von Sprachtheorie und Sprachgeschichte". In: *Romanistisches Jahrbuch* 36, S. 15–43.

Koku, Emmanuel, Nancy Nazar und Barry Wellman (2001). „Netting Scholars: Online and Offline". In: *American Behavioral Scientist* 44.10, S. 1752–1774.

Kretschmer, Hildrun und Isidro F. Aguillo (2004). „Visibility of collaboration on the Web". In: *Scientometrics* 61.3, S. 405–426.

Laniado, D., R. Tasso, Y. Volkovich und A. Kaltenbrunner (2011). „When the Wikipedians Talk: Network and Tree Structure of Wikipedia Discussion Pages". In: *Proceedings of the 5th International AAAI Conference on Weblogs and Social Media*.

Laniado, David und Riccardo Tasso (2011). „Co-authorship 2.0: patterns of collaboration in Wikipedia". In: *Proceedings of the 22nd ACM conference on Hypertext and hypermedia*. HT '11. Eindhoven, The Netherlands: ACM, S. 201–210.

Leggewie, Claus und Christoph Bieber (2004). „Soziale Emergenzen im Cyberspace". In: *Interaktivität. Ein transdisziplinärer Schlüsselbegriff*. Hrsg. von Christoph Bieber und Claus Leggewie. Frankfurt/New York: Campus, S. 7–14.

Liu, Jun und Sudha Ram (2009). "Who Does What: Collaboration Patterns in the Wikipedia and Their Impact on Data Quality". In: *Proceedings of 19th Annual Workshop on Information Technologies and Systems (WITS 2009)*. Phoenix, Arizona, USA.

Mann, William C. und Sandra A. Thompson (1988). "Rhetorical Structure Theory: Toward a functional theory of text organization". In: *Text* 8, S. 243–281.

Mehler, Alexander (2008a). "Large Text Networks as an Object of Corpus Linguistic Studies". In: *Corpus Linguistics. An International Handbook of the Science of Language and Society*. Hrsg. von Anke Lüdeling und Merja Kytö. Berlin/New York: De Gruyter, S. 328–382.

— (2008b). "Structural Similarities of Complex Networks: A Computational Model by Example of Wiki Graphs". In: *Applied Artificial Intelligence* 22.7&8, S. 619–683. DOI: 10.1080/08839510802164085.

— (2011). "A Quantitative Graph Model of Social Ontologies by Example of Wikipedia". In: *Towards an Information Theory of Complex Networks: Statistical Methods and Applications*. Hrsg. von Matthias Dehmer, Frank Emmert-Streib und Alexander Mehler. Boston/Basel: Birkhäuser, S. 259–319.

Mehler, Alexander, Rüdiger Gleim, Alexandra Ernst und Ulli Waltinger (2008). "WikiDB: Building Interoperable Wiki-Based Knowledge Resources for Semantic Databases". In: *Sprache und Datenverarbeitung. International Journal for Language Data Processing* 32.1, S. 47–70.

Mehler, Alexander, Rüdiger Gleim, Ulli Waltinger und Nils Diewald (2010). "Time Series of Linguistic Networks by Example of the Patrologia Latina". In: *Proceedings of INFORMATIK 2010: Service Science, September 27 – October 01, 2010, Leipzig*. Hrsg. von Klaus-Peter Fähnrich und Bogdan Franczyk. Bd. 2. Lecture Notes in Informatics. GI, S. 609–616.

Mehler, Alexander, Andy Lücking und Petra Weiß (2010). "A Network Model of Interpersonal Alignment". In: *Entropy* 12.6, S. 1440–1483. DOI: 10.3390/e12061440.

Mehler, Alexander, Olga Pustylnikov und Nils Diewald (2011). "Geography of Social Ontologies: Testing a Variant of the Sapir-Whorf Hypothesis in the Context of Wikipedia". In: *Computer Speech and Language* 25.3, S. 716–740. DOI: 10.1016/j.csl.2010.05.006.

Mehler, Alexander, Laurent Romary und Dafydd Gibbon (2012). "Introduction: Framing Technical Communication". In: *Handbook of Technical Communication*. Hrsg. von Alexander Mehler, Laurent Romary und Dafydd Gibbon. Bd. 8. Handbooks of Applied Linguistics. de Gruyter, S. 1–26.

Mehler, Alexander und Tilmann Sutter (2008). „Interaktive Textproduktion in Wiki-basierten Kommunikationssystemen". In: *Kommunikation, Partizipation und Wirkungen im Social Web – Weblogs, Wikis, Podcasts und Communities aus interdisziplinärer Sicht.* Hrsg. von Ansgar Zerfaß, Martin Welker und Jan Schmidt. Köln: Herbert von Halem, S. 267–300.

Melin, G. und O. Persson (1996). „Studying research collaboration using co-authorships". In: *Scientometrics* 36 (3). 10.1007/BF02129600, S. 363–377. URL: http://dx.doi.org/10.1007/BF02129600.

Newman, Mark E. J. (2003). „The structure and function of complex networks". In: *SIAM Review* 45, S. 167–256.

— (2004a). „Coauthorship networks and patterns of scientific collaboration". In: *Proceedings of the National Academy of Sciences* 101, S. 5200–5205.

— (2004b). „Who is the best connected scientist? A study of scientific coauthorship networks". In: *Complex Networks.* Hrsg. von Eli Ben-Naim, Hans Frauenfelder und Zoltan Toroczkai. Berlin: Springer, S. 337–370.

— (2005). „Power laws, Pareto distributions and Zipf's law". In: *Contemporary Physics* 46, S. 323–351.

— (2010). *Networks: An Introduction.* Oxford: Oxford University Press.

Newman, Mark E. J., Stephanie Forrest und Justin Balthrop (2002). „Email networks and the spread of computer viruses". In: *Physical Review* E 66, S. 035101–4.

Newman, Mark E. J. und Juyong Park (2003). „Why social networks are different from other types of networks". In: *Physical Review* E 68, S. 036122.

Otte, Evelien und Ronald Rousseau (2002). „Social network analysis: a powerful strategy, also for the information sciences". In: *Journal of Information Science* 28.6, S. 441–454.

Pickering, Martin J. und Simon Garrod (2004). „Toward a mechanistic psychology of dialogue". In: *Behavioral and Brain Sciences* 27, S. 169–226.

Rieger, Burghard (1979). „Repräsentativität: von der Unangemessenheit eines Begriffes zur Kennzeichnung eines Problems linguistischer Korpusbildung". In: *Textcorpora. Materialien für eine empirische Textwissenschaft.* Hrsg. von H. Bergenholtz und B. Schaeder. Kronberg: Scriptor, S. 52–70.

— (1998). „Warum fuzzy Linguistik? Überlegungen und Ansätze zu einer computerlinguistischen Neuorientierung". In: *Perspektiven einer Kommunikationswissenschaft. Internationales Gerold Ungeheuer Symposium, Essen 1995.* Hrsg. von D. Krallmann und H. W. Schmitz. Münster: Nodus, S. 153–183.

Santini, Marina, Alexander Mehler und Serge Sharoff (2009). „Riding the Rough Waves of Genre on the Web: Concepts and Research Questions". In: *Genres on the Web: Computational Models and Empirical Studies*. Hrsg. von Alexander Mehler, Serge Sharoff und Marina Santini. Dordrecht: Springer, S. 3–32.

Schwartz, Michael F. und David C. M. Wood (1993). „Discovering Shared Interests Among People Using Graph Analysis". In: *Communications of the ACM* 36.8, S. 78–89.

Stede, Manfred (2007). *Korpusgestützte Textanalyse. Grundzüge der Ebenen-orientierten Textlinguistik*. Tübingen: Narr.

Stegbauer, Christian (2009). *Wikipedia: Das Rätsel der Kooperation*. Wiesbaden: VS.

Stegbauer, Christian und Alexander Mehler (2011). „Positionssensitive Dekomposition von Potenzgesetzen am Beispiel von Wikipedia-basierten Kollaborationsnetzwerken". In: *Proceedings of the 4th Workshop Digital Social Networks at INFORMATIK 2011: Informatik schafft Communities, Oct 4-7, 2011, Berlin*.

Stegbauer, Christian und Alexander Rausch (2006). „"Moving Structure" als Analyseverfahren für Verlaufsdaten am Beispiel von Mailinglisten". In: *Sozialwissenschaftlicher Fachinformationsdienst soFid (Methoden und Instrumente der Sozialwissenschaften)* 1, S. 11–30.

Sutter, Tilmann (1999). „Medienkommunikation als Interaktion?" In: *Publizistik. Vierteljahreshefte für Kommunikationsforschung* 44.3, S. 288–300.

— (2008). „"Interaktivität" neuer Medien – Illusion und Wirklichkeit aus der Sicht einer soziologischen Kommunikationsanalyse". In: *Weltweite Welten. Internet-Figurationen aus wissenssoziologischer Perspektive*. Hrsg. von Herbert Willems. Wiesbaden: VS Verlag für Sozialwissenschaften.

Tang, Libby Veng-Sam, Robert P. Biuk-Aghai und Simon Fong (2008). „A method for measuring co-authorship relationships in MediaWiki". In: *Proceedings of the 4th International Symposium on Wikis*. WikiSym '08. Porto, Portugal: ACM, 16:1–16:10.

Tyler, Joshua R., Dennis M. Wilkinson und Bernardo A. Huberman (2003). „Email as spectroscopy: automated discovery of community structure within organizations". In: *Communities and technologies*. Deventer: Kluwer, S. 81–96.

Viégas, Fernanda B., Martin Wattenberg, Jesse Kriss und Frank Van Ham (2007). „Talk before you type: Coordination in Wikipedia". In: *Proceedings of HICSS 40*. Society Press.

Wasserman, Stanley und Katherine Faust (1999). *Social Network Analysis. Methods and Applications*. Cambridge: Cambridge University Press.

Wattenberg, Martin, Fernanda B. Viégas und Kushal Dave (2004). „Studying Cooperation and Conflict between Authors with History Flow Visualization". In: *Proceedings of the 2004 conference on Human factors in computing systems.* New York: ACM, S. 575–582.

Wattenberg, Martin, Fernanda B. Viégas und Katherine J. Hollenbach (2007). „Visualizing Activity on Wikipedia with Chromograms". In: *Human-Computer Interaction – INTERACT 2007, 11th IFIP TC 13 International Conference, Rio de Janeiro, Brazil, September 10-14, 2007, Proceedings, Part II.* Hrsg. von Maria Cecília Calani Baranauskas, Philippe A. Palanque, Julio Abascal und Simone Diniz Junqueira Barbosa. Bd. 4663. LNCS. Springer, S. 272–287.

Watts, Duncan J. (2003). Six Degrees. *The Science of a Connected Age.* New York/London: W. W. Norton & Company.

Watts, Duncan J. und Steven H. Strogatz (1998). „Collective Dynamics of 'Small-World' Networks". In: *Nature* 393, S. 440–442.

Wehner, Josef (1997). „Interaktive Medien – Ende der Massenkommunikation". In: *Zeitschrift für Soziologie* 26.4, S. 96–11.

Wu, Bin, Fengying Zhao, Shengqi Yang, Lijun Suo und Hongqiao Tian (2009). „Characterizing the evolution of collaboration network". In: *Proceeding of the 2nd ACM workshop on Social web search and mining.* SWSM '09. Hong Kong, China: ACM, S. 33–40. ISBN: 978-1-60558-806-3.

Xu, Jin, Yongqin Gao, Scott Christley und Greg Madey (2005). „A Topological Analysis of the Open Source Software Development Community". In: *The 38th Hawaii International Conference on Systems Science (HICSS-38), Hawaii.*

Zadeh, Lotfi A. (1997). „Toward a Theory of Fuzzy Information Granulation and its Centrality in Human Reasoning and Fuzzy Logic". In: *Fuzzy Sets and Systems* 90, S. 111–127.